Leopold Carl Bleibtreu

Politische Arithmetik

Anleitung zur Kenntniß und Uebung
aller im
Staatswesen vorkommenden Berechnungen

Ein Handbuch
für
Staatsbeamte und Geschäftsmänner

Elibron Classics
www.elibron.com

Elibron Classics series.

ISBN 0-543-97534-7 (paperback)
ISBN 0-543-97533-9 (hardcover)

This Elibron Classics Replica Edition is an unabridged facsimile of the edition published in 1853 by C. F. Winter, Heidelberg.

Politische Arithmetik.

Anleitung zur Kenntniß und Uebung

aller im

Staatswesen vorkommenden Berechnungen.

Ein Handbuch

für

Staatsbeamte und Geschäftsmänner.

Von

L. C. Bleibtreu,

Professor an der polytechnischen Schule in Carlsruhe.

Zweite, verbesserte Auflage.

Heidelberg,

C. F. Winter, akademische Verlagsbuchhandlung.

1853.

Aus der

Vorrede der ersten Auflage

vom Jahre 1845.

Die Herausgabe dieses Handbuchs ist zunächst durch die individuelle Verpflichtung des Verfassers, seinen Vorträgen über politische Arithmetik an der hiesigen polytechnischen Schule einen Leitfaden zu Grunde zu legen, veranlaßt worden. Seit Tetens, Florencourt, Duvillard und andern gleichzeitigen Bearbeitern dieses Theils der angewandten Mathematik hat sich das Gebiet desselben sehr erweitert. Selbst die Anwendung des Systems der Anwartschaften, mit welchen sich die älteren Schriftsteller vorzugsweise beschäftigt haben, hat eine so vielseitige Richtung genommen, daß Letztere nicht mehr genügen; und wenn auch Baily und einige neuere Mathematiker einerseits die Theorie der Lebensversicherung praktischer behandelt haben, so hat es andererseits doch an einer vollständigen Darstellung der nicht minder wichtigen und damit verwandten Theorie der Rentenanstalten bisher gefehlt. Es kam daher nicht bloß darauf an, die Resultate neuerer Forschungen zu sammeln, sondern es mußte auch alles Dasjenige, was seitdem unmittelbar aus der Praxis hervorgegangen ist, theoretisch begründet, auf allgemeine Principien zurückgeführt und mit den bereits vorhandenen Lehren in einen systematischen Zusammenhang gebracht werden. Bei dem Streben nach Vollständigkeit hat übrigens der Verfasser den Grundsatz nicht außer Acht gelassen, überall vom praktischen Gesichtspunkte auszugehen, und sich nicht in Theorien zu versteigen, die keine Anwendungen zulassen. Dahin würden z. B. Amortisationsrechnungen gehören, die auf Voraussetzungen beruhen, wie sie wohl in manchen mathematischen Lehrbüchern, aber nicht in der Praxis vorkommen. Aus demselben Grunde mußte auch die mathematische Theorie der Wahlen, Zeugenaussagen und Rechtsentscheidungen, welche zum speculativen Theil der politischen Arithmetik gehört, vom Gebiete dieses Handbuchs ausgeschlossen bleiben.

Zur zweiten Auflage.

An vielen Stellen der ersten Auflage sind Veränderungen vorgenommen und manche §§. ganz neu ausgearbeitet worden. Dahin gehören hauptsächlich die §§. 84 und 85; denn obgleich durch die darin vorkommenden Beispiele zur Berechnung der Cursparität für Staatspapiere der Weg angegeben ist, auf welchem die jeder andern Amortisationsart entsprechenden Formeln aufgefunden werden können, so ist doch das in der neuen Auflage eingeführte Verfahren praktischer, weil dasselbe für alle Fälle, und dabei auch von ungeübten Rechnern leicht in Anwendung gebracht werden kann. Sodann sind einzelne Theile der in der ersten Auflage enthaltenen allgemeinen Theorie der Anwartschaften 2c. den besonderen Abschnitten über Leibrenten und Lebensversicherungen einverleibt und die übrigen ausgeschieden worden, weil solche, strenger genommen, außerhalb der Grenzen liegen, welche diesem Handbuche vorgeschrieben sind. Hierbei waren auch viele Druckfehler zu berichtigen, welche sich in der ersten Auflage eingeschlichen hatten, und es ist die vom Verfasser nach der Sterblichkeitstabelle von Deparcieux für Rentenanstalten eingerichtete Normalsterblichkeitstabelle neu durchgerechnet und revidirt worden.

Inhaltsverzeichniß.

Seite

Zweite Abtheilung.

III.

Zahlenverhältnisse der Bevölkerung.

IV.

Bestimmung der Wahrscheinlichkeiten des menschlichen Lebens.

V.

Anstalten, welche auf die menschliche Sterblichkeit gegründet sind.

VI.

VII.

VIII.

Tabellen.

Einleitung.

Unter politischer Arithmetik oder Staatsrechenkunst versteht man denjenigen Theil der angewandten Mathematik, welcher sich mit der Lösung der bei der Staatsverwaltung vorkommenden Rechnungsaufgaben beschäftigt. Anlaß zu derartigen Rechnungen geben sowohl Geschäfte und Verfügungen, welche von der Regierung selbst ausgehen, wie z. B. Finanzoperationen und Gesetze oder Verordnungen über Maaß- und Gewichtswesen, Münzwesen 2c., als auch die staatspolizeiliche Prüfung und Beaufsichtigung, welcher öffentliche oder auf Gesellschaftsrecht gegründete Unternehmungen oder Anstalten, z. B. Versicherungsanstalten, Rentenanstalten 2c. unterworfen sind.

Bei der großen Mannigfaltigkeit solcher Aufgaben möchte es schwer fallen, ohne häufige und störende Wiederholungen sie unter die Einheit eines, alles umfassenden und doch streng logischen Systems zu bringen. Uns scheint es, von dem Gesichtspunkte des natürlichen Zusammenhangs der einzelnen Materien ausgehend, zweckmäßig, unsern Stoff unter folgenden Abtheilungen zu behandeln:

1) Maaß- und Gewichtswesen,

2) Finanzwesen,

3) Zahlenverhältnisse der Bevölkerung,

4) Bestimmung der Wahrscheinlichkeiten des menschlichen Lebens,

5) Anstalten, welche auf die menschliche Sterblichkeit gegründet sind,

6) Assecuranzwesen,

7) Creditanstalten,

8) Sparkassen.

I.

Maaß- und Gewichtswesen.

§. 1. Die Maaße dienen zur Quantitätsbestimmung in Beziehung auf den Raum, welchen ein Körper einnimmt, und vermittelst der Gewichte wird die Quantität in Beziehung auf die Ausfüllung des Raumes nach der Masse, d. h. der Gesammtmenge der materiellen Theile eines Körpers bestimmt.

§. 2. Die Menge der in einem bestimmten Volumen enhaltenen materiellen Theile bestimmt die Dichtigkeit des Körpers. Den Raum, welchen die Körper einnehmen, erfüllen sie nicht ganz, d. h. sie schließen Zwischenräume ein, welche man Poren nennt, und diese Eigenschaft, welche alle Körper haben, heißt Porosität. Je nachdem ein Körper mehr oder weniger Poren als ein anderer hat, ist er lockerer oder dichter als der andere.

Specifisches und absolutes Gewicht.

§. 3. Wenn zwei Körper von gleichem Rauminhalte gleich dicht sind, so müssen sie gleiches Gewicht haben, weil ihre Massen gleich sind. Sind aber die Körper nicht gleich dicht, so wird, wenn sie gleichen Rauminhalt haben, der dichtere mehr Masse und also auch mehr Gewicht haben, als der weniger dichte Körper. Aus den Gewichtsverhältnissen der Körper von einem bestimmten Rauminhalte läßt sich daher der Grad der Dichtigkeit derselben bestimmen, jedoch nur vergleichsweise, und es muß also irgend ein Körper als Einheit angenommen werden. Für feste und tropfbar flüssige Körper hat man hierzu einen Raumtheil reinen destillirten Wassers von einer bestimmten Temperatur gewählt. Hat man z. B. gefunden, daß ein neubadischer Kubikfuß destillirtes Wasser bei $14^2/_5$° Reaumur 53,892 neubadische Pfund, 1 Kubikfuß trocknes Ahornholz 35,5 Pf., und 1 Kubikfuß Roheisen 390,8 Pf. wiegen, so weiß man, wie sich diese Körper hinsichtlich ihrer Dichtigkeit zu einander verhalten, und die Zahlen, welche das einem Rauminhalte von 1 Kubikfuß entsprechende Gewicht jener Körper ausdrücken, nennt man das specifische Gewicht derselben. Weil es aber hierbei nur auf die Verhältnisse der Gewichte ankommt, so kann man zur Vereinfachung alle Zahlen durch 53,892, als dem Gewichte von 1 Kubikfuß Wasser dividiren, woraus sich, in Beziehung auf Obiges, folgende specifische Gewichte ergeben:

$$\text{Wasser} = \frac{53{,}892}{53{,}892} = 1,\ \text{Ahornholz} = \frac{35{,}5}{53{,}892} = 0{,}659,$$

$$\text{Roheisen} = \frac{390{,}8}{53{,}892} = 7{,}251.$$

Der Druck, welchen jeder Körper, vermöge der Schwere, auf seine Unterlage ausübt, heißt, im Gegensatze des specifischen Gewichts, absolutes Gewicht.

Wagen.

§. 4. Die mechanischen Vorrichtungen zur Bestimmung des absoluten Gewichts der Körper nennt man Wagen. Die gebräuchlichsten Wagen für den gewöhnlichen Verkehr sind die Krämerwage und die Schnellwage.

Die Krämerwage besteht aus einem gleicharmigen Hebel, an dessen Enden vermittelst Schnüren oder Ketten die Wagschalen befestigt sind. In der Mitte des Wagbalkens befinden sich Zapfen in senkrechter Richtung auf denselben; sie spielen in den Löchern der Schere, welche lothrecht herabhängt, wenn man sie an ihrem beweglichen Ringe hält. Macht nun der Wagbalken rechte Winkel, mit der Schere, so steht er horizontal oder im Gleichgewicht. Damit man dies aber besser wahrnehmen könne, so sitzt in der Mitte des Wagbalkens genau über den Zapfen ein dünnes Stängelchen, die sogenannte Zunge, fest, und macht mit dem Wagbalken rechte Winkel. Spielt nun die Zunge mitten in der Schere, so steht der Wagbalken im Gleichgewicht, macht aber die Zunge einen Winkel mit der Schere, so macht auch der Wagbalken einen eben so großen Winkel mit einer durch den Ruhepunkt gehenden horizontalen Linie; er steht alsdann nicht im Gleichgewicht und die Abweichung der Zunge von der lothrechten Lage, nachdem der Balken zu schwingen aufgehört hat, nennt man Ausschlag. Die Wage ist empfindlich, wenn schon ein sehr kleines Gewicht ihr Gleichgewicht stört. Soll man aber einen sehr kleinen Ausschlag wahrnehmen können, so muß die Zunge und Schere von gehöriger Länge sein. Auch muß der Schwerpunkt des Wagbalkens etwas unterhalb der Zapfen liegen. Je tiefer der Schwerpunkt unter denselben liegt, desto geringer ist die Empfindlichkeit der Wage. Säßen aber die Zapfen gerade im Schwerpunkt, so würde sich bei der geringsten Ueberwucht eines Armes der Wagbalken sogleich lothrecht stellen. Die Wage ist auch, unter übrigens gleichen Umständen, desto empfindlicher, je geringer die Reibung der Zapfen in ihren Löchern oder Pfannen ist.

Die Arme des Wagebalkens müssen genau von gleicher Länge und von gleichem Gewichte sein; die Wagschalen sammt Seilen oder Ketten müssen ebenfalls gleiches Gewicht haben, und gleich weit von den Zapfen aufgehängt sein, und die Aufhängepunkte müssen mit dem Schwerpunkt des Wagbalkens in gerader Linie liegen. Ist der Wagbalken nicht beschwert oder auch gleich stark beschwert, so muß er genau horizontal stehen. Wenn die Arme einer Krämerwage von ungleicher Länge sind, und wenn sich der Wagbalken gleichwohl horizontal stellt, weil an dem kürzeren Arme eine verhältnißmäßig schwerere Schale als an dem längern Arme hängt, so heißt die Wage falsch. Dies läßt sich erkennen, wenn man die Wagschalen verwechselt, wonach der Wagbalken sich nicht horizontal stellt, wenn die Wage falsch ist.*) Ist die Wage so unempfindlich, daß dabei kein Ausschlag erfolgt, so belaste man beide Wagschalen mit gleichen Gewichten und verwechsle sie dann; hierauf muß ein Ausschlag erfolgen, wenn die Hebelarme ungleich sind, weil sich am größeren Hebelarm ein größeres Gewicht und am kleineren Hebelarm ein kleineres Gewicht befindet.

Der Grad der Empfindlichkeit der Wage wird gefunden, wenn man das höchste Gewicht, wofür sie bestimmt ist, auflegt, und nachdem sie das Gleichgewicht erlangt hat, ganz kleine Gewichtstheile hinzulegt, bis die eine Schale sich senkt. Das Verhältniß der beigelegten Gewichte zu dem größten Gewichte, welches die Wage zu tragen bestimmt ist, gibt den Grad der Empfindlichkeit an. Werden die beigelegten Gewichtstheile wieder hinweggenommen, so muß sich

---

*) Vermittelst einer falschen Wage kann man aber dennoch das Gewicht eines Körpers bestimmen, und zwar auf folgende Weise. Man wägt den Körper am längeren Arme und am kürzeren Arme, multiplicirt die gefundenen Gewichte mit einander und zieht aus dem Produkt die Quadratwurzel. Bezeichnet nämlich a die Länge des längern Arms, und b diejenige des kürzeren Arms, ist g das falsche Gewicht am längeren Arme, h das falsche Gewicht am kürzeren Arme und x das wahre Gewicht, so hat man folgende Proportionen:

$$g : x = b : a$$
$$h : x = a : b$$

woraus $x^2 = gh$ und $x = \sqrt{gh}$.

die Wagschale wieder erheben und die Wage wieder ins Gleichgewicht kommen. Nach der badischen Maaßordnung z. B. können die Wagen für den gewöhnlichen Gebrauch schon nicht für verwerflich gelten, wenn ihre Empfindlichkeit $\frac{1}{1000}$ bis $\frac{1}{2000}$ beträgt, d. h. wenn sie mit dem höchsten Gewichte, wofür sie bestimmt sind, belastet, durch die Auflegung von ohngefähr $\frac{1}{1000}$ bis $\frac{1}{2000}$ Theile dieses höchsten Gewichtes in Bewegung gesetzt werden.

Die Schnellwage hat einen Wagbalken, dessen Arme von ungleicher Länge sind; die Last kommt an den kürzern Arm, und an dem längern Arm wird ein Gewicht, der sogenannte Läufer, so lange hin und her geschoben, bis derselbe mit der Last ins Gleichgewicht kommt, was sich durch die in einer Schere spielenden Zunge wie bei der Krämerwage zeigt. Denkt man sich den ungleicharmigen Hebel als eine geometrische Linie, und läßt man der am kürzern Arme angebrachten Last das Gleichgewicht durch ein am längern Arme verschiebbares unveränderliches, Gewicht, den Läufer, halten, so verhält sich das Gewicht des zu wiegenden Körpers zum Gewicht des Läufers, wie die Entfernung des Läufers vom Ruhepunkt zur Länge des kürzeren Hebelarms. Ist z. B. letzterer 6mal in der Entfernung des Läufers vom Ruhepunkt enthalten, und wiegt der Läufer 8 Pfund, so kann dieses Gewicht einer Last das Gleichgewicht halten, welche $6 \times 8 = 48$ Pfund schwer ist. Am längern Arme der Schnellwage befinden sich Einschnitte, und bei jedem Einschnitt steht die Anzahl der Gewichtseinheiten (Centner, Pfund ꝛc.), mit welchen der daran geschobene Läufer im Gleichgewicht steht. Die Entfernungen dieser Stellen oder Einschnitte können zwar berechnet werden, sie lassen sich aber noch sicherer durch Versuche finden. Was über die Bestimmung des Grads der Empfindlichkeit der Krämerwage gesagt worden ist, gilt auch von der Schnellwage. Nach der badischen Maaßordnung z. B. sind Schnellwagen nicht verwerflich, wenn ihre Empfindlichkeit, je nach ihrer Bestimmung, $\frac{1}{500}$ bis $\frac{1}{250}$ beträgt.

Im Detailgeschäft ist in neuerer Zeit auch die Quintenz'sche tragbare Brückenwage in Gebrauch gekommen. Für kleinere Gewichtsmengen kann aber vermittelst dieser Wage nicht so genau wie mit der Krämerwage gewogen werden. Nach der badischen Maaßordnung dürfen diese Brückenwagen nicht zur Abwägung von Quantitäten unter einem Centner gebraucht werden, und die größeren müssen für eine Gewichtszugabe von wenigstens $\frac{1}{250}$ eines ins Gleichgewicht gebrachten Gewichts empfindlich sein.

Weit empfindlicher und genauer als die für den gewöhnlichen Verkehr bestimmte Krämerwage müssen die Probir- und Goldwagen sein. Nach Dove's*) Angaben sind folgende die vollkommensten Wagen dieser Art:

Die von Robinson zu den neuesten englischen Gewichtsbestimmungen gefertigte Wage dürfte unter den größeren Wagen die empfindlichste sein, denn sie gibt mit 250 Troypfund in jeder Schale einen Ausschlag von $\frac{1}{1750000}$ der ganzen Belastung. Die von Ramsden für die Royal Society gefertigte gibt $\frac{1}{1000000}$ bei 10 Pfund Belastung. Die von Florenz in Wien verfertigte gibt bei $4\frac{1}{2}$ Pfund Belastung noch bei $\frac{1}{4718592}$ einen deutlichen Ausschlag. Die von Fortin bei 4 Pfund Belastung gibt bei $\frac{1}{1536000}$ einen Ausschlag. Die von Troughton verfertigte Wage gibt $\frac{1}{1638400}$ bei 16384 Troy-Grain Belastung.

Eine gute Wage überhaupt muß wenigstens $\frac{1}{60000}$ der Belastung angeben.

Dimensionsmaaße und Schwermaaße.

§. 5. Von dem zur Messung der Länge angenommenen Maaße können alle übrigen Maaße hergeleitet werden, denn das Quadrat, dessen Seiten so lang wie das Längenmaaß sind, gibt das Flächenmaaß, der Würfel, dessen Flächen so groß wie das Flächenmaaß sind, gibt das Kubikmaaß, und selbst das Schwermaaß kann mit dem Längenmaaß in sofern im Zusammenhang stehen, als das Gewicht der Kubikeinheit eines hierzu tauglichen Körpers als Gewichtseinheit gebraucht werden kann.

Das einem Maaßsysteme zum Grunde gelegte Längenmaaß und die demselben entsprechenden übrigen Maaße sind aber nicht für alle Dinge, deren Dimensionen oder Gewicht gemessen werden soll, tauglich; es müssen daher von diesen Maaßeinheiten Vervielfachungen

---

*) Ueber Maaß und Messen, Berlin 1835.

und Unterabtheilungen angenommen werden, welche selbst wieder als Maaßeinheiten für die Dinge, zu deren Größe sie sich schicken, dienen, und die Abtheilungen müssen von der Beschaffenheit sein, daß sie leichte Rechnung geben. Hierzu ist das Decimalsystem am geeignetsten, obgleich auch das Duodecimalsystem seine Vorzüge hat, und namentlich von den untern Ständen wegen der größern Theilbarkeit der Zahl 12 vorgezogen wird.

Normal oder Muttermaaße.

§. 6. Die Maaße, nach welchen die für den Verkehr bestimmten Meßgeräthe (Maaßstäbe, Gefäße und Gewichte) gesetzlich gefertigt werden müssen, nennt man Normal- oder Muttermaaße. Die Meßgeräthe werden aber nicht so genau gemacht, daß sie selbst wieder als Muttermaaße gebraucht werden könnten, wenn die Originalmaaße im Verlaufe der Zeit verloren gingen. Weil nun der Verlust der Muttermaaße immer möglich bleibt, und ohnehin in den meisten Ländern die Muttermaaße sehr willkürlich angenommen sind, so hat man unterschiedliche Mittel in Vorschlag gebracht, dem Maaß- und Gewichtswesen eine natürliche, keiner Veränderung unterworfene Größe zum Grunde zu legen.

Gäbe es in der Natur Körper, die überall, wo sie sich vorfänden, genau dieselben Dimensionen zeigten, so gäben solche ein natürliches Normalmaaß ab; da es aber dergleichen Körper nicht gibt, so muß die Größe, aus welcher das Normalmaaß hergeleitet werden soll, erst durch eine Messung gefunden werden, deren Resultat, als solches, nie absolut genau sein kann.

Archimedes schon hatte vorgeschlagen, eine gewisse Zahl von Mohnkörnern an die Kante eines Lineals zu legen, und die Länge, welche sie einnehmen, als Längeneinheit zu gebrauchen. Sein Vorschlag mag sich auf die Ansicht gegründet haben, daß das Mittel aus einer großen Zahl gleichartiger Erscheinungen nahezu eine constante Größe sei. Andreas Böhm schlug den einer Secunde entsprechenden Fallraum, und Davy die Dicke eines Haarröhrchens, in welchem die Flüssigkeit eben so hoch steigt, als der Durchmesser des Röhrchens ist, als Maaßeinheit vor. Der Fallraum aber ist, wie das Pendel, an verschiedenen Orten der Erde von verschiedener Größe, und die Weite des Haarröhrchens nicht genau genug zu bestimmen. Huyghens machte (1673) den Vorschlag, das Secundenpendel als Einheit der Längenmaße anzuwenden. Unter verschiedenen Breitengraden, ja selbst unter einem und demselben Breitengrade hat aber das Secundenpendel verschiedene Längen, wodurch der

Zweck, ein Maaß zu besitzen, welches überall eingeführt werden könnte, vereitelt wird. Der eigentliche Zweck, ein Maaß zu haben, dessen Länge immer wieder aufzufinden ist, wird ebenfalls nicht erreicht, weil man seither immer andere Resultate für die Länge des Secundenpendels eines und desselben Orts erhalten hat und wahrscheinlich auch in Zukunft noch erhalten wird.

Die Idee des Naturmaaßes ist in dem metrischen Systeme zum ersten Male zur Ausführung gekommen. Sämmtliche französische Maaße sind nämlich nach den auf Befehl der Regierung vorgenommenen Meridianausmessungen von einem neuen französischen Meridian-Decimalgrad, deren 100 auf den Quadranten und 400 auf den Meridian gehen, hergenommen. Ein solcher Grad hält angeblich 51307,4 franz. Toisen, und ein Hunderttausendtheil ist die Einheit der Längenmaaße und heißt Meter; daher 1 Meter = 0,513074 Toise = 443,296‴. *) In Beziehung auf die Vortheile, die man dadurch erlangen wollte, gilt ganz dasselbe, was bei dem Pendel gesagt worden; denn seit der gesetzlichen Bestimmung der Meterlange hätte man verschiedene Aenderungen daran vornehmen müssen, wenn man sie immer nach den besten und neuesten Resultaten als den zehnmillionsten Theil des Erdmeridianquadranten hätte annehmen wollen. Mit der gesetzlichen Bestimmung des Meter (443,296‴) fällt aber die ursprüngliche Definition des Meter als zehnmillionster Theil des Erdquadranten in so fern weg, als dadurch eine Berichtigung seiner Länge durch spätere, genauere Messungen der Erde ausgeschlossen wird. **) Der Meter ist daher lediglich ein gesetzlich bestimmter Theil der Toise, und näherungsweise dem zehnmillionsten Theil des Erdquadranten gleich. Die eigentliche Grundlage des jetzigen französischen Maaßsystems ist also die Toise geblieben; nur hat das neue conventionelle Maaß eine bessere Eintheilung als das frühere. Aus dem Längenmaaße hat man die Flächenmaaße, aus diesen die Körpermaaße und aus diesen die Schwermaße bestimmt, und endlich die sämmtlichen Eintheilungen der neuen Maaße, Gewichte und Münzen nach dem Decimalsystem festgesetzt. Die Unterabtheilungen erhalten der Reihe nach die lateinischen Vorsilben deci, centi, milli. Der Millimeter, oder der 1000ste Theil des Meter, ist

---

*) Die Toise, altfranzösische Längeneinheit, wird wie folgt eingetheilt:

1 Toise	—	6 Fuß	=	72 Zoll	=	864 Linien.
		1 „	=	12 „	=	144 „
				1 „	—	12 „

**) Ausführlicher hierüber handelt Dove, Ueber Maaß und Messen (Berlin, 1835).

die kleinste Abtheilung desselben, der man in der Regel einen besondern Namen gibt. Die Verzehnfachungen des Meter erhalten die griechischen Vorsilben deka, hekto, kilo, myria: ein Myriameter = 10,000 Meter. Für Flächenmaaße gelten die Quadrate der Linearmaaße. Bei Feldmaaßen ist ein Quadrat-Dekameter, d. i. 100 □Meter, unter dem Namen Are, die Einheit; ihre Verzehnfachungen erhalten, wie der Meter, die griechischen Vorsilben. Die Körpermaaße sind die Würfel der Linearmaaße. Für Brennholz hat der Kubikmeter den besondern Namen Stere. Die Einheit der Hohlmaaße ist der Litre, d. i. ein Volumen gleich dem Würfel des Decimeter. Die Einheit des Gewichts ist das Gramme oder das Gewicht eines Kubik-Centimeter reines Wasser im Zustande seiner größten Dichtigkeit, d. i. bei einer Temperatur von + 4° C. Das Kilogramm ist daher gleich dem Gewicht des Litre reines Wasser.

Die systematischen Namen dürfen im Verkehr in folgende umgewandelt werden. Der Myriameter, 10,000 Meter, ist die metrische Meile (lieue). Der Dekameter, 10 Meter, ist die metrische Ruthe (perche métrique); Are die metrische Quadratruthe. Hektare, 100 Are = 100 Quadratruthen, ist der metrische Morgen (arpent métrique). Hektolitre, das metrische Malter (setier). Decistere, = 0,1 Stere ist das Bauholzmaaß (solive). Kilogramm, schlechtweg Kilo, 1000 Grammen, das metrische Pfund. 100 Kilo = 1 metrischer Centner (quintal). 1000 Kilo = 1 Schiffstonne.

Auch das französische Münzwesen steht mit dem metrischen Maaß- und Gewichtssystem im Zusammanhang, indem die Schwere und der Durchmesser der Goldmünzen und der größeren Silbermünzen so festgesetzt sind, daß man sich dieser Münzen als Schwermaß und Längenmaaß bedienen kann.

Es wiegen nämlich:

1 Zweifrankenstück 1 Dekagramm;

4 Fünffrankenstücke, oder / 10 Zweifrankenstücke } 1 Hektogramm;

155 Zwanzigfrankenstücke, oder / 40 Fünffrankenstücke } 1 Kilogramm.

Man erhält den Meter, wenn man in gerader Linie aneinander legt:

32 Vierzigfrankenstücke und 8 Zwanzigfrankenstücke;
11 Vierzigfrankenstücke und 34 Zwanzigfrankenstücke;
19 Fünffrankenstücke und 11 Zweifrankenstücke;
20 Zweifrankenstücke und 20 Einfrankenstücke.

Dies gilt indessen genau nur von denjenigen Münzen, deren

Randschrift vertieft ist. Die seit dem Jahre 1830 geprägten Goldmünzen, sowie die Fünffrankenstücke, Zweifrankenstücke und Einfrankenstücke haben zwar denselben Durchmesser, wie die frühern, aber eine erhabene Randschrift.

Folgende Staaten haben ihr neues Maaßsystem auf das metrische gegründet:

B a d e n. Die Einheit der Längemaaße ist der Fuß von 3 Decimeter oder $^3/_{10}$ Meter, und wird zehntheilig in Zolle, Linien und Punkte getheilt. Die Elle = 2 Fuß, die Ruthe = 10 Fuß; das Klafter = 6 Fuß; 100 Quadratruthen = 1 Viertel; 4 Viertel = 1 Morgen. Die Körpermaaße sind die Würfel der Längemaaße. Die Einheit der Hohlmaaße ist das Meßlein (für sackfähige Dinge) und die Maas (für flussige Dinge) von $^1/_{13}$ Kubikfuß des neuen badischen oder von $1^1/_2$ Kubikdecimeter oder $1^1/_2$ Litre des metrischen Maaßes. Die Einheit der Gewichte, das Pfund, beträgt $^1/_2$ Kilogramm des metrischen Systems. Das Münzgewicht bleibt die kölnische Mark, wie überall in Deutschland.

D a r m s t a d t. Der Fuß = 0,25 Meter; das Pfund = $^1/_2$ Kilogramm.

N a s s a u. Der Fuß = 0,5 Meter.

Von außerdeutschen Staaten haben das metrische System angenommen: H o l l a n d. Durch Gesetze von den Jahren 1816 und 1817 sind die früher bestandenen französischen Maaße beibehalten worden; nur die Benennungen hat man geändert. B e l g i e n braucht das metrische System mit seiner Nomenclatur. S c h w e i z. Unter dem 3. und 5. Februar 1836 haben die 12 Stände: Bern, Solothurn, Schaffhausen, St. Gallen, Thurgau, Basel, Freiburg, Glarus, Luzern, Aargau, Zug und Zürich ein Konkordat abgeschlossen, wonach vom 1. Jan. 1838 an ein dem metrischen nachgebildetes Maaß- und Gewichtssystem gesetzliche Kraft haben soll. Das System ist bis auf geringfügige Dinge dem badischen ganz gleich.

In England hat man bei der neuen Maaßbestimmung von 1823 den Secundenpendel in so fern als Grundlage desselben angenommen, als die Längeneinheit mit dem Pendel verglichen ward. Die Einheit ist der Yard, und dessen dritter Theil der Fuß zu 12 Zoll. Das Normalmaaß (Standard) ist der imperial Standard yard, welcher 1760 vom Mechaniker B i r d verfertigt worden, und welcher im Hause der Gemeinen aufbewahrt wird. Der Maaßstab ist von Messing und die Länge des Yard ist durch feine Punkte auf goldenen Stiften markirt, und seine richtige Größe findet statt bei 62° Farenheit.*)

*) S. §. 10.

Nach diesem Standard soll der einfache Secundenpendel in der Breite von London auf den luftleeren Raum und den Meeresspiegel reduzirt bei 62° F. = 39,1393 englische Zoll betragen, und hierdurch seine Unveränderlichkeit verbürgt sein. Neuere Versuche geben aber 39″,13734 für die Pendellänge. 1 Yard = 0,91438348 Meter. *)

§. 7. Soll untersucht werden, wie sich die Maaße und Gewichte eines Landes zu denjenigen eines andern Landes verhalten, so geschieht dies entweder durch Berechnung vermittelst gegebener Verhältnisse beider Maaße und Gewichte zu einem dritten, oder aber durch unmittelbare Vergleichung der fraglichen Maaße und Gewichte.

Vergleichung der Maaße und Gewichte durch Berechnung.

§. 8. Mehrentheils hat man für die Längenmaaße die alt Pariser Linie (von welcher 443,296 auf den Meter gehen) (§. 6), für die Hohlmaaße den Pariser Kubikzoll, und für die Gewichte das holländische Aß (deren 20812,56 = 1 Kilogramm) als Einheiten zur Vergleichung angenommen. Es wird indessen auch häufig nach Grammen statt nach holländischen Assen gerechnet, sowie auch die Anwendung des Metermaaßes für wissenschaftliche Bestimmungen immer allgemeiner wird.

Weiß man z. B., daß die russische Elle = 315,4 Pariser Linien, und daß die schwedische Elle = 263,2 Pariser Linien, so folgt hieraus, daß eine schwedische Elle = $\frac{263,2}{315,4}$ russische Ellen, oder, daß 1 russische Elle = $\frac{315,4}{263,2}$ schwedische Ellen ist.

Ist 1 preußischer Fuß (sonst auch rheinländischer Fuß genannt) = 139,13 Pariser Linien, und 1 Darmstädter Fuß = 110,824 Pariser Linien, so folgt, daß ein preußischer Quadratfuß = $(139,13)^2$ Pariser Quadratlinien und 1 Darmstädter Quadratfuß = $(110,824)^2$ Pariser Quadratlinien, so daß also 1 preußischer Quadratfuß = $\left(\frac{139,13}{110,824}\right)^2$ Darmstädter Quadratfuß.

---

*) Vom Maaßwesen überhaupt handelt sehr gründlich: Chelius Maaß- und Gewichtsbuch, Frkfrt. 1830. Ausführliches über das französische Maaßsystem findet man in Delambre, base du système métrique.

Angaben der Maaße und Gewichte aller Länder finden sich in Nelkenbrechers Taschenbuch der Münz-, Maaß- und Gewichtskunde, Berlin, 1848. Dahin gehören ferner: Lehmann, Tafeln zur Verwandlung der Münzen, Maaße und Gewichte, Leipzig 1821, und Aldefeld, die Maaße und Gewichte der deutschen Zollvereinsstaaten, Stuttgart, 1838.

Ist ein Hamburger Quartier (Flüssigkeitsmaaß) = $45\,^5/_8$ Pa- Pariser Kubikfuß, 1 Berliner Quart = 64 preußische Kubikzoll, 1 preußischer Fuß = 139,13 Pariser Linien, so ergibt sich, da außerdem 1 preußischer Fuß = 12 preußische Zoll, und 1 Pariser Zoll = 12 Pariser Linien, das Verhältniß vom Hamburger Quartier zum Berliner Quart aus dem Ansatz:

? Hamb. Quartier	1 Berliner Quart.
1	64 preußische Kubikzoll.
$(12)^3$	1 „ Kubikfuß.
1	$(139{,}13)^3$ Pariser Kub.-Linien.
$(12)^3$	1 Pariser Kubikzoll.
$45^5/_8$	1 Hamb. Quartier.

Ist 1 Hamburger Pfund = 10080 holländische Aß, und 1 preußisches Pfund = 9728 holländische Aß, so folgt, daß ein preußisches Pfund = $\frac{9728}{10080}$ Hamburger Pfund, oder daß ein Hamburger Pfund = $\frac{10080}{9728}$ preußische Pfund.

Approximative Maaß- und Gewichtsverhältnisse.

§. 9. Sollen kleinere Verhältnißzahlen ausgemittelt werden, vermittelst welcher sich die fraglichen Werthe, unbeschadet der für den gewöhnlichen Verkehr erforderlichen Genauigkeit, vergleichen lassen, so gelangt man hierzu, wenn man das auf kleinere Zahlen zurückzuführende Verhältniß in einen Kettenbruch verwandelt, und hieraus die Näherungsbrüche berechnet. — Hierzu folgendes Beispiel. Es sind 100 Zollpfund = 89,286 bayerische Pfund: das Verhältniß vom Zollpfund zum bayerischen Pfund ist mithin $= \frac{89{,}286}{100} = \frac{89286}{100000}$. Verwandelt man diesen Bruch in einen Kettenbruch, so ist

$$\frac{89286}{100000} = \cfrac{1}{1+\cfrac{1}{8+\cfrac{1}{2+\cfrac{1}{1+\cfrac{1}{445+\cfrac{1}{1+\cfrac{1}{3}}}}}}}$$

Die Näherungsbrüche dieses Kettenbruchs sind:

$\frac{8}{9}, \frac{17}{19}, \frac{25}{28}, \frac{11142}{12479}, \frac{11167}{12507}$; hält man sich an den dritten dieser Brüche, so sind 25 bayerische Pfund = 28 Zollpfund, in Uebereinstimmung mit dem im Tarif angenommenen Verhältniß. — Anderes Beispiel. Es sind 100 Zollpfunde = 106,904 preußische

Pfund; das Verhältniß ist mithin $= \frac{100}{106{,}904} = \frac{100000}{106904}$; der Kettenbruch ist:

$$\frac{100000}{106904} = \frac{1}{1+\frac{1}{14+\frac{1}{2+\frac{1}{15+\frac{1}{2+\frac{1}{13}}}}}}$$

Die Näherungsbrüche sind:

$\frac{1}{1}, \frac{14}{15}, \frac{29}{31}, \frac{449}{480}, \frac{927}{991}$; hält man sich an den zweiten dieser Brüche, so sind 15 preußische Pfund = 14 Zollpfund, in Uebereinstimmung mit dem im Tarif angenommenen Verhältniß.

Vergleichung der Maaße und Gewichte durch Messen und Abwagen.

§. 10. Die Normalmaaßstäbe oder Etalons sind von zweierlei Art, nämlich erstens solche, auf deren einer Flache die Länge durch zwei parallele Striche aufgetragen ist (étalons à traits), und zweitens solche, zwischen deren Endflachen die Größe des Normalmaaßes enthalten ist (étalons à bouts). Da aber jede Substanz den Temperaturveranderungen unterworfen ist, so kann eine auf einem Etalon abgetragene Länge, oder die ganze Länge des Etalons nur bei einer bestimmten Temperatur die wahre Länge des Maaßes sein. Es muß daher für jeden Etalon eine Normaltemperatur festgesetzt sein, bei welcher er seine richtige Länge hat, und wenn zwei Etalons mit einander verglichen werden sollen, so muß dabei auf die Temperatur Rücksicht genommen werden.

Nach den Versuchen von Borda ist für jeden Grad des Thermometers zwischen 0° und 100° die Ausdehnung des Platins = 0,00000856, des Eisens = 0,00001156, und des Messings = 0,00001783, d. h. um einen solchen Theil seiner Dimensionen nimmt jedes dieser Metalle zu, wenn die Temperatur sich um einen Grad erhöht.

Das Normalmaaß der alt französischen Längeneinheit, der Toise (die toise du Pérou, welche Condamine im Jahr 1740 bei der Gradmessung unter dem Aequator gebrauchte), ein eiserner Etalon à bouts, 17 bis 18 Pariser Linien breit, 4 Linien dick, hat seine rechte Länge bei 16°,25 (13° Reaumur). Der mit dieser Toise auf der Pariser Sternwarte aufbewahrte Normalmeter ist ein Platinstab, und seine Normaltemperatur ist 0°. Es sei nun, in Beziehung auf Obiges, die Frage zu beantworten, wie sich diese Etalons, beide auf die Temperatur 0° gebracht, verhalten.

Wenn der eiserne Maaßstab von 16°,25 auf 0° erkaltet, so verkleinern sich seine Theile, und es wird also der Meter, welcher bei 0° seine rechte Länge hat, mit ihm zusammengehalten, mehr von diesen Theilen decken. So ist demnach die Länge des Meter mit der in Rede stehenden Toise bei 0° verglichen nicht mehr 443,296 Pariser Linien (§. 6), sondern 443,296 $(1 + 16{,}25 \times 0{,}00001156) = 443''',379$. Anderes Beispiel. Ein messingener Meter soll bei 16°,3 seine normale Länge haben; um dies zu untersuchen, vergleicht man ihn bei 22° Temperatur mit obigem Meter von Platin; es ist demnach die Frage zu beantworten, wie viel von diesem der erste decken müsse.

Die Länge des Platinstabs bei 22° ist $= 1 + 22 \times 0{,}00000856 = 1{,}00018832$, und die Länge des messingenen Meters bei 22° ist $= 1 + (22° - 16°{,}3)\ 0{,}00001783 = 1 + 5,\ 7 \times 0{,}00001783 = 1{,}00010163$. Ist also die Länge des Platinstabs = 1, so ist diejenige des messingenen Stabs $= \frac{1{,}00010163}{1{,}00018832} = 0^m{,}9999133$, d. h. so viel von dem auf 22° gebrachten Platinameter muß der auf dieselbe Temperatur gebrachte messingene Meter decken, wenn er bei 16°,25 genau = 1 Meter sein soll.

§. 11. Zur genauen Vergleichung des landüblichen Längenmaaßes mit andern Maaßen bedarf man eines eigens hierzu gefertigten Instruments, welches Comparator genannt wird. Eine ausführliche Beschreibung der unterschiedlichen Constructionsarten desselben würde uns hier zu weit führen. Der Haupttheil desselben ist ein aus Metall (Eisen, Messing ꝛc.) gefertigter und mit einer Unterlage versehener Stab, welcher etwas länger als das landübliche Maaß ist, und eine feine Eintheilung hat. Auf diesen Stab werden die mit dem darauf befindlichen Maaß zu vergleichenden Maaßstäbe gelegt. Wenn aber das eine Ende des zu messenden Maaßstabs nicht an einen Theilstrich des landüblichen Maaßes, sondern zwischen zwei Theilstriche zu liegen kommt, so muß noch der Abstand von dem letzten Theilstrich des landüblichen Maaßes bis zum Ende des damit zu vergleichenden Maaßes bestimmt werden, und dies kann vermittelst des Nonius oder Verniers geschehen. Derselbe dient also dazu, Theile zu lesen, welche nicht auf der Theilung des Stabs stehen.

Untenstehende Figur stelle einen Maaßstab vor, der in gleiche Theile getheilt ist, und längst dessen Rande sich ein Schieber c d hin und her bewegen läßt. Auf dem Schieber ist eine Länge gleich einer gewissen Zahl von Theilen des Maaßstabs in einen Theil mehr, oder einen Theil weniger getheilt. Dieser Schieber mit seiner Theilung ist der Nonius. Theilt man z. B. die Länge von 9 Maaßtheilen des Maaßstabs a b in 10 Theile, so hat man einen Nonius, welcher die Zehntel angibt.

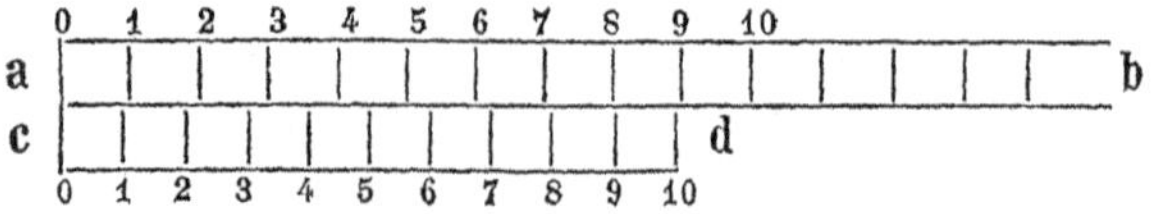

Denn da 10 Noniustheile 9 Maaßtheile ausmachen, oder 1 Noniustheil $^9/_{10}$ Maaßtheile macht, so ist der

1te Noniustheilstrich von dem 1ten Maaßtheilstrich um 0,1 entfernt,
2te " " " 2ten " " 0,2 "
3te " " " 3ten " " 0,3 "
.
.
.
9te " " " 9ten " " 0,9 "

Schiebt man also den Nonius um 0,1 vorwärts, wie in folgender Figur,

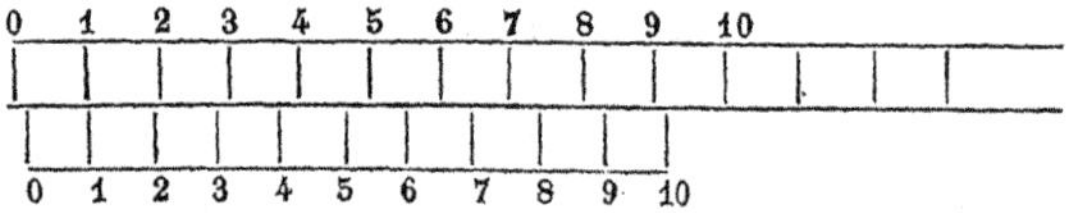

so zeigt das Ende oder der Index auf 9,1 Maaßtheile, oder der Anfang auf 0,1. Schreibt man, wie in der folgenden Figur,

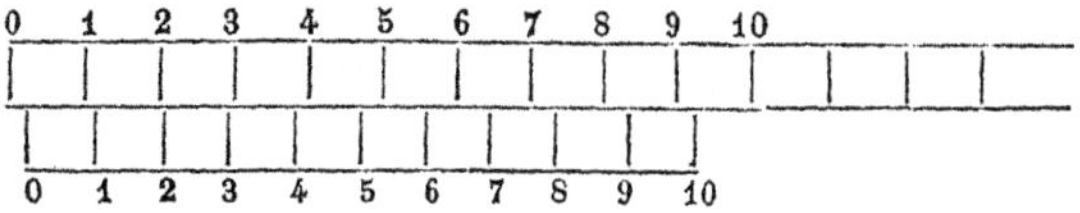

den Nonius um 0,2 vorwärts, so fällt der zweite Theilstrich des Nonius mit dem zweiten Maaßtheil zusammen, und das Ende zeigt auf 9,2, oder der Anfang auf 0,2 u. s. w.

Soll nun der Nonius Viertel, Fünftel oder überhaupt ntel von Maaßtheilen angeben, so theilt man 3 in 4, 4 in 5 oder allgemein, n in n + 1 Theile. Trifft es sich, daß der Index, wenn er an das Ende der abzumessenden Linie gebracht wird, so liegt, daß kein Theilstrich des Nonius mit einem Theilstrich des Maaßstabs genau zusammenfällt, so rechnet man nach demjenigen, welcher am nächsten bei einem Maaßtheile liegt, und das Fehlende wird vermittelst eines Vergrößerungsglases geschätzt.

Statt des Nonius gebraucht man auch zu gleichem Zweck die Mikrometerschraube, eine sehr fein geschnittene Schraube, die so viele Umdrehungen auf einem sehr kleinen Maaßtheil hat, daß man vermittelst unterschiedlicher Vorrichtungen, deren Beschreibung hier ebenfalls zu weit führen würde, sehr feine Messungen damit vornehmen kann.

§. 12. Zur genauen Vergleichung der Schwermaaße gebraucht man begreiflich die vollkommensten Wagen (§. 4). Was nun das Abwägen selbst betrifft, so ist das beste Verfahren, den unvermeidlichen Fehlern der Wage zu entgehen, dasjenige, welches in Paris bei den Bestimmungen des Kilogramms befolgt wurde. *) Es besteht darin, daß man den abzuwägenden Körper K mit irgend einem andern dazu tauglichen Körper L auf der Wage genau ins Gleichgewicht bringt, dann K von der Schale wegnimmt, und an dessen Stelle so viel Gewicht P auflegt, daß es mit dem an seiner Stelle gebliebenen L ebenfalls das Gleichgewicht herstellt. Das zu diesem zweiten Gleichgewicht erforderlich gewesene Gewicht P ist nun das wahre Gewicht von K, weil es unter ganz gleichen Umständen den gleichen Druck, wie K auf der Schale ausübte.

§. 13. Zur Vergleichung der Hohlmaaße füllt man das landübliche Hohlmaaß bis an den Rand mit dem reinsten und dichtesten Wasser und gießt es in das damit zu vergleichende Gefäß, und fährt so lange mit Auffüllen aus dem landüblichen Maaße und seinen Unterabtheilungen fort, bis das Gefäß voll ist. Hierbei hat man aber, wie weiter unten gezeigt wird, darauf zu sehen, daß das Gefäß genau bis an den Rand ausgefüllt werde, und außerdem auf die Temperatur die gehörige Rücksicht zu nehmen.

Man kann auch das Wasser, mit welchem man die mit einander zu vergleichenden Hohlmaaße angefüllt hat, abwägen und aus den Gewichtsverhältnissen auf den Kubikinhalt schließen.

Vom Eichen der Verkehrsmaaße und Gewichte.

§. 14. Die für den Verkehr gefertigten Maaße und Gewichte müssen in Folge polizeilicher Anordnungen von obrigkeitlich dazu ernannten Personen untersucht werden, und mit einer Beglaubigung, daß dies geschehen sei, versehen sein. Diese Untersuchung geschieht nach gesetzlichen, übrigens in der Beschaffenheit der Sache selbst begründeten Verfahrungsarten, und hierunter versteht man das sogenannte Eichen. Die Beglaubigung der Richtigkeit des Maaßes

*) Wild, über allgemeines Maaß und Gewicht rc. II., S. 42.

und Gewichts geschieht durch vorgeschriebene, auf den Maaßen, Gefäßen und Gewichten angebrachte Zeichen. Die nach den Normalmaaßen zur Prüfung der Verkehrsmaaße gefertigten Maaße und Gewichte nennt man Eichmaaße, Eichgewichte.

§. 15. Zum Eichen der hölzernen Hohlmaaße für trockene Dinge mit Samenkörnern wird ein nicht sonderlich harter oder schwerer, rundlicher kleiner Samen genommen, welcher rein, nicht feucht, also nicht aneinanderhängend, nicht rauh, sondern glatt sein muß. Vorzüglich geeignet dazu ist der Hirse, der Kleesamen und der Rübsamen. Andere Samenkörner sind dazu nicht tauglich, namentlich nicht Linsen, Erbsen und alle zu große, rauhe Samen, wie Roggen, Kernen, Gerste ꝛc.

Der Samen darf aber nicht eingeschüttet werden, sondern er muß durch einen Trichter laufen. Zur beispielsweisen Darstellung des weitern Verfahrens folgen hier die in der badischen Maaßordnung vom Jahr 1828 hierüber enthaltenen Bestimmungen.

Der Trichter hat eine obere quadratförmige Oeffnung, welche in jeder Seite 13¾ Zoll lang ist; die quadratförmige Auslauföffnung ist auf jeder Seite 7 bis 8 Linien lang; die senkrechte Entfernung von der Aufschüttöffnung beträgt 17 Zoll. Es können auch runde Trichter von Blech zum Eichen gebraucht werden, in welchem Falle, bei gleicher Höhe und bei gleichem Inhalte, wie die vierkantigen Trichter, der Durchmesser der obern Oeffnung 15 Zoll 5 Linien, und der Durchmesser der Auslauföffnung 8 Linien beträgt. Ein eisernes Plättchen, welches an der Auslauföffnung des Trichters in der Seitenwand dergestalt angebracht ist, daß es sich um einen in dieselbe geschlagenen Nagel horizontal dreht, schließt und öffnet den Trichter an seiner untern Oeffnung.

Dieser Trichter wird auf einen Trichterstuhl gesteckt. Dies ist ein, mit einer kleinen Erhöhung eingefaßtes Brett, 24 Zoll lang und 13 Zoll breit, auf vier festen oder eingeschraubten Füßen, die das Brett in einer Höhe von 2½ Fuß halten. In dessen Mitte ist ein quadratförmiges Loch, so groß, daß der Trichter bis zu ⅓ seiner Höhe hineingeht. Die Entfernung der Auslauföffnung des Trichters vom Boden der zu eichenden Gefäße soll 20 Zoll betragen. Hierzu ist noch ein gerades Lineal zum schärferen Abstreichen des Samens erforderlich.

Ein großes, auf dem Boden ausgebreitetes Tuch, oder auch eine hölzerne, mit einer Einfassung versehene Unterlage faßt den überfallenden oder abgestrichenen Samen auf. Die Operation muß übrigens auf einem festen Boden, und mit Vermeidung jeder Erschütterung durch Gehen, Fahren, Thürschließen, starken Wind ꝛc. geschehen.

Vor allem wird nun der obere Rand des zu eichenden Gefäßes auf einem Fügblock geebnet, denn selten ist die obere Randfläche des zu eichenden Gefäßes, weder nach der Dicke des Holzes, noch nach dem Umfange desselben rund herum eben.

Nun wird der Samen in den unten geschlossenen Trichter eingeschüttet, und zwar nur etwas Weniges mehr, als der Inhalt des Eichgefäßes zur Anfüllung erfordert. Man thut daher gut, den Samen in den Trichter einzumessen, da eine bedeutend stärkere Anfüllung, als das Eichmaaß und das darnach zu eichende Gebrauchsmaaß erfordert, ein unrichtiges Resultat geben könnte. Daß aber etwas mehr Samen in den Trichter gelassen wird, ist zum Behufe des genauen Abstreichens des anzufüllenden Eichmaaßes erforderlich.

Damit die Körner frei durch die ganze Oeffnung auslaufen, muß sodann das Schließloch ganz herum gedreht werden. Man läßt diese nahe in die Mitte des untergestellten Eichgefäßes laufen. Sogleich, nachdem alles ausgelaufen, ebnet und streicht man es, theils mit dem Barte einer Feder, theils mit dem Lineal sanft ab. Den Inhalt des Eichgefäßes schüttet man vorsichtig in den Trichter auf, und läßt den Samen in das zu eichende noch unbeschlagene Gefäß laufen, nachdem vorher ein eiserner Steg mit seiner Unterstützungsstange, oder so viel von Holz als beide Stücke dem Raum nach betragen, hineingelegt worden. Der Samen wird das noch zu große Gefäß nicht ausfüllen; man schüttet nach und nach so viele Becher *) Frucht noch auf und läßt sie durchlaufen, bis es davon voll wird, und zieht Das, was nach dem Ebnen und Abstreichen übrig bleibt, von der Anzahl der nachgeschütteten Becher ab. Für jeden Becher nun, den die völlige Anfüllung des Gefäßes noch erforderte, kann man die Höhe oder Tiefe eines Sestergefäßes um fast $1/2$ Linie niederer machen, weil eine Linie mehr oder weniger Tiefe schon $1\,3/4$ Becher ausmacht. Beim Halbsester kommt auf 1 Becher fast 1 Linie ꝛc. Hierbei ist noch zu bemerken, daß bei dem Nachschütten Bewegungen vorgehen, in Folge welcher die Frucht sich im Gefäße etwas zusammensetzen kann, daher das zur völligen Anfüllung Erforderliche in dieser Rücksicht eher etwas zu groß, als zu klein ausfallen kann.

---

*) Die Maaße für sackfähige Dinge sind im Großherzogthum Baden: Der Zuber = 1000 Maas, das Malter = 100 Maas; der Sester = 10 Maas, das Meßlein = 1 Maas; der Becher = $1/10$ Maas. Die Maas hält $1/13$ Kubikfuß des neuen badischen Maaßes (§. 6.)

Mit einem Streichmodel macht man nun einen Riß am Rand des Gefäßes herum, so weit von letzterm abstehend, als der gefundene Mehrgehalt erfordert, um auf dem Fügblock, oder wenn gar zu viel wegzunehmen wäre, mit der Säge das Ueberflüssige herunter zu nehmen. Hierauf wird das Gefäß wieder auf die vorige Art mit Frucht gemessen, und das bisherige Verfahren so lange wiederholt, bis es ziemlich genau seinen Inhalt hat. Nachdem es hierauf beschlagen, folglich auch mit dem Stege versehen worden, wird noch einmal auf dieselbe Weise geeicht. Hält jetzt das Gefäß zu wenig, so kann man es immer um so viel erweitern, wenn man mit einer Holzraspel innen am Rande mehr ebnet, oder auch da etwas abnimmt, wo das Holz übereinander geheftet ist. Hält es zu viel, so feilt man auf dem Rande herum, folglich auch auf dem Stege, da derselbe mit dem Rande in einer Ebene liegen soll, etwas ab.

Es kommt sehr viel darauf an, daß der Same die gleiche Zeit brauche, in das zu eichende Gefäß zu laufen, wie in das Eichmaaß selbst. Eben so nöthig ist es, die Stellung beider Gefäße so zu ordnen, daß der Boden des einen eben so weit unter der Auslauföffnung sei, als der Boden des andern, denn ein Unterschied von nur 1 Zoll kann Unterschiede in der Samenmenge geben, folglich das Eichen fehlerhaft machen.

Das Abstreichen muß jedesmal dicht über dem obern Rande stets nach einer Seite hin, und nicht über darauf liegende Körner geschehen; auch muß der Trichter für beide Anfüllungen immer nahe gleichviel Samen enthalten.

Bei obiger Verfahrungsweise wird vorausgesetzt, daß ein Gefäß mit einem gleichgroßen und an Gestalt nicht sehr unähnlichen Gefäße geeicht werde. Wollte man in Ermangelung eines gleichgroßen Eichgefäßes vermittelst eines kleinern durch Wiederholungen ebenfalls mit Frucht eichen, so könnte dies ohne besondere Vorsicht zu beträchtlichen Fehlern Anlaß geben. Es müssen daher die Gebrauchsgefäße mit denjenigen Eichgefäßen, welche den gleichen Inhalt haben, und wenn keine gleichgroße Eichgefäße vorhanden sind, mit solchen geeicht werden, die denselben an Größe am nächsten stehen.

§. 16. In Beziehung auf das Eichen ist es sehr zweckmäßig, wenn die Flüssigkeitsmaaße cylindrisch sind und bis zur Randhöhe gefüllt ihren richtigen Inhalt haben sollen. Dies schreibt auch die badische Maaßordnung vor. Zum Behufe der leichteren Anfüllung und Ausleerung dürfen sie aber mit einer in eine Schnautze auslaufenden Stülpe versehen sein, welche nach vollzogener Eiche an dem Gefäße befestigt werden kann. Da außerdem eine vollkommene Genauigkeit in den vorgeschriebenen Dimensionen bei der Fabrikation der Maaße nicht sogleich erreicht werden kann, so muß dabei in der Höhe etwas zugegeben werden, damit sie durch Abnehmen vom Rande auf den rechten Inhalt gebracht werden können.

Zur genauen Anfüllung der Flüssigkeitsmaaße mit Wasser dient entweder der Gebrauch eben geschliffener Glasplatten (plateaux obturateurs), die auf den Rand des Gefäßes geschoben werden und die richtige Wassermenge einschließen, oder der Gebrauch des Zungenlineals, welches vermittelst seiner Stützen auf den Rand gestellt wird, und dessen Zunge alsdann die Wasserfläche in der Mitte bloß berühren muß.

Da die Glasplatten, wenigstens auf derjenigen Seite, womit sie auf dem Rande des Gefäßes aufliegen, eben geschliffen sein müssen, so kann man kein gewöhnliches Fensterglas, sondern nur etwa Stücke von Spiegeln gebrauchen; die aufliegende Fläche darf nicht die geringste sichtbare oder fühlbare Unebenheit haben. Aber auch der geschliffene Rand des Eichgefäßes muß eben und rein sein. Denn die geringste Erhöhung, oder irgend eine Unreinigkeit, erhebt die ganze Glasplatte, die dadurch den Rand verläßt und daher ein falsches Leeres, einen zu großen Hohlraum angeben kann. Je größer übrigens der Durchmesser einer Glasplatte oder eines Gefäßes, wozu sie gebraucht wird, ist, desto dicker sollte sie sein, damit sie sich durch das Halten und Andrücken an den Rand nicht biege.

Das Zungenlineal besteht aus einem metallenen Stäbchen von der Länge des Durchmessers des Gefäßes, zu welchem es gebraucht wird, die Breite seines Randes dazu gerechnet. Von beiden Enden gehen rechtwinklich 4 bis 8 Linien lange Stützen herab, ohngefähr so dick, als das Stäbchen selbst, oder so, daß es über jeden Durchmesser des Gefäßes auf dessen Rand von selbst stehe. Aus der Mitte der Länge des Stäbchens senkt sich eine, etwa zwei Linien breite, gegen das Ende schmäler, dünner und abgerundet auslaufende Zunge herab. Das Aeußerste dieser Zunge muß mit den Enden beider Stützen genau in einer geraden Linie sein. Um sich aber der geraden Lage der Stützen und der Zunge zu versichern, stellt man das Zungenlineal auf die Schärfe oder Dicke eines guten Lineals. Auch müssen die Enden der Stützen nicht bloß mit einigen Punkten, sondern mit ihrer ganzen Fläche aufstehen; ob das letztere geschehe, erkennt man leicht, wenn man, alles gegen die Helle haltend, zwischen durchsieht.

Der Gebrauch der Glasplatte ist folgender. Man schiebt sie trocken, und wagrecht haltend, auf den gereinigten Rand des mit Wasser gefüllten Gefäßes. Ist dieses überfüllt, so wird die Platte das, was zuviel darin ist, davon herausdrücken. Ist es nicht genug angefüllt, so wird sich eine Luftblase darunter zeigen. Arbeitet man mit einer gemessenen Flüssigkeit, von welcher nichts verloren werden darf, so kann man mit einem kleinen sehr spitzig auslaufenden Stechheber leicht das, was an Wasser zuviel im Gefäße ist, aus demselben herausheben, oder das noch mangelnde hinein tröpfeln lassen.

Leicht und bequem, ohne etwas zu verschütten, leert man, bei einiger Uebung, ein mit Wasser gefülltes und mit der Glasplatte geschlossenes Gefäß in ein anderes aus. Drückt man die Glasplatte sanft an den Rand des Gefäßes an, so kann dieses in jeder Richtung, ohne daß etwas abläuft, also auch fast liegend, gehalten und getragen werden, welch' letztere Lage zum Ausleeren erforderlich ist, damit kein Wasser am Gefäß herablaufe. Um dieses Ablaufen um desto sicherer zu vermeiden, so bestreiche man die Stelle des Ablaufs am Rande ein wenig mit Unschlitt. Nun wird in dieser schiefen, oder fast liegenden Haltung die immer sanft auf dem Rande angedrückte Platte von der Stelle, wo das Wasser auslaufen soll, zurückgezogen, damit zuerst eine Oeffnung entstehe, durch die das Wasser ausfließen kann. Ist ein Theil Wasser langsam abgeflossen, so schließt man das Gefäß durch Vorziehen der Platte, richtet es auf, und zieht die Platte ab, weil sich jetzt das Uebrige wie gewöhnlich ausleeren läßt, ohne daß es am Gefäß herunterläuft.

Ein Gefäß ist mit Wasser zur Prüfung mit dem Zungenlineal richtig angefüllt, wenn dasselbe mit seinen Stützen auf den ebenen und vorher rein abgewischten Rand gestellt, mit der Zunge die Wasserfläche bloß berührt, wenn man also nicht nur zwischen Wasser und Zunge nicht hindurchsehen kann, sondern auch wahrnimmt, daß kein Theil der Zunge in das Wasser hineinreicht.

Der kleine Stechheber ist auch hier gut zu gebrauchen, um, was zu viel ist, herauszuheben, ohne die Wasserfläche in Unruhe zu bringen, oder auch das noch Mangelnde zuletzt nicht durch Eintröpfeln, sondern indem man die Spitze des Hebers ins Wasser steckt, so lange und bis zum Augenblick einlaufen zu lassen, wo die Wasserfläche mit der Zunge in Berührung kommt. Hierbei ist nun eine Erscheinung zu beachten, die zur Erreichung einer äußerst genauen Anfüllung sehr dienlich ist. Man sieht nämlich unter der ruhigen Wasserfläche von der Zunge des Lineals auch das Bild der Zunge in verkehrter Stel=

lung. Wenn nun die wirkliche Zunge das Wasser noch nicht berührt, so ist der Abstand ihrer Spitze vom Bilde der Spitze doppelt so groß, als der Abstand der wirklichen Zunge von der Wasserfläche, oder das Bild ist eben so weit von der Wasserfläche nach unten entfernt, als die wirkliche Zunge nach oben. Ist daher der ganze Abstand von Spitze zu Spitze 1 Linie, so ist die wirkliche Zunge nur $1/2$ Linie von der Wasserfläche. Auf diese Art ist also ein sehr kleiner Abstand der Zunge von der Wasserfläche noch sehr bemerkbar, und man darf Das, was zur gänzlichen Anfüllung noch fehlt, oder was das Gefäß zu groß ist, nur nach der Hälfte des bemerkten Abstandes von der wirklichen Zunge zu dem Bilde derselben schätzen. Nur erfordert dieses alles einen ruhigen Stand, sowohl des Gefäßes, als der umgebenden Luft, denn sonst springt das Wasser zu früh an die Zunge und bleibt daran hängen, wenn auch die eigentliche ganze Wasserfläche noch nicht die richtige Höhe erreicht hat. Eine solche Ruhe ist selten auf einem gewöhnlichen Tische, sondern nur auf einer Mauer, oder auf einem Fenstergesimse eines steinernen Hauses rc., bei ruhiger Luft zu erhalten. Ob das Wasser wirklich bei der Zunge in die Höhe gehoben sei, das kann zwar ein geübtes Auge an den dort, von umherstehenden Dingen zurückgeworfenen Bildern erkennen. Man kann aber auch das Zungenlineal wegnehmen, die Zunge abtrocknen, dann das Lineal wieder mit möglichster Vermeidung jeder Erschütterung vorerst mit der einen Stütze auf den Rand stellen und dabei genau Acht geben, ob das Wasser schnell oder langsam an die Zunge anspringe, ob diese sich eintauche oder nicht, ob das Wasser rund um die Spitze eben oder in die Höhe gehoben sei. Die Wasserfläche wie die Zunge muß rein sein, denn das geringste auf dem Wasser schwimmende, oder der Zunge anhängende Fäserchen kann das Wasser schon emporheben. Eher muß die Zunge fettig, als zuvor schon naß sein.

Der horizontale Stand des Gefäßes ist durchaus nöthig, besonders wenn man sich des Zungenlineals bedient. Das Gefäß aber, wenn solches genau verfertigt ist, und einen gleichweit von seinem Boden abstehenden und ebenen untern Rand hat, erhält seinen horizontalen Stand, indem man solches auf die Mitte eines zu diesem Zweck eingerichteten dreieckigen Brettes stellt, wenn letzteres selbst vorher vermittelst der daran befindlichen Schrauben in eine solche Lage gebracht worden ist, daß die Luftblase einer Dosenlibelle genau in der Mitte des Glases einspielt.

Das Wasser hängt sich in metallenen Gefäßen leicht in großen Tropfen an; es fließt aber größtentheils ab, wenn man die benetzte innere Fläche mit Trippelerde reibt und dann diese wieder ausspült. Weil aber an der benetzten Fläche doch noch etwas Wasser hängen bleibt, so hat man hierauf gehörige Rücksicht zu nehmen, und es muß das Gefäß, welches die Menge Wassers eines andern genau empfangen soll, vorher inwendig durchaus benetzt werden, indem man es mit Wasser füllt, oder ausspült und dann austropfen läßt, um das zu ersetzen, was am ausgeleerten Gefäße nach genau eben so langem Austropfen hängen bleibt. Dabei hat man begreiflich auf die Größe oder auf das Verhältniß der benetzten Flächen zu sehen, denn z. B. in vier Schoppengefäßen, die in ein Maasgefäß ausgeleert werden, bleibt mehr als in letzterem hängen, weil jene benetzten Flächen mehr betragen, als die innere Fläche des Maasgefäßes. Was beim Eichen der hölzernen Hohlmaaße in Betreff der Größe der Eichmaaße bemerkt worden ist, gilt überhaupt, und insbesondere in Beziehung auf den vorhin erwähnten Umstand auch für die mit Wasser zu eichenden Gefäße.

Schließt man das Wasser mit der Glasplatte ein, so hat man vorher alle etwa im Innern des Gefäßes anhängende Luftblasen mit einer langen Nadel wegzuschaffen. Wie viel der zu großen Tiefe des Gefäßes (durch Abdrehen, Abfeilen oder Abschleifen) noch abgenommen werden muß, gibt, nachdem die rechte Menge Wasser, die es halten soll, aus dem Eichmaaß eingegossen worden, das Zungenlineal besser als die Glasplatte zu erkennen, weil sich der Abstand der Wasserfläche von der Zunge, welcher der Hälfte des Abstandes der wirklichen Zunge von ihrem Bilde unter dem Wasser gleich ist, sehr gut schätzen läßt. Ist das Gefäß zu klein, was man daran erkennt, daß die Zunge vom Zungenlineal sich eintaucht, oder daß die Glasplatte einen Theil des Wassers wegdrückt, so muß das Gefäß gehörig erweitert, dabei aber darauf Rücksicht genommen werden, daß die Wand nicht zu dünne werde. Jede Eichungsoperation muß übrigens, so viel wie thunlich, bei gleicher Temperatur von 14—16 Grad Reaumur vorgenommen werden. Die Werkzeuge, die Gefäße und die Hülfsmaterialien müssen eine gleiche Temperatur angenommen haben, wenn man zu richtigen Resultaten gelangen will. Es versteht sich von selbst, daß bei der Prüfung und Vergleichung der Eichmaaße vermittelst der Normalmaaße mit größerer Schärfe verfahren werden müsse, als bei der Prüfung und Vergleichung der Verkehrsmaaße vermittelst der Eichmaaße. Die Verfertiger der Maaße (Kübler, Blechner, Zinngießer rc.) sind übrigens angewiesen, die Maaße so zu fertigen, daß solche, wenn sie den Eichämtern zur Prüfung und Stempelung übergeben werden, möglichst genau ihren wahren Inhalt schon haben. Dem Eicher steht es frei, solche Gefäße, die, um auf den richtigen Inhalt gebracht zu werden, eine umständliche Behandlung mit Werkzeugen erfordern, den Verfertigern derselben zur Verbersserung zurückzugeben.

§. 17. Was das Eichen der Längenmaaße betrifft, so werden sie mit dem Mustermaaß verglichen, indem man ihre Eintheilung neben einander bringt, und sieht, wie sie mit einander übereinstimmen.

§. 18. Das Eichen oder Justiren der Gewichte geschieht auf einer guten, der Schwere des Gewichts angemessenen Wage, welche die erforderliche Beweglichkeit und Empfindlichkeit hat, und deren Wagbalken nicht nur für sich allein, sondern auch mit den daran hängenden Schalen und bei der Verwechslung derselben wenigstens nahe das Gleichgewicht hält. Hat man die Wage in diesen Beziehungen geprüft, so legt man in die eine Wagschale das Normalgewicht, und in die andere das Gegengewicht, gleichviel, aus was es bestehe, bis vollkommenes Gleichgewicht entsteht. Am besten eignen sich, nebst den kleinen Gewichtstheilen, Schrote von verschiedener Größe. An die Stelle des Normalgewichts legt man nun das zu eichende Gewicht, welches noch zu schwer gefunden werde. Man lege deßwegen zum Gegengewicht so viele kleine Stückchen Metall, die nach der Form oder Farbe von den Gegengewichtstücken zur Vermeidung eines Irrthums verschieden sein müssen, hinzu, bis nahe ein Gleichgewicht entsteht, nur um zu schätzen, wie viel man unten am Boden des zu justirenden Stücks wegzufeilen habe. Nachdem abgefeilt worden, stellt man den nämlichen Versuch an, wo sich von selbst versteht, daß man vorher die dem Gegengewicht zugelegten Stückchen Metall wegnehmen müsse. So fährt man im Abwägen und Abfeilen fort, bis das zu justirende Gewicht mit dem Gegengewicht, welches seine Schale nicht verlassen darf, vollkommenes Gleichgewicht hält. Nimmt man mit der Feile von einem aus Messing gefertigten Gewicht zu viel weg, was bei einer lang dauernden Justirung leicht geschehen kann, so muß mit dem Löthkolben etwas Zinn aufgetragen, und dann neuerdings abgewogen werden. Bei Eisengewichten hilft man mit Abschaben oder Zugießen von Blei.

Mit einer andern kleinen justirten Wage kann man sich dieses Justiren sehr erleichtern. Man legt Das, was ein Gewicht noch zu schwer gefunden wird, auf die eine Schale, und sammelt auf die andere, was man davon feilt oder schabt, so lange, bis dieses ebensoviel beträgt. Was ein messingenes Gewicht zu leicht ist, läßt sich wohl auch dem Auge darstellen, aber es ist alsdann schwerer, mit dem Löthkolben gerade so viel aufzutragen. Mit eisernen Gewichten ist letzteres leichter, wenn man Bleidraht von verschiedener Dicke hat, gerade so viel davon nimmt, als die Ergänzung zum richtigen Gehalte erfordert, und dann dieses ergänzende Stückchen in ein, in den Blei-Einguß getriebenes Loch einschlägt, das unten etwas weiter, als bei seiner Oeffnung sein muß.

Der Bleieinguß und die Abstempelung müssen auf eine Weise geschehen, daß jede spätere Veränderung durch Zuguß oder Hinwegnahme von Blei erkennbar wird.

Endlich ist zu bemerken, daß bei jedem Abwägen Gewicht und Gegengewicht so viel wie möglich in die Mitte der Wagschale zu legen sind.

Gesetzliche Fehlergrenze der Maaße und Gewichte.

§. 19. Wegen der Schwierigkeit, die Verkehrsgewichte in völliger Uebereinstimmung mit dem Normalgewichte zu fertigen, gestatten die Gesetze eine Abweichung hiervon innerhalb einer gegebenen Grenze. Nach der badischen Maaßordnung z. B. darf bei keinem Gewicht unmittelbar nach erfolgter Eichung an dem vollen gesetzlichen Gehalte etwas fehlen, und findet daher in dieser Beziehung keine Toleranz statt. Die Eicher sind aber dafür verantwortlich, daß die aus ihren Händen kommenden Gewichte den gesetzlichen Gehalt

beim Centner und Halbcentner	nicht	um	1	Loth
bei kleinen Gewichten bis 10 Pfund	„	„	1/2	„
„ denen unter 10 bis zu 5 Pfund	„	„	1/4	„
„ denen von 5—2 Pfund . .	„	„	1/8	„
„ noch kleinern Eisengewichten .	„	„	1/16	„
beim gemeinen Einsatz-Krämergewicht von 1 bis 2 Pfund nicht um			1/16	„

übersteigen.

Aehnliche Bestimmungen in dieser Beziehung enthalten die Gesetze für die übrigen Maaße. So sind z. B. nach der badischen Maaßordnung die metallenen Längenmaaße als fehlerhaft zu betrachten, wenn die Länge einer Ruthe von der gesetzlichen Länge um mehr als zwei Punkte, wenn eine Klafter um mehr als 1 Punkt, der Fuß und die Elle um mehr als 1/2 Punkt *) abweicht. Die hölzernen Längenmaße sind als fehlerhaft zu betrachten, welche die vorgeschriebene Länge nicht vollkommen haben, oder wenn die Ruthe und das Klafter um 2 1/2 Punkte, der Fuß und die Elle um mehr

*) 1 Fuß = 10 Zoll, = 100 Linien, = 1000 Punkte.

als 2 Punkte zu groß sind. Metallene Hohlmaaße sind fehlerhaft geeicht, wenn die Abweichung, welche den Gehalt größer als den gesetzlichen Inhalt macht, bei zinnernen und kupfernen kleinen Gefäßen mit geschliffenem Rande von der Maas abwärts 1/4 Procent, bei blechernen Gefäßen mit Stülpen und bei andern zum Untertauchen 1/2 Procent beträgt. Diese Toleranz soll rücksichtlich der Abweichungen, welche den Gehalt kleiner als den gesetzlichen geben, nicht stattfinden. Die Größe der Abweichung wird durch die Abwägung des Wassers gefunden, welches die Eichgefäße und die fehlerhaft geeichten Gebrauchsmaaße enthalten. Hölzerne Hohlmaaße dürfen nicht weniger, als den gesetzlichen Inhalt haben; das Doppelsester und Sester dürfen aber nicht mehr, als um 1/4 Procent und die übrigen kleineren Fruchtmaaße nicht mehr, als um 1/2 Procent zu groß sein. In Betreff der gläsernen Flüssigkeitsmaaße beträgt die Toleranz für Halsgefäße 1/4, und für die anderen Gefäße 1/2 Procent.

Vom Eichen der größeren Flüssigkeitsgefäße von Holz.

§. 20. Die größeren Flüssigkeitsgefäße von Holz (z. B. in Baden: die Stütze, der Zehentkübel und die Tragbütte) und die zum Transport von Flüssigkeiten im inländischen Verkehr dienenden Fässer müssen ebenfalls geeicht, d. h. es muß der Inhalt derselben vermittelst Auffüllen mit Wasser untersucht, und der Befund dieser Untersuchung auf den Gefäßen eingebrannt werden. Weil hierzu viel Wasser erforderlich ist, so wird das zur Inhaltsbestimmung erforderliche Gefäß, der Sinnkessel oder Eichkessel, bei öffentlichen Brunnen oder durchfließendem Wasser aufgeführt. In Baden ist derselbe gesetzlich wie folgt eingerichtet: Am Boden hat der, in starke eiserne Ringe gefaßte Kessel eine Vertiefung gegen die Mitte, von ungefähr einem halben Zoll, woselbst die Ausflußöffnung angebracht ist; letztere ist mit einem Rohr und gut schließendem Hahnen verbunden. Ist der Kessel für eine halbe Ohm eingerichtet, so läuft, wenn er angefüllt wird, alles über eine halbe Ohm gehende Wasser aus einer am Umfang des Kessels angebrachten Oeffnung ab; ist der Kessel für eine ganze Ohm eingerichtet, so läuft durch eine solche Oeffnung alles über eine Ohm gehende Wasser ab u. s. w. Außerdem sind an der innern Wand des Kessels Theile der Ohm oder überhaupt des dem Kessel entsprechenden Rauminhalts durch Stifte bezeichnet, und wenn das zur vollständigen Anfüllung des zu eichenden Fasses erforderliche Wasser weniger, als der kleinste Theil des Kessels beträgt, so werden kleinere Eichgefäße gebraucht. Dabei ist aber dem zu eichenden Fasse immer eine solche Lage zu geben, daß das Spundloch die höchste Stelle des Fasses ist. Sind aber die Fässer gegen die Lage des Auslaufrohrs zu hoch, um durch dasselbe das Wasser vermittelst des Kanals in das Faß bringen zu können, so läßt man es in einer Tragbütte, die man zuvor gut genetzt hat, laufen, und bringt es in das Faß. Der Kanal muß von verzinntem Blech oder von Kupfer sein. Hölzerne Kanäle sind, weil sie Wasser einsaugen, auch oft Wasser durchlaufen lassen, hierzu nicht geeignet.

Kleinere Fässer und Gefäße von dem Gehalte weniger Stützen (zu 10 Maaß) sind vermittelst wiederholter Anfüllung und Ausleerung der Eichstütze in dieselbe zu sinnen, so wie es sich von selbst versteht, daß die kleinern hölzernen Gebrauchsmaaße auch nur mit den kleinern Eichgefäßen gesinnt werden.

Inhaltsbestimmung der Fässer durch Visiren.

§. 21. Der Inhalt der Fässer kann außerdem stereometrisch, d. h. durch Messung linearer Dimensionen und hierauf gegründeter Berechnung bestimmt werden *), sowie auch auf mechanische Weise, vermittelst besonders dazu eingerichteter Maaßstäbe, durch das sogenannte Visiren.

---

*) Wenn man $1/3$ von der Bodenfläche zu $2/3$ von der Spundfläche addirt, so erhält man die Grundfläche des faßgleichen Cylinders, d. h., die Grundfläche des Cylinders, welcher bei gleicher Länge auch denselben Inhalt, wie das Faß hat. Das Produkt der Länge und jener Grundfläche gibt den Inhalt der runden Fässer. Um den Inhalt eines ovalen Fasses zu erhalten, messe man den größten Spund- und Bodendurchmesser, berechne den Inhalt, als wenn das Faß rund wäre, und setze die Proportion: wie sich verhält der größte Bodendurchmesser zum kleinsten, so verhält sich der gefundene Inhalt zum gesuchten.

Bei großen Fässern ist der Druck der in denselben enthaltenen Flüssigkeit so stark, daß die Böden zu mehrerer Festigkeit gewölbt sein müssen; solche Böden nennt man gesenkte Böden. Die Senkung ist circularisch und gehört einem Halbmesser von 30 bis 40 Fuß. Ist aber der Boden gesenkt, so sind, da derselbe aus mehreren mit hölzernen Nägeln zusammengefügten Brettern besteht, die Spund- und die ihr gegenüberstehende Grund- oder Lagerdaube die kürzesten, die um 90° von ihnen entfernten Seitendauben hingegen am längsten. Bei Fässern mit gesenkten Böden gibt daher die größte, im Lichten genommene Länge des Fasses seinen Inhalt ungefähr um die doppelte Bodensenkung zu groß an. Um also den Inhalt des Fasses zu finden, müßte man den doppelten Inhalt der Bodensenkung von dem ohne Berücksichtigung derselben berechneten Inhalt des Fasses abziehen. Dies würde indessen auf eine Regel führen, welche in der Praxis nicht brauchbar wäre, und man muß deshalb auf eine andere Art den Inhalt der Bodensenkung, wenn auch nur beiläufig, in Rechnung bringen. Man bringt aber die Bodensenkung, sowohl bei runden als ovalen Fässern hinlänglich genau in Rechnung, wenn man das arithmetische Mittel aus der innern kleinsten und größten Länge des Fasses mit der Grundfläche des faßgleichen Cylinders multiplicirt. Aber auch die

Die stereometrische Inhaltsbestimmung ist für den gewöhnlichen Verkehr nicht brauchbar, da die Messungen theils ziemlich zeitraubend, theils wegen Mangel an Raum im Keller sehr beschwerlich sind, endlich auch, weil die einschläglichen Berechnungen schon einige arithmetische Kenntnisse erfordern, welche gerade bei Denjenigen, welche es mit der Inhaltsbestimmung der Fässer zu thun haben, selten vorauszusetzen sind. Vermittelst des Visirens kann zwar der Inhalt eben so genau und auf eine sehr leichte Art ausgemittelt werden; wir werden aber weiter unten sehen, warum und inwiefern dieses Verfahren nur unter gewissen Einschränkungen in Anwendung gebracht werden kann.

§. 22. Die Maaßstäbe, welche zum Visiren gebraucht werden, nennt man Visirstäbe. Wir beschränken uns hier auf die Construction und Gebrauchsanweisung derjenigen Art von Visirstäben, welche man kubische Visirstäbe nennt, weil solche für die Praxis am tauglichsten sind. *)

Die Anwendung des kubischen Visirstabs zur Inhaltsbestimmung der Fässer beruht auf dem geometrischen Satze, daß sich die ähnlichen Körper wie die Kubikzahlen ihrer ähnlich liegenden linearen Dimensionen verhalten.

Es seien A und a zwei Cylinder, bei denen sich die Durchmesser zur Höhe verhalten, wie $d : h$; beide sind daher ähnlich, und es verhält sich der Inhalt von A zum Inhalt von a 1) wie die Würfel der Durchmesser, 2) wie die Würfel der Höhen, 3) wie die Würfel der Diagonalen mn, op.

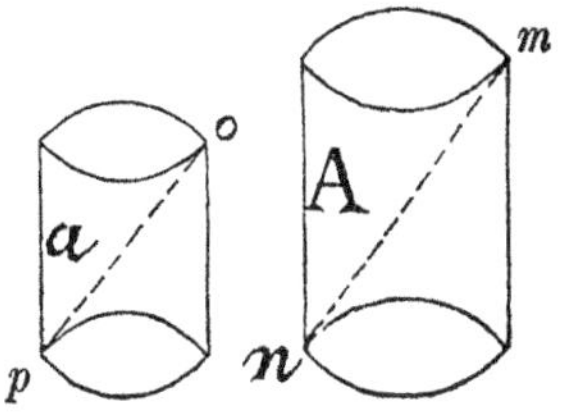

Soll nun für Cylinder, deren Durchmesser zur Höhe sich wie $d : h$ verhält, der Durchmesser und die Höhe eines Cylinders be=

mittlere Länge des Fasses kann nicht genau bestimmt werden, weil man die Dicke der Böden nicht messen kann; gewöhnlich beträgt sie etwas weniger, als die Holzdicke der Dauben an den Köpfen; weil man aber hierüber keine Gewißheit hat, so kann man immerhin bei der Berechnung annehmen, daß die Holzdicke der Böden derjenigen der Dauben an den Köpfen gleichkomme.

*) Vergl. Späth, Abhandlung von runden, ovalen, Ey= und vieleckigen Fässern. Nürnberg, 1796.

Practische Anweisung allerley Arten von Bräu=, Brenn= und Farb=Gefäßen, so wie runde, ovale, Ey= und vieleckige Fässer zu visieren. Nürnberg, 1796.

Benzenberg, Geometrie und Rechenkunst. Düsseldorf, 1811.

Ders., der vollkommene Visirmeister ꝛc. Düsseldorf, 1811.

Bleibtreu, Visirkunst. Carlsruhe, 1833.

stimmt werden, welcher das landübliche Maaß enthält, so ist, wenn x den gesuchten Durchmesser bezeichnet, $\frac{hx}{d}$ die entsprechende Höhe. Man hat also, wenn m den Kubikinhalt des landüblichen Maaßes bezeichnet, die Gleichung

$$\frac{\pi h x^3}{4d} = m, \text{ woraus } x = \sqrt[3]{\frac{4md}{\pi h}}$$

Bezeichnet man die entsprechende Diagonale welche $= \frac{x}{d} \sqrt{d^2 + h^2}$, durch f, so ist f die Diagonale des Cylinders, welcher 1 Maaß enthält, und $f \sqrt[3]{m}$ die Diagonale des Cylinders, welcher m Maaß enthält. Multiplicirt man also f mit den Kubikwurzeln der Zahlen 2, 3, 4 u. s. w., so erhält man die Diagonalen der Cylinder, welche 2, 3, 4 Maaß u. s. w. enthalten; denn es sind die Diagonalen =

$$f, f\sqrt[3]{2}, f\sqrt[3]{3}, f\sqrt[3]{4} \text{ u. s. w.}$$

und es verhalten sich die Cylinder, wie die Würfel der Diagonalen, also wie 1 : 2 : 3 : 4 u. s. w.

Trägt man die den Produkten f, $f\sqrt[3]{2}$, $f\sqrt[3]{3}$ u. s. w. entsprechenden Theile nach dem tausendtheiligen Maaßstabe auf einen Stab, und bemerkt man die Zahl der Maaße neben den Theilstrichen, so hat man einen kubischen Visirstab, den man bei der Messung cylinderförmiger Gefäße in der Richtung der Diagonale in den Cylinder steckt; der Theilstrich am Rande des Gefäßes gibt den Inhalt an.

So wie man einen kubischen Visirstab nur für solche Cylinder anwenden kann, welche ein und dasselbe Grundverhältniß, d. h. ein und dasselbe Verhältniß vom Durchmesser zur Höhe haben, nach welchem der Visirstab berechnet worden ist, so kann man auch den kubischen Visirstab, welcher zur Ausmessung der Fässer dienen soll, nur für eine gewisse Gattung derselben, d. h. für alle diejenigen Fässer, welche einander ähnlich sind, und für welche der Maaßstab berechnet worden ist, in Anwendung bringen. Man hat also für jede Gattung einen besondern Visirstab nöthig.

Die ähnlichen Fässer, als regelmäßige Körper betrachtet, verhalten sich wie die Kubikzahlen ihrer ähnlichliegenden linearen Dimensionen. So wie nun beim Cylinder drei Dimensionen, nämlich Durchmesser, Höhe und Diagonale zur Construction des kubischen Visirstabs angewendet werden können, so kann man beim Faß vier Dimensionen, nämlich die Länge ab des Fasses, den Bodendurchmesser cd, den Spunddurchmesser *ef*, und endlich die Linie aus der Mitte des Spunds nach der Gargel, wie *ed* oder *eg* annehmen. Diese Linien nennt man **Visirlinien**, wovon die zwei letztern, nämlich *ef* und *ed* (oder *eg*) die gebräuchlichsten sind. Je nachdem man die Linie aus dem Spunde nach der Gargel, oder den Spunddurchmesser zur Visirlinie angenommen, und darnach den Visirstab berechnet hat, ist derselbe ein **Diagonalstab** oder ein **Tiefstab**.

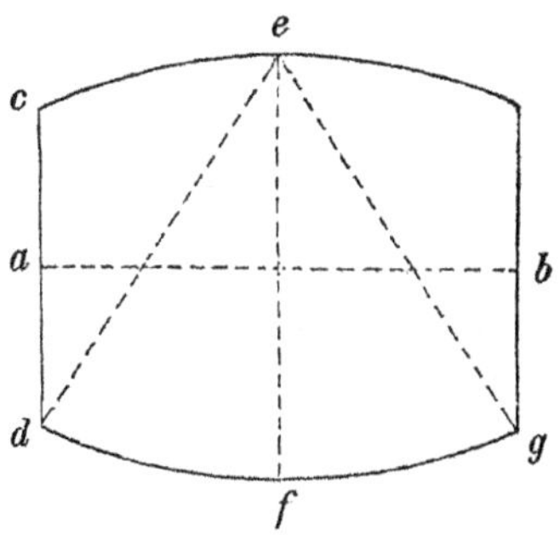

Diagonalstab.

§. 23. Läßt man mehrere Fässer, welche zu einer und derselben Gattung gehören, genau eichen, und mißt man die Visirlinie aus der Mitte des Spundlochs nach der Zarge der Lagerdaube, und zwar zur Rechten und Linken, wobei man das arithmetische Mittel aus den Ergebnissen beider Messungen nimmt, so läßt sich hieraus die Visirlinie des Fasses bestimmen, welche das landübliche Maaß enthält.

Es werde z. B. der Inhalt eines geeichten, runden oder ovalen Fasses durch a, und das arithmetische Mittel aus beiden Visirlinien durch v, ferner der Inhalt eines andern Fasses durch a', und die Länge der Visirlinie durch v', und endlich der Inhalt eines dritten Fasses durch a'', und die Visirlinie durch v'' bezeichnet. In Beziehung auf das erste Faß hat man zur Bestimmung der Visirlinie die Proportion:

$$a : 1 = v^3 : x^3, \text{ woraus } x = \frac{v}{\sqrt[3]{a}};$$

ebenso hat man in Beziehung auf das zweite und dritte Faß die Proportionen:

$$a' : 1 = v'^3 : x^3, \text{ woraus } x = \frac{v'}{\sqrt[3]{a'}};$$

$$a'' : 1 = v''^3 : x^3, \text{ woraus } x = \frac{v''}{\sqrt[3]{a''}}.$$

Das arithmetische Mittel aus den drei gefundenen Werthen von x gibt also die gesuchte Visirlinie; bezeichnet man sie wie vorher durch

x, so ist $x\sqrt[3]{m}$ die Visirlinie des Fasses, welches m Maaß enthält. Setzt man also für m die Zahlen 2, 3, 4 u. s. w., so erhält man die Visirlinie des Fasses, welches 2, 3, 4 u. s. w. Maaß enthält.

Bei dem Gebrauche des Diagonalstabs stößt man denselben beim Spunde schief nach der Zarge der Lagerdaube einmal zur Rechten und einmal zur Linken hinunter, bemerkt beidemal, wo das Spundloch den Stab schneidet und nimmt aus beiden Längen, wenn sie verschieden sind, das arithmetische Mittel; der Theilstrich, auf welchen das Mittel fällt, zeigt den Inhalt des Fasses an.

Tiefstab.

§. 24. Bei dem Tiefstab wird der Spunddurchmesser als Visirlinie angenommen, und die Visirlinie des Fasses, welches das landübliche Maaß enthält, wird auf dieselbe Weise wie beim Diagonalstabe bestimmt. Bezeichnet nämlich a den Inhalt des geeichten Fasses, für dessen Gattung der Tiefstab gefertigt werden soll, und v die gemessene Spundtiefe, so hat man die Proportion:

$$a : 1 = v^3 : x^3, \text{ woraus } x = \frac{v}{\sqrt[3]{a}}.$$

Man sucht auf diese Weise für mehrere Fässer die Visirlinie; das arithmetische Mittel aus derselben ist die Zahl, mit welcher man die Kubikwurzeln der Zahlen 2, 3, 4 u. s. w. zu multipliciren hat, um die Theile des Tiefstabs zu erhalten. *)

Maaßbestimmung der Abweinung.

§. 25. Unter *Abweinung* eines Fasses versteht man die Menge des Flüssigen in dem Fasse, wenn dasselbe das Spundloch

*) Auf demselben Grundsatze beruht die Construction der *Visirrolle* oder des *Visirriemens*, welcher von Weinhändlern zur beiläufigen Ermittlung des Inhalts nicht geeichter Fässer gebraucht wird.

Legt man an dem äußersten Ende c der Lagerdaube einen Riemen an, und zieht man denselben nach dem Kopfe b der Spunddaube bis nach a, als der Mitte der Spunddaube, herauf, so ist die Linie adbc die Visirlinie. Diese wird an mehreren geeichten Fässern gemessen, und hieraus wie im Obigen der Maaßstab berechnet. Die Theilstriche mit dem dabei bemerkten Inhalte kommen auf einen Riemen von Pergament, und bei dem Gebrauche der Visirrolle wird dieselbe auf vorbesagte Weise um das Faß angelegt.

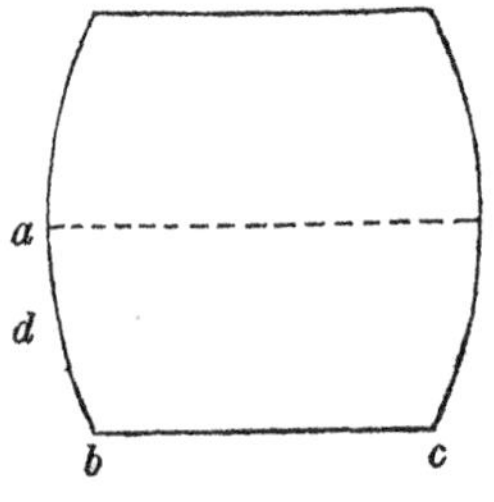

nicht erreicht, während die Oberfläche des Flüssigen mit der horizontalen Achse des Fasses gleichlaufend ist.

Der Tiefstab wird auf folgende Art zur Bestimmung der Abweinung gebraucht. Man bringt das auf dem Lager befindliche Faß, für dessen Gattung der zum Visiren der Abweinung zugleich mit geeignete Tiefstab verfertigt werden soll, durch Keile in eine solche Lage, daß eine Linie durch die Mittelpunkte seiner Böden horizontal laufe; gießt hierauf nach und nach eine bestimmte Anzahl Maaß Wassers ein, und notirt die Wassertiefe, indem man jedesmal den Stab beim Spundloch gerade hinunter gegen die Lagerdaube stößt, und setzt dieses fort, bis das Faß voll ist. Hierbei kann man jedesmal so viele Maaß eingießen, daß die Wassertiefen jedesmal nur um einen halben Zoll höchstens größer werden, und die Zwischentheile in gleiche Theile theilen. Hat man nun die Tiefpunkte und die denselben entsprechenden Maaße auf der andern Seite des Tiefstabs verzeichnet, so kann man sich desselben folgendermaßen zur Visirung der Abweinung bedienen. Angenommen, der entweder stereometrisch oder durch Eichen bestimmte Inhalt des Regulators, d. h. des, entweder runden oder ovalen Fasses, für dessen Gattung der Tiefstab verfertigt worden, sei $= a$, und seine Spundtiefe $= b$; stößt man nun den Stab beim Spund gerade hinunter nach der Lagerdaube des zu jener Gattung gehörenden Fasses, dessen Abweinung visirt werden soll, und zeigt die eine Seite den ganzen Inhalt des Fasses $= c$, und die andere die Spundtiefe $= d$, während das Flüssige im Fasse den Stab nur auf e Maaßtheile naß macht, so kann man aus der Proportion:

$$d : b = e : x$$

den Tiefpunkt des Fasses berechnen, nach welchem der Tiefstab verfertigt worden ist; steht bei dem Theilstrich x die Zahl f Maaße, so bestimmt man die Abweinung aus der Proportion:

$$a : c = f : y.$$

Ist z. B. der Inhalt des Regulators = 1132 Maaß und seine Spundtiefe = 48 Zoll, zeigt der Tiefstab den Inhalt des Fasses, dessen Abweinung visirt werden soll, = 60 Maaß, ist dessen Spundtiefe = 18 Zoll und die Weintiefe = 12 Zoll, so erhält man zuvörderst aus der Proportion:

$$18 : 48 = 12 : x$$

$x = 32$ Zoll für die Weintiefe des Regulators; steht nun auf dem Tiefstab bei dieser Weintiefe 828,8 Maaß, so ergibt sich die Abweinung aus der Proportion:

$$1132 : 60 = 828{,}8 : x = 44 \text{ Maaß}.$$

§. 26. Vermittelst des Visirstabs können nur diejenigen Fässer genau gemessen werden, welche dem Fasse ähnlich sind, nach welchem der Visirstab verfertigt worden ist. Derselbe könnte aus diesem Grunde nur dann unbedingt angewendet werden, wenn in Folge gesetzlicher Bestimmung alle Fässer im Lande nach einer und derselben Proportion ihrer Dimensionen verfertigt werden müßten, so daß man nur einen Visirstab für alle runde Fässer, und einen andern Visirstab für alle ovale Fässer zu gebrauchen hätte, was dann auch bei der in der Note des §. 24 erwähnten Visirrolle der Fall sein würde. Die Anwendung eines einzigen, für die gewöhnlichen Dimensionsverhältnisse construirten Visirstabs kann daher nur in solchen Fällen angewendet werden, wo es auf genaue Resultate nicht ankommt. So kommt z. B. im Großherzogthum Baden der Visirstab bei Untersuchungen der Patentkeller der Weinhändler in Anwendung. Nach dem Gesetz müssen nur die in den abgesonderten Patentkellern der Gastwirthe befindlichen Fässer geeicht sein, was dagegen für die in den Patentkellern der Weinhändler befindlichen Fässer nicht vorgeschrieben ist. Der Weinhändler muß aber eine Patentsteuer entrichten, welche nach der Größe des Weinlagers bestimmt ist. Zu dem Ende sind mehrere Klassen eingeführt. Z. B. Weinhändler der ersten Klasse, deren Lager 10 Fuder nicht übersteigt, zahlen per Jahr 8 fl.; diejenigen der zweiten Klasse, deren Lager 10 bis 20 Fuder nicht übersteigt, zahlen per Jahr 16 fl. u. s. w. Das Maximum des declarirten Weinlagers darf bei Strafe in keinem Zeitpunkte überschritten werden, und nach Ablauf des neunten Monats hat jeder Weinhändler zu declariren, ob er den Weinhandel im nächsten Steuerjahr und in welcher Ausdehnung fortsetzen oder aufgeben will. Die Acciserheber haben nun bei gegründetem Verdacht, daß ein Weinhändler ein größeres Lager hält, als er nach der Klasse, worauf sein Patent spricht, zu halten berechtigt ist, dem Accisinspector die Anzeige zu machen, der alsdann befugt ist, das Lager aufzunehmen. In diesem Falle leistet der Visirstab wesentliche Dienste, weil es hier auf große Genauigkeit begreiflich gar nicht ankommt, und weil es zu weitläuftig wäre, den Inhalt der Fässer durch unmittelbare Messung, nämlich stereometrisch oder aber durch Ausgießen des Weins zu bestimmen.

Ist bei Visitationen der Patentkeller die Inhaltsbestimmung der Fässer mit dem Visirstab, wegen der dadurch verursachten Bewegung des Weins, und der deßfallsigen nachtheiligen Folgen für denselben unstatthaft, so muß die Messung vermittelst der Visirrolle vorgenommen werden.

II.

Finanzwesen.

I.

Geldwesen.

§. 27. Geld ist ein körperliches Gut, welches im Verkehr als allgemeiner Gegenwerth für Güter und Leistungen angenommen und gegeben wird. Die civilisirten Völker gebrauchen die Metalle in der Form geprägter Stücke oder Münzen zum Gelde: da es aber außerdem in manchen Ländern Creditpapiere gibt, welche das Geld vertreten, so unterscheidet man das Metallgeld vom Papiergeld. Mit der Eigenschaft eines allgemeinen Tauschmittels verbindet das Geld zugleich die Eigenschaft einer Waare; als solche hat es auch seinen Preis, den man Curs nennt. Der Metallgeldhandel beruht auf den Schwankungen im merkantilischen Werthsverhältnisse der edeln Metalle und auf dem Umstande, daß im größeren Handelsverkehr gewisse Geldmünzen hauptsächlich oder ausschließlich zu Zahlungen in's Ausland verwendet werden und deßhalb von Denjenigen, die derselben bedürfen, angeschafft werden müssen. Der Papiergeldhandel beruht auf dem allgemeinen Bedürfnisse nach einem leichtern Umlaufsmittel, und auf allen denjenigen Umständen, welche Metallgeldhandel und Curs reguliren.

Die Prägung der Münzen geht von der Regierung aus, und letztere läßt solche entweder auf eigene Rechnung prägen, oder aber es geschieht die Prägung, wie z. B. in Frankreich, in den Münzstätten des Landes, auf Rechnung eines Münzdirektors gegen eine bestimmte Vergütung, sowohl vom Staate als von den Privaten, die Münzmetalle zur Prägung übergeben.

Die Emission des Papiergeldes geht entweder vom Staate oder von Notenbanken aus; im ersten Falle heißt es Staatspapiergeld oder schlechtweg Papiergeld, und im andern Falle nennt man die Papierzeichen, die sie ausgeben, Banknoten. Die Gründung einer Notenbank geht entweder vom Staate oder von einer Actiengesellschaft aus. Der Nutzen, welchen die Bank abwerfen kann, entspringt aus dem Zutrauen, welches die Bank genießt und in Folge dessen dieselbe mehr Papiergeld in Umlauf setzen kann und darf, als sie zur Honorirung der umlaufenden Noten Geld in der Kasse vorräthig hat; denn der Ueberschuß an Geldkapital kann zu andern einträglichen Geschäften (zum Discontiren, zum Darleihen, zu Geschäftsbesorgungen für die Regierung, zur Aufbewahrung gerichtlicher und anderer Depositengelder, zu Kaufgeschäften 2c.) verwendet werden.

Die Anerkennung des Papiergeldes als Geld kann nur dadurch bewirkt werden, daß Derjenige, welcher sich auf dem Papiere als Schuldner bekennt, die Verpflichtung übernimmt, jedem Inhaber, der es verlangen wird, augenblicklich und unbedingt den vollen, auf dem Papiere ausgedrückten Werth in Münze auszuzahlen.

Im großen Handelsverkehr wird Gold und Silber auch ungemünzt, in Stangen oder Barren gegossen (Goldbarren, Silberbarren), als Geld gebraucht. Die Gold- und Silberbarren enthalten einen Zusatz von Kupfer. Barren, welche aus Gold, Silber und Kupfer bestehen, nennt man güldische Barren. Sollen aber die Barren als Geld in Umlauf gesetzt werden können, so muß das Mischungsverhältniß vom Gold und Kupfer, und vom Silber und Kupfer, und das Gewicht derselben bekannt und beglaubigt sein, weil sich im Gold- und Silberhandel die Preise auf reines Gold und Silber beziehen. Die betreffenden Untersuchungen und Beglaubigungen können nur durch Münzbeamte geschehen. Jede Barre ist daher mit einer Nummer gestempelt, welche der Nummer des zugehörigen Probezettels entspricht, in welchem Gehalt und Gewicht angegeben und beglaubigt sind.

Erste Abtheilung.

Münzen.

§. 28. Die Hauptmünzmetalle sind Gold und Silber. Die Gold- und Silbermünzen werden aber beziehungsweise nicht aus reinem Golde und aus reinem Silber gefertigt, sondern man versetzt das Gold und Silber mit Kupfer, und in den verschiedenen Ländern sind die Mischungsverhältnisse in dieser Beziehung verschieden. Die gesetzlichen Bestimmungen, wie viel gleichnamige Geldmünzen aus einer gewissen, als Einheit angenommenen Menge edlen Metalls geprägt, und in welchem Verhältniß dieses mit Kupfer legirt oder versetzt werden soll, und die Anordnungen über den Werth der verschiedenen Geldmünzen gegen einander begreift man zusammen unter der Benennung Münzfuß.

Die Unterscheidung zwischen Grobcourant und Kleincourant oder Scheidemünze bezieht sich auf Gehalt, Größe und Schwere der Silbermünzen. Zur Scheidemünze gebraucht man mehrentheils eine Legirung von Silber und Kupfer, in welcher letzteres den vorherrschenden Bestandtheil ausmacht. Silbermünzeu dieser Art nennt man Billonmünzen. Es gibt aber auch Goldbillonmünzen, also solche Goldmünzen, in welchen mehr Kupfer als Gold enthalten ist, wie z. B. der Coromandel'sche Fanum, welcher aus $7^{11}/_{12}$ Gewichtstheilen Gold und aus $16^{1}/_{12}$ Gewichtstheilen Kupfer besteht. Der Unterschied zwischen Kupfermünze und Billonmünze ist der, daß jene ganz aus Kupfer besteht.

Man unterscheidet außerdem die Realmünzen, d. h. aus einem Metall geprägten und noch umlaufenden Münzen, und die Rechnungsmünzen oder Idealmünzen, welche idealisch in Rechnungen und zur Preisbestimmung mancher Waaren gebraucht werden. Die Rechnungsmünzen haben entweder früher oder noch nie existirt. Von jener Art sind z. B. das Pfund Sterling, das Groot vlämisch; von der andern Art die Banko-Mark.

Erster Abschnitt.

Silbermünze.

§. 29. Nach den Untersuchungen von Cavendish und Hatschett ist das Mischungsverhältniß, in welchem Silber und Kupfer die für Silbermünzen am meisten sich eignende Masse gibt, ziemlich nahe wie 9 : 1. Wenn 9 Gewichtstheile Silber mit 1 Gewichtstheil Kupfer legirt werden, so sind in 10 Gewichtsmengen der legirten Masse 9 Gewichtsmengen Silber, oder in 16 Gewichtsmengen (die für Silbermünzen und Silberarbeiten in Deutschland angenommene Mischungseinheit) der legirten Masse so viel Gewichtsmengen Silber, als aus der Proportion folgt:

$$10 : 9 = 16 : x = 14\,^2/_5;$$

wonach die Masse, welche dem obigen Mischungsverhältniß entspricht, $14\,^2/_5$ löthig ist (§. 30). Aus solcher Masse werden in Frankreich und einigen andern Ländern, namentlich auch in den deutschen Zollvereinsstaaten (nach der am 30. Juli 1838 in Dresden abgeschlossenen Münz-Convention) die groben Silbermünzen und deren Theilstücke (Courant-Münze) geprägt.

Feingehalt, Korn, Schrot.

§. 30. Der Feingehalt, d. h. das Mischungsverhältniß des Silbers zum Kupfer wird auf unterschiedliche Art ausgedrückt. In Deutschland ist die Mischungseinheit die kölnische Mark,*) welche in 16 Lothe zu 18 Grän eingetheilt wird. So viel Lothe reines Silber in einer Mark der legirten Masse enthalten ist, so viel löthig heißt die Masse. Der Feingehalt kann auch durch einen Bruch gegeben werden, dessen Zähler die gesetzliche Gewichtsmenge des in der Münze enthaltenen feinen Silbers (das Korn), und dessen Nenner das gesetzliche Gewicht der Münze (das Schrot) ausdrückt. So ist z. B. das Korn eines Franken (französische Münzeinheit) = 4,5 Grammen, und das Schrot desselben = 5 Grammen; daher der Feingehalt $= \frac{4{,}5}{5} = \frac{9}{10} = \frac{x}{16} = \frac{14\,^2/_5}{16}$ (§. 29). In Frankreich und einigen andern Ländern ist die Mischungseinheit das Kilogramm und der Feingehalt wird nach Tausendstel bestimmt; z. B. $\frac{900}{1000}$, welches der Feingehalt der französischen Silbermünzen ist. In Rußland ist die Mischungseinheit das Pfund zu 96 Solotnik zu 96 Dolt, und z. B. „88 fein" bedeutet, daß in einem Pfund oder in 96 Solotnik der legirten Masse 88 Solotnik fein Silber enthalten sind, u. s. w.

Remedium.

§. 31. Den Münzstätten wird indessen eine Abweichung von dem gesetzlichen Schrot und Korn in so weit nachgesehen, als solche durch die Unerreichbarkeit einer absoluten Genauigkeit bedingt wird. Die Grenze des erlaubten Münzfehlers (das Remedium) beträgt z. B. bei der französischen Silbermünze am Feingehalt 3 Tausend-

---

*) In Deutschland ist seit Jahrhunderten die köln. (von Köln am Rhein) Mark als Münzgewicht gesetzlich im Gebrauch; sie ist indessen nicht überall von gleicher Schwere. Nach Chelius wiegt die wahre köln. Mark 233,75 Grammen. Als Grundlage des gesammten Münzwesens in den Zollvereinsstaaten hat man eine Münzmark angenommen, die auf 233,855 Grammen festgesetzt ist, und mit einem preußischen halben Pfunde genau übereinstimmt.

theile, sowohl in Plus als in Minus. Der gesetzliche Feingehalt ist $\frac{9}{10}$ oder $\frac{900}{1000}$; wenn also der Feingehalt entweder $\frac{900}{1000} + \frac{3}{1000} = \frac{903}{1000}$, oder $\frac{900}{1000} - \frac{3}{1000} = \frac{897}{1000}$ ist, so soll das Münzstück noch umlaufsfähig sein. Das Remedium am Schrot beträgt für das Fünffrankenstück 3 Tausendtheile; für das Zweifrankenstück und Einfrankenstück 5 Tausendtheile; für das Halbfrankenstück 7 Tausendtheile und für das Viertelfrankenstück 10 Tausendtheile. Z. B. das gesetzliche Gewicht des Fünffrankenstücks ist 25 Grammen; da nun das Remedium dafür 3 Tausendtheile beträgt, so reducirt sich, wenn man das Remedium in Minus nimmt, das Schrot auf so viel als aus der Proportion folgt:

$$1000 : 997 = 25 : x = 24{,}925.$$

Nimmt man das Remedium in Plus, so hat man

$$1000 : 1003 = 25 : x = 25{,}075.$$

Wenn also das Fünffrankenstück 24,925 oder 25,075 Grammen wiegt, so soll es noch umlaufsfähig sein.

Münzfuß.

§. 32. Im engern Sinne versteht man unter Münzfuß die gesetzlich ausgesprochene Vorschrift über Feingehalt und Schrot der inländischen Münzen. In Deutschland wird der Münzfuß durch die Anzahl Stücke der Münzeinheit bezeichnet, welche aus der Münzgewichtseinheit reinen Silbers geprägt werden. In denjenigen zum Zoll- und Handelsverein verbundenen Staaten, in welchen die Thaler- und Groschenrechnung hergebracht ist, gilt der 14-Thalerfuß, bei welchem die köln. Mark fein Silber zu 14 Thalern ausgebracht wird; und in denjenigen Staaten, in welchen nach Gulden und Kreuzern gerechnet wird, der $24\frac{1}{2}$-Guldenfuß, bei welchem aus der Mark fein Silber $24\frac{1}{2}$ Gulden geprägt werden, wonach also 1 Gulden = $\frac{4}{7}$ Thaler, und ein Thaler = $1\frac{3}{4}$ Gulden. Die Hauptsilbermünze des Vereins wird zu einem Siebentheile der Mark fein Silber ausgeprägt, und hat sonach den Werth von 2 Thalern oder $3\frac{1}{2}$ Gulden. Der Feingehalt des Gulden des $24\frac{1}{2}$-Guldenfußes ist $\frac{9}{10}$ ($14\frac{2}{5}$ Loth); Remedium für ganze und halbe Guldenstücke ist $\frac{3}{1000}$ im Feingehalt und $\frac{5}{1000}$ im Schrot. Die Vereinsmünze (das $3\frac{1}{2}$-Guldenstück) hat Remedium im Feingehalt und Schrot wie bei den französischen Fünffrankenstücken.

Durch die im Jahr 1837 abgeschlossene Münzconvention sollte

dem in den Zollvereinsstaaten sich immer dringender kundgebenden Bedürfniß nach Münzen, welche zum Ersatz der Viertels- und halben Kronenthaler dienen können, abgeholfen, und die nach dem bisherigen Systeme ausgeprägten ganzen Kronenthaler in ihrem bisherigen Curs von 2 fl. 42 kr. aufrecht erhalten werden. Es hat nämlich früher schon durch die hohe Annahme der brabanter Kronenthaler, so wie der Viertels- und halben Kronenthaler ein $24\frac{1}{2}$-Guldenfuß faktisch bestanden. Nach dem frühern (von Kurbayern 1754 eingeführten) 24-Guldenfuße gehen auf den brabanter Kronenthaler, von welchen gesetzmäßig 9,084 Stück 1 köln. Mark fein Silber enthalten, so viel Gulden, als aus der Proportion folgt:

$$\overset{\text{br. Thlr.}}{9{,}084} : \overset{\text{fl.}}{24} = \overset{\text{br. Thlr.}}{1} : \overset{\text{fl.}}{x} = 2 \text{ fl. } 38\tfrac{1}{2} \text{ Kr.}$$

Nun wurde aber der brabanter Kronenthaler zu 2 fl. 42 Kr. im 24-Guldenfuße angenommen, also um $3\frac{1}{2}$ Kr. (oder mehr als 2 Procent) über seinen Werth. Diese Werthsüberschätzung des brabanter Kronenthalers hatte zur Folge, daß mehrere deutsche Staaten nicht nur Kronenthaler unter ihrem Stempel münzen ließen, sondern auch andere Geldsorten nach demselben willkürlichen Münzfuße in Umlauf setzten.

Wenn aber der brabanter Kronenthaler wirklich 2 fl. 42 kr. des x-Guldenfußes gelten soll, so ergibt sich für die Annahme, daß 9,084 brabanter Kronenthaler 1 köln. Mark fein Silber enthalten, der gesuchte Münzfuß aus der Proportion:

$$\overset{\text{br. Thlr.}}{9{,}084} : \overset{\text{fl.}}{x} \quad \overset{\text{br. Thlr.}}{1} \quad \overset{\text{fl.}}{2^{42}/_{60}}$$

woraus $x = 9{,}084 \times 2\,^{42}/_{60} = 24{,}5268$, was beiläufig einem $24\,^{52}/_{100}$-Guldenfuße entspricht. Statt dessen hat die Münzconvention von 1837 (und nach ihr die von 1838) einen $24\frac{1}{2}$-Guldenfuß für die Vereinsmünze angenommen. Nach diesem Münzfuße stellt sich der Werth des brabanter Kronenthalers auf 2 fl. 41 Kr. $3\frac{3}{10}$ Heller des $24\frac{1}{2}$-Guldenfußes.

Die übrigen, in Deutschland vorkommenden Münzfüße sind: der lübische Fuß, im Jahre 1726 in Hamburg und Lübeck eingeführt, nach welchem $11\frac{1}{3}$ Thaler oder 34 Mark zu 16 Schillingen aus der köln. Mark Silber geprägt werden; ferner der 20-Guldenfuß oder sogenannte Conventionsfuß, seit 1753 in Oesterreich.

Schlagschatz.

§. 33. Wenn die Regierung auf eigene Rechnung prägen läßt, so werden die Kosten der Prägung in der Art in Aufrechnung gebracht, daß die Regierung für eine gewisse Menge Münzmetall eine geringere Menge in geprägten Stücken hergibt. Die Differenz dieser beiden Quantitäten ist der Prägschatz oder Schlagschatz, welcher indessen, wenn es auf Gewinn abgesehen ist, mehr als den Betrag des Münzkostenaufwandes ausmacht. In derselben Art wird auch die Vergütung geleistet, wenn die Prägung auf Kosten eines Münzdirectors geschieht. So geben z. B. die Münzstätten in Frankreich für ein Kilogramm Silber von $^9/_{10}$ Feingehalt (§. 30.), also für 900 Grammen Silber (1 Kilogramm = 1000 Grammen) 900 Grammen weniger 9 Grammen, also 891 Grammen Silber in Franken. Weil in 1 Frank $4^1/_2$ Grammen fein Silber enthalten sind, so machen 900 Grammen und 891 Grammen Silber so viel Franken, als aus den Proportionen folgt:

$$4^1/_2 : 1 = 900 : x = 200 \text{ Fr.}$$
$$4^1/_2 : 1 = 891 : x = 198 \text{ Fr.}$$

Die Münzstätten übernehmen also das Kilogramm Silber von $^9/_{10}$ Feingehalt für 198 Franken und prägen daraus 200 Franken; der Schlagschatz beträgt demnach 2 Franken (oder 2mal $4^1/_2$ Grammen Silber) vom Kilogramm Silber von $^9/_{10}$ Feingehalt, oder $1^2/_{198}$ Procent.

Gibt die Münzstätte für 900 Grammen Silber 198 Franken, so gibt sie für 1000 Grammen Silber so viel Franken, als aus der Proportion folgt:

$$900 : 198 = 1000 : x = 220 \text{ Fr.}$$

Aus 1000 Grammen Silber werden aber so viel Franken geprägt, als aus der Proportion folgt:

$$4^1/_2 : 1 = 1000 : x = 222 \text{ Fr. } 22{,}222 \text{ Centimen.}$$

Die Münzstätte übernimmt also das Kilogramm fein Silber für 220 Franken und prägt daraus 222 Fr. 22,222 Cent. Auf den Grund des obigen Tarifs wird in Frankreich der Handelspreis des Silbers in der Art bestimmt, daß das Kilogramm Silber von $^9/_{10}$ Feingehalt zu 198 Franken fest angesetzt, und hierzu ein Aufgeld oder Agio von so und so viel Franken für jedes Tausend Franken aufgerechnet wird. Gilt z. B. das Silber von $^9/_{10}$ Feingehalt 198 Franken und 5 pro Mille Agio, so läuft dieß auf dasselbe hinaus, als wenn der Preis zu 198 Fr. 99 Cent. angesetzt wäre.

Scheidemünze.

§. 34. Die zum kleinern Verkehre und zur Ausgleichung bei Zahlungen erforderlichen kleineren Münzen, welche man Scheidemünzen nennt, sind theils Silbermünzen, welche eine stärkere

Legirung (verhältnißmäßig mehr Kupfer) als die Hauptmünzen und ihre Theilstücke, die Courantmünze, haben, und theils Kupfermünzen.

Die deutschen Silber- und Scheidemünzen sind in Billon (§. 28) ausgeprägt. So sollen z. B. gesetzlich $106\frac{2}{3}$ preußische Silbergroschen 1 köln. Mark (= 288 Grän) wiegen und 64 Grän fein Silber enthalten. Der Feingehalt ergibt sich aus der Proportion:

$$288 : 64 = 16 : x = 3\tfrac{5}{9};$$

wonach auf $3\frac{5}{9}$ Gewichtstheile Silber $12\frac{4}{9}$ Gewichtstheile Kupfer kommen, und also in den Silbergroschen $3\frac{1}{2}$mal mehr Kupfer als Silber enthalten ist.

Nach der preußischen Währung (die Angabe der Anzahl von geringeren Münzsorten, welche nach dem Gesetz den Werth eines Stücks höherer Sorte eines und desselben Münzfußes ausmachen) gehen 30 Silbergroschen auf den Thaler. Es gehen aber so viel Silbergroschen auf 1 köln. Mark fein Silber, als aus der Proportion folgt:

Gr. Silber.		Silbergr.		Gr. Silber.		Silbergr.	
64	:	$106\frac{2}{3}$	=	288	:	x	= 480 Silbergr.

Da nun 480 Silbergroschen = 16 × 30 Silbergroschen = 16 Thaler in Silbergroschen 1 köln. Mark fein Silber enthalten, und eben so viel fein Silber in 14 Thalerstücken gesetzlich enthalten ist, so sind 16 Thaler in Silbergroschen, und nicht, wie nach der Währung, 14 × 30 Silbergroschen oder 14 Thaler in Silbergroschen gleichwerthig mit 14 Thalerstücken.

Derjenige, welcher als Aequivalent von 14 Thalerstücken 14 × 30 Silbergroschen statt 16 × 30 Silbergroschen annimmt, erhält mithin so viel Procent weniger, als aus der Proportion folgt:

$$16 : 2 = 100 : x = 12\tfrac{1}{2}.$$

In diesem Sinne sagt man, daß die Silbergroschen um $12\frac{1}{2}$ Procent schlechter als Thalerstücke sind.

Wenn es sich aber darum handelt, zu bestimmen, wie viel Thaler in Silbergroschen gleichwerthig mit 100 Thalerstücken sind, so hat man die Proportion:

Thlrst.		Thlr. in Sgr.		Thlrst.		Thlr. in Sgr.	
14	:	16	=	100	:	x	= $114\frac{2}{7}$,

wonach 100 Thalerstücke = $114\frac{2}{7}$ Thaler in Silbergroschen sind.*) Dieser Unterschied ist zum Theil darin begründet, daß überhaupt

*) In der Münzconvention der Zollvereinsstaaten vom 30. Juli 1838 ist festgesetzt worden, daß durch diesen Vertrag an den Bestimmungen der Münzconvention vom 25. August 1837 (welche Bayern, Würtemberg, Baden, Gr. Hessen,

die Prägkosten einer gewissen Menge Metalls größer ist, wenn sie in viele kleinere, als in größere Stücke ausgemünzt wird; es ist aber auch Niemand verbunden, für mehr als $^1/_6$ Thaler in Silbergroschen anzunehmen, und es werden jetzt nur so viel Silbergroschen in Umlauf gesetzt, als dem Geldverkehr des Landes angemessen ist. Dagegen, des Gewinnes wegen, großer Mißbrauch in andern Ländern durch zu große Anhäufung geringhaltiger Scheidemünzen, und durch Verordnungen, welche zur Annahme einer größeren Quantität von Scheidemünzen verpflichten, als zur Ausgleichung erforderlich ist. Daher das häufige Nachprägen gleichhaltiger Münzen von ausländischen Münzfabrikanten und Falschmünzern.

In Frankreich hat die kleinste Silbermünze (das Viertelsfrankenstück) den Feingehalt der groben Silbermünzen. Die Zehncentimenstücke von $^2/_{10}$ Feingehalt ($3^1/_5$=löthige) werden jetzt nicht mehr geprägt.

Bei der Kupfermünze ist der Unterschied zwischen dem wirklichen Werthe und dem Nominalwerthe noch größer als bei der Silberscheidemünze. Man erhält diesen Unterschied, wenn man berechnet, wie viel eine bestimmte Menge Kupfer nach dem Preise des ausgemünzten Kupfers werth ist, und zu wie viel Münzeinheiten dieselbe Menge Kupfer ausgeprägt wird. Da z. B. in Preußen 12 Kupferpfennigstücke auf 1 Groschen, und 30 Groschen auf 1 Thaler gehen, so haben 360 Pfennige gesetzlich den Werth eines Thalers. Es wiegen 12 Pfennige 5 Quentchen, und mithin wird der Centner (= 110 Pfund zu 128 Quentchen) Kupfer zu so viel Thalern ausgebracht, als aus den Ansatz folgt:

? Thaler	110 Pfund Kupfer
1	128 Quentchen
3	12 Pfennige
360	1 Thaler.

Resultat: $93^{13}/_{15}$ Thaler.

Nassau und Frankfurt unter sich abgeschlossen) und der besondern Uebereinkunft über die Scheidemünze nichts geändert werde. Es soll nämlich die gemeinschaftliche Scheidemünze in den contrahirenden Staaten aus Sechs- und Dreikreuzerstücken von Silber bestehen. (Die Ausprägung von Kreuzerstücken von Silber oder Kupfer und die Theilstücke derselben, bleibt dem Ermessen der einzelnen Staaten überlassen.) Der Silbergehalt der Sechs- und Dreikreuzerstücke ist auf $^1/_3$ der Mark festgesetzt, wonach auf $^1/_3$ Silber $^2/_3$ Kupfer kommt ($5^1/_3$-löthig). Die Fehlergrenze, welche bei obigen beiden Münzsorten in Mehr oder Weniger eingehalten werden muß, beträgt $^7/_{1000}$ am Feingehalt und $^{15}/_{1000}$ am Gewicht, beides jedoch nicht am einzelnen Stück, sondern nur in der ganzen Mark.

Der Schlagschatz der preußischen Kupfermünze ergibt sich demnach aus der Vergleichung des Resultats obiger Berechnung mit dem Preise des zur Kupfermünze tauglichen Kupfers.

Zweiter Abschnitt.

Goldmünze.

§. 35. So wie, nach den in §. 29 angeführten Untersuchungen, das Mischungsverhältniß 9 : 1 bezüglich für Silber und Kupfer am geeignetsten für Silbermünzen ist, so ist auch eine Legirung von 9 Gewichtstheilen Gold mit 1 Gewichtstheil Kupfer am geeignetsten für Goldmünzen. Wenn aber 9 Gewichtstheile Gold mit 1 Gewichtstheil Kupfer legirt werden, so sind in 10 Gewichtsmengen der legirten Masse 9 Gewichtstheile Gold, oder in 24 Gewichtstheilen (die für Goldmünzen und Goldarbeiten in Deutschland angenommene Mischungseinheit) der legirten Masse so viele Gewichtstheile Gold enthalten, als aus der Proportion folgt:

$$10 : 9 = 24 : = 21^3/_5,$$

wonach die Masse, welche dem obigen Mischungsverhältniß entspricht, $21^3/_5$ karatig ist. Aus solcher Masse werden in Frankreich, Belgien, zum Theil im Königreich der Niederlande, in den meisten italienischen Staaten und in mehreren andern Ländern Goldmünzen geprägt.

Werthsverhältniß des Silbers zum Golde.

§. 36. Weil das Verhältniß der Preise des ungemünzten Silbers zu den Preisen des ungemünzten Goldes veränderlich ist, so können nicht zugleich Silbermünzen und Goldmünzen als gesetzliches Zahlungsmittel dienen, sondern es kann nur die Münze von einem der beiden Metalle hierzu gebraucht werden, wonach die Werthsbestimmung der Münze des andern Metalls dem freien Verkehr überlassen bleiben muß.

In den meisten Ländern hat man in obiger Beziehung das Silber, als das häufiger vorhandene und zur Vergütung kleiner Werthe dienlichere Metall, dem Golde vorgezogen.

Aus dem Preisverhältniß des Silbers und Goldes ergibt sich, wie viel Gewichtsmengen Silber gleichwerthig mit einer als Einheit angenommenen Gewichtsmenge Gold ist. Wenn z. B. in Frankfurt

a. M. der Preis der köln. Mark fein Gold 383 fl., und der Preis der köln. Mark fein Silber $24\frac{1}{3}$ fl. ist, so ergibt sich das fragliche Verhältniß, wenn man berechnet, wie oft der Preis des Silbers in demjenigen des Goldes enthalten ist; das gesuchte Verhältniß ist demnach:

$$\frac{383}{24\frac{1}{3}} = \frac{1}{15\frac{54}{73}}$$

Zur Zeit, als das Silber auf $24\frac{1}{3}$ und das Gold auf 383 stand, hatten demnach $15\frac{54}{73}$ Gewichtsmengen Silber gleichen Werth mit 1 Gewichtsmenge Gold. *)

Nominalwerth der Goldmünze.

§. 37. Obgleich die Werthsbestimmung der Goldmünze dem freien Verkehr überlassen bleibt, so bestimmen doch die Münzgesetze einen Werth derselben für solche Fälle, in welchen Zahlungen in Gold vertraggemäß festgesetzt sind. So ist z. B. der auf dem preußischen Friedrichsd'or bezeichnete Werth desselben, der sogenannte **Nominalwerth** oder **Nennwerth**, 5 Thaler.

Weil, nach dem preußischen Münzfuße, $38\frac{10}{13}$ Friedrichsd'or 1 köln. Mark Gold enthalten, und folglich $38\frac{10}{13}$ mal 5 Thaler, folglich $193\frac{11}{13}$ Thaler in Friedrichd'or auf 1 köln. Mark Gold gehen, und weil die köln. Mark fein Silber zu 14 Thalern ausgebracht wird, so ist die Mark fein Gold so viel mal höher als die Mark fein Silber angesetzt, als 14 in $193\frac{11}{13}$ enthalten ist, d. i. $13\frac{11}{13}$ mal; oder es sind $13\frac{11}{13}$ Mark fein Silber gleichwerthig mit 1 Mark fein Gold bei der Bestimmung des Nominalwerthes angenommen worden. Wer aber, vertraggemäß, 1 Mark Gold erhalten soll, wird, wenn man ihm Silber geben will, als Aequivalent mehr als $13\frac{11}{13}$ Mark Silber verlangen, weil man im Handel für 1 Mark Gold mehr als $13\frac{11}{13}$ Mark Silber erhalten kann. Ist z. B. das, den Silber- und Goldpreisen entsprechende Werthsverhältniß $15\frac{1}{2}$, so wird Derjenige, welcher 1 Mark Gold

*) Vor der Entdeckung von Amerika, in der alten und mittlern Zeit, galt das Gold ungefähr die 10- bis 12fache Menge Silbers; im Durchschnitt vom 13ten Jahrhundert bis zur Mitte des 16ten die $10\frac{1}{2}$fache; seit dem Einströmen der amerikanischen Metallmassen stieg es anfangs auf das 15fache, fiel dann im 18ten Jahrhundert wegen der reichen Goldausbeute Brasiliens um das 14fache, bis es später wieder etwas stieg. (Rau, Grundsätze der Volkswirthschaftslehre, §. 210.) Jetzt steht es zwischen dem 15- und 16fachen, und die Schwankungen der Preise sind gewöhnlich unbedeutend. Die Goldausbeute in Californien hat bis jetzt den europäischen Geldmarkt noch nicht merklich berührt.

zu erhalten hat, als Aequivalent $15\,{}^1/_2$ Mark Silber, und nicht $13\,{}^{11}/_{13}$ Mark, also $1\,{}^{17}/_{26}$ Mark mehr, als $13\,{}^{11}/_{13}$ Mark, annehmen. Mithin wird der Friedrichsd'or, in Betracht des darin enthaltenen Goldes um so viel Procent höher angeschlagen werden, als aus der Proportion folgt:

$$13\,{}^{11}/_{13} : 1\,{}^{17}/_{26} = 100 : x = 11\,{}^{17}/_{18};$$

wonach unter obiger Voraussetzung, und abgesehen von allen andern Umständen, welche auf die Preisbestimmung des Friedrichsd'ors Einfluß haben, 100 Thaler in Gold (oder 20 Friedrichsd'or) gleichwerthig mit $111\,{}^{17}/_{18}$ Thalern in Silber, und 5 Thaler in Gold, oder 1 Friedrichsd'or gleichwerthig mit 5 Thalern $17\,{}^{11}/_{12}$ Silbergroschen sind. *)

Der auf der Goldmünze bezeichnete Werth kann aber auch demjenigen Werthe, welcher den gewöhnlichen Gold- und Silberpreisen entsprechend ist, so nahe sein, daß die Goldmünze im gewöhnlichen Verkehr zum Nominalwerthe cursirt, und nur größere Mengen von Goldmünzen zu höhern, als dem Nominalwerthe entsprechenden, Werthen angeschlagen werden. Dies ist z. B. bei der französischen Goldmünze der Fall. Es wiegen nämlich 155 Zwanzigfrankenstücke 1 Kilogramm, und weil der Feingehalt ${}^9/_{10}$ ist, so enthalten sie 900 Grammen fein Gold; es sind aber 155 Zwanzifrankenstücke $= 20 \times 155 = 3100$ Franken in Gold, und mithin gehen auf 1 Kilogramm oder auf 1000 Grammen Gold so viel Franken in Gold, als aus der Proportion folgt:

Gr. Gold.		Fr. in Gold.		Gr. Gold.		Fr. in Gold.		Fr. in Gold.
900	:	3100	=	1000	:	x	=	$3444\,{}^4/_9$.

Weil ferner 1 Frankenstück $4\,{}^1/_2$ Grammen fein Silber enthält, so gehen auf 1000 Grammen Silber so viel Franken, als aus der Proportion folgt:

Gr. Silber.		Fr.		Gr. Silber.		Fr.		Fr.
$4\,{}^1/_2$	:	1	=	1000	:	x	=	$222\,{}^2/_9$.

Das Verhältniß des Silbers zum Golde ist hiernach:

$$222\,{}^2/_9 : 3444\,{}^4/_9 \text{ oder } 1 : 15\,{}^1/_2.$$

Da nun die gewöhnlichen Gold- und Silberpreise ungefähr dasselbe Verhältniß geben, so cursiren die Zwanzig- und Vierzigfrankenstücke im gewöhnlichen Verkehr zu ihrem Nominalwerthe, und nur in größeren Mengen stehen sie höher.

*) Laut Kabinetsordre vom 21. December 1831 sollen bei allen öffentlichen Kassen 100 Thaler in preußischen Friedrichsd'or gleich $113\,{}^1/_3$ Thalern in Silber (also 1 Friedrichsd'or = 5 Thlr. 20 Sgr.) gerechnet und stets so angenommen und ausgegeben werden. Das entsprechende Werthsverhältniß ist $1 : 15\,{}^9/_{13}$.

Was in Mitbeziehung auf §. 33, den Schlagschatz für die Goldmünze in Frankreich betrifft, so geben die Münzstätten für 1 Kilogramm Gold von $^9/_{10}$ Feingehalt, also für 900 Grammen, 900 — $1\,^{23}/_{31}$ = $898\,^8/_{31}$ Grammen Gold in Zwanzigfranken= oder Vierzigfrankenstücken. Weil 155 Zwanzigfrankenstücke 1 Kilogramm wiegen, so enthalten 155 Zwanzifrankenstücke, oder 155 × 20 Franken d. i. 3100 Franken in Gold, 900 Grammen Gold. Auf $898\,^8/_{31}$ Grammen Gold gehen daher so viel Franken in Gold, als aus der Proportion folgt:

Gr. Gold.		Gr. Gold.		Fr. in Gold.		Fr. in Gold.		Fr. in Gold.
900	:	$898\,^8/_{31}$	=	3100	:	x	=	3094.

Die Münzstätten übernehmen also das Kilogramm Gold von $^9/_{10}$ Feingehalt für 3094 Franken, und prägen daraus 3100 Fr.; der Schlagschatz beträgt also 6 Franken (= $1\,^{23}/_{31}$ Grammen Gold) oder 0,19 Procent.

Zahlt die Münzstätte für 900 Grammen Gold 3094 Franken, so zahlt sie für 1000 Grammen Gold 3437 Fr. 77,777 Cent. Aus 1000 Grammen Gold werden aber so viel Franken geprägt, als aus der Proportion folgt:

Gr. Gold.		Fr.		Gr. Gold.		Fr.		Fr.	Cent.
900	:	3100	=	1000	:	x	=	3444,	44,444.

Auf den Grund des in obiger Berechnung nachgewiesenen Tarifs vom 1. Juli 1835 werden die Preise des Goldes in der Art bestimmt, daß das Kilogramm Gold von $^9/_{10}$ Feingehalt zu 3094 Franken angesetzt, und ein Agio von so und so viel von 1000 Fr. aufgerechnet wird.

Dritter Abschnitt.

Handelswerth der Münzen.

Geldcurs. Agio. Disagio oder Verlust.

§. 38. Diejenigen Münzen, deren Werthsbestimmung dem freien Verkehr überlassen ist, also die ausländischen Silbermünzen, so wie die inländischen und ausländischen Goldmünzen, haben, als Waare betrachtet, ihren Preis, welcher in der Silberlandesmünze, die als solche, einen festen Werth hat, bestimmt wird.

Der Preis der als Waare vorkommenden Münzen wird entweder per Stück notirt, und heißt dann Curs (§. 27) (oder Geld=

curs, zur Unterscheidung vom Curs der Wechsel, Staatspapiere und Actien), oder aber, es wird derselbe durch die Angabe des sogenannten Agio's oder Aufgeldes bestimmt. Letztere Preisnotirung kommt mehrentheils bei Goldmünzen vor. Das Agio ist der Unterschied zwischen dem Nominalwerth und dem Handelswerth oder Curs einer Münze, vorausgesetzt, daß letzterer größer als ersterer ist. Im entgegengesetzten Falle, welcher übrigens selten vorkommt, heißt die Differenz Disagio oder Verlust.

Was insbesondere die Goldmünzen betrifft, so haben solche, unter übrigens gleichen Umständen, in denjenigen Ländern, in welchen das bei der Bestimmung des Nominalwerths angenommenen Werthsverhältniß des Silbers zum Golde niedrig ist (wie z. B. in Preußen $1 : 13^{11}/_{13}$), ein größeres Agio, als in denjenigen Ländern, in welchen sich das Handelswerthsverhältniß dieser Metalle nicht so weit vom gesetzlichen Werthsverhältniß entfernt (wie z. B. in Frankreich, wo letzteres $1 : 15^1/_2$ ist.) (§. 36.)

Der Nominalwerth eines preußischen Friedrichsd'ors z. B. ist 5 Thaler. Gilt er nun im Handel 5 Thaler 20 Silbergroschen, so ist 5 Thaler 20 Silbergroschen der Curs, und 20 Silbergroschen, als Differenz zwischen dem Nominalwerthe und dem Curs, ist das Agio, welches aber im Handel immer in Procenten ausgedrückt wird. Es sind z. B. 20 einfache Friedrichsd'or = 20 × 5 Thaler oder = 100 Thaler in Gold; gibt man nun für 1 Friedrichsd'or 5 Thlr. 20 Sgr. in Silbermünze, so gibt man für 100 Thaler in Gold so viel Thaler in Silbermünze, als aus der Proportion folgt:

Thlr. in Gold.		Thlr. in Silb.		Thlr. in Gold.		Thlr. in Silb.		Thlr. in Silb.
5	:	$5^2/_3$	=	100	:	x	=	$113^1/_3$

wonach das Agio $13^1/_3$ % beträgt, wenn der Curs des Friedrichsd'ors 5 Thlr. 20 Sgr. ist.

Die procentweise Bestimmung des Agio's dient insbesondere dazu, den Preis einer Münze bis auf jeden beliebigen Bruchtheil auszudrücken. Es stehen z. B. im gewöhnlichen Verkehr die Fünffrankenstücke auf 2 fl. 20 Kr. des 24=Guldenfußes. Wenn nun in Folge größerer Nachfrage diese Geldsorte mit einem Agio von $^1/_{10}$ Procent oder 1 pro Mille bezahlt wird, d. h. wenn man für 1000 fl. in Fünffrankenstücken zu $2^1/_3$ fl. fest, 1001 fl. zahlt, so ergibt sich der Curs aus folgender Proportion:

$$1000 : 1001 = 2^1/_3 : x = 2 \text{ fl. } 20^7/_{50} \text{ Kr.}$$

Für die ausländischen Goldmünzen ist zur Bestimmung des Agio's das in der inländischen Geldmünze ausgedrückte Aequivalent derselben der Stellvertreter des Nominalwerths. So ist z. B. in

Preußen, nach dem zur Belehrung des Publikums erschienene Münz-Edikt vom 30. September 1821, der Werth der holländischen, österreichischen und andern Ducaten zu $2\frac{3}{4}$ Thaler, in Friedrichsd'or zu 5 Thaler festgesetzt. *) Beträgt nun z. B. das Agio des Ducaten in Berlin 12 Procent, so ergibt sich der Curs aus der Proportion:

Thlr. in Duc.		Thlr. in Silb.		Thlr. in Duc.		Thlr. in Silb.		Thlr. in Silb.
100	:	112	=	$2\frac{3}{4}$	:	x	=	$3\frac{52}{100}$

Preisnotirung der Münzen nach der Mark.

§. 39. Die Preise der Münzen werden auch auf manchen Handelsplätzen nach der Mark (al marco) notirt. Gelten z. B. in Hamburg die Ducaten 428 Banco-Mark **) per 1 köln. Mark fein Gold, wobei angenommen wird, daß 67 Ducaten $23\frac{1}{2}$ Karat Gold enthalten, so ergibt sich der jenem Preise entsprechende Curs aus dem Ansatz:

? Mark banco	1 Ducat
67	$23\frac{1}{2}$ Karat Gold
24	1 köln. Mark
1	428 Mark banco.

Werden gleichzeitig mehrere Geldsorten nach der Mark verkauft, so kann man vorerst berechnen, wie viel Gold in sämmtlichen Stücken

---

*) S. im §. 42 die Werthsbestimmung der holländischen Ducaten in Friedrichsd'or zu 5 Thalern.

**) Eine fingirte Bankvaluta in Hamburg. Die dortige Girobank hat, als solche, den Zweck, den Einlegern das Geschäft des Geldauszahlens und Geldeinnehmens zu erleichtern, indem die gegenseitigen Zahlungen dadurch bewerkstelligt werden, daß Derjenige, welcher einen Gläubiger bezahlen will, den Rechnungsführer der Bank beauftragt, den Bankfonds seines Gläubigers um die Summe, welche er ihm schuldig ist, für seine Rechnung zu vermehren. Zu dem Ende wird jedem Einleger ein Conto eröffnet. Wenn z. B. A 10000 Mark und B 16000 Mark in die Bank legen, so werden dem Erstern 10000 Mark und dem Letztern 16000 Mark gutgeschrieben; will nun A dem B eine Bankzahlung von 1000 Mark machen, so wird das Conto des Letztern für diesen Betrag creditirt und das Conto des A dafür belastet. Der Bankfonds des B beträgt also jetzt 17000 Mark und derjenige des A nur noch 9000 Mark. Die Einlage muß in $15\frac{2}{3}$-löthigen Silberbarren geschehen; die köln. Mark fein Silber wird zu 27 Mark 10 Schillingen banco berechnet oder abgeschrieben. Von dieser Bankvaluta gehen demnach, da 3 Mark = 1 Thaler, und 1 Mark = 16 Schillingen, $9\frac{5}{24}$ Thaler banco oder $27\frac{5}{8}$ Banco-Mark auf 1 köln. Mark fein Silber. Nach der Courantvaluta wird die köln. Mark Silber zu $11\frac{1}{3}$ Thaler oder 34 Mark ausgeprägt. Hiernach sind 100 Banco-Mark so viel werth, wie $123\frac{17}{221}$ Courant-Mark; der Unterschied beträgt daher $23\frac{17}{221}$ Procent und das Bankagio schwankt gewöhnlich zwischen 23 und 24 Procent.

enthalten ist, und hieraus bestimmen, wie viel man nach dem Preise der Mark Gold dafür zu zahlen hat.

Werden z. B. in Hamburg 134 Ducaten und 336 englische Guineen zu 428 Mark banco verkauft und berechnet man vorläufig, wie viel Gold in jenen beiden Goldsorten enthalten ist, so hat man

$$67 : 23\,{}^{1}/_{2} = 134 : x = 47 \text{ Karat Gold},$$

und, weil angenommen wird, daß 28 Guineen $21\,{}^{11}/_{12}$ Karat Gold enthalten,

$$28 : 21\,{}^{11}/_{12} = 336 : x = 263 \text{ Karat Gold}.$$

Da nun in 134 Ducaten und 336 Guineen enthalten sind: $47 + 263 = 310$ Karat Gold, so hat man nach obigem Preise so viel dafür zu zahlen, als aus der Proportion folgt:

$$24 : 428 = 310 : x = 5528\,{}^{1}/_{3} \text{ Mark banco}.$$

Auch die spanischen Piaster (Silbermünze) werden in Hamburg nach der Mark verkauft, und es wird dabei angenommen, daß 26 Piaster 43 kölnische Loth Silber enthalten. Ist z. B. der Preis der köln. Mark fein Silber $27\,{}^{1}/_{2}$ Mark banco, so ergibt sich der diesem Preise entsprechende Curs aus dem Ansatz:

? Mark banco	1 Piaster
26	43 köln. Loth Silber
16	$27\,{}^{1}/_{2}$ Mark banco.

Es gibt indessen noch andere Arten, den Preis der Münzen nach der Mark zu bestimmen. In Augsburg z. B. werden die Ducaten zu $4\,{}^{1}/_{4}$ Gulden des 20=fl.=Fußes in Gold mit einem Agio von 9 bis 10 Procent nach dem Gewicht verkauft, wobei angenommen wird, daß 67 Stücke eine kölnische Mark wiegen müssen. Wenn z. B. eine Anzahl von Ducaten 800 köln. Mark wiegen, und wenn solche zu 9 Procent angerechnet werden, so ergibt sich der entsprechende Gegenwerth aus dem Ansatz:

? fl.	800 köln. Mark Ducaten
1	67 Ducaten
1	$4\,{}^{1}/_{2}$ fl. im 20=fl.=Fuß in Ducaten.
100	109 „ Courant.

Berechnung der nicht vollwichtigen Goldmünzen.

§. 40. Bei den nicht vollwichtigen (durch Abnutzung oder Beschneiden leichter gewordenen) Goldmünzen wird für jeden fehlenden Gewichtstheil etwas in Abzug gebracht, was in der Regel gesetzmäßig oder nach Usance bestimmt ist, sich aber, streng genommen, nach dem Curs richten müßte, zu welchem die betreffende Goldmünze angenommen wird. So sollen z. B. 67 Ducaten 1 köln. Mark wiegen, wonach, bei der Eintheilung dieser Mark in 4020 Asse, das Gewicht des Ducaten 60 Asse betragen muß; gilt nun das Stück 5 fl. 36 kr., so müßten für jedes fehlende Aß so viele Kreuzer abgezogen werden, als aus der Proportion folgt:

$$\overset{\text{Aß.}}{60} : \overset{\text{fl.}}{5^3/_5} = \overset{\text{Aß.}}{1} : \overset{\text{fl.}}{x} = \overset{\text{fl.}}{{}^7/_{75}} = 5^3/_5 \text{ kr.}$$

Bei einer größern Anzahl nicht vollwichtiger Goldmünzen wird die Berechnung nach dem Gewicht angestellt, und zwar entweder

1) nach dem Curs oder auch nach dem in Procenten ausgedrückten Agio der Goldmünzen, oder
2) nach dem Goldpreis der Bruttomark.

Werden z. B., in Beziehung auf Nr. 1, 670 Ducaten, von welchen 67 vollwichtige 1 köln. Mark wiegen, zu 5 fl. 36 kr. per vollwichtigem Stück ausgewechselt, und wiegen sie $9^3/_4$ köln. Mark, so ergibt sich der entsprechende Gegenwerth aus dem Ansatz:

? fl.	$9^3/_4$ köln. Mark Duc.
1	67 vollwichtige Duc.
1	$5^3/_5$ fl.

Resultat: 3658 fl. 12 kr.

Obige zu leichte Ducaten gelten also im Durchschnitt $\frac{3657^1/_5}{670}$ oder 5 fl. $27^3/_5$ kr.

Wenn wir in Beziehung auf Nr. 2 annehmen, daß 920 Louisd'or, von welchen $30^2/_3$ vollwichtige auf eine rauhe köln. Mark gehen, d. h. so viel wiegen sollen, $29^7/_8$ Mark wiegen, und in Augsburg zu 285 fl. im 20=fl.=Fuße per Bruttomark angesetzt werden, so ergibt sich der entsprechende Werth in Gulden des $24^1/_2$=fl.=Fußes aus dem Ansatz:

? fl. des $24^1/_2$=fl.=Fußes	$29^7/_8$ Mark in Louisd'or
1	285 fl. des 20=fl.=Fußes
20	$24^1/_2$ fl. des $24^1/_2$=fl.=Fußes.

Geldarbitrage.

§. 41. Weil eine und dieselbe Geldsorte an verschiedenen Orten, in Folge unterschiedlicher Handelsverhältnisse verschiedene Cursnotirungen haben kann, so kann, wenn Geldübersendungen (Baarsendungen) zu machen sind, die Frage entstehen, vermittelst welcher Münze die Schuld mit dem geringsten Geldaufwande getilgt werden könne. Die desfalls anzustellende Berechnung heißt in der kaufmännischen Sprache Arbitrage (von arbitrium). Man kann aber auch des Gewinnes wegen eine Geldsorte gegen eine andere umsetzen, wenn die Curse derselben Speculation darbieten.

In Beziehung auf den zuerst angeführten Fall wollen wir annehmen, daß in Mailand die ehemaligen Napoleonsd'or von 40 Liren zu 46½ österreichischen Liren, und die Louisd'or zu 26¾ österreichischen Liren vom Gläubiger angenommen werden; wenn nun in Wien die Napoleonsd'or zu 15½ Gulden, und die Louisd'or zu 9 Gulden zu haben sind, so hat man zur Beantwortung der in Rede stehenden Frage zu berechnen, wie viel dem Wiener Schuldner die Abtragung irgend einer Anzahl von Liren in Gulden zu stehen kommt. Nimmt man die Zahl 100 als Fragezahl an, so sind die Ansätze wie folgt:

Napoleonsd'or.

? fl.	100 Oester. Liren
46½	1 Nap.
1	15½ fl.

Resultat: 33 fl. 20 Kr.

Louisd'or.

? fl.	100 Oester. Liren
26¾	1 Louisd'or.
1	9 fl.

Resultat: 33 fl. 38 kr.

Vermittelst Napoleonsd'or wird die Schuld mit einem geringern Geldaufwand als vermittelst Louisd'or abgetragen; denn vermittelst der letztern Sorte kommen 100 Liren auf 33 fl. 38 kr., und vermittelst ersterer nur auf 33 fl. 20 kr. zu stehen; und je größer der zu übermachende Betrag ist, desto mehr wird vermittelst der günstigen Sorte im Vergleich mit der andern erspart.

Vierter Abschnitt.

Werthsvergleichung der Münzen nach dem Münzfuße.

§. 42. Bei der Vergleichung der Münzen nach dem Münzfuße hat man zu berechnen, wie viel Münzen von einer und derselben Sorte eben so viel Silber oder Gold als eine andere Münze enthalten. Der Zusatz an Kupfer wird hierbei als werthlos betrachtet. Weil z. B. 60 österreichische Zwanzigkreuzerstücke 1 köln. Mark fein Silber enthalten, und in 14 preußischen Thalern eben so viel Silber enthalten ist, so sind, abgesehen vom Kupfer und den Prägkosten, 60 Zwanzigkreuzerstücke gleichwerthig mit 14 preußischen Thalern, oder $4^2/_7$ Zwanzigkreuzerstücke = 1 preußischem Thaler. In diesem

Sinne sagt man auch, daß $4^2/_7$ Zwanzigkreuzerstücke pari mit 1 preußischen Thaler sind.

Zuverlässige Tabellen, welche Werthsvergleichungen der Gold- und Silbermünzen aller Länder enthalten, findet man unter andern in Nelkenbrechers Taschenbuch der Maaß-, Gewichts- und Münzkunde .(Berlin 1842).

Die Tabelle der Silbermünzen enthält folgende Angaben:

1) Wie viel Stücke der Münze eine köln. Mark wiegen, oder auf eine rauhe Mark oder Mark brutto gehen, woraus dann auch das Gewicht des Stücks, oder das Schrot desselben ermittelt werden kann.
2) Das Korn der Münze.
3) Wie viel Stücke einer Münze 1 köln. Mark Silber enthalten, oder auf 1 Mark fein gehen.
4) Den Werth eines Stücks in Thalern des 20-fl.-Fußes, im $24^1/_2$-fl.-Fuß und im 14-Thalerfuß.

Die Tabellen der Goldmünzen enthalten folgende Angaben:

1) Wie viel Stücke der Münze auf 1 Mark brutto gehen.
2) Das Gewicht der Münze in holländischen Aß (von welchen 4864 auf 1 köln. Mark gehen).
3) Das Korn der Münze.
4) Wie viel Stücke auf eine Mark fein gehen.
5) Den Werth eines Stücks in preußischen Friedrichsd'or zu 5 Thalern in Gold und zu $5^2/_3$ Thalern in Courant. *)

Die Tabelle der Silbermünzen enthält z. B. folgende Angaben in Betreff des russischen Silberrubels.

Münze	Auf 1 köln. Mark brutto gehen	Korn		Auf 1 köln. Mark fein Silber gehen	Werth eines Stücks im						
					$13\frac{1}{3}$-Thlr. od. 20-fl.-Fuß	$24^1/_2$-fl.-Fuß			14-Thalerfuß.		
	Stück	Lth.	Gr.	Stück	Thaler	fl.	Kr.	Pf.	Thlr.	Sgr.	Pf.
Rubel	11,28	13	16	12,995	1,02607	1	53	0,5	1	2	3,85

*) S. die Note zum §. 37.

Weil 1 preußisch-kölnische Mark = 233,855 Grammen, ein russisches Pfund = 409,5174 Grammen, und 100 Silberrubel $5^6/_{96}$ russische Pfund wiegen, so ergibt sich die erste Angabe aus dem Ansatz:

? Silberrubel	1 köln. Mark
1	233,855 Grammen
409,5174	1 russisches Pfund
$5^6/_{96}$	100 Silberrubel.

Weil der Feingehalt des Silberrubels $\frac{83^1/_3}{96}$ ist, oder in 96 Gewichtsmengen der legirten Masse $83^1/_3$ Gewichtsmengen Silber enthalten sind, so ergibt sich der Feingehalt (oder, nach der Benennung in der Tabelle, das Korn) in Beziehung auf die Mischungseinheit von 1 köln. Mark = 16 Loth = 288 Grän aus der Proportion:

$$96 : 83^1/_3 = 16 : x = 13^{16}/_{18} \text{ Loth, oder}$$
$$= 13 \text{ Loth } 16 \text{ Grän.}$$

Weil 100 Silberrubel gesetzlich $5^6/_{96}$ Pfund wiegen, und 1 Pfund (= 96 Solotnik) $83^1/_3$ Solotnik Silber enthalten, so enthalten 100 Silberrubel $421^7/_8$ Solotnik Silber; die dritte Angabe, wie viel Silberrubel 1 köln. Mark Silber enthalten, ergibt sich demnach aus dem Ansatz:

? Silberrubel	1 preuß. Mark Silber
1	233,855 Grammen
409,5174	1 russisches Pfund
1	99 Solotnik
$421^7/_8$	100 Silberrubel

Die 4te, 5te und 6te Angabe, wie viel 1 Silberrubel in Thalern des 20-Guldenfußes, in Gulden des $24^1/_2$-Guldenfußes und im 14-Thalerfuße werth sind, ergeben sich aus folgenden Ansätzen:

? Thlr. des 20-fl.-Fußes	1 Silberrubel
100	$5^6/_{96}$ russische Pfund
1	$83^1/_3$ Solotnik Silber
96	1 Pfund "
1	409,5174 Gr. "
233,87 *)	1 Wiener-köln. Mark
1	$13^1/_3$ Thaler im 20-fl.-Fuß.

---

*) Die Wiener-köln. Mark = 233,87 Grammen; außerdem hat man auch in Oesterreich als Silbergewicht die Wiener Mark, und 5 Wiener Mark = 6 Wiener-köln. Mark.

? fl. im $24\frac{1}{2}$-fl.-Fuß, oder ? Thlr. im 14 Thlr.-Fuß	1 Silberrubel
100	$5\frac{6}{96}$ ruff. Pfund
1	$83\frac{1}{3}$ Solotnik Silber
96	1 preuß. Pfund
1	409,5174 Grammen
233,855	1 preuß.-köln. Mark
1	$24\frac{1}{2}$ fl. im $24\frac{1}{2}$-fl.-Fuß, oder 14 Thlr. im 14-Thlr.-Fuß.

Die Tabelle der Goldmünzen enthält z. B. folgende Angaben in Betreff des holländischen Ducaten:

Münze	Auf 1 köln. Mark brutto gehen	Gewicht von 1 Stück in holl. Aß.	Korn		Auf 1 köln. Mark fein gehen	Werth eines Stücks in			
						gesetzm. Friedrichsd'or zu 5 Thlr. Gold	Friedrichsd'or zu $5\frac{2}{3}$ Thlr. Courant		
	Stück		Kar.	Gr.	Stück	Thlr. in Gold	Thlr.	Sgr.	Pf.
Ducat.	66,931	72,67	23	7	68,1134	2,84593	3	6	9,1

Weil ein holländischer Ducat gesetzmäßig 3,494 Grammen wiegen soll, so ergibt sich die erste Angabe aus dem Ansatz:

? Ducaten	preuß.-köln. Mark
1	233,855 Grammen
3,494	1 holl. Ducat.

Weil der Feingehalt der holländischen Ducaten gesetzmäßig $\frac{983}{1000}$ ist, so ergibt sich der Feingehalt (oder, nach der Tabelle, das Korn) in Beziehung auf die Mischungseinheit von 1 köln. Mark = 24 Karat = 288 Grän aus der Proportion:

$$1000 : 983 = 24 : x = 23\tfrac{7}{12} \text{ oder 23 Karat 7 Grän.}$$

Weil 1 Ducat gesetzmäßig 3,494 Grammen wiegt, und 1000 Grammen der legirten Masse 983 Grammen Gold enthalten, so gehen so viel Ducaten auf 1 preuß.-köln Mark Gold, als aus dem Ansatz folgt:

? Ducaten	1 preuß.-köln. Mark Gold
1	233,855 Grammen Gold
983	1000 Grammen legirtes Gold
3,494	1 Ducat.

Das Resultat entspricht sonach der vierten Angabe in der Tabelle. Die fünfte und sechste Angabe ergibt sich aus dem Ansatze:

? Thlr. in G. zu 5 Thlr. oder ? Thlr. in Gold zu $5^2/_3$ Thlr. courant	1 Ducat.
1	3,494 Grammen leg. Gold
1000	983 fein Gold
233,855	1 preuß.-köln. Mark Gold
1	288 Grän Gold
260	35 Friedrichsd'or
1	5 Thaler in Gold oder $5^2/_8$ Thaler courant.

Die oben angeführten Tabellen enthalten außerdem auch die den Ergebnissen von Münzuntersuchungen entsprechenden Werthe mancher Münzen. Denn Goldmünzen überhaupt, und so auch die Pistolen (die preußischen Friedrichsd'or, die sächsischen Augustd'or, die braunschweigischen Carlsd'or u. a., die nach dem Pistolenfuße ausgebracht sind, und von welchen 35 Stück 261 Grän Gold enthalten sollen) haben selten ganz genau das Gewicht, welches sie nach dem Münzgesetz haben sollten. Man hat daher ein etwas leichteres Gewicht als Durchschnittsgewicht angenommen, bis zu welchem herab man sie noch nach ihrem gewöhnlichen Werthe oder für voll annimmt. Dieses Durchschnittsgewicht wird Passirgewicht genannt.

Eben so selten als das Gewicht ist auch der Feingehalt der Goldmünze ihr gesetzlicher. Der Werth der Goldmünzen wird daher auch in Thalern der Passirpistolen ausgedrückt, von welchen, in Folge angestellter Münzuntersuchungen, $39^{17}/_{40}$ oder 39,425 Stück eine köln. Mark fein Gold enthalten.

In Rußland hat man im Jahre 1828 den Anfang gemacht, das Platin zu Münzen zu verwenden, und es wurden im genannten Jahre Dreirubelstücke, im Jahre 1829 Sechsrubelstücke, und im Jahre 1830 Zwölfrubelstücke geprägt. Nach der Ukase vom 22. Juni 1845 ist aber die Ausprägung von Platinmünzen eingestellt und sind die umlaufenden zurückgezogen worden. *)

---

*) Das Platin wurde erst im vorigen Jahrhundert aus Amerika zu uns herübergebracht, wo man es in Gestalt kleiner platter Körner unter dem Sande fand,

Fünfter Abschnitt.

Valvation der Münzen.

§. 43. Unter Valvation versteht man die gesetzliche Preisbestimmung fremder Geldsorten, nach welcher solche bei den Kassen der Regierung, der Gemeinden und Stiftungen angenommen werden. Hierbei erfordert die Münzpolitik, die fremde Münze als Tiegelgut zu betrachten, und mithin die Kosten, welche aufzuwenden sind, wenn solche Münzen in inländisches Geld umgeprägt werden sollen, in Abzug zu bringen. Sodann ist auch das Remedium (§. 31) zu berücksichtigen. Nun gibt es überhaupt neun Münzzustände; eine Münze kann nämlich

im Korn { zu gut oder / richtig, oder / schlecht } und im Schrot { zu gut oder / richtig, oder / schlecht }

sein; mehrentheils trifft es sich aber, daß die Münzen sowohl im Korn als im Schrot zu leicht sind. Geht man nun von diesem Münzzustande bei der Valvirung aus, so hat man die entsprechenden Größen in Rechnung zu bringen.

Für die französischen Einfrankenstücke z. B. beträgt das Remedium im Korn 3 Tausendtheile, und im Schrot 5 Tausendtheile. Es sollen 200 Frankenstücke 1000 Grammen wiegen, und der Feingehalt soll $^{900}/_{1000}$ sein; nimmt man nun die beiden Remedien in Minus an, so hat man 995 Grammen für 1000 Grammen, und $^{897}/_{1000}$ für $^{900}/_{1000}$ zu substituiren. In 995 Grammen der legirten

---

aus dem man Gold abschlämmte. Späterhin fand man es auch in dem Sande des Uralgebirges in compacten, linsen- bis faustgroßen Klumpen. Das rohe Platin enthält mehrere andere Metalle; das, von seinen Beimischungen befreite, reine Platin hat eine graue, zwischen Silber und Stahl stehende Farbe, bedeutenden Glanz, spec. Gew. 21,5; ist härter als Kupfer, aber sehr dehnbar, unschmelzbar in jedem Ofenfeuer, und kann nur durch das Knallgasgebläse und galvanische Batterien zum Schmelzen gebracht werden; es läuft weder an der Luft noch im Feuer an, und um es aufzulösen, muß man es lange mit Königswasser erhitzen. Wegen seiner Feuerbeständigkeit und Unauflöslichkeit in Säuren wird das Platin vorzüglich zu chemischen Geräthschaften verwendet. Zu Bijouteriearbeiten ist es nicht so brauchbar wie Gold und Silber, weil es schwer zu verarbeiten, und nicht so schön von Farbe und nicht so polliturfähig wie Silber ist. Das Platin ist etwas mehr als 4mal so viel werth als Silber. Das in Rußland bei der Ausmünzung der Dreirubelstücke angenommene Werthsverhältniß war 1 : 5,21. Die Hauptbezugsörter des Platins sind Paris, London und Petersburg.

Masse ist mithin so viel Silber enthalten, als aus der Proportion folgt:

$$1000 : 897 : 995 : x = 892{,}515.$$

Ohne Remedium sollen aber 900 Grammen Silber in 200 Franken enthalten sein; mithin reduciren sich 100 Grammen, welche gesetzlich in der entsprechenden Anzahl von Frankenstücken enthalten sein sollten, durch die Annahme des Remediums in Minus auf so viel Grammen Silber als aus der Proportion folgt:

$$900 : 892{,}515 = 100 : x = 99{,}16.$$

Ist also der Werth des Einfrankenstücks in irgend einer andern Geldeinheit ohne Remedium $= W$, so beträgt derselbe mit Berücksichtigung obigen Remediums nur $\frac{99{,}16}{100} \cdot W = 0{,}9916\ W$.

Devalvation ist diejenige Valvation, wodurch ein Staat Münzen ihrem Zahlwerthe nach herabsetzt, oder auch ganz verruft.

Sechster Abschnitt.

Falsche Münzen.

§. 44. Die von Falschmünzern gemachten Münzen sind entweder gegossen oder geprägt. Die gegossenen Münzen sind insbesondere daran erkennbar, daß sie stumpf abgesetzte Umrisse, körnige Oberflächen, Schwindstellen, Gußbläschen und stumpfe Ränder haben.

Unter Schwinden versteht man die Eigenschaft der flüssigen Metalle, sich nach dem Erkalten in sich selbst zusammen zu ziehen. Mit diesem Zurücktreten treten nun auch alle Umrisse zurück, so daß sie, wenn sie auch scharf ausgeflossen waren, bei dem Erkalten um so viel stumpfer werden müssen, als das Zurücktreten von den Formwänden beträgt. Es geben indessen mehrere weiße Metallcompositionen scharfe Abgüsse; wenn aber auch der Guß noch so gut gerathen ist, so bleibt doch die Oberfläche noch rauh und matt, und hat niemals das straffe Prägeansehen.

Für Münzen der jetzigen Zeit gibt in Betreff der geprägten Falschmünzen die Gravirung ein untrügliches Kennzeichen, und zwar deswegen, weil alle Stempel, welche in einem Lande auf allen seinen Münzstätten zur Prägung der nämlichen Sorte, z. B. der Thaler, gebraucht werden, insgesammt Vervielfältigungen eines einzigen Stempels für die Vorderseite, und eines solchen für die Rückseite der Münze sind. Die Gravirung aller dieser Stempel ist daher vollkommen gleich, und bleibt es auch bei der größten Vervielfältigung für alle folgenden Stempel, insofern nicht die Regierung das Gepräge ändern läßt; und dieses Verfahren ist überall, wo sich ordentliche Münzstätten finden, im Gebrauch. Bevor diese Kunst aufgekommen war, mußten, wenn ein Paar Münzstempel unbrauchbar geworden waren, andere dafür aus freier Hand nachgeschnitten werden. Nachschnitte kann aber der geschickteste Künstler dem Vorbilde nie ganz gleich machen, und wenn er auch das Vorbild selbst geschnitten hätte. Dies kam den Falschmünzern gut zu Statten; denn da die Gravirung der ächten Münzen selbst nicht miteinander übereinstimmte, so fiel es natürlicher Weise nicht auf, wenn die Gravirung der Falschmünzen nicht mit derjenigen der ächten Münzen übereinstimmte. Andere Erkennungs- und Untersuchungszeichen geben die vorwaltende Farbe, sowie die Farbe der abgeriebenen oder abgelaufenen Stellen, der Glanz, der Klang und das Anfühlen. *)

Zweite Abtheilung.

Gold und Silber in Barren.

Berechnung des Gehalts der Barren in Gold und Silber.

§. 45. Die Preise der Gold- und Silberbarren, welche beziehungsweise aus Gold und Kupfer, und aus Silber und Kupfer bestehen (§. 27), beziehen sich auf die betreffende Gewichtseinheit reinen Goldes und reinen Silbers. Wegen höherer Scheidungskosten sind aber mittelhaltiges und geringhaltiges Gold und Silber etwas wohlfeiler als hochhaltige Legirungen. Ist z. B. der Preis des 12- bis 15-löthigen Silbers (§. 30) 24 fl. 20 kr. im $24^1/_2$-fl.-Fuß, so kann sich derjenige des 8- bis 10-löthigen Silbers etwa auf 24 fl. 14 kr. stellen. Es kommt indessen auch ganz reines Silber im Handel vor, nämlich das gekörnte Silber (argent en grenaille).

Wird z. B. 14-löthiges Silber zu 24 fl. 20 kr. verkauft, so erhält dafür der Käufer so viele Mark als aus dem Ansatz folgt:

? Mark leg. Silber	1 Mark Silber
1	16 Loth "
14	1 Mark 14-löth. Silber

Resultat: $1^1/_7$ Mark 14-löthiges Silber.

*) S. Loos, die Kunst, falsche Münzen zu erkennen (Berlin, 1828).

Wird dagegen 9=löthiges Silber zu 24 fl. 14 kr. verkauft, so erhält dafür der Käufer so viele Mark als aus dem Ansatze folgt:

? Mark leg. Silber	1 Mark Silber
1	16 Loth "
9	1 Mark 9=löth. Silber.

Resultat: $1\frac{7}{9}$ Mark 9=löthiges Silber.

Nach obigen Berechnungen ist in $1\frac{1}{7}$ Mark 14=löthigem Silber, und in $1\frac{7}{9}$ Mark 9=löthigem Silber 1 Mark feines Silber enthalten, und $1\frac{1}{7}$ Mark 14=löth. Silber besteht demnach aus 1 Mark Silber und $\frac{1}{7}$ Mark Kupfer, und $1\frac{7}{9}$ Mark 9=löth. Silber besteht aus 1 Mark Silber und $\frac{7}{9}$ Mark Kupfer. Soll nun zur Darstellung von reinem Silber das Kupfer weggeschafft werden, so betragen die Scheidungskosten bei der ersten Masse weniger, als bei der zweiten, in welcher mehr Kupfer als in der ersten enthalten ist, und aus diesem Grunde ist das geringhaltige Silber etwas wohlfeiler, als das mittelhaltige und hochhaltige Silber.

Weil bei dem Verkaufe der Barren nur das Gold und Silber bezahlt, also das Kupfer nicht in Anschlag gebracht wird, so muß aus dem Gewicht der Barren und ihrem Legirungsverhältniß der Gehalt an reinem Golde und Silber ermittelt werden. Wiegt z. B. ein Barren Silber 28 Mark $12\frac{1}{2}$ Loth, und ist das Korn 9 Loth $7\frac{3}{4}$ Grän, so ergibt sich der Gehalt an Silber aus dem Ansatz:

? Mark Silber	$28\,\frac{12\frac{1}{2}}{16}$ Mark leg. Silber
1	$9\,\frac{7\frac{3}{4}}{18}$ Loth Silber
16	1 Mark Silber.

Auf ähnliche Weise wird der Gehalt der Goldbarren berechnet.

Bei der Berechnung der güldischen Barren (§. 27) betrachtet man in Beziehung auf den Gehalt an Silber, das Gold und Kupfer als Zusatz, und in Beziehung auf den Gehalt an Gold, das Silber und Kupfer als Zusatz.

Berechnet man, der Probe wegen, auch den Gehalt an Kupfer, so betrachtet man das Gold und Silber als Zusatz, wonach die Summe der Gewichtsmengen des Silbers, Goldes und Kupfers mit dem Gewicht der Barre übereinstimmen muß. Z. B. mehrere güldische Barren wiegen zusammen 64 Mark; der Feingehalt ist 14 Loth Silber und 1 Karat Gold. Weil 1 Mark = 16 Loth = 24 Karat, so ist 1 Karat = $\frac{2}{3}$ Loth, und in der rauhen köln. Mark sind demnach enthalten 14 Loth Silber, $\frac{2}{3}$ Loth Gold, und

16 weniger $14\frac{2}{3}$, oder $1\frac{1}{3}$ Loth Kupfer. Der Gehalt an Silber, Gold und Kupfer ergibt sich demnach aus folgenden Ansätzen:

? M. Slb.	64 M. Leg.	? M. Gold	64 M. Leg.	? M. Kupf.	64 M. Leg.
1	14 L. Silb.	1	$\frac{2}{3}$ L. Gold	1	$1\frac{1}{3}$ L. Kupf.
16	1 M. „	16	1 M. „	16	1 M. Kupfer

Result.: 56 M. Silber. Result.: $2\frac{2}{3}$ M. Gold. Result.: $5\frac{1}{3}$ M. Kupfer. Die Summe der Gewichtsmengen $56 + 2\frac{2}{3} + 5\frac{1}{3}$ M. $= 64$ Mark, in Uebereinstimmung mit dem Gewicht der Barre.

Legirrechnung.

§. 46. Beim Zusammenschmelzen von Goldbarren und von Silberbarren von verschiedenen Feinheitsgraden zur Hervorbringung einer Legirung von einem gegebenen Gehalt an Gold oder an Silber, hat man entweder zu berechnen, wie viel Kupfer mit legirtem Silber oder mit legirtem Golde, oder wie viel a-löthiges Silber (oder a-karatiges Gold) mit einer Gewichtsmenge m von b-löthigem Silber (oder b-karatigem Golde) zur Hervorbringung von c-löthigem Silber (oder c-karatigem Golde), oder aber, in welchem Verhältniß a-löthiges Silber (oder a-karatiges Gold) mit b-löthigem Silber (oder b-karatigem Golde) zur Hervorbringung einer Gewichtsmenge m von c-löthigem Silber (oder c-karatigem Golde) zusammengeschmolzen werden müsse.

In Beziehung auf den ersten Fall soll z. B. eine Anzahl 22-karatiger Goldbarren (oder auch Goldmünzen, wie russische Ducaten, englische Guineen, brasilianische Doblas 2c.), welche 130 Mark wiegen, mit so viel Kupfer legirt werden, daß die Mark 21 Karat 8 Grän Gold (wie dies z. B. bei dem sächsischen Augustd'or der Fall ist) enthalte.

In 130 Mark 22-karatigem Golde sind enthalten 2860 Karat Gold und 260 Karat Kupfer; bezeichnet man den gesuchten Zusatz an Kupfer durch x, so muß sich verhalten:

$$2860 : 260 + x = 21\tfrac{2}{3} : 2\tfrac{1}{3};$$

daher $5633\frac{1}{3} + 21\frac{2}{3}\,x = 6673\frac{1}{3}$, woraus $x = 48$ Karat $=$ 2 Mark.

In Beziehung auf den zweiten Fall soll $14\frac{2}{9}$-löthiges Silber mit 50 Mark $9\frac{1}{2}$-löthigem Silber in dem Verhältniß legirt werden, daß die Masse 12-löthig sei.

In 50 Mark $9\frac{1}{2}$-löthigem Silber sind enthalten 475 Loth Silber und 325 Loth Kupfer; in der Mark $14\frac{2}{9}$-löthigem Silber sind enthalten $14\frac{2}{9}$ Loth Silber und $1\frac{7}{9}$ Loth Kupfer; soll nun x Mark von $14\frac{2}{9}$-löth. Silber zugesetzt werden, so muß sich verhalten:

$$475 + 14^2/_9\,x : 325 + 1^7/_9\,x = 12 : 4;$$

daher $475 + 14^2/_9\,x = 3(325 + 1^7/_9\,x)$, woraus $x = 56^1/_4$ Mark.

In Beziehung auf den dritten Fall sollen aus 14-löthigem und 8-löthigem Silber 30 Mark 12-löthiges Silber legirt werden.

In der Mark 14-löthigem Silber sind enthalten 14 Loth Silber und 2 Loth Kupfer; in der Mark 8-löthigem Silber sind enthalten 8 Loth Silber und 8 Loth Kupfer; werden nun x Mark von 14-löthigem Silber und y Mark vom 8-löthigen Silber genommen, so ist die Zusammensetzung wie folgt:

$14x$ Loth Silber und $2x$ Loth Kupfer
$8y$ " " " $8y$ " "

Es soll sich aber verhalten:

$$14x + 8y : 2x + 8y = 12 : 4;$$

daher $14x + 8y = 3(2x + 8y)$; hieraus und aus der Gleichung $x + y = 30$ ergibt sich $x = 20$ und $y = 10$.

II.

Von den Wechseloperationen.

Wechsel und Anweisungen.

§. 47. Gegenseitige Forderungen zwischen zwei Orten können in der Weise ausgetauscht werden, daß die Geldübersendung ganz oder theilweise umgangen wird; so z. B. wenn ein Schuldner (A) des einen Orts seinen an einem andern Ort wohnenden Gläubiger (B) anweist, sich den Betrag seiner Forderung von einem Dritten (C), welcher ein Schuldner des Ersten (A) ist, auszahlen zu lassen.

Anderer Fall. A in Leipzig hat eine Forderung an C in Berlin, und B in Leipzig hat dem D in Berlin eine Zahlung zu machen. Sind die gegenseitigen Forderungen von gleichem Belaufe, so kann die Geldübersendung gleichfalls umgangen werden, wenn der B dem A so viel zahlt, als er dem D schuldig ist, und wenn der C dem D eben so viel, nämlich so viel als er dem A schuldig ist, bezahlt.

Geht der Austausch der Forderungen und Schulden von Seiten des A aus, so gibt er dem B für den ihm gezahlten Betrag eine zu dessen Gunsten lautende, an den C gerichtete, schriftliche Aufforderung zur Zahlung; der B übermacht solche sofort seinem Gläubiger D, welcher sie dem C vorzeigt. Diese schriftliche Zahlungsaufforderung ist entweder eine Anweisung oder ein Wechsel, und im letztern Falle bekanntlich durch besondere rechtliche Folgen ausgezeichnet.

Auch für mehr als zwei Oerter kann ein und derselbe Wechsel zur Befriedigung von Gläubigern benützt werden. Z. B. A in Straßburg ist Gläubiger des B in Paris, C in Straßburg ist Schuldner des D in Lyon, dieser ist schuldig an E in Bordeaux, und dieser ist schuldig an F. in Paris. Hier kann der A einen Wechsel auf den B ausstellen und dem C gegen Erlegung des Betrags abtreten; dieser übermacht (remittirt) denselben seinem Gläubiger D, dieser remittirt ihn seinem Gläubiger E, und letzterer remittirt ihn seinem Gläubiger F, wonach der Wechsel nur einmal verkauft worden ist. Wenn hingegen D in Lyon im Augenblick keine Rimessen zu machen hat, so verkauft er den Wechsel, und zwar an Jemanden, der entweder direct nach Paris, oder nach einem andern Ort, z. B. Bordeaux, Rimessen zu machen hat. Haben die übrigen im obigen Beispiel aufgeführten Personen Rimessen zu machen, und können sie sich des in Rede stehenden Wechsels dazu bedienen, so ist im vorliegenden Falle ein und derselbe Wechsel zweimal veräußert worden.

Aber nicht Privaten allein, sondern auch Staatsbehörden können veranlaßt werden, sich der Wechsel zum Behufe von Zahlungen (z. B. Subsidienzahlungen, Deckung von Administrationskosten, Zahlungen an auswärtige Gesandte ꝛc.) zu bedienen, so wie dann auch Staatsbehörden durch Wechsel bezahlt werden können, z. B. für Bergwerksprodukte, wenn der Bergbau auf Kosten des Staats betrieben wird.

Hierbei haben wir noch Diejenigen, welche sich mit dem Einkaufe und dem Verkaufe von Wechseln zum Abtragen von Schulden und zum Einziehen von Ausständen befassen, von Denjenigen zu unterscheiden, welche blos des Erwerbs wegen Wechselgeschäfte betreiben und Banquiers genannt werden. Die Kaufleute bedienen sich derselben besonders in der Weise, daß sie Wechsel auf sie ausstellen, entweder um solche an Gläubiger zu übermachen, oder um sich, wenn sie augenblicklich schwach bei Casse sind, durch den Verkauf derselben Geld zu verschaffen. Der denselben vom Banquier eröffnete Credit ist indessen in der Regel beschränkt, d. h. auf einen gewissen Betrag festgesetzt, über welchen hinaus keine weitern Ziehungen (Ausstellen von Wechseln) gemacht werden dürfen, wonach Derjenige, welcher sich eines solchen Credits bedient, dem Banquier von Zeit zu Zeit Anschaffungen (durch Wechsel, Baarsendungen ꝛc.) zu machen hat, damit er im Credit bleibe. Für die Vorschüsse und An=

schaffungen werden zu einem vom Banquier ausbedungenen Zinsfuße von Zeit zu Zeit (gewöhnlich halbjährlich) die Zinsen berechnet, und außerdem erhält der Banquier für den Gesammtbetrag der im Verlaufe der Zwischenzeit von ihm besorgten Wechselgeschäfte eine procentweise bestimmte Vergütung, Provision (gewöhnlich zu $1/3$ bis $1/2$ Procent), und außerdem Vergütung von Auslagen, wie Briefporto, Courtage ꝛc. Wenn, in Beziehung auf letztere, der Banquier sich selbst wieder eines Zwischenhändlers, eines Maklers oder Sensals, beim Einkaufe und Verkaufe von Wechseln für fremde Rechnung bedient, so muß ihm der Betrag, welchen er demselben für seine Bemühung zu zahlen hat, die Courtage, von Seiten Desjenigen vergütet werden, für dessen Rechnung der Einkauf oder Verkauf stattgefunden. Die Courtage beträgt gewöhnlich $1/10$ bis $1/8$ Procent.

Auch Regierungen bedienen sich des Banquiers zu unterschiedlichen Zwecken (z. B. zur Einkassirung von Wechseln, zur Zahlung an auswärtige Gesandte ꝛc.).

§. 48. Der Zahlungstermin oder die Verfallzeit des Wechsels kann gerechnet werden:

1) Von dem Tage der Ausstellung an; z. B. zwei Monate nach dem Datum des Wechsels; solche Wechsel nennt man Datowechsel. In solchen Wechseln kann die Verfallzeit auch auf bestimmte Tage festgesetzt werden, z. B. auf den letzten Juni, auf den 5. April u. s. w. Hierher gehören auch die in der Mitte (medio) eines Monats zahlbar ausgestellten Wechsel, wobei in der Regel der 15te des Monats als Zahltag angenommen wird.
2) Von dem Tage der Vorzeigung zur Acceptation an; z. B. acht Tage nach der Zeit, zu welcher der Wechsel Demjenigen, welcher darin zur Zahlung aufgefordert worden, zum Behufe der Acceptation zu Gesicht gekommen ist. Unter Acceptation des Wechsels versteht man das schriftlich gegebene Versprechen, den Wechsel zur Verfallzeit einzulösen. Wechsel, deren Verfallzeit auf diese Art bestimmt ist, nennt man Sichtwechsel. Lautet der Wechsel auf Sicht, so bedeutet dies, daß er sogleich oder innerhalb einer vom Gesetz anberaumten kurzen Frist (von höchstens 24 Stunden) nach erfolgter Acceptation bezahlt werden soll. Lautet der Wechsel nach Sicht, z. B. acht Tage nach Sicht, so soll der Wechsel am achten Tage nach dem Acceptationstage bezahlt werden.

Discontiren der Wechsel.

§. 49. Läßt sich der Inhaber eines acceptirten Wechsels, welcher noch einige Zeit zu laufen hat, den Betrag früher auszahlen (natürlich vorausgesetzt, daß der Wechselschuldner dazu erbötig ist), so wird an der Wechselsumme ein Abzug gemacht, welcher sich nach einem gewissen Procentsatz, welchen man Disconto nennt, und über dessen Größe sich beide Theile zu verständigen haben, so wie nach der Anzahl von Tagen richtet, nach deren Ablauf der Wechsel fällig ist. Z. B. A hat einen auf B gezogenen, acceptirten Wechsel in Händen, welcher noch 90 Tage zu laufen hat, und heute schon eingelöst werden soll. Wenn nun an jedem Hundert der Wechselsumme in Beziehung auf die Zeiteinheit eines Jahres 4 Geldeinheiten in Abzug gebracht werden, so wird für 90 Tage, und wenn das Jahr zu 360 Tagen gerechnet wird, so viel abgezogen, als aus der Proportion folgt:

$$360 : 90 = 4 : x = 1.$$

Beträgt die Wechselsumme 5000 fl., so wird unter obiger Voraussetzung so viel davon abgezogen, als aus der Proportion folgt:

$$100 : 1 = 5000 : x = 50$$

Der Inhaber des Wechsels erhält sonach 5000 — 50 = 4950 fl.

Wenn der Inhaber eines später fälligen Wechsels schon jetzt den Betrag erheben möchte, weil er in dem Augenblick schwach bei Kasse ist, und wenn der Wechselschuldner sich zur frühern Einlösung des Wechsels nicht versteht, so kann Ersterer gleichwohl durch Abtretung des Wechsels an einen Dritten seinen Zweck in dieser Beziehung erreichen. Dieser Dritte ist gerade in der entgegengesetzten Lage; er hat einen größern Kassenvorrath, als er im Augenblick im Geschäft brauchen kann, und er möchte einen Theil seines Kassenvorraths, oder so viel als thunlich, nicht müßig liegen lassen. Wenn er also (durch Vermittlung eines Sensals, oder ohne eine solche Vermittlung) in Beziehung auf obiges Beispiel für 4950 fl. einen nach 90 Tagen fälligen Wechsel von 5000 fl. an sich bringt, so läuft dies auf dasselbe hinaus, als wenn er 4950 fl. für die Dauer von 90 Tagen verzinslich untergebracht hätte.

Einen Wechsel, der noch einige Zeit zu laufen hat, gegen Abzug des Disconts auf solche Weise an sich bringen, heißt discontiren, und der in obiger Absicht mit Wechseln getriebene Handel heißt Discunthandel. Auf manchen Plätzen gibt es auch Banken, welche Wechsel discontiren, und Banken, die sich ausschließlich damit befassen, nennt man Discontbanken.

Wechselcurs.

§. 50. Im Wechselhandel wird, wie im Waarenhandel eine Einheit angenommen, auf welche sich die Preisbestimmung bezieht. Diese Einheit nennt man feste Zahl oder feste Valuta, im Gegensatze des veränderlichen Preises, der veränderlichen Valuta oder des Wechselcurses.

Wenn in dem Ort des Wechselausstellers und Desjenigen, auf welchen der Wechsel gezogen ist, Buch und Rechnung in einem und demselben Gelde geführt werden, so wird gewöhnlich die Zahl 100 als Einheit angenommen; entgegengesetzten Falls sind die Einheiten unterschiedlich angenommen. In Frankfurt a. M. z. B. ist die Wechseleinheit auf Berlin 60 Thlr. preußisch Courant, d. h. bei dem Ein- und Verkaufe der Berliner (d. h. der auf Berlin gezogenen) Wechsel bezieht sich der Preis auf diese Einheit; wird z. B. ein Berliner Wechsel zum Curs 105 verkauft, so zahlt der Käufer so viel mal 105 fl. des $24^1/_2$-fl.-Fußes, als 60 Thaler im Betrage des Wechsels enthalten sind. Für Wechsel auf Paris hat man eine andere Einheit in Frankfurt eingeführt, nämlich 200 Franken, und der Curs schwankt zwischen 93 und 94; u. s. w.

Obgleich es in der Natur der Sache liegt, daß im Kaufhandel überhaupt der Käufer die dem veränderlichen Werthe der Waare entsprechende Summe Geldes hergibt, so wird gleichwohl an manchen Orten im Wechselhandel auf die entgegengesetzte Weise verfahren, und so sagt man von irgend einem Wechselplatze, daß derselbe die veränderliche Zahl für die feste gebe, weil es auch Plätze gibt, welche die feste Valuta für die veränderliche geben. So zahlt man z. B. in London 1 Livre Sterling (feste Zahl) für bald mehr bald weniger als 25 Franken in Wechseln auf Paris. In einem solchen Falle entspricht eine größere Curszahl einem niedrigeren Preise, und eine kleinere Curszahl einem höhern Preise.

Die Wechselcurse und Wechseleinheiten werden theils in wirklich geprägten Münzen, und theils in fingirten oder Rechnungsmünzen (§. 28) ausgedrückt, wie z. B. in Beziehung auf letztere, in Banko-Mark (in Hamburg), in Wechselducaten, Wechselpistolen (in Madrid, Bilbao ꝛc.).

Wechselcurszettel.

§. 51. Auf größern Handelsplätzen wird der Stand der Wechselcurse täglich von Sensalen oder durch die Börse in gedruckten Listen, Curszettel genannt, veröffentlicht. Dies geschieht, in Beziehung auf die auswärtige Handelswelt, im Interesse des Platzes selbst, und dann gibt es auch Gesetze, welche eine solche Bekanntmachung gebieten, damit nicht Unerfahrene übertheuert werden können.

Bei der Feststellung der Curse zum Behufe der Bekanntmachung derselben kann auf unterschiedliche Art verfahren werden. Man kann

1) aus den Cursen eines und desselben Papiers (z. B. Pariser Wechsel, Amsterdamer Wechsel), zu welchen dasselbe zuletzt auf der Börse von den einzelnen Sensalen verhandelt worden ist, das arithmetische Mittel nehmen, d. h. die Curse addiren, und die Summe durch die Anzahl derselben dividiren;
2) kann man die letzten Curse eines und desselben Papiers, zu welchen dasselbe von den einzelnen Sensalen verhandelt worden ist, angeben; wie dies z. B. bei der Cursnotirung der französischen Eisenbahnactien für Comptantverkäufe in Paris geschieht;
3) kann man, was allgemein eingeführt ist, den letzten Curs angeben, zu welchem die entsprechenden Devisen (Pariser Wechsel, Amsterdamer Wechsel 2c.) zu haben waren, und zu welchem man solche zu kaufen gesucht hat; wonach also die Curse der einzelnen Devisen so zu verstehen sind, wie solche zu Ende der Börse, also in Folge des letzten Aus- und Angebots geblieben sind. Weil aber die letzten Curse, zu welchen bei den einzelnen Sensalen Wechsel angeboten und gesucht worden sind, von einander abweichen können, so hat die definitive Feststellung der Curse durch gemeinschaftliche Besprechung der Sensalen zu geschehen.*) Es ist einleuchtend,

---

*) Ausführliche Vorschriften hierüber ertheilt z. B. die Berliner Börsenordnung. Es heißt daselbst §. 12: „Nach dem Schluß der Börse verfügen sich die Börsencommissarien in das zu diesem Geschäft bestimmte Zimmer. Ihnen folgen dorthin die sämmtlichen Geld-, Fonds- und Waarenmäkler an den sie betreffenden Tagen. Die Börsencommissarien erfordern von den Letzteren pflichtmäßig auf ihren geleisteten Amtseid zu nehmende Anzeige, zu welchen Preisen Wechsel, Geldsorten, Fonds und Waaren aller Art zu haben gewesen sind, was dafür geboten, und auf welche Summen wirklich abgeschlossen worden. Sie können auch die Mäkler auffordern, ihre Meinung darüber, wie die Preise zu notiren seien, gutachtlich auszusprechen; haben aber nicht nöthig, sich darüber auf Discussion mit den Maklern selbst einzulassen, noch eine solche überhaupt unter den Anwesenden zu gestatten, sobald sie dieselbe für überflüssig halten, und sind befugt, die Vorlegung der Taschenbücher, jedoch mit Verdeckung der Namen der Contrahenten, zu verlangen. Bei diesen Verhandlungen müssen wenigstens drei Börsencommissarien und der Börsensecretär anwesend sein.

Auf den Grund der solchergestalt aus den mündlichen Angaben der Mäkler oder aus ihren Taschenbüchern gesammelten Materialien, bestimmen die Börsencommissarien in Gegenwart der Mäkler und des Börsensecretärs die Curse und daß durch derartige Cursangaben die auswärtigen Handelsplätze zu einer bessern Einsicht in die Verhältnisse des betreffenden Wechselplatzes gelangen, wobei übrigens zu bemerken, daß die Curszettel am Schluß desselben gewöhnlich noch kurze Andeutungen über den jeweiligen Stand des Wechselverkehrs geben. Die in solcher Weise gefertigten Curszettel enthalten zwei Curscolumnen, wovon die eine mit „Papier“ und die andere mit „Geld“ überschrieben ist. Die erste Aufschrift zeigt an, daß Wechsel zu den bemerkten Cursen zu kaufen waren, und die zweite Aufschrift zeigt an, daß Geld zu den bemerkten Cursen für Papier angeboten wurde. Der unter dieser Rubrik befindliche Curs ist in der Regel der zuverlässigste.

In manchen Curszetteln stehen nur die Anfangsbuchstaben der zur Rubricirung gebräuchlichen Wörter; also z. B. statt „Briefe“ B, statt „Papier“ P; statt lettres, L, oder, wenn das Wort offert im Gebrauch ist, O; anstatt „Geld“ G; statt argent A; oder D für demandé. In manchen Curszetteln wird außerdem unter der Bezeichnung „bezahlt“ der Curs angegeben, zu welchem Wechsel wirklich umgesetzt worden sind.

Eine andere Columne enthält die Namen derjenigen Wechselplätze, auf welche sich die Cursangaben beziehen.

Gewöhnlich enthalten die Curszettel nur die Curszahl, nämlich ohne Beisetzung der Geldsorte und der Wechseleinheit, weil Beides als bekannt vorausgesetzt wird. In dem früher schon erwähnten Handbuche von Nelkenbrecher und andern Handbüchern dieser Art findet man die festen Zahlen und die Zahlungsarten der Curse aller Wechselplätze. Solche Curszettelerläuterungen werden aber freilich mit der Zeit theilweise unbrauchbar, weil manchmal Aenderungen im Curssystem eines Wechselplatzes vorgenommen werden.

Bei der Cursbestimmung eines Wechsels kommt natürlich auch die Verfallzeit desselben in Betracht, und man wird für einen kurzsichtigen Wechsel mehr zahlen müssen, als wenn derselbe erst nach 1 Monate oder 2 Monaten &c. nach dem Datum der Ausstellung fällig ist. Daher je nach der verschiedenen Verfallzeit des Wechsels

---

Preise. In Fällen, da die Börsencommissarien sich nicht einigen können, entscheidet die Mehrheit der Stimmen, bei eintretender Stimmengleichheit aber entscheidet die Stimme desjenigen Börsencommissärs, welcher der Aelteste im Amte ist; kann aber auch hierdurch die Sache nicht entschieden werden, weil die Börsencommissarien gleiche Zeit im Amte sind, so gibt die Stimme Desjenigen, der den Jahren nach der Aelteste ist, den Ausschlag.“

die verschiedenen Cursnotirungen desselben. Die gewöhnlichen Sichten werden im Curszettel durch 1 M., 2 M. ꝛc. bezeichnet. Es gibt aber auch Curszettel, welche nur die Curse für kurzsichtiges Papier enthalten, dagegen aber den Discont (§. 49) angeben, nach welchem aus dem Curs für kurzsichtiges Papier der Curs für jede beliebige Verfallzeit berechnet werden kann. An und für sich betrachtet müßte vorerwähnter Discont sich genau nach dem Discont des Orts, auf welchen der Wechsel gezogen ist, richten.

Nehmen wir z. B. an, daß Jemand in Frankfurt a. M., welcher im Begriff ist, nach Paris zu reisen, einen auf Sicht, d. h. gleich bei Vorzeigung zahlbaren Pariser Wechsel im Betrage von 200 Fr. (die Wechseleinheit von Frankfnrt auf Paris) zum Curs 94 fl. kauft; ferner, daß er auch einen Pariser Wechsel von 200 Fr., welcher aber erst 2 Monate nach dem Datum der Ausstellung (und der Abreise) fällig ist, käuflich an sich bringt. Wenn nun der Discont in Paris auf 2 % steht, und wenn der Reisende gleich bei der Ankunft in Paris sich diesen Wechsel auszahlen läßt, so wird $^2/_3$ Fr. (als Zins von 200 Fr. zu 2 % für 2 Monate) in Abzug gebracht, und er erhält mithin nur 199 $^1/_3$ Fr.; folglich ist ihm ein Wechsel auf Paris von 200 Fr., welcher erst nach 2 Monaten fällig ist, gegenwärtig nur $199^1/_3$ Fr. werth. Wenn er also für 200 Fr. gleich zahlbar 94 fl. (der angenommene Curs von Frankfurt auf Paris für kurzsichtiges Papier) zahlt, so sind ihm $199^1/_3$ Fr. gleich zahlbar so viel werth als aus der Proportion folgt:

$$200 : 94 = 199^1/_3 : x = 93^{103}/_{150}.$$

Lautet der 2 M. nach Dato zahlbare Wechsel auf 6000 Fr., und wird wie oben nach dem Pariser Discont und dem Curs 94 für kurzsichtiges Papier der Curs für 2 M.-Papier berechnet, so hat der Käufer obigen Wechsels dafür so viel zu zahlen als aus der Proportion folgt:

$$200 : 93^{103}/_{150} = 6000 : x = 2810^3/_5.$$

Man kann aber auch die Wechselsumme nach dem Curs für kurzsichtiges Papier berechnen und vom Resultat den Betrag des Disconto's abziehen. Zum Curs 94 betragen aber 6000 Fr. so viel als aus der Proportion folgt:

$$200 : 94 = 6000 : x = 2820.$$

Der Zins von 2820 fl. zu 2 % für 2 Monate beträgt $9^2/_5$ fl., und folglich hat der Käufer zu zahlen $2820 - 9^2/_5 = 2810^3/_5$ fl., wie oben.

Gewöhnlich schwankt aber der Discont, nach welchem aus dem Curs für kurzsichtiges Papier die Wechselsumme für längere Sichten berechnet wird, zwischen dem Discont des Platzes, auf welchem der Wechsel gekauft wird, und dem Discont des Platzes, auf welchen der Wechsel gezogen ist. Hierzu als Beispiel folgender Curszettel von Frankfurt a. M.

	Briefe.	Geld.
Amsterdam . . . . . kurze Sicht	$98^7/_8$	$98^5/_8$
längere Sichten per anno	5%	5%
Augsburg . . . . K. S.	120	$119^3/_4$
	4	4
Berlin . . . . K. S.	$105^1/_8$	$104^7/_8$
	4	$4^1/_2$
Bremen . . . . K. S.	98	$97^3/_4$
	4	4
u. s. w.		
Disconto pr. hier	—	$4^1/_4$

Mehrentheils wird aber in den Curszetteln auch für andere Sichten, wie sie bei dem betreffenden Papier vorzukommen pflegen, der Curs angegeben. Hierzu als Beispiel folgender Curszettel von Frankfurt a. M.

		B.	G.
Amsterdam	K. S.	$100^3/_4$	$100^1/_2$
ditto	2 M.	—	$100^1/_4$
Augsburg	K. S.	—	$119^3/_4$
Berlin	K. S.	—	105
Bremen	K. S.	$98^1/_2$	$98^1/_4$
Hamburg	K. S.	—	88
ditto	2 M.	$87^5/_8$	—
Leipzig	K. S.	$105^1/_4$	—
London	K. S.	—	$120^7/_8$
ditto	3 M.	$120^3/_8$	—
Lyon	K. S.	—	95
Mailand	K. S.	$89^1/_2$	—
ditto in Silber		—	$99^5/_8$
Paris	K. S.	—	95
Wien	K. S.	$107^3/_4$	$107^1/_4$
ditto	3 M.	—	—
Disconto		—	$2^1/_4$

Die Geldeinheit bei der Bestimmung der Curse ist der Gulden des $24\frac{1}{2}$=fl.=Fußes. Die Wechseleinheit auf Amsterdam ist 100 fl. holl. Weil für kurze Sicht in beiden Rubriken Curse vorkommen, so hatte die betreffende Devise für kurze Sicht Geber und Nehmer. Amsterdamer Zweimonat=Papier dagegen wurde nicht angeboten, sondern gesucht.

Die Wechseleinheit auf Augsburg und Wien ist 100 Gulden des 20=fl.=Fußes. Der Wiener Curs ist um beiläufig 12 % kleiner, als der Curs auf Augsburg, weil jetzt, wegen Mangels an Metallgeld, die Wechsel in Wien in Papiergeld eingelöst werden, und letzteres unter seinem Nennwerth steht. Augsburger Papier wurde gesucht, aber nicht angeboten, das Wiener Papier dagegen hatte Geber und Nehmer. Auf Berlin und Leipzig ist die Wechseleinheit 60 Thlr. preuß. Courant, auf Bremen 50 Thlr. des 20=fl.=Fußes, zahlbar in Louisd'or zu 5 Thlr.; auf Hamburg 100 Banko=Mark; auf London 10 Livre Sterling; auf Lyon und Paris 200 Franken; auf Mailand 250 österreichische Liren (= $\frac{1}{3}$ fl. des 20=fl.=Fußes) zahlbar in Papiergeld und in Metallgeld."

Mit dem im Curszettel notirten Frankfurter Discont (Platzdiscont) hat es in Betreff der Rubricirung dieselbe Bewandniß wie mit den Cursen. Weil im obigen Curszettel der Discont in der Geldrubrik steht, so zeigt dies an, daß man zu diesem Discont Gelder in Discontgeschäften anzulegen (Wechsel zu kaufen) gesucht hat. Steht dagegen der Discont in der andern Rubrik, so zeigt dies an, daß man Wechsel zu discontiren (zu verkaufen) gesucht hat.

Für Wechsel auf inländische Plätze können die Curse durch Procente ausgedrückt werden, was z. B. in Frankreich üblich ist. Steht im Pariser Curszettel bei 1=M.=Papier auf Lyon $\frac{3}{8}$ p. (perte) so ist dies so zu verstehen, daß man 100 Franken in 1.=M.=Papier auf Lyon zu 100 weniger $\frac{3}{8}$, oder $99\frac{5}{8}$ angeboten oder gesucht hat.

Wechselpari.

§. 52. Wenn der Curs dem Werthe der entsprechenden Wechseleinheit in Betreff des Gehalts an reinem Silber oder an reinem Golde gleich ist, so steht der Curs pari, gibt man mehr oder weniger, so sagt man, er stehe über oder unter Pari, und unter Wechselpari versteht man die Summe Geldes, welche mit der Wechseleinheit gleichen Werth hat. Jedenfalls läßt sich der Curs für kurzsichtiges Papier auf ausländische Plätze dann erst bestimmen, wenn man das Aequivalent der betreffenden Wechseleinheit in der Währung des Curses ermittelt hat.

Soll z. B. das Wechselpari von Frankfurt auf Paris berechnet werden, so muß man, weil der Curs in Gulden des $24\frac{1}{2}$-fl.-Fußes zu verstehen ist, berechnen, wie viel solcher Gulden mit der Wechseleinheit von 200 Franken gleichen Werth haben.

Nach dem französischen Münzfuße soll 1 Frank $4\frac{1}{2}$ Grammen fein Silber enthalten; da nun 233,855 Grammen so viel wie 1 köln. Mark wiegen, und $24\frac{1}{2}$ fl. des $24\frac{1}{2}$-fl.-Fußes 1 köln. Mark fein Silber enthalten, so ergibt sich das fragliche Aequivalent aus dem Ansatz:

? fl. im $24\frac{1}{2}$-fl.-Fuß	200 Franken
1	$4\frac{1}{2}$ Grammen f. Silber
233,855	1 köln. Mark " "
1	$24\frac{1}{2}$ fl. im $24\frac{1}{2}$-fl.-Fuß.

Resultat: 94,28 fl.

Wird, wie dies bei den auf Bremen gezogenen Wechseln der Fall ist, die Valuta in Gold entrichtet (Louisd'or, Friedrichsd'or, oder andere Pistolen zu 5 Thlr.), so muß bei der Bestimmung des Wechselparis entweder nach dem jeweiligen Preise des Goldes, oder nach dem Tagescurs der Goldmünze, in welcher die Wechselzahlung geleistet wird, gerechnet werden. Ist z. B. der Curs der Friedrichsd'or in Frankfurt a. M. 9 fl. 58 kr., so ergibt sich das Wechselpari auf Bremen, für welches die Wechseleinheit 50 Thlr. Louisd'or zu 5 Thlr ist, aus dem Ansatz:

? fl. im $24\frac{1}{2}$-fl.-Fuß	50 Thlr. Louisd'or
5	1 Friedrichsd'or
1	$9\frac{58}{60}$ fl. im $24\frac{1}{2}$-fl.-Fuß.

Resultat: $99\frac{2}{3}$ fl.

Das Livre Sterling wird durch den Sovereign zu 20 Shilling repräsentirt, von welchen 31,926 Stück auf 1 köln. Mark fein Gold gehen. Ist nun der Preis der köln. Mark fein Gold in Frankfurt a. M. 384 fl., so ergibt sich das Wechselpari auf London, für welches die Wechseleinheit 10 Livre Sterling ist, aus dem Ansatz:

? fl. im $24\frac{1}{2}$-fl.-Fuß.	10 Livre Sterl.
31,926	1 köln. M. f. Gold
1	384 fl. im $24\frac{1}{2}$-fl.-Fuß.

Resultat: 120,27 fl.

Rechnet man nach dem Tagescurs des Friedrichsd'ors, von welchem gesetzlich 38,621 Stück auf 1 köln. Mark gehen, und steht derselbe auf 9 fl. 58 Kr., so ergibt sich vorerwähntes Wechselpari aus dem Ansatz:

? fl. im $24^1/_2$=fl.=Fuß	10 Livre Sterling
31,926	1 köln. M. f. Gold
1	38,621 Friedrichsd'or
1	$9^{58}/_{60}$ fl. im $24^1/_2$=fl.=Fuß.

Resultat: 120,59 fl.

Schwankungen und Grenzen des Wechselcurses.

§. 53. Das Wechselpari für Wechsel auf ausländische Plätze ist das Aequivalent der Wechseleinheit im inländischen Gelde, wenn der Platz die veränderliche Valuta hat, und sie ist das Aequivalent derselben in ausländischem Gelde, wenn der Platz die feste Valuta hat (§. 50), und zwar, genau genommen, unter der Voraussetzung, daß der Wechsel sogleich eingelöst wird. Von diesem Pari weicht der Curs für kurzsichtiges Papier je nach den Handelsverhältnissen der mit einander wechselnden Plätze mehr oder weniger ab; und aus dem Curs für kurzsichtiges Papier ergibt sich, wie (im §. 51) gezeigt worden, unter übrigens gleichen Umständen, der Curs für längere Sichten, wenn man die der Verfallzeit und dem Discontofuß entsprechende Zinsen von ersterm Curse abzieht. Verlangt Derjenige, welcher Wechsel zu verkaufen hat, mehr dafür, als die Geldübersendung einer dem Betrage des Wechsels entsprechenden Summe mit Zurechnung der Versendungskosten betragen würde, so wird Derjenige, welcher die Zahlung zu machen hat, den letztern Weg einschlagen. Hierdurch bestimmt sich die Grenze, innerhalb welcher der Curs über Pari stehen kann, vorausgesetzt, daß man die Uebersendung machen und die zur Baarsendung etwa erforderlichen fremden Geldsorten auftreiben kann.

Wechselarbitrage

§. 54. Steht der Ort Desjenigen, welcher nach einem andern Ort vermittelst Wechsel entweder Zahlungen machen, oder daselbst Gelder einziehen will, nicht im Wechselverkehr mit diesem Ort, so kann nicht direkt, sondern nur vermittelst eines dritten Platzes, welcher mit beiden Orten im Wechselverkehr steht, und deshalb Zwischenplatz genannt wird, operirt werden. So hat z. B. Frankfurt a. M. keinen Wechselcurs auf Madrid, und wenn also ein Frankfurter dahin zu zahlen hat, so muß er den Gläubiger auf einen dritten Platz, etwa Amsterdam, für seine Rechnung trassiren, oder ihm durch den dritten Platz Rimessen machen lassen, wonach der Frankfurter dagegen dem Amsterdamer Hause die Deckung machen muß, wenn er nicht gerade eine Forderung an den Amsterdamer hat, die den Be=

trag des vom Amsterdamer eingelösten oder gekauften Wechsels erreicht. Es leuchtet aber von selbst ein, daß unter übrigens gleichen Umständen, nicht für jeden Zwischenplatz, wenn man unter mehrern wählen kann, die Anschaffungen gleichviel kosten, und die Ziehungen gleichviel einbringen; weshalb untersucht werden kann, welcher Zwischenplatz die günstigsten Resultate darbietet. Weil aber auch der Fall eintreten kann, daß die Operation über einen Zwischenplatz günstiger, als die direkte ist, wenn anders direkt operirt werden kann, so geschieht obige Untersuchung in Mitbetracht des direkten Operirens in der Weise, daß zugleich daraus hervorgeht, ob direkt oder indirekt operirt werden müsse. Die Berechnung, welche deshalb angestellt wird, heißt Wechselarbitrage zur Unterscheidung von der Geldarbitrage und andern Arbitragen.

Nehmen wir z. B. an, ein Pariser habe eine Zahlung nach Amsterdam zu machen. Steht in Paris der Curs auf Amsterdam auf 209, so muß der Pariser beim Einkaufe von Amsterdamer Wechseln so oft 209 Franken zahlen, als er 100 holländische Gulden (feste Valuta) nach Amsterdam remittiren will. Nun stehe aber der Curs von Paris auf London auf 25 Franken für 1 Livre Sterling, und laut dem mit letzter Post erhaltenen Londoner Curszettel stehe der Curs von London auf Amsterdam auf 12 holländische Gulden für 1 Livre Sterling, und es soll untersucht werden, ob der Pariser direkt oder über London remittiren müsse. Hier muß berechnet werden, auf wie viel Franken dem Pariser die Abtragung einer Schuld von 100 holländischen Gulden nach Amsterdam zu stehen kommt, wenn er einem Londoner Hause den Auftrag ertheilt, für seine Rechnung Amsterdamer Papier einzukaufen, und ihm dagegen den Betrag seiner Auslagen in Londoner Papier übermacht.

Kauft der Londoner Auftragbesorger oder Commissionär für Rechnung des Parisers 100 holländische Gulden in Amsterdamer Papier ein, und zahlt er, vorausgesetzt, daß der Curs sich hält, für 12 fl. holl. 1 Livre Sterling, so legt er für 100 fl. holl. so viel aus, als aus der Proportion folgt:

$$12 : 1 = 100 : x = 8^1/_3 \text{ Livre Sterling.}$$

Hiernach hat der Pariser so viel mal $8^1/_3$ Liv. Sterl. nach London zu remittiren, als der dortige Commissionär 100 fl. holl. in Amsterdamer Papier eingekauft hat, und wenn er für 1 Liv. Sterl. in Londoner Papier 25 Franken zahlt, so zahlt er für $8^1/_3$ Livre Sterl. so viel Franken, als aus der Proportion folgt:

$$1 : 25 = 8^1/_3 : x = 208^1/_3 \text{ Franken.}$$

Dieses Resultat ergibt sich unmittelbar aus dem Ansatz:

? Franken	100 fl. holl.
12	1 Liv. Sterl.
1	25 Franken

Resultat: $208\frac{1}{3}$ Franken.

Wechselparität.

Wenn also der Pariser über London remittirt, so kommt ihm, abgesehen von allen Unkosten, die Abtragung einer Schuld von 100 fl. holl. auf $208\frac{1}{3}$ Franken zu stehen, und wenn der Curs von Paris auf Amsterdam auf eben so viel Franken stünde, so würde, unter obiger Voraussetzung, dem Pariser die Abtragung einer Schuld nach Amsterdam auf eben so viel bei direkter Rimesse, als bei Rimesse über London, zu stehen kommen. In dieser Beziehung bilden die Curse von Paris nach London, von London nach Amsterdam und der berechnete Curs von Paris nach Amsterdam eine Parität. Durch die Vergleichung des letztern Curses mit dem wirklichen Curse von Paris auf Amsterdam stellt es sich heraus, ob direkt oder über London gewechselt werden müsse. Ist, wie wir oben angenommen haben, der Curs von Paris auf Amsterdam 209, so ist, abgesehen von allen Unkosten, die Rimesse über London wohlfeiler als die direkte. Weil aber der Commissionär für seine Bemühung und Nebenauslagen, nämlich Courtage und Briefporto (§. 47) vergütet werden muß, so hat man den berechneten Curs verhältnißmäßig dafür zu vergrößern. Nehmen wir an, daß die Spesen (Provision und Nebenauslagen) $\frac{1}{2}$ Procent betragen, so ergibt sich die fragliche Zahl aus der Proportion:

$$100 : 100\frac{1}{2} = 208\frac{1}{3} : x = 209{,}37 \text{ Franken.}$$

In Betracht der Spesen, welche der Pariser dem Londoner Commissionär zu vergüten hätte, ist also nicht die Rimesse über London, sondern die direkte Rimesse die wohlfeilere; denn über London kommt sie auf 209,37 Franken, und direct nur auf 209 Franken für 100 fl. holländisch zu stehen.

Wir wollen jetzt annehmen, daß der Pariser in Amsterdam eine Forderung habe, und zwar in fl. holl, und daß er sich in Wechseln bezahlt machen wolle. Zieht er auf Amsterdam, so erhält er durch den Verkauf des Wechsels 209 Franken für 100 fl. holl. Läßt er aber für seine Rechnung von einem Londoner Commissionär auf Amsterdam ziehen, und verkauft derselbe den Wechsel zu 12 fl. holl. für 1 Livre Sterl., zieht dagegen der Pariser auf den Commissionär, und verkauft er den Wechsel zu 25 Franken für 1 Livre

Sterl., so erhält er für 100 fl. holl. so viel Franken als aus dem Ansatz folgt:

? Franken	100 fl. holl.
12	1 Liv. Sterl.
1	25 Franken

Resultat: $208\frac{1}{3}$ Franken, wie vorher.

Nun müssen aber noch die Spesen berücksichtigt werden; nehmen wir sie wieder zu $\frac{1}{2}$ Procent an, so muß der berechnete Curs in diesem Verhältniß verkleinert werden. Denn wenn der Londoner Commissionär für Rechnung des Pariser 100 Liv. Sterl. einnimmt, so behält er $\frac{1}{2}$ Liv. Sterl. für sich, und der Pariser kann nur $99\frac{1}{2}$ Liv. Sterl. auf ihn ziehen; daher die Proportion:

$$100 : 99\tfrac{1}{2} = 208\tfrac{1}{3} : x = 207{,}29 \text{ Franken.}$$

Weil der Pariser beim direkten Ziehen für 100 fl. holl. 209 Franken, und beim Operiren über London nur 207,29 Franken erhält, so ist der erstere Weg der vortheilhaftere.

Für jeden andern Zwischenplatz (als London, in Beziehung auf obiges Beispiel) wird die Wechselparität auf dieselbe Art berechnet, und hat man so viele Zwischenplätze in Untersuchung gezogen, als man nach Zeit und Umständen für dienlich hält, so ist, abgesehen von den Spesen und vom direkten Curs, der Platz, welcher die kleinste Parität darbietet, der günstigste zum Remittiren, und der Platz, welcher die größte Parität darbietet, der günstigste zum Ziehen, wonach man das günstigste Resultat zur Vergleichung mit dem direkten Curs in Betreff der Spesen noch gehörig zu modificiren hat.

Man kann aber auch, in Beziehung auf obige Untersuchung, auf den Zwischenplatz gezogenes Papier für den Zwischenplatz substituiren, und die Untersuchung anstellen, ob man, wenn z. B. Rimessen zu machen sind, hierzu auf den Platz des Gläubigers gezogene Wechsel oder andere Wechsel gebrauchen solle.

Auf die eine oder andere Art dieser Untersuchungen oder Arbitragen lassen sich aber alle Wechselarbitragen zurückführen. Nach der ersten Art wird der günstigste Platz, und nach der andern Art das günstigste Papier gefunden, wie aus folgenden Beispielen deutlicher zu ersehen.

Ein Pariser hat nach Amsterdam entweder zu remittiren oder Gelder daselbst einzuziehen. Nach den mit letzter Post erhaltenen Londoner, Hamburger, Berliner, Frankfurter, Wiener und Augsburger Curszetteln sind die

Curse auf Amsterdam

in London 12 fl. holl. für 1 Liv. Sterl.,
„ Hamburg 36 fl. holl. für 40 Banko-Mark,
„ Berlin 140 Thaler für 250 fl. holl.,
„ Frankfurt a. M. 98 fl. im $24\frac{1}{2}$-fl.-F. für 100 fl. holl.
„ Wien 145 Thaler im 20-fl.-F. für 250 fl. holl.
„ Augsburg 108 Giro-Thaler für 250 fl. holl.

An dem Tage, an welchem die Arbitrage angestellt wird, sind die

Curse in Paris

auf Amsterdam 209,75 Franken für 100 fl. holl.,
„ London 25 Franken für 1 Liv. Sterl.,
„ Hamburg 188 Franken für 100 Banko-Mark,
„ Berlin 375 Centimen für 1 Thlr.,
„ Frankfurt a. M. 213 Franken für 100 fl. im $24\frac{1}{2}$-fl.-F.
„ Wien 258 Franken für 100 fl. im 20-fl.-F.,
„ Augsburg 257 Franken für 100 fl. im 20-fl.-F.

Hier muß nun, zum Behufe der Vergleichung mit dem direkten Curs 209,75 Franken für 100 fl. holl. vermittelst der gegebenen Cursverhältnisse berechnet werden, auf wie viel Franken 100 fl. holl. zu stehen kommen. Die Ansätze und Resultate sind wie folgt:

London

? Fr.	100 fl. holl.
12	1 L. Sterl.
1	25 Fr.

Res.: 208,33 Fr.

Hamburg

? Fr.	100 fl. holl.
36	40 Mk. B.
100	188 Fr.

Res.: 208,88 Fr.

Berlin

? Fr.	100 fl. holl.
250	140 Thlr.
1	3,75 Fr.

Res.: 210 Fr.

Frankfurt a. M.

? Fr.	100 fl. holl.
100	98 fl. i. $24\frac{1}{2}$-fl.-Fuß.
100	213 Fr.

Res.: 208,74 Fr.

Wien

? Fr.	100 fl. holl.
250	135 Thlr.
2	3 fl.
100	258 Fr.

Res.: 208,98 Fr.

Augsburg.

? Fr.	100 fl. holl.
250	108 Girthlr.
100	127 Crtthlr.
2	3 Courant-fl.
100	257 Fr.

Res.: 211,5 Fr.

Hat der Pariser nach Amsterdam zu remittiren, so ist, abgesehen von den Spesen, der Curs über London (208,33), als kleinster, der günstigste, und mit Berücksichtigung der Spesen, z. B. zu $\frac{1}{2}$ Procent, beträgt derselbe so viel, als aus der Proportion folgt:

$$100 : 100\frac{1}{2} = 208,33 : x = 209,37 \text{ Franken.}$$

Weil nun der direkte Curs größer ist (209,75), und noch um ungefähr $\frac{1}{10}$ bis $\frac{1}{8}$ Procent durch die zu bezahlende Courtage größer wird, wenn sich der Pariser beim Einkaufe des Wechsels der Vermittlung eines Sensals bedient, so ist die Rimesse über London vortheilhafter, als die direkte. Der Pariser kann also so viel Livre Sterl. in Londoner Wechseln einem Commissionär in London übermachen, als er zum Einkaufe von Amsterdamer Papier verwenden will, wonach der Londoner Commissionär das durch Einkassirung der ihm übermachten Wechsel empfangene Geld, nach Abzug der für Provision und Nebenauslagen ihm zukommenden Vergütung, zu diesem Zweck verausgabt. Beim Eintreffen der Ordre in London kann sich indessen der Curs auf Amsterdam geändert haben, und der Pariser muß deshalb aus allen zu seiner Kunde gelangten Handelsverhältnissen, welche auf den Wechselcurs influiren, erwägen, ob es wahrscheinlich sei, daß die bei der Arbitrage als günstig sich herausstellenden Curse sich bis zur Ausführung der beabsichtigten Wechseloperation auch halten werden.

Hat hingegen der Pariser Gelder in Amsterdam zu erheben, so ist, abgesehen von den Spesen, der Curs über Augsburg (211,5), als größter der günstigste, und mit Berücksichtigung der Spesen, z. B. zu $\frac{1}{2}$ Procent, beträgt derselbe so viel als aus der Proportion folgt:

$$100 : 99\frac{1}{2} = 211{,}5 : x = 210{,}44 \text{ Franken.}$$

Weil nun der directe Curs kleiner ist, und noch um ungefähr $\frac{1}{10}$ bis $\frac{1}{8}$ Procent durch die zu bezahlende Courtage kleiner wird, wenn beim Verkaufe des auf Amsterdam gezogenen Wechsels die Vermittlung eines Sensals gebraucht wird, so ist es für den Pariser vortheilhafter über Augsburg zu wechseln, als direkt zu ziehen.

Der Pariser kann also einem Augsburger Hause den Auftrag ertheilen, so viel fl. holl. als er in Amsterdam zu erheben hat, für seine (des Auftraggebers) Rechnung auf das betreffende Amsterdamer Haus zu ziehen, und gleichzeitig auf den Auftragbesorger so viel fl. ziehen, als er durch den Verkauf des auf Amsterdam gezogenen Wechsels für seine Rechnung einnehmen wird.

Wechselspeculation.

Hätte der Pariser gleichzeitig nach Amsterdam zu zahlen und eben so viel daselbst zu erheben, so würde sich zwar in Amsterdam die Schuld gegen die Forderung ausgleichen, wenn aber der Pariser in diesem Falle die Schuld durch eine Wechseloperation über London abträgt, und die Einziehung der Forderung durch eine Wechseloperation über Augsburg bewerkstelligt, so gewinnt er, abgesehen von den Spesen, und vorausgesetzt, daß die Curse sich halten, an jedem Hundert fl. holl. so viel, als die Differenz der kleinsten und größten Wechselparität ausmacht. Hierauf gründet sich die sogenannte Wechselspeculation; denn der Pariser braucht nicht gerade nach Amsterdam oder nach einem andern Platze gleichzeitig Gelder schuldig zu sein und dort zu erheben haben, um sich auf diese Art einen Gewinn zu verschaffen.

Nehmen wir zur Vereinfachung der Berechnung an, daß die Auftragbesorger die Spesen erst später in Rechnung bringen, so ist, in Beziehung auf obige Arbitrage, eine solche Operation wie folgt:

Der Pariser läßt von London Amsterdamer Papier kommen, z.B. im Betrage von 48000 fl. holl., und remittirt dafür dem Auftragbesorger Londoner Papier; läßt das von London erhaltene Amsterdamer Papier in Augsburg verkaufen, und zieht dagegen auf seinen Commissionär in Augsburg so viel, als er nach dem jetzigen Stande des Curses durch den Verkauf des Amsterdamer Papiers einnehmen wird.

Ausführung.

Einkauf des Amsterdamer Papiers in London.

? Liv. Sterl.	48000 fl. holl.
12	1 Liv. Sterl.

Resultat: 4000 Liv. Sterl.

Rimesse nach London.

? Franken	4000 Liv. Sterl.
1	25 Franken.

Resultat: 100000 Franken.

Verkauf des Amsterdamer Papiers in Augsburg.

? fl. Ct.	48000 fl. holl.
250	108 Thlr. Giro
100	127 „ Courant
2	3 fl. Courant.

Resultat: 39502 fl. Ct.

Verkauf in Paris des auf Augsburg gezogenen Papiers.

? Franken	39502 fl. Ct.
100	257 Franken.

Resultat: 101520 Frank. 14 Cent.

Es beträgt also, abgesehen von den Spesen, die Einnahme 101520 Frank. 14 Cent., und die Ausgabe 100000 Frank.; daher ein Gewinn von 1520 Frank. 14 Cent.; was so viel Procente ausmacht, als aus der Proportion folgt:

$$100000 : 1520^{14}/_{100} = 100 : x = 1{,}52014:$$

also beiläufig $1^1/_2$ Procent.

Der größte Curs der Arbitrage ist 211,5, und der keinste 208,33; die Differenz ist mithin 3,17. Weil der kleinste Curs die Ausgabe, und der größte Curs die Einnahme repräsentirt, so ist 3,17 der Gewinn, und derselbe beträgt so viel Procente als aus der Proportion folgt:

$$208{,}33 : 3{,}17 = 100 : x = 1{,}52$$

in Uebereinstimmung mit obiger Berechnung.

Nach der andern Arbitrageart wird nur mit zwei Curszetteln, nämlich mit demjenigen des gegebenen Platzes und mit dem des Arbitrirenden gerechnet, wie aus folgendem Beispiele zu ersehen. Der erste Platz sei Hamburg und der andere Paris.

Hamburger Curszettel.

Amsterdam $35^1/_2$ fl. holl. für 40 Mark banco
Berlin 151 Thaler für 300 Mark banco,
London $13^1/_4$ Mark banco für 1 Liv. Sterl.,
Augsburg $148^1/_3$ fl. im 20=fl.=F. für 200 Mark banco,
Wien $148^1/_2$ fl. im 20=fl.=Fuß für 200 Mark banco,
Petersburg 34 Schilling banco für 1 Silberrubel.

Pariser Curszettel.

Hamburg 187 Frank. 27 Cent. für 100 Mark banco,
Amsterdam $208^1/_2$ Frank. für 100 fl. holl.
Berlin 374 Cent. für 1 Thaler,
London 25 Frank. für 1 Liv. Sterl.
Augsburg 255 Frank. 30 Cent. für 100 fl. im 20=fl.=F.,
Wien 255 Frank. für 100 fl. im 20=fl.=F.,
Petersburg 402 Frank. für 100 Silberrubel.

Weil die Wechseleinheit von Paris auf Hamburg 100 Mark banco ist, so muß zur Vergleichung mit dem direkten Curs vermittelst der gegebenen Cursverhältnisse berechnet werden, auf wie viel Franken 100 Mark banco zu stehen kommen. Die Ansätze und Resultate sind wie folgt:

Amsterdam.		Berlin.		London.	
? Frank.	100 M. b.	? Frank.	100 M. b.	? Frank.	100 M. b.
40	$35^1/_2$ fl. h.	300	151 Thlr.	$13^1/_4$	1 Lv. Sterl.
100	$208^1/_2$ Frk.	1	$3^{74}/_{100}$ Fr.	1	25 Frank.
Result.: 185,04 Fr.		Result.: 188,24 Fr.		Result.: 188,67 Fr.	

Augsburg.		Wien.		Petersburg.	
? Frank.	100 M. b.	? Frank.	100 M. b.	? Frank.	100 M. b.
200	148 1/3 fl.	200	148 1/2 fl.	1	16 Schl. b.
100	255 3/10 Fr.	100	255 Frank.	34	1 Silberr.
				100	402 Frank.
R.: 189,34 Fr.		R.: 189,33 Fr.		R.: 189,11 Frk.	

Hat der Pariser eine Zahlung nach Hamburg zu machen, so kann er, weil der dem Amsterdamer Papier entsprechende Curs (185,04) kleiner als der direkte (187,27) ist, Amsterdamer Papier in Paris kaufen, und solches seinem Gläubiger in Hamburg zum Verkaufe übermachen. Bei der direkten Rimesse käme der Abtrag einer Schuld von 100 Mark banco auf 187,27 Franken zu stehen; auf die andere Art aber nur auf 185,05 Franken. Hier fällt außerdem die Provision weg, und es kommt nur die Courtage in Betracht, welche der Hamburger wegen des Verkaufs des ihm übermachten Amsterdamer Papiers dem Pariser anrechnet, und welche Letzterer beim Einkaufe des Amsterdamer Papiers auslegt.

Hat der Pariser Gelder in Hamburg einzuziehen, so kann er, weil der Augsburger Curs (189,34) größer ist, als der direkte (187,27), sich von Hamburg Augsburger Papier kommen lassen (also sich vom Hamburger Schuldner mit Augsburger Papier bezahlen lassen) und solches in Paris verkaufen. Wollte der Pariser auf Hamburg ziehen, so würde er durch den Verkauf des Papiers für 100 Mark banco nur 187,27 Franken erhalten; auf die andere Art erhält er aber 189,34 Franken.

Will endlich der Pariser speculiren, so kann er Augsburger Papier von Hamburg kommen lassen und in Paris verkaufen, und dagegen Amsterdamer Papier einkaufen und dasselbe dem Auftragbesorger in Hamburg remittiren.

Ausführung einer Operation.

Einkauf in Hamburg von 8900 fl. in Augsburger Papier.

? Mark b.	8900 fl.
148 1/3	200 Mark b.

Resultat: 12000 Mark banco.

Verkauf des Augsburger Papiers in Paris.

? Frank.	8900 fl.
100	255 3/10 Frank.

Resultat: 22721,7 Franken.

Rimesse nach Hamburg in Amsterdamer Papier.

? fl. holl.	12000 Mark b.
40	$35^1/_2$ fl. holl.

Resultat: 10650 fl. holl.

Einkauf in Paris von 10650 fl. holl. in Amsterdamer Papier.

? Frank.	10650 fl. holl.
100	$208^1/_2$ Frank.

Resultat: 22205,25 Franken.

Die Ausgabe beträgt 22205,25 Franken, die Einnahme 22721,7 Franken; mithin beträgt, abgesehen von den Spesen, und unter der Voraussetzung, daß die Curse sich halten, der Gewinn 515,82 Franken.

§. 55. Im obigen Beispiele haben wir angenommen, daß der Pariser nach Amsterdam in dortigem Gelde zu zahlen, oder Gelder in dortiger Valuta daselbst zu erheben habe; hätte er aber Zahlungen nach Amsterdam in seinem Gelde, in Franken, zu machen, oder hätte er in französischer Valuta Gelder von Amsterdam zu beziehen, so hätte der Amsterdamer Gläubiger oder Schuldner zu untersuchen, auf welchem Wege er am vortheilhaftesten operiren könne. Hat z. B. der Pariser 20000 Franken in Amsterdem zu fordern, so darf er, wenn er auf seinen Amsterdamer Schuldner Wechsel abgibt, nicht mehr und nicht weniger fl. holl. ziehen, als nach dem Tagescurse erforderlich ist, um durch den Verkauf des Papiers seine 20000 Franken zu erhalten, und ohne etwaige Vereinbarung mit seinem Schuldner darf er keinen indirekten Weg einschlagen.

§. 56. Die Combinationen, welche den beiden, im §. 54 aufgeführten Arbitragearten zum Grunde liegen, sind gleichartige, insofern nämlich, als sie sich, in Beziehung auf die eine Arbitrageart, nur durch die Namen der Plätze, über welche arbitrirt wird, oder, in Beziehung auf die zweite Art, durch das Papier, mit welchem arbitrirt wird, unterscheiden. Die Arbitrage kann aber auch für verschiedene Voraussetzungen in Betreff der Art des Operirens angestellt werden, und man hat es alsdann mit ungleichartigen Operationen zu thun; so z. B. wenn ein Frankfurter, welcher nach Paris zu zahlen hat, untersucht, ob er direkt remittiren oder auf sich ziehen lassen soll, oder ob er über Hamburg remittiren, oder Augsburger Papier nach Paris remittiren soll. Ist z. B. der Curs von Frankfurt auf Paris $93^1/_4$ fl. für 200 Franken, der Curs von Paris auf Frankfurt 213 Franken für 100 fl., der Curs von Hamburg auf Paris 186½ Franken für 100 Mark banco, der Curs von Frankfurt auf Hamburg 88 fl. für 100 Mark banco; steht das Augsburger Papier in Paris auf 255 Franken für 100 fl. im 20-fl.-Fuß, und in Frankfurt auf 120 fl. für 100 fl. im 20-fl.-Fuß, und setzen wir die dem Auftragbesorger zu vergütende Spesen zu ½ Procent an, wobei wir die Courtage, welche der Frankfurter zu zahlen hat, nicht in Anschlag bringen, so ist die Arbitrage wie folgt:

Ziehung von Paris auf Frankfurt.

? fl.	200 Franken
213½	100 fl.
Resultat:	93,67 fl.

Rimesse über Hamburg.

? fl.	200 Franken
186½	100 Mark b.
100	88 fl.
100	100½ fl. wegen Spesen.
Resultat:	94,84 fl.

Rimesse nach Paris in Augsburger Papier.

? fl.	200 Frank.
255	100 fl. im 20-fl.-F.
100	120 fl.
Resultat:	94,11 fl.

Die berechneten Curse sind größer, als der Curs des Pariser Papiers in Frankfurt und mithin ist die direkte Rimesse am vortheilhaftesten.

Die Arbitrage kann auch für Combinationen von Geld- und Wechsel-Operationen angestellt werden. Dergleichen Operationen wurden z. B. im Jahr 1804 im Großen ausgeführt, als Spanien Subsidien an Frankreich zu bezahlen hatte. Es wurden Piaster nach solchen Orten, wo sie einen hohen Curs hatten, übermacht, und dafür Pariser und andere Wechsel eingekauft und nach Paris remittirt, oder es wurde von dort auf jene Plätze gezogen.

III.

Vom einfachen und zusammengesetzten Zins.

§. 57. Die Vergütung durch Geld, welche dem Gläubiger wegen des Verzichts auf den eigenen Gebrauch einer dargeliehenen Summe Geldes zukommt, heißt Zins oder Interesse. Aus gleicher Ursache hat Derjenige eine solche Vergütung anzusprechen, welcher vertraggemäß zu einer bestimmten Zeit von Jemanden eine Summe Geldes zu beziehen hat, und solche später, als am bedungenen Termine erhält. Und aus demselben Grunde muß dagegen dem Zahler ein Zinsenabzug für die Zeit gestattet werden, um welche er früher, als am bedungenen Termine zahlt (§. 49).

Zinsfuß.

Das Verhältniß des Betrags der Zinsen zum Betrage des Kapitals ist der Zinsfuß. Beträgt z. B. für den Zeitraum von $^1/_2$ Jahre der Zins 25 fl., und ist das Kapital 1000 fl., so ist der Zinsfuß $^{25}/_{1000} = {^1/_{40}}$; dem Kapital 40 entspricht mithin der Zins 1, oder, wenn man, dem Gebrauche zufolge, die Zahl 100 als Kapitaleinheit annimmt, so ist der Zins $= {^{100}/_{40}} = 2^1/_2$ vom 100, oder $2^1/_2$ Procent; und wenn man, dem Gebrauch zufolge, den Zeitraum von 1 Jahr als Zeiteinheit annimmt, so ist der Zinsfuß $= 2.2^1/_2 = 5$.

In Frankreich gibt man öfters den Zinsfuß durch den Theil an, den derselbe aus 100 bildet, und bezeichnet diesen Theil durch das Wort denier. So ist z. B. au denier 25, so viel wie 4 Procent, weil 25 in der Zahl 100 4mal enthalten ist; au denier 20 ist so viel wie 5 Procent 2c.

Werden die Zinsen halbjährlich oder jährlich entrichtet, so nennt man sie einfache Zinsen, zur Unterscheidung von den zusammengesetzten Zinsen oder Zinseszinsen, welche in dem Falle entstehen, wenn die halbjährlichen oder jährlichen Zinsen nicht gezahlt, sondern zum Kapital geschlagen werden, so daß dem Gläubiger im nachfolgenden Halbjahre oder Jahre außer den Zinsen des Kapitals auch diejenigen der vorigen Zinsperiode zu gut kommen.

Erste Abtheilung.

Vom einfachen Zins.

§. 58. Weil beim Zinswesen 4 Größen in Betracht kommen, nämlich das Kapital, die Zeit, der Zinsfuß und der Zins, so müssen 3 dieser Größen gegeben sein, wenn die vierte bestimmt werden soll.

Ist z der Zinsfuß für die Kapitaleinheit 100, und für die Zeiteinheit von 1 Jahre oder von 365 Tagen, so ist $\frac{z}{100}$ der Zins vom Kapital 1 für 365 Tage, $\frac{z}{365.100}$ der Zins vom Kapital 1 für 1 Tag, $\frac{zk}{365.100}$ der Zins vom Kapital k für 1 Tag, und $\frac{zkt}{365.100}$ der Zins vom Kapital k für t Tage. Bezeichnet man den Zins durch i, so ist $\frac{zkt}{365.100} = i$, und aus dieser Gleichung lassen sich die übrigen Größen z, k und t bestimmen. Es ist $k = \frac{365.100i}{zt}$, $z = \frac{365.100i}{kt}$, $t = \frac{365.100i}{kz}$.

§. 59. Hat ein Schuldner in Folge des mit dem Gläubiger geschlossenen Vertrags zu einer bestimmten Zeit seiner Zahlungsverbindlichkeit Genüge zu thun, und zahlt er früher, so kommt ihm, wie im §. 57 bereits bemerkt worden, eine der Zeit, um welche er früher zahlt, angemessene Zinsvergütung zu. Der Zinsfuß, zu welchem die Zinsen vergütet werden, ist entweder zum Voraus für diesen Fall im Vertrage festgesetzt, oder es wird derselbe, wenn der Vertrag hierüber schweigt, durch eine besondere Uebereinkunft bestimmt.

Nehmen wir an, es habe Jemand nach Verlauf eines Jahres 2100 fl. zu zahlen, d. h. der Gläubiger könne dem Vertrag zufolge die Zahlung früher nicht verlangen; zahlt nun der Schuldner schon heute, so darf er sich die Zinsen des Schuldkapitals für ein Jahr zum bedungenen Zinsfuße, z. B. 5, abziehen. Hierbei müßte aber darauf Rücksicht genommen werden, daß der Gläubiger so viel erhalte, daß, wenn er die empfangene Summe 1 Jahr lang verzinslich anlegt, das Kapital und die fünfprocentigen Zinsen zusammen so viel betragen, als er am Tage des bedungenen Zahlungstermins,

d. h. nach Verlauf eines Jahres, vom Schuldner erhalten haben würde, also im obigen Beispiele 2100 fl.

Hätte nun der Gläubiger nach Verlauf eines Jahres 105 fl. zu erhalten, so müßte er, wenn er heute bezahlt würde, 100 fl. erhalten; denn 100 fl. zu 5 Procent verzinslich angelegt, betragen nach einem Jahre an Kapital und Zins 105 fl., so viel nämlich als, unter obiger Voraussetzung, das Schuldkapital beträgt. Hieraus läßt sich nun berechnen, was der Schuldner heute zu zahlen hat, wenn das Schuldkapital 2100 fl. beträgt, und zwar aus der Proportion:

$$105 : 100 = 2100 : x = 2000.$$

Nehmen wir jetzt an, daß ein Wechselschuldner, welcher, von heute an, nach Verlauf von 73 Tagen einen Wechsel von 2020 fl. einzulösen hat, schon heute zahlt, und daß die Zinsen zu 5 Procent vergütet werden sollen. Zuvörderst hat man zu berechnen, wie viel der Zins von 100 fl. in 73 Tagen beträgt, nach der Proportion:

$$365 : 5 = 73 : x = 1.$$

Der vom Schuldner zu entrichtende Betrag ergibt sich mithin aus der Proportion:

$$101 : 100 = 2020 : x = 2000.$$

Hiernach ist der Gläubiger befriedigt, wenn er heute 2000 fl. erhält, denn wenn er sie zu 5 Procent verzinslich anlegt, und nach Verlauf von 73 Tagen wieder zurücknimmt, so erhält er an Kapital 2000 fl. und an Zinsen 20 fl., oder zusammen 2020 fl., also so viel, als er erhalten hätte, wenn er am Verfalltage des Wechsels vom Schuldner bezahlt worden wäre.

Gegenwärtiger Werth eines später zahlbaren Kapitals.

Im obigen Beispiele sind 2000 fl. der zum Zinsfuß 5 berechnete sogenannte gegenwärtige Werth von 2020 fl., welche in 73 Tagen zahlbar sind, und wachsen auf 2020 fl. an, wenn man sie für die Dauer von 73 Tagen zum angenommenen Zinsfuße anlegt, so daß es also für den Gläubiger einerlei ist, ob er nach 73 Tagen 2020 fl., oder heute 2000 fl. erhält. Ebenso ist es nach dem ersten Beispiele für den Gläubiger einerlei, ob er heute 2000 fl., oder nach Verlauf eines Jahres 2100 fl. von seinem Schuldner erhält, und hier sind 2000 fl. der zum Zinsfuße 5 berechnete gegenwärtige Werth von 2100 fl., welche nach Verlauf eines Jahres, von heute an, fällig sind, d. h. gezahlt werden müssen.

In der kaufmännischen Praxis wird aber bei der Berechnung des gegenwärtigen Werths von einem andern Gesichtspunkte ausgegangen; man berechnet nämlich nicht, wie viel, wenn früher gezahlt wird, der Gläubiger zu empfangen habe, wenn das zur Zeit des Zahlungstermins durch Verzinsung angewachsene Kapital dem Betrage der Forderung gleich sein soll; sondern man berechnet (wie im §. 49 beim Discontiren der Wechsel dargethan worden), wie viel sich der Schuldner, wenn er früher zahlt, abziehen dürfe, um sich für die Interessen zu entschädigen, welche er zum angenommenen Zinsfuße aus dem Schuldkapital hätte ziehen können, wenn er am Zahlungstermin, und nicht früher gezahlt hätte. Die Berechnung besteht alsdann darin, daß man die, dem bedungenen Zinsfuße und der Zeit, um welche früher, als vertragsgemäß gezahlt wird, entsprechenden Zinsen vom Schuldkapital abzieht. Für das zweite der obigen Beispiele ist die Berechnung wie folgt. Die Zinsen von 2020 fl. für 73 Tage zu 5 Procent betragen 20 fl. 12 kr.; mithin wird 2020 fl. — 20 fl. 12 kr. = 1999 fl. 48 kr. gezahlt. Oder, der Zins von 100 für 73 Tage zu 5 Procent beträgt so viel, als aus der Proportion folgt:

$$365 : 5 = 73 : x = 1.$$

Statt 100 wird also 100 — 1 = 99 gezahlt, und statt 2020 so viel als aus der Proportion folgt:

$$100 : 99 = 2020 : x = 1999^8/_{10},$$

in Uebereinstimmung mit der ersten Berechnung.

Nach dem ersten Verfahren ergibt sich, in Beziehung auf obiges Beispiel, der gegenwärtige Werth aus der Proportion:

$$101 : 100 = 2020 : x = 2000,$$

und nach dem andern Verfahren aus der Proportion:

$$100 : 99 = 2020 : x = 1999^8/_{10}.$$

Nach dem ersten Verfahren wird auf Hundert, und nach dem andern in Hundert gerechnet.

Der Unterschied zwischen dem gegenwärtigen und künftigen Werthe des Kapitals wird Discont genannt; man versteht aber auch unter dieser Benennung den Zinsfuß, zu welchem der Abzug berechnet wird. (§. 49.)

Mittlerer Zahlungstermin.

§. 60. Für mehrere Kapitalien, welche in verschiedenen Terminen fällig sind, oder, mit andern Worten, welche nicht früher, als zu gewissen, durch Vertrag bestimmten Terminen vom Schuldner abgefordert werden können, läßt sich eine Zeit bestimmen, zu welcher die Summe der Kapitalien ohne Zinsvergütung abgetragen werden kann; dieser Zeitpunkt ist der sogenannte **mittlere Zahlungstermin** oder die **gemeinschaftliche Verfallzeit**.

Es habe z. B. Jemand an eine und dieselbe Person zu zahlen:

700 fl. von heute an nach 50 Tagen
800 „ „ „ „ „ 60 „
500 „ „ „ „ „ 70 „

und es sei die Frage zu beantworten, zu welcher Zeit der Schuldner die Summe dieser Kapitalien, nämlich 2000 fl., ohne Zinsvergütung abtragen könne.

Es tragen

700 fl. in 50 Tagen so viel Zins wie 50 . 700 oder 35000 fl.		in 1 Tage.
800 „ „ 60 „ „ „ „ „ 60 . 800 „ 48000 „		
500 „ „ 70 „ „ „ „ „ 70 . 500 „ 35000 „		

Die Summe der Kapitalien ist = 2000, und es soll einerlei sein, ob man die einzelnen Kapitalien in den betreffenden Terminen, oder 2000 fl. in x Tagen zahlbar schuldig ist. Nun trägen 2000 fl. in x Tagen so viel Zins, als 2000 x fl. in 1 Tage; daher die Gleichung

$$2000\,x = 35000 + 48000 + 35000 = 118000;$$

woraus $x = \frac{118000}{2000} = 59$ Tage.

Da der Zähler des in der Form eines Bruchs erhaltenen Resultats aus der Summe der Produkte der Kapitalien und Zeiten, und der Nenner des Bruchs aus der Summe der Kapitalien besteht, so erhält man den mittleren Zahlungstermin, wenn man die Kapitalien mit den entsprechenden Zeiten multiplicirt, die Produkte addirt, und die Summe derselben durch die Summe der Kapitalien dividirt.

Dem Obigen, in der Praxis allgemein üblichen Rechnungsverfahren liegt die Berechnung **in Hundert** zum Grunde; es müßte hier aber, wie beim Discontiren, **auf Hundert** gerechnet werden. Die beiden Auflösungsarten, von welchen die eine auf der Berechnung **in Hundert**, und die andere auf der Berechnung **auf Hundert** beruht, sind außerdem dadurch wesentlich von einander verschieden, daß bei der ersten die mittlere Verfallzeit unabhängig vom Discont ist; bei der andern aber hängt die mittlere Verfallzeit in der Weise vom Discont ab, daß sie um so später fällt, je geringer der angenommene Discont ist. Würde also **auf Hundert** gerechnet, so müßte ein Discont bedungen und die Rechnung, in Beziehung auf obiges Beispiel, wie folgt geführt werden.

Die gegenwärtigen Werthe von

700 fl. zahlbar in 50 Tagen,
800 " " " 60 "
500 " " " 70 "

ergeben sich, wenn der Discont zu 5 Procent angenommen wird, aus folgenden Proportionen:

$$100\frac{250}{365} : 100 = 700 : x = 695,23$$

$$100\frac{300}{365} : 100 = 800 : x = 793,47$$

$$100\frac{350}{365} : 100 = 500 : x = 495,25$$

Die Summe obiger gegenwärtiger Werthe ist = 1983,95; die Summe der Kapitalien ist = 2000 fl.; der Unterschied dieser Summen ist = 16,05 fl. Wenn nun der Schuldner gleich zahlt, so hat er nur 1983,95 fl. abzutragen; die Aufgabe ist also auf die Beantwortung der Frage zurückgeführt, zu welcher Zeit 1983,95 fl. auf 2000 fl. anwachsen, oder in wie viel Zeit die Interessen von 1983,95 fl. zu 5 Procent 16,05 fl. betragen. Die gesuchte Zahl ist demnach (§. 58)

$$\frac{365 \,.\, 100 \,.\, 16,05}{1983,95 \,.\, 5} = 59,05 \text{ Tage.}$$

Conto=Corrent mit Zinsen.

§. 61. Wenn öfter von einer und derselben Person Jemanden Gelder vorgeschossen werden, und wenn dagegen der Schuldner von Zeit zu Zeit dem Gläubiger Abschlagszahlungen macht, so entsteht die Frage, wie viel die Schuld mit Berücksichtigung der Zinsen zu irgend einer Zeit beträgt. Anlaß zu derartigen Zinsrechnungen gibt z. B. das Verhältniß des Banquiers zu Personen, welchen er einen Credit eröffnet hat, so wie dann auch die Staatsverwaltung in derartigen Comptabilitätsverhältnissen mit Banquiers stehen kann.

Z. B. die Großh. Badische ***=Kasse hat dem Hofbanquier N.N. in Frankfurt a. M. Wechsel zur Einkassirung übermacht, und sie ist, laut voriger, am 31. December 1841 abgeschlossener Rechnung (welche man Conto=Corrent nennt) dafür mit 100000 fl. bei jenem Wechselhause erkannt. Letzteres hat ferner am 3. Mai 1842 einen Frankfurter, auf N. gezogenen Wechsel von 10000 fl., und am 12. Juni einen auf N. in Frankfurt gezogenen Wechsel von 4000 fl. für Rechnung der Regierung einkassirt, und dagegen am 15. Januar 1842, am 28. März und am 30. Juni für Rechnung derselben Zahlungen an N. N. gemacht, und sie dafür mit Zuziehung der Provision, beziehlich mit 30000 fl., 18000 fl. und 1000 fl. belastet. Es ist die Frage, wie viel der Saldo der Rechnung beträgt, wenn sie für den letzten December 1842 abgeschlossen wird, wenn die Zinsen zu 4 Procent berechnet werden, und wenn das Wechselhaus für ausgelegte Stempelgebühren 7 fl. und für Briefporto 1 fl. 35 kr. in Rechnung bringt.

Stellt man die Zahlungen mit dem zugehörigen Datum, d. h. mit dem Tage, an welchem die Zahlungen stattgefunden haben, und die Verzinsung beginnt, zusammen, so steht die Rechnung wie folgt:

Soll.			*Haben.*		
1842		fl.	**1841**		fl.
Januar	15	30000	Decemb.	31	100000
März	28	18000	**1842**		
Juni	30	1000	Mai	3	10000
			Juni	12	4000

Weil die Rechnung auf den 31. December abgeschlossen werden soll, so hat man die Zahl der Tage, welche der Zeitraum vom Zahlungstage bis zum 31. Dezember enthält, zuvörderst zu berechnen. Wird, dem Gebrauch zufolge, der Monat zu 30 Tagen, und also das Jahr zu 360 Tagen gerechnet, so ist die Zahl der Tage für die Zahlungen des Wechselhauses

vom 15. Januar bis zum 31. December = 345 Tage
„ 28. März „ „ „ „ = 272 „
„ 30. Juni „ „ „ „ = 180 „

und für die Gelder, welche das Wechselhaus einkassirt hat,

vom 31. Decemb. 1841 bis 31. Decemb. 1842 = 360 Tage,
„ 3. Mai 1842 „ „ „ „ = 237 „
„ 12. Juni „ „ „ „ „ = 198 „

Die ***=Kasse hat demnach die Zinsen zu vergüten von

30000 fl. für 345 Tage od. von 345 . 30000 fl. od. 10350000 fl.
18000 „ „ 272 „ „ „ 272 . 18000 „ „ 4896000 „
1000 „ „ 180 „ „ „ 180 . 1000 „ „ 180000 „ } für 1 Tag

oder von der Summe letzterer Produkte, also von 15426000 fl. für 1 Tag.

Der Banquier hat dagegen der ***-Kasse die Zinsen zu vergüten von

100000 fl. für 360 Tage od. von 360 . 100000 fl. od. 36000000 fl. } für
10000 „ „ 237 „ „ „ 237 . 10000 „ „ 2370000 „ } 1
4000 „ „ 198 „ „ „ 198 . 4000 „ „ 792000 „ } Tag

oder von der Summe letzterer Produkte, also von 39162000 fl. für 1 Tag.

Werden die Zinsen gegenseitig zu 4 Procent vergütet, so betragen sie $\frac{4}{100}$ fl. von 1 fl., und wenn vom Kapital 1 die Zinsen für 360 Tage $\frac{4}{100}$ fl. betragen, so betragen sie für 1 Tag $\frac{4}{36000}$ oder $\frac{1}{9000}$. Betragen die Zinsen von 1 fl. für 1 Tag $\frac{1}{9000}$, so betragen sie von 15426000 fl. für 1 Tag $\frac{15426000}{9000}$ fl., und von 39162000 fl. für 1 Tag $\frac{39162000}{9000}$ fl. Der Banquier hat daher an Zinsen zu vergüten $\frac{39162000}{9000} - \frac{15426000}{9000} = \frac{23736000}{9000} =$ 2637 fl. 20 kr. Die Differenz vorstehender Brüche ist der sogenannte Zinsensaldo.

Man erhält demnach den Zinsensaldo für den Zinsfuß 4, wenn man die zusammengehörigen Kapitalien und Tage der Zahlungen des Conto-Corrent-Gebers, und die zusammengehörigen Kapitalien und Tage der Zahlungen des Conto-Corrent-Empfängers mit einander multiplicirt, die Summen dieser Produkte von einander abzieht, und die Differenz durch 9000 dividirt. Für den Zinsfuß 5 wird die Differenz der in Rede stehenden Produkte durch 7200 dividirt, denn die Zinsen von 1 fl. für 1 Tag betragen zu 5 Procent $^{1}/_{7200}$ fl.; für den Zinsfuß 6 wird mit 6000 dividirt, denn die Zinsen von 1 fl. für 1 Tag zu 6 Procent betragen $^{1}/_{6000}$ fl. u. s. w.

Zur Vereinfachung der Berechnung kann man unbeschadet der erforderlichen Genauigkeit des Resultats, von den Produkten der Kapitalien und Tage, den sogenannten Zinszahlen oder Nummern, und von dem, dem Zinsfuße entsprechenden Divisor zwei Ziffern rechter Hand weglassen. Das dem obigen Beispiele entsprechende Conto-Corrent ist wie folgt:

Soll Großherzoglich Badische *** Kasse in Carlsruhe. *Haben*

			Tage	Zinszahlen	fl.	kr.				Tage	Zinszahlen	fl.	kr.
1842							1841						
Jan.	15	An Zahlung an N. N.	345	10350000	30000	—	Dec.	31	Per Saldo voriger Rechnung	360	36000000	100000	—
März	28	" " " N. N.	272	4896000	18000	—	1842 Mai	3	" Rimesse auf N. N.	237	2370000	10000	—
Juni	30	" " " N. N.	180	180000	1000	—	Juni	12	" " " N. N.	198	792000	4000	—
Dec.	31	" Saldo der Zinszahlen	—	32736000	—	—	Dez.	31	" Interessen $\frac{23736000}{9000}$	—	—	2637	20
		" Stempel zu ½ % aus fl. 14000 . .	—	—	7	—							
		" Porto	—	—	1	35							
		" Saldo	—	—	67628	45							
				39162000	116637	20					39162000	116637	20
									Per Saldo auf neue Rechnung		—	67628	45

Weil die Zinsen im Haben mehr als diejenigen im Soll betragen, so kommt die Differenz von 2637 fl. 20 kr. in das Haben des vom Wechselhause aufgestellten Conto=Corrents. In das Soll kommen dagegen die Beträge von 7 fl. und 1 fl. 35 kr., beziehlich für Stempel und Porto, und wenn man nun das Soll und Haben addirt und die Summen von einander abzieht, so erhält man 67628 fl. 45 kr. als Rest; dieser Rest wird, als Saldo bezeichnet, ins Soll der Rechnung gestellt, weil das Soll schwächer, als das Haben ist, und, der Probe wegen, das Soll und das Haben wieder addirt; was auch mit den Zinszahlen geschieht, nachdem man den Saldo der Zinszahlen, nämlich die Zahl 32736000 in das Soll der Zinszahlen gebracht hat; wonach sowohl bei der Addition der Kapitalposten als bei derjenigen der Zinszahlen, gleiche Summen herauskommen müssen. Für den Saldo der Rechnung wird endlich der Conto=Corrent=Empfänger unterm Datum des Abschlusses, dem 31. December 1842, creditirt oder erkannt, weil im vorliegenden Fall das Haben stärker als das Soll ist. Statt der Zinszahlen kann man auch die Zinsen neben das zugehörige Kapital in der Rechnung eintragen, was aber, wenn das Conto=Corrent viele Posten enthält, weitläufiger als das Verfahren mit Zinszahlen ist.

§. 62. Bei dem Abschluß der Zinsrechnung oder Supporto=Rechnung kommt es öfters vor, daß noch Tratten und Rimessen im Laufe sind, d. h. daß der Banquier Tratten acceptirt hat, welche erst nach dem Abschlußtage der Rechnung fällig sind, oder bezahlt werden müssen, und daß ihm von seinem Correspondenten Wechsel übermacht worden sind, welche ebenfalls noch nicht verfallen sind. Hierbei kann man nun auf zweierlei Art bei dem Rechnungsabschluß verfahren; man kann nämlich solche Posten entweder der Rechnung einverleiben oder man schließt die Rechnung nur für die bereits geleisteten Zahlungen ab, und bemerkt nur, der Ordnung wegen, am Fuße der Rechnung, die noch nicht bezahlten Tratten und Rimessen. Sollen aber die Beträge der noch nicht verfallenen Wechsel der Rechnung einverleibt werden, so geschieht dies auf folgende Weise.

Es seien z. B. die Kapitalposten und ihre Verfallzeiten im Soll und Haben wie folgt:

Soll.			Haben.		
Verfallzeit.	Tage.	Kapital.	Verfallzeit.	Tage.	Kapital.
		fl.			fl.
Januar 31.	—	400	Januar 31.	—	300
April 30.	—	500	Mai 31.	—	300
Mai 31.	—	700	Juli 31.	30	800
Juli 31.	30	400	Juni 15.	—	200
August 31.	60	500			

Soll die Rechnung auf den ult. Juni abgeschlossen werden, so kann an diesem Abschlußtage der Correspondent nicht für den vollen Betrag der auf den Banquier trassirten und erst nach dem Abschlußtage verfallenen Wechsel von 400 fl. und 500 fl. belastet, und eben so wenig für die Rimesse von 800 fl. zum vollen Werthe creditirt werden, sondern es dürfen nur die gegenwärtigen, d. h. die dem Abschlußtage entsprechenden Werthe jener Wechselsummen in Rechnung kommen. Dies kann dadurch geschehen, daß man den Correspondenten um die Interessen der noch nicht eingelösten Rimessen belastet, und um die Interessen der noch nicht verfallenen Tratten creditirt, und zwar für die Anzahl der Tage, welche der Zeitraum vom Abschlußtage bis zum Zahltage der Wechsel enthält; also für die Tratte von 400 fl. für 30 Tage, für diejenige von 500 fl. für 60 Tage, und für die Rimesse von 800 fl. für 30 Tage. Im obigen Beispiele muß demnach z. B. für den Zinsfuß 6 der Correspondent für 4 fl. belastet, und für 2 fl. und 5 fl. creditirt werden. Dieser Theil der Rechnung ist also wie folgt:

Soll.						Haben.					
Verfallzeit.	Tage.	Zinsen.				Verfallzeit.	Tage.	Zinsen.			
		fl.	kr.	fl.	kr.			fl.	kr.	fl.	kr.
Jan. 31.				400	—	Jan. 31.				300	—
April 30.				500	—	Mai 31.				300	—
Mai 31.				700	—	Juli 31.	30			800	—
Juli 31.	30			400	—	Juni 15.				200	—
August 31.	60			500				2	—		
		4	—					5	—		

Stellt man aber die Rechnung wie folgt:

Soll.						Haben.					
Verfallzeit.	Tage.	Zinsen.				Verfallzeit.	Tage.	Zinsen.			
		fl.	kr.	fl.	kr.			fl.	kr.	fl.	kr.
Jan. 31.				400	—	Jan. 31.				300	—
April 30.				500	—	Mai 31.				300	—
Mai 31.				700	—	Juli 31.	30	4	—	800	—
Juli 31.	30	2	—	400	—	Juni 15.				200	—
August 31.	60	5	—	500	—						

so stehen die Zinsen, welche ins Soll gehören, im Haben, und diejenigen, welche ins Haben gehören, im Soll; welcher Fehler dadurch verbessert wird, daß man den Saldo dieser Zinsen ins Haben bringt, und bei der Berechnung des Zinsensaldo's der ganzen Rechnung die fehlerhaft eingestellten Zinsen unberücksichtigt läßt. Ist dagegen die Summe der fehlerhaft eingestellten Zinsen im Haben stärker, als im Soll, so kommt der Saldo dieser Zinsen ins Soll, und bei der Berechnung des Zinsensaldo's der ganzen Rechnung werden die fehlerhaft eingestellten Zinsen wieder weggelassen. Zur Unterscheidung der fehlerhaft eingestellten Zinsen von den übrigen Zinsen pflegt man jene mit rother Tinte anzuschreiben; man zieht alsdann den Saldo der rothen Zinsen, stellt denselben gehörigen Orts auf, schreibt denselben auch mit schwarzer Tinte an, und berechnet dann den Zinsensaldo der mit schwarzer Tinte geschriebenen Zinsen. In gleicher Weise wird verfahren, wenn man sich der Zinszahlen bedient, wie aus folgenden Beispielen zu ersehen:

Soll.						Haben.					
Verfallzeit.	Tage.	Zinsen.				Verfallzeit.	Tage.	Zinsen.			
		fl.	kr.	fl.	kr.			fl.	kr.	fl.	kr.
Jan. 31.	150	10	—	400	—	Jan. 31.	150	7	30	300	—
April 30.	60	5	—	500	—	Mai 31.	30	1	30	300	—
Mai 31.	30	3	30	700	—	Juli 31.	30	4	—	800	—
Juli 31.	30	2	—	400	—	Juni 15.	15	—	30	200	—
August 31.	60	5	—	500	—						
Zinsensaldo	—	—	—	6	—	Saldo der rothen Zinszahlen . . .	—	3	—	—	—
								3	—	—	—

Soll.					Haben.				
Verfallzeit.	Tage.	Zinszahlen.	fl.	kr.	Verfallzeit.	Tage.	Zinszahlen.	fl.	
Jan. 31.	150	60000	400	—	Jan. 31.	150	45000	300	—
April 30.	60	30000	500	—	Mai 31.	30	9000	300	—
Mai 31.	30	21000	700	—	Juli 31.	30	24000	800	—
Juli 31.	30	12000	400	—	Juni 15.	15	3000	200	—
August 31.	60	30000	500	—					
Zinsensaldo: 36000 / 6000	—	—	6	—	Saldo der rothen Zinszahlen . . .	—	18000	—	—
							18000	—	—

§. 63. Zinsrechnungen obiger Art werden vom Banquier gewöhnlich auf den letzten Juni und Dezember gestellt, und man berechnet entweder die Zinszahlen oder die Zinsen gleich bei Entstehung der Kapitalposten, damit sich dergleichen Ausrechnungen nicht anhäufen. Es kann indessen in Folge von Falliten, Todesfällen 2c. geschehen, daß nachher früher, oder auch unter anderen Umständen später als zur gewöhnlichen Zeit abgeschlossen werden muß, in welchem Falle die bereits eingestellten Zinszahlen oder Zinsen entweder zu groß oder zu klein sind. Zur Beseitigung dieses Uebelstandes ist in neuerer Zeit eine Zinsrechnungsart aufgekommen, welche unabhängig vom Tage des Abschlusses ist, und nach welcher also die Rechnung auf jeden beliebigen Tag abgeschlossen werden kann.

Um zu dieser Berechnungsart zu gelangen, wollen wir die Tage vom Zahltage an bis zum frühesten Zahltage der Rechnung, oder einem frühern Tage als diesem zurückzählen, und dann untersuchen, auf welche weitere Weise verfahren werden müsse, um bei einer solchen rückwärts laufenden Zinsrechnung zum richtigen Resultate zu gelangen.

Bezeichnen A, B, C u. s. w. die Kapitalien im Soll, und a, b, c u. s. w. die entsprechenden, auf einen beliebigen Abschlußtag berechneten Tage; ferner D, E u. s. w. die Kapitalien im Haben, und d, e u. s. w. die für denselben Abschlußtag berechneten Tage, so steht nach dem gewöhnlichen Verfahren die Zinsrechnung wie folgt:

Soll.	Haben.
$aA + bB + cC$	$dD + eE$

Bezeichnet m die Anzahl der Tage, welche der Zeitraum vom ersten Tage des Semesters oder des Jahres bis zum Abschlußtage enthält, und rechnet man die Tage zurück auf den ersten Tag des Semesters oder Jahres, so sind $m - a$, $m - b$, $m - c$, $m - d$ und $m - e$ die entsprechenden Tagezahlen. Multiplicirt man diese Tagezahlen mit den zugehörigen Kapitalien, so lassen sich die Factoren und Produkte folgenderweise zusammenstellen:

Soll.			Haben.		
$m - a$	$mA - aA$	A	$m - d$	$mD - dD$	D
$m - b$	$mB - bB$	B	$m - e$	$mE - eE$	E
$m - c$	$mC - cC$	C			

Die Produkte der Tagezahlen und Kapitalien können aber auch folgenderweise zusammengestellt werden:

Soll.	Haben.
$mA + mB + mC - (aA + bB + cC)$	$mD + mE - (dD + eE)$

Damit sich nun diese Zusammenstellung auf diejenige nach der gewöhnlichen Zinsrechnung reducire, addire man $mA + mB$

$+ mC - mD - mE$ zu den im Haben obiger Zusammenstellung befindlichen Größen; man erhält alsdann folgendes:

Soll.	Haben.
$nA + mB + mC - (aA + bB + cC)$	$mD + mE - (dD + eE + mA + mB + mC - mD - mE)$

Die Zusammenstellung reducirt sich hierdurch auf die folgende:

Soll.	Haben.
$-(aA + bB + cC)$	$-(dD + eE)$

Da aber die negativen Größen im Soll die Forderung des Rechnungsstellers, und auf der entgegengesetzten Seite das Guthaben des Conto=Corrent=Empfängers vermindern, so werden diese Zeichen fortgeschafft, wenn man die im Haben befindlichen negativen Größen auf die Sollseite, und die im Soll befindlichen negativen Größen auf die Habenseite bringt; so daß die Rechnung wie folgt steht:

Soll.	Haben.
$dD + eE$	$aA + bB + cC$

Dies stimmt mit der gewöhnlichen Rechnung bis auf den Unterschied überein, daß das, was dort im Soll vorkommt, hier im Haben steht, und so umgekehrt; dieser Fehler wird aber verbessert, wenn man den Zinsensaldo in's Soll der Rechnung bringt, wenn die Summe der Zinszahlen des Soll kleiner als diejenige der Zinszahlen des Haben ist; in's Haben der Rechnung hingegen, wenn in Betreff der Zinszahlen das Soll stärker als das Haben ist.

Die Zusammenstellung in der ursprünglichen Form ist demnach für die rückwärts gehende Zinsrechnung wie folgt:

Soll.			Haben.		
$m - a$	$(m - a)\ A$	A	$m - d$	$(m - d)\ D$	D
$m - b$	$(m - b)\ B$	B	$m - e$	$(m - e)\ E$	E
$m - c$	$(m - c)\ C$	C	$m\,(A + B + C - [D + E])$		

Da nun m den Zeitraum vom Tage, auf welchen man zurückrechnet, bis zu dem Tage des Abschlusses bezeichnet, und $A + B + C - (D + E)$ der Saldo der Rechnung ohne Zinsen, Spesen ꝛc., oder der sogenannte rohe Saldo ist, so ist das Verfahren oder die Regel wie folgt: Man rechnet die Tage zurück auf den ersten Tag des Semesters oder Jahres (oder auch auf den frühesten Zahltag der Rechnung), multiplicirt die Tage mit den Kapitalien, sodann die Zahl der Tage, welche der Zeitraum vom ersten Tage des Semesters oder Jahres (oder vom frühesten Zahltage) bis zum Tage des Abschlusses begreift, mit dem rohen Saldo,*) bringt letzteres Produkt auf die Habenseite der Rechnung, wenn das Soll (der Kapitalien) stärker als das Haben ist, oder im umgekehrten Falle auf die Sollseite der Rechnung, und dividirt den Saldo der Zinszahlen durch die, dem betreffenden Zinsfuße entsprechende constante Zahl; der Quotient ist der gesuchte Zinsensaldo, welcher in's Soll der Rechnung kommt, wenn die Summe der Zinszahlen des Soll kleiner als diejenige der Zinszahlen des Haben ist; in's Haben der Rechnung hingegen, wenn in Betreff der Zinszahlen das Soll stärker als das Haben ist.

§. 64. Kommen im Conto-Corrent Posten vor, welche über den Abschlußtag hinauslaufen (§. 62), so wird bei der Anwendung der rückwärts laufenden Zinsrechnung auch für die über den Abschlußtag hinauslaufenden Verfalltage auf den ersten Tag des Halbjahrs, oder Jahrs (oder auch auf den frühesten Zahltag der Rechnung) zurückgerechnet, und der rohe Saldo wird mit der Zahl der Tage multiplicirt, welche der Zeitraum vom Anfangstage bis zum Abschlußtage begreift.

Bezeichnen nämlich a, b, c die auf gewöhnliche Weise (nicht rückwärts) gezählten Tagezahlen, und A, B, C die entsprechenden Kapitalien im Soll; bezeichnen ferner G und H die Posten im Soll, welche über den Abschlußtag hinauslaufen, und beziehlich g und h die auf den Abschlußtag gezählten Tagezahlen: bezeichnen ferner d und e die Tagezahlen im Haben, und D, E die entsprechenden Ka-

*) Im ersten Halbjahre ist der erste Tag der 1. Januar. Wird z. B. auf den 1. Januar zurückgerechnet, und ist der Abschlußtag, wie in der Regel, entweder der ult. Juni oder der ult. December, so ist die Tagezahl, mit welcher der rohe Saldo zu multipliciren ist, beziehlich entweder = 180 oder = 360. Wird die Rechnung halbjährlich gestellt, so ist der erste Tag des zweiten Halbjahrs der 1. Juli, und wenn, in Folge eines Falliments oder weil es der Correspondent verlangt ꝛc., die Rechnung früher, z. B. auf den 24. October abgeschlossen werden soll, so ist die Tagezahl, mit welcher der rohe Saldo zu multipliciren ist, = 114.

pitalien, und bezeichnet endlich I einen Posten im Haben, der über den Abschlußtag hinausläuft, und i die entsprechende Tagezahl, so erhält man ohne rothe Zinszahlen (§. 62) den Zinsensaldo aus folgender Zusammenstellung:

Soll.			*Haben.*		
a	aA	A	d	dD	D
b	bB	B	e	eE	E
c	cC	C	i	—	I
g	—	G	—	gG	
h	—	H	—	hH	
—	iI	—			

Bezeichnet m den Zeitraum vom Abschlußtage bis zum angenommenen Anfangstage, so ist nach dem Verfahren für die rückwärts laufende Zinsrechnung die Zusammenstellung wie folgt:

Soll.			*Haben.*		
$m - a$	$mA - aA$	A	$m - d$	$mD - dD$	D
$m - b$	$mB - bB$	B	$m - e$	$mE - eE$	E
$m - c$	$mC - cC$	C	$m + i$	$mI + iI$	I
$m + g$	$mG + gG$	G	$mA + mB + mC + mG + mH$		
$m + h$	$mH + hH$	H	$- mD - mE - mI$		

Streicht man die gleichen Größen im Soll und Haben gegen einander aus, so reducirt sich obige Zusammenstellung auf die folgende:

Soll.			*Haben.*		
$m - a$	$- aA$	A	$m - d$	$- dD$	D
$m - b$	$- bB$	B	$m - e$	$- eE$	E
$m - c$	$- cC$	C	$m + i$	iI	I
$m + g$	gG	G			
$m + h$	hH	H			

Oder, mit Weglassung der Kapitalien und Zeiten auf folgende:

Soll.	Haben.
$d\,D$	$a\,A$
$e\,E$	$b\,B$
$g\,G$	$c\,C$
$h\,H$	$i\,I$

Diese Zusammenstellung stimmt mit derjenigen nach der gewöhnlichen (nicht rückwärts laufenden) Zinsrechnung bis auf den Unterschied überein, daß die Zinszahlen, die dort im Soll stehen, hier im Haben vorkommen, und so umgekehrt, weshalb auf den Eintrag des Zinsensaldo's die gehörige Rücksicht zu nehmen ist (§. 63).

Die Anwendung der rückwärts laufenden Zinsrechnung auf das Beispiel des §. 62 gibt folgende Rechnungen für Zinszahlen und Zinsen:

Soll.					Haben.				
Verfallzeit.	Tage.	Zinszahlen.	fl.	kr.	Verfallzeit.	Tage.	Zinszahlen.	fl.	
Jan. 31.	30	12000	400	—	Jan. 31.	30	9000	300	—
April 30.	120	60000	500	—	Mai 31.	150	45000	300	—
Mai 31.	150	105000	700	—	Juli 31.	210	168000	800	—
Juli 31.	210	84000	400	—	Juni 15.	165	33000	200	—
August 31.	240	120000	500	—					
Zinsensaldo: $\frac{36000}{6000}$	—	—	6	—	Roher Saldo: fl. 900	180	162000	—	—

Soll.							Haben.						
Verfallzeit.	Tage.	Zinsen.					Verfallzeit.	Tage.	Zinsen.				
		fl.	kr.	fl.	kr.				fl.	kr.	fl.	kr.	
Jan. 31.	30	2	—	400	—		Jan. 31.	30	1	30	300	—	
April 30.	120	10	—	500	—		Mai 31.	150	7	30	300	—	
Mai 31.	150	17	30	700	—		Juli 31.	210	28	—	800	—	
Juli 31.	210	14	—	400	—		Juni 15.	165	5	30	200	—	
August 31.	240	20	—	500	—								
Zinsensaldo zu 6 %	—	—	—	6	—		Roher Saldo: fl. 900	180	27	—	—	—	

§. 65. Ein anderes, in der Praxis indessen selten vorkommendes Verfahren zur Berechnung des Zinsensaldo's besteht darin, den Betrag der Schuld für jeden Datum, welcher in der Rechnung vorkommt, durch Ab- und Zuschreiben der gezahlten und erhaltenen Gelder auszumitteln, und die entsprechenden Zinsen zu berechnen; wie aus folgendem Beispiele zu ersehen.

Soll.			*Haben.*		
		fl.			fl.
Januar	20	1000	Februar	10	800
April	10	800	Mai	8	300

Am 20. Januar hat der Banquier ausgelegt 1000 fl., und am 10. Februar hat er von seinem Correspondenten 800 fl. erhalten. Die Zinsen vom 20. Januar bis zum 10. Februar, also für 20 Tage, betragen zu 6 % 3 fl. 20 kr. Am 10. Februar beträgt die Forderung des Banquiers 1000 fl. — 800 fl. = 200 fl.; am 10. April hat er wieder einen Vorschuß von 800 fl. geleistet, und es betragen die Zinsen von 200 fl. für die Zeit vom 10. Februar bis zum 10. April, also für 60 Tage, 2 fl. Am 10. April beträgt die Forderung des Banquiers 200 fl. + 800 fl. = 1000 fl., und am 8. Mai hat er 300 fl. empfangen; die Zinsen von 1000 fl. vom 10. April bis zum 8. Mai, also für 28 Tage, betragen 4 fl. 40 kr. Am 8. Mai beträgt die Forderung des Banquiers 1000 fl. — 300 fl. = 700 fl.; wird nun die Rechnung auf den ult. Juni abgeschlossen, so hat er noch die Zinsen vom 8. Mai bis zum ult. Juni, also für 52 Tage, im Betrage von 6 fl. 4 kr. anzurechnen. Addirt man sämmtliche Zinsen, so kommen 16 fl. 4 kr. für den gesuchten Zinsensaldo heraus. Die Rechnungsaufstellung in der üblichen Form, die sogenannte scalische Zinsrechnung, ist wie folgt:

Zahlungen			Tage.	Zinsen zu 6 Proc.	
fl.	kr.			fl.	kr.
1000	—	Vom 20. Jan. bis zum 10. Febr.	20	3	20
800	—				
200	—	„ 10. Febr. „ „ 10. April	60	2	—
800	—				
1000	—	„ 10. April „ „ 8. Mai	28	4	40
300	—				
700	—	„ 8. Mai „ „ ult. Juni	52	6	04
		Zusammen		16	04

Zweite Abtheilung.

Vom zusammengesetzten Zins.

§. 66. Das durch Zinseszinsen (§. 57) in einer gegebenen Zeit angewachsene Kapital läßt sich arithmetisch, in der Weise berechnen, daß man die Zinsen des Kapitals für ein Halbjahr oder für ein Jahr, je nachdem halbjährliche oder jährliche Verzinsung bedungen ist, berechnet, die Zinsen zum Kapital addirt, von der entsprechenden Summe wieder die Zinsen berechnet, solche zu dieser Summe addirt u. s. w. Beträgt z. B. das Kapital 10000 fl., ist der Zinsfuß = 5, und werden die jährlichen Zinsen nicht entrichtet und wieder zum Kapital geschlagen, so ist die Berechnung zur Ermittlung des angewachsenen Kapitals für eine gegebene Anzahl von Jahren wie folgt:

Kapital . .	10000 fl.
Zinsen . .	500 „
	10500 fl.
Zinsen . .	525 „
	11025 fl.
Zinsen . .	551,25 fl.
	11576,25 fl., u. s. w.

Die Berechnung des angewachsenen Kapitals kann durch den Gebrauch solcher Tabellen erleichtert werden, welche die zukünftigen Werthe eines als Einheit angenommenen Kapitals für eine Reihe von Jahren und für jeden Zinsfuß, welcher in der Praxis vorkommen kann, enthalten. So enthält z. B. folgende Tabelle die zukünftigen Werthe des Kapitals 1000 zum Zinsfuße 4 von 1 bis 30 Jahren:

Jahre	4	Jahre	4
1	1040,00	16	1872,98
2	1081,60	17	1947,90
3	1124,86	18	2025,82
4	1169,86	19	2106,85
5	1216,65	20	2191,12
6	1265,32	21	2278,77
7	1315,93	22	2369,92
8	1368,57	23	2464,72
9	1423,31	24	2563,30
10	1480,24	25	2665,84
11	1539,45	26	2772,47
12	1601,03	27	2883,37
13	1665,70	28	2998,70
14	1731,68	29	3118,65
15	1800,94	30	3243,40

Um z. B. zu berechnen, auf wie viel 1000000 fl. durch Zinseszinsen zu 4 Procent in 20 Jahren anwachsen, muß die neben der Jahreszahl 20 befindliche Hülfszahl aufgesucht werden; diese ist 2191,12, wonach also 1000 Gulden nach 20 Jahren auf 2191,12 fl. anwachsen; die fragliche Zahl ergibt sich demnach aus der Proportion:

$$1000 : 2191{,}12 = 1000000 : x = 2191120.$$

Vermittelst solcher Tabellen kann auch das Kapital bestimmt werden, welches nach einer Reihe von Jahren auf ein gegebenes Kapital angewachsen ist. Ist z. B. das angewachsene Kapital = 2191120, der Zinsfuß = 4, und die Zahl der Jahre = 20, so ist 2191,12 die entsprechende Hülfszahl, d. h. der gegenwärtige, mit Berücksichtigung der 4-procentigen Zinseszinsen berechnete Werth ist 1000. Der gesuchte gegenwärtige Werth ergibt sich demnach aus der Proportion:

$$2191{,}12 : 1000 = 2191120 : x = 1000000.$$

Soll vermittelst des ursprünglichen Kapitals oder Grundkapitals, des angewachsenen Kapitals und des Zinsfußes die Zeit bestimmt werden, so muß das Grundkapital auf die in der Tabelle angenommene Kapitaleinheit zurückgeführt werden; die Jahreszahl, welche in der Tabelle neben dem durch Berechnung bestimmten, angewachsenen Kapitale steht, ist die gesuchte Zeit; ist aber jenes Kapital in der Tabelle nicht befindlich, so wird von jenem Kapitale die nächstkleinere Hülfszahl abgezogen, und vermittelst des Rests und der Differenz der nächstgrößern und nächstkleinern Hülfszahl der Theil des Jahres berechnet.

Es sei z. B. das Grundkapital = 1000000, das angewachsene Kapital = 2000000, und der Zinsfuß = 4; hieraus soll die Zeit bestimmt werden. Zur Zurückführung des Grundkapitals auf die in der Tabelle angenommene Kapitaleinheit hat man die Proportion:

$$1000000 : 2000000 = 1000 : x = 2000.$$

Die gefundene Zahl 2000 ist in der Tabelle nicht befindlich; die nächstkleinere Hülfszahl ist 1947,9, und die derselben entsprechende Jahreszahl ist 17. Um nun den Theil des Jahres zu bestimmen, zieht man 1947,9 von 2000 ab; der Rest ist 52,1; ferner zieht man die nächstkleinere Hülfszahl 1947,9 von der nächstgrößern Hülfszahl 2025,82 ab; der Rest ist 77,92. Da nun der Differenz 77,92 die Zeit von 1 Jahre entspricht, so entspricht der Differenz 52,1 die aus folgender Proportion sich ergebende Tagezahl:

$$77,92 : 365 = 52,1 : x = 244^{201}/_{3896}.$$

Zur Bestimmung des Zinsfußes kann die Zinstabelle nur zur Untersuchung gebraucht werden, innerhalb welcher Grenzen, in ganzen Zahlen, der fragliche Zinsfuß enthalten ist.

Die erste der im Anhang befindlichen Tabellen enthält die zukünftigen Werthe des Kapitals 1 zum Zinsfuße 3, $3^1/_2$, 4, $4^1/_2$, und 5 für 1 bis 100 Jahre. *)

§. 67. Setzt man, allgemein genommen, k für das Kapital, p für den Zinsfuß in Beziehung auf die Kapitaleinheit 1, so daß z. B. dem Zinsfuß 5 für die Kapitaleinheit 100 der Zinsfuß $^1/_{20}$ für die Kapitaleinheit 1 entspricht, so wächst das Kapital k nach dem ersten Jahre auf $k+kp = k\,(1+p)$ an, nach dem zweiten auf $k\,(1+p)^2$, nach dem dritten auf $k\,(1+p)^3$ u. s. w., und nach dem $n$ten Jahre auf $k\,(1+p)^n$.

---

*) Man kann sich derselben aber auch für jede beliebig größere Anzahl von Jahren bedienen. Man erhält die der gegebenen Zeit entsprechende Hülfszahl, wenn man die Zahl der Jahre beliebig in zwei Theile zerlegt und die jedem Theile entsprechende Hülfszahlen mit einander multiplicirt; das Produkt getheilt durch die Kapitaleinheit gibt die zu bestimmende Hülfszahl.

Denn bezeichnet (§. 67) p den Zinsfuß, ist die Zahl der Jahre $= a + b = c$, das als Einheit angenommene Kapital $= f$, ist die der Zahl der Jahre a entsprechende Hülfszahl $= h$, und die der Zahl der Jahre b entsprechende Hülfszahl $= h'$, so ist

$$(1+p)^a f = h, \quad (1+p)^b f = h'$$

und $(1+p)^a f \times (1+p)^b f = (1+p)^c f^2 = hh'$; folglich $(1+p)^c f = \frac{hh'}{f}$.

Bezeichnet man das dem $n$ten Jahre entsprechende angewachsene Kapital durch a, so hat man die Gleichung:

$$k\,(1+p)^n = a \quad . \; . \; . \; . \quad \text{(I.)}$$

Hieraus lassen sich folgende Gleichungen herleiten:

$$k = \frac{a}{(1+p)^n} \quad . \; . \; . \; . \; . \quad \text{(II.)}$$

$$n = \frac{log.\, a - log.\, k}{log.\,(1+p)} \quad . \; . \quad \text{(III.)}$$

$$1 + p = \sqrt[n]{\frac{a}{k}} \quad . \; . \; . \; . \quad \text{(IV.)}$$

Ist in Beziehung auf (I.) $k = 1000$, $n = 3$, $1 + p = {}^{21}/_{20} = {}^{105}/_{100}$, so ergibt sich das angewachsene Kapital aus folgender Berechnung:

$$\begin{aligned} 3\; log.\; 1{,}05 &= 0{,}0635679 \\ log.\; 1000 &= \underline{3{,}0000000} \\ & 3{,}0635679 = log.\; 1157{,}62. \end{aligned}$$

Ist in Beziehung auf (II.) $a = 1157{,}62$, $n = 3$, $1 + p = {}^{105}/_{200}$, so ergibt sich das Grundkapital aus folgender Berechnung:

$$\begin{aligned} log.\; 1157{,}62 &= 3{,}0635679 \\ -\,3\; log.\; 1{,}05 &= \underline{0{,}0635679} \\ & 3{,}0000000 = log.\; 1000. \end{aligned}$$

Ist in Beziehung auf (III.) $k = 1000$, $a = 1157{,}62$, $1 + p = {}^{105}/_{100}$, so ergibt sich die Zeit aus folgender Berechnung:

$$\begin{aligned} log.\; 1157{,}62 &= 3{,}0635679 \\ -\,log.\; 1000 &= \underline{3{,}0000000} \\ & 0{,}0635679. \end{aligned}$$

$log.\, 1{,}05 = 0{,}0211893$, daher die gesuchte Zahl $= \dfrac{0{,}0635679}{0{,}0211893} = 3.$

Ist in Beziehung auf (IV.) $k = 1000$, $n = 3$, $a = 1157{,}62$, so ergibt sich der Zinsfuß aus folgender Berechnung:

$$\begin{aligned} log.\; 1157{,}62 &= 3{,}0635679 \\ -\,log.\; 1000 &= \underline{3{,}0000000} \\ & \frac{0{,}0635679}{3} = 0{,}0211893 = log.\; 1{,}05; \end{aligned}$$

mithin ist $p = {}^{5}/_{100}$; der Zins von 100 ist daher $= 5$.

§. 68. Im Vorhergehenden sind die Zinseszinsen nach Jahrgängen angenommen worden; es können aber auch Gelder auf kürzere Fristen angelegt, und mit den Zinsen mehrmals im Laufe des Jahres wieder verzinst werden, wie es z. B. bei den Leihbanken und im Disconthandel (§. 49) geschieht; wenn nun die Zinsen für ein halbes Jahr gleich der Hälfte der jährlichen Zinsen, diejenigen für ein Vierteljahr gleich dem vierten Theile der Jahreszinsen u. s. w. gesetzt werden, oder überhaupt, wenn die terminlichen Zinsen zwar mit der Zeit proportional angenommen, der Fundamentalzinsfuß aber beibehalten werden soll, so wird der Zinsenertrag zwar erhöht, jedoch nicht in demselben Verhältniß, nach welchem die Perioden kürzer werden, weil die Zinsen dabei auch um so vielmal verringert werden.

Z. B. 4000 fl. jährlich zu 5 Procent verzinslich betragen nach einem Jahre mit den Zinsen 4200 fl.

Die Zinsen von 4000 fl. zu $^5/_2$ Procent halbjährlich betragen zu Ende des ersten Halbjahres 100 fl.; diese zum Kapital geschlagen, betragen damit 4100 fl.; und diese Summe wieder auf halbjährliche Zinsen angelegt, beträgt am Ende des zweiten Halbjahrs $4202\,^1/_2$ fl. Es wird also auf die letztere Art $2\,^1/_2$ fl. gewonnen, was nur $^1/_{16}$ Procent in den Zinsen ausmacht; denn

$$4000 : 202\,^1/_2 = 100 : x = 5\,^1/_{16}.$$

Werden 4000 fl. viermal im Jahr, und zwar jedesmal mit den Zinsen des vorhergehenden Quartals verzinst, so beträgt, wenn der Zinsfuß zu 5 Procent per Jahr und zu $^5/_4$ Procent per Quartal angenommen wird, das Kapital zu Ende des Jahres mit den Zinseszinsen

$$\left(\frac{100 + {}^5/_4}{100}\right)^4 4000 = \left(\frac{405}{400}\right)^4 4000 = 4203,\ 78 \text{ fl.}$$

Da die einjährigen Zinsen 200 fl. betragen, so ist der Unterschied im Zinsbetrag 3,78 fl.; der Jahreszinsfuß stellt sich demnach auf 5,09; denn

$$4000 : 100 = 203,\ 78 : x = 5{,}09$$

wonach 0,09 Procent mehr als bei der jahrweisen Verzinsung des Kapitals herauskommt.

Für monatliche Verzinsung zum Jahreszinsfuß 5 ist

$$\left(\frac{100 + {}^5/_{12}}{100}\right)^{12} 4000 = \left(\frac{1205}{1200}\right)^{12} 4000 = 4204{,}64 \text{ fl.}$$

wonach sich der Jahreszinsfuß auf 5,11 Procent stellt.

Für tägliche Verzinsung zum Jahreszinsfuß 5 ist

$$\left(\frac{100 + {}^5/_{360}}{100}\right)^{360} 4000 = \left(\frac{36005}{3600}\right)^{360} 4000 = 4205{,}02 \text{ fl.}$$

wonach sich der Jahreszinsfuß auf 5,12 Procent stellt. Auch für längere Zeiten als 1 Jahr ist der dem öftern Umsatz der Kapitalien und der damit erworbenen Zinsen entsprechende Kapitalzuwachs unbedeutend. Z. B. nach 5 Jahren betragen 10000 fl. mit den jährlichen 5-procentigen Zinseszinsen

$$\left(\frac{105}{100}\right)^5 10000 = 12762{,}8;$$

für halbjährige Termine:

$$\left(\frac{205}{200}\right)^{10} 10000 = 12800{,}8;$$

für vierteljährige Termine:

$$\left(\frac{405}{400}\right)^{20} 10000 = 12820{,}3;$$

für monatliche Termine:

$$\left(\frac{1205}{1200}\right)^{60} 10000 = 12835{,}8;$$

für tägliche Termine:

$$\left(\frac{36005}{36000}\right)^{1800} 10000 = 12839{,}2.$$

Der jahrweisen Verzinsung von 10000 fl. entspricht nach obiger Berechnung ein Zuwachs von 2762,8 fl., oder von 27,62 Procent, und der tagweisen Verzinsung desselben Kapitals entspricht ein Zuwachs von 2839,2 fl., oder von 28,39 Procent, welcher also nur um 0,77 Procent größer als bei der jahrweisen Verzinsung ist.*)

---

*) Man kann noch weiter gehen, und berechnen, wie hoch das Kapital mit den Zinseszinsen anwachsen würde, wenn unendlich kleine Termine angenommen, d. h. wenn die Interessen in jedem Augenblick zum Kapital geschlagen würden; und selbst in dieser Voraussetzung ergibt sich im Vergleich der jahrweisen Verzinsung ein unbedeutender Mehrbetrag im Kapitalzuwachs.

Ist das Kapital $= k$, der Zinsfuß $= p$ Procent per Jahr, so ist, wenn m Termine für's Jahr angenommen werden, nach n Jahren das Kapital angewachsen auf

$$\left(1+\frac{p}{100\,m}\right)^{m\,n} k = k\left(1+\frac{m\,n}{1}\cdot\frac{p}{100\,m}+\frac{m\,n\,(m\,n-1)}{1\,.\,2}\cdot\frac{p^2}{100^2\,m^2}+\frac{m\,n\,(m\,n-1)\,(m\,n-2)}{1.\,2.\,3.}\cdot\frac{p^2}{100^3\,m^3}\cdots\right)=k$$

$$\left(1+\frac{m\,n}{1}\cdot\frac{p}{100\,m}+\frac{m^2\,n^2}{1\,.\,2}\cdot\frac{p^2}{100^2\,m^2}-\frac{m\,n}{1\,.\,2}\cdot\frac{p^2}{100^2\,m^2}+\frac{m^3\,n^3}{1\,.\,2\,.\,3}\cdot\frac{p^3}{100^3\,m^3}-\frac{3\,m^2\,n^2}{1\,.\,2\,.\,3}\cdot\frac{p^3}{100^3\,m^3}+\frac{2\,m\,n}{1\,.\,2\,.\,3}\cdot\frac{p^3}{100^3\,m^3}\cdots\right)=k$$

$$\left(1+\frac{n}{1}\cdot\frac{p}{100}+\frac{n^2}{1\,.\,2}\cdot\frac{p^2}{100^2}-\frac{n}{1\,.\,2}\cdot\frac{p^2}{100^2 m}+\frac{n^3}{1\,.\,2\,.\,3}\cdot\frac{p^3}{100^3}-\frac{n^2}{1\,.\,2}\cdot\frac{p^3}{100^3\,m^2}\cdots\cdots\right)$$

Ist nun m unendlich groß, und n eine endliche Größe, wie es angenommen

§. 69. Soll das Kapital auf kürzere Termine angelegt werden, aber auf eben so viel anwachsen, als wenn die Zinseszinsen nach Jahrgängen zu einem gegebenen Zinsfuße berechnet würden, so erhält man den dieser Bedingung entsprechenden Zinsfuß auf folgende Art.

Bezeichnet r den $n$tel-jährlichen Zinsfuß, welcher das Kapital mit den Zinseszinsen nach $n$tel-jährigen Terminen eben so hoch in derselben Zeit bringt, als der jährliche Zinsfuß p, und bezeichnet k das Kapital, so ist

$$k\,(1 + r)^n = k\,(1 + p);\ \text{daher}$$

$$1 + r = (1 + p)^{\frac{1}{n}}\ \text{und}\ r = (1 + p)^{\frac{1}{n}} - 1.$$

Soll z. B. der halbjährige Zinsfuß r bestimmt werden, welcher das Kapital nach halbjährigen Terminen eben so hoch in derselben Zeit bringt, als der jährliche Zinsfuß 6, so ist $n = 2$, $p = 0{,}06$ und

$$log.\,(1 + p)^{\frac{1}{n}} = \frac{log.\ 1{,}06}{2} = \frac{0{,}0253059}{2} = log.\ 1{,}029563;$$

folglich $r = 0{,}029563$.

---

werden muß, wenn die Termine augenblicklich sein sollen, so verschwinden alle Glieder der Reihe, worin m ein Divisor ist, und man hat hiernach

$$\left(1 + \frac{p}{100\,m}\right)^{m\,n} k = k\left(1 + \frac{n}{1} \cdot \frac{p}{100} + \frac{n^2}{1\,.\,2}\,\frac{p^2}{100^2} + \frac{n^3}{1\,.\,2\,.\,3} \cdot \frac{p^3}{100^3} \cdot \cdots\right)$$

$$= k\left(1 + \frac{\mathrm{A}\,n\,p}{100} + \frac{\mathrm{B}\,n\,p}{200} + \frac{\mathrm{C}\,n\,p}{300} + \frac{\mathrm{D}\,n\,p}{400} \cdots\cdots\right)$$

worin A, B, C, D u. s. w. immer die vorhergegangenen Glieder bezeichnen.

Ist in Beziehung auf obiges Beispiel $k = 10000$, $p = 5$, $n = 5$, so ist $\frac{np}{100} = \frac{25}{100}$, $\frac{np}{200} = \frac{25}{200}$, $\frac{np}{300} = \frac{25}{300}$ u. s. w. und die weitere Berechnung ist wie folgt:

Kapitaleinheit	1,000000
$^{25}/_{100} \times 1 =$	0,250000
$^{25}/_{200} \times 0{,}25 =$	0,031250
$^{25}/_{300} \times 0{,}03125 =$	0,002604
$^{25}/_{400} \times 0{,}002604 =$	0,000162
	1,284016

Die gesuchte Zahl ist mithin $10000 \times 1{,}284016 = 12840{,}16$: der Kapitalzuwachs beträgt daher 2840,16 fl., oder 28,4 Procent; da nun bei der jahrweisen Verzinsung der Zuwachs 2762,8 fl. oder 27,62 Procent beträgt, so beläuft sich der Mehrbetrag im Kapitalzuwachs nur auf 0,78 Procent.

Es wachsen z. B. 1000 fl. in 5 Jahren mit den Zinseszinsen zum jährlichen Zinsfuß $p = 0{,}06$ auf $1000 \times 1{,}06^5$, und zum halbjährigen Zinsfuß $r = 0{,}029563$ in 10 halben Jahren auf $1000 \times 1{,}029563^{10}$ an. Nun ist

$$
\begin{aligned}
5 \log. 1{,}06 = 5 \times 0{,}0253059 &= 0{,}1265295 \\
+ \log. 1000 &= 3{,}0000000 \\
\hline
3{,}1265295 &= \log. 1338{,}22
\end{aligned}
$$

$$
\begin{aligned}
10 \log. 1{,}029563 = 10 \times 0{,}01265295 &= 0{,}1265295 \\
+ \log. 1000 &= 3{,}0000000 \\
\hline
3{,}1265295 &= \log. 1338{,}22
\end{aligned}
$$

in Uebereinstimmung mit dem ersten Resultate.

IV.

Von der Staatsschuldentilgung.

Verschiedene Arten der Staatsanleihen.

§. 70. Wir haben uns hier mit der Tilgung derjenigen Staatsschulden zu beschäftigen, welche durch Anleihen entstehen.

Staatsanleihen finden in der Weise statt, daß der Staat entweder durch Zwangsmaßregeln Kapitalien bei den Unterthanen borgt, oder im Wege freiwilliger Uebereinkunft Kapitalien erhebt. Die Anleihen der letzteren Art kommen in verschiedenen Formen vor, und auf die Wahl derselben haben Veranlassung und Zweck derselben einen wesentlichen Einfluß. In letzterer Beziehung theilt man die durch freiwillige Anleihen entstandene Staatsschuld in die schwebende (dette flottante) und fundirte Schuld (dette fondée) ein. Wenn nämlich unvorhergesehene Umstände die Staatseinkünfte vermindern, oder die Staatsausgaben vermehren, was aber in kurzer Zeit vermittelst der Einkünfte wieder gehoben werden kann, so nimmt der Staat Gelder auf, und stellt dafür Schuldscheine aus, welche zur festgesetzten Zeit wieder eingelöst werden; dahin gehören z. B. in England die Schatzkammerscheine, in Frankreich die königlichen Bons. So ist, in Beziehung auf letztere, der Finanzminister ermächtigt, Zinsen tragende und zu bestimmten Zeiten (gewöhnlich 4, 6, 9 bis 12 Monate Dato) rückzahlbare Schuldscheine bis zum Belauf einer bestimmten Summe zu creiren. Diese Bons werden auf der Börse durch die Sensale negocirt. Die in solchen verzinslichen Papieren liegende Schuld gehört zur schwebenden Schuld. Solche Anleihen sind Anticipationen, insofern sich der Staat gewisse Einkünfte, die erst später auf dem gewöhnlichen Wege in die Staatskasse fließen würden, sich zum voraus von Interessenten baar bezahlen läßt, so daß ein verzinsliches Schuldkapital auf den laufenden Einkünften haftet. Solche Schulden hingegen, die den vorübergehenden Zweck der Anticipation von Einkünften nicht haben können, sondern als eine stehende Schuld zu betrachten sind, und in Ansehung der Mittel zur Bestreitung der Zinsen, zur Rückzahlung der Kapitalien und der zur Sicherstellung der Gläubiger überhaupt zu treffenden Maßregeln nach festen Grundsätzen behandelt werden, nennt man fundirte Schulden.

Die Verbindlichkeiten, welche der Staat bei den eigentlichen Staatsanleihen, durch welche die fundirten Schulden entstehen, in Ansehung seiner Gläubiger übernimmt, können von verschiedener Art sein.

Gewöhnlich sind die Kapitalien entweder unaufkündbar von Seiten der Gläubiger, aber aufkündbar von Seiten des Staats, oder rückzahlbar unter festen Bedingungen. Im ersten Falle verschäfft sich der Darleiher in Betracht der Zinsen, welche er halbjährlich oder jährlich vom Staate bezieht, und wenn wir annehmen, daß er sich bei der Anleihe lediglich in der Absicht betheiligt, seine Gelder verzinslich anzulegen, eigentlich eine Rente, und, weil er der Regierung gegenüber für immer auf die Verfügung über sein dargeliehenes Kapital verzichtet hat, so pflegt man die davon fallenden Zinsen immerwährende Renten (rentes perpétuelles) zu nennen.

Die Darleiher nehmen auf den Umstand, daß sie bei solchen Anleihen ihre Kapitalien nicht aufkündigen dürfen, keine Rücksicht, wenn sie anders zur Erwartung berechtigt sind, daß die Abtragung der Zinsen jederzeit pünktlich erfolgen werde, und zwar um so mehr, als sie, wenn sie die Kapitalien wieder einziehen wollen, ihre vom Staat erhaltenen Schuldscheine verkaufen dürfen. Derartige Schuldscheine werden aber nicht bloß von Kapitalisten zur Anlegung ihres Vermögens, sondern auch von Speculanten des Gewinnes willen erkauft, weßhalb sie sich in einem lebhaften Umlaufe befinden.

Sind die Kapitalien rückzahlbar unter festen Bedingungen, so können die Anleihen wieder von verschiedener Art sein: es werden nämlich entweder

1) die Zinsen und die Termine für die Rückzahlung der Kapitalien festgesetzt; oder es wird
2) die Schuld in einem bestimmten Zeitraume durch gleiche jährliche Zahlungen für Zins und Kapitalabtrag (Zeitrenten) getilgt; oder es laufen die Renten auf Lebenszeit des Gläubigers, und sind daher mit Rücksicht auf die mittlere Lebensdauer desselben bestimmt (Leibrenten); oder es wird
3) der Gesammtheit der Darleiher Kapital und Zinsen auf eine Weise entrichtet, wodurch ein Theil der Gläubiger auf Unkosten des andern gewinnen, oder zum Vortheil desselben verlieren kann. Weil solche Abzahlungen auf dem Wege der Verloosung bewerkstelligt werden, so nennt man die Anleihen, welche auf diese Art getilgt werden, Lotterie-Anleihen.

Staatspapiere.

§. 71. Die von der Staatsverwaltung ausgestellten und durch Anleihen erstandene Urkunden, durch welche die Verbindlichkeit des Staats gegen den Gläubiger (die Darleiher) anerkannt wird, nennt man Staatspapiere, Staatsschuldverschreibungen, Staatsobligationen oder Staatseffecten.

Die Staatspapiere bestehen in einer der folgenden Arten:

1) In eigentlichen Schuldverschreibungen, die wie die Schuldbriefe von Privaten, auf den Namen des Darleihers lauten, und deren Verkauf nur durch eine förmliche Cession geschehen kann, durch welche das Eigenthumsrecht des Käufers nachgewiesen, und welche auf dem Schulddocument selbst ausgefertigt wird.
2) In Inscriptionen oder Einschreibungen, welche namentlich in Frankreich und England vorkommen. Die Namen der Darleiher und die dargeliehenen Summen werden in das sogenannte Hauptbuch der öffentlichen Schuld (grand livre de la dette publique) eingetragen, und die Darleiher erhalten nur in Betreff der Inscription (Eintragung in vorgenanntes Buch) eine Bescheinigung (extrait d'inscription). Will der Inscriptionsbesitzer seine Ansprüche veräußern, so muß die Forderung auf den Namen des Käufers umgeschrieben werden, wobei beide Theile, der Verkäufer und Käufer, sich nach den vorgeschriebenen Förmlichkeiten zu richten haben.
3) In Papieren, die an den Inhaber (au porteur) zahlbar lauten, welche also auf keinen bestimmten Namen lauten. Bei dem Verkaufe solcher Papiere fällt also die Cession weg; d. h.

der Uebertrag geschieht durch die bloße Uebergabe der Obligation. Weil durch diesen Umstand der Verkehr mit diesen Papieren außerordentlich erleichtert wird, so werden heut zu Tage die Staatsschuldverschreibungen mehrentheils in dieser Weise ausgestellt.

Die Erwerber der auf Inhaber lautenden Obligationen erhalten zugleich Anweisungen zur Erhebung der vertraggemäß auf dem Schuldkapital haftenden Zinsen. Solche Anweisungen heißen Coupons, weil mehrere solcher Anweisungen (gewöhnlich für 5 bis 6 Jahre, wenn die Zinsen halbjährlich entrichtet werden) auf einen Bogen gedruckt sind, so daß die Inhaber Behufs der Erhebung der Zinsen eine solche Anweisung vom Bogen abzuschneiden (französisch couper) haben. Damit aber die Inhaber der Obligationen für die Zukunft der Verpflichtung überhoben werden, dieselben zur Erhebung neuer Coupons bei der Verwaltung der öffentlichen Schuld einreichen zu müssen, so werden gewöhnlich bei der Ausgabe der Coupons zugleich Zinsentalons oder Anweisungen auf die in der Folge wieder zu ertheilenden Coupons ausgegeben.

Die Coupons werden bei den zu ihrer Zahlung bestimmten Kassen noch eine Zeit lang nach ihrem Termin angenommen,*) und sie können daher bis dahin wie Papiergeld umlaufen. Aber auch

*) Was die Verjährung der Staatsobligationen und Coupons betrifft, so beginnt solche, wenn sie einen bestimmten Verfalltag haben (wie z. B. der Tag der Auszahlung der vertraggemäß zu amortisirenden Papiere, der Tag der Auszahlung der Coupons ꝛc.) mit dem Eintreffen desselben; wenn sie aber keinen zum Voraus bestimmten Verfalltag haben, so fängt die Verjährung erst von da an, wo der Staat eine gehörige Kündigung vermittelst Vorladung ergehen läßt, in welch' letzterm Falle indessen vorausgesetzt wird, daß die Inhaber der Papiere von den Ediktalladungen Kenntniß zu erlangen, oder ihre Forderungen anzubringen im Stande waren, widrigenfalls denselben die Wiedereinsetzung in den vorigen Stand zukommt. Die deßfallsigen Verordnungen weichen mehr oder weniger von einander ab. In Baden z. B. verjährt das Forderungsrecht der auf Inhaber gestellten Obligationen in 5 Jahren, von dem Tage an, wo der letzte der beigegebenen Coupons fällig geworden ist; dasselbe gilt auch bei erfolgter Aufkündigung oder Verloosung solcher Papiere. Bei Staatspapieren ohne Coupons erfolgt die Verjährung in 10 Jahren von dem Tage an, wo die Tilgungskasse zu zahlen schuldig ist. Forderungen für Zinscoupons verjähren binnen 3 Jahren vom Verfalltage an. In Preußen werden die Zinsen von Staatsobligationen, welche 4 Jahre lang nicht eingezogen sind, nach Ablauf dieser Frist nicht weiter ausgezahlt, sondern als erloschen dem Tilgungsfonds überwiesen. — In Oesterreich erlöschen alle Forderungen aus Staatspapieren und deren Zinsen seit dem 1. Januar 1812 erst nach der Verjährungszeit von 30 Jahren u. s. w.

schon vor dem Zahlungstermin können sie zu Zahlungen an Kaufleute benutzt werden.

Die Zinsen der auf Namen lautenden Obligationen werden gewöhnlich gegen Vorlage gestempelter Quittungen erhoben.

Bei der Zinsenerhebung der inscribirten Kapitalien werden, der gewöhnlichen Anordnung zufolge, die Inscriptionsscheine vorgelegt, welche sodann gestempelt werden. Ausländer, welche solche Papiere besitzen, müssen daher ihre Zinsen durch Bevollmächtigte erheben lassen. Für die nicht am Sitz der Schuldverwaltung wohnenden Inländer wird auf unterschiedliche Weise Fürsorge getroffen, um sie der Beschwerlichkeit zu überheben, die Zinsen dort erheben zu lassen. In Frankreich z. B., wo das System der Inscriptionen eingeführt ist, können die Zinsen auf Verlangen bei den Generaleinnehmern in den Provinzen erhoben werden, zu welchem Ende ein Collectivconto für die Departements besonders geführt wird. Die Departementalinscriptionen sind mit denen im Hauptbuche gleichgeltend. Verändert der Inscriptionsbesitzer seinen Wohnort und verlegt ihn in ein anderes Departement, so annullirt der Generaleinnehmer (receveur général) die Inscription, gibt eine Bescheinigung, gegen welche der Generaleinnehmer des andern Departements eine andere Inscription fertigt, sie zur Umschreibung nach Paris sendet und sodann dem Eigenthümer zustellt.

Da sowohl die Zinserhebung der Inscriptionen als auch ihre Veräußerung in einem andern, als dem schuldenden Staate, mit Weitläufigkeiten verknüpft ist, so gibt es Unternehmer, welche sogenannte Certificate über Inscriptionen ausgeben. Solche, mit Zinscoupons versehene Certificate enthalten die von der betreffenden Behörde beglaubigte Bescheinigung, daß der entsprechende Betrag im Hauptbuche der öffentlichen Schuld eingetragen sei, und nur gegen Vorzeigung des Certificats übertragen werden könne.

So werden z. B. vom Hause Falconnet und Comp. in Neapel, in Folge einer mit der neapolitanischen Regierung getroffenen Uebereinkunft, auf Inhaber lautende Certificate gegen gleiche, im Hauptbuche zu Neapel inscribirte Summen ausgegeben; sie sind mit 14 Zinscoupons und einem Zinsentalon versehen, und können im Namen der Besitzer oder deren Bevollmächtigten mit Beachtung der vorgeschriebenen Förmlichkeiten in Inscriptionen verwandelt werden. Die Zinsen werden am 1. Januar und 1. Juli bei Falconnet und Comp. ohne Abzug ausbezahlt. In Paris löst das Haus Rothschild die verfallenen Coupons gegen einen Abzug von 20 Centimen unter dem jeweiligen Wechselcurs ein.

So erklären ferner die Ausgeber (mehrere hierzu mit einander verbundene Amsterdamer Häuser) der Certificate über russische Inscriptionen in denselben, daß die russische Originalinscription von 1000 Rubel in Bankassignationen (Papiergeld) bei der holländischen Regierung deponirt sei, und daß man die Originalinscription zu jeder Zeit gegen Auslieferung des Certificats erhalten könne. Die Certificate haben Coupons zu 30 Rubel jeder; auf der Rückseite des Coupons steht bemerkt, daß sie in Amsterdam, Berlin 2c. zahlbar seien, wo man sich aber 14 Tage vor der Verfallzeit zu melden habe; alsdann werden sie mit dem Stempel des betreffenden Handelshauses (Commissionärs der Unternehmer) versehen und nur an dem Ort des Stempels bezahlt. Die Bezahlung der Coupons wird sodann nach dem jeweiligen Wechselcurs auf Petersburg durch das Haus Hope und Comp. in Amsterdam regulirt; nach dieser Festsetzung zahlen alsdann die betreffenden Handelshäuser nach vorhergegangener Bekanntmachung in den öffentlichen Blättern.

Solche, auf Inhaber lautende Certificate können übrigens auch vom Staate selbst (wie z. B. in Frankreich) ausgegeben werden, wonach die auf Inhaber lautende und mit Coupons versehene Inscription (inscription au porteur) gegen eine auf Namen lautende Inscription (inscription nominative) umgetauscht werden kann.

Die auf den Obligationen haftenden Zinsen werden entweder jährlich, oder, was mehrentheils der Fall ist, halbjährig ausgezahlt. Weil aber viele Gläubiger kürzere Zahlungstermine vorziehen, so ist es in manchen Ländern den Gläubigern durch die Vertheilung der Kapitalien in verschiedene Fonds möglich gemacht, ihre Zinsen in kürzern Zeitabschnitten zu beziehen. So fallen z. B. in Frankreich die halbjährigen Rentenzahlungen der dreiprocentigen Fonds in die Mitte der halbjährigen Zinsauszahlungsperiode der fünfprocentigen Fonds.

Außerdem kommen noch manche Nebenbedingnisse bei Staatsanleihen vor, so z. B. die Bedingung, daß die Zinsen nicht nur am Sitz der Finanzverwaltung, sondern auch auf andern namhaft gemachten Plätzen erhoben werden können; die Zusicherung, daß die Interessen der Staatsschuld nicht mit Abgaben belastet werden sollen u. s. w. In manchen Ländern gibt es auch gesetzliche Bestimmungen, welche den Staatsgläubigern überhaupt gewisse Vorrechte gestatten, z. B. daß die Interessen nicht mit gerichtlichem Beschlag belegt werden dürfen u. s. w.

Von der Begebungsweise der von Seiten des Staats aufkündbaren Anleihen.

§. 72. Die natürlichste Art, eine von Seiten des Staats aufkündbare Anleihe aufzunehmen, besteht darin, den Kapitalisten verzinsliche Obligationen über die von ihnen dargeliehenen Summen zu verabfolgen, nachdem man mit ihnen über die Größe des Zinsfußes unterhandelt hat. Wenn aber der Inhaber der Obligation sie veräußern will, so wird er, unter übrigens gleichen Umständen, nicht immer gerade so viel dafür erhalten, als er dafür gegeben hat, weil eine gesicherte Zinseinnahme einen veränderlichen Werth hat. Ist z. B. die Anleihe zu 4 Procent geschlossen worden, und kann der Inhaber der Obligation für jedes Hundert, welches er dafür gegeben hat, bei dem Verkaufe derselben wieder Hundert erhalten, so verkauft er, wie die Kaufleute sagen, al *Pari*; erhält er mehr als Hundert, so steht das Papier *über* Pari, und erhält er weniger als Hundert, so steht das Papier *unter* Pari, und was er für jedes Hundert der in der Obligation verschriebenen Summe erhält, ist der Preis oder *Curs* der Obligation.

Was die Tilgung der auf obige Art contrahirten Anleihen betrifft, so hat solche nur al Pari zu geschehen; d. h. steht der Curs über Pari, so haben die Gläubiger keinen Anspruch auf eine Vergütung des Mehrbetrags, und steht der Curs unter Pari, so sind sie nicht genöthigt, eine geringere Summe anzunehmen, wonach also der Curs der Obligation keinen Einfluß auf das Verhältniß zwischen den Staatsgläubigern und der schuldenden Regierung hat.

§. 73. In neuerer Zeit ist bei der Contrahirung der in Rede stehenden Staatsschulden nicht der Zinsfuß, sondern der Curs, zu welchem jedes Hundert der in der Obligation verschriebenen Summe zu begeben ist, der Gegenstand der Unterhandlung. Macht sich der Staat dazu verbindlich, für die in der Obligation verschriebene Summe 4 Procent Zins zu geben, wonach die Verschreibung eine *vierprocentige Obligation* genannt wird, und erhält derselbe für jedes Hundert, z. B. Gulden, der Obligation vom Uebernehmer derselben 95 fl., so ist 95 der Curs, zu welchem das Anleihen begeben worden ist. Die in der Obligation verschriebene Summe, also die Schuld, ist das *Nominalkapital*, und die vom Uebernehmer dafür gegebene Summe ist das *Realkapital*. Lautet z. B. die Obligation auf 500 fl., und wird solche zum Curs 95 begeben, so ist 500 das Nominalkapital, und $\frac{95 \times 500}{100} =$ 475 das Realkapital. Werden 2000 Stück solcher Obligationen vom Staate zum Curs 95 ausgegeben, so ist die von dem betreffen=

den Anleihen herrührende Schuld = 1000000 fl., und das diesem Nominalkapital entsprechende Realkapital oder Darleihen ist = $\frac{95 \times 1000000}{100}$ = 950000 fl. Wenn aber der Staat eine 4-procentige Obligation zu 95 hergibt, so verzinst er das Anleihen nicht zu 4, sondern zu $4\,{}^{4}/_{19}$ Procent, weil 4 von 95 eben so viel Zins macht als $4\,{}^{4}/_{19}$ von 100.

Der Staat kann zur Ausgabe von Obligationen um einen Preis, der unter ihrem Nominalwerthe steht, veranlaßt werden, wenn er um den landesüblichen Zinsfuß kein Darleihen erhalten kann, und sich scheut, das Verbot höherer Zinsen selbst zu verletzen.

Je weiter der Curs eines Papiers unter Pari steht, ein desto größerer Spielraum ist für die Erhöhung des Curses gegeben. Für die Speculation auf eine Curserhöhung sind daher solche Papiere am geeignetsten, deren Zinsfuß noch unter dem landesüblichen ist, und die schon deswegen zu einem niedrigeren Curs an die Unternehmer des Anleihens begeben werden. Daher die Vorliebe des bei Anleihen sich betheiligenden Publikums für diese Einrichtung, und die Einführung derselben von Seiten des Staats, theils um in schwierigen Zeiten eine Anleihe leichter zu Stande zu bringen, und theils auch, weil dadurch eine niedrigere Verzinsung ermöglicht wird.

Was endlich die Tilgung der auf obige Weise contrahirten Staatsschulden betrifft, so versteht es sich von selbst, daß solche durch den Ankauf der Obligationen (von Seiten des Staats) nach ihrem jeweiligen Curse geschehen kann. Jedoch ist es angenommen, daß die Regierung durch die Ablieferung des Nominalwerthes sich von der Schuld befreien könne, wenn der Curs sich über das Pari erhoben hat.*) Je höher der Curs über demjenigen steht, zu welchem das Anleihen negocirt worden, desto größer wird die Schuld, so daß die Größe derselben, oder die zur Tilgung derselben erforderliche Summe nur nach dem jeweiligen Stand des Curses zu bemessen ist.

§. 74. Es gibt mehrere Wege, eine Anleihe zu Stande zu bringen. Die Staatsverwaltung kann

1) die ganze Anleihe Denjenigen überlassen, welche in offner Mitbewerbung die billigsten Bedingungen machen. In diesem Falle erfolgt von Seiten der Regierung eine Bekanntmachung, welche die Bedingungen der Anleihe, so wie Bestimmungen über Leistung und Verhalten der Soumittenten enthält; in letzterer Beziehung also:

---

*) Rau, Grundsätze der Finanzwissenschaft, zweite Abtheil., §. 494.

a) Bestimmung über die zur Sicherheit für die Vollziehung des Geschäfts vom Anlehens-Unternehmer zu stellende Caution;

b) Bestimmung der Zeit, zu welcher die Concurrenten ihre Soumissionen oder Anerbietungen (verschlossen) zu übergeben und die Bescheinigung über die gestellte Caution vorzulegen haben;

c) Bestimmung der Zeit, zu welcher sich die Soumittenten oder ihre Stellvertreter einzufinden haben, um der Eröffnung der Soumissionen beizuwohnen;

d) die Erklärung, daß die Soumittenten innerhalb des zwischen der Niederlegung und Eröffnung der Soumissionen liegenden Zeitraums für die gemachten Angebote verbindlich sind, den Fall etwa ausgenommen, daß in dieser Zwischenzeit ein wichtiges politisches Ereigniß zur öffentlichen Kunde gekommen wäre, welches einen nachtheiligen Einfluß auf den Geldmarkt haben dürfte;

e) die Erklärung, daß, falls mehrere Personen zur Abgabe einer Soumission sich vereinigen, solche für die Erfüllung der durch dieselben eingegangenen Verbindlichkeiten solidarisch verhaftet sind;

f) Bestimmungen in Betreff der Größe und Termine der Einzahlungen, mit weitern Bestimmungen für den Fall der nicht vorschriftmäßigen Einzahlung;

g) Angabe des Soumissions-Formulars, etwa mit der Erklärung, daß jede Abweichung zur Folge hat, daß die Soumission nicht berücksichtigt wird.

Bei dieser Begebungsweise findet mittelbar auch eine Concurrenz der kleinern Kapitalisten statt, indem große Häuser, welche, der Regierung gegenüber, unmittelbar in Mitbewerbung stehen, vor der Uebernahme der Anleihe mit minder reichen Kapitalisten oder Handelshäusern eventuelle Contracte abschließen können. Wer nun für jedes Hundert des Nominalkapitals das Meiste in Baarem bietet, dem wird die Anleihe zugeschlagen. Die Regierung fertigt hierauf den Uebernehmern eine Hauptschuldverschreibung aus, welche alle Vertragsbedingungen der Anleihe, so wie die Angabe der Stückelung der Obligationen enthält.

Die Anleihe kann auch

2) durch Unterhandlungen mit einem Handelshause oder einer Vereinigung mehrerer, ohne Oeffentlichkeit, gemacht werden, oder es kann der Staat

3) für die festgesetzten Bedingungen von den einzelnen Kapita-

listen und Handelshäusern für beliebige Summen Subscriptionen annehmen. *)

Anordnungen und Verfahrungsarten zur Tilgung der Staatsschuld.

§. 75. Eine zur gehörigen Anordnung des Schuldenwesens nothwendige Maßregel ist die Errichtung einer Schuldentilgungs- oder Amortisationskasse, und einer derselben vorgesetzten Behörde, welcher die ganze Schuldenverwaltung übertragen wird. Die jährliche Dotation oder Ausstattung dieser Kasse kann entweder aus der Staatskasse ausbezahlt werden, oder derselben aus den einzelnen Kassen besonders sicherer und hierzu bestimmter Staatseinkünfte (z. B. Einkünfte der Forstverwaltung, Berg- und Hüttenverwaltung 2c.) ganz oder zum Theil zufließen.

Eine wichtige, die allmählige Verminderung der Staatsschuld bezweckende Maßregel ist die, durch ein allgemeines Sinken des Zins-

*) Von Anleihen, welche durch Subscription contrahirt worden sind, führen wir beispielsweise das österreichische Anleihen vom Jahr 1852 an. Am 27. Mai 1852 wurde in Frankfurt a. M. unter den dortigen Handelsstand folgendes Promemoria vertheilt: „Behufs einer österreichischen Staatsanleihe von 35,000,000 fl. K.-M. im Auslande werden im Auftrage hohen k. k. Finanzministeriums 3,500,000 Liv. Sterl. fünfprocentige Obligationen in London creirt, von welcher Summe 2,250,000 Liv. Sterl. in London durch die HH. N. M. Rothschild und Söhne, 1,250,000 Liv. Sterl. in Frankfurt a. M. durch die HH. A. M. v. Rothschild und Söhne und durch die HH. Grunelius und Comp. zur Einzeichnung aufgelegt werden. In London sowohl, wie in Frankfurt, wird das Anlehen zum Curse von 90 Proc. ausgegeben, mit vollem Zinsengenuß vom Tage der Einzeichnung, in zehnmonatlichen gleichen Raten von zehn Procent jede. In Frankfurt am Main wird hierbei das Kursverhältniß von 121 fl. Vereinswährung für 10 Liv. Sterl. festgesetzt. Die erste Rate von zehn Procent ist bei der Unterzeichnung von den Subscribenten baar zu erlegen. Die Vorausbezahlung einer oder mehrerer oder sämmtlicher Raten vor den bestimmten Terminen ist unter Abzug von drei Procent Zinsen pro anno gestattet. Die Zinsen der Anleihe werden außer in London auch in Paris zum Curs von 25 Fr. 50 Ct. und in Frankfurt am Main zum Curs von 121 fl. bezahlt. Die Rückzahlung dieser Anleihe erfolgt al pari mit 35,000 Liv. Sterl. jährlich durch halbjährige am 1. Januar 1853 beginnende Verloosungen. Die hohe k. k. Finanzverwaltung behält hierbei die Befugniß, mit Ende 1862 die jährlichen Rückzahlungen auf fünf Procent vom Nominalanlehenkapital zu erhöhen. Die baare Auszahlung der verloosten Obligationen wird sechs Monate nach der Ziehung stattfinden. Die Listen zur Einzeichnung werden geschlossen, sobald die Summe von 1,250,000 Liv. Sterl. angemeldet ist, jedenfalls spätestens am Mittwoch, den zweiten Juni d. J., Abends um sechs Uhr."

Obiges Anleihen wurde nicht nur in kurzer Zeit zu Stande gebracht, sondern es wurden auch in diesen Papieren, schon bevor sie ausgegeben waren, Geschäfte gemacht, und solche z. B. in Frankfurt am 15. Juni, laut dortigem Curszettel, mit $1\frac{1}{2}$ Procent Benefice umgesetzt.

fußes ermöglichte, Herabsetzung oder Reduction der Zinsen. Bei denjenigen Schulden, zu deren Kündigung die Regierung befugt ist, kann die Reduction ohne Rechtsverletzung gegen die Gläubiger stattfinden, wenn man ihnen die Wahl läßt, ihre Forderung nach Verlauf einer bestimmten Zeit zurückgezahlt zu erhalten, oder ihr Kapital zu einem niedrigern Zinsfuße als demjenigen der Obligation stehen zu lassen. Sind Obligationen von verschiedenem Zinsfuße vorhanden, so wird natürlich mit der Reduction derjenigen der Anfang gemacht, welche den höchsten Zins tragen. So wurden z. B. die badischen Rentenscheine im Jahr 1825 von 5 auf $4^1/_2$, 1829 auf 4, 1834 auf $3^1/_2$ Procent erniedrigt.

§. 76. Wenn die Staatskasse außer der jährlichen, zur Tilgung ausgesetzten Summe auch noch bis zum Erlöschen der Schuld den Zinsbetrag des ganzen Schuldkapitals fortbezahlt, so nimmt die für die Kapitalabtragung festgesetzte Summe, der anfängliche Amortisationsfonds, in geometrischer Progression gleich einem Kapitale zu, dessen Zinsen zum Kapital geschlagen werden. Als eine besondere Hülfsquelle zur Tilgung kann indessen eine solchergestalt jährlich zunehmende Vergrößerung des Amortisationsfonds durch das in Rede stehende Verfahren (welches z. B. in England empfohlen und in Anwendung gebracht sein soll*) nicht angesehen werden, weil dieselbe doch immer aus der Staatskasse, d. h. von den Steuerpflichtigen bestritten werden muß.

Das Gesetz der Fortschreitung des anfänglichen Amortisationsfonds durch Zuschlag der Zinsen der getilgten Kapitalien ergibt sich aus folgender Herleitung:

Bezeichnet k das Schuldkapital, p den Zinsfuß und a den anfänglichen Amortisationsfonds, so sind die einjährigen Zinsen des Kapitals $= p\,k$; nach dem 1. Jahre ist der Abtrag $= a$, und die Schuld $= k - a$; die Zinsen hiervon betragen $p\,(k - a) = p\,k - p\,a$; die Zinsenersparniß $p\,a$ im 2. Jahre wird zum Amortisationsfonds a geschlagen; mithin ist der Abtrag nach dem 2. Jahre $= a + p\,a = a\,(1 + p)$ und die Schuld $= k - a - a\,(1 + p)$; die Interessen hiervon sind $= p\,[k - a - a\,(1 + p)] = p\,k - p\,[a + a\,(1 + p)]$; die Zinsenersparniß $p\,[a + a\,(1 + p)]$ wird zum Amortisationsfonds a geschlagen, und mithin ist nach dem 3. Jahre der Abtrag $= a + p\,[a + a\,(1 + p)] = a\,(1 + 2p + p^2) = a\,(1 + p)^2$, und die Schuld ist $= k - a - a\,(1 + p) - a\,(1 + p)^2$; die Interessen hiervon sind $p\,[k - a - a$

*) Rau, Grundsätze der Finanzwissenschaft, zweite Abtheil., §. 519.

$(1 + p) - a\,(1 + p)^2]$; die Zinsersparniß ist $= p\ [a + a\,(1 + p) + a\,(1 + p)^2]$; der Abtrag ist daher nach dem 4. Jahre $= a + p\ [a + a\,(1 + p) + a\,(1 + p)^2] = a\,(1 + 3p + 3p^2 + p^3) = a\,(1 + p)^3$, und so fort nach dem $n$ten Jahre $= a\,(1 + p)^{n-1}$.

Hieraus läßt sich berechnen, in welcher Zeit der um die Zinsen der getilgten Kapitalien vermehrte Amortisationsfonds auf ein gegebenes Vielfaches des anfänglichen Amortisationsfonds steigt.

Will man wissen, in wie viel Jahren der Amortisationsfonds auf das $t$fache gestiegen ist, so hat man die Gleichung $a\,(1 + p)^x = ta$. oder $(1 + p)^x = t$, woraus $x =$
$\frac{log.\ t}{log.\ (1 + p)}$ z. B. für $p = {}^5/_{100} = {}^1/_{20}$, $t = 10$, ist $n = \frac{log.\ 10}{log.\ 1{,}05} = 47\,\frac{41029}{21189^3}$. Da in obiger Formel dem Exponenten $n - 1$ die Anzahl n der Jahre entspricht, so ist nach vorliegender Berechnung der Amortisationsfonds 1 auf 10, oder der Amortisationsfonds a auf $10\ a$ in $48\,\frac{41029}{21189^3}$ Jahren gestiegen.

Für $t = 2, = 3, = 4, = 5, = 6, = 7, = 8, = 9, = 10, = 131$ ist, wenn man die Brüche wegläßt, beziehlich $x = 14, = 22, = 28, = 32, = 36, = 39, = 42, = 45, = 47, = 99$.

Hiernach wächst bei einem Zinsfuße von 5 Procent der Amortisationsfonds ungefähr in

15	Jahren	um	den	1fachen,		also	auf	den	2fachen		Betrag
23	„	„	„	2	„	„	„	„	3	„	„
29	„	„	„	3	„	„	„	„	4	„	„
33	„	„	„	4	„	„	„	„	5	„	„
37	„	„	„	5	„	„	„	„	6	„	„
40	„	„	„	6	„	„	„	„	7	„	„
43	„	„	„	7	„	„	„	„	8	„	„
46	„	„	„	8	„	„	„	„	9	„	„
48	„	„	„	9	„	„	„	„	10	„	„
100	„	„	„	130	„	„	„	„	131	„	„

§. 77. In Beziehung auf die Herleitung des vorhergehenden §. beträgt die Schuld nach dem 1. Jahre $k - a$, nach dem 2. Jahre $k - [a + a\,(1 + p)]$, nach dem 3. Jahre $k - [a + a\,(1 + p) + a\,(1 + p)^2]$, nach dem 4. Jahre $k - [a + a\,(1 + p) + a\,(1 + p)^2 + a\,(1 + p)^3]$, und, allgemein, nach dem $n$ten Jahre $k - [a + a\,(1 + p) + a\,(1 + p)^2 + a\,(1 + p)^3 + \ldots.\ a\,(1 + p)^{n-1}] = k - a\,[1 + (1 + p) + (1 + p)^2 + (1 + p)^3 + \ldots.\ (1 + p)^{n-1}] =$

$k - \frac{a\,[(1+p)^n - 1]}{p}$. Ist die Schuld getilgt, so ist

$k - \frac{a\,[(1+p)_n - 1]}{p} = o$, woraus

$$n = \frac{\log.\frac{p\,k + a}{a}}{\log.(1+p)}$$

So ist z. B., in ganzen Zahlen, für $k = 200$, $a = 1$

zum Zinsfuß 5, $n = 49$

" " 4, $n = 56$

" " 3, $n = 66$;

für $k = 100$, $a = 1$ ist

zum Zinsfuß 5, $n = 36$

" " 4, $n = 41$

" " 3, $n = 46$

rc. rc.

Aus dem im Obigen hergeleiteten Ausdruck für die Größe der restirenden Schuld

$$k - \frac{a\,[(1+p)^n - 1]}{p}$$

läßt sich auch bestimmen, in welcher Zeit das anfängliche Schuldkapital auf einen gegebenen Theil t desselben reducirt wird. Aus der Gleichung

$$k - \frac{a\,[(1+p)^n - 1]}{p} = t\,k$$

ergibt sich $n = \frac{\log.\frac{p\,k\,(1-t) + a}{a}}{\log.(1+p)}$.

§. 78. Weil der Amortisationsfonds gewöhnlich in einem solchen Verhältniß zum Schuldkapital steht, daß dasselbe nach einer langen Reihe von Jahren getilgt werden kann, so ist es unwahrscheinlich, daß nicht im Verlauf der Zeit ungünstige Umstände eintreten sollten, die den Fortgang der Tilgung unterbrechen, weßhalb ein strenges Einhalten des Tilgungsplans nicht zu erwarten ist, und eine freie Tilgungsweise, im Gegensatz der plan- und vertragsmäßigen Tilgung, als zweckmäßiger erscheint. Erstere besteht darin, daß man die Zinsen der eingelösten, also erloschenen Obligationen, nicht mehr berücksichtigt, und mithin nur für die Deckung der laufenden Zinsen Sorge trägt, und außerdem zur jährlichen Verminderung der Schuld so viel verwendet, als es die Umstände gerade gestatten. Immerhin bleibt es zweckmäßig, als Voranschlag einen

Tilgungsplan zu entwerfen; für jede Etatsperiode kann derselbe modificirt werden, und auch wohl während längerer Zeit, wenn die Mittel dazu vorhanden sind, entweder in seiner ursprünglichen oder in modificirter Art fortbestehen. Hierbei kommt es freilich auf die Umstände an, ob der Staat sich die freie Tilgung vorbehalten kann oder nicht. Auch die größern Staaten, obgleich sie zu Anleihen der erstern Art in der Regel befähigt sind, können veranlaßt werden, sich in Anleihen einzulassen, welche, wie z. B. die Lotterie-Anleihen, sie zur planmäßigen Tilgung verpflichten.

Bei kleinern Anleihen kommt es häufig vor, daß zur Sicherstellung der Gläubiger in der Obligation selbst die terminweise abzutragenden Summen, so wie die zur Deckung derselben verpfändeten Einkünfte des Schuldners aufgeführt werden.

§. 79. Was die Tilgung selbst betrifft, so geschieht sie entweder durch Heimzahlung der verschriebenen Kapitalien, also durch Einlösung der Obligationen nach ihrem Nominalwerthe, und zwar auf dem Wege der Verloosung, weil eine willkürliche Bestimmung derjenigen Obligationen, welche eingelöst werden sollen, unstatthaft wäre; oder aber durch Rückkauf der Obligationen nach dem Börsenpreise, und zwar in freier, öffentlicher Mitbewerbung der Verkäufer.

§. 80. Wenn die Schuld getilgt ist, so ist die Summe der, mit Berücksichtigung der Zinseszinsen zum Zinsfuße des Anleihens berechneten, gegenwärtigen Werthe der terminweisen Zahlungen für Kapitalabtrag und Verzinsungen dem Schuldkapital gleich. Dies läßt sich wie folgt beweisen.

Bezeichnet k das Kapital, werden ferner die terminlichen, z. B. jährlichen Zahlungen, welche entweder

1) mehr betragen wie die auf dem Kapital haftenden Zinsen, in welchem Falle ein Kapitalabtrag stattgefunden hat, oder
2) gerade so viel wie die Zinsen betragen, in welchem Falle zur betreffenden Zeit kein Kapitalabtrag stattgefunden hat, oder endlich
3) weniger als die Zinsen des jeweiligen Stands der Schuld betragen,

durch z_1, z_2, z_3 u. s. w. bezeichnet, und ist der Stand der Schuld zu Ende des 1. Jahres k_1, zu Ende des 2. Jahres k_2, und so fort zu Ende des vorletzten Jahres der Tilgung k_{n-1}, so hat man, unter der Voraussetzung, daß die Schuld zu Ende des $n$ten Jahres getilgt ist, und für den Zinsfuß p folgende Gleichungen:

$$\begin{array}{llll}
k & (1+p) - z_1 & = k_1 \\
k_1 & (1+p) - z_2 & = k_2 \\
k_2 & (1+p) - z_3 & = k_3 \\
\vdots & \vdots & \vdots \\
k_{n-3} & (1+p) - z_{n-2} & = k_{n-2} \\
k_{n-2} & (1+p) - z_{n-1} & = k_{n-1} \\
k_{n-1} & (1+p) - z_n & = o
\end{array}$$

Nach der letzten dieser Gleichungen ist

$$k_{n-1} = \frac{z_n}{1+p}$$

Substituirt man diesen Werth von k_{n-1} in die vorletzte der obigen Gleichungen, so erhält man

$$k_{n-2} = \frac{z_{n-1}}{1+p} + \frac{z_n}{(1+p)^2}$$

Substituirt man diesen Werth von k_{n-2} in die drittletzte oder $(n-2)$te der obigen Gleichungen, so erhält man

$$k_{n-3} = \frac{z_{n-2}}{1+p} + \frac{z_{n-1}}{(1+p)^2} + \frac{z_n}{(1+p)^3}$$

Substituirt man diesen Werth von k_{n-3} in die $(n-3)$te der obigen Gleichungen, so erhält man

$$k_{n-4} = \frac{z_{n-3}}{1+p} + \frac{z_{n-2}}{(1+p)^2} + \frac{z_{n-1}}{(1+p)^3} + \frac{z_n}{(1+p)^4}$$

Hieraus folgt, daß

$$k = \frac{z_1}{1+p} + \frac{z_2}{(1+p)^2} + \frac{z_3}{(1+p)^3} + \ldots \frac{z_n}{(1+p)^n} \text{*)}$$

Setzen wir den Fall, daß die Zinsen des Kapitals halbjährlich entrichtet werden, und daß zu Ende jedes Jahres ein Kapitalabtrag stattfindet, so hat man, wenn q den Semestralzinsfuß bezeichnet (also $= \frac{p}{2}$ ist, wenn p den Jahreszinsfuß bezeichnet), und wenn die Zinszahlung des ersten Halbjahres durch z, ferner Zinszahlung und Kapitalabtrag des zweiten Halbjahres oder ersten Jahres durch

*) Der von uns aufgestellte Beweis läßt sich auch auf den (freilich in der Praxis nicht vorkommenden) Fall ausdehnen, daß in jedem Jahre die Verzinsung nach einem andern Zinsfuße stattfindet. Wird der Zinsfuß für das 1te, 2te, 3te . . . . . $n$te Jahr beziehlich durch p_1, p_2, p_3 . . . . . p_n bezeichnet, so ist

$$k = \frac{z_1}{1+p_1} + \frac{z_2}{(1+p_1)(1+p_2)} + \frac{z_3}{(1+p_1)(1+p_2)(1+p_3)} \cdots + \frac{z_n}{(1+p_1)(1+p_2)(1+p_3)\ldots(1+p^n)}$$

z_2, eben so die Zinszahlung des dritten Halbjahres durch z_3, und Zinszahlung und Kapitalabtrag des vierten Halbjahres oder zweiten Jahres durch z_4 u. s. w. bezeichnet werden, folgende Gleichungen:

$$
\begin{array}{llll}
k & (1+q) - z_1 & = k \\
k & (1+q) - z_2 & = k_1 \\
k_1 & (1+q) - z_3 & = k_1 \\
k_1 & (1+q) - z_4 & = k_2 \\
k_2 & (1+q) - z_5 & = k_2 \\
k_2 & (1+q) - z_6 & = k_3 \\
 & \vdots & \vdots \\
k_{n-3} & (1+q) - z_{n-4} & = k_{n-2} \\
k_{n-2} & (1+q) - z_{n-3} & = k_{n-2} \\
k_{n-2} & (1+q) - z_{n-2} & = k_{n-1} \\
k_{n-1} & (1+q) - z_{n-1} & = k_{n-1} \\
k_{n-1} & (1+q) - z_n & = 0
\end{array}
$$

Hieraus folgt, daß

$$k_{n-1} = \frac{z_n}{(1+q)}$$

$$k_{n-1} = \frac{z_{n-1}}{1+q} + \frac{z_n}{(1+q)^2}$$

$$k_{n-2} = \frac{z_{n-2}}{1+q} + \frac{z_{n-1}}{(1+q)_2} + \frac{z_n}{(1+q)^3}$$

$$k_{n-2} = \frac{z_{n-3}}{1+q} + \frac{z_{n-2}}{(1+q)^2} + \frac{z_{n-1}}{(1+q)^3} + \frac{z_n}{(1+q)^4}$$

$$\vdots$$

$$k = \frac{z_1}{1+q} + \frac{z_2}{(1+q)^2} + \frac{z_3}{(1+q)^3} + \cdots \frac{z_n}{(1+q)^n}$$

Wenn also die Zinsen halbjährlich entrichtet werden und dagegen jährlich ein Kapitalabtrag stattfindet, so muß bei der Berechnung der gegenwärtigen Werthe sämmtlicher Zahlungen an Zins und Kapitalabtrag für letzteren nicht nach Jahren, sondern, wie für die halbjährlichen Zinszahlungen, nach Halbjahren gerechnet werden.

§. 81. Wenn der Staat ein gewisses Kapital zum Zinsfuße p aufnehmen will, so läßt sich die Frage aufwerfen, wie viel sich derselbe für die Verschreibung eines eben so großen Kapitals müßte geben lassen, wenn ein anderer Zinsfuß q, welcher größer oder kleiner als p ist, ausbedungen würde, und wenn die Schuld mit den beim Zinsfuß p angenommenen Zahlungen für Zins und Kapitalabtrag getilgt werden sollte.

Ist k das aufzunehmende Kapital, und sind z_1, z_2, z_3 u. s. w. die dem Zinsfuß p entsprechenden Zahlungen für Zins und Kapitalabtrag, so ist (§. 80)

$$k = \frac{z_1}{1+p} + \frac{z_2}{(1+p)^2} + \frac{z_3}{(1+p)^3} + \cdots \frac{z_n}{(1+p)^n}$$

Nun sind die Zahlungen z_1, z_2, z_3 u. s. w. auf ihre gegenwärtigen Werthe zum andern Zinsfuß q zurückzuführen, um das diesem Zinsfuße entsprechende Kapital zu bestimmen. Ist $q < p$, so ist $\frac{z_1}{1+q} > \frac{z_1}{1+p}$, $\frac{z_2}{(1+q)^2} > \frac{z_2}{(1+p)^2}$ u. s. w.; bezeichnet man daher den gesuchten Kapitalwerth durch $k + l$, so ist

$$k + l = \frac{z_1}{1+q} + \frac{z_2}{(1+q)^2} + \frac{z_3}{(1+q)^3} + \cdots \frac{z_n}{(1+q)^n}$$

Ist z. B. $z_1 = 24000$, $z_2 = 33200$, $z_3 = 42000$, $z_4 = 10400$ und $p = 0,04$, so ist $k = 100000$, und für $q = 0,03$ ist $k + l = 102272$, in Uebereinstimmung mit folgenden Berechnungen:

Kapital	100000	Kapital	102272,00
Zinsen zu 4 Procent	4000	Zinsen zu 3 Procent	3068,16
	104000		105340,16
ab	24000	ab	24000,00
	80000		81340,16
Zinsen	3200	Zinsen	2440,20
	83200		83780,36
ab	33200	ab	33200,00
	50000		50580,36
Zinsen	2000	Zinsen	1517,41
	52000		52097,77
ab	42000	ab	42000,00
	10000		10097,77
Zinsen	400	Zinsen	302,93
	10400		10400,70
ab	10400	ab	10400,00
	0		0,7

Hiernach ist es einerlei, ob der Staat für 100000 fl., die er zu 4 Procent verzinslich verschreibt, 100000 fl. erhält, oder ob er für 102272 fl., welche er zu 3 Procent verzinslich verschreibt, eben so viel erhält, weil ein zu 4 Procent verzinsliches Schuldkapital von 100000 fl. und ein zu 3 % verzinsliches Schuldkapital von 102272 fl. durch die angegebenen jährlichen Zahlungen für Zins und Kapitalabtrag getilgt wird.

Der Curs, d. h. der Preis für die eingeführte Einheit 100 des Schuldkapitals (§. 72) ergibt sich für obiges Beispiel aus der Proportion:

$$102272 : 100000 = 100 : x = 97{,}77$$

Oder, allgemein:

$$k + l : k = 100 : x = \frac{100k}{k+l} = 100 \cdot \frac{z_1(1+p)^{-1} + z_2(1+p)^{-2} + z_3(1+p)^{-3} + z_4(1+p)^{-4} + \ldots\ z_n(1+p)^{-n}}{z_1(1+q)^{-1} + z_2(1+q)^{-2} + z_3(1+q)^{-3} + z_4(1+q)^{-4} + \ldots\ z_n(1+q)^{-n}}$$

Sind die jährlichen Zahlungen von gleicher Größe, so ist

$$k = z\left(\frac{1}{1+p} + \frac{1}{(1+p)^2} + \frac{1}{(1+p)^3} + \ldots \frac{1}{(1+p)^n}\right) = \frac{z}{p}\left(1 - \frac{1}{(1+p)^n}\right) = \frac{z}{p} \times \frac{(1+p)^n - 1}{(1+p)^n}$$

und $k + l = \frac{z}{q} \times \frac{(1+q)^n - 1}{(1+q)^n}$

Für diese Annahme ist

$$x = \frac{100k}{k+l} = 100 \times \frac{q\,(1+q)^n[(1+p)^n - 1]}{p\,(1+p)^n[(1+q)^n - 1]}$$

Nach dieser Gleichung hängt die Bestimmung des Curses nicht vom Kapital, sondern nur von der Tilgungszeit und den beiden Zinsfüßen ab. Nimmt man in Beziehung auf diese Gleichung an, daß n unendlich groß ist, so wird $(1+p)^n - 1 = (1+p)^n$, und $(1+q)^{n-1} = (1+q)^n$; daher $x = \frac{100\,q}{p}$.

Dieser Curs entspricht also der Annahme, daß das Kapital nie getilgt, und nur verzinst wird. Ist z. B. $p = 0{,}04$ und $q = 0{,}03$, so ist $x = 75$. Für den Staat kann es also unter der obigen Voraussetzung einerlei sein, ob er für 100 fl. in 4-procentigem Papier 100 fl., oder für 100 fl. in 3-procentigem Papier 75 fl. erhält; denn wenn er für je 75 fl., die er aufnimmt, 3 fl. Zins zahlt, so entspricht derselbe ebenfalls dem Zinsfuß 4.

In Beziehung auf obige Annahmen für den Werth von n kann man weiter folgern, daß sich, für gleiche jährliche Zahlungen, und für den Fall, daß $q < p$, der Curs um so niedriger stellt, je größer die Anzahl der Jahre ist, binnen welcher die Schuld getilgt werden soll.

Ist z. B. $p = 0{,}04$, $q = 0{,}03$, und $n = 20$, so ist

$$x = 100 \times \frac{0{,}03 \times 1{,}03^{20}(1{,}04^{20} - 1)}{0{,}04 \times 1{,}04^{20}(1{,}03^{20} - 1)} = 91{,}35$$

Ist dagegen $n = 100$, so ist

$$x = 100 \times \frac{0{,}03 \times 1{,}03^{100}(1{,}04^{100} - 1)}{0{,}04 \times 1{,}04^{100}(1{,}03^{100} - 1)} = 77{,}55$$

also kleiner als im vorigen Falle.

Ist $q > p$, so ist $\frac{z_1}{1+q} < \frac{z_1}{1+p}$, $\frac{z_2}{(1+q)^2} < \frac{z_2}{(1+q)^2}$ u. s. w.; in diesem Falle ist der gesuchte Kapitalwerth kleiner als k.

Wird derselbe durch $k - l$ bezeichnet, so ist

$$k - l = \frac{z_1}{1+q} + \frac{z_2}{(1+q)^2} + \frac{z_3}{(1+q)^3} + \dots \frac{z_n}{(1+q)^n}$$

und der Curs $x = \frac{100k}{k-l} = 100 \times \frac{z_1(1+p)^{-1} + z_2(1+p)^{-2} + \dots z^n(1+p)^{-n}}{z_1(1+q)^{-1} + z_2(1+q)^{-2} + \dots z^n(1+q)^{-n}}$

Ist $z_1 = z_2 = z_3$ u. s. w., so ist

$$x = 100 \times \frac{q\,(1+q)^n\,[(1+p)^n - 1]}{p\,(1+p)^n\,[(1+q)^n - 1]},$$ wie vorher.

Unter der Voraussetzung, daß die jährlichen Zahlungen für Zins und Kapitalabtrag von gleicher Größe sind, läßt sich weiter folgern, daß sich der Curs um so höher stellt, je größer die Anzahl der Jahre ist, binnen welchen die Schuld getilgt wird.

Nach dem für den ersten Fall (daß $q < p$) im Obigen aufgestellten Beispiele ist es in Beziehung auf die Tilgungszeit von 20 Jahren einerlei, ob der Staat 100 fl. in 4-procentigem Papier für 100 fl., oder 100 fl. in 3-procentigem Papier für 91,35 fl. hergibt. Will der Staat zum Curs 91,35 auf 3-procentiges Papier 100000 fl. aufnehmen, so muß er so viel verschreiben, als aus der Proportion folgt:

$$91{,}35 : 100 = 100000 : x = 1084690 \text{ fl.}$$

Aus der im Obigen hergeleiteten Formel $k = \frac{z}{p}\left(1 - \frac{1}{(1+p)^n}\right)$

ergibt sich $z = \dfrac{pk}{1 - \frac{1}{(1+p)^n}}$

Wenn nun der Staat 100000 fl. in 4-procentigem Papier verschreibt, so hat er, um die Schuld in 20 Jahren zu tilgen, jährlich

$$\frac{0{,}04 \times 1000000}{1 - \frac{1}{1{,}04^{20}}} = 73581 \text{ fl.}$$

zu zahlen. Und wenn er 1094690 fl. in 3=procentigem Papier verschreibt, so muß er jährlich

$$\frac{0{,}03 \times 1094690}{1 - \frac{1}{1{,}03^{20}}} = 73580 \text{ fl.}$$

zahlen, was wegen Vernachlässigung von Brüchen bis auf beiläufig 1 fl. mit dem Resultate der für den Zinsfuß 4 angestellten Berechnung übereinstimmt.

§. 82. Der Curs P für ein zum Zinsfuß p verzinsliches Anleihen, und der Curs Q für ein zum Zinsfuß q verzinsliches Anleihen können in einem solchen Verhältniß zu einander stehen, daß es für den Staat einerlei ist, ob das eine Anleihen zum Curs P, oder das andere Anleihen zum Curs Q abgeschlossen wird.

Nehmen wir z. B. an, daß 4=procentiges Papier zum Curs 99 begeben (verkauft) wird, und daß 10000 fl. aufgenommen werden sollen. Zu dem Ende muß so viel verschrieben werden, als aus der Proportion folgt:

$$99 : 100 = 10000 : x = 10101 \text{ fl.}$$

Der Amortisationsplan sei wie folgt:

Kapital	10101
Zinsen zu 4 Procent	404
	10505
ab	3505
	7000
Zinsen	280
	7280
ab	4280
	3000
Zinsen	120
	3120
ab	3120
	0

Die gegenwärtigen Werthe der Zahlungen für Zins und Kapitalabtrag, nämlich 3505 fl., 4280 fl. und 3120 fl. zum Zinsfuß 3 berechnet, betragen zusammen:

$$\frac{3505}{1{,}03} + \frac{4280}{1{,}03^2} + \frac{3120}{1{,}03^3} = 10292{,}41 \text{ fl.}$$

Soll man nun für 10292,41 fl. in 3=procentigem Papier ebenfalls 10000 fl. erhalten, so ergibt sich der entsprechende Curs aus der Proportion:

$$10292{,}41 : 10000 = 100 : x = 97{,}15.$$

Der Curs 97,15 für das 3=procentige Papier bildet nun eine Parität mit dem Curs 99 für 4=procentiges Papier. Denn um 10000 fl. aufzunehmen, müßte man so viel in 3=procentigem Papier verschreiben als aus der Proportion folgt:

$$97{,}15 : 100 = 10000 : x = 10292{,}41 \text{ fl.}$$

und dieses Schuldkapital wird ebenfalls durch die jährlichen Zahlungen von 3505 fl., 4280 fl. und 3120 fl. nach obiger Berechnung getilgt, wie zur Controle aus folgendem Amortisationsplane zu ersehen:

Kapital	10292,41
Zinsen zu 3 Procent	308,76
	10601,17
ab	3505,00
	7096,17
Zinsen	212,88
	7309,05
ab	4280,00
	3029,05
Zinsen	90,87
	3119,92
ab	3120,00
	0,08

Ist, allgemein, k das aufzunehmende Kapital, p der eine Zinsfuß und P der entsprechende Curs, so ergibt sich der Nominalwerth von k, d. h. das zu verschreibende Kapital, aus der Proportion:

$$P : 100 = k : x = \frac{100k}{P}$$

Sind z_1, z_2, z_3 u. s. w. die jährlichen Zahlungen, so ist

$$x = \frac{z_1}{1+p} + \frac{z_2}{(1+p)^2} + \frac{z_3}{(1+p)^3} + \cdots \frac{z_n}{(1+p)^n}$$

Wird der andere Zinsfuß durch q bezeichnet, und werden die jährlichen Zahlungen z_1, z_2, z_3 u. s. w. nach diesem Zinsfuße auf ihren gegenwärtigen Werth zurückgeführt, so ist derselbe $>$ oder $<$ als x, je nachdem $q <$ oder $>$ als p ist. Bezeichnet man die Summe dieser gegenwärtigen Werthe durch S, so ist

$$S = \frac{z_1}{1+q} + \frac{z_2}{(1+q)^2} + \frac{z_3}{(1+q)^3} + \cdots \frac{z_n}{(1+q)^n}$$

Der mit dem Curs P eine Parität bildende Curs Q ergibt sich demnach aus der Proportion:

$$S : k = 100 : Q = \frac{100k}{S}$$

§. 83. Die Berechnung der Parität findet ihre Anwendung:

1) wenn es bei der Negocirung eines zu einem gewissen Zinsfuße verzinslichen Anleihens den Uebernehmern freigestellt wird, einen Theil des Anleihens in einem zu einem andern Zinsfuß verzinslichen Papiere zu verlangen;

2) wenn der Staat, um sich mehr Chancen für einen vortheilhaften Curs zu verschaffen, den Unternehmern die Wahl läßt, auf ein Anleihen zum Zinsfuße p oder zum Zinsfuße q Anerbietungen zu machen, und wenn, in Folge dessen, unter mehreren, auf Papiere von verschiedenem Zinsfuße erfolgten Angeboten das vortheilhafteste Angebot auszumitteln ist.

So heißt es z. B. in Beziehung auf den ersten Fall in einer nachträglichen Bekanntmachung vom 24. September 1842 über die Aufnahme des Großherz. Badischen Eisenbahn-Anleihens: (Art. 2) „Wenn ein Concurrent den Zuschlag für $3^1/_2$-procentige Partialobligationen erhalten hat, so steht es ihm frei, auch für einen Theil des Anleihens, und zwar für ein Drittheil, die Hälfte oder zwei Drittheile desselben 4-procentige Partialobligationen zu verlangen, insofern er sich die Bestimmung des Nominalkapitals dafür in der Größe gefallen läßt, daß dasselbe mit der nämlichen Gesammtleistung der Eisenbahnschuldentilgungskasse, wie bei der Ueberlassung von $3^1/_2$-procentigen Partialobligationen, verzinst und abgetragen werden kann."

In Beziehung auf die andere Veranlassung zur Berechnung der Cursparität wollen wir annehmen, daß ein Staat ein Anleihen von 1980000 fl. machen, und in 40 Jahren durch jährliche gleiche Zahlungen abtragen will. Ein Soumittent bietet 86 fl. für 100 fl. in 3-procentigem Papier, und ein anderer Soumittent bietet 99 fl. für 100 fl. in 4-procentigem Papier. Es fragt sich, welches Angebot das vortheilhaftere ist?

Um 1980000 fl. für 4-procentiges Papier zum Curs 99 zu erhalten, muß der Staat so viel verschreiben, als aus der Proportion folgt:

$$99 : 100 = 1980000 : x = 2000000.$$

Soll nun das Anleihen durch gleiche jährliche Zahlungen zum Zinsfuß 4 in 40 Jahren getilgt sein, so ist der Betrag der jährlichen Zahlung (§. 81):

$$\frac{0{,}04 \times 2000000}{1 - \frac{1}{1{,}04^{40}}} = 101047 \text{ fl.}$$

Die Summe der gegenwärtigen, zum Zinsfuß 3 berechneten Werthe dieser jährlichen Zahlungen ist:

$$101047 \left(\frac{1}{1{,}03} + \frac{1}{1{,}03^2} + \ldots . \frac{1}{1{,}03^{40}}\right) =$$

$$\frac{101047}{1{,}03}\left(1 - \frac{1}{1{,}03^{40}}\right) = 2335700 \text{ fl.}$$

Der mit dem Curs 99 des 4=procentigen Papiers eine Parität bildende Curs des 3=procentigen Papiers ergibt sich demnach aus der Proportion:

$$2335700 : 1980000 = 100 : x = 84{,}77.$$

Ist nun, wie oben angenommen worden, das Angebot für das 3=procentige Papier 86, und für das 4=procentige Papier 99, so ist ersteres Angebot das vortheilhaftere; denn hätte man für das 3=procentige Papier 84,77 und für das 4=procentige Papier 99 angeboten, so wäre das eine Angebot so annehmbar wie das andere.

Geht man bei der Berechnung der Cursparität vom Angebot 86 für 3=procentiges Papier aus, so ergibt sich für ein Anleihen von 1980000 fl. der entsprechende Nominalwerth aus der Proportion:

$$86 : 100 = 1980000 : x = 2302325 \text{ fl.}$$

Der Betrag der jährlichen Zahlungen ist

$$\frac{0{,}03 \times 2302325}{1 - \frac{1}{1{,}03^{40}}} = 99604 \text{ fl.}$$

Die Summe der gegenwärtigen, zum Zinsfuß 4 berechneten Werthe dieser jährlichen Zahlungen ist $\frac{99604}{0{,}04}\left(1 - \frac{1}{1{,}04^{40}}\right) =$ 1971462. Der gesuchte Curs ergibt sich aus der Proportion:

$$1971462 : 1980000 = 100 : x = 100{,}43.$$

Die Curse 86 für 3=procentiges, und 100,43 für 4=procentiges Papier bilden demnach eine Parität; weil aber für 3=procentiges Papier 86, und für 4=procentiges Papier 99 angeboten ist, so ist, in Uebereinstimmung mit der ersten Berechnung, das Angebot 86 das vortheilhaftere.

§. 84. Die zur Tilgung der Schuld jährlich zu verwendenden Summen können auch nach einem beliebigen Gesetze fortschreiten. Damit aber die jährlichen Kapitalabtragungen im gehörigen Verhältniß zum Schuldkapital zu stehen kommen, ist es erforderlich, für den Kapitalabtrag des ersten Jahres einen bestimmten Theil des

Kapitals festzusetzen, und diesen ersten Kapitalabtrag für die nächstfolgenden Jahre nach einem bestimmten Verhältnisse fortschreiten zu lassen. Ist z. B. k das Kapital, und soll im ersten Jahre f von 1 (also 100 f Procent) abgetragen werden, und der entsprechende Kapitalabtrag jährlich um g von 1 (also 100 g Procent) zunehmen, so ist der Kapitalabtrag zu Ende des

1ten Jahres $= f k$
2ten „ $= f k (1 + g)$
3ten „ $= f k (1 + g)^2$
⋮
$n$ten „ $= f k (1 + g)^{n-1}$

Die numerischen Werthe von f und g hängen natürlich von der Größe der Schuld und von den Finanzverhältnissen des schuldenden Staates ab.

Ist das Schuldkapital $= 1$, so ist die Tilgung beendigt, wenn die Summe der jährlichen Tilgungsbeträge $= 1$ ist; daher

$1 = f [1 + (1 + g) + (1 + g)^2 + \ldots . (1 + g)^{x-1}]$ und

$$x = \frac{\log. \frac{g + f}{f}}{\log. (1 + g)}$$

Substituirt man in letzterer Gleichung $^{20}/_{100} = {}^1/_5$ für f und $^{10}/_{100} = {}^1/_{10}$ für g, so ist

$$x = \frac{\log. {}^3/_2}{\log. 1,1} = 4,2$$

Der Amortisationsplan für ein zu 5 Procent verzinsliches Anleihen N ist für obige Werthe von f und g wie folgt:

Kapital	N
Zinsen zu 5 Procent	0,05000 N
	1,05000 N
ab 0,05 N + 0,2 N	0,25000 N
	0,80000 N
Zinsen	0,04000 N
	0,84000 N
ab 0,04 N + 0,22 N	0,26000 N
	0,58000 N
Zinsen	0,02900 N
	0,60900 N
ab 0,029 N + 0,242 N	0,27100 N
	0,33800 N
Zinsen	0,01690 N
Uebertrag	0,35490 N

Uebertrag	0,35490 N
ab 0,0169 N + 0,2662 N	0,28310 N
	0,07180 N
Zinsen	0,00359 N
	0,07539 N
ab 0,00359 N + 0,0718 N	0,07539 N
	0

Wird, weil 4,2 Jahre für x herausgekommen ist, die Tilgungszeit auf 5 Jahre festgesetzt, so hat man am Ende des 5. Jahres noch 0,0718 N vom Kapital abzutragen, denn

$$0{,}2\,N + 0{,}22\,N + 0{,}242\,N + 0{,}2662\,N + 0{,}0718\,N = N.$$

Berechnet man die gegenwärtigen Werthe der jährlichen Zahlungen für Zins und Kapitalabtrag, nämlich von 0,25 N, 0,26 N, 0,271 N, 0,2831 N und 0,07539 N zum Zinsfuß 4, so ist die Summe derselben

$$N\left[0{,}25\left(\frac{100}{104}\right) + 0{,}26\left(\frac{100}{104}\right)^2 + 0{,}271\left(\frac{100}{104}\right)^3 + 0{,}2831\left(\frac{100}{104}\right)^4 + 0{,}07539\left(\frac{100}{104}\right)^5\right] = N\,S = 1{,}025646\,N$$

Berechnet man die den Cursen 90, 91, 92, 93, 94, 95 und 96 für ein Anleihen von z. B. 90000 fl. entsprechenden Nominalkapitalien, so ist

für 90	N =	100000
„ 91	N =	98901
„ 92	N =	97826
„ 93	N =	96774
„ 94	N =	95744
„ 95	N =	94736
„ 96	N =	93750

Daher ist

für 90	N S =	100000 × 1,025646 =	102564
„ 91	N S =	98901 × 1,025646 =	101436
„ 92	N S =	97826 × 1,025646 =	100335
„ 93	N S =	96774 × 1,025646 =	99255
„ 94	N S =	95744 × 1,025646 =	98198
„ 95	N S =	94736 × 1,025646 =	97166
„ 96	N S =	93750 × 1,025646 =	96154

Die Paritäten für 4-procentiges Papier ergeben sich demnach aus folgenden Proportionen:

$$102564 : 90000 = 100 : x = 87,75$$
$$101436 : 90000 = 100 : x = 88,72$$
$$100335 : 90000 = 100 : x = 89,69$$
$$99255 : 90000 = 100 : x = 90,67$$
$$98198 : 90000 = 100 : x = 91,65$$
$$97166 : 90000 = 100 : x = 92,62$$
$$96154 : 90000 = 100 : x = 93,60$$

Hieraus ergibt sich folgende Paritäten-Scala:

5-procentiges Papier.	4-procentiges Papier.
90	87,75
91	88,72
92	89,69
93	90,67
94	91,65
95	92,62
96	93,60

Bietet z. B. ein Soumittent für 5-procentiges Papier 93, und ein anderer Soumittent für 4-procentiges Papier 91, so ist letzteres Angebot das vortheilhaftere, weil 93 mit einer kleinern Curszahl, nämlich mit 90,67 eine Parität bildet.

Solche Vorausberechnungen sind erforderlich, wenn gleich bei Eröffnung der Soumissionen der Zuschlag, wenn er anders statthaft ist, gemacht werden soll. Zu dem Ende müssen die als möglich zu erachtenden kleinsten und größten Angebote für die eine von beiden Papiergattungen festgesetzt, und für alle zwischenliegenden Curse nach gehörigen Abstufungen (etwa von $^1/_{10}$ zu $^1/_{10}$) die Paritäten in Beziehung auf die andere Papiergattung berechnet werden.

§. 85. Zur Vergleichung von Angeboten auf Papiere von verschiedenem Zinsfuße kann man auch auf folgende Weise rechnen.

In Beziehung auf das Beispiel des vorhergehenden §. ist für das zu 5 Procent verzinsliche Schuldkapital der Amortisationsplan wie folgt:

1tes	Jahr	0,25 N	
2 „	„	0,26 N	
3 „	„	0,271 N	
4 „	„	0,2831 N	
5 „	„	0,07539 N	

Für 4-procentiges Papier ist die Amortisationsrechnung wie folgt:

Kapital	N
Zinsen zu 4 Procent	0,040000 N
	1,040000 N
ab 0,04 N + 0,2 N	0,240000 N
	0,800000 N
Zinsen	0,032000 N
	0,832000 N
ab 0,032 N + 0,22 N	0,252000 N
	0,580000 N
Zinsen	0,023200 N
	0,603200 N
ab 0,0232 N + 0,242 N	0,265200 N
	0,338000 N
Zinsen	0,013520 N
	0,351520 N
ab 0,01352 N + 0,2662 N	0,279720 N
	0,071800 N
Zinsen	0,002872 N
	0,074672 N
ab 0,002872 N + 0,0718 N	0,074672 N
	0

Der Amortisationsplan für 4-procentiges Papier ist demnach wie folgt:

1tes	Jahr	0,24 N
2 „	„	0,252 N
3 „	„	0,2652 N
4 „	„	0,27972 N
5 „	„	0,074672 N

Berechnet man nun zu einem und demselben Zinsfuße die gegenwärtigen Werthe obiger Zahlungen für 5-procentiges und 4-procentiges Papier, und addirt man die Resultate, so läßt sich aus der Vergleichung der Summen ermitteln, welches Angebot das vortheilhaftere ist; es ist nämlich dasjenige Angebot das vortheilhaftere, welches der kleinsten Summe entspricht, weil es natürlich vortheilhaft ist, die Schuld mit dem kleinsten Aufwande von Mitteln zu tilgen. An und für sich betrachtet ist es einerlei, mit welchem Zinsfuße der Vergleich angestellt wird; für die Berechnung ist es aber besser, einen der beiden Zinsfüße des Anleihens hierzu zu gebrauchen, weil alsdann die Summe der gegenwärtigen Werthe bei dem einen Zinsfuße = N ist. Geht man nun in Beziehung auf obiges Beispiel vom Zinsfuß 5 aus, so hat man nur die gegenwärtigen Werthe der dem 4-procentigen Anleihen entsprechenden jährlichen Zahlungen zum Zinsfuß 5 zu berechnen. Diese Berechnung ist wie folgt:

$$N\left[0{,}24\left(\frac{100}{105}\right)+0{,}252\left(\frac{100}{105}\right)^2+0{,}2652\left(\frac{100}{105}\right)^3+0{,}27972\left(\frac{100}{105}\right)^4+0{,}074672\left(\frac{100}{105}\right)^5\right]=0{,}974865\,N$$

Sind die möglichen Angebote auf 5-procentiges Papier 90, 91, 92, 93, 94, 95 und 96, so sind die Nominalkapitalien, die dem Realkapital von 90000 fl. entsprechen

für	den	Curs	90	=	100000
"	"	"	91	=	98901
"	"	"	92	=	97826
"	"	"	93	=	96774
"	"	"	94	=	95744
"	"	"	95	=	94736
"	"	"	96	=	93750

Die Summe der zum Zinsfuß 5 berechneten gegenwärtigen Werthe der jährlichen Zahlungen sind bekanntlich obigen Nominalkapitalien beziehungsweise gleich.

Werden die möglichen Angebote auf das 4-procentige Papier zu 83, 84, 85, 86, 87, 88 und 89 angesetzt, so sind die dem Realkapital von 90000 fl. entsprechenden Nominalkapitalien

für	den	Curs	83	=	108433
"	"	"	84	=	107142
"	"	"	85	=	105882
"	"	"	86	=	104651
"	"	"	87	=	103448
"	"	"	88	=	102272
"	"	"	89	=	101123

Die Summen der zum Zinsfuß 5 berechneten gegenwärtigen Werthe der jährlichen Zahlungen sind demnach

für	den	Curs	83	=	108433	×	0,974865	=	105707
"	"	"	84	=	107142	×	0,974865	=	104449
"	"	"	85	=	105882	×	0,974865	=	103220
"	"	"	86	=	104651	×	0,974865	=	102020
"	"	"	87	=	103448	×	0,974865	=	100845
"	"	"	88	=	102272	×	0,974865	=	99701
"	"	"	89	=	101123	×	0,974865	=	98582

Die Scala ist daher wie folgt:

Fünfprocentiges Papier.	Gegenwärtiger Werth der Leistungen.	Vierprocentiges Papier.	Gegenwärtiger Werth der Leistungen.
90	100000	83	105707
91	98901	84	104449
92	97826	85	103220
93	96774	86	102020
94	95744	87	100845
95	94736	88	99701
96	93750	89	98582

Bietet nun z. B. ein Soumittent für 5-procentiges Papier 93, so ist der gegenwärtige Werth der Leistungen = 96774; bietet ein anderer Soumittent für 4-procentiges Papier 89, so ist der gegenwärtige Werth der Leistungen = 98582; also ist das erste Angebot das vortheilhaftere.

Obige Scala kann auch zur Ermittlung der Parität gebraucht werden.

Z. B. dem Curs 93 für 5-procentiges Papier und dem Realkapital 90000 fl. entsprechen 96774 fl. Nominalkapital, und so viel beträgt auch die Summe der zu 5 Procent berechneten gegenwärtigen Werthe der jährlichen Zahlungen für Zins und Kapitalabtrag. Die Summe der zu 5 Procent berechneten gegenwärtigen Werthe dieser Zahlungen für die Nominalschuld N des 4-procentigen Anleihens beträgt 0,974865 N. Soll es nun einerlei sein, das 5-procentige Papier zum Curs 93 oder das 4-procentige Papier zum gesuchten Curs (Parität) zu begeben, so muß die Summe der Leistungen in beiden Fällen einander gleich sein; daher die Gleichung

$$96774 = 0{,}974865\ N, \text{ woraus } N = 99269$$

Ist also das Realkapital = 90000 und das Nominalkapital = 99269, so ergibt sich der Curs oder die gesuchte Parität aus der Proportion:

$$99269 : 100 = 90000 : x = 90{,}64$$

was mit der in §. 84 berechneten Parität bis auf 0,03 übereinstimmt.

Anleihen durch Zeitrenten.

§. 86. Bei der Erhebung eines Kapitals gegen Zeitrenten oder Annuitäten (§. 70) wird die Schuld in einem bestimmten Zeitraume durch jährliche gleiche Zahlungen für Zins und Kapitalabtrag getilgt.

Ist das aufgenommene Kapital = k, die Anzahl der Jahre

$= n$, der Zinsfuß $= p$, und der Betrag der jährlichen Zahlung $= a$, so ist, wenn die Schuld getilgt ist (§. 80)

$$k = \frac{a}{1 + p} + \frac{a}{(1 + p)^2} + \; . \; . \; . \; . \; . \; . \; \frac{a}{(1 + p)^n}$$

Aus dieser Gleichung lassen sich folgende Formeln herleiten:

$$k = \frac{a}{p}\left(1 - \frac{1}{(1 + p)^n}\right)$$

$$a = \frac{p\,k\,(1 + p)^n}{(1 + p)^n - 1}$$

$$n = \frac{log.\ \dfrac{a}{a - p\,k}}{log.\ (1 + p)}$$

$$p = \frac{a}{k}\left(1 - \frac{1}{(1 + p)^n}\right)$$

Soll z. B. berechnet werden, in wie viel Jahren eine Schuld von 8000 fl. getilgt wird, wenn jährlich 1000 fl. gezahlt werden, und wenn der Zinsfuß $= 5$ ist, so hat man nach der dritten Formel $k = 8000$, $a = 1000$, $p = 0{,}05$ und

$$n = \frac{log.\ 5 - log.\ 3}{log.\ 1{,}05} = \frac{0{,}2218487}{0{,}0211893} = 10{,}46 \text{ Jahre.}$$

Ist das Kapital $= 10000$ fl., der Zinsfuß $= 5$ und die Zeit $= 12$ Jahre, und soll hieraus die Rente bestimmt werden, so hat man nach der zweiten Formel

$$a = \frac{{}^1/_{20}\ .\ 10000\ (1{,}05)^{12}}{(1{,}05)^{12} - 1} = 1128{,}29 \text{ fl.}$$

Wird in der zweiten Gleichung

$$a = \frac{p\,k\ (1 + p)^n}{(1 + p)^n - 1} = \frac{p\,k}{1 - \dfrac{1}{(1 + p)^n}}$$

angenommen, daß die Anzahl n der Jahre unendlich groß ist, so wird $\dfrac{1}{(1 + p)^n} = 0$ und $a = p\,k$; d. h. die Rente ist alsdann dem Betrage der Zinsen des Kapitals gleich; daher die Benennung immerwährende Rente in Beziehung auf die jährlichen Zinsen aus solchen Staatspapieren, zu deren Einlösung der Staat sich nicht verbindlich gemacht hat (§. 70).

Soll das Kapital einer Rente von 800 fl. für 10 Jahre zum Zinsfuß 4 berechnet werden, so hat man nach der ersten Formel

$$k = \frac{800}{0{,}04}\ \left(1 - \frac{1}{(1{,}04)^{10}}\right) = 6489{,}72 \text{ fl.}$$

Der Zinsfuß wird nach der vierten Formel durch Näherung

gefunden, indem man auf der einen Seite des Gleichheitszeichens die muthmaßlichen Werthe für p setzt, und daraus den Werth auf der andern Seite des Gleichheitszeichens berechnet, was so lange fortgesetzt wird, bis die Werthe auf beiden Seiten mit dem erforderlichen Grade der Genauigkeit übereinstimmen.

Zur Abkürzung der bei der Zeitrente vorkommenden Berechnungen gibt es Tabellen, welche für verschiedene Zinsfüße die Rente angeben, welche zur Amortisirung eines als Einheit angenommenen Kapitals in einer gegebenen Zeit jährlich zu entrichten ist; wie z. B. folgende

Jahre.	Zinsfuß 3.	Zinsfuß 4.
1	1030	1040
2	522,61	530,20
3	353,53	360,35
4	269,03	275,50
5	218,36	224,63
6	184,60	190,76
7	160,51	166,61
8	142,46	148,53
9	128,43	134,49
10	117,23	123,29
	u. s. w.	

Die für obige Tabelle angenommene Einheit ist = 1000; wonach also z. B. in 8 Jahren eine Schuld von 1000 fl. zum Zinsfuß 4 getilgt wird, wenn jährlich 148,53 fl. entrichtet werden; dem Schuldkapital 1000 entspricht also eine 8-jährige Rente im Betrage von 148,53 fl. Soll berechnet werden, wie viel jährlich gezahlt werden muß, um in 10 Jahren eine Schuld von 100000 fl. nebst den 4-procentigen Zinsen zu tilgen, so muß die der Zeit und dem Zinsfuße entsprechende Hülfszahl aufgesucht, und im Verhältniß der Kapitaleinheit zu dieser Zahl das gegebene Kapital verkleinert werden; die fragliche Zahl ergibt sich daher aus der Proportion:

$$1000 : 123,29 = 100000 : x = 12329.$$

Wird nach dem Kapital gefragt, welches in einer gegebenen Zeit durch jährliche gleiche Zahlungen getilgt wird, so wird auf ähnliche Art verfahren. Ist z. B. die Rente = 12329 fl., der Zinsfuß = 4 und die Zahl der Jahre = 10, so wird in der Tabelle nachgesucht, mit welcher Rente 1000 fl. in 10 Jahren zum Zinsfuße 4 getilgt werden; diese Zahl ist 123,29; die gegebene

Rente muß also im Verhältniß von dieser Zahl zur Kapitaleinheit vergrößert werden; daher die Proportion:

$$123{,}29 : 1000 = 12329 : x = 100000.$$

Wird die Zeit gesucht, so muß das gegebene Kapital auf die in der Tabelle angenommene Kapitaleinheit zurückgeführt werden; die Zahl der Jahre, welche neben der zur Kapitaleinheit gehörigen Rente steht, gibt die gesuchte Zeit. Z. B. ein Kapital von 100000 fl. ist zum Zinsfuße 4 durch eine jährliche Rente von 12329 fl. getilgt worden; es fragt sich, wie oft die Rente entrichtet worden ist. Die Zurückführung auf die Kapitaleinheit geschieht durch die Proportion:

$$100000 : 12329 = 1000 : x = 123{,}29$$

und dieser Zahl entspricht die Zeit von 10 Jahren.

Obige Hülfstabelle enthält die einem als Einheit angenommenen Kapital entsprechende Rente; man kann aber auch die Tabelle in der Weise construiren, daß sie das einer als Einheit angenommenen Rente entsprechende Kapital angibt. So enthält z. B. die folgende Tabelle für die Zinsfüße 3 und 4 die der Rente 1 entsprechenden Kapitalien.

Jahre.	Zinsfuß 3.	Zinsfuß 4.
1	0,97088	0,96154
2	1,91347	1,88610
3	2,82862	2,77510
4	3,71719	3,62990
5	4,57971	4,45183
6	5,41720	5,24214
7	6,23029	6,00206
8	7,01970	6,73275
9	7,78611	7,43534
10	8,53021	8,11090
	u. s. w.	

Soll z. B. vermittelst dieser Tabelle berechnet werden, wie viel jährlich gezahlt werden muß, um in 10 Jahren eine Schuld von 100000 fl. nebst den 4=procentigen Zinsen zu tilgen, so hat man die Proportion:

$$8{,}11090 : 1 = 100000 : x = 12329 \text{ fl.}$$

in Uebereinstimmung mit dem vermittelst der ersten Tabelle gefundenen Resultate.

Die zweite der im Anhang befindlichen Tabellen enthält die gegenwärtigen Werthe der Rente 1 zum Zinsfuße 3, 4, 5 und 6 für 1 bis 100 Jahre. *)

§. 87. Werden, wie im §. 77 angenommen worden, außer der zur jährlichen Amortisirung angesetzten Summe auch die Zinsen der getilgten Kapitalien zur Amortisirung verwendet, so läuft dies auf dasselbe hinaus, als wenn der Amortisationsfonds $= pk + a$ wäre, und die Zinsen der getilgten Kapitalien nicht zur Tilgung verwendet würden. Setzt man daher in der obigen Formel

$$n = \frac{\log. \frac{a}{a - pk}}{\log. (1+p)}$$

$pk + a$ für a, so ist

---

*) Wird das Kapital einer Zeitrente für eine noch größere Anzahl von Jahren gesucht, so läßt sich die für eine kleinere Anzahl von Jahren berechnete Tabelle gleichwohl auch für diesen Fall in Anwendung bringen.

Ist die Rente $= 1$, der Zinsfuß $= p$ und die Anzahl der Jahre $= n$, so wird der Werth der Rente ausgedrückt durch

$$\frac{1}{1+p} + \frac{1}{(1+p)^2} + \frac{1}{(1+p)^3} + \ldots \frac{1}{(1+p)^n}$$

Bezeichnet man die Summe dieser Reihe durch $S\frac{1}{(1+p)^{n}}$, so ist

$$S\frac{1}{(1+p)^n} = \frac{1}{1+p} + \frac{1}{(1+p)^2} + \frac{1}{(1+p)^3} + \ldots \frac{1}{(1+p)_n}$$

In gleicher Weise ist

$$\frac{1}{(1+p)^n} S\frac{1}{(1+p)^{x-n}} = \frac{1}{(1+p)^n}\left(\frac{1}{1+p} + \frac{1}{(1+p)^2} + \frac{1}{(1+p)^3} + \ldots \frac{1}{(1+p)^{x-n}}\right) = \frac{1}{(1+p)^{n+1}} + \frac{1}{(1+p)^{n+2}} + \ldots \frac{1}{(1+p)^x}$$

Daher

$$S\frac{1}{(1+p)^n} + \frac{1}{(1+p)^n} S\frac{1}{(1+p)^{x-n}} = \frac{1}{1+p} + \frac{1}{(1+p)^2} + \ldots \frac{1}{(1+p)^x}$$

Ist z. B. $n = 100$ und $x = 120$, so ist $x - n = 20$ und

$$S\frac{1}{(1+p)^{100}} + \frac{1}{(1+p)^{100}} S\frac{1}{(1+p)^{20}} = S\frac{1}{(1+p)^{120}}$$

Nehmen wir an, daß die letztere der obigen Tabellen nur bis zum 8ten Jahre reiche, und daß man das Kapital einer 10-jährigen Rente von 1 fl. zum Zinsfuß 3 bestimmen solle. In diesem Falle ist $n = 8$, $x = 10$, $x - n = 2$ und

$$S\frac{1}{(1+p)^8} + \frac{1}{(1+p)^8} S\frac{1}{(1+p)^2} = S\frac{1}{(1+p)^{10}}$$

Nun ist $S\frac{1}{(1+p)^8} = 7{,}0197$, $\frac{1}{(1+p)^8} = 0{,}7894$ und $S\frac{1}{(1+p)^2} = 1{,}91347$; das gesuchte Kapital ist daher $7{,}0197 + 0{,}7894 \times 1{,}91347 = 8{,}53019$, was bis auf 0,02 mit der Angabe der Tabelle übereinstimmt.

$$n = \frac{log. \frac{pk + a}{a}}{log. (1 + p)}$$

in Uebereinstimmung mit der im §. 77 hergeleiteten Formel. Anleihen gegen Zeitrenten sind daher in ihrer Wirkung vollkommen den Anleihen gleich, welche verzinslich sind, und bei welchen eine jährliche, um Zinseszinsen anwachsende Kapitalabtragung stattfindet. Sie schließen aber, wie alle vertraggemäß in Terminen rückzahlbare Anleihen die Benutzung günstiger Verhältnisse zur Reduction des Zinsfußes (§. 75) aus, und sind daher für den Staat nicht so vortheilhaft, als das später aufgekommene System der immerwährenden Renten (§. 70).

In England kommen die Annuitäten neuerer Zeit auch in Verbindung mit verzinslichen Anleihen vor. Der Curs der Zeitrenten hängt begreiflich vom jeweiligen Zinsfuße und von der Dauer des Rentengenusses ab.

Anleihen durch Leibrenten.

§. 88. Die Kapitalisten erhalten von einer gewissen Summe durch Anlegung derselben auf Zeitrenten eine größere Einnahme, als bei gewöhnlichen Zinsdarleihen. So entspricht z. B. dem Kapital 10000 fl. für den Zinsfuß 5 eine 12-jährige Rente von beiläufig 1128 fl. Da der Rentenirer für 10000 fl., welche er à fonds perdu, wie man zu sagen pflegt, hergibt, jährlich 1128 fl. ausgezahlt erhält, so macht dies von jedem Hundert des Kapitals beiläufig 11 fl.; er zieht also 6 Procent mehr aus seinem Kapital, als bei der gewöhnlichen Kapitalanlage, wenn wir bei dieser den Zinsfuß 5 annehmen. Wer keine Erben zu berücksichtigen hat, oder nicht gesonnen ist, sein Kapital zu vermachen, kann daher auf obige Weise sein Kapital besser als durch die gewöhnliche Anlage benutzen, riskirt aber dabei, nichts übrig zu behalten, wenn er sein ganzes Vermögen gegen eine Zeitrente hergegeben hat und diese überlebt. Diesem Risiko kann er aber ausweichen, wenn er mit dem Uebernehmer des Kapitals den Vertrag schließt, daß ihm die Rente lebenslänglich ausgezahlt werde. Eine solche Rente, welche mit Rücksicht auf die mittlere Lebensdauer (§. 129) bestimmt wird, ist eine Leibrente, durch welche in älterer Zeit, namentlich in Frankreich und England, Anleihen gemacht wurden.

In Frankreich hat man auch in älterer Zeit Anleihen gegen Tontinen gemacht, welche letztere sich in so fern von den Leibrenten unterscheiden, als sie auf die Lebensdauer einer Gesellschaft gestellt sind; sie sind demnach gesellschaftliche Renten, die unter die Betheiligten, welche in Klassen von Personen gleichen Alters einzutheilen sind, nach Kopfzahl vertheilt werden, bis endlich der zuletzt Lebende sie allein empfängt.

Die Tontine sollte, nach der Idee ihres Erfinders, Lorenz Tonti, als Mittel zu Staatsanleihen dienen, wozu sie auch von der französischen Regierung benutzt wurde. Durch ein arrêt du conseil vom 5. Juli 1770 wurden alle Staatstontinen aufgehoben, weil man sie für nachtheilig für den Staat erkannte, und die noch laufenden Tontinenrenten wurden in Leibrenten verwandelt. (S. Encyclopédie méthodique Tom. III. Art. Tontines.)

In unserer Zeit werden die Tontinen, in unterschiedlichen Modificationen, als Rentenanstalten (V. III.) errichtet.

Lotterieanleihen.

§. 89. Lotterieanleihen (§. 70), welche in neuerer Zeit vielfältig vorkommen, unterscheiden sich dadurch von den im Vorhergehenden aufgeführten Anleihen, daß den Gläubigern außer der Gewißheit der Rückzahlung des Kapitals auch die Hoffnung auf mehr oder weniger große Gewinnste dargeboten wird. Damit sich auch die weniger Bemittelten bei diesen Anleihen betheiligen können, so wird das Nominalkapital in verhältnißmäßig kleine Theile getheilt, und es werden dafür Schuldscheine ausgetheilt, welche man Partiale, Partialloose oder Prämienscheine nennt. Der Gesammtheit der Gläubiger kommen die Zinsen des Kapitals zum herrschenden Zinsfuße zu gut; die Mehrzahl derselben erhalten aber bei der Tilgung ihr Kapital und die einem geringern Zinsfuße entsprechenden Zinsen zurück, und die hierdurch erübrigte Summe wird auf die kleinere Zahl der übrigen Interessenten in unterschiedlichen Abstufungen als Gewinnste oder Prämien, und natürlich alles auf dem Wege der Verloosung, vertheilt. Ueber die Anzahl der gewinnenden und nicht gewinnenden Loose und über die auf die einzelnen Loose fallenden Beträge gibt der veröffentlichte Tilgungsplan oder Verloosungsplan solcher Anleihen Auskunft.

Nehmen wir beispielsweise an, daß das von heute an nach einem Jahre rückzahlbare Nominalkapital 200000 fl. betrage, und daß dafür 2000 Obligationen oder Loose zu 100 fl. ausgegeben worden seien. Wird das Kapital zu 4 Procent verzinst, so hat der Schuldner nach Jahresfrist 200000 fl. Kapital und 8000 fl. für Zinsen, also zusammen 208000 fl. zu entrichten.

Sollen 1900 Loose zu 101 fl. herauskommen, so betragen solche

$1900 \times 101 = 191900$ fl., wonach $208000 - 191900 = 16100$ fl. auf die noch übrigen 100 Loose zu vertheilen sind, und also 161 fl. für 1 Loos angesetzt werden könnte. Um aber auf eine verhältnißmäßig kleinere Anzahl von Loosen namhafte Gewinnste aussetzen zu können, dürfen die meisten übrigen Loose im vorliegenden Beispiele nur wenig mehr, als die mit der kleinsten Zahl herauskommenden 1900 Loose erhalten. Setzt man 90 Loose zu 102 fl. an, so betragen sie zusammen $90 \times 102 = 9180$ fl., wonach auf die übrigen 10 Loose $16100 - 9180 = 6920$ fl. zu vertheilen sind. Setzt man 5 Loose zu 103 fl. an, so betragen solche zusammen $5 \times 103 = 515$, wonach $6920 - 515 = 6405$ fl. auf die übrigen 5 Loose zu vertheilen sind; was wie folgt geschehen kann: 3 Loose zu 175 fl., 1 Loos zu 880 fl. und 1 Loos zu 5000 fl. Der entsprechende Verloosungsplan ist demnach wie folgt:

Loose	zu fl.	Summe fl.
1	"	5000
1	"	880
3	175	525
5	103	515
90	102	9180
1900	101	191900
2000		208000

Zur Vereinfachung der Sache haben wir im Obigen angenommen, daß das Schuldkapital schon nach Jahresfrist getilgt werde, während natürlich in der Praxis die Tilgung im Verlaufe einer Reihe von Jahren in der Art geschieht, daß jährlich oder halbjährlich 2c. eine Gewinnziehung und Auszahlung stattfindet. Da nun die mit der niedrigsten Zahl herauskommenden Loose nur die einfachen Zinsen zu einem kleinern Zinsfuße sammt Kapital zurückerhalten, so sind die dadurch erübrigten Zwischenzinsen eine weitere Quelle zur Bestreitung großer Gewinnste. Wenn z. B. ein Loos von 50 fl. erst nach 20 Jahren in der Ziehung erscheint, und mit Zuschlag der 2-procentigen Zinsen eingelöst wird, so ist der entsprechende Betrag $= 50 + 20 = 70$ fl.; weil aber 50 fl. nach 20 Jahren zu 2 Procent auf $50\,(^{102}/_{100})^{20} = 109{,}55$ fl. anwachsen, so können $109{,}55 - 70 = 39{,}55$ fl. zur Bestreitung der Gewinnste verwendet werden.

Zur Aufstellung eines Beispiels für ein in mehreren Ziehungen zu tilgendes Lotterieanleihen nehmen wir an, daß das Nominalkapital im Betrage von 1000000 fl. in 20000 Obligationen zu 50 fl. vertheilt sei, zu 4 Procent verzinst werde und in 4 halbjährlichen Ziehungen getilgt werden solle. Die halbjährige Verzinsung beginne am 1. Februar 1850; die erste Ziehung finde am 1. August und die erste Auszahlung am 1. Februar 1851 und so fort statt.

Nimmt man an, daß bei der ersten Auszahlung ungefähr der vierte Theil des Schuldkapitals getilgt werde, und daß die übrigen Zahlungen nach Maaßgabe der zu deckenden Zinseszinsen zunehmen, so läßt sich folgender Ziehungsplan entwerfen:

Schuldkapital am 1. Februar 1850 . . .	1000000
Zinsen zu 4% fürs erste halbe Jahr . . .	20000
Schuld am 1. August 1850	1020000
Zinsen fürs zweite halbe Jahr	20400
Schuld am 1. Februar 1851	1040400
ab für die erste Ziehung	250000
Rest	790400
Zinsen fürs erste halbe Jahr des 2ten Jahres	15808
Schuld am 1. August 1851	806208
ab für die zweite Ziehung	260000
Rest	546208
Zinsen fürs zweite halbe Jahr des 2ten Jahres	10924
Schuld am 1. Februar 1852	557132
ab für die dritte Ziehung	280000
Rest	277132
Zinsen fürs erste halbe Jahr des 3ten Jahres	5542
Schuld am 1. August 1852	282674
ab für die vierte Ziehung	282674
	0

Was nun die in jeder Ziehung herauszukommende Anzahl von Loosen betrifft, so könnte man solche gleichförmig auf die 4 Ziehungen vertheilen, wonach in jeder Ziehung 5000 Loose gezogen würden. Um aber schon für die erste Ziehung namhafte Gewinnste auswerfen zu können, muß die für diese Ziehung zu bestimmende Anzahl von Loosen verhältnißmäßig kleiner gegriffen werden, was sich in den folgenden Ziehungen durch die inzwischen aufgewachsenen Zinseszinsen theilweise wieder ausgleicht. Nach diesem in der Praxis angenommenen Grundsatze läßt sich der Verloosungsplan wie folgt aufstellen.

1te Gewinnziehung 1. August 1850.				
1 Loos			fl.	4100
1 „			„	1000
1 „			„	600
1 „			„	500
1 „			„	470
2 Loose à fl.		300	„	600
3 „ „ „		200	„	600
10 „ „ „		100	„	1000
20 „ „ „		70	„	1400
60 „ „ „		60	„	3600
4630 „ „ „		51	„	236130
4730			fl.	250000

Zahlbar am 1. Februar 1851.

2te Gewinnziehung 1. Februar 1851.				
1 Loos			fl.	3900
1 „			„	1000
1 „			„	600
1 „			„	500
1 „			„	470
2 Loose à fl.		300	„	600
3 „ „ „		200	„	600
10 „ „ „		100	„	1000
20 „ „ „		70	„	1400
60 „ „ „		60	„	3600
4830 „ „ „		51	„	246330
4930			fl.	260000

Zahlbar am 1. August 1851.

3te Gewinnziehung 1. August 1851.				
1 Loos			fl.	5600
1 „			„	2000
1 „			„	600
1 „			„	560
1 „			„	400
2 Loose à fl.		300	„	600
3 „ „ „		200	„	600
10 „ „ „		100	„	1000
20 „ „ „		70	„	1400
60 „ „ „		60	„	3600
5070 „ „ „		52	„	263640
5170			fl.	280000

Zahlbar am 1. Februar 1852.

4te Gewinnziehung 1. Februar 1852.				
1 Loos			fl.	8300
1 „			„	2000
1 „			„	634
1 „			„	500
1 „			„	400
2 Loose à fl.		300	„	600
3 „ „ „		200	„	600
10 „ „ „		100	„	1000
20 „ „ „		70	„	1400
60 „ „ „		60	„	3600
5070 „ „ „		52	„	263640
5170			fl.	282674

Zahlbar am 1. August 1852.

Für den Fall, daß die Inhaber der herausgekommenen Loose die Zahlung sofort zu erhalten wünschen, wird von Seiten des Schuldners zum Voraus der Zinsfuß bestimmt, nach welchem die herausgekommenen Summen discontirt werden können.

Der Ziehungsplan kann übrigens auf sehr mannichfache Weise eingerichtet werden. Sollen die Inhaber der Loose halbjährlich oder jährlich auf so lange als sie in der Ziehung nicht herauskommen, Zinsen erhalten, in welchem Falle den Loosen Coupons beigefügt werden, so können die für die Gewinnste oder Prämien erforderlichen Summen natürlich nur dadurch erübrigt werden, daß die Gewinnstziehungen in größeren Zwischenräumen (alle $1^1/_2$ Jahr, 2 Jahre rc.) stattfinden. Zu derartigen Anleihen, welche man verzinsliche Lotterieanleihen nennt, gehört z. B. das österreichische Lotterieanleihen vom Jahr 1821. (Nominalkapital = 37500000 fl. in 150000 Obligationen zu 250 fl., welche laut der ihnen beigefügten Coupons jedesmal am 1. Januar zu 4% verzinst werden.)

Man kann auch, um bedeutende Prämien im Ziehungsplane auszuwerfen, eine Unterbrechung der Gewinnstziehungen in der Weise bewerkstelligen, daß man alternirend in der einen Ziehung Gewinnste und in der darauf folgenden nur den Nominalwerth des Looses sammt einfachen Zinsen herauskommen läßt; was z. B. bei dem Lotterieanleihen der preußischen Seehandlungs-Societät vom Jahre 1832 der Fall ist. Die Rückzahlung von 12600000 Rthlr. geschieht binnen 25 Jahren; der geringste Gewinn, der auf ein herausgekommenes Loos trifft, ist, wenn die Nummer der Ziehung ungerade ist (die 1te, 3te u. s. w.), der Nominalbetrag des Looses, 50 Rthlr. nebst vierprocentigen einfachen Zinsen; außerdem gibt es Gewinnste von 60 bis 100000 Rthlr.; ist aber die Nummer der Ziehung eine gerade Zahl (z. B. die 2te, 4te u. s. w.) so erhalten alle Loose nur den Nominalbetrag mit hinzugeschlagenen fünfprocentigen Zinsen.

§. 90. Der Plan einer Lotterieanleihe wird entweder von der Regierung entworfen, oder letztere überläßt dies dem Uebernehmer der Loose, in welch' letzterm Falle sie in Betreff der jährlichen Zahlungen, der kleinsten auf die Mehrzahl der Loose zu vertheilenden Summen u. s. w. Grenzen vorschreibt. Als Beispiel hierzu diene folgender Auszug aus dem Gesetz vom 21ten Februar 1845, über die Aufnahme eines Kapitals von 14000000 fl. für die großherzoglich badische Eisenbahnschuldentilgungskasse.

Artikel 1. Die Eisenbahnschuldentilgungskasse ist ermächtigt, auf den Grund des ihre Errichtung betreffenden Gesetzes vom 10. September 1842, unter Aufsicht und Leitung des Finanzministeriums, eine Staatsschuld von vierzehn Millionen Gulden zu contrahiren.

Art. 2. Das Anlehen soll durch Verkauf von Loosen gemacht, vom 1. April 1846 an zu drei und ein halb Procent, in halbjährigen Raten zahlbar, verzinst und in mindestens 30 bis höchstens 40 Jahren getilgt werden.

Art. 3. Die Verzinsung und Tilgung des Anlehens hat durch Einlösung der verkauften Loose mittelst Entrichtung des auf jedes derselben fallenden Gewinnstes zu geschehen.

Art. 4. Den Nennwerth eines Looses, die Zahl der Jahre, binnen welcher mit Rücksicht auf die Vorschrift des Art. 2 die Einlösung sämmtlicher Loose erfolgen wird, die Zahl der Ziehungen, mittelst welcher die Loose zur Einlösung bezeichnet werden, die Zahl der Loose für jede Ziehung, den Betrag der Gewinnste für jede Ziehung im Einzelnen und im Ganzen setzt der Verloosungsplan fest.

Dabei müssen folgende Bestimmungen zur Anwendung kommen:

1) Die Loose sollen alle den gleichen Nennwerth, und zwar einen solchen von mindestens fünfunddreißig Gulden erhalten.

2) Es sollen vom 1. April 1846 an jährlich oder halbjährlich Loosziehungen stattfinden und die gezogenen Loose je am 1. April des nächstfolgenden Jahres, beziehungsweise am 1. October des laufenden und am 1. April des nächstfolgenden Jahres durch Berichtigung der auf sie fallenden Gewinnste eingelöst werden.

3) Kein Gewinnst soll weniger betragen, als der Nennwerth eines Looses nebst den zur Zeit der Heimzahlung erwachsenden einfachen Zinsen von zwei Procent jährlich.

4) Die Gesammtsumme der jährlich zu berichtigenden Gewinnste soll entweder forthin beiläufig gleich bleiben, oder aber vom ersten Jahre an bis zum Schlusse der Tilgung Jahr für Jahr allmählig zunehmen. Im letzteren Falle darf die Gesammtsumme der Gewinnste im ersten Jahre nicht unter fünfmalhunderttausend Gulden betragen.

5) Die Anlehenssumme, die daraus fällig werdenden, in halbjährigen Raten zu berichtigenden Zinsen und die in gleicher Weise zu leistenden Zinsen von jenen Zinsbeträgen, welche nach dem Verloosungsplan nicht zur Verfallzeit, sondern erst in spätern Terminen bezahlt werden, müssen durch die Gewinnste der Gesammtheit der Loosinhaber vollständig zu gut kommen.

Die Nichtangabe des Zinsfußes bei Lotterieanleihen in den Bekanntmachungen und Tilgungsanordnungen derselben, wie solche schon vorgekommen ist, namentlich wieder beim königlich sardinischen Anleihen vom Jahr 1844, *) läßt sich nicht rechtfertigen. Diejenigen, welche sich mit dem Handel solcher Papiere befassen, verstehen es schon, den Zinsfuß durch Versuche beiläufig herauszurechnen, und für die eigentlichen Mitspieler ist lediglich der Curs entscheidend, zu welchem sie die Loose kaufen können.

§. 91. Die Partialloose haben gewöhnlich zwei Nummern, nämlich die Loosnummer und die Seriennummer. Vermittelst letzterer kann den Looseigenthümern auf eine leichte Art zum Voraus bekannt gemacht werden, welche Loose in der bevorstehenden Ziehung vorkommen werden. Die Anzahl der Loose wird zu dem Ende in gleiche Theile getheilt. Die Loose von Nr. 1 bis 100 z. B. erhalten die Seriennummer 1; die Loose von Nr. 101 bis 200 die Seriennummer 2, u. s. w. Zu einer gewissen Zeit oder zu verschie-

*) Im Betrage von 3600000 Franken in 100000 Obligationen zu 36 Fr. und rückzahlbar in 24 jährlichen Ziehungen.

denen Zeiten des Jahres werden so viele Seriennummern gezogen, als, dem Verloosungsplan zufolge, herauskommen sollen, und es wird alsdann in den öffentlichen Blättern bekannt gemacht, welche Serien gezogen worden sind. Die Loose, welche die gezogenen Seriennummern enthalten, gelangen in der nächsten Gewinnziehung zum Ziehen und werden Serienloose genannt. Die Curse der Serienloose stehen natürlich höher als diejenigen der übrigen Loose, und es wird durch diese Einrichtung dem Handel mit solchen Papieren ein besonderer Spielraum eröffnet.

Bei der ersten Serienziehung werden so viele Zettel, als es Serien gibt, mit fortlaufenden Nummern versehen. Diese Zettel werden in ein Glücksrad gelegt, und hieraus die dem Ziehungsplan entsprechende Anzahl Serienzettel gezogen, und so wird mit dem Rest derselben in den nachfolgenden Ziehungen fortgefahren.

Bei der Looszziehung hat man zwei Glücksräder; in dem einen befinden sich die mit den Nummern der Serienloose, und in dem andern die mit den Zahlen der herauskommenden Beträge versehenen Zettel. Gleichzeitig wird nun aus jedem Glücksrad ein Zettel gezogen und die auf dem Gewinnstzettel stehende Summe fällt sodann auf das dem Looszettel entsprechende Loos.

§. 92. **Die Gewinnstziehung kann abgekürzt werden**, wenn man im Glücksrade die kleinsten Summen, welche planmäßig herauskommen sollen, wegläßt, wonach, wenn die Gewinnste gezogen sind, allen übrigen, nicht zum Vorschein gekommenen Loosen der kleinste Betrag zufällt. Z. B. nach dem Plan der badischen Lotterieanleihe vom Jahre 1840 spielen im ersten Jahre 800, in den Serienziehungen herausgekommene Loose mit. Unter diesen 800 Loosen erhalten 700 Loose 65 fl. und alle übrigen mehr. Nun wird die Gewinnstziehung, in Folge gesetzlicher Anordnung, dadurch abgekürzt, daß nur 100, mit den Gewinnsten 50000, 15000, 8000 u. s. w. bezeichneten Zettel in das Glücksrad gelegt, und nur diese mit eben so viel, nämlich 100 Loosnummerzetteln gezogen werden. Schon bei dem badischen Lotterieanleihen vom Jahr 1820 ist dieses abkürzende Verfahren eingeführt worden. Der größere Theil des dabei betheiligten Publikums war mit dieser Verloosungsweise nichts weniger als einverstanden, weil man glaubte, hierdurch einem größern Zufalle in Betreff des Gewinnens ausgesetzt zu sein. Es läßt sich aber leicht darthun, daß die Betheiligten durch das in Rede stehende Verfahren in keiner Weise verkürzt werden.

Wir wollen vorerst annehmen, daß die Anzahl der Gewinnste $= 2$, und diejenige der Loose $= 4$ sei. Die den Personen A, B, C

u. s. w. zugehörigen Loose sollen beziehlich durch *a*, *b*, *c* u. s. w., und der eine Gewinnst durch *m*, so wie der andere Gewinnst durch *n* bezeichnet werden.

Nun kann aus dem Glücksrade gezogen werden

erst *m* und dann *n*

und gleichzeitig aus dem Loosnummerrade

a und *b*, oder *a* und *c*, oder *a* und *d*
oder *b* „ *a*, „ *b* „ *c*, „ *b* „ *d*
„ *c* „ *a*, „ *c* „ *b*, „ *c* „ *d*
„ *d* „ *a*, „ *d* „ *b*, „ *d* „ *c*

Mithin kann bei der ersten Ziehung *a* zum Vorschein kommen, und bei der zweiten entweder *b* oder *c* oder *d*, und es kann *a* in der zweiten Ziehung zum Vorschein kommen, und dagegen in der ersten entweder *b* oder *c* oder *d*; oder aber, es kann *b* in der ersten Ziehung zum Vorschein kommen, und in der zweiten entweder *a* oder *c* oder *d*, oder es kann *b* in der zweiten Ziehung zum Vorschein kommen, und in der ersten *a* oder *c* oder *d*, u. s. w. nach folgender Zusammenstellung:

ab	*ba*	*ca*	*da*
ac	*bc*	*cb*	*db*
ad	*bd*	*cd*	*dc*
ba	*ab*	*ac*	*ad*
ca	*cb*	*bc*	*bd*
da	*db*	*dc*	*cd*

Hieraus geht hervor, daß kein Betheiligter vor dem andern bevorzugt ist, und dasselbe gilt auch natürlich für den Fall, wenn der Gewinnst *m* nach dem Gewinnst *n* zum Vorschein kommt.

Ist die Anzahl der Gewinnste = 3, und werden sie durch *m*, *n*, *o* bezeichnet, so können sie in folgender Reihenfolge zum Vorschein kommen:

mno	*nmo*	*omn*
mon	*nom*	*onm*

Ist die Anzahl der Loose = 4 und werden sie durch *a*, *b*, *c* und *d* bezeichnet, so kann für irgend eine der obigen Gewinnstzusammenstellungen zum Vorschein kommen bei der

1ten Ziehung,	2ten Ziehung,	3ten Ziehung
a	*b*	*c*
a	*b*	*d*
a	*c*	*b*
a	*c*	*d*
a	*d*	*b*
a	*d*	*c*

Oder:

1ten Ziehung,	2ten Ziehung,	3ten Ziehung
b	*a*	*c*
b	*a*	*d*
b	*c*	*d*
b	*c*	*d*
b	*d*	*a*
b	*d*	*c*

Oder:

c	*a*	*b*
c	*a*	*d*
c	*b*	*a*
c	*b*	*d*
c	*d*	*a*
c	*d*	*b*

Oder:

d	*a*	*b*
d	*a*	*c*
d	*b*	*a*
d	*b*	*c*
d	*c*	*a*
d	*c*	*b*

Die Zusammenstellung für jeden einzelnen Theilhaber in Betreff der Möglichkeit des Herauskommens in der 1ten, 2ten und 3ten Ziehung ist wie folgt:

abc	*bac*	*cab*	*dab*
abd	*bad*	*cad*	*dac*
acb	*bca*	*cba*	*dba*
acd	*bcd*	*cbd*	*dbc*
adb	*bda*	*cda*	*dca*
adc	*bdc*	*cdb*	*dcb*
bac	*abc*	*acb*	*adb*
bad	*abd*	*acd*	*adc*
cab	*cba*	*bca*	*bda*
cad	*cbd*	*bcd*	*bdc*
dab	*dba*	*dca*	*cda*
dac	*dbc*	*dcb*	*cdb*
bca	*acb*	*abc*	*abd*
bda	*adb*	*adc*	*acd*
cba	*cab*	*bac*	*bad*
cda	*cdb*	*bdc*	*bcd*
cba	*dab*	*dac*	*cad*
dca	*dcb*	*dbc*	*cbd*

Hieraus geht ebenfalls hervor, daß die Glücksfälle für den einen Theilhaber wie für jeden andern sind, und zu demselben Schluß gelangt man für jede andere Anzahl von Betheiligten.

V.

Vom Verkehr mit Staatspapieren.

Cursnotirung der Staatspapiere.

§. 93. Der Curszettel der Staatspapiere entsteht auf dieselbe Weise, wie derjenige der Wechsel (§. 51). Hat der Curszettel die Rubriken „Geld" und „Papier", so zeigt die erste Aufschrift an, daß sich für die betreffenden Papiere zu den unter dieser Rubrik verzeichneten Cursen Kauflustige vorfanden, und die zweite Aufschrift zeigt an, daß die betreffenden Papiere zu den unter dieser Rubrik verzeichneten Cursen als Waare angeboten, und dafür zu haben waren. In manchen Curszetteln werden die am Börsentage stattgefundenen Schwankungen der Curse angemerkt. Z. B. der Frankfurter Curszettel der Staatspapiere gibt unter der gemeinschaftlichen Rubrik „Geld" den niedrigsten und höchsten Curs an, und die unter der Rubrik „Schluß der Börse" notirten Curse sind so zu verstehen, wie solche zu Ende der Börse, also in Folge des letzten Aus- und Angebots, geblieben sind. Unter der Rubrik „Umsatz" kommen auch die Curse vor, zu welchen die betreffenden Papiere verkauft worden sind. Der Curs kann auch aus sämmtlichen Geschäften einer und derselben Art als Durchschnittspreis oder Mittelpreis berechnet werden, was z. B. in Paris für die gegen gleich baare Zahlung umgesetzten Staatspapiere vorkommt (cours moyen).

Für die Papiere der gewöhnlichen Anleihen ist die Einheit in der Regel 100 vom Nominalkapital. Ist z. B. letzteres, d. h. die Summe, auf welche die Obligation lautet, 500 fl., und wird das Papier zum Curs 95 verkauft, so zahlt der Käufer so oft 95 fl., als 100 fl. im Nominalkapital enthalten sind, also 5mal 95 oder 475 fl. Für Lotterieloose ist die Einheit entweder ebenfalls 100 vom Nominalkapital des Looses, oder aber es versteht sich der Curs vom Loose selbst, vom Stück.

Bei manchen Papieren sind die laufenden Zinsen (jouissance) im Curs mitbegriffen. Wenn z. B. diejenigen französischen 5=procentigen Renten, die halbjährlich am 22. März und 22. September bezahlt werden, am 22. Juni zu 99 notirt sind, so ist der Kaufpreis eigentlich nur 97 Fr. 75 Cent., weil die dreimonatlichen Zinsen im Betrage von 1 Fr. 25 Cent. im Curs mitbegriffen sind.

In Betreff der ausländischen Papiere wird zur Verwandlung des ausländischen Geldes in inländisches in der Regel ein bestimmtes Verhältniß angenommen, so daß bei der Preisbestimmung der ausländischen Papiere zweierlei Curse vorkommen, nämlich der unveränderliche oder fixe Curs in Betreff der Geldreduction, und der im Curszettel enthaltene, auf jenen, gewöhnlich als bekannt vorausgesetzten, und deshalb in manchen Curszetteln ausgelassenen fixen Curs sich gründende veränderliche Curs des Papiers. Die Geldreduction geschieht aber auch mitunter nach einem Wechselcurs für kurze Frist.

In Frankfurt a. M. z. B. ist die Einheit für die österreichischen Obligationen 100 fl. des 20=fl.=Fußes, der Curs ist in derselben Valuta zu verstehen, und die Verwandlung der ausländischen Valuta in die süddeutsche Währung (§. 32) geschieht nach dem Silberpari (also 20 fl. Conv. Ct. = $24\frac{1}{2}$ fl. süddeutscher Währung, weil beide Geldmengen 1 köln. Mark Silber enthalten). Die Einheit für die $3\frac{1}{2}$=procentigen preußischen Staatsschuldscheine ist 100 Thlr. preußisch, der Curs ist ebenfalls in preußischen Thalern zu verstehen und letztere werden zu 1 fl. 45 kr. gerechnet. Bei den holländischen Papieren wird der holländische Gulden dem des $24\frac{1}{2}$=fl.=Fußes gleichgesetzt. Für die spanischen Obligationen ist die Einheit 100 Piaster und der fixe Curs ist $2\frac{1}{2}$ fl. per Piaster. Für die auf französische Franken lautenden sardinischen Loose ist der Curs in Franken per Stück zu verstehen und der fixe Curs ist 28 kr. u. s. w.

Insoweit der Werth der Staatspapiere auf den Curs derselben influirt, richtet sich dieser nach der Creditfähigkeit des Staats und nach der besondern Beschaffenheit und Einrichtung des Anleihens, zu dem die Papiere gehören, sowie auch nach der Größe des Zinsfußes derselben im Vergleiche mit dem herrschenden Verkehrszinsfuße.

In Frankfurt a. M. z. B. standen am 15. Juni 1852 die $4\frac{1}{2}$=procentigen

preußischen Oblig. auf 103

[illegible] „ „ [illegible]

baierischen Oblig. auf $100\,^5/_8$
badischen " " $102\,^3/_4$
darmstädter " " $101\,^1/_4$

Nach dem damaligen Cursstand der preußischen $4^1/_2$-procentigen Obligationen ergab sich demnach für den Kapitalisten aus der Acquisition derselben der Zinsfuß der Kapitalanlage aus der Proportion:

$$103 : 4\,^1/_2 = 100 : x = 4{,}48.$$

Der berechnete Zinsfuß ist also kleiner als der des Papiers; denn weil der Zins $4\,^1/_2$ von jedem Hundert der Obligation entrichtet wird, so steht sich Derjenige, welcher das Papier zum Curs 103 acquirirt, auf weniger als $4\,^1/_2$. Es wird demnach ein Kapitalist, der sein Geld auf anderweitige Art zu $4\,^1/_2$ oder über $4\,^1/_2$ Proc. verzinslich anbringen kann, kein $4\,^1/_2$-procentiges Papier kaufen, wenn er dasselbe über 100 oder über Pari bezahlen muß. Kann er z. B. sein Geld zu 5 Proc. anbringen, so ist ihm eine $4\,^1/_2$-procentige Obligation, unter übrigens gleichen Umständen (gleiche Sicherheit rc.) nur so viel werth, als aus der Proportion folgt:

$$5 : 100 = 4\,^1/_2 : x = 90$$

Es kann auch, ausnahmsweise, von Papieren eines und desselben Staates und von verschiedenen Zinsfüßen dasjenige vom größern Zinsfuße niedriger als das Papier vom kleinern Zinsfuße stehen. So standen z. B. im Juni 1852 die badischen $4\,^1/_2$-procentigen Obligationen höher wie die 5-procentigen Obligationen, weil letztere Papiere im November 1853 von der Regierung gekündigt werden können. Der Cursstand der Staatspapiere rührt übrigens nicht immer von reellen Ursachen her, sondern ist häufig eine Folge von Operationen der Börsenspeculanten, welche alles aufbieten, um den Curs für sich zu lenken.

§. 94. Die Zinsen, welche auf der Obligation, wenn sie verkauft wird, haften, werden dem Verkäufer vom Käufer vergütet, weil die Zinsen erst an dem für die Zahlung derselben festgesetzten Termine erhoben werden können; da sie ferner nach dem Nominalkapital von der Staatskasse ausgezahlt werden, so werden sie vom Nominalkapital und nicht vom cursmäßigen Kapital oder von der Kaufsumme berechnet. Gewöhnlich wird hierbei der Monat zu 30 Tagen angenommen. Als Beispiel einer solchen Berechnung diene folgende Zusammenstellung der Kapitalien und Zinsen, wobei vorausgesetzt wird, daß der Verkauf der Papiere am 26. Januar zum Curs 99 in Wien stattgefunden hat.

fl.	1000	Nr.	—	vom Jahr —,	Zinsen vom	1. October	anfangend.		
„	1000	„	—	„ „ —	„ „	1. November	„		
„	1000	„	—	„ „ —	„ „	1. December	„		
fl.	3000	k. k. österreichische 4-procentige Metalliques *)							
					zu 99 . . .		fl.	2970 —	kr.
Zinsen von	1000 fl.	vom	1. October	= 96 Tage			„	10. 40	„
„ „	1000 „	„	1. November	= 66 „			„	7. 20	„
„ „	1000 „	„	1. December	= 36 „			„	4. —	„
							fl.	2992. —	kr.

Wird, wie dies gewöhnlich der Fall ist, der Tag, an welchem der Verkauf stattfindet, bei der Zinsvergütung nicht mitgerechnet, so hat, in Beziehung auf obiges Beispiel, der Käufer die Zinsen nur für 95, 65 und 35 Tage zu vergüten.

Kaufgeschäft in Staatspapieren.

§. 95. Das **Kaufgeschäft** ist entweder ein **Tagskauf** oder ein **Zeitkauf**.

Wenn sich Jemand verbindlich macht, einem Andern Papiere zu einem festgesetzten Curs sofort zu liefern, und wenn sich der Andere verbindlich macht, solche gegen sogleich zu erfolgende Zahlung anzunehmen, so heißt dieses Geschäft **Tagskauf**, auch **fester Kauf**, **Comptantkauf**, **Kauf per Cassa**, **Tagsgeschäft** (**marché au comptant**).

Auf größern Handelsplätzen, und da wo es die Gesetze gebieten, wird der Kaufvertrag durch Vermittlung eines Sensals oder Maklers geschlossen.

Umständlicher wird beim Tagskauf der inscribirten Fonds (§. 71) verfahren.

In Frankreich z. B., wo überhaupt die Negociation der Staatspapiere unter Mitwirkung von zwei Sensalen stattfinden muß, gibt Derjenige, welcher kaufen will, seinem Sensal den Betrag der Rente und das Angebot an; dieser schließt nun mit dem Sensal des Verkäufers das Geschäft ab und besorgt sodann die Umschreibung der Rente auf den Namen des Käufers.

Der Zeitkauf unterscheidet sich im Wesentlichen dadurch vom

---

*) Wenn (wie dies z. B. in Oesterreich und Rußland der Fall ist) ein Staat Anleihen macht, deren Zinsen vertraggemäß in Papiergeld bezahlt werden, so werden diejenigen Papiere desselben Staats, welche vertraggemäß in Metallgeld zu entrichten sind, zur Unterscheidung von den Papieren ersterer Art **Metalliques** genannt.

Tagskauf, daß die Ablieferung der Papiere nicht gleich beim Abschluß des Vertrags, sondern an einem bestimmten spätern Tage zu erfolgen hat. Statt Zeitkauf sagt man auch Kauf auf Lieferung, Lieferungshandel, Lieferungsgeschäft (marché à terme).

§. 96. Wenn beim Kauf auf Lieferung am festgesetzten Termin der Verkäufer die Papiere nicht liefern, oder der Käufer die erhandelten Papiere nicht abnehmen kann, so ist der betreffende Theil dadurch berechtigt, sich vom andern die Cursdifferenz, d. h. die Differenz des bedungenen und des am Lieferungstermin stattfindenden Curses auszahlen zu lassen.

A z. B. macht sich dazu verbindlich, dem B. 100000 fl. in Metalliques zum Curs 100 Ende des Monats zu liefern, und B macht sich anheischig, solche gegen baare Zahlung zu übernehmen. Steht nun am Lieferungstage der Curs auf 101, und liefert A die Papiere nicht, so muß er dem B 1000 fl. als Cursdifferenz vergüten; denn Letzterer könnte 1000 fl. gewinnen, weil er die für 100000 fl. gekauften Papiere für 101000 fl. verkaufen könnte. Ist dagegen der Curs auf 99 gefallen, so muß B, wenn er die Papiere nicht nimmt, dem A die Cursdifferenz im Betrage von 1000 fl. vergüten; denn wenn der A die zu liefernden Papiere schon besitzt, so sind sie ihm 1000 fl. weniger werth, und wenn er sie nicht besitzt, so kann er sie zum Curs 99, also für 99000 fl. kaufen, und wenn sie ihm der B zum Curs 100, also für 100000 fl. abnimmt, so hat er dadurch einen Gewinn von 1000 fl. Hierdurch sind dann auch die sogenannten Differenzgeschäfte entstanden, bei welchen der Kauf fingirt ist, und die Contrahenten nur die Absicht haben, die Cursdifferenz zu vergüten. Ein solcher Vertrag ist also weiter nichts als eine Wette auf das Steigen und Fallen der Curse.

§. 97. Der Zeitkauf ist entweder ein fester oder ein bedingter Kauf. Bei dem festen Zeitkauf wird im Vertrag der Tag bestimmt, an welchem der eine Contrahent die Papiere liefern, und der andere nehmen und bezahlen muß. Ist dagegen der eine oder andere Contrahent nicht unbedingt zur Erfüllung des Vertrags verbunden, so ist ein solcher Zeitkauf ein bedingter Zeitkauf.

Die Lieferungszeit beim festen Zeitkaufe (marché ferme) ist theils nach der Gattung der Papiere, theils nach Gewohnheiten verschieden. Gewöhnlich sind für die verschiedenen Zeitkäufe überhaupt gewisse Lieferungstermine (von 1, 2 bis 3 Monaten) allgemein angenommen. In Paris z. B. werden die Zeitkäufe auf monatliche Liquidation (oder gegenseitige Abrechnung über die in einem bestimmtem Zeitraume gemachten Papiergeschäfte), nämlich ultimo des laufenden oder des nächstfolgenden Monats geschlossen. Auf den Pariser Curszetteln bezeichnen die den Cursen beigefügten Worte: fin courant und fin prochain die bei dem Zeitkaufe bedungenen Lieferungstermine; fin courant bezeichnet, daß die Lieferung auf den letzten des laufenden Monats, und fin prochain, daß solche auf den letzten des nächsten Monats bedungen ist.

Die Bedingungen bei dem bedingten Zeitkaufe betreffen entweder die Erfüllungsart, oder die Erfüllungszeit, oder den Vorbehalt des Rücktritts.

Was die Erfüllungsart betrifft, so kann sich der eine Contrahent dem andern verbindlich machen, nach dessen, an einem bestimmten Tage zu erklärenden Wahl, entweder eine bestimmte Summe in Papieren gegen einen zum voraus festgesetzten Curs am bedungenen Termin zu liefern, oder eben so viel zu einem etwas höhern Preise anzunehmen. Hierbei ist es aber nicht nöthig, daß eine und dieselbe Gattung von Papieren geliefert oder bezogen werden soll, sondern es kann auch auf zwei Sorten geschlossen werden; z. B. preußische Staatsschuldscheine zu liefern und Metalliques zu beziehen. Derjenige, welcher die Wahl hat, heißt Wähler, der andere Contrahent ist der Steller.

Macht sich der Wähler dazu verbindlich, einen Theil der bedungenen Papiere, und zwar zu einem höhern Curs zu beziehen, so ist der Vertrag oder Schluß fest hinsichtlich vorerwähnten Theils der bedungenen Papiere, und offen auf den übrigen Theil derselben. Der Wähler ist also berechtigt, bloß jenen Theil, oder, wenn er will, die ganze Parthie sich liefern zu lassen. Der andere Contrahent macht sich sowohl für das Eine als für das Andere verbindlich, und der Wähler muß den einen Theil beziehen. Endlich kann es auch dem Wähler freigestellt werden, außer den bedungenen Papieren noch eine weitere Parthie um den nämlichen oder einen höhern Curs zu verlangen, und der andere Contrahent kann die Befugniß haben, noch eine weitere Parthie zu liefern.

Bei dem bedingten Zeitkaufe mit freier Wahl der Erfüllungszeit wird dem Käufer die Wahl der Lieferungszeit innerhalb gewisser Grenzen überlassen. Der Vertrag kann entweder dahin lauten, daß sich der Käufer die Papiere während einer bestimmten Zeit an jedem beliebigen Tage vom Verkäufer kann verabfolgen lassen, oder daß der Verkäufer erst nach Ablauf einer bestimmten Zeit verbunden ist, innerhalb einer weitern Frist die Papiere an jedem dem Käufer beliebigen Tage zu liefern.

Bei dem bedingten Zeitkaufe mit dem Vorbehalte des Rücktritts, dem sogenannten Prämiengeschäfte (marché à prime, marché libre), steht es entweder dem Käufer gegen Bezahlung der Prämie, d. h. einem in Procenten der Kaufsumme bestehenden Betrage frei, die Papiere zu nehmen, oder auch nicht zu nehmen, oder es steht dem Verkäufer gegen Entrichtung der Prämie frei, die Papiere zu liefern oder nicht zu liefern.

Vom Prolongationsgeschäfte, und vom Gebrauche der Staatspapiere zu Discontgeschäften.

§. 98. Derjenige, welcher im Besitze von Staatspapieren ist, und im Augenblick Geld nöthig hat, kann sich solches in der Weise verschaffen, daß er Papiere unter der Bedingung verkauft, daß sie ihm der Käufer zu einer bestimmten Zeit und zu einem zum voraus festgesetzten Curs wieder zurückliefern muß. Der Käufer hat hierbei die Absicht, Kapitalien für kurze Fristen zu verzinsen. Staatspapiere können also ebenso wie Wechsel zu Discontgeschäften (§. 49) benutzt werden. Ein solches Kaufgeschäft heißt Prolongationsgeschäft (marché à report). Wenn der Verkäufer die zum Rückkauf erforderliche Summe am Lieferungstermin nicht herbeischaffen kann, so muß er den Vertrag mit dem Käufer erneuern, und es muß ein neuer Preis für die am andern Termine zu liefernden Papiere bestimmt werden. In der französischen Börsensprache heißt dieß: se faire reporter. Will sich aber der betreffende Contrahent in eine solche Prolongation nicht einlassen, so muß ihm der zum Rückkauf verpflichtete Contrahent einen Käufer verschaffen, und ihn für die etwaige Differenz der Curse, zu welchem der Dritte die Papiere kauft und er selbst sie zurück zu kaufen verpflichtet war, entschädigen.

Die Differenz der Preise bei dem Tageskaufe und dem befristeten Rückkaufe wird Report (report) genannt, und man versteht auch hierunter den, dieser Differenz und der Lieferungszeit entsprechenden Zinsfuß, welcher sich nach dem gleichzeitigen Discont (§. 49) richtet.

Z. B. A verkauft am 20. August an B 10000 fl. in 5-procentigen Metalliques zum Curs 99; B übernimmt dagegen die Verbindlichkeit, sie nach 3 Monaten zu 98 $^7/_8$ zurückzuliefern, wogegen ihm die vom 1. Juli laufenden Interessen überlassen werden. A erhält also

für 10000 fl. Metalliques zu 99	fl.	9900	— kr.
für Interessen vom 1. Juli bis zum 20. August, 49 Tage, zu 5 Procent	„	68	3 „
zusammen	fl.	9968	3 kr.

Am 20. November erhält A die Papiere zurück, und muß bezahlen:

für 10000 fl. Metalliques zu 98 $^7/_8$	fl.	9887 30 kr.
für Interessen vom 1. Juli bis zum 20. November, 139 Tage, zu 5 Procent . .	„	193 3 „
zusammen	fl.	10080 33 kr.

B erhält demnach 112 fl. 30 kr. mehr als er vor 3 Monaten hergegeben hat. Es ist also dasselbe, als ob er einen in 3 Monaten fälligen Wechsel im Betrage von 10080 fl. 33 kr. discontirt hätte.

Der Zinsfuß oder Report ist daher $= \frac{12 \times 100 \times 112^1/_2}{3 \times 10080\ ^{33}/_{60}}$ $= 4{,}46$. *)

Versatzgeschäft.

§. 99. Staatspapiere werden auch zur Sicherstellung von Darleihen, Wechselforderungen &c. in Versatz gegeben, und zwar, je nach Umständen, zu mehr oder weniger Procenten unter ihrem Curswerthe. Geht der Curs unterdessen so weit herunter, daß dadurch die Papiere weniger als der beim Abschluß des Geschäfts angenommene Werth betragen, so muß der Entlehner sofort einen Nachschuß leisten. Wird der Nachschuß nicht geleistet, so darf der Darleiher die Papiere auf Rechnung des Entlehners an der Börse oder öffentlich verkaufen lassen. Ein solches Geschäft heißt Versatzgeschäft, Depotgeschäft, (emprunt oder prêt sur dépôt d'effet publics).

---

*) Ist der Curs 99 für den Verkauf gegeben, und soll der Rückkauf zu einem solchen Curse stattfinden, daß der Käufer des Papiers sein Geld zu 4,46 Procent verzinst, so ergibt sich, in Beziehung auf obiges Beispiel, der fragliche Curs aus folgender Berechnung.

Der Käufer gibt

für 10000 fl. in Metalliques zu 99 . . .	fl.	9900. — kr.
„ Zinsen zu 5 Procent für 49 Tage . . .	„	68. 3 „
Zusammen	fl.	9968. 3 kr.

Nach 3 Monaten muß er also zurückerhalten fl. 9968. 3 kr. und die Zinsen hiervon zu 4,46 Procent im Betrage von fl. 111. 13 kr.; also zusammen fl. 10079. 16 kr. Bezeichnet man den fraglichen Curs durch x, so muß beim Rückkauf gezahlt werden:

für 10000 fl. Metalliques zum Curs x	fl.	$100\,x$
„ Zinsen für $49 + 90 = 139$ Tage zu 5 Procent .	„	$193^1/_{20}$
Zusammen	fl.	$100\,x + 193^1/_{20}$

Daher die Gleichung

$$100x + 193^1/_{20} = 10079^{16}/_{60}, \text{ woraus } x = 98{,}87$$

was mit dem im obigen Beispiel gegebenen Curs $98^7/_8 = 98{,}87$ übereinstimmt.

Börsenoperationen in Staatspapieren.

§. 100. Aus den verschiedenen Arten von Zeitkäufen und den Combinationen derselben unter sich und mit festen Käufen bestehen die sogenannten Börsenoperationen in Staatspapieren, welche entweder auf das Steigen (franz. la hausse) oder auf das Fallen (la baisse) der Curse gerichtet, und also von der Beschaffenheit sind, daß im einen Falle das Steigen der Curse, und im andern das Fallen derselben dem Speculanten Gewinn bringt. Beide Speculationsarten lassen sich auch mit einander verbinden, wodurch die Speculation auf das Steigen und Fallen (opération à la hausse et à la baisse) entsteht, und es lassen sich selbst Operationen, die auf das Steigen gerichtet waren, auf solche auf das Fallen, und so auch umgekehrt, umwandeln, wenn im einen Falle die Curse heruntergehen, statt zu steigen, und im andern Falle heraufgehen, statt zu fallen. Hierzu einige Beispiele.

1) Beispiel einer Operation auf das Steigen. — Weil der Curs beim Prämienkauf etwas höher, als beim festen Kaufe ist, so ist es möglich, daß man so viel gewinnen werde, als die Differenz der den beiden Cursen entsprechenden Summen beträgt, wenn man Papiere fest kauft, und gleichzeitig die gekauften Papiere auf Prämie verkauft.

Man kauft z. B. fest 100000 fl. in 4=procentigem Papier zum Curs $99^3/_4$ für	fl.	99750
Man verkauft gleichzeitig auf Prämie 100000 fl. in 4=procentigem Papier zum Curs 100 und 1 Procent Prämie für	fl.	100000
Differenz	fl.	250

Nimmt der Käufer die Papiere, so gewinnt der Speculant, abgesehen von der Courtage, obige Differenz von 250 fl.; nimmt er sie nicht, so muß er 1000 fl. Prämie zahlen; stellt sich der Curs auf 99 und nimmt er die Papiere, so verliert er gleichfalls 1000 fl., insofern nämlich die Papiere, für die er 100000 fl. zu zahlen hat, gegenwärtig nur 99000 fl. werth sind; er wird also die Papiere nicht nehmen, wenn der Curs unter 99 steht.

Nimmt der Käufer die Papiere nicht, so kommen solche dem Speculanten, der sie für 99750 fl. gekauft hat, wegen des Prämiengewinns auf 98750 fl. zu stehen, welcher Betrag dem Curs $98^3/_4$ entspricht. Stellt sich der Curs unter $98^3/_4$, so verliert der Speculant, wenn ihn Umstände nöthigen, die Papiere zu versilbern.

2) Beispiel einer Operation auf das Fallen. — Man kann auf

Prämie à découvert, d. h. ohne die Papiere beim Abschluß des Kaufvertrags zu besitzen, verkaufen. Der Speculant verkaufe auf diese Weise 100000 fl. in 4=procentigem Papier zum Curs 100 und zu 1 Procent Prämie. Fällt der Curs unter 99, so nimmt der Käufer die Papiere nicht, und der Speculant gewinnt die Prämie im Betrage von 1000 fl. Nimmt hingegen der Käufer die Papiere, so muß sie der Speculant, weil er à découvert verkauft hat, selbst erst kaufen. Kann er sie unter 100 erhalten, so gewinnt er die entsprechende Differenz; muß er aber über 100 kaufen, so hat er Verlust.

3) Beispiel einer Operation auf das Steigen und Fallen. — Wenn bevorstehende Ereignisse einen bedeutenden Einfluß auf den Curs erwarten lassen, so kann man auf Prämie kaufen und die Hälfte der gekauften Papiere fest verkaufen. Der Speculant kauft z. B. auf Prämie zu $1/2$ Procent 100000 fl. in 4=procentigem Papier zum Curs 100; die Hälfte hiervon fest verkauft zum Curs $99 1/2$ gibt . . . . fl. 49750

Der Curs steige auf 101; die andere Hälfte der gekauften Papiere zu diesem Curs verkauft, gibt . fl. 50500

Betrag der beiden Verkaufssummen . . . fl. 100250

Betrag der Einkaufssumme . . . . . . fl. 100000

Gewinn=Differenz fl. 250

Fällt hingegen der Curs, nimmt der Speculant die auf Prämie gekauften Papiere nicht, und kauft er dagegen die zu liefernden 50000 fl. in 4=procentigem Papier z. B. zum Curs 98, so ist der entsprechende Betrag . . . . fl. 49000

Die Verkaufssumme beträgt . . . . . . „ 49750

Gewinn=Differenz fl. 750

Von dieser Gewinn=Differenz geht aber die zu zahlende Prämie ab im Betrage von . . . . . fl. 500

Der Gewinn beträgt also . . . . . . fl. 250

Obige Speculationsweise kann übrigens nur bei bedeutenden Cursveränderungen Vortheil bringen.

4) Beispiel zur Verwandlung einer Operation auf das Steigen in eine auf das Fallen. — Wird bewerkstelligt, wenn man zweimal so viel in Papier verkauft, als man eingekauft hat.

Man habe z. B. 100000 fl. in 4=procentigem Papier zum Curs 99 eingekauft für . . . . fl. 99000

Fällt der Curs auf 98, und verkauft man wieder zu diesem Curs für . . . . „ 98000

so beträgt die Verlust=Differenz . . . . . fl. 1000

Ist es aber wahrscheinlich, daß der Curs noch tiefer fallen werde, so kann man doppelt so viel, nämlich 200000 fl. in 4=procentigem Papier verkaufen; man ist alsdann eines Theils Käufer von 100000 fl. in 4=procentigem Papier und andern Theils Verkäufer von 200000 fl. in demselben Papier; man hat sonach 100000 fl. in Papier à découvert verkauft, und es kann das weitere Fallen des Curses ganz oder theilweise den Verlust decken, welche die ursprüngliche Speculation zur Folge hätte haben können, oder wohl gar einen Gewinn abwerfen. Soll dagegen eine auf's Fallen gerichtete Speculation in eine auf das Steigen verwandelt werden, so verfährt man auf eine dem obigen Verfahren entgegengesetzte Weise.

5) Mit weniger Gefahr verbunden, als obige Operationen sind die gleichzeitigen Prämien=Käufe und Verkäufe (opérations de primes contre primes), welche die mannigfaltigsten Combinationen zulassen.

Man kann z. B. gegen Prämie zu 1 Procent kaufen und zu $1/2$ Procent verkaufen. Der Speculant kaufe zu 1 Procent Prämie 100000 fl. in 4=procentigem Papier zum Curs 100;

betragend	fl. 100000
Gleichzeitig verkauft er zu $1/2$ Procent Prämie 100000 fl. in 4=procentigem Papier zu $100^3/_4$ für .	" 100750
wonach der Speculant die Differenz	fl. 750

gewinnt, wenn die Papiere von beiden Theilen genommen werden. Werden sie nicht genommen, so zahlt der Speculant eine Prämie

von	fl. 1000
und er erhält eine solche von	" 500
Daher ein Verlust für ihn von	" 500

Das zu $100^3/_4$ verkaufte Papier kommt nach Abzug der Prämie von $1/2$ Procent auf $100^1/_4$ zu stehen; stellt sich am Lieferungstage der Curs unter $100^1/_4$, so wird der Käufer das Papier nicht nehmen; stellt sich dasselbe z. B. auf $99^1/_2$, so kann der Speculant

das Papier zu diesem Curs verkaufen für . . .	fl. 99500
überdem erhält er eine Prämie von	" 500
also zusammen	fl. 100000

und da ihm das gekaufte Papier eben so viel kostet, so gewinnt und verliert er nichts.

Kann er das Papier zu 100 verkaufen, so erhält er	fl. 100000
hierzu die Prämie von	" 500
also zusammen	fl. 100500
und da ihm das Papier	" 100000
kostet, so hat er in diesem Falle einen Gewinn von	" 500

§. 101. Von der Speculation in Staatspapieren oder solchen Geschäften, welche in Erwartung des nach Möglichkeit erwogenen Steigens und Fallens der Papiere unternommen werden, unterscheiden sich in der Regel diejenigen Operationen, welche auf Zeitkäufen beruhen, und lediglich in Curswetten bestehen, weil sich, ganz besondere Fälle abgerechnet, der Stand der Curse auf längere Zeit nicht voraussehen läßt. In dieser Weise wird aber auf einigen größern Handelsplätzen, London, Paris, Amsterdam 2c. der Effectenhandel größtentheils betrieben. *) Zu einer derartigen Ausartung desselben gesellen sich dann noch die Umtriebe Derjenigen, welche durch Ausstreuen falscher Gerüchte und allerlei andere unerlaubte Mittel die Curse herauf oder herunter zu bringen suchen. Daher in manchen Ländern unterschiedliche Beschränkungen des Papierhandels, um der verderblichen Richtung desselben entgegen zu wirken.

Vom Verheuern der Anlehnsloose.

§. 102. Die Anlehnsloose (§. 89) haben noch zu zwei besondern Arten von Geschäften, dem Verheuern und Assecuriren, Veranlassung gegeben.

Unter Verheuern versteht man das Vermiethen der Loose für die Dauer der Ziehung gegen eine angemessene Vergütung, welche man Prämie nennt, in der Weise, daß wenn mehr als die im Verloosungsplan bestimmte geringste Summe auf das Loos fällt, dem Miether der Gewinn gehört, wonach derselbe aber dem Vermiether ein noch nicht herausgekommenes Loos oder dessen cursmäßigen Werth zu verabfolgen hat. Der Vermiether oder Verheuerer hat hierbei die Absicht, den Zinsfuß seines in Loosen angelegten Kapitals höher zu stellen, indem er einen höhern Zinsfuß einem ungewissen Gewinn vorzieht, und der Miether oder Heuerer hat den Vortheil, sich vermittelst einer geringen Einlage bei der Ziehung zu betheiligen. Zur weitern Erleichterung der Betheiligung werden überdem auch Theile eines Looses verheuert. Die Loose selbst erhält der Heuerer nur dann für die Dauer der Ziehung ausgeliefert, wenn er Caution leistet, oder es können auch die Loose zur Sicherstellung des Heuerers bei einem Dritten hinterlegt werden. **)

---

*) Auf manchen Plätzen werden auch für Lieferungen in Landesprodukten und andern Waaren Contracte geschlossen, bei welchen es lediglich auf die Vergütung der Preisdifferenz (§. 96) abgesehen ist.

**) Das Heuergeschäft wird übrigens häufig von Betrügern betrieben, welche

Das Verheuern kann sich auch auf die Serienziehung eines Lotterieanlehens beziehen, wonach der Heuerer ein Serienloos erhält, wenn das von ihm gewählte und geheuerte Loos in der Serienziehung herauskommt; er hat dagegen dem Verheuerer ein noch nicht in der Serienziehung herausgekommenes Loos oder dessen cursmäßigen Werth zu restituiren.

Sowohl bei dem einen als andern Verheuern wird ein sogenannter Promessenschein vom Verheuerer ausgefertigt und unterzeichnet, worin er sich, wenn auf die Gewinnziehung geheuert wird, verbindlich macht, die auf die geheuerten Nummern fallenden Gewinnste gegen Auslieferung eines andern Looses baar auszuzahlen, oder auch das gewinnende Loos auszuliefern, oder endlich den Ueberschuß in Beziehung auf die kleinste, auf ein Loos fallende Summe auszuzahlen. Bei dem Verheuern auf die Serienziehung macht er sich hingegen verbindlich, ein Serienloos gegen ein noch nicht herausgekommenes Loos auszuliefern, wenn die vom Heuerer gewählte Nummer in der Serienziehung herauskommt.

Vom Assecuriren der Anlehnsloose und anderer Papiere.

§. 103. Wenn der Curs von Anlehnsloosen höher steht, als die geringste Summe, welche bei der Ziehung auf ein Loos fällt, so verliert der Inhaber eines solchen mit der geringsten Summe herauskommenden Looses so viel wie die Differenz in Beziehung auf den cursmäßigen Werth des Looses beträgt.

Die Gefahr eines solchen Verlustes hat nun das Assecuriren oder Versichern gegen solchen in der Weise veranlaßt, daß gegen Zahlung einer der Gefahr angemessenen Versicherungsprämie der Versicherer sich anheischig macht, die ihm aufgegebenen, d. h. genau bezeichneten Loose, auf Verlangen des Inhabers gegen andere noch

---

Loose verheuern, die sie nicht besitzen; daher das Verbot des Verheuerns in manchen Ländern, so z. B. im Großherzogthum Baden. In der desfallsigen Verordnung vom 13. Nov. 1823 heißt es: — „Da aber dieses Verheuren nichts anders als ein Glücksspiel, bei welchem Gewinn und Verlust von einer ungewissen Begebenheit, nämlich davon abhängt, ob die geheuerten Nummern der Partialobligationen bei der Ziehung der letztern herauskommen, mithin in dieser Hinsicht eine wahre Privat-Geldlotterie, und als solche um so verderblicher ist, als durch den vermeintlichen geringen Einsatz der Reiz zum Spielen vermehrt wird, als sie dem Spielenden keine Sicherheit gewährt, und als sie zu den gröbsten Betrügereien leichte Gelegenheit und Veranlassung gibt, so muß dieses Geschäft um so mehr den gesetzlichen Bestimmungen über Glücksspiele überhaupt und über Lotterie insbesondere unterliegen.“

nicht herausgekommene Loose umzutauschen, wenn die versicherten Loose mit der geringsten Summe, oder überhaupt mit einer Summe herauskommen, welche weniger, als der cursmäßige Werth der Loose beträgt.

Dergleichen Versicherungen kommen auch bei andern Papieren in Anwendung, welche im Handel über Pari stehen, und daher durch Rückzahlung nach dem Nominalwerthe (§. 79) Schaden befürchten lassen.

§. 104. Bei der Berechnung des Spielwerths der Promessen kommt es darauf an, ob die Loose in Serien eingetheilt sind oder nicht; und im ersten Falle, ob auf die Serienziehung oder auf die Gewinnziehung geheuert werden soll.

Der Berechnung des Spielwerths unter diesen verschiedenen Voraussetzungen legen wir die nachfolgenden fünf letzten Ziehungen des badischen Lotterieanleihens vom Jahr 1840 zum Grunde.

25te Ziehung.		26te Ziehung.		27te Ziehung.	
Loose	fl.	Loose	fl.	Loose	fl.
1	„ 35000	1	„ 35000	1	„ 40000
1	„ 10000	1	„ 10000	1	„ 10000
1	„ 5000	1	„ 7000	1	„ 7000
1	„ 3000	1	„ 3000	1	„ 5000
2	„ 3000	4	„ 6000	4	„ 6000
4	„ 4000	5	„ 5000	7	„ 7000
10	„ 2500	10	„ 4000	10	„ 3000
20	„ 3000	20	„ 4000	20	„ 4000
30	„ 3000	30	„ 3000	25	„ 3750
80	„ 6400	77	„ 6930	80	„ 8000
8850 à fl. 71	„ 628350	9850 à fl 72	„ 709200	11350 à fl. 73	„ 828550
9000 Loose	fl. 703250	10000 Loose	fl. 793130	11500 Loose	fl. 922300

28te Ziehung.		29te Ziehung.	
Loose	fl.	Loose	fl.
1	„ 40000	1	„ 50000
1	„ 10000	1	„ 15000
1	„ 7000	1	„ 10000
1	„ 5000	1	„ 5000
4	„ 6000	2	„ 3000
7	„ 7000	5	„ 5000
10	„ 3000	10	„ 3000
20	„ 4000	20	„ 4000
25	„ 3750	40	„ 6000
80	„ 8000	128	„ 12800
12350 à fl. 74	„ 913900	12791 à fl. 75	„ 959325
12500 Loose	fl. 1007650	13000 Loose	fl. 1073125

Nehmen wir vorerst an, daß die Loose nicht in Serien eingetheilt sind. Dem Plan zufolge sind nach der 24ten Ziehung noch

9000 + 10000 + 11500 + 12500 + 13000 = 56000 Loose vorhanden. In der 25ten Ziehung werden 9000 Loose für 703250 fl. gezogen; auf 8850 Loose zu 71 fl., als geringste Summe, kommen 628350 fl. Der Vertrag kann nun z. B. darin bestehen, daß der auf eine gewisse Nummer Spielende seine Prämie oder Einlage verliert, wenn diese Nummer entweder gar nicht oder mit der geringsten Summe (71 fl.) herauskommt; daß ihm hingegen, wenn eine größere Summe auf die Nummer fällt, der Gewinn nach Abzug der geringsten auf ein Loos fallenden Summe ausgezahlt werde.

Nimmt man an, daß der Verheuerer Besitzer der sämmtlichen noch vorhandenen 56000 Loose sei, so wird er durch die größern auf ein Loos fallenden Rückzahlungssummen eine Einnahme von 703250 — 628350 = 74900 fl. haben. Diese Einnahme geht ihm verloren, wenn er über alle Loose Promessen ausgibt; er erhält dagegen die Prämien, und außerdem, weil von 9000 Loosen 150 Loose mit den größern Summen herauskommen, dem angenommenen Vertrag zufolge, 71 × 150 = 10650 fl. Soll nun die Einnahme der Ausgabe gleich sein, und also weder gewonnen noch verloren werden, was bei der Berechnung des sogenannten Spielwerths angenommen werden muß, und bezeichnet man denselben durch x, so hat man zur Bestimmung desselben die Gleichung

$$56000\,x + 10650 = 74900, \text{ woraus } x = 1{,}14.$$

Dieser Berechnung liegt die Annahme zum Grunde, daß der Verheuerer eine große Anzahl von Loosen verheuert, weil alsdann die verschiedenen Wechselfälle sich so gegen einander ausgleichen, daß sich das Verhältniß der Einnahme zur Ausgabe dem berechneten Durchschnittsverhältniß je mehr und mehr nähert. Soll also gewonnen werden, so muß der Miethpreis oder die Prämie höher als die berechnete Durchschnittszahl angesetzt werden.

Nach der 25ten Ziehung sind noch 47000 Loose vorhanden; unter der im Obigen angenommenen Voraussetzung ist die Ausgabe = 793130 — 709200 = 83930, und die Einnahme = 47000 x + 150 × 72 = 47000 x + 10800; daher $x = 1{,}55$.

Nach der 26ten Ziehung sind noch 37000 Loose vorhanden; die Ausgabe ist = 922300 — 828550 = 93750, und die Einnahme = 37000 x + 150 × 73 = 37000 x + 10950; daher $x = 2{,}23$.

Nach der 27ten Ziehung sind noch 25500 Loose vorhanden; die Ausgabe ist = 1007650 — 913900 = 93750, und die Einnahme = 25500 x + 150 × 74 = 25500 x + 11100; daher $x = 3{,}24$.

Nach der 28ten Ziehung sind noch 13000 Loose vorhanden; die Ausgabe ist $= 1073125 - 959325 = 113800$, und die Einnahme $= 13000\,x + 209 \times 75 = 13000\,x + 15675$; daher $x = 7{,}54$.

Die Spielwerthe nehmen, wie aus dem Obigen ersichtlich, mit jeder Ziehung zu, und am bedeutendsten ist der Spielwerth für die letzte Ziehung; so bedeutend stellen sich auch die Spielwerthe heraus, wenn die Loose in Serien eingetheilt sind (§. 91), und wenn auf Serienloose geheuert wird, weil hier mit einer kleinen Anzahl von Loosen, die ohne Ausnahme bei der Gewinnziehung herauskommen, gerechnet wird.

Bei dem Heuern auf die Serienziehung wählt der Heuerer die Serie eines in den Serienziehungen noch nicht herausgekommenen Looses und zahlt die Prämie; kommt nun das Loos in der Serienziehung heraus, so gehört dasselbe dem Heuerer, und der Verheuerer erhält ein anderes Loos oder die cursmäßige Vergütung.

Soll in Beziehung auf das badische Lotterieanleihen der Spielwerth der Promessen für die 25te Ziehung berechnet werden, und nehmen wir an, daß der Verheuerer alle noch nicht gezogenen 56000 Loose besitzt, so geht ihm die ganze Rückzahlung, nämlich 703250 fl. verloren, wenn er über alle Loose Promessen ausgibt; er erhält dagegen, wenn wir die geringste Summe, welche auf ein Loos fällt, als den Werth eines Nichtserienlooses annehmen, $9000 \times 71 = 639000$ fl.; die Promessen kommen ihm also zu stehen auf $703250 - 639000 = 64250$ fl.; der Spielwerth der Promesse für ein Loos ist demnach $\frac{64250}{56000} = 1{,}14$ fl.

§. 105. Zur beispielsweisen Berechnung der **natürlichen**, d. h. ohne Rücksicht auf Gewinn bestimmten, Prämie für die Versicherung von Anlehnsloosen nehmen wir vorerst an, daß die Nummern in keine Serien eingetheilt sind, und es soll für die 25te Ziehung des badischen Lotterieanleihens unter dieser Voraussetzung die Berechnung angestellt werden.

Wenn der Versicherer alle Loose, also 56000 Loose versichert, so erhält er, weil 8850 Loose mit der geringsten Summe 71 herauskommen, $8850 \times 71 = 628350$ fl.; er zahlt dagegen 8850mal so viel, als ihm ein Loos nach dem Curs zu stehen kommt; seine wirkliche Ausgabe beträgt also so viel, wie Differenz von 628350 fl. und $8850 \times$ Curs; wird also die entsprechende Differenz durch die Anzahl der versicherten Loose getheilt, so ist der Quotient die gesuchte natürliche Prämie für ein Loos.

Auf eine ähnliche Art wird gerechnet, wenn der Gewinnziehung Serienziehungen vorhergehen.

Die Berechnung der natürlichen Versicherungsprämie beruht auf der Annahme, daß eine große Anzahl von Loosen versichert werden, weil alsdann die verschiedenen Wechselfälle sich so gegen einander ausgleichen, daß sich das Verhältniß der Einnahme zur Ausgabe dem berechneten Durchschnittsverhältniß je mehr und mehr nähert. Soll also gewonnen werden, so muß die Prämie höher als die berechnete Durchschnittszahl angesetzt werden.

Aktienhandel.

§. 106. Aktien, die von größern Unternehmungen herrühren, so wie auch solche Aktien, bei welchen ein Staat betheiligt ist *), werden ebenfalls zu Börsenoperationen benutzt.

Der Verkauf der Aktien hat mit Berücksichtigung der dafür in den Statuten vorgeschriebenen Maßregeln zu geschehen. War übrigens nach den Statuten der Gesellschaft der ganze Betrag der Aktie sogleich einzuschießen, und ist dieß geschehen, so kann die Aktie unbedingt veräußert werden. Ist aber, nach den Bestimmungen der Statuten, nur ein Theil des Aktienbetrags gleich Anfangs einzuschießen, so kann der Aktionär seine Aktie nur an Denjenigen verkaufen, dessen Vermögenszustand der Gesellschaft für den noch zu zahlenden Betrag die gehörige Sicherheit gibt. Der, welcher die Aktie kaufen will, muß daher der Direktion namhaft gemacht werden, und erst nach erfolgter Genehmigung kann der Uebertrag stattfinden. Doch können auch die Interimsaktien oder sogenannten Quittungsbögen mancher Aktienanstalten ohne Weiteres an Jeden verkauft werden, in welchem Falle aber die ersten Uebernehmer der Aktien

*) Dahin gehören z. B. die Aktien der Wiener Nationalbank, ferner die Anlehnsaktien (actions d'emprunt), welche in dem Falle entstehen, wenn ein Staat zu irgend einem Unternehmen Gelder aufnimmt, und den Darleihern einen Antheil an den Ertragnissen desselben zusichert. So wurde z. B. im Jahr 1821 der französischen Regierung ein Vorschuß von 10 Millionen Franken gemacht, um den Kanal von Besançon (zur Vereinigung des Rheins mit der Saône) zu vollenden. Dieses Kapital besteht in 10000 auf Inhaber lautenden actions d'emprunt zu 1000 Fr., und es sind denselben eben so viele actions de jouissance beigegeben, welche $\frac{1}{10000}$ des jährlichen Einkommens vom Kanal per Aktie zusichern. Die Aktien tragen 5 Procent jährliche Zinsen, und werden in jährlichen Ziehungen bis zum Jahre 1926 zurückbezahlt sein. Beim Herauskommen erhält jeder Aktienbesitzer 250 Fr. Prämie gegen ein der Aktie beigelegtes billet de prime. — Man negocirt entweder die Aktien mit Prämien, oder die Prämien von 250 Fr. allein, oder auch die actions de jouissance allein.

sich für die Einzahlung gewisser Procente des ganzen Aktienbetrags verbindlich machen müssen; ein Verfahren, welches übrigens noch keine Garantie für die pünktliche Einzahlung des ganzen Aktienkapitals gewährt.

Die Art der Cursnotirung der Aktien ist dieselbe, wie die für Staatspapiere. Der Curs ist entweder vom Hundert des Nominalkapitals der Aktie, oder aber vom Stück, d. h. von der Aktie, zu verstehen. Bei der Cursnotirung der Quittungsbögen findet außerdem die Bemerkung statt, wie viel Procente des Aktienkapitals bereits eingezahlt sind. Beim Verkaufe der Aktien hat der Käufer in gleicher Weise, wie beim Verkaufe von Staatspapieren, die auf dem Papiere haftenden Zinsen zu vergüten. Der Dividend hingegen ist in der Regel im Curs mitbegriffen, und nur zur Zeit der Auszahlung des Dividends kann die Cursnotirung auch ohne Einschluß des Dividends stattfinden; in welchem Falle der Curs mit dem Zusatz: „Ohne Dividend" (oder auch ex divid.) notirt wird.

Die Aktien der Wiener Nationalbank z. B. werfen einen ordentlichen und einen außerordentlichen Dividend ab; der erstere besteht in den Zinsen, und sie betragen 5 Kreuzer (im 20-fl.-Fuß) per Aktie auf den Tag, also 30 fl. per Jahr (zu 360 Tagen). Sowohl der ordentliche als außerordentliche Dividend wird halbjährlich am 1. Januar und 1. Juli ausbezahlt, und gegen Ende des Semesters gibt die Bankdirektion in den öffentlichen Blättern eine Nachweisung über den Stand der im verflossenen Semester gemachten Geschäfte, unter Angabe des Betrags des per Aktie ausgefallenen Dividends. Die Zinsen werden gegen Coupons und mit dem außerordentlichen Dividend zugleich bezahlt. Wird nun z. B. in Wien am 27. Oktober eine Bankaktie zum Curs 1556 fl. per Stück verkauft, so hat der Käufer die Zinsen für 116 Tage (und nicht für 117 Tage, weil der Tag, an welchem der Verkauf stattfindet, nicht mitgerechnet wird) mit 9 fl. 40 kr. zu vergüten, und also 1556 fl. und 9 fl. 40 kr., oder 1565 fl. 40 kr. zu bezahlen.

Bei der Ermittlung des Werths der Aktien geht man von dem Zinsfuße aus, zu welchem man seine Gelder anderweitig anlegen kann, und berechnet hiernach, welches Kapital dem durchschnittlichen Betrage des ordentlichen und außerordentlichen Dividends entspricht. Wirft z. B. eine Aktie halbjährlich im Durchschnitt 50 fl. an Zins und Dividend ab, und geht man von dem Zinsfuß 4 aus, so ist das entsprechende Kapital, also der für den Zinsfuß 4 berechnete Werth der Aktie 2500 fl.; denn 2500 fl. geben in 6 Monaten zu 4 Procent 50 fl. Zins. Ist der Curs der betreffenden Aktie 2520 fl.

und der durchschnittliche Ertrag des ordentlichen und außerordentlichen Dividends 50 fl., so ist $3^{61}/_{63}$ der demselben entsprechende Zinsfuß.

VI.

Oeffentliche Glücksspiele.

Rechtmäßige Wette.

§. 107. Die öffentlichen Glücksspiele werden, als Regal, entweder vom Staat oder von Privatpersonen, die der Staatskasse einen Pachtzins entrichten, veranstaltet.

Der dem Einsatz des Spielers entsprechende Gewinn muß, an und für sich betrachtet, der Gefahr des Verlierens angemessen sein, und also nach Verhältniß der dem Spieler günstigen und ungünstigen Fälle regulirt werden. So hat z. B. Derjenige, welcher darauf wettet, eine bestimmte der 6 Nummern eines Würfels zu treffen, nur den 6ten Theil des auf die Wette gesetzten Preises, oder 1 gegen 5 einzulegen, weil er unter den 6 möglichen Würfen nur einen für sich und der Gegner deren 5 für sich hat. Wenn der Gewinn auf diese Weise festgesetzt wird, so ist die Wette rechtmäßig oder pari.

Soll das Verhältniß der Einlage zum Gewinn sich nach dem Verhältniß der dem Spieler günstigen und ungünstigen Fälle richten, so muß die Anzahl dieser Fälle aus der Beschaffenheit des Spiels ermittelt werden.

Mit zwei Würfeln z. B., von welchen der eine durch A und der andere durch B bezeichnet werde, können, wie aus folgender Zusammenstellung ersichtlich, 36 verschiedene Würfe fallen.

A	B	A	B	A	B	A	B	A	B	A	B
1	1	2	1	3	1	4	1	5	1	6	1
1	2	2	2	3	2	4	2	5	2	6	2
1	3	2	3	3	3	4	3	5	3	6	3
1	4	2	4	3	4	4	4	5	4	6	4
1	5	2	5	3	5	4	5	5	5	6	5
1	6	2	6	3	6	4	6	5	6	6	6

Wenn nun darauf gewettet wird, daß ein bestimmter Wurf unter den 36 möglichen Würfen getroffen werde, z. B. daß der Würfel A mit 3, und der Würfel B mit 4 falle, so ist die Anzahl der günstigen Fälle = 1, und der ungünstigen = 35. Wird dagegen darauf gewettet, daß der Würfel A mit 3 oder 4, und der Würfel B mit 4 oder 3 falle, so ist die Anzahl der günstigen Fälle 2, und die der ungünstigen 34. Wird darauf gewettet, daß überhaupt die Summe 7 dieser Zahlen geworfen werde, so ist die Anzahl der günstigen Fälle = 6, und der ungünstigen = 30, weil die Zahl 7 auf sechserlei Arten aus den Zahlen von 1 bis 6 entstehen kann, wie aus folgender Zusammenstellung ersichtlich:

A	1	2	3	4	5	6
B	6	5	4	3	2	1

Für alle übrigen Zahlen sind die Zusammenstellungen, wie folgt:

A	1
B	1

A	2	1
B	1	2

A	3	2	1
B	1	2	3

A	4	3	2	1
B	1	2	3	4

A	5	4	3	2	1
B	1	2	3	4	5

A	2	3	4	5	6
B	6	5	4	3	2

A	3	4	5	6
B	6	5	4	3

A	4	5	6
B	6	5	4

A	5	6
B	6	5

A	6
B	6

Das Verhältniß der günstigen zu den ungünstigen Fällen ist also für

2	und	12	wie	1	:	35
3	„	11	„	2	:	34
4	„	10	„	3	:	33
5	„	9	„	4	:	32
6	„	8	„	5	:	31
		7	„	6	:	30

Mathematische Wahrscheinlichkeit.

§. 108. Nach der obigen Berechnung ist bei dem Wurfe mit zwei Würfeln eher zu erwarten, daß die Zahl 7 herauskomme, als daß die Zahl 3 geworfen werde, indem erstere Zahl auf sechserlei Arten und letztere nur auf zweierlei Arten herauskommen kann. Weil mit zwei Würfeln 36 verschiedene Würfe fallen können, so wird das Maaß der Erwartung des Zutreffens für die Zahl 7 durch das Verhältniß $^6/_{36}$, und das Maaß der Erwartung des Zutreffens für die Zahl 3 durch das Verhältniß $^2/_{36}$ ausgedrückt, und das Maaß der Erwartung des Zutreffens eines Ereignisses ist überhaupt das Verhältniß der günstigen Fälle zu allen möglichen Fällen. Dieses Verhältniß wird mathematische Wahrscheinlichkeit genannt, und ist einem Bruche gleich, dessen Zähler die Anzahl der günstigen, und dessen Nenner die Anzahl aller gleichmöglichen Fälle ausdrückt. In Beziehung auf obiges Beispiel ist also die Wahrscheinlichkeit, die Zahl 7 zu werfen, $= {}^6/_{36}$, und die Wahrscheinlichkeit, die Zahl 3 zu werfen, $= {}^2/_{36}$. Ist, überhaupt, die Anzahl der einem Ereigniß günstigen Fälle $= m$, und die der ungünstigen Fälle $= n$, und sind alle Fälle gleich möglich, so ist die Wahrscheinlichkeit für das Eintreffen desselben $= \frac{m}{m+n}$ und für das Gegentheil $= \frac{n}{m+n}$. Addirt man diese beiden Wahrscheinlichkeiten, so erhält man $\frac{m}{m+n} + \frac{n}{m+n} = \frac{m+n}{m+n} = 1$. Weil es gewiß ist, daß die Erscheinung entweder eintreffen oder nicht eintreffen werde, so wird die Gewißheit durch die Einheit ausgedrückt, und hat man die Wahrscheinlichkeit für das Eintreffen der Erscheinung ermittelt, so wird sie für das Gegentheil gefunden, wenn man die erste von der Einheit abzieht. Es ist also in Beziehung auf obiges Beispiel die Wahrscheinlichkeit, daß die Zahl 7 nicht herauskommen werde, $= 1 - {}^6/_{36} = {}^{30}/_{36}$, oder daß die Zahl 3 nicht herauskommen werde, $= 1 - {}^2/_{36} = {}^{34}/_{36}$.

Die Wahrscheinlichkeit, daß von zwei oder mehreren Ereignissen das eine oder das andere zutreffe, besteht begreiflicher Weise aus der Summe der Wahrscheinlichkeiten eines jeden dieser Ereignisse. Z. B. die Wahrscheinlichkeit, mit zwei Würfeln 7 zu werfen, ist $= {}^6/_{36}$, und die Wahrscheinlichkeit, 3 zu werfen, ist $= {}^2/_{36}$; die Wahrscheinlichkeit, 7 oder 3 zu werfen, ist also $= {}^6/_{36} + {}^2/_{36} = {}^8/_{36}$. Die Wahrscheinlichkeit, mit zwei Würfeln die Zahlen von 2 bis 12 zu werfen, besteht aus der Summe der Wahrscheinlichkeiten für die einzelnen Fälle; die Summe derselben besteht aber nach der im §. 107 angestellten Berechnung aus

$^1/_{36}$ für die Zahl 2
$^2/_{36}$ „ „ „ 3
$^3/_{36}$ „ „ „ 4
$^4/_{36}$ „ „ „ 5
$^5/_{36}$ „ „ „ 6
$^6/_{36}$ „ „ „ 7
$^5/_{36}$ „ „ „ 8
$^4/_{36}$ „ „ „ 9
$^3/_{36}$ „ „ „ 10
$^2/_{36}$ „ „ „ 11
$^1/_{36}$ „ „ „ 12

und $^{36}/_{36} = 1$, als Probe für die Richtigkeit der Zusammensetzung, weil nothwendiger Weise eine von den Zahlen von 2 bis 12 mit zwei Würfeln geworfen wird.

Das Eintreffen eines Ereignisses kann auch durch das vorherige Eintreffen mehrerer anderer, deren jedes seine eigene Wahrscheinlichkeit hat, bedingt sein, und in diesem Falle ist die Wahrscheinlichkeit des erstern dem Produkt der einzelnen Wahrscheinlichkeiten gleich; denn je größer oder kleiner die erste Wahrscheinlichkeit wird, desto größer oder kleiner wird auch die nachfolgende sein. Es soll z. B. bestimmt werden, wie groß die Wahrscheinlichkeit ist, aus einem Kartenspiel von 32 Karten ein Bild von bestimmter Farbe, z. B. Eckstein, zu ziehen, wenn das Spiel nach den 4 Farben in 4 Haufen von 8 Blättern getheilt ist.

Soll der Erfolg günstig sein, so ist es erforderlich, daß man nach dem Haufen in Eckstein greife, und hierzu ist die Wahrscheinlichkeit $= ^1/_4$. Nun sind aber unter den 8 Blättern dieses Haufens nur 3 Treffer enthalten, und die Wahrscheinlichkeit, einen davon zu erhalten, ist $= ^3/_8$; weil man aber vorher nach dem Haufen in Eckstein gegriffen haben muß, und die Wahrscheinlichkeit, daß dies geschehe, $= ^1/_4$ ist, so reducirt sich die erste Wahrscheinlichkeit auf $^1/_4 \times ^3/_8 = ^3/_{32}$.

Die Zusammensetzung der Wahrscheinlichkeit durch Addition und Multiplication kann z. B. in folgendem Falle stattfinden. Es soll bestimmt werden, wie groß die Wahrscheinlichkeit ist, mit zwei Würfeln das erste Mal 9; und wenn dies nicht zutrifft, das zweite Mal 8 zu werfen. Die Wahrscheinlichkeit, daß der erste Wurf 9 gebe, ist $= ^4/_{36}$; die Wahrscheinlichkeit, daß diese Zahl nicht herauskomme, ist $= 1 - ^4/_{36} = ^{32}/_{36}$; die Wahrscheinlichkeit, daß in diesem Falle 8 geworfen werde, ist $= ^{32}/_{36} \times ^5/_{36} = ^{10}/_{81}$; die Wahrscheinlichkeit, daß man das erste Mal 9, und, wenn dies nicht zutrifft, das zweite Mal 8 werfen werde, besteht also aus der Summe der gefundenen Wahrscheinlichkeiten und ist $= {}^{4}/_{36} + {}^{10}/_{81} = {}^{19}/_{81}$.

Bisher haben wir die Wahrscheinlichkeit eines Ereignisses an und für sich, d. h. die absolute Wahrscheinlichkeit desselben in Betrachtung gezogen; wenn man aber die Wahrscheinlichkeiten mehrerer Ereignisse mit einander vergleicht, so betrachtet man die relative Wahrscheinlichkeit derselben.

Es ist z. B. die Wahrscheinlichkeit, mit zwei Würfeln 7 zu werfen, $= {}^{6}/_{36}$, und 4 zu werfen, $= {}^{3}/_{36}$. Wenn nun zwei Spieler auf die Bedingung mit einander spielen, daß dem ersten unter allen möglichen Würfen nur der Wurf 7, und dem andern nur der Wurf 4 als Treffer gelten solle, so kommen nur 9 mögliche Fälle hierbei in Betracht, wovon 6 zu Gunsten des Ersten und 3 zu Gunsten des Andern. Die relative Wahrscheinlichkeit zum Gewinn ist also für den Ersten $= {}^{6}/_{9}$; und für den Andern $= {}^{3}/_{9}$. Man gelangt zu denselben Resultaten, wenn man die absoluten Wahrscheinlichkeiten eines jeden Falles durch die Summe der beiden absoluten Wahrscheinlichkeiten dividirt; denn

$$\frac{{}^{6}/_{36}}{{}^{6}/_{36} + {}^{3}/_{36}} = \frac{6}{6+3} = \frac{6}{9}, \text{ und } \frac{{}^{3}/_{36}}{{}^{6}/_{36} + {}^{3}/_{36}} = \frac{3}{6+3} = \frac{3}{9}.$$

Sind also überhaupt die absoluten Wahrscheinlichkeiten zweier Ereignisse $\frac{a}{b}$, $\frac{c}{b}$, so sind die relativen Wahrscheinlichkeiten eines jeden dieser Ereignisse

$$\frac{\frac{a}{b}}{\frac{a}{b} + \frac{c}{b}} = \frac{a}{a+c}; \quad \frac{\frac{c}{b}}{\frac{a}{b} + \frac{c}{b}} = \frac{c}{a+c}.$$

Berechnung des Spielwerths.

§. 109. Der Spielwerth, d. h. das Verhältniß des Gewinns zum Einsatz wird bei den öffentlichen Glücksspielen nicht durchgehends in Uebereinstimmung mit dem Grundsatz der rechtmäßigen Wette, sondern kleiner angesetzt, wie aus der nachfolgenden Untersuchung des Lotto's (Lotto di Genova, genuesische Zahlenlotterie) beispielsweise zu ersehen.

Bei diesem Spiel werden bekanntlich von 90 Nummern 5 aus dem Glücksrade gezogen, und als Treffer bezahlt, je nachdem sie einzeln oder zu Amben, Ternen, Quaternen und Quinen besetzt worden sind. Es kommt also hier darauf an, zu ermitteln, wie viele Amben, Ternen, Quaternen und Quinen mit 90 Nummern und 5 Nummern gemacht werden können.

Es geben 90 Nummern

$\frac{90 \,.\, 89}{1 \,.\, 2} = 4005$ Amben,

$\frac{90 \,.\, 89 \,.\, 88}{1 \,.\, 2 \,.\, 3} = 117480$ Ternen,

$\frac{90 \,.\, 89 \,.\, 88 \,.\, 87}{1 \,.\, 2 \,.\, 3 \,.\, 4} = 511038$ Quaternen,

$\frac{90 \,.\, 89 \,.\, 88 \,.\, 87 \,.\, 86}{1 \,.\, 2 \,.\, 3 \,.\, 4 \,.\, 5} = 4394268$ Quinen,

Die 5 Nummern, welche aus dem Glücksrade gezogen werden, geben:

$\frac{5 \,.\, 4}{1 \,.\, 2} = 10$ Amben,

$\frac{5 \,.\, 4 \,.\, 3}{1 \,.\, 2 \,.\, 3} = 10$ Ternen,

$\frac{5 \,.\, 4 \,.\, 3 \,.\, 2}{1 \,.\, 2 \,.\, 3 \,.\, 4} = 5$ Quaternen,

$\frac{5 \,.\, 4 \,.\, 3 \,.\, 2 \,.\, 1}{1 \,.\, 2 \,.\, 3 \,.\, 4 \,.\, 5} = 1$ Quinne,

Da nun unter 90 Nummern nur 5 Treffer sind, so hat man nur 5 günstige Fälle gegen 90 Fälle überhaupt; die Wahrscheinlichkeit ist also $\frac{5}{90}$ oder $\frac{1}{18}$, daß eine bestimmte Nummer, ein sogenannter Auszug oder eine Externe getroffen werde.

Kommt die Nummer, auf welche man gesetzt hat, heraus, so zahlt z. B. die königl. bayerische Lotterie die Einlage 15mal zurück. Sollte aber die Wettung zwischen dem Spieler und dem Lotto pari sein, so müßte die Einlage 18mal zurückgezahlt werden; denn wenn der Spieler unter dieser Bedingung alle 90 Nummern besetzt, so bringen ihm fünf Auszüge die Auslage 90mal zurück, so daß auf keiner Seite etwas gewonnen oder verloren wird; da aber die Einlage nur 15mal zurückbezahlt wird, so liegt der Vortheil mit $1 - \frac{15}{18} = \frac{3}{18}$ auf der Seite des Lotto's.

Der bestimmte Auszug, d. h. der Auszug der Nummer in einer bestimmten Stelle von der 1ten bis zur 5ten hat die Wahrscheinlichkeit $\frac{1}{90}$, indem es ebenso ist, als wenn nur eine von den fünf

Nummern gezogen würde, und die Einlage wird von der bayerischen Lotterie nur 75mal bezahlt; folglich steht sie um $1 - \frac{75}{90} = \frac{15}{90}$ im Vortheil gegen den Spieler.

Weil nach dem Obigen mit 90 Nummern 4005 Amben, und mit 5 Nummern nur 10 Amben gemacht werden können, so ist die Wahrscheinlichkeit, daß man eine von denselben treffen werde, $= \frac{10}{4005} = \frac{1}{400^1/_2}$.

Hiernach müßte die Einlage für eine Ambe $400^1/_2$mal, wenn sie gezogen wird, bezahlt werden; die bayerische Lotterie zahlt sie aber nur 270mal zurück, oder, die Einlage für 10 Amben wird nur 2700mal zurückgezahlt, anstatt 4005mal, die Lotterie steht also hierbei um $1 - \frac{1305}{4005}$ im Vortheil.

Man spielt auf eine bestimmte Ambe, wenn man auf eine der Verbindungen zu 2 und 2 setzt. Nach dem Obigen geben aber 90 Nummern $90 \times 89 = 8010$ solcher bestimmten Amben; die Wahrscheinlichkeit dafür ist also $\frac{1}{8010}$, und die Einlage dafür wird von der bayerischen Lotterie nur 5100mal zurück gezahlt, so daß sie dabei um $1 - \frac{5100}{8010} = \frac{291}{801}$ im Vortheil steht.

Die Wahrscheinlichkeit, daß man eine Terne treffen werde, ist nach dem Obigen $\frac{10}{117480}$ oder $\frac{1}{11748}$; für die Quaterne ist sie $\frac{3}{511038}$ oder beiläufig $\frac{1}{102207}$ und für die Quine ist sie $\frac{1}{43949268}$. Da nun die bayerische Lotterie die Ternen 5400mal, und die Quaternen 60000mal zurückzahlt, so steht sie bei den Ternen um $1 - \frac{5400}{11748} = \frac{6348}{11748}$, und bei den Quaternen um $1 - \frac{60000}{102207} = \frac{42207}{102207}$ im Vortheil. Auf Quinen kann bei der bayerischen Lotterie, deren Gewinnsttarif mit denjenigen anderer Zahlenlotterien mehr oder weniger übereinstimmt, nicht gesetzt werden, weil die Wahrscheinlichkeit des Gewinnens so außerordentlich klein ist. Wenn in jedem Monat 8 Ziehungen, und also im Jahr 96 Ziehungen stattfänden, so würde ein Zeitraum von $\frac{43949268}{96} = 457804$ Jahren erforderlich sein, um alle Quinnen zu ziehen, wobei aber noch vorausgesetzt wird, daß sie regelmäßig nach einander und ohne Wiederholung zum Vorschein kommen. Aus demselben Grunde müßten dann aber auch die bestimmte Ambe, die Ternen und Quaternen vom Lotto ausgeschlossen sein. *)

Der Gewinn des Lotto-Unternehmers ist indessen nicht so groß, als man aus obigen Berechnungen schließen sollte. Wenn das große Mißverhältniß zwischen dem Einsatz und dem entsprechenden Gewinn seine ganze Wirkung haben sollte, so müßte auf alle Nummern und Combinationen mit gleichen Einsätzen gespielt werden, was aber nicht geschieht. Obgleich nun, in der Regel, sowohl in Betreff der Spielarten als auch in der Auswahl der Nummern und im Be-

*) Weniger schädlich als die Zahlenlotterie ist die Classenlotterie, die man auch zur Unterscheidung vom Lotto Lotterie im engern Sinne nennt. Hier wird eine große Anzahl von Nummern oder Loosen in mehreren Ziehungen ausgespielt. Vor der ersten Ziehung werden die Loose um einen bestimmten Preis an die Spieler verkauft, und diese Loose nennt man Loose der ersten Classe. Die herausgekommenen Nummern bleiben bei der folgenden Ziehung weg, die übrigen müssen aber wieder zu einem bestimmten Preis verkauft werden, und heißen Loose der zweiten Classe, und auf gleiche Weise wird für die folgenden Ziehungen verfahren. So hat man z. B. bei der Frankfurter Stadtlotterie 6 Classen, und die Einlagen betragen für die 1te Classe 6 fl., für die 2te 14 fl., für die 3te 24 fl., für die 4te 22 fl., für die 5te 16 fl. und für die 6te 8 fl. Zur Erleichterung der Spielarten und zur Bequemlichkeit der Einleger werden ganze und getheilte Loose für jede Classe, auch ganze Loose für alle 6 Classen, letztere gegen Vorausbezahlung von 90 fl. ausgegeben; dagegen erhalten die Inhaber solcher Loose, welche in einer der fünf ersten Classen herauskommen, nebst dem Gewinn die weiter vorausbezahlte Einlage wieder zurück.

Gewöhnlich ist die Einrichtung getroffen, daß in der letzten Ziehung (der sogenannten Hauptclasse, weil sie die höchsten Gewinnste hat) nur eine gewisse Anzahl der gezogenen Loose gewinnen kann, und daß dagegen in allen frühern Ziehungen alle herauskommenden Nummern Treffer sind, welche (nach Ausweis des veröffentlichten Lotterieplans, wie bei den Lotterieanleihen) mehr oder weniger gewinnen.

Der Betrag der Treffer wird mit der Einnahme ausgeglichen; damit aber, nach Abzug der Unkosten, dem Unternehmer ein Gewinn übrig bleibe, so werden bestimmte Procente von den Preisen abgezogen, so z. B. bei der Frankfurter Stadtlotterie von den Kapitalpreisen von 1000 fl. und aufwärts 12 Procent, und von allen andern Preisen unter 1000 fl. 10 Procent. Zur weitern Erläuterung wollen wir annehmen, daß 20000 Loose ausgetheilt werden, wovon in jeder der 4 ersten Ziehungen 1000, und in der 5ten und letzten 16000 Nummern gezogen werden. Die in den 4 ersten Classen herauskommenden Nummern sind Treffer, und in der Hauptklasse kommen nur 10000 Loose mit Gewinn, und die übrigen 6000 als Nieten heraus. Der Preis eines Looses werde wie folgt angesetzt: für die 1te Classe 1 fl., für die 2te 2 fl., für die 3te 3 fl., für die 4te 4 fl. und für die 5te 2 fl.; also zu 12 fl. für sämmtliche Classen. Die Einnahme für die 1te Classe trage der Einsätze den Spielliebhabern volle Freiheit zugestanden wird, so finden doch Beschränkungen statt, insofern solche durch das Zusammentreffen vieler gleicher Spielarten oder überspannte Einsätze für nothwendig erachtet werden.

Mathematische Hoffnung.

§. 110. Hat man bei dem Zutreffen eines ungewissen Ereignisses, für welches man m günstige und n ungünstige Fälle hat, eine Summe g zu erwarten, so ist die Wahrscheinlichkeit für das Zutreffen $= \frac{m}{m+n}$, und der Werth der ungewissen Summe g ist $= \frac{m}{m+n} \times g$. Ein solches Produkt, wovon der eine Faktor aus

---

ist also 20000 × 1 fl. = 20000 fl.; weil nach der ersten Ziehung nur noch 19000 Loose vorhanden sind, so betragen solche zu 2 fl. 38000 fl.; ferner 18000 Loose zur 3ten Classe zu 3 fl. betragen 54000 fl.; 17000 Loose zur 4ten Classe zu 4 fl. betragen 68000 fl., und endlich 16000 Loose zur 5ten Classe zu 2 fl. betragen 32000 fl.; die Gesammteinnahme ist mithin = 212000 fl.

Die Vertheilung der Gewinnste kann also, wenn die Summe derselben die Einnahme ausgleichen soll, wie folgt angeordnet werden:

Für die	1te	Classe	fl.	8000
„ „	2te	„	„	10000
„ „	3te	„	„	14000
„ „	4te	„	„	20000
„ „	5te	„	„	160000
	Zusammen		fl.	212000

Wären die Preise nach dem Ertrag des Gewinns für jede Classe festgesetzt worden, so würden die Loose der 4 ersten Classen wohlfeiler, dagegen das Loos für die fünfte Classe, und der Preis für die sämmtlichen Classen höher gebracht worden sein, wie aus folgender Berechnung zu ersehen:

1te Classe	8000 fl.	für 20000	Loose	macht für	1 Loos	fl.	—$^2/_5$
2te „	10000 „	„ 19000	„	„ „	1 „	„	—$^{10}/_{19}$
3te „	14000 „	„ 18000	„	„ „	1 „	„	—$^7/_9$
4te „	20000 „	„ 17000	„	„ „	1 „	„	$1^3/_{17}$
5te „	160000 „	„ 16000	„	„ „	1 „	„	10
				Zusammen		fl.	$12^{12799}/_{14535}$.

Um nämlich den Absatz der Loose für die letzte Classe sicher zu stellen, läßt man nicht nur die höchsten Preise darin gewinnen, sondern man schlägt auch den Verkaufspreis für die Loose zu den niedrigen Classen höher, als bei der letzten Classe an, wodurch es möglich wird, diese unter dem Werth zu geben, den sie nach Verhältniß des wahrscheinlichen Gewinnes besitzen. Ein weiteres Reizmittel zur Weckung der Spiellust sind die sogenannten Freiloose, welche den in jeder einzelnen Classe gewinnenden Nummern für die nächste Ziehung unentgeltlich verabfolgt werden.

einer ungewissen Summe und der andere aus der Wahrscheinlichkeit, sie zu erhalten, besteht, gibt den Werth der Erwartung oder die mathematische Hoffnung.

Soll z. B. Jemand 30 Gulden erhalten, wenn er mit einem gewöhnlichen Würfel eine bestimmte der 6 Nummern desselben trifft, so ist die Wahrscheinlichkeit für das Zutreffen $\frac{1}{6}$, und folglich der Werth seiner Erwartung oder die mathematische Hoffnung $= \frac{1}{6} \times 30 = 5$, und die mathematische Hoffnung für das Gegentheil ist $= \frac{5}{6} \times 30 = 25$.

Anderes Beispiel. Es finden sich 16 Zettel in einer Urne; 8 derselben sind mit einer der Zahlen von 1 bis 8, und die übrigen mit Null bezeichnet. Wer gegen die Einlage von 3 Gulden einen derselben ziehen will, kann so viele Gulden gewinnen, als die Zahl dieser Zettel angibt. Es fragt sich, wie viel die Erwartung werth ist.

Die Wahrscheinlichkeit für irgend einen der Zettel ist $\frac{1}{16}$. Man kann demnach für die Wahrscheinlichkeit

1	Gulden	zu	ziehen	$\frac{1}{16}$	Gulden	geben
2	„	„	„	$\frac{2}{16}$	„	„
3	„	„	„	$\frac{3}{16}$	„	„
4	„	„	„	$\frac{4}{16}$	„	„
5	„	„	„	$\frac{5}{16}$	„	„
6	„	„	„	$\frac{6}{16}$	„	„
7	„	„	„	$\frac{7}{16}$	„	„
8	„	„	„	$\frac{8}{16}$	„	„

für alle Treffer folglich $\frac{36}{16} = 2^1/_4$ fl.

Dieses Resultat stimmt mit der Annahme überein, daß 16 Spieler sich dazu vereinigen, eine solche Urne zu veranstalten und um ihre Preise zu ziehen. Denn in diesem Falle müßte Jeder $2^1/_4$ fl.

dazu einlegen, und es würde also Jeder gleichmäßig $2^1/_4$ fl. daran wagen, mehr oder weniger bis zu 8 Gulden dafür zurück zu ziehen.

Derjenige, welcher die Urne zu 3 Gulden für die Einlagen ausgestellt, gewinnt also $^3/_4$ fl. an jeder Einlage, in der Erwartung, und muß, der Wahrscheinlichkeit gemäß, durchschnittlich in 16 Spielen 12 fl., als dem Unterschied von $2^1/_4$mal 16 und 3mal 16, auf die Dauer in der Wirklichkeit, gewinnen. Auf diesen wahrscheinlichen Erfolg, den die Erfahrung sogar in den meisten Fällen zur Gewißheit macht, sind die öffentlichen Glücksspiele berechnet. Und so klein auch der Vortheil zu sein scheint, welcher den Unternehmern eingeräumt wird, wenn sie die Gewinnste etwas geringer als nach dem Grundsatz der rechtmäßigen Wette ansetzen, so sichert er denselben doch einen ansehnlichen Gewinn auf die Dauer, vorausgesetzt, daß sie die erforderlichen Mittel haben, um den unwöhnlichen Unglücksfällen, die von Zeit zu Zeit eintreten, begegnen zu können. Bei dem Trente-un-Spiele *) z. B. ist der Vortheil des Bankhalters für jedes einzelne Spiel nur $\frac{11}{1000}$ jedes Einsatzes, weil aber bei diesen Spielen in wenigen Stunden eine sehr große Anzahl von Parthien gespielt werden können, so entspringt daraus für den Bankhalter doch ein sicherer Gewinn, und wofür in Paris ein Pacht von 5 bis 6 Millionen bezahlt werden konnte.

Nach Poisson **) waren dieses und ähnliche Spiele noch verderblicher, als die Lotterie; denn die darin auf's Spiel gesetzte Kapitalsumme betrug jedes Jahr mehrere hundert Millionen Franken und überstieg bei weitem die Summe, welche in die ganze französische Lotterie gesetzt wurde.

---

*) Die Combinationen dieses Spiels, welches in Deutschland auch Rouge et noir genannt wird, sind einfacher, als diejenigen des bekannten Roulette-Spiels. Es gibt hier nämlich nur vier einfache Einsatzstellen, die rouge, noir, couleur, und contre-oouleur oder inverse genannt werden. Die Regeln und Gewinnste sind bei diesen Einsatzstellen dieselben, wie bei den einfachen Einsatzstellen des Roulette; d. h. der Gewinner zieht das Doppelte des Einsatzes, diesen mitbegriffen. Zum Spiele selbst bedient man sich sechs gewöhnlicher, aber vollständiger Kartenspiele, deren also jedes 52 Karten enthält.

*) In seinem Werke: Recherches sur la probabilité des jugements en matière criminelle et en matière civile, Paris 1837.

VII.

Ablösung der bäuerlichen Lasten und Baulasten.

§. 111. Die Abhängigkeit der bäuerlichen Landwirthe von andern Personen bezieht sich auf die Verfügung über das Gut und dessen Vererbung, und auf die jährlichen Leistungen an einen Guts- oder Zehntherrn, welche in der Verrichtung von Arbeiten (Frohnen) und in Abgaben von Geld oder Bodenerzeugnissen bestehen, die den Gutsherrn zum Theilnehmer an dem Reinertrage machen.

Die Berechnung des Kapitals, durch dessen Darlegung die Befreiung von den erwähnten Lasten erkauft werden kann, beruht auf der Auflösung folgender Aufgabe:

Wie viel beträgt, für den Zinsfuß p, der gegenwärtige Werth der Rente r, welche nach n Jahren, $2n$ Jahren, $3n$ Jahren u. s. w entrichtet wird?

Der gesuchte Werth ist (§. 86) =

$$r\left(\frac{1}{(1+p^n)}+\frac{1}{(1+p)^{2n}}+\frac{1}{(1+p)^{3n}}+\;\ldots\ldots\;\frac{1}{(1+p)^{mn}}\right)=$$

$$\frac{r\,.\,\dfrac{1}{(1+p)^{(m+1)n}}-\dfrac{1}{(1+p)^n}}{\dfrac{1}{(1+p)^n-1.}}$$

Ist m unendlich groß, so verschwindet $\frac{1}{(1+p)^{(m+1)n}}$, und der gegenwärtige Werth der Rente, welche sonach immerfort entrichtet wird, ist alsdann $=\frac{r}{(1+p)^n-1}$. *)

Hierzu als Beispiel die Berechnung für die Ablösung vom Handlohn, einer bei verschiedenen Besitz-Veränderungen (Kauf,

---

*) Zu dieser Formel gelangt man unmittelbar durch folgende Betrachtung. Soll das Kapital k alle n Jahre durch Zinseszinsen zum Zinsfuß p auf $k+r$ anwachsen, so muß $k\,(1+p)_n = k+r$ sein, woraus $k=\frac{r}{(1+p)^n-1}$.

Sterb- und Erbfälle) von dem neuen Erwerber an den Gutsherrn zu entrichtenden Abgabe. Zur Bestimmung des Ablösungskapitals muß durch Erfahrung ermittelt werden, wie oft im Durchschnitt eine Kauf- und Erbhandlohnzahlung eintritt, und wie groß ihr Durchschnittsbetrag ausfällt. Der gegenwärtige Werth aller spätern Entrichtungen macht das Ablösungskapital aus.

Wenn man z. B. 20 Jahre als die mittlere Zwischenzeit zwischen zwei Handlohnzahlungen annimmt und wenn man letztere zu 100 fl. und den Zinsfuß zu 4 Procent ansetzt, so ist in obiger Formel $r = 100$, $n = 20$, $p = 4$, und der gegenwärtige Werth aller spätern Entrichtungen ist =

$$\frac{100}{\left(\frac{104}{100}\right)^{20} - 1} = \frac{100}{2{,}19112 - 1} = 83{,}95 \text{ fl.}$$

wofür 84 fl. angesetzt werden kann, und wenn man die jetzt fälligen 100 fl. hinzuzählt, so wäre eine Handlohnpflichtigkeit von 100 fl. auf 184 fl. zu schätzen. Dieses Ablösungskapital kann auch in eine beliebige Zeitrente (§. 86) umgewandelt werden. *)

Wenn man $n = 1$ in der Formel $\frac{1}{(1+p)^n - 1}$ setzt, wonach der Betrag r jährlich zu entrichten ist, so ist der gegnwärtige Werth aller Entrichtungen $= \frac{r}{p}$, oder gleich dem Kapitale, welches zum Zinsfuß p jährlich einen Zins abwirft, der $= r$ ist. Ist nun z. B. der Betrag der mittlern, nach Abzug von Verwaltungskosten, Abgängen, Nachlässen und Steuern, gemäß dem betreffenden Zehntablösungsgesetze bemessenen, jährlichen Zehnteinnahme $= r$ ist, so für den Zinsfuß 5 das Ablösungskapital $= \frac{100\,r}{5} = 20\,r$.

§. 112. Das Ablösungskapital für den von n zu n Jahren zu entrichtenden Betrag kann auch in der Weise berechnet werden, daß man die gegenwärtigen Werthe desselben für n Jahre, $2n$ Jahre, $3n$ Jahre u. s. w. berechnet, und hiermit so lange fortfährt, bis sie so klein ausfallen, daß die nachfolgenden ohne Nachtheil vernachlässigt werden können. Die Summe dieser gegenwärtigen Werthe ist das gesuchte Ablösungskapital. So ist, in Beziehung auf das im vorhergehenden Paragraphen enthaltene Beispiel, der gegenwärtige Werth der

*) Vgl. Rau, Grundsätze der Volkswirthschaftspolitik, dritte Aufl., §. 51.

nach	20	Jahren	fälligen	Entrichtung	45,638	fl.
„	40	„	„	„	20,829	„
„	60	„	„	„	9,506	„
„	80	„	„	„	4,338	„
„	100	„	„	„	1,980	„
„	120	„	„	„	0,902	„
„	140	„	„	„	0,453	„
„	160	„	„	„	0,186	„
„	180	„	„	„	0,077	„
				zusammen	83,909	fl.

was bis auf 0,041 fl. mit der obigen Berechnung übereinstimmt.

Anderes Beispiel. Wenn auf alle 30 Jahre ein Handlohn trifft, und Jemand vor 13 Jahren ein solches entrichtet hat, so wäre für eine Handlohnzahlung von 100 fl. die Rechnung wie folgt:

1) Das nächste Handlohn tritt muthmaßlich nach 30 — 13 = 17 Jahren ein, und ist zu 5 Procent jetzt werth . . 43,63 fl.
2) das zweite nach 17 + 30 = 47 Jahren . . . . 10,09 „
3) das folgende nach 77 Jahren . . . . 2,33 „
4) das weitere nach 107 Jahren . . . . 0,54 „

zusammen 56,59 fl.

Wenn, allgemein, auf alle n Jahre ein Handlohn trifft und vor a Jahren eine Handlohnzahlung stattgefunden hat, so trifft in Beziehung auf die Ablösung, die Handlohnzahlung erstmals auf das $(n-a)$te Jahr, und von diesem Zeitpunkte an auf alle n Jahre. Wird der Betrag der Handlohnzahlung durch r und der Zinsfuß durch p bezeichnet, so ist das Ablösungskapital für das auf alle n Jahre treffende Handlohn $= \frac{r}{(1+p)^n - 1}$. So viel müßte nach $n - a$ Jahren entrichtet werden; weil aber heute die Ablösung stattfinden soll, so ist der dafür zu entrichtende Betrag der gegenwärtige Werth davon; mithin $= \frac{r}{(1+p)^{n-a}[(1+p)^n - 1]}$.

Von heute nach $n - a$ Jahren tritt aber die erste Handlohnzahlung r ein, wovon der gegenwärtige Werth $= \frac{r}{(1+p)^{n-a}}$; daher das Ablösungskapital =

$$\frac{r}{(1+p)^{n-a}} + \frac{r}{(1+p)^{n-a}[(1+p)^n - 1]} = \frac{r(1+p)^a}{(1+p)^n - 1}.$$

§. 113. Bei der Ablösung der auf dem Zehnten ruhenden Baulasten wird zur Bestimmung des Kapitals gewöhnlich ein anderer

Weg eingeschlagen. Hier handelt es sich um die Ermittlung von Summen, deren Zinsertrag durch Zinseszinsen zu einem geringern Zinsfuße, als demjenigen jener Summen nach einer gewissen Anzahl von Jahren zu der Größe anwächst, welche für die Bestreitung des in der betreffenden Zeit nöthig werdenden Neubaues oder auch der jährlichen Unterhaltung erforderlich ist.

Was die Berechnung des Anschlags der Pflicht zum Neubau betrifft, so unterscheiden die Gesetze drei Fälle, je nachdem die Dauer des künftigen Gebäudes gleich lang, länger oder kürzer abgeschätzt ist, als die Dauer des dermalen vorhandenen Gebäudes.

Setzen wir vorerst den Fall, daß die Dauer des künftigen Gebäudes auf eben so lang wie diejenige des jetzigen Gebäudes abgeschätzt ist, und nehmen wir dafür 100 Jahre an; es sei ferner der Aufwand für den Neubau = 10000 fl. und der kleinere Zinsfuß = 3. Hier muß nun vorerst bestimmt werden, welche Summe jährlich bis zum 100sten Jahre fortgereicht mit Zins und Zinseszinsen zu 3 % zur Bausumme im Betrage von 10000 fl. anwächst.

Wird die gesuchte Summe, der sogenannte Reädificationsbetrag durch r bezeichnet, so ist die nach dem

1ten Jahre	. . . .	$r\left(\frac{103}{100}\right)^{99}$
2ten "	. . . .	$r\left(\frac{103}{100}\right)^{98}$
3ten "	gezahlte Summe r im 100ten Jahre werth	$r\left(\frac{103}{100}\right)^{97}$
.		.
.		.
.		.
.		.
100. "	. . . .	r

Nun ist

$$r\left\{\left(\frac{103}{100}\right)^{99}+\left(\frac{103}{100}\right)^{98}+\left(\frac{103}{100}\right)^{97}+\;.\;.\;.\;.\;1\right\}=$$

$$r\cdot\frac{\left(\frac{103}{100}\right)^{100}-1}{\frac{103}{100}-1}$$

Es soll aber

$$r \frac{\left(\frac{103}{100}\right)^{100} - 1}{\left(\frac{103}{100}\right) - 1} = 10000 \text{ sein; daher } r = \frac{\left(\frac{103}{100} - 1\right) 10000}{\left(\frac{103}{100}\right)^{100} - 1}$$

$= 16{,}46$ fl.

Einer jährlichen Zahlung von 16,46 fl. entspricht zum Zinsfuß 5 ein Kapital von $\frac{1646 \times 100}{5} = 20 \times 16{,}46 = 329{,}2$ fl., und so viel beträgt also unter obiger Voraussetzung der Kapitalanschlag der Last. Es handelt sich hier darum, daß die Lastenübernehmer oder die Baupflichtigen die ihnen zugeschiedenen Baukapitalien zu 5 Procent ausleihen, und die Zinsen hiervon wieder zu 3 Procent zinstragend anlegen. Weil aber die Zinsen, besonders wenn sie nicht von großem Betrage sind, nicht immer selbst wieder sogleich zinstragend untergebracht werden können, so wird der Berechnung des Reädificationsbetrags billigerweise ein kleinerer Zinsfuß als der gewöhnliche zum Grunde gelegt.

Ist überhaupt die Dauer des jetzigen und künftigen Gebäudes auf n Jahre, und der Aufwand für den Neubau auf b Gulden abgeschätzt, und ist der kleinere Zinsfuß $= p$, so ist der gesuchte Reädificationsbetrag $r = \frac{pb}{(1+p)^n - 1}$. Wird der größere Zinsfuß durch P bezeichnet, so ist der Kapitalanschlag der Last

$$= \frac{pb}{P[(1+p)^n - 1]}.$$

Wird für das vorhandene Gebäude eine kürzere Dauer bestimmt, als für einen künftigen Neubau, so genügt es nicht, dem Uebernehmer der Last als Gegenleistung ein Kapital zu geben, dessen Zinsertrag binnen der ganzen Dauer des Neubaues mit Zins und Zinseszinsen zur Bausumme anwächst, denn der erste Baufall tritt ein, bevor die inzwischen fällig gewordenen Zinsbeträge mit ihren Zinsen und Zinseszinsen zur Bausumme anwachsen konnten; es muß daher außerdem noch eine Summe gereicht werden, die mit Zins und Zinseszinsen dereinst, wenn der Baufall eintritt, dem Minderbetrage gleich kommt.

Nehmen wir an, ein Gebäude, welches, wenn es neu gebaut wird, 10000 fl. kostet, und dessen Dauer auf 100 Jahre abgeschätzt ist, sei schon nach Verlauf von 30 Jahren neu zu erbauen. Wäre es erst nach 100 Jahren zu ersetzen, so wäre, wenn der kleinere Zinsfuß 3 ist, der Reädificationsbetrag =

$$\frac{\frac{3}{100} \times 10000}{\left(\frac{103}{100}\right)^{100} - 1} = 16,46$$

sein. Dieser Reädificationsbetrag gibt aber nach 30 Jahren nur

$$16,46 \times \frac{\left(\frac{103}{100}\right)^{30} - 1}{\frac{103}{100} - 1} = 783,5;$$ weil aber die alsdann aufzuwendende Bausumme 10000 fl. beträgt, so ist der Minderbetrag $= 10000 - 783,5 = 9216,5$. Ist der größere Zinsfuß $= 5$, so muß nun eine Summe ausgemittelt werden, die mit ihren 5-procentigen Zinsen und 3-procentigen Zinseszinsen nach 30 Jahren 9216,5 fl. gibt. Daher, wenn man diese Summe durch x bezeichnet, die Gleichung:

$$x + \frac{x}{20}\left[\left(\frac{103}{100}\right)^{29} + \left(\frac{103}{100}\right)^{28} + \ldots . 1\right] = 9216,5 \text{ oder}$$

$$x + \frac{x}{20} \cdot \frac{\left(\frac{103}{100}\right)^{30} - 1}{\frac{103}{100} - 1} = 9216,5, \text{ woraus } x = 2726,77.$$

Hiernach besteht der Kapitalanschlag der Baulast aus $20 \times 16,46 = 329,2$ und 2726,77 fl., also aus 3055,97 fl.

Wenn dagegen für das vorhandene Gebäude, auf welches sich die Baulast bezieht, eine längere Dauer geschätzt ist, als für jedes künftige, so muß dem Baupflichtigen ein Kapital gegeben werden, welches in den Jahren, um welche die Dauer des jetzigen Gebäudes höher bestimmt ist, als die des künftigen, mit Zinsen zum höhern Zinsfuße und Zinseszinsen zum kleinern Zinsfuße zu einer Summe anwächst, deren, dem größern Zinsfuße entsprechender Zinsertrag dem Reädificationsbetrag für das künftige Gebäude entspricht.

Ist z. B. die Dauer für das künftige Gebäude auf 100 Jahre und für das jetzt vorhandene auf 130 Jahre abgeschätzt, und betragen die Kosten für den Neubau 10000 fl., so wird der Kapitalanschlag der Last wie folgt berechnet.

Wenn von heute an alle 100 Jahre gebaut werden müßte, so wäre für die im vorhergehenden Beispiele angenommenen Zinsfüße der Reädificationsbetrag =

$$\frac{\left(\frac{103}{100} - 1\right) 10000}{\left(\frac{103}{100}\right)^{100} - 1} = 16{,}46$$

und das Ablösungskapital $= 20 \times 16{,}46 = 329{,}2$ fl. Die Dauer des jetzigen Gebäudes ist aber um 30 Jahre länger; folglich ist der Kapitalanschlag der Baulast eine Summe, die in 30 Jahren mit Zinsen zu 5 Procent und Zinseszinsen zu 3 Procent zum Kapital 329,2 fl. anwächst. Daher die Gleichung:

$$x + \frac{x}{20}\left[\left(\frac{103}{100}\right)^{29} + \left(\frac{103}{100}\right)^{28} \ldots\ldots 1\right] = 329{,}2 \text{ oder}$$

$$x + \frac{x}{20} \cdot \frac{\left(\frac{103}{100}\right)^{30} - 1}{\frac{103}{100} - 1} = 329{,}2, \text{ woraus } x = 97{,}39$$

Obige 97,39 fl. sind demnach der Kapitalanschlag der Last; sie liefern in 30 Jahren mit Zinsen zu 5 Procent und Zinseszinsen zu 3 Procent die Summe von 329,2 fl., und deren 5-procentiger Zins im Betrage von 16,46 fl. gibt mit Zins und Zinseszinsen zu 3 Procent je in 100 Jnhren die Bausumme von 10000 fl.

§. 114. Was die Berechnung des Anschlages der Verbindlichkeit zur Unterhaltung von Gebäuden betrifft, so unterscheidet das Gesetz gleichfalls drei Fälle, je nachdem der jährliche Unterhaltungsaufwand für das jetzige Gebäude eben so hoch, höher oder niedriger als für das künftige Gebäude abgeschätzt ist.

Ist der jährliche Unterhaltungsaufwand für das jetzige Gebäude gerade so hoch abgeschätzt, als für das künftige, so besteht der Kapitalanschlag der Baulast aus einer Summe, deren jährlicher Zins zum angenommenen Zinsfuße dem Unterhaltungsaufwande entspricht, also z. B. aus dem Zwanzigfachen dieses Aufwands, wenn der hierbei angenommene Zinsfuß $= 5$ ist.

Ist dagegen der jährliche Unterhaltungsaufwand für das jetzige Gebäude höher abgeschätzt, als der künftige, so besteht der Kapitalanschlag der Last aus dem Kapitalanschlag des jährlichen Unterhaltungsaufwandes vom künftigen Gebäude, und aus dem mit Rücksicht auf Zins und Zinseszinsen zum angenommenen Zinsfuße berechneten jetzigen Werth des von jetzt an bis zum Eintritt des ersten Neubaues weiter erforderlichen Unterhaltungsaufwandes.

Ist z. B. die Dauer des dermalen vorhandenen Gebäudes auf 30 Jahre, der Unterhaltungsaufwand für dieses Gebäude auf 50 fl. jährlich, und der für das künftige Gebäude auf 40 fl. jährlich abgeschätzt, so wird der Kapitalanschlag der Last wie folgt berechnet:

Das Kapital für die Unterhaltung des künftigen Gebäudes ist, wenn hierbei der Zinsfuß 5 angenommen wird, $= 20 \times 40 = 800$ fl. Während der nächsten 30 Jahre, so lange nämlich das dermalige Gebäude noch ausdauern wird, sind aber für die Unterhaltung nicht 40 fl., sondern 50 fl., also 10 fl. jährlich weiter erforderlich. Es muß daher berechnet werden, wie hoch der gegenwärtige Werth dieses Mehraufwands sich mit Rücksicht auf Zins und Zinseszinsen zum angenommenen Zinsfuß beläuft. Ist dieser Zinsfuß $= 4$, so ist der entsprechende gegenwärtige Werth =

$$10\left[\left(\frac{100}{104}\right) + \left(\frac{100}{104}\right)^2 + \dots . \left(\frac{100}{104}\right)^{30}\right] = 10 \times 17{,}3 = 173 \text{ fl.}$$

Der Kapitalanschlag der Last ist daher = 800 fl. $\times$ 173 fl. = 973 fl.

Ist endlich der jährliche Unterhaltungsaufwand für das dermalen vorhandene Gebäude niederer abgeschätzt, als für das künftige, so besteht der Kapitalanschlag der Last aus dem Kapitalanschlag des jährlichen Unterhaltungsaufwandes vom dermalen vorhandene Gebäude, und aus dem mit Rücksicht auf Zins und Zinseszinsen berechneten gegenwärtigen Werth der zur Zeit des ersten Neubaues fälligen Summe, um welche der Kapitalanschlag der jährlichen Unterhaltungkosten des künftigen Gebäudes den Kapitalanschlag der jährlichen Unterhaltungskosten des dermalen vorhandenen Gebäudes übersteigt.

Ist z. B. der jährliche Unterhaltungsaufwand für das jetzige Gebäude zu 30 fl., der für das künftige zu 40 fl., und die Dauer des jetzigen Gebäudes zu 50 Jahren abgeschätzt, so wird der Kapitalanschlag der Baulast wie folgt berechnet.

Der Kapitalanschlag des jährlichen Unterhaltungsaufwandes des jetzigen Gebäudes ist für den Zinsfuß $5 = 20 \times 30 = 600$ fl. Für jetzt, und so lange das jetzige Gebäude besteht, liefert das Kapital von 600 fl. den jährlichen Unterhaltungsaufwand. Sobald aber das vorhandene Gebäude unbrauchbar geworden ist, also nach 50 Jahren, sind zu diesem Behufe $20 \times 40 = 800$ fl. erforderlich. Letzterer Betrag (800 fl.) übersteigt den erstern (600 fl.) um 200 fl. Es muß also der gegenwärtige Werth dieser Summe mit Berücksichtigung der Zinseszinsen zum angenommenen Zinsfuße berechnet werden. Zu 4 Procent berechnet, ist dieser Werth $= 200 \left(\frac{100}{104}\right)^{50}$ $= 28$ fl. 8 kr. Der Kapitalanschlag der Baulast ist daher $=$ 600 fl. $+$ 28 fl. 8 Kr. $=$ 628 fl. 8 kr.

VIII.

Waldwerthberechnung.

§. 115. Wenn zur Werthbestimmung eines Waldes die zukünftigen Erträge desselben in Anschlag gebracht werden, so lassen sich alle Fälle, welche sich bei Ankauf von Wald oder Waldboden der Berechnung darbieten, auf folgende Fragen zurückführen:

1) Welchen Kapitalwerth hat jetzt die Summe S, wenn sie nur einmal nach n Jahren fällig wird?
2) Welchen Kapitalwerth hat jetzt die Summe S, welche m Jahre lang am Ende jedes Jahres, und zwar erstmals nach $n+1$ Jahren fällig wird?
3) Nach a Jahren wird die Summe A
   " b " " " " B
   " c " " " " C
   u. s. w.
   nach m Jahren die Summe S

fortdauernd in regelmäßiger Wiederkehr in je m Jahren gezogen. Welches ist der jetzige Kapitalwerth jener Bezüge?

Wird, wie bei der Ablösung der Baulasten, mit zwei Zinsfüßen gerechnet, so ist, in Beziehung auf die erste Frage, wenn der kleinere Zinsfuß durch p, der größere durch P und der gesuchte Kapitalwerth durch x bezeichnet wird,

$$x + Px\,[(1+p)^{n-1} + (1+p)^{n-2} + \ldots .\, 1] = S,$$

$$\text{woraus } x = \frac{S}{1 + \frac{P}{p}\Big[(1+p)^n - 1\Big]}$$

Zur zweiten Frage. Bezeichnet W die Summe der auf das Ende des $n$ten Jahres berechneten Werthe der von da an nach 1, 2, 3 . . . . m Jahren fälligen Einnahmen S, so muß das fragliche

Kapital mit Zins und Zinseszinsen nach n Jahren jene Summe hervorbringen; daher

$$x = \frac{W}{1 + \frac{P}{p}\left[(1+p)^n - 1\right]}$$

Die der dritten Frage entsprechenden Berechnungen sind dieselben, wie diejenigen für die Ablösung der Baulasten. Der gesuchte Kapitalwerth besteht aus der Summe der den einzelnen Bezügen A, B, C u. s. w. entsprechenden Kapitalwerthe.

IX.

Arbitrage für öffentliche Arbeiten.

§. 116. Bei der Arbitrage für öffentliche Arbeiten, z. B. Eisenbahnbauten, also zur Vergleichung der ökonomischen Vortheile verschiedener Constructionsarten, kann man ebenso wie bei der Ablösung der Baulasten verfahren. Es werden für die Hauptheile der Construction wahrscheinliche Dauerzeiten angenommen, und die jährlichen Renten bestimmt, welche nach Ablauf der Dauerzeit durch ihren Zins. eine Summe erzeugen, die dem ursprünglichen, um den Werth der alten Baumaterialien verminderten Kostenaufwand gleich ist.

III.

Zahlenverhältnisse der Bevölkerung.

§. 117. In den meisten civilisirten Staaten bemüht man sich nicht nur, die Größe der Bevölkerung, d. h. die Zahl der Individuen, die einem Lande angehören, zu kennen, sondern auch die Zahl der Individuen zu ermitteln, die jedem einzelnen Landestheile zukommen, oder eine besondere Kathegorie der Bevölkerung (z. B. männliche und weibliche, erwachsene und unerwachsene, städtische und nichtstädtische 2c.) bilden. Angaben dieser Art gehören der Statistik an, und die darauf sich gründenden Untersuchungen, z. B. die Berechnung der numerischen Verhältnisse der jenen Daten entsprechenden Größen, die Vergleichung der örtlichen Verschiedenheit der Ergebnisse solcher Berechnungen 2c. gehören zum Gebiete der Bevölkerungslehre, aus welcher hier nur diejenigen Gegenstände aufzunehmen sind, welche die Zahlenverhältnisse der Bevölkerung im Allgemeinen und in so weit betreffen, als es für die (in einem besondern Abschnitte) zu bestimmende Wahrscheinlichkeit des menschlichen Lebens erforderlich ist. *)

Absolute Bevölkerung.

§. 118. Die Gesammtmenge der Einwohner eines Landes oder irgend eines Landestheils heißt die absolute Größe seiner Bevöl-

*) Als selbstständige Wissenschaft findet sich die Bevölkerungslehre abgehandelt in Bernoulli's Handbuch der Populationistik (Ulm, 1841). Ferner: Neuere Ergebnisse der Bevölkerungsstatistik. Zugleich als Nachtrag zum Handbuch der Populationistik, von demselben Verfasser (Ulm, 1843). Hierher gehört auch *A. Quetelet*, sur l'homme et le développement de ses facultés, ou essai de physique sociale (Bruxelles, 1836).

kerung, oder die **absolute** Bevölkerung, im Gegensatze der **specifischen** oder **relativen** Bevölkerung, worunter man die Volkszahl im Verhältniß zur Bodenfläche oder zum Areal versteht.

Die absolute Größe der Bevölkerung wird auf zweierlei Weise, nämlich entweder direkt durch Volkszählungen, oder indirekt durch Berechnung ermitlelt.

Was die Ermittlung durch Zählung betrifft, so muß begreiflicherweise, damit kein Einwohner ausgelassen oder mehrmals notirt wird, die Zählung gleichzeitig vorgenommen werden. *) Da übrigens die Bevölkerung eine veränderliche Größe ist, so muß die Zählung von Zeit zu Zeit wiederholt werden. **) Hat man übrigens genaue Listen der Gebornen und der Gestorbenen, so läßt sich daraus genügend die Veränderung der absoluten Bevölkerung in den nächsten Jahren berechnen.

Durch **Berechnung** läßt sich die Bevölkerung nur approximativ ausmitteln, und sehr viele Angaben sind nur das Resultat solcher Berechnungen. Zu diesen Berechnungen dienen namentlich folgende Elemente:

1) **die relative Bevölkerung**; indem man durch Vergleichung oder partielle Zählungen die durchschnittliche Einwohnerzahl per Quadratmeile festgesetzt. Dieses Verfahren ist indessen sehr unsicher, und um so mehr, wenn die Größe des Landes nicht genau berechnet ist.
2) **die Zahl der Häuser, Feuerstellen oder Familien**, indem zuweilen diese gezählt werden;
3) **die Zahl der wehrhaften oder waffenfähigen Männer**. Vielen Schätzungen über die Bevölkerung in ehemaligen Zeiten liegt diese Größe zum Grunde. ***)
4) **Die Zahl der Gebornen und Gestorbenen**. S. §. 121.

Wo andere Daten fehlten, hat man öfters endlich aus dem Betrage gewisser Steuern oder aus dem jährlichen Verbrauche gewisser allgemeiner Consumtionsartikel die Volksmenge zu berechnen versucht. Nicht anders z. B. als aus dem jährlichen Verbrauch des

*) Die im Jahr 1831 in England vorgenommene Zählung wurde an **einem** Tage vollzogen, soll aber 30000 Gehülfen erfordert haben. (Bernoulli.)

**) In England und in den Vereinigten Staaten werden jetzt Volszählungen alle 10 Jahre, in Frankreich alle 5 Jahre, in Preußen, Baden und Würtemberg alle 3 Jahre veranstaltet. (Bernoulli.)

***) In manchen Schweizercantonen zählte man zuweilen die stimmfähigen Bürger (alle männliche über 16 Jahre) und sah diese Zahl als $1/4$ oder $1/5$ der gesammten Bevölkerung an. (Bernoulli.)

Getreides oder des Wassers scheint die Einwohnerschaft von Constantinopel ausgemittelt zu sein. (Bernoulli.)

Specifische Bevölkerung.

§. 119. Bezeichnet F den Flächeninhalt eines Landes, und B die Einwohnerzahl desselben, so ist, im Durchschnitt, die der Einheit des Flächeninhalts entsprechende Einwohnerzahl $= \frac{B}{F}$. Bezeichnen ferner f, f', f'' u. s. w. die Flächeninhalte der einzelnen Landestheile, und beziehlich b, b', b'' u. s. w. die Einwohnerzahlen derselben, so sind, im Durchschnitt, die der Einheit des Flächeninhalts entsprechenden Einwohnerzahlen desselben $\frac{b}{f}$, $\frac{b'}{f'}$, $\frac{b''}{f''}$ u. s. w. Setzt man p, p', p'' u. s. w. für letztere Werthe, und P für $\frac{B}{F}$, so sind P, p, p', p'' u. s. w. die specifischen Bevölkerungen, oder, wenn man diese Größen durch P dividirt,

$$1, \frac{p}{P}, \frac{p'}{P}, \frac{p''}{P} \text{ u. s. w.}$$

die mit P verglichenen specifischen Bevölkerungen des Landes.

Als Beispiel hierzu diene die im Annuaire du bureau des longitudes vom Jahr 1843 enthaltene Tabelle der specifischen Bevölkerung Frankreichs.

Die der Construction der Tabelle, nach der letzten Volkszählung zum Grunde gelegte Einwohnerzahl des ganzen Landes ist 34213929, und da der Flächeninhalt der 86 Departements = 527686,19 Quadrat-Kilometer, so ist, in Beziehung auf obige Bezeichnung,

$$\frac{B}{F} = P = \frac{3421392900}{52768619} = 64,838$$

Die auf 1 Quadrat-Kilometer kommenden Einwohnerzahlen der Departements Seine, Norden, Rhone ꝛc. sind beziehlich 2512,42 191,12, 179,45 ꝛc.; daher, in Beziehung auf obige Bezeichnung,

$$p = 2512,42,\ p' = 191,12,\ p'' = 179,45 \text{ ꝛc.}$$

und also, wenn man diese und die andern Werthe durch $P =$ 64,838 dividirt,

$$\frac{p}{P} = 38,856,\ \frac{p'}{P} = 2,947,\ \frac{p''}{P} = 2,767 \text{ ꝛc.}$$

Die Werthe von p und $\frac{p}{P}$ können wie folgt zusammengestellt werden:

Namen der Departements.	Werthe von p	Werthe v. $\frac{p}{P}$
Seine	2512,42	38,756
Norden	191,12	2,947
Rhône	179,45	2,767
Nieder-Seine . . .	122,32	1,888
⋮	⋮	⋮
Ober-Saône . . .	65,47	1,010
Lot und Garonne .	65,40	1,009
Tarn und Garonne .	65,21	1,006
Frankreich überhaupt	64,84	1
Saône und Loire .	64,40	0,994
Morbihan	63,79	0,984
Jura	63,74	0,983
⋮	⋮	⋮
Lozère	27,35	0,422
Corsica	25,32	0,391
Ober-Alpen . . .	23,96	0,370
Nieder-Alpen . . .	22,86	0,353

Volkszählung nach Altersklassen.

§. 120. Bis jetzt hat man nur selten bei Volkszählungen auch das Alter eines jeden Individuums aufgenommen, oder, wenn dieß auch geschehen, die Resultate der Volkszählung in der Art aufgestellt, daß man daraus erfährt, wie viele Einwohner einer jeden Altersklasse angehören, und welchen Theil der Gesammtheit jede dieser Klassen bildet. Solche Alterstabellen sind aber zur richtigen Würdigung sehr vieler Zustände mehr oder weniger unentbehrlich. Man kann zwar durch Berechnung (vermittelst Sterblichkeitstabellen, wie im §. 130 dargethan wird) Alterstabellen construiren; die aus einer Zählung hervorgegangenen Tabellen dieser Art sind aber den berechneten vorzuziehen, vorausgesetzt, daß man sich auf die

Zählung verlassen darf, was freilich, aus leicht begreiflichen Ursachen, selten der Fall sein wird. *)

Bewegung der Bevölkerung.

§. 121. Die Bewegung der Bevölkerung ergibt sich aus dem Verhältniß der Geburten zu den Sterbfällen. Zu dieser Art von Untersuchungen diene beispielsweise nachfolgendes Verzeichniß der in den Jahren 1817 bis 1840 in Frankreich stattgefundenen Geburten und Sterbfälle.

Jahre.	Geburten				Summe der Geburten.	Sterbfälle		Summe der Sterbfälle.	Vermehrung der Bevölkerung.
	eheliche Kinder.		unehel. Kinder						
	männl.	weibl.	männl.	weibl.		männl.	weibl.		
1817	456570	425002	31887	30666	944125	382813	365410	784223	195902
1818	440972	414332	30216	58335	913855	376412	375495	751907	161948
1819	475651	446606	33660	32001	987918	398260	389795	788055	199863
1820	460463	432121	33915	32434	958933	389822	380884	770706	188227
1821	463069	432803	34552	32934	963358	377062	374152	751214	212144
1822	465274	437774	35820	33928	972796	391443	382719	774162	198634
1823	460807	433552	35710	33952	964021	376101	366634	742735	221286
1824	471490	441488	36280	34894	984152	385785	377821	763606	220546
1825	468151	436443	35381	34011	973986	400444	397568	798012	175974
1826	474837	445883	37061	35410	993101	449613	416045	835658	157533
1827	469209	440219	36098	34670	980196	399864	391261	791125	189071
1828	465745	440098	35924	34780	976547	421956	415189	837145	139402
1829	460887	434289	35276	34075	964527	405366	398087	803453	161074
1830	461757	436820	35229	34018	967824	408545	401285	809830	157994
1831	472614	442684	36415	34996	986709	405902	396859	802761	183948
1832	449096	421413	34422	33255	938186	466109	467624	933733	4453
1833	464140	434345	36460	35038	969983	408970	403578	812548	157435
1834	470958	441973	37760	35799	986490	462158	455670	917828	68662
1835	474098	445008	38270	36457	993833	414625	410788	816413	177420
1836	467002	439816	37436	36066	979820	390380	381320	771700	208120
1837	450039	423481	35308	34521	943349	440077	438694	878701	64648
1838	459513	431874	35350	34739	961476	426899	419300	846199	115277
1839	456571	430816	36094	34259	957740	391765	388835	780600	177140
1840	453559	428516	35815	34428	952318	410853	405633	816486	135832

Aus obiger Zusammenstellung lassen sich Folgerungen ziehen in Bezug auf das Verhältniß der Geburten beider Geschlechter, auf

*) Hierzu folgendes Beispiel. — Im Jahr 1779 zählte man in den dänischen Staaten 2017000 Einwohner, und zwar auf 100

vom	0 — 8	Jahre alt,	10	männliche,	10	weibliche.	Summe 20
„	9 — 16	„ „	8,1	„	7,9	„	„ 16
„	17 — 32	„ „	11,7	„	13,8	„	„ 25,5
„	33 — 48	„ „	9,2	„	9,8	„	„ 19
über	48	„ „	9	„	10,5	„	„ 19,5,
			48	„	52	„	„ 100

den Einfluß des Clima's auf die Geburten, auf die mittlere jährliche Bewegung der Bevölkerung, und auf das Verhältniß der jährlichen Elemente der Bevölkerung.

Während der 24 Jahre von 1817 bis 1840 sind 11962811 Knaben und 11252522 Mädchen geboren worden; das Verhältniß beider Zahlen ist ziemlich genau $\frac{17}{16}$, wonach, im Durchschnitt, um $\frac{1}{16}$ mehr Knaben als Mädchen zur Welt gekommen sind. Was die unehelichen Kinder betrifft, so sind während desselben Zeitraums 850339 Knaben und 815666 Mädchen geboren worden; das Verhältniß dieser Zahlen ist ziemlich genau $\frac{24}{23}$, wonach bei dieser Klasse von Kindern die Anzahl der Geburten der Mädchen sich derjenigen der Knaben mehr als bei den ehelichen Kindern (in Frankreich) zu nähern scheint.

Was den Einfluß des Clima's auf das Verhältniß der Geburten betrifft, so wollen wir im Norden Frankreichs die 8 Departements Aisne, Ardennen, Mosel, Norden, Oise, Pas-de-Calais, Nieder-Seine und Somme, und im Süden des Landes die 15 Departements Ariège, Aude, Rhonemündungen, Gard, Ober-Garonne, Gers, Hérault, Landes, Nieder-Pyrenäen, Oberpyrenäen, Ost-Pyrenäen, Tarn, Tarn und Garonne, Var und Vaucluse in dieser Beziehung mit einander vergleichen. In den genannten 8 nördlichen Departements sind während des Zeitraums von 1817 bis 1840 1682345 Knaben und 1582179 Mädchen geboren worden, und diese Zahlen verhalten sich wie 17 : 15,988, oder wie 1,06331 : 1. In den genannten 15 südlichen Departements sind während desselben Zeitraums 1666147 Knaben und 1569273 Mädchen zur Welt gekommen, und diese Zahlen verhalten sich wie 17 : 16,012, oder 1,06173 : 1. Man erhält ungefähr dieselben Verhältnisse für einen Zeitraum von 5, 10 und 15 Jahren. Aus dem kleinen Unterschiede dieser Verhältnisse von 1,06331 und 1,06173 für das nördliche und südliche Frankreich geht hervor, daß das Clima keinen merklichen Einfluß auf das Uebergewicht der Geburten der Knaben im Verglich mit denjenigen der Mädchen zu haben scheint.

Die Unmündigen machten also	1/5	der Bevölkerung aus.
Die Kinder unter 16 Jahren über	1/3	
Die Erwachsenen zwischen 16 und 48 Jahren .	4/9	

Die männliche Bevölkerung verhält sich zur weiblichen wie 100 : 108, obgleich im jugendlichen Alter beide Geschlechter gleichzählig sind. (Bernoulli.)

Die mittlere jährliche Bewegung der Bevölkerung ergibt sich aus folgender Zusammenstellung, welche durch Division der Zahl 24 in die den verschiedenen Elementen der vorigen Tabelle entsprechenden Zahlen entstanden ist.

Geburten	Eheliche Kinder	Knaben	463020	897889
		Mädchen	434869	
	Uneheliche Kinder	Knaben	35431	69417
		Mädchen	33986	
	Eheliche und uneheliche Kinder	männl. Geschl.	498451	967306
		weibl. Geschl.	468855	
Sterbfälle		männlichen Geschlechts	406298	805950
		weiblichen Geschlechts	399652	
Zunahme der Bevölkerung		Knaben	92153	161356
		Mädchen	69203	

Aus obiger Zusammenstellung der Geburten und Sterbfälle von 1817 bis 1840 lassen sich ferner die Verhältnisse der jährlichen Elemente der Bevölkerung wie in folgender Tabelle zusammenstellen:

Geburten	Eheliche Kinder	Knaben	16
		Mädchen	15,027
	Uneheliche Kinder	Knaben	24
		Mädchen	23,021
	Eheliche und uneheliche Kinder	Knaben	17
		Mädchen	15,991
Kinder		Eheliche	12,934
		Uneheliche	1
Sterbfälle		männlichen Geschlechts	61
		weiblichen Geschlechts	60,002
Vermehrung der Bevölkerung		Knaben	$0,00287 = \frac{1}{848}$
		Mädchen	$0,00216 = \frac{1}{464}$
		Ueberhaupt	$0,00503 = \frac{1}{199}$
Eine Geburt auf		Einwohner	33,1
		Sterbfälle	0,83
Ein Sterbfall auf		Einwohner	39,8
		Geburten	1,2

Aus obiger Tabelle entnehmen wir Folgendes: Die Geburten der ehelichen Knaben und Mädchen verhalten sich wie 16 : 15,027, und diejenigen der unehelichen Knaben und Mädchen wie 24 : 23,021, und die Geburten der Knaben und Mädchen überhaupt wie 17 : 15,991.

Das Verhältniß der ehelichen und unehelichen Kinder ist 12,934 : 1, wonach ungefähr auf 130 eheliche Kinder 10 uneheliche Kinder kommen.

Die Zahl der Sterbfälle der Einwohner männlichen Geschlechts ist größer, als diejenige des weiblichen Geschlechts; das Verhältniß ist 61 : 60,002.

Was die Zunahme der Bevölkerung betrifft, so haben die Knaben einen größern Antheil daran, als die Mädchen; die Knaben sind dabei um $\frac{1}{348}$ und die Mädchen nur um $\frac{1}{464}$ betheiligt und die Zunahme überhaupt beträgt $\frac{1}{199}$. Denn die mittlere Volksmenge für die 24 Jahre von 1817 bis 1840 ist, wenn man die Zunahme der Bevölkerung berücksichtigt und von den Resultaten der in den Jahren 1820, 1831, 1836 und 1841 vorgenommenen Volkszählungen (beziehlich 30451187, 32560934, 33540910 und 34213929) ausgeht, = 32080000; die mittlere Anzahl der Sterbfälle ist 805950 und die mittlere Anzahl der Geburten ist 967306; die Zunahme der Bevölkerung durch Geburten beträgt mithin $\frac{967306}{32080000}$, und die Abnahme der Bevölkerung durch Sterbfälle beträgt $\frac{805950}{32080000}$; die Abnahme durch Sterbfälle ist kleiner als der Zuwachs durch Geburten, und mithin ist die Zunahme der Bevölkerung

$$= \frac{967306}{32080000} - \frac{805950}{32080000} = \frac{161356}{32080000} = \frac{1}{199}.$$

Weil auf 32080000 Einwohner 967306 Geburten kommen, so kommt eine Geburt auf $\frac{32080000}{967306} = 33,1$ Einwohner, und weil auf 967306 Geburten 805950 Sterbfälle kommen, so kommt eine Geburt auf $\frac{805950}{967306} = 0,83$ Sterbfälle.

Weil ferner auf 32080000 Einwohner 805950 Sterbfälle kommen, so kommt ein Sterbfall auf $\frac{32080000}{805950} = 39,8$ Einwohner, und weil auf 967306 Geburten 805950 Sterbfälle kommen, so kommen auf einen Sterbfall $\frac{967306}{805950} = 1{,}2$ Geburten.

Weil auf 33,1 Einwohner eine Geburt, und auf 39,8 Einwohner ein Sterbfall kommt, so ist das Verhältniß der Einwohnerzahl zur Zahl der Geburten 33,1 : 1, und das Verhältniß der Einwohnerzahl zur Zahl der Sterbfälle 39,8 : 1, und aus diesen Verhältnissen läßt sich wieder zurück auf die Bevölkerung schließen und die Größe derselben beiläufig bestimmen. Erfährt man z. B., daß in einer Stadt, auf welche obige Verhältnisse der Geburten und Sterbfälle passen, binnen Jahresfrist p Personen gestorben sind, so ergibt sich die Einwohnerzahl aus der Proportion: $1 : 39{,}8 = p : x$, wonach $x = 39{,}8p$. Oder ist die Anzahl der Geburten $= g$, so ergibt sich die Einwohnerzahl aus der Proportion: $1 : 33{,}1 = g : x$, woraus $x = 33{,}1g$. *)

Kommt überhaupt auf m Einwohner ein Sterbfall, und auf n Einwohner eine Geburt, so wird $\frac{1}{m}$ für das Maaß der Sterblichkeit, und $\frac{1}{n}$ für das Maaß der Fruchtbarkeit angesehen. Es wird auch gewöhnlich angenommen, daß die Bevölkerung im Beharrungszustande ist, d. h. sich gleich bleibt, wenn $\frac{1}{m} = \frac{1}{n}$, oder $m = n$ ist. Es können aber die Sterb- und Geburtsregister eines Orts gleiche Zahlen haben, und die Bevölkerung kann, in Folge von Einwanderungen, gleichwohl im Zunehmen sein. In Königsberg z. B. war die Zahl der von 1817 — 37 Gestorbenen

*) Nach den Angaben der vorzüglichsten Beobachter wird im Durchschnitt angenommen, daß von

40 Menschen auf dem platten Lande,
32 „ in kleinen Städten,
24 „ in größern Städten und Handelsplätzen,
28 „ in den größten Städten,
35 „ in ganzen Ländern überhaupt

jährlich einer mit Tod abgeht; daß hingegen auf

30 Menschen auf dem platten Lande,
24 „ in kleinen Städten,
28 „ in größern Städten,
31 „ in den größten Städten,
29 „ in ganzen Ländern,

eine Geburt kommt.

derjenigen der Gebornen fast gleich, und dennoch nahm die Einwohnerzahl von 56571 auf 64200 zu. *)

§. 122. Der größte Theil der Bevölkerung Europa's ist im Zunehmen, über das Gesetz der Zunahme läßt sich aber aus theoretischen Gründen nichts bestimmen.

Wenn übrigens die Verhältnisse $\frac{1}{n}$ und $\frac{1}{m}$ (§. 121) in jedem Jahre dieselben blieben, so würde die Bevölkerung in einem geometrischen Verhältnisse zu- oder auch abnehmen. Denn für eine gegebene Zeit sei V die Bevölkerung, G die Anzahl der Geburten, und T diejenige der Sterbfälle, und es seien V', G', T', V'', G'', T'' rc. die analogen Zahlen für die nachfolgenden Jahre; setzt man ferner $\frac{V}{G} = n$, $\frac{V}{T} = m$, so ist $V = nG = mT$; folglich $T = \frac{nG}{m}$, $V' =$

$$V + G - T = V + G - \frac{nG}{m} = V + G\left(1 - \frac{n}{m}\right) =$$

$$V + \frac{V}{n}\left(1 - \frac{n}{m}\right) = V + V\left(\frac{1}{n} - \frac{1}{m}\right) = V\left(1 + \frac{m-n}{mn}\right)$$

Sind nun die Verhältnisse $\frac{1}{n}$ und $\frac{1}{m}$ unveränderlich, so hat man in gleicher Weise

$$V'' = V'\left(1 - \frac{m-n}{mn}\right) = V\left(1 - \frac{m-n}{mn}\right)^2 \text{ u. s. w.}$$

wonach die Bevölkerung im geometrischen Verhältniß zu- oder abnimmt, je nachdem $m > n$, oder $m < n$. Hieraus ließe sich berechnen, in wie viel Jahren die Bevölkerung zu einem gegebenen Vielfachen der gegebenen Bevölkerung anwachsen würde, wenn man annehmen könnte, daß das Maaß der Sterblichkeit und der Fruchtbarkeit während des gegebenen Zeitraums sich nicht ändere. Setzt man sV für das gegebene Vielfache der anfänglichen Bevölkerung V, q für $1 + \frac{m-n}{mn}$, und x für die gesuchte Zeit, so ist $Vq^x = sV$ und $x = log. \frac{s}{q}$. Könnte man z. B. annehmen, daß die im §. 121 gefundenen Verhältnisse $\frac{967306}{32080000}$ (das Maaß der Fruchtbarkeit) und $\frac{805950}{32080000}$ (das Maaß der Sterblichkeit) sich gleich bleiben, so würde die Bevölkerung Frankreichs nach 19 Jahren um $\frac{1}{10}$, nach

*) Moser, die Gesetze der Lebensdauer rc. (Berlin, 1839).

36 Jahren um $\frac{2}{10}$, nach 52 Jahren um $\frac{3}{10}$, nach 67 Jahren um $\frac{4}{10}$, nach 81 Jahren um die Hälfte, und nach 138 Jahren um das Doppelte größer als jetzt sein.

Wenn wir aber auch annehmen, daß, an und für sich betrachtet, und unter obiger Voraussetzung, die Bevölkerung in geometrischer Progression zunehmen könne, so stehen doch einer solchen Zunahme mancherlei Hindernisse entgegen, so wie es ja schon außer allem Zweifel liegt, daß alle Vermehrung der Menschen zunächst durch die der Subsistenzmittel bedingt ist. Es läßt sich deßhalb die Bevölkerung für eine ferne Zeit nicht einmal beiläufig durch obige Berechnung bestimmen.

Durch Beobachtung gelangt man eben so wenig zu einem Gesetze der Bevölkerung.

§. 123. Direkt können die numerischen Veränderungen der Bevölkerung nur durch wiederholte oder periodische Volkszählungen ermittelt werden. Weil sich aber nicht wohl jedes Jahr vollständige Zählungen ausführen lassen, so erfährt man mehrentheils nur für längere Perioden diese Veränderungen, und für Zwischenzeiten berechnet man sie vermittelst der aus den Geburts- und Sterbelisten sich ergebenden Ueberschüssen der Geburten und Sterbfälle.

Zur Vergleichung des Wachsthums einer Bevölkerung in verschiedenen Zeiten oder für verschiedene Bevölkerungen muß das mittlere Verhältniß des Zuwachses aus einer mehrjährigen Periode bestimmt werden.

Steigt z. B. die Bevölkerung in 8 Jahren von 100000 auf 1160000, so ist im Durchschnitt der jährliche Zuwachs $= \frac{16000}{8} = 2000$. Das jährliche Verhältniß der Zunahme ist aber nicht $= \frac{100 \cdot 2000}{100000} = 2$ Procent, denn wenn die Zunahme jährlich $= 2$ Proc. wäre, so müßte die Bevölkerung von 100000 in 8 Jahren auf $100000\left(\frac{102}{100}\right)^8 = 117200$ angewachsen sein. Wenn man aber den durchschnittlichen jährlichen Zuwachs 2000 mit der mittlern Volkszahl, nämlich $\frac{100000 + 116000}{2} = 108000$ vergleicht, so ist das jährliche Verhältniß der Zunahme $= \frac{100 \cdot 2000}{108000} = 1{,}85$ Procent. Mathematisch genau wird zwar der Vermehrungscoefficient auf diese

Weise nicht gefunden, wenn sich aber die Berechnung nicht auf eine sehr lange Periode bezieht, so kann man das Resultat als beiläufigen Werth gelten lassen. Unter der Voraussetzung, daß das jährliche Verhältniß der Zunahme = 1,85 ist, hat man $100000\left(\frac{10185}{10000}\right)^8 = 115700$. Geht man indessen von dieser Berechnung aus, so ergibt sich der Vermehrungscoefficient unmittelbar aus der Gleichung $100000\left(\frac{100 + x}{100}\right)^8 \doteq 116000$, wonach $x = 100 \sqrt[8]{1,16} - 100 = 1,87$, welches Resultat um 0,02 größer als dasjenige der Durchschnittsrechnung ist.

Es ist, wie schon im Eingang des §. 122 bemerkt worden, in allen Theilen Europa's die Bevölkerung im Steigen; der jährliche Zuwachs beträgt indessen in den meisten Theilen weniger als 1 Procent, und erreicht in keinem Theile 2 Procent, und der Zuwachs ist also weit geringer, als er gewöhnlich angenommen wird; wie aus folgender, von Bernoulli *) aufgestellten Tabelle zu ersehen.

		%			%
England	1821—31	1,48	Würtemberg	1823—35	0,73
Irland	id.	1,33	Toskana	14—24	0,69
Rußland	?	1,30		25—35	1,1
Hannover	23—36	1,25	Belgien	31—38	0,7
Preußen	26—31	1,02	Neapel	23—30	0,92
	32—37	1,19		31—34	0,59
K. Sachsen	34—37	1,15	Schweiz	?	0,66
S. Weimar	16—36	1,15	Baiern	26—38	0,56
Schweden	20—30	1,10	Frankreich	26—36	0,52
Holland	31—40	1,02	Kirchenstaat	29—38	0,49
Baden	24—34	0,95	Polen	29—36	0,38
Schwerin	30—37	0,88	Sardinien	25—31	0,15

*) Populationistik, §. 333.

IV.

Bestimmung der Wahrscheinlichkeiten

des

menschlichen Lebens.

§. 124. Die Berechnung der Leibrenten beruht, wie im §. 88 bereits angedeutet worden, auf dem gegenwärtigen Alter der Käufer derselben in der Weise, daß die wahrscheinliche Anzahl von Jahren, in welcher denselben die Leibrente gezahlt werden dürfte, dabei in Anschlag gebracht wird. Hierzu, so wie überhaupt zum Gebrauche von Anstalten oder Gesellschaften, deren Einrichtung auf die menschliche Sterblichkeit gegründet ist, so wie endlich auch zu statistischen Zwecken, dienen die Sterblichkeitstabellen oder Mortalitätstabellen, d. h. die durch Erfahrung und Berechnung vermittelst Sterbregistern gefertigten Tabellen, welche die den verschiedenen Altersstufen entsprechenden Verhältnißzahlen des Absterbens nachweisen.

Sterblichkeitstabellen.

§. 125. Die Fertigung der Sterblichkeitstabellen würde sehr einfach sein, wenn man in den Sterbregistern eine große Anzahl der aus den Geburtsregistern gewählten Individuen finden, und auf diese Art ausmitteln könnte, wie viele Menschen im ersten, zweiten, dritten u. s. w. Lebensjahre gestorben sind; eine solche Zusammenstellung unterliegt aber zu großen Schwierigkeiten, weil man nicht jeden Verstorbenen von dem Eintritt in's Leben bis zum Abgang von demselben durch alle Wechsel des Standes und Aufenthalts verfolgen kann. Ein anderes Verfahren hat Halley (in England) zuerst in Anwendung gebracht. Im Jahr 1693 gab er eine aus den Sterbregistern der Stadt Breslau darnach gefertigte Sterblichkeitstabelle heraus. Wegen des geringen Unterschieds zwischen der Anzahl der Geborenen und Gestorbenen und des hieraus ersichtlichen Beharrungszustandes der Breslauer Volksmenge, glaubte er hierbei schließen zu dürfen, daß jede Altersklasse an dem jährlichen Abgang derselben ihren verhältnißmäßigen Antheil nehme, und daß man die in jedem Jahre Verstorbenen als gleichzeitig zur Welt gekommen betrachten könne. Nach dieser Voraussetzung zog er aus den Sterbregistern von 1687 bis 1691 die Summe der Abgeschiedenen von jedem Alter besonders heraus, subtrahirte alsdann von der Hauptsumme aller Verstorbenen die Summe der einjährigen Kinder und betrachtete den Rest als die Anzahl der Ueberlebenden. Von diesem Rest subtrahirte er die Summe der im zweiten Jahre verstorbenen Kinder, und nahm den neuen Rest für die Anzahl Derjenigen, die das zweite Jahr überlebten. Von dem letztern Reste subtrahirte er wieder die Summe der dreijährigen Todten u. s. w. Um die Rechnung zu vereinfachen, reducirte er zuletzt alle Verhältnisse auf die Zahl 1000.

Wenn man also annimmt, daß die Anzahl der in einem gewissen Zeitraume verstorbenen Individuen von

$$0, 1, 2, 3, 4 \ldots\ldots\ \text{Jahren}$$

beziehlich

$$t_0, t_1, t_2, t_3, t_4 \ldots\ldots$$

sei, wenn man die Anzahl der sämmtlichen, in dem betreffenden Zeitraume verstorbenen Individuen durch S bezeichnet, wonach

$$S = t_0 + t_1 + t_2 + t_3 + t_4 \ldots\ldots$$

und wenn man $st_0 = t_0$, $st_1 = t_0 + t_1$, $st_2 = t_0 + t_1 + t_2$ u. s. w. setzt, so ergibt sich, daß

von	S	Individuen	von 0 Jahren	sterben	t_0
"	$S - st_0$	Indiv.	" 1 Jahre	"	t_1
"	$S - st_1$	"	" 2 Jahren	"	t_2
"	$S - st_2$	"	" 3 "	"	t_3

u. s. w.

Setzt man nun $S = l_0$, $S - st_0 = l_1$, $S - st_1 = l_2$ u. s. w., so ergibt sich aus folgender Zusammenstellung oder Sterblichkeitstabelle

$$0, 1, 2, 3, 4, \ldots$$
$$l_0, l_1, l_2, l_3, l_4, \ldots$$
$$t_0, t_1, t_2, t_3, t_4, \ldots$$

die den verschiedenen Altersstufen entsprechende Zahl der Lebenden und Gestorbenen.

Es sind z. B. im Königreich Dänemark, mit Ausnahme der Herzogthümer, in den 10 Jahren vom Anfange 1811 bis Ausgang 1820 gestorben: *)

zwischen	0 — 10	Jahren	84700	Menschen
"	10 — 20	"	10678	"
"	20 — 30	"	14219	"
"	30 — 40	"	14844	"
"	40 — 50	"	16596	"
"	50 — 60	"	20913	"
"	60 — 70	"	29516	"
"	70 — 80	"	28449	"
"	80 — 90	"	14324	"
über	90	"	1998	"

Folglich ist $st_0 = 84700$, $st_1 = 95378$, $st_2 = 109597$, $st_3 = 124441$, $st_4 = 141037$, $st_5 = 161950$, $st_6 = 191466$, $st_7 = 219915$, $st_8 = 234239$, $st_9 = 236237 = S = l_0$; ferner $S - st_0 = l_1 = 151537$, $S - st_1 = l_2 = 140859$, $S - st_2 = l_3 = 126640$, $S - st_3 = l_4 = 111796$, $S - st_4 = l_5 = 95200$, $S - st_5 = l_6 = 74287$, $S - st_6 = l_7 = 44771$, $S - st_7 = l_8 = 16322$, $S - st_8 = l_9 = 1998$, $S - st_9 = l_{10} = 0$.

Hieraus ergibt sich folgende Sterblichkeitstabelle:

Alter.	Lebende im Anfang des Jahrzehnds.	Abgang in 10 Jahren.
0 bis 10	236237	84700
10 „ 20	151537	10678
20 „ 30	140859	14219
30 „ 40	126640	14844
40 „ 50	111796	16596
50 „ 60	95200	20913
60 „ 70	74287	29516
70 „ 80	44771	28449
80 „ 90	16322	14324
90	1998	1998

*) Meyer, Allgemeine Anleitung zur Berechnung der Leibrenten und Anwartschaften (Kopenhagen 1823).

Die Voraussetzung, auf welche sich Halley's Methode zur Construction von Sterblichkeitstabellen gründet, widerspricht indessen allen Erfahrungen, denn die Bevölkerung ist nicht stationär, sondern beständigen Veränderungen unterworfen. Zu der Halley'schen Methode kann man auch eine andere rechnen, welche im Wesentlichen dieselbe ist, nämlich die Volkszählung. Erfährt man aus Volkszählungen für eine gegebene Bevölkerung, daß die Anzahl der Individuen =

a_0 für das Alter 0 bis 1
a_1 " " " 1 " 2
a_2 " " " 2 " 3
a_3 " " " 3 " 4
u. s. w.

so folgt daraus, wenn die Bevölkerung als stationär angenommen wird, die Sterblichkeitstabelle:

Alter.	Lebende.	Gestorbene.
0	a_0	$a_0 - a_1$
1	a_1	$a_1 - a_2$
2	a_2	$a_2 - a_3$
3	a_3	$a_3 - a_4$

u. s. w.

Für Anstalten, welche auf die menschliche Sterblichkeit gegründet sind, z. B. Leibrentenanstalten, sind übrigens solche allgemeine Sterblichkeitstabellen, welche die Verhältnißzahlen des Absterbens für alle Volksklassen oder eine gemischte Bevölkerung enthalten, nicht brauchbar, weil, unter übrigens gleichen Umständen, die Sterblichkeit je nach Verschiedenheit der Lebensweise und Berufsgeschäfte der Menschen unterschiedlich ist, und sich innerhalb einer geschlossenen Gesellschaft anders als bei einer stets wechselnden und gemischten Bevölkerung gestaltet, und weil nicht alle Volksklassen bei derartigen Anstalten (Leibrentenanstalten, Lebensversicherungsanstalten ꝛc.) betheiligt sind. Die ersten Leibrentenanstalten, Lebensversicherungsanstalten ꝛc. mußten sich mit sehr unzuverlässigen Resultaten in dieser Beziehung begnügen; es wurde aber gerade solchen Anstalten im Verlaufe der Zeit möglich, selbst Beobachtungen anzustellen, und so verdankt man denselben Sterblichkeitstabellen, welche, wenigstens in Betracht der Anwendungen, die man davon machen kann, ziemlich zuverlässig sind. Eine solche ist die aus den Erfahrungen der Equitable=Gesellschaft in London (für Lebensversicherung) berechnete, im Anhang befindliche Tabelle III. *); ferner diejenige, welche Deparcieux über die Besitzer von Leibrenten und die Tontinisten (§. 88) in Frankreich aufgestellt hat (Tab. III.) **) und die Sterblichkeitstabelle der Leibrentenbesitzer in Holland von Kerseboom (Tab. III.). Specielle Sterblichkeitstabellen sind ferner die von Deparcieux nach der Bearbeitung von Florencourt (Tab. IV.), die von Finlaison nach den Beobachtungen der Staatstontinen in England berechnete Tabelle (IV.) ***) und die von Brune nach den Erfahrungen über Frauen der preuß. allgemeinen Wittwen=Verpflegungsanstalt berechnete Tabelle (IV.) †). Von Sterblichkeitstabellen für ganze Länder sind n sich im Anhang die von Duvillard für Frankreich (Tab. V.) und die von Quetelet (Tab. VI.) für Belgien, welche auch die beiden Geschlechter unterscheidet. ††) Zu den neuern gehören die allgemeinen für England und Wales nach den 18=jährigen Sterblisten von 1813 bis 30, die für Genf, von Mallet,

*) Vom Actuar der Gesellschaft, Arthur Morgan, im Jahr 1834 veröffentlicht; sie umfaßt die seit der Gründung der Gesellschaft im Jahr 1762 während eines 67=jährigen Bestehens bis zum Jahr 1829 vorgekommenen 5164 Todesfälle. *A. Morgan*, Tables showing the total Number of Persons assured in the Equitable-Society from its commencement in Sept. 1762 to Jan. 1829 etc. London, 1834).

**) A. Deparcieux hat im Jahr 1746 sechs Sterblichkeitstabellen herausgegeben, nebst Angabe der Thatsachen auf die sie sich gründen und der Constructionsart. Eine davon behandelt die Mitglieder französischer Tontinen; vier andere sind aus den Todtenregistern von Mönchsklöstern verschiedener Orden, und eine aus denen einiger Pariser Nonnenklöster berechnet worden. (*A. Deparcieux*, Essai sur la probabilité de la durée de la vie humaine, Paris, 1746).

***) Aus einer großen Anzahl von Besitzern von Leibrenten und Mitgliedern der Tontinen in England und Irland entnommen. Die Leibrenten, welche die englische Regierung bewilligt, sollen nach diesen Tafeln (Governement Tables) berechnet werden. (The Report of *John Finlaison*, Actuary of the National Debt, on the Evidence and Elementary Facts on which Tables of Live Annuities are foundet. Ordered to be printet March 31. 1829.

†) Siehe Crelle's Journal für reine und angewandte Mathematik, 16ter Band. Berlin, 1837.

††) Man ist bis jetzt nicht im Stande, den Unterschied der Lebensverhältnisse beider Geschlechter genau in Rechnung zu bringen; die bisherigen Beobachtungen führen indessen zu dem Schlusse, daß die Sterblichkeit unter den Weibern geringer ist, als unter den Männern.

Quetelet gibt folgende Uebersicht der Sexualproportion der Gestorbenen nach den in Belgien gesammelten Beobachtungen:

die von Casper für Berlin nach den Listen von 1818 bis 29, und die von Montferrand für Frankreich aufgestellte Tabelle. Eine auf Sterblisten des gegenwärtigen Jahrhunderts gegründete Tabelle, in welcher auch die Folgen der Schutzblatternimpfung berücksichtigt sein sollen, hat Stelzig (praktischer Arzt in Prag) für das Königreich Böhmen aufgestellt. *)

Ein anderes, bisher noch wenig in Anwendung gebrachtes Verfahren zur Construction von Sterblichkeitstabellen, welches nicht auf einem fingirten Zustande der Bevölkerung beruht und von der Bewegung derselben völlig unabhängig ist, besteht darin, die Zahl Aller, welche im Laufe eines Jahres geboren wurden, und welche aus den verschiedenen Lebensaltern zusammen gelebt haben, zu ermitteln; ferner aus den Sterbelisten die Zahl der Gestorbenen nach den Altersstufen zu ordnen, und endlich die hieraus sich ergebenden Zahlen zu vergleichen. Ergibt sich z. B. aus den Altersregistern der Lebenden und Gestorbenen, daß aus 1000 Lebenden im Alter von 40 Jahren 18 in 1 Jahre sterben, und ist ermittelt, daß von

Alter.	Auf 1 Todesfall des weibl. Geschlechts kommen Todesfälle des männlichen Geschlechts	
	in Städten	auf dem Lande.
Todtgeboren	1,33	1,70
von 0 — 1 Monat.	1,33	1,37
„ 1 — 2 „	1,37	1,20
„ 2 — 3 „	1,22	1,21
„ 3 — 6 „	1,24	1,16
„ 6 — 12 „	1,06	1,03
„ 1 — 2 Jahren	1,06	0,97
„ 2 — 5 „	1,00	0,94
„ 5 — 14 „	0,90	0,93
„ 14 — 18 „	0,82	0,75
„ 18 — 21 „	0,98	0,92
„ 21 — 26 „	1,24	1,11
„ 26 — 30 „	1,00	0,86
„ 30 — 40 „	0,88	0,63
„ 40 — 50 „	1,02	0,83
„ 50 — 60 „	1,07	1,18
„ 60 — 70 „	0,96	1,05
„ 70 — 80 „	0,77	1,00
„ 80 — 100 „	0,68	0,92

*) Ueber den Einfluß der Vaccine auf die Sterblichkeit s. *Duvillard*, Analyse et tableaux de l'influence de la petite vérole sur la mortalité.

1000 Neugebornen 471 Individuen 40 Jahre alt werden, so geht daraus hervor, daß 462,52 Individuen das 41te Jahr vollenden, weil von 471 Individuen $\frac{471 \times 18}{1000} = 8{,}48$ Individuen sterben. Nur für die ersten Jahre und die höhern Altersstufen dürfte diese Methode keine zuverlässigen Resultate gewähren, weil für jene die Zahl der Lebenden schwer zu erhalten ist, und weil man sich in Betreff der höhern Altersstufen auf die Angabe des Alters nicht immer verlassen kann.

Wahrscheinlichkeit der fernern Lebensdauer für jedes Alter.

§. 126. Vermittelst der Sterblichkeitstabellen läßt sich die Wahrscheinlichkeit der fernern Lebensdauer für jedes Alter bestimmen, oder die Frage beantworten, mit welcher Wahrscheinlichkeit man nach einem bereits erlangten Alter noch auf eine gewisse Anzahl von Jahren rechnen könne. Sucht man z. B. den Grad der Wahrscheinlichkeit, die man im 40ten Jahre hat, noch 20 Jahre zu leben, so nimmt man die Anzahl der Personen in der Tabelle, welche das 40te Jahr erreichten, und die Anzahl derjenigen, welche bis zum 60ten Jahre leben, und dividirt diese durch die erste Zahl. Z. B. in der Sterblichkeitstabelle der Equitable-Gesellschaft (Tab. III.) ist 5117 die Zahl der Lebenden von 40 Jahren und 3542 die Zahl der Lebenden von 60 Jahren; betrachtet man daher erstere Zahl als die Anzahl aller möglichen Fälle, und letztere Zahl als die Anzahl der günstigen Fälle, so ist nach dem allgemeinen Begriff der mathematischen Wahrscheinlichkeit die gesuchte Wahrscheinlichkeit $= \frac{3542}{5117}$. Die entgegengesetzte Wahrscheinlichkeit, d. h. die Wahrscheinlichkeit, daß eine 40-jährige Person das 60te Lebensjahr nicht erreichen werde, ist also $= 1 - \frac{3542}{5117} = \frac{1575}{5117}$. (§. 108.)

Der größte Theil der Sterblichkeitstabellen erstreckt sich wenig über das 90te Jahr, weil dieses Alter selten erreicht wird. Das Verhältniß der Anzahl von Personen von diesem Alter zu derjenigen der Geburten, wird als Maaß der größten Lebensdauer für das Land oder den Ort, für welche die Sterblichkeitstabelle gefertigt ist, angesehen. Dieses Verhältniß ist z. B. nach der Tabelle der Equitable-Gesellschaft (Tab. III.) (vom 10. bis zum 90ten Jahre gehend) $\frac{17}{646} = 0{,}026$; nach der Tabelle von Deparcieux

(III.) (vom 3ten bis zum 90ten Jahre gehend) 0,011; nach der Tabelle von Kerseboom (III.) $\frac{7}{804} = 0{,}008$ 2c.

Bezeichnet man die Anzahl der Neugebornen durch a_0 und die davon am Ende des 1ten, 2ten, 3ten u. s. w. Jahres noch Lebenden beziehlich durch a_1, a_2, a_3 u. s. w., so drücken die Brüche

$$\frac{a_1}{a_0} = p{1 \atop 0},\ \frac{a_2}{a_1} = p{2 \atop 1},\ \frac{a_3}{a_2} = p{3 \atop 2} \cdots \frac{a_{n+1}}{a_n} = p{n+1 \atop n}$$

beziehlich die Wahrscheinlichkeit aus, daß ein Neugeborner ein Alter von 1 Jahr, ein Einjähriger ein Alter von 2 Jahren, und allgemein ein n-jähriger ein Alter von $n+1$ Jahren erreichen wird. Von N Neugebornen leben also am Ende des 1ten Jahres noch $Np{1 \atop 0}$, am Ende des 2ten Jahres noch $Np{1 \atop 0}p{2 \atop 1}$, am Ende des 3ten Jahres noch $Np{1 \atop 0}p{2 \atop 1}p{3 \atop 2}$, und allgemein am Ende des $(n+1)$ten Jahres noch $Np{1 \atop 0}p{2 \atop 1}p{3 \atop 2} \cdots p{n+1 \atop n}$. Hieraus ergibt sich folgende Sterblichkeitstabelle:

Alter.	Lebende.
0	N
1	$Np{1 \atop 0}$
2	$Np{1 \atop 0}p{2 \atop 1}$
3	$Np{1 \atop 0}p{2 \atop 1}p{3 \atop 2}$
4	$Np{1 \atop 0}p{2 \atop 1}p{3 \atop 2}p{4 \atop 3}$
⋮	⋮

Nun lassen sich die Werthe von $p{n+1 \atop n}$ nach dem von Moser*) in Vorschlag gebrachten Verfahren zur Construction von

*) Gesetze der Lebensdauer 2c. Berlin 1839.

Mortalitätstabellen aus den Listen der Lebensversicherungsanstalten, Rentenversorgungsanstalten 2c. auf folgende Weise bestimmen.

Aus den Listen solcher Anstalten entnimmt man die in jedem Jahre Aufgenommenen (a, b, c ......) und die in jedem Jahre Verstorbenen (α, β, γ ......) dem Alter nach. Sodann muß man aus diesen Listen eine gewisse Anzahl von Jahren oder Jahrgängen herausheben, und hierbei die Jahrgänge sorgfältig unterscheiden, und also nicht bloß aufschreiben, wie viel Individuen von einem gewissen Alter binnen einer gewissen Anzahl von Jahren aufgenommen worden und gestorben sind, sondern auch diese Zahlen für jedes einzelne Jahr notiren.

Nehmen wir z. B. 4 Jahrgänge aus den Listen einer Lebensversicherungsanstalt an, und es seien aufgenommen:

	Erster Jahrgang.	Zweiter Jahrgang.	Dritter Jahrgang.	Vierter Jahrgang.
20=jährige	a_0	a_1	a_2	a_3
21 "	b_0	b_1	b_2	b_3
22 "	c_0	c_1	c_2	c_3
23 "	d_0	d_1	d_2	d_3
.	.	.	.	.
.	.	.	.	.
.	.	.	.	.
.	.	.	.	.
.	.	.	.	.
.	.	.	.	.

wobei vorausgesetzt wird, daß 20 Jahre das niedrigste Alter der Aufnahme sei.

Ferner seien gestorben:

	Erster Jahrgang.	Zweiter Jahrgang.	Dritter Jahrgang.	Vierter Jahrgang.
20=jährige	α_0	α_1	α_2	α_3
21 "	β_0	β_1	β_2	β_3
22 "	γ_0	γ_1	γ_2	γ_3
23 "	ϑ_0	ϑ_1	ϑ_0	ϑ_3
.	.	.	.	.
.	.	.	.	.
.	.	.	.	.
.	.	.	.	.
.	.	.	.	.
.	.	.	.	.

Somit gab es überhaupt 20=jährige $a_0 + a_1 + a_2 + a_3$ und davon starben vom 20ten bis 21ten Jahre

$\alpha_0 + \alpha_1 + \alpha_2 + \alpha_3$

Also ist die Wahrscheinlichkeit eines 20-jährigen, 21 Jahre alt zu werden, oder

$$W\frac{21}{20} = \frac{(a_0 - \alpha_0) + (a_1 - \alpha_1) + (a_2 - \alpha_2) + (a_3 - \alpha_3)}{a_0 + a_1 + a_2 + a_3}$$

Was nun die Zahl der 21-jährigen betrifft, so besteht sie aus der Zahl der Aufgenommenen $b_0 + b_1 + b_2 + b_3$ und aus den 20-jährigen, welche successiv 21 Jahre alt wurden. Im 2ten Jahrgang war die Anzahl derselben $= a_0 - \alpha_0$, im 3ten $= a_1 - \alpha_1$ und im 4ten $= a_2 - \alpha_2$. Die Anzahl der 21-jährigen beträgt folglich $b_0 + b_1 + b_2 + b_3 + a_0 - \alpha_0 + a_1 - \alpha_1 + a_2 - \alpha_2$, und da hiervon im Alter von 22 Jahren sterben $\beta_0 + \beta_1 + \beta_2 + \beta_3$, so ist die Wahrscheinlichkeit eines 21-jährigen, 22 Jahre alt zu werden, oder $W\frac{22}{21} =$

$$\frac{(a_0 - \alpha_0) + (a_1 - \alpha_1) + (a_2 - \alpha_2) + (b_0 - \beta_0) + (b_1 - \beta_1) + (b_2 - \beta_2) + (b_3 - \beta_3)}{(a_0 - \alpha_0) + (a_1 - \alpha_1) + (a_2 - \alpha_2) + b_0 + b_1 + b_2 + b_3}$$

Was die 22-jährigen betrifft, so besteht sie im 1ten Jahrgang aus der Zahl der Aufgenommenen $= c_0$, im 2ten Jahrgang aus der Zahl der Aufgenommenen $= c_1$ und aus den 21jährigen vom 1ten Jahrgang, welche 22 Jahre alt wurden, und die Zahl derselben ist $= b_0 - \beta_0$; im 3ten Jahrgang aus der Zahl der Aufgenommenen $= c_2$ und aus den 21-jährigen vom 1ten Jahrgang, welche 22 Jahre alt wurden, und die Zahl derselben ist $= a_0 - \alpha_0 + b_1 - \beta_1$, und im 4ten Jahrgang aus den Aufgenommenen $= c_3$ und den 21-jährigen des 2ten und 3ten Jahrgangs, welche 22 Jahre alt wurden, und die Zahl derselben ist $= a_1 - \alpha_1 + b_2 - \beta_2$.

Die Summe der 22-jährigen ist daher $= a_0 - \alpha_0 + a_1 - \alpha_1 + b_0 - \beta_0 + b_1 - \beta_1 + b_2 - \beta_2 + c_0 + c_1 + c_2 + c_3$, und weil davon vom 22ten bis 23ten Jahre gestorben sind $\gamma_0 + \gamma_1 + \gamma_2 + \gamma_3$, so ist die Wahrscheinlichkeit, daß ein 22-jähriger 23 Jahre alt werde, oder $W\frac{23}{22} =$

$$\frac{(a_0 - \alpha_0) + (a_1 - \alpha_1) + (b_0 - \beta_0) + (b_1 - \beta_1) + (b_2 - \beta_2) + (c_0 - \gamma_0) + (c_1 - \gamma_1) + (c_2 - \gamma_2) + (c_3 - \gamma_3)}{(a_0 - \alpha_0) + (a_1 - \alpha_1) + (b_0 - \beta_0) + (b_1 - \beta_1) + (b_2 - \beta_2) + c_0 + c_1 + c_2 + c_3}$$

Auf ähnliche Weise lassen sich die Wahrscheinlichkeiten für die nachfolgenden Altersstufen und aus jeder andern Anzahl von Jahrgängen ermitteln, und aus den Wahrscheinlichkeiten läßt sich nach der im Obigen angegebenen Weise die Columne der Lebenden berechnen, wie sie in den Mortalitätstabellen üblich ist. Es versteht sich übrigens von selbst, daß nur die lebenslänglich Versicherten (§. 154) aus den Listen von Lebensversicherungsanstalten zu obigem Zweck in Betracht kommen.

Obige Methode zur Berechnung von Mortalitätstabellen ist auf jede veränderliche Bevölkerung, wie sie in der Wirklichkeit stattfindet, anwendbar, und sie gewährt den Vortheil, daß man die ganze Arbeit in mehrere Abtheilungen theilen kann, indem man die Sterblichkeitsgesetze für mehrere Gruppen von Lebensaltern einzeln bestimmt. Die Resultate der Berechnung bedürfen indessen noch einer Correction, weil die Aufgenommenen und Verstorbenen nicht genau in dem Alter standen, welches man ihnen in der Rechnung zuschreibt. Hierüber, so wie über die von Moser ertheilten Vorschriften zur Erleichterung der Rechnung mit Zahlen, verweisen wir auf die im Vorhergehenden angeführte Schrift.

Die wahrscheinliche Lebensdauer.

§. 127. Ist die Wahrscheinlichkeit für eine Person von einem gewissen Alter, noch m Jahre zu durchleben $= \frac{1}{2}$, so ist die entgegengesetzte Wahrscheinlichkeit, nämlich die, nicht noch m Jahre zu leben oder innerhalb derselben zu sterben, eben so groß, und diese Anzahl von m Jahren nennt man die wahrscheinliche Lebensdauer einer Person von der betreffenden Altersklasse. Weil aber die Grenze dieses Zeitraums alle verschiedenen Stufen der Wahrscheinlichkeit in sich schließt, welche größer als $\frac{1}{2}$ sind, und diejenigen ausschließt, welche kleiner als $\frac{1}{2}$ sind, so ist es für die Person von dem betreffenden Alter wahrscheinlicher, bis zu der genannten Grenze zu leben, als nicht zu leben.

Um daher die wahrscheinliche Lebensdauer einer Person auszumitteln, hat man in der Sterblichkeitstabelle nachzusehen, in wie viel Jahren die bei dem betreffenden Alter stehende Anzahl von Personen auf die Hälfte reducirt ist. So findet man z. B. in der Sterblichkeitstabelle von Kerseboom (Tab. III.), daß von 817 20jährigen Personen nach 38 Jahren (bei 58) nur noch 408 Personen, also ziemlich nahe die Hälfte, am Leben sind; die wahrscheinliche Lebensdauer für eine 20=jährige Person ist also nach der Sterblichkeitstabelle von Kerseboom = 38 Jahre, und das wahrscheinliche Alter ist auf 20 + 38 = 58 Jahre anzuschlagen.

Untersucht man auf diese Art, von der Geburt ausgehend, das wahrscheinliche Leben, so ergeben sich aus den verschiedenen Sterblichkeitstabellen sehr von einander abweichende Resultate, und im Allgemeinen stellt sich ein bedeutendes Mißverhältniß zum Nachtheil des Lebens in Städten heraus. So ist z. B. nach der Sterblichkeitstabelle von Quetelet (Tab. VI.) die wahrscheinliche Lebensdauer für einen 5 Monate alten Knaben auf dem platten Lande in Belgien beiläufig 40 Jahre, denn die Zahl der 5 Monate alten Knaben ist in der Tabelle = 8187, und die Zahl der 41 Jahre alten Männer auf dem platten Lande ist = 4090 (nahezu die Hälfte von 8187). Die wahrscheinliche Lebensdauer eines 5 Monate alten Knaben, der in einer der belgischen Städte geboren ist, beträgt dagegen beiläufig nur 34 Jahre.

§. 128. Wenn man die wahrscheinliche Lebensdauer für ein gegebenes Alter sucht, so wird es sich selten treffen, daß von der Zahl der Personen des betreffenden Alters genau die Hälfte unter den in der Sterblichkeitstabelle angegebenen Zahlen zu finden ist, und es wird daher gewöhnlich die Hälfte zwischen zwei Zahlen fallen, welche zwei auf einander folgenden Lebensjahren entsprechen, und folglich die Zeit der wahrscheinlichen Lebensdauer zwischen die Jahre fallen, welche der größern und der kleinern Zahl entsprechen. Soll nun in diesem Falle die wahrscheinliche Lebensdauer genau bestimmt werden, so muß der Weg der Interpolation eingeschlagen werden, um den Theil eines Jahres zu bestimmen, welcher der sich ergebenden Differenz entspricht.

Soll z. B. die wahrscheinliche Lebensdauer für eine 30=jährige Person nach der Sterblichkeitstabelle der Equitable=Gesellschaft ermittelt werden, so liegt, weil die Anzahl der Personen von diesem Alter in der Tabelle = 5702, die Hälfte davon, nämlich 2851, zwischen den Zahlen 2811 und 2918, und die wahrscheinliche Lebensdauer ist daher größer wie 36 und kleiner wie 37 Jahre; denn die Zahlen stehen wie folgt:

Alter.	Lebende.
30	5702
⋮	⋮
(66—30=36) 66	2918
	$2851 = \frac{5702}{2}$
(67—30=37) 67	2811

Wenn man nun annimmt, daß die Sterblichkeit innerhalb Jahresfrist gleichförmig vor sich geht, so ergibt sich der Zeittheil t, welcher der Differenz 2918 — 2851 entspricht, aus der Proportion:

$$2918 - 1811 : 2918 - 2851 = 1 : t,$$

woraus $t = \frac{2918 - 2851}{2918 - 2811} = \frac{67}{107} = 7{,}51$ Monate, und die gesuchte wahrscheinliche Lebensdauer ist demnach = 36 Jahre 7,51 Monate.

Die mittlere Lebensdauer.

§. 129. Die sogenannte **mittlere Lebensdauer** ergibt sich für jedes Alter aus der Durchschnittszahl der sämmtlichen Jahre, welche die Mitglieder derselben Altersklasse, der Sterblichkeitstabelle zufolge, zusammen zu durchleben haben, vorausgesetzt, daß man annimmt, daß die Sterbfälle zu Ende jedes Jahrgangs stattfinden.

Stellen wir, zur Vereinfachung der Berechnung, denjenigen Theil einer Sterblichkeitstabelle auf, weche die Lebenden für die höhern Altersstufen angibt, nämlich (nach der Tabelle von Deparcieur)

Alter.	Lebende.
87	29
88	22
89	16
90	11
91	7
92	4
93	2
94	1
95	0

Nach dieser Tabelle leben 29 Personen noch 1 Jahr, 22 Personen noch 1 Jahr u. s. w., so daß die 29 Personen zusammen 29 + 22 + 16 + 11 + 7 + 4 + 2 + 1 = 92 Jahre zu durchleben haben; somit kommen auf eine Person $\frac{92}{29} = 3\frac{5}{29}$ Jahre, und dies wäre, nach obiger Tabelle das mittlere Alter für 87=jährige Personen. Weil man aber nicht annehmen kann, daß die Personen der verschiedenen Altersklassen gerade zu Ende des Jahres sterben, sondern weil die Sterbfälle zu verschiedenen Zeiten des Jahres stattfinden, so nimmt man die Mitte des Jahrgangs als den gemeinschaftlichen Zeitabschnitt der Sterbfälle an. Nach dieser Voraussetzung gestaltet sich die Berechnung der mittleren Lebensdauer wie folgt.

Weil zu Ende des 1ten Jahres nur noch 22 Personen am Leben sind, so haben 7 Personen $\frac{1}{2}$ Jahr durchlebt; weil von 22 Personen zu Ende des 2ten Jahres nur noch 16 am Leben sind, und folglich 6 gestorben sind, so haben 6 Personen $\frac{3}{2}$ Jahr zusammen durchlebt u. s. w. Die Reihe der von 29 87=jährigen Personen durchlebter Jahre ist folglich

$$7 \times \frac{1}{2} = \frac{7}{2},\ 6 \times \frac{3}{2} = \frac{18}{2},\ 5 \times \frac{5}{2} = \frac{25}{2},\ 4 \times \frac{7}{2} = \frac{28}{2},$$

$$3 \times \frac{9}{2} = \frac{27}{2},\ 2 \times \frac{11}{2} = \frac{22}{2},\ 1 \times \frac{13}{2} = \frac{13}{2},\ 1 \times \frac{15}{2} = \frac{15}{2};$$

die Summe dieser Jahre ist $= \frac{155}{2}$ Jahre; wenn also auf 29 Personen $\frac{155}{2}$ Jahre kommen, so kommen im Durchschnitt auf eine Person $\frac{155}{2\,.\,29} = 2\frac{39}{58}$ Jahre.

Setzt man statt der Zahlen 7, 6, 5 u. s. w. die gleichen Werthe 29 — 22, 22 — 16, 16 — 11 u. s. w. und zeigt man die Multiplication mit der Lebensdauer $\frac{1}{2}, \frac{3}{2}, \frac{5}{2}$ u. s. w. bloß an, so wird die Summe der Produkte ausgedrückt durch

$$\frac{1}{2}\left(29 - 22\right) + \frac{3}{2}\left(22 - 16\right) + \frac{5}{2}\left(16 - 11\right) +$$
$$\frac{7}{2}\left(11 - 7\right) + \frac{9}{2}\left(7 - 4\right) + \frac{11}{2}\left(4 - 2\right) + \frac{13}{2}\left(2 - 1\right) +$$
$$\frac{15}{2}\left(1 - 0\right);$$ oder durch

$$\frac{1}{2}\times 29-\frac{1}{2}\times 22+\frac{3}{2}\times 22-\frac{3}{2}\times 16+\frac{5}{2}\times 16-$$
$$\frac{5}{2}\times 11+\frac{7}{2}\times 11-\frac{7}{2}\times 7+\frac{9}{2}\times 7-\frac{9}{2}\times 4+$$
$$\frac{11}{2}\times 4-\frac{11}{2}\times 2+\frac{13}{2}\times 2-\frac{13}{2}\times 1+\frac{15}{2}\times 1=$$
$$\frac{1}{2}\times 29+22+16+11+7+4+3+2+1.$$

Man hat also nur die Summe der Glieder von 22 an, d. h. der Zahl der im 88ten Jahre lebenden Personen durch die Zahl der im 87ten Jahre lebenden Personen, nämlich 29, zu dividiren und zum Quotienten $^1/_2$ zu addiren.

Wenn überhaupt a, a_1, a_2, a_3 u. s. w. die Zahl der in den auf einander folgenden Jahren noch lebenden Personen bezeichnen, a_4 die letzte Zahl der Sterblichkeitstabelle ist; ferner, wenn M die mittlere Lebensdauer von dem Alter an gerechnet, welches der ersten Zahl a entspricht, und M' diejenige für das Alter bei a_1 bezeichnet, so ist

$$M=\frac{1}{2}+\frac{a_1+a_2+a_3+a_4}{a} \text{ und } M'=\frac{1}{2}+\frac{a_2+a_3+a_4}{a_1}.$$

Aus der zweiten Gleichung ergibt sich $a_2+a_3+a_4=a_1\left(M'-\frac{1}{2}\right)$; substituirt man diesen Werth in die erste Gleichung, so erhält man $M=\frac{1}{2}+\frac{a_1}{a}\left(M'+\frac{1}{2}\right)$, nach welcher Formel man leicht M durch M' finden kann, wenn man bei dem höchsten Alter der Tabelle anfängt.

Aus folgender, nach Duvillard's Sterblichkeitstabelle berechneter Tabelle des mittlern Alters

Alter.	Jahre.	Monate.	Alter.	Jahre.	Monate.
0	28	9	35	25	9
1	36	4	40	22	11
5	43	5	45	20	1
10	40	10	50	17	3
15	37	5	55	14	6
20	34	3	60	11	11
25	31	4	65	9	7
30	28	6	70	7	7

ersieht man, daß in Frankreich die mittlere Lebensdauer, von der Geburt an gerechnet, 28 Jahre und 9 Monate, und am längsten, nämlich 43 Jahre und 5 Monate, für das 5te Lebensalter ist. In Belgien ist, von der Geburt an gerechnet, die mittlere Lebensdauer ungefähr 32 Jahre, in Berlin 27 Jahre, in Leipzig für M. 27, für W. 31, in Schweden für M. 33, für W. 35 rc.

Anwendung der Sterblichkeitstabellen zur Volkszählung nach Altersklassen.

§. 130. Vermittelst der Sterblichkeitstabellen läßt sich berechnen, wie die Bevölkerung nach den verschiedenen Altersklassen zusammengesetzt ist.

Wenn man annimmt, daß jährlich fast eben so viel Menschen sterben, als geboren werden, so erhält man durch die Addition sämmtlicher in der Sterblichkeitstabelle enthaltenen Zahlen die den Geburten und Mortalitätsverhältnissen entsprechende Bevölkerung. Zieht man nun von dieser Summe successiv die Zahl der Geburten, die Zahl der 1=jährigen, der 2=jährigen, der 3=jährigen rc. Individuen ab, so drückt der Rest die Anzahl der vom 1ten, vom 2ten, vom 3ten u. s. w. bis zum höchsten Alter lebenden Individuen aus. Stellt man eine solche Berechnung nach Duvillard's Sterblichkeitstabelle an, und zwar für eine Million jährlicher Geburten, so erhält man die im Annuaire du Bureau des Longitudes (1843), unter der Aufschrift: Loi de la population en France enthaltene und im Anhang befindliche Tab. VII. Zu mehrerer Genauigkeit wird bei der Berechnung solcher Tabellen nicht mit der jedem Jahrgang entsprechenden Anzahl von Personen der Sterblichkeitstabelle, sondern mit dem arithmetischen Mittel der von zwei auf einander folgenden Jahren entsprechenden Zahlen gerechnet, um die Sterbfälle (wie bei der Berechnung der mittlerr Lebensdauer) auf das halbe Jahr, als dem mittlern Zeitraume, zurückzuführen.

Obige Tabelle dient nun dazu, die Anzahl der Individuen irgend einer Altersklasse eines Landes zu bestimmen. Will man z. B. wissen, wie viel Individuen vom Alter von 20 bis 21 Jahren vorhanden sind, so sieht man in der VIIten Tabelle nach, wie viel Individuen 20 Jahre und mehr haben, und wie viel Individuen 21 Jahre und mehr haben; die entsprechenden Zahlen, nämlich 17205690 und 1670643, zieht man alsdann von einander ab, wonach die Differenz, nämlich 499267 die Anzahl der Individuen ist, welche mehr als 20 und weniger als 21 Jahre haben. Ist nun die Anzahl der jährlichen Geburten im Lande in runder Zahl = 26000, so ergibt sich die Anzahl der Individuen vom Alter von 20 bis 21 Jahren aus der Proportion:

$$1000000 : 26000 = 499267 : x = 12981.$$

Nach der VII. Tabelle gibt es also 12981 Individuen vom Alter von 20 bis 21 Jahren in einem Lande, dessen Mortalitätsverhältnisse von derselben Beschaffenheit wie in Frankreich sind, und in welchem jährlich ungefähr 26000 Geburten stattfinden.

Die im Anhang befindliche VIII. Tallelle enthält ebenfalls das Gesetz der Bevölkerung Frankreichs, aber für eine Bevölkerung von 10 Millionen. Sie zeigt die Anzahl von Individuen unter diesen 10 Millionen an, welche ein gegebenes Alter und höheres Alter haben; z. B. 5981843 Individuen, welche 20 Jahre und mehr, und 5808267 Individuen, welche 21 Jahre und mehr haben; die Differenz 173576 dieser beiden Zahlen ist die, einer Bevölkerung von 10 Millionen entsprechenden Anzahl von Individuen im Alter von 20 bis 21 Jahren. Will man wissen, welche Zahl einer Bevölkerung von 34 Millionen (wie sie im Jahr 1841 in Frankreich ungefähr war) entspricht, so ergibt sich die gesuchte Zahl aus der Proportion:

$$10000000 : 34000000 = 173576 : x = 590158.$$

Bei dem Gebrauche der VIIten Tabelle wird, wie wir gesehen haben, bei derartigen Untersuchungen mit der Zahl der Geburten, und beim Gebrauche der VIIIten Tabelle mit der Einwohnerzahl gerechnet.

§. 131. Zur Beantwortung der Frage, wie viel Personen männlichen und weiblichen Geschlechts unter P Personen von einem gegebenen Alter p begriffen sind, seien

$$a_0, a_1, a_2, a_3 \ldots\ldots\ldots$$
$$a^1{}_0, a^1{}_1, a^1{}_2, a^1{}_3 \ldots\ldots\ldots$$
$$a^2{}_0, a^2{}_1, a^2{}_2, a^2{}_3 \ldots\ldots\ldots$$

beziehlich die Zahl der Lebenden in der allgemeinen Sterblichkeitstabelle und in der Sterblichkeitstabelle für Personen männlichen und weiblichen Geschlechts.

Sind unter P Personen vom Alter von p Jahren X Personen männlichen und Y Personen weiblichen Geschlechts begriffen, so ist $X + Y = P$. Ferner hat man für die Anzahl der Geburten, von denen die jetzt sämmtlich p Jahre alten Personen P, X und Y noch übrig sind, nach den Sterblichkeitstabellen beziehlich die folgenden Ausdrücke:

$$\frac{a_0}{a_p}\,P, \quad \frac{a^1{}_0}{a^1{}_p}\,X, \quad \frac{a^2{}_0}{a^2{}_p}\,Y,$$

welche sich aus der Proportion ergeben

$$a_p : a_0 = P : x = \frac{a_0}{a_p} P$$

$$a^1{}_p : a^1{}_0 = X : x = \frac{a^1{}_0}{a^1{}_p} X$$

$$a^2{}_p : a^2{}_0 = Y : x = \frac{a^2{}_0}{a^2{}_p} Y.$$

Man hat demnach die Gleichung

$$\frac{a^1{}_0}{a^1{}_p} X + \frac{a^2{}_0}{a^2{}_p} Y = \frac{a_0}{a_p} P.$$

Aus dieser und aus der Gleichung $X + Y = P$ erhält man die folgenden

$$\frac{a^1{}_0}{a^1{}_p} X + \frac{a^2{}_0}{a^2{}_p}\left(P - X\right) = \frac{a_0}{a_p} P$$

$$\frac{a^2{}_0}{a^2{}_p} Y + \frac{a^1{}_0}{a^1{}_p}\left(P - Y\right) = \frac{a_0}{a_p} P$$

und aus diesen Gleichungen ergibt sich

$$X = \frac{\frac{a_0}{a_p} - \frac{a^2{}_0}{a^2{}_p}}{\frac{a^1_0}{a^1{}_p} - \frac{a_0{}^2}{a^2{}_p}} P \text{ und } Y = \frac{\frac{a_0}{a_p} - \frac{a^1{}_0}{a^1{}_p}}{\frac{a^2{}_0}{a^2{}_p} - \frac{a^1{}_0}{a^1{}_p}} P \text{ oder}$$

$$X = \frac{a^1{}_p\,(a_0\,a^2{}_p - a^2{}_0\,a_p)}{a_p\,(a^1{}_0\,a^2{}_p - a^2{}_0\,a^1{}_p)} P \text{ und } Y = \frac{a^2{}_p\,(a_0\,a^1{}_p - a^1{}_0\,a_p)}{a_p\,(a^2{}_0\,a^1{}_p - a^1{}_0\,a^2{}_p)} P$$

§. 132. Die aus berechneten Bevölkerungstabellen gezogenen Resultate können nur als beiläufige Werthe betrachtet werden, weil die Berechnung solcher Tabellen auf der Voraussetzung beruht, daß die Bevölkerung stationär ist, und daß die Zahlen der Mortalitätstabelle, vermittelst welcher die Bevölkerungstabelle berechnet worden ist, mit der in der Wirklichkeit stattfindenden Mortalität für alle Altersklassen verhältnißmäßig übereinstimmen. Den berechneten Tabellen sind daher, wie im §. 120 bereits bemerkt worden, die aus direkten Zählungen hervorgegangenen Bevölkerungstabellen vorzuziehen, vorausgesetzt, daß man sich auf die Genauigkeit der Volksaufnahme verlassen darf.

Im Jahr 1829 hat man in Belgien eine Volkszählung vorgenommen, und aus den Resultaten derselben die Zahl der vom 1ten, vom 2ten, vom 3ten u. s. w. bis zum höchsten Alter lebenden Individuen ermittelt; sodann hat man statt der wirklichen Volksmenge 1 Million als Basis angenommen und alle übrigen Zahlen der (ursprünglichen) Bevölkerungstabelle verhältnißmäßig verkleinert. Zur

Vergleichung der Resultate dieser Tabelle mit denjenigen einer durch Berechnung erhaltenen Bevölkerungstabelle hat Quetelet *) eine solche vermittelst der Mortalitätstabelle für Belgien (Tab. VI.) construirt, und zwar für eine Bevölkerung von 100000 Seelen, weßhalb er dann auch die Zahlen der aus direkter Zählung hervorgegangenen Bevölkerungstabelle auf obige Seelenzahl zurückgeführt hat. Die Zusammenstellung der Resultate beider Tabellen (welche indessen, weil es sich hier nur um eine Vergleichung handelt, nicht von Jahr zu Jahr gehen) ist wie folgt:

Alter.	Durch Berechnung.	Durch Zählung.	Alter.	Durch Berechnung.	Durch Zählung.
0	100000	100000	67	6404	4868
1	96937	97214	69	5194	3951
2	94562	94446	71	4116	3041
3	92401	91962	73	3179	2418
4	90361	89489	75	2379	1820
5	88400	87034	77	1724	1288
6	86487	84648	79	1205	884
8	82768	80274	81	316	543
10	79143	76138	83	530	358
12	75590	72314	85	327	222
14	72094	68657	87	190	127
16	68648	64707	89	104	72
20	61932	57854	90	76	50
25	53952	49323	91	55	33
30	46506	41047	92	39	25
35	39524	33673	93	27	18
40	32992	27639	94	19	13
45	26908	22283	95	12	9
50	21289	17471	96	8	6
53	18154	14488	97	4	4
56	15220	12039	98	2	2
59	12495	9899	99	1	1
62	9993	7811	100	1	1
65	7746	6058	u. m.		

Aus obiger Zusammenstellung ersieht man, daß die Zahlen der

*) Sur l'homme etc.

durch Berechnung erhaltenen Bevölkerungstabelle mehrentheils größer als diejenigen der durch Zählung erhaltenen Tabelle sind. Der Unterschied in den Resultaten beider Tabellen läßt sich auch aus folgender Zusammenstellung nach Altersklassen übersehen:

Altersklassen.	Durch Berechnung.	Durch Zählung.
Von 0 — 1 Jahr	3063	2786
„ 1 — 5 „	8537	10180
„ 5 — 10 „	9257	10896
„ 10 — 20 „	17211	18284
„ 20 — 30 „	15426	16807
„ 30 — 40 „	13514	13408
„ 40 — 50 „	11703	10167
„ 50 — 62 „	11296	9660
„ 62 — 71 „	5877	4771
„ 71 — 81 „	3300	2498
über 81 „	816	543

Die Berechnung läßt also die Klassen von 1 — 30 Jahren zu klein, und die über 40 Jahre viel zu groß finden.

V.

Anstalten,

welche auf die

menschliche Sterblichkeit

gegründet sind.

---

§. 133. Die Kenntniß des Gesetzes der menschlichen Sterblichkeit hat insbesondere zu derjenigen Art von Verträgen Veranlassung gegeben, auf welcher die Leibrente (§. 88) und die Lebensversicherung beruhen. Die durch das Ableben einer Person bedingte Berechtigung zur Erhebung einer vertraggemäß bestimmten Summe Geldes oder zur Erlangung einer Leibrente nennt man Anwartschaft. Die Anwartschaft lautet entweder auf bestimmte Personen und beruht auf dem Ableben anderer bestimmter Personen zur Erlangung einer Leibrente, oder sie beruht auf dem Ableben bestimmter Personen zu Gunsten anderer Personen oder ihrer Erben zur Erlangung einer vertraggemäß bestimmten Summe Geldes oder einer Leibrente. Eine Anwartschaft der ersten Art ist eine Ueberlebungsrente, und diejenige der andern Art ist eine Lebensversicherung.

Hierher gehören ferner die sogenannten Rentenanstalten, welche ihren Theilnehmern gegen bestimmte Kapitalanlagen gewisse, mit zunehmendem Alter wachsende jährliche Renten gewähren.

I.

Leibrentenanstalten.

§. 134. Die Zahlung der Leibrente kann nicht nur an die Dauer des Lebens von einem Menschen geknüpft sein, sondern sie kann auch von der Existenz mehrerer, beim Leibrentenvertrag betheiligten Personen auf sehr verschiedene Arten abhängen. Die Leibrentenanstalten oder diejenigen Anstalten, welche Gelder auf Leibrenten nehmen, befassen sich aber mehrentheils nur mit der Gewährung von Leibrenten auf einen und auf zwei Köpfe.

I. Leibrente auf **einen** Kopf.

§. 135. Soll z. B. für eine 95-jährige Person (damit die Berechnung nicht zu weitläufig werde) das Kapital einer jährlichen Rente von 100 fl. berechnet werden, so hat man zuvörderst in der Sterblichkeitstabelle nachzusehen, um wie viel die bei dem betreffenden Alter befindliche Anzahl von Lebenden von Jahr zu Jahr bis zum höchsten Alter vermindert wird. Nun gibt z. B. die Tabelle der Equitable-Gesellschaft (Tab. III.)

für	das	95te	Jahr	20	Lebende
„	„	96te	„	10	„
„	„	97te	„	4	„
„	„	98te	„	1	„
„	„	99te	„	0	„

Die Leibrentenkasse zahlt also

nach dem 1ten Jahre	$10 \times 100 =$	1000	fl.
„ „ 2ten „	$4 \times 100 =$	400	„
„ „ 3ten „	$1 \times 100 =$	100	„

Theilt man nun die Summe der gegenwärtigen, zum angenommenen Zinsfuße berechneten Werthe obiger Zahlungen durch die Anzahl der anfänglich vorhandenen Lebenden, so erhält man den Werth oder das Kapital der Leibrente. Zum Zinsfuß 3 z. B. sind die gegenwärtigen Werthe

von 1000 fl. zahlbar nach	1 Jahr	=	970 fl.	53 kr.
„ 400 „ „ „	2 „	=	377 „	2 „
„ 100 „ „ „	3 „	=	91 „	30 „
	Summe	=	1439 fl.	25 kr.

Weil die in der Tabelle beim 95ten Jahre befindliche Anzahl der Lebenden = 20 ist, so ist das gesuchte Kapital $= \frac{1439^{25}/_{60}}{20}$ = 71 fl. 58 kr.; d. h. so viel hat Jeder, welcher 95 Jahre alt ist, bei dem angenommenen Zinsfuße für eine jährliche Leibrente von 100 fl. zu zahlen. Es ist zwar möglich, daß der eine oder andere Rentner früher oder später, als nach der Angabe der Sterblichkeitstabelle stirbt; aber im Ganzen genommen, werden alle zur betreffenden Altersklasse gehörigen Personen doch so nach einander vor und nach dem ihnen zugehörigen mittlern Alter (§. 129) wegsterben, daß man sich nach den Regeln der Wahrscheinlichkeit, wenn anders die Sterblichkeitstabelle Zutrauen verdient, an das durchschnittliche Kapital halten kann. Denn bei einer Leibrentenastalt kann es nur auf eine größere Anzahl von Theilnehmern abgesehen sein; was sie an dem längern Leben des Einen einbüßt, das bringt die kürzere Lebensdauer des Andern wieder ein, und je größer die Anzahl der Theilnehmer ist, desto genauer treffen im Durchschnitt die Gesetze der Sterblichkeit zu.

Bezeichnet, überhaupt, a_m die Anzahl der Lebenden von dem gegebenen Alter einer Person, a_{m+1}, a_{m+2}, a_{m+3} u. s. w. beziehlich die Anzahl der Lebenden von dem um 1, 2, 3 u. s. w. Jahre höhern Alter, und a_x die dem höchsten Alter in der Tabelle entsprechende Anzahl von Lebenden; wird ferner die Leibrente durch r, der Zinsfuß durch p, und das dem Alter i entsprechende Kapital der Leibrente durch R_i bezeichnet, so zahlt die Leibrentenkasse nach dem 1ten Jahre ra_{m+1}, nach dem 2ten Jahre ra_{m+2}, nach dem 3ten Jahre ra_{m+3}, u. s. w. nach dem $n$ten Jahre ra_x. Die gegenwärtigen Werthe dieser Beträge sind

$$\frac{ra_{m+1}}{1+p}, \frac{ra_{m+2}}{(1+p)^2}, \frac{ra_{m+3}}{(1+p)^3}, \dots \frac{ra_x}{(1+p)^n};$$

daher ist

$$R_i = \frac{r}{a_m}\left[\frac{a_{m+1}}{1+p} + \frac{a_{m+2}}{(1+p)^2} + \frac{a_{m+3}}{(1+p)^3} + \dots \frac{a_x}{(1+p)^n}\right]$$

Das dem Alter $_{i+1}$ entsprechende Kapital ist hiernach

$$R_{i+1} = \frac{r}{a_{m+1}}\left[\frac{a_{m+2}}{1+p} + \frac{a_{m+3}}{(1+p)^2} + \frac{a_{m+4}}{(1+p)^3} + \dots \frac{a_x}{(1+p)^{n-1}}\right]$$

Wird letztere Gleichung durch $1+p$ dividirt und mit a_{m+1} multiplicirt, so ist

$$\frac{a_{m+1}R_{i+1}}{1+p} = r\left[\frac{a_{m+2}}{(1+p)^2} + \frac{a_{m+3}}{(1+p)^3} + \frac{a_{m+4}}{(1+p)^4} + \dots \frac{a_x}{(1+p)^n}\right]$$

Wird die erste Gleichung mit a_m multiplicirt, so ist

$$a_m R_i = r\left[\frac{a_{m+1}}{1+p} + \frac{a_{m+2}}{(1+p)^2} + \frac{a_{m+3}}{(1+p)^3} + \dots \frac{a_x}{(1+p)^n}\right]$$

Zieht man die beiden letztern Gleichungen Glied vor Glied von einander ab, so ist

$$a_m R_i - \frac{a_{m+1}}{1+p} R_{i+1} = \frac{r a_{m+1}}{1+p} - \frac{r a_{m+2}}{(1+p)^2} + \frac{r a_{m+2}}{(1+p)^2} - \frac{r a_{m+3}}{(1+p)^3} + \frac{r a_{m+3}}{(1+p)^3} \text{ u. s. w.}$$

Daher

$$a_m R_i - \frac{a_{m+1}}{1+p} R_{i+1} = \frac{r a_{m+1}}{1+p} \text{ und } R_i = \frac{a_{m+1}}{a_m(1+p)}\left(r + R_{i+1}\right)$$

wonach R_i durch R_{i+1} bestimmt ist, und der Leibrententarif, d. h. die Aufstellung der allen Altersklassen entsprechenden Leibrentenkapitalien auf eine leichte Art, indem man mit dem höchsten Alter anfängt, berechnet werden kann.

Für den Theil der Sterblichkeitstabelle, welche im obigen Beispiele angewendet wurde, ist

$i = 95$, $a_m = 20$, $a_{m+1} = 10$, $a_{m+2} = 4$, $a_{m+3} = 1$, und für das angeführte Beispiel ist $p = \frac{3}{100}$, $r = 100$ fl.; mithin ist, wenn man für das Alter von 96 Jahren die Berechnung beginnt,

$$R_{96} = \frac{100}{10}\left[4\left(\frac{100}{103}\right) + 1\left(\frac{100}{103}\right)^2\right] = 48^1/_6 \text{ fl.}$$

Nach obiger Formel ist

$$R_{95} = \frac{10 \,.\, 100}{20 \,.\, 103}\left(100 + 48^1/_6\right) = 71 \text{ fl. } 56 \text{ kr.}$$

was, bis auf einige Kreuzer, wegen Vernachlässigung von Brüchen mit der ersten Berechnung übereinstimmt.

Die Tabelle IX. enthält die nach der Sterblichkeitstabelle von Deparcieux zu den Zinsfüßen 3, $3^1/_2$, 4, $4^1/_2$, 5 und 6 berechneten Werthe einer Leibrente, deren Betrag = 1 ist. So ist z. B. für eine 37-jährige Person das Kapital der Leibrenteneinheit = 18,009, also ungefähr die 18-fache Rente. Für ein anderes Kapital a ist die Rente $= \frac{a}{18,009}$.

Die Tarife der Leibrentenanstalten enthalten gewöhnlich außer den Preisen der Rente von irgend einem als Einheit angenommenen Betrage auch die Procente der Kapitalanlage. Erhält man, in Beziehung auf obiges Beispiel, für 18 fl. Kapital eine Leibrente von 1 fl., so zieht man so viel Procente aus dem Kapital, als aus der Proportion folgt:

$$18 : 1 = 100 : x = 5^5/_9.$$

Wenn, nach der IXten Tabelle, eine 61=jährige Person für 10,151 fl. eine Leibrente von 1 fl. erlangt, so wirft das Kapital so viel Procente ab, als aus der Proportion folgt:

$$10{,}151 : 1 = 100 : x = 9\,\frac{8641}{10151}.$$

Nach dem Tarif der unter dem Namen **Union** in Paris bestehenden Lebensversicherungsanstalt, welche zugleich Gelder auf Leibrenten nimmt, sind die den Preisen der Leibrenten entsprechenden Procente wie folgt:

Alter des Rentners.	Procente einer Kapitalanlage von 100 Fr.		Alter des Rentners.	Procente einer Kapitalanlage von 100 Fr.	
	Fr.	Cent.		Fr.	Cent.
35	6	09	56	8	86
36	6	15	57	9	10
37	6	21	58	9	34
38	6	29	59	9	60
39	6	37	60	9	88
40	6	46	61	10	20
41	6	55	62	10	56
42	6	65	63	10	93
43	6	76	64	11	35
44	6	88	65	11	80
45	7	01	66	12	04
46	7	15	67	12	28
47	7	29	68	12	52
48	7	44	69	12	76
49	7	59	70	13	—
50	7	75	71	13	10
51	7	92	72	13	20
52	8	08	73	13	30
53	8	26	74	13	40
54	8	45	75	13	50
55	8	65			

Von besondern Bedingungen des Leibrentenvertrags.

§. 136. Der Leibrentenvertrag kann auch die Bedingung enthalten, daß die Leibrente beim Tode des Rentners den Erben des=

selben noch einmal nach Verhältniß der im letzten Jahre verlebten Zeit ausgezahlt werde, und zwar zu Ende des Jahres.

Bezeichnet a die Anzahl der Lebenden in der Sterblichkeitstabelle von dem gegebenen Alter der Person, und bezeichnen $a_1, a_2, a_3 \ldots .$ a_x die Anzahl der Lebenden von den um 1, 2, 3 .... x Jahre höhern Alter, so hat, wenn wir vorerst annehmen, daß für jeden Abgehenden zu Ende des Jahres, in welchem er stirbt, die Rente 1 noch einmal bezahlt werden soll, die Leibrentenkasse zu Ende des 1ten Jahres $a - a_1$, zu Ende des 2ten Jahres $a_1 - a_2$, zu Ende des 3ten Jahres $a_2 - a_3$ u. s. w., zu Ende des $x$ten Jahres $a_{x-1} - a_x$ zu zahlen. Der gegenwärtige Werth dieser Zahlungen, auf die Anzahl der anfänglichen Rentner vertheilt, gibt

$$\frac{1}{a}\left(\frac{a - a_1}{1 + p} + \frac{a_1 - a_2}{(1 + p)^2} + \frac{a_2 - a_3}{(1 + p)^3} + \ldots . \frac{a_{x-1} - a_x}{(1 + p)^x}\right)$$

für den durch m zu bezeichnenden Werth des nach dem Tode des Rentners zahlbaren Betrags. Der vollständige Werth der Leibrente ist demnach für obige Bedingung $= R + m$.

Soll die letzte Rentenzahlung nach Verhältniß der im Sterbjahre noch verlebten Zeit geschehen, und nimmt man an, daß die Sterbfälle sich gleichförmig auf das ganze Jahr vertheilen, nimmt man ferner an, daß die Auszahlungen zu Ende des Sterbjahres stattfinden, so lassen sich die entsprechenden Werthe für halbjährige, vieteljährige ꝛc. Auszahlungen folgenderweise bestimmen.

Sollen nur Diejenigen, welche ein halbes Jahr durchleben, noch einer halbjährigen Auszahlung theilhaftig werden, so leben in der Mitte des 1ten Jahres von den in diesem Jahr abgehenden Personen noch $\frac{a - a_1}{2}$, in der Mitte des 2ten Jahres $\frac{a_1 - a_2}{2}$, des 3ten Jahres $\frac{a_2 - a_3}{2}$ u. s. w. Weil ferner Jeder nur die Hälfte des Rentenbetrags 1 bezieht, so erhalten sie nach und nach zusammen $\frac{a - a_1}{4} + \frac{a_1 - a_2}{4} + \frac{a_2 - a_3}{4} + \ldots\ldots$ Die Summe der gegenwärtigen Werthe dieser Zahlungen auf die Zahl der anfänglich vorhandenen Rentner vertheilt, gibt

$$\frac{1}{4a}\left(\frac{a - a_1}{1 + p} + \frac{a_1 - a_2}{(1+p)^2} + \frac{a_2 - a_3}{(1+p)^3} + \ldots .\right) = \frac{m}{4}$$

Sollen Diejenigen, welche ein Vierteljahr durchleben, noch einer vierteljährigen Auszahlung theilhaftig werden, so leben zu Ende des ersten Vierteljahrs $\frac{3}{4}$ der im 1ten Jahre abgehenden Personen, zu

Ende des zweiten Vierteljahrs $\frac{2}{4}$, und zu Ende des dritten Vierteljahrs $\frac{1}{4}$; weil ferner für jeden Abgehenden $\frac{1}{4}$ des Rentenbetrages ausgezahlt wird, so erhalten die Interessenten nach und nach zusammen im 1ten Jahre $\frac{1}{4}\left(\frac{3}{4}+\frac{1}{2}+\frac{1}{4}\right)(a-a_1)=\frac{3(a-a_1)}{8}$; in gleicher Weise erhält man $\frac{3(a_1-a_2)}{8}$ für die Summe der Auszahlungen des 2ten Jahres, $\frac{3(a_2-a_3)}{8}$ für diejenige des 3ten Jahres u. s. w. Der gegenwärtige Werth dieser Auszahlungen auf die Zahl der anfänglich vorhandenen Rentner vertheilt, gibt

$$\frac{3}{8a}\left(\frac{a-a_1}{1+p}+\frac{a_1-a_2}{(1+p)^4}+\frac{a_2-a_3}{(1+p)^3}+\ldots\ldots\right)=\frac{3m}{8}$$

Soll überhaupt für Diejenigen, welche $\frac{1}{n}$ Jahr durchleben, $\frac{1}{n}$ des Rentenbetrags 1 zu Ende des Jahres ausgezahlt werden, so betragen die Zahlungen des 1ten Jahres

$$\frac{1}{n}\cdot\frac{n-1}{n}\left(a-a_1\right)+\frac{1}{n}\cdot\frac{n-2}{n}\left(a-a_1\right)+\frac{1}{n}\cdot\frac{n-3}{n}\left(a-a_1\right)+\ldots\ldots\frac{1}{n}\cdot\frac{1}{n}\left(a-a_1\right)=\frac{1}{n^2}\left(a-a_1\right)\cdot\left(n-1+n-2+n-3+\ldots\ldots n-(n-1)\right)=\frac{a-a_1}{n^2}\cdot\frac{n(n-1)}{2}=\frac{n-1}{2n}\left(a-a_1\right).$$

In gleicher Weise erhält man für die Summe der Zahlungen des 2ten Jahres $\frac{n-1}{2n}\left(a_1-a_2\right)$ u. s. w. Die Summe der gegenwärtigen Werthe aller Zahlungen auf die Zahl der anfänglich vorhandenen Rentner vertheilt, gibt

$$\frac{n-1}{2na}\left(\frac{a-a_1}{1+p}+\frac{a_1-a_2}{(1+p)^2}+\frac{a_2-a_3}{(1+p)^3}+\ldots\ldots\right)=$$
$$=\frac{(n-1)m}{2n}$$

Wenn man endlich annimmt, daß die Auszahlung für jeden kleinsten Theil der Zeit geschieht, und ist also n unendlich groß, so reducirt sich der obige Ausdruck auf $\frac{m}{2}$. Mehr braucht man also nicht, so klein $\frac{1}{n}$ auch angenommen werden mag, zum Werth R der Leibrente zuzulegen, und der vollständige Werth der Leibrente ist hiernach $R + \frac{m}{2}$.

Aufgeschobene Leibrente.

§. 137. Unter einer aufgeschobenen Leibrente versteht man eine solche, deren Auszahlung erst nach Ablauf einer bestimmten Anzahl von Jahren, wofern alsdann der Betheiligte noch am Leben ist, beginnt. Ist der Betrag der Leibrente $= 1$, die Anzahl der Lebenden vom Alter Desjenigen, welcher die Leibrente erwerben will, $= a$, und die Anzahl der Lebenden von dem um $n + 1$, $n + 2$ u. s. w. höhern Alter bezüglich a_{n+1}, a_{n+2} u. s. w. und p der Zinsfuß, so wird der Werth R_n der aufgeschobenen Leibrente ausgedrückt durch

$$\frac{1}{a}\left(\frac{a_{n+1}}{(1+p)^{n+1}} + \frac{a_{n+2}}{(1+p)^{n+2}} + \ldots \frac{a_x}{(1+p)^x}\right)$$

Nun ist aber auch

$$\frac{1}{a}\left(\frac{a_{n+1}}{(1+p)^{n+1}} + \frac{a_{n+2}}{(1+p)^{n-2}} + \ldots \frac{a_x}{(1+p)^x}\right) =$$

$$\frac{1}{a(1+p)^n}\left(\frac{a_{n+1}}{1+p} + \frac{a_{n+2}}{(1+p)^2} + \ldots \frac{a_x}{(1+p)^{x-n}}\right)$$

Weil ferner

$$\frac{1}{a_n}\left(\frac{a_{n+1}}{1+p} + \frac{a_{n+2}}{(1+p)^2} + \ldots \frac{a_x}{(1+p)^{x-n}}\right) = R$$

und folglich

$$\frac{a_{n+1}}{1+p} + \frac{a_{n+2}}{(1+p)^2} + \ldots \frac{a_x}{(1+p)^{x-n}} = a_n\, R, \text{ so ist}$$

$$\frac{1}{a(1+p)^n}\left(\frac{a_{n+1}}{1+p} + \frac{a_{n+2}}{(1+p)^2} + \ldots \frac{a_x}{(1+p)^{x-n}}\right) =$$

$$\frac{1}{a(1+p)^n} \cdot a_n R \text{ oder } R_n = \frac{a_n R}{a(1+p)^n}.$$

Man erhält daher den Werth der um n Jahre aufgeschobenen und dem Alter b entsprechenden Leibrente, wenn man den Werth der dem Alter $b + n$ entsprechenden Leibrente auf n Jahre discon=

tirt, und das Resultat $\frac{R}{(1+p)^n}$ mit der Wahrscheinlichkeit $\frac{a_n}{a}$, daß der Betheiligte zu Ende des $n$ten Jahres noch am Leben ist, multiplicirt. Zu diesem Verfahren gelangt man auch auf folgende Art.

Wenn die Person, welche heute eine um n Jahre aufgeschobene Leibrente kaufen will, nach n Jahren noch lebt, so ist zu dieser Zeit, d. h. nach n Jahren, der Werth der Leibrente =

$$\frac{1}{a_n}\left(\frac{a_{n+1}}{1+p} + \frac{a_{n+2}}{(1+p)^2} + \ldots.\right)$$

Soll nun der Werth dieser Leibrente für heute bestimmt werden, so muß obiger Werth mit der Wahrscheinlichkeit $\frac{a_n}{a}$, daß die Person nach n Jahren noch lebt, multiplicirt, und auf heute, also für n Jahre, discontirt werden.

Temporäre Leibrente.

§. 138. Eine temporäre Leibrente ist eine solche, welche nur während einer bestimmten Anzahl von Jahren erhoben wird. Wird die Rente bis zum $n$ten Jahre ausgezahlt, so ist der gegenwärtige Werth derselben =

$$\frac{1}{a}\left(\frac{a_1}{1+p} + \frac{a_2}{(1+p)^2} + \ldots. \frac{a_n}{(1+p)^n}\right)$$

Der Werth der lebenslänglich zu erhebenden Rente ist =

$$\frac{1}{a}\left(\frac{a_1}{1+p} + \frac{a_2}{(1+p)^2} + \ldots. \frac{a_n}{(1+p)^n} + \frac{a_{n+1}}{(1+p)^{n+1}} + \frac{a_{n+2}}{(1+p)^{n+2}} + \ldots.\right)$$

Der Werth der um n Jahre aufgeschobenen Rente ist

$$\frac{1}{a}\left(\frac{a_{n+1}}{(1+p)^{n+1}} + \frac{a_{n+2}}{(1+p)^{n+2}} + \ldots.\right)$$

Der Werth der temporären Rente ist daher

$$\frac{1}{a}\left(\frac{a_1}{1+p} + \frac{a_2}{(1+p)^2} + \ldots.\right) - \frac{1}{a}\left(\frac{a_{n+1}}{(1+p)^{n+1}} + \frac{a_{n+2}}{(1+p)^{n+2}} + \ldots.\right) = R - R_n$$

Man erhält daher den Werth der temporären Leibrente, wenn man den Werth der um n Jahre aufgeschobenen Leibrente von dem Werthe der lebenslänglich zu erhebenden Rente abzieht.

Aus einer ähnlichen Betrachtung ergibt sich der Werth einer aufgeschobenen temporären Leibrente, d. h. einer solchen, welche erst nach Ablauf einer gewissen Anzahl von Jahren zahlbar ist, und nach Ablauf einer weitern Frist wieder erlöscht. Die aufgeschobene und temporäre Leibrente wird übrigens, als solche, nicht mehr ausgezahlt, wenn der Rentner vor Ablauf der bestimmten Frist mit Tode abgeht.

Aufgesparte Leibrente.

§. 139. Eine Leibrente, welche der Rentner während einer gewissen Anzahl von Jahren nicht erhebt, sondern bei der Leibrentenkasse stehen läßt, ist eine aufgesparte Leibrente. Das was der Rentner durch das Aufsparen seiner Rente sammelt, kann nachher entweder auf einmal erhoben, oder zur Vergrößerung der nachherigen Leibrente verwendet werden.

Ist die Leibrente während der ersten n Jahre nicht erhoben worden, so ist der accumulirte Werth derselben nach dem $n$ten Jahre =

$$\frac{1}{a}\left(\frac{a_1}{1+p} + \frac{a_2}{(1+p)^2} + \ldots\ldots\right)(1+p)^n$$

Denn z. B. der gegenwärtige Werth einer bis zu Ende des 4ten Jahres zahlbaren Leibrente r ist =

$$\frac{r}{a}\left(\frac{a_1}{1+p} + \frac{a_2}{(1+p)^2} + \frac{a_3}{(1+p)^3} + \frac{a_4}{(1+p)^4}\right)$$

Sollen aber die 4 Leibrentenbeträge aufgespart werden, so ist nach dem 4ten Jahre ra_1 angewachsen auf $ra_1(1+p)^3$, ra_2 auf $ra_2(1+p)^2$, ra_3 auf $ra_3(1+p)^3$ und ra_4 auf $ra_4(1+p)^0 = ra_4$. Der accumulirte Werth der bis zum 4ten Jahre aufgesparten Rente ist daher =

$$\frac{r}{a}\left[a_1(1+p)^3 + a_2(1+p)^2 + a_3(1+p)^3 + a_4\right) =$$

$$\frac{r}{a}\left(\frac{a_1}{1+p} + \frac{a_2}{(1+p)^2} + \frac{a_3}{(1+p)^3} + \frac{a_4}{(1+p)^4}\right)(1+p)^4.$$

§. 140. Soll vom $(n+1)$ten Jahre die Leibrente 1 ausgezahlt werden, und diese Rente durch jährliche, bis zum $n$ten Jahre zu entrichtenden Beiträge erkauft werden, so muß der Werth der um n Jahre aufgeschobenen Leibrente 1 gleich sein dem Werthe der bis zum $n$ten Jahre jährlich zu entrichtenden Beiträge x; daher (§. 138).

$$\left(R - R_n\right) x = R_n \text{ und } x = \frac{R_n}{R - R_n}$$

z. B. der gegenwärtige Werth der vollen, d. h. sogleich laufenden Leibrente 1 für eine 20-jährige Person ist = 17,938, und der Werth der, nach derselben Sterblichkeitstabelle und demselben Zinsfuß berechneten, auf 16 Jahre aufgeschobenen Leibrente ist = 8,072; daher ist der jährlich zu entrichtende Beitrag

$$x = \frac{8{,}072}{17{,}938 - 8{,}072} = \frac{8{,}072}{9{,}866} = 0{,}81.$$

II. Leibrente, welche von der Existenz mehrerer bei dem Leibrentenvertrag betheiligten Personen abhängt.

§. 141. Wenn die Leibrente von der Existenz mehrerer bei dem Leibrentenvertrag betheiligten Personen abhängt, so ist die Leibrente entweder eine solche, die so lange ausbezahlt wird, als diese Personen zusammen leben, oder eine solche, die bis zum gänzlichen Aussterben der Betheiligten ausbezahlt wird. Eine Leibrente der ersten Art ist eine Leibrente auf das kürzeste Leben, und diejenige der andern Art eine Leibrente auf das längste Leben.

Die Leibrentenanstalten gewähren außer der Leibrente auf einen Kopf gewöhnlich nur Leibrenten auf zwei Köpfe auf das längste Leben.

Leibrenten auf das kürzeste Leben mehrerer Personen.

§. 142. Wird, um den Werth einer Leibrente zu bestimmen, welche so lange ausbezahlt werden soll, als mehrere Personen zusammen leben, und folglich mit dem Tode der zuerst sterbenden Person aufhört, die eine Person durch A und die dem Alter derselben entsprechende Anzahl von Lebenden in der Mortalitätstabelle durch a bezeichnet, und bezeichnen a_1, a_2, a_3 u. s. w. die Anzahl der Lebenden von dem um 1, 2, 3 u. s. w. Jahre höhern Alter; wird in gleicher Weise die zweite Person durch B und die dem Alter derselben entsprechende Anzahl von Lebenden in der Mortalitätstabelle durch b bezeichnet, und bezeichnen b_1, b_2, b_3 u. s. w., die Anzahl der Lebenden von dem um 1, 2, 3 u. s. w. Jahre höhern Alter, und gebraucht man ähnliche Bezeichnungen für die Personen C, D u. s. w., so ist die Wahrscheinlichkeit, daß alle diese Personen zu Ende des 1ten Jahres noch leben $= \frac{a_1\, b_1\, c_1 \ldots}{a\; b\; c \ldots}$ (§. 126). Wird die Rente durch r und der Zinsfuß durch p bezeichnet, so erhält man den Werth der 1ten Jahresrente, oder die mathematische

Hoffnung (§. 110), diese Summe zu erhalten, wenn man $\frac{r}{1+p}$ mit $\frac{a_1\ b_1\ c_1\ \ldots}{a\ b\ c\ \ldots}$ multiplicirt; dieser Werth ist also $= \frac{r\ a_1\ b_1\ c_1\ \ldots}{(1+p)abc\ldots}$. Die Wahrscheinlichkeit, daß die Betheiligten zu Ende des 2ten Jahres noch leben ist $= \frac{a_2\ b_2\ c_2\ \ldots}{abc\ldots}$; der gegenwärtige Werth der 2ten Jahresrente r ist daher $= \frac{r\ a_2\ b_2\ c_2\ \ldots}{(1+p)^2 abc\ldots}$, und in gleicher Weise erhält man $\frac{r\ a_n\ b_n\ c_n\ \ldots}{(1+p)^n\ abc\ldots}$ für den gegenwärtigen Werth der $n$ten Jahresrente. Die Summe aller dieser Werthe oder

$$\frac{r}{abc\ldots}\left(\frac{a_1\ b_1\ c_1\ \ldots}{1+p} + \frac{a_2\ b_2\ c_2\ \ldots}{(1+p)^2} + \ldots \frac{a_n\ b_n\ c_n\ \ldots}{(1+p)^n}\right)$$

ist folglich der Totalwerth der Leibrente.

Die Tabelle X. enthält die für $r = 1$ nach der Mortalitätstabelle von Deparcieux zu $3^1/_2$ Procent und $4^1/_2$ Procent berechnete Verbindungsrente für zwei Personen, und zwar für gleiches Alter und für die Altersunterschiede von 5, 10, 20, 30, 40, 50 und 60 Jahren.

§. 143. Der Werth der um t Jahre aufgeschobenen (§. 137) und auf das kürzeste Leben der Personen $A, B, C\ldots$ lautenden Verbindungsrente wird nach dem Vorhergehenden ausgedrückt durch

$$\frac{r}{abc\ldots}\left(\frac{a_{t+1}\ b_{t+1}\ c_{t+1}\ \ldots}{(1+p)^{t+1}} + \frac{a_{t+2}\ b_{t+2}\ c_{t+2}}{(1+p)^{t+2}} + \ldots\right)$$

Leibrenten auf das längste Leben mehrerer Personen.

§. 144. Zur Berechnung der auf das längste Leben mehrerer Personen lautenden Leibrente muß für jedes Jahr die Wahrscheinlichkeit, daß die eine oder andere dieser Personen zu Ende des Jahres noch leben werde, berechnet werden.

Wenn wir vorerst zwei Personen A und B annehmen, so sind, nach den im §. 142 angenommenen Bezeichnungen die Wahrscheinlichkeiten,

1) daß die Person A noch leben werde

für das erste Jahr $= \frac{a_1}{a}$ (§. 126)

" " 2te " $= \frac{a_2}{a}$

" " 3te " $= \frac{a_3}{a}$

u. s. w.

2) daß die Person B noch leben werde

für das 1te Jahr $= \frac{b_1}{b}$

" " 2te " $= \frac{b_2}{b}$

" " 3te " $= \frac{b_3}{b}$

u. s. w.

3) daß die Person A nicht mehr am Leben sein werde

für das 1te Jahr $= 1 - \frac{a_1}{a}$

" " 2te " $= 1 - \frac{a_2}{a}$

" " 3te " $= 1 - \frac{a_3}{a}$

u. s. w.

4) daß die Person B nicht mehr am Leben sein werde

für das 1te Jahr $= 1 - \frac{b_1}{b}$

" " 2te " $= 1 - \frac{b_2}{b}$

" " 3te " $= 1 - \frac{b_3}{b}$

u. s. w.

5) Die Wahrscheinlichkeit, daß A und B zu Ende des 1ten Jahres noch am Leben sein werden, ist $= \frac{a_1\, b_1}{a\, b}$,

6) die Wahrscheinlichkeit, daß A noch am Leben und B gestorben sein werde, ist für das erste Jahr $= \frac{a_1}{a}\left(1 - \frac{b_1}{b}\right)$;

7) die Wahrscheinlichkeit, daß A gestorben und B noch am Leben sein werde, ist für das 1te Jahr $= \frac{b_1}{b}\left(1 - \frac{a_1}{a}\right)$;

8) die Wahrscheinlichkeit, daß A und B nicht mehr am Leben sein werden, ist für das 1te Jahr $= \left(1 - \frac{a_1}{a}\right)\left(1 - \frac{b_1}{b}\right)$.

Die Summe der Wahrscheinlichkeiten Nro. 5 bis 8 ist $= 1$ (§. 108), daher

$$\frac{a_1\, b_1}{a\, b} + \frac{a_1}{a}\left(1 - \frac{b_1}{b}\right) + \frac{b_1}{b}\left(1 - \frac{a_1}{a}\right) + \left(1 - \frac{a_1}{a}\right)\left(1 - \frac{b_1}{b}\right) = 1$$ und

$$\frac{a_1 b_1}{a b} + \frac{a_1}{a}\left(1 - \frac{b_1}{b}\right) + \frac{b_1}{b}\left(1 - \frac{a_1}{a}\right) = 1 - \left(1 - \frac{a_1}{a}\right)\left(1 - \frac{b_1}{b}\right).$$

Die Wahrscheinlichkeit, daß A oder B noch am Leben sein werden, ist daher für das

$$\text{1te Jahr} = 1 - \left(1 - \frac{a_1}{a}\right)\left(1 - \frac{b_1}{b}\right) = \frac{a_1}{a} + \frac{b_1}{b} - \frac{a_1 b_1}{a b}$$

$$\text{2te} \quad " \quad = 1 - \left(1 - \frac{a_2}{a}\right)\left(1 - \frac{b_2}{b}\right) = \frac{a_2}{a} + \frac{b_2}{b} - \frac{a_2 b_2}{a b}$$

$$\text{3te} \quad " \quad = 1 - \left(1 - \frac{a_3}{a}\right)\left(1 - \frac{b_3}{b}\right) = \frac{a_3}{a} + \frac{b_3}{b} - \frac{a_3 b_3}{a b}$$

u. s. w.

Für die Rente r und den Zinsfuß p ist daher der Werth der 1ten Jahresrente =

$$\frac{r}{1 + p}\left(\frac{a_1}{a} + \frac{b_1}{b} - \frac{a_1 b_1}{a b}\right) \text{ (§. 142);}$$

ebenso ist der Werth der Rente des zweiten Jahres =

$$\frac{r}{(1 + p)^2}\left(\frac{a_2}{a} + \frac{b_2}{b} - \frac{a_2 b_2}{a b}\right)$$

des 3ten Jahres =

$$\frac{r}{(1 + p)^3}\left(\frac{a_3}{a} + \frac{b_3}{b} - \frac{a_3 b_3}{a b}\right)$$

u. s. w.

Der Totalwerth der Leibrente besteht also aus der Summe der obigen Werthe und ist

$$\frac{r}{1 + p}\left(\frac{a_1}{a} + \frac{b_1}{b} - \frac{a_1 b_1}{a b}\right) + \frac{r}{(1 + p)^2}\left(\frac{a_2}{a} + \frac{b_2}{b} - \frac{a_2 b_2}{a b}\right) + \text{rc.}$$

Nach obiger Formel wird der Werth der in Rede stehenden Leibrente gefunden, wenn man von der Summe der Werthe der Leibrente für jede einzelne Person den Werth der Leibrente für eine Verbindung beider Personen auf das kürzeste Leben (§. 142) abzieht.

Soll z. B. der Werth der Leibrente 1, welche auf das längste Leben zweier Personen lautet, von welchen die eine 20 Jahre und die andere 40 Jahre alt ist, berechnet werden, und bedient man sich dazu der Tabellen IX und X, so ist die dem Zinsfuß $4\frac{1}{2}$ entsprechende Berechnung wie folgt:

Der Werth der Leibrente für eine 20jährige Person	= 16,624
" " " " " " 40 " "	= 14,254
Summe . .	30,878
hiervon ab den Werth der Verbind.=Rente = . . .	12,545
gibt den Werth der gesuchten Rente = ...	18,333

Auch für die Leibrente auf zwei Köpfe werden in den Tarifen die Procente der Kapitalanlage angegeben; wie z. B. im nachfolgenden Tarif der im Vorhergehenden (§. 135) angeführten Pariser Lebensversicherungsanstalt.

Alter des einen Rentners.	Alter des andern Rentners	Rente einer Kapitalanlage von 100 Fr.		Preis einer Rente von 10 Fr.	
		Fr.	Cent.	Fr.	Cent.
	50	6	34	157	74
	55	6	61	151	24
	60	6	88	145	37
50	65	7	13	140	22
	70	7	34	136	27
	75	7	49	133	49
	55	6	97	143	41
	60	7	34	136	18
55	65	7	71	129	73
	70	8	01	124	75
	75	8	25	121	24
	60	7	85	127	38
60	65	8	38	119	26
	70	8	86	112	88
	75	9	23	108	32
	65	9	16	109	—
65	70	9	91	100	85
	75	10	56	94	72
70	70	11	04	90	57
	70	12	—	83	33
75	75	12	50	80	—

§. 145. Bezeichnen überhaupt A, B, C.... die Personen, auf welche die Leibrente lautet, so ist, nach obiger Bezeichnung, die Wahrscheinlichkeit, daß die eine oder andere dieser Personen zu Ende des 1ten Jahres noch lebt $= 1 - \left(1 - \frac{a_1}{a}\right)\left(1 - \frac{b_1}{b}\right)\left(1 - \frac{c_1}{c}\right) \ldots.$ Ebenso wird die Wahrscheinlichkeit, daß die eine oder andere dieser Personen zu Ende des 2ten, 3ten u. s. w. Jahres noch lebt, ausgedrückt durch

$$1 - \left(1 - \frac{a_2}{a}\right)\left(1 - \frac{b_2}{b}\right)\left(1 - \frac{c_2}{c}\right) \ldots.$$

$$1 - \left(1 - \frac{a_3}{a}\right)\left(1 - \frac{b_3}{b}\right)\left(1 - \frac{c_3}{c}\right) \ldots.$$

$$1 - \left(1 - \frac{a_4}{a}\right)\left(1 - \frac{b_4}{b}\right)\left(1 - \frac{c_4}{c}\right) \ldots.$$

u. s. w.

Nun ist aber

$$1 - \left(1 - \frac{a_1}{a}\right)\left(1 - \frac{b_1}{b}\left(1 - \frac{c_1}{c}\right) \ldots. = \frac{a_1}{a} + \frac{b_1}{b} + \frac{c_1}{c} + \ldots. - \frac{a_1\, b_1}{a\, b} - \frac{a_1\, c_1}{a\, c} - \frac{c_1\, b_1}{c\, b} - \ldots. \frac{a_1\, b_1\, c_1}{a\, b\, c} + \ldots.$$

$$1 - \left(1 - \frac{a_2}{a}\right)\left(1 - \frac{b_2}{b}\right)\left(1 - \frac{c_2}{c}\right) \ldots. = \frac{a_2}{a} + \frac{b_2}{b} + \frac{c_2}{c} + \ldots. - \frac{a_2\, b_2}{a\, b} - \frac{a_2\, c_2}{a\, c} - \frac{c_2\, b_2}{c\, b} - \ldots. \frac{a_2\, b_2\, c_2}{a\, b\, c} + \ldots.$$

$$1 - \left(1 - \frac{a_3}{a}\right)\left(1 - \frac{b_3}{b}\right)\left(1 - \frac{c_3}{c}\right) \ldots. = \frac{a_3}{a} + \frac{b_3}{b} + \frac{c_3}{c} + \ldots. - \frac{a_3\, b_3}{a\, b} - \frac{a_3\, c_3}{a\, c} - \frac{c_3\, b_3}{c\, b} - \ldots. \frac{a_3\, b_3\, c_3}{a\, b\, c} + \ldots.$$

u. s. w.

Der Totalwerth der auf die Personen A, B, C lautenden Leibrente 1 wird daher ausgedrückt durch

$$\frac{1}{1+p}\left(\frac{a_1}{a} + \frac{b_1}{b} + \frac{c_1}{c} + \ldots. - \frac{a_1\, b_1}{a b} - \frac{a_1\, c_1}{a c} - \frac{b_1\, c_1}{b c} - \ldots. + \frac{a_1\, b_1\, c_1}{a\, b\, c} + \ldots.\right)$$

$$+ \frac{1}{(1+p)^2}\left(\frac{a_2}{a} + \frac{b_2}{b} + \frac{c_2}{c} + \ldots. - \frac{a_2\, b_2}{a b} - \frac{a_2\, c_2}{a c} - \frac{b_2\, c_2}{b c} - \ldots. + \frac{a_2\, b_2\, c_2}{a\, b\, c} + \ldots.\right)$$

$$+ \frac{1}{(1+p)^3}\left(\frac{a_3}{a} + \frac{b_3}{b} + \frac{c_3}{c} + \ldots. - \frac{a_3\, b_3}{a b} - \frac{a_3\, c_3}{a c} - \frac{b_3\, c_3}{b c} - \ldots. + \frac{a_3\, b_3\, c_3}{a\, b\, c} + \ldots.\right) + \text{u. s. w.}$$

Wenn ferner der Werth einer um n Jahre aufgeschobenen und bis zum Aussterben irgend einer Anzahl von Personen zahlbaren Leibrente bestimmt werden soll, so beginnt die Ausrechnung der Verticalreihen des obigen Ausdrucks erst mit dem $n+1$ten Jahre.

§. 146. Stellt man sich vor, daß die Personen $A, B, C \ldots$ von heute an, nach n Jahren noch leben, und alsdann einen Leibrentenvertrag auf das längste Leben schließen, und bezeichnet man den Werth, welchen diese Leibrente alsdann, also nach dem $n$ten Jahre von heute an hat, durch R, so ist der heutige Werth derselben $= \frac{R}{(1+p)^n}$; wenn aber heute der Vertrag geschlossen wird, und der Genuß der aufgeschobenen Leibrente von der Bedingung abhängt, daß alle Personen $A, B, C \ldots\ldots$ nach Ablauf des $n$ten Jahres noch leben müssen, so ist der Werth einer derartigen aufgeschobenen Leibrente $= \frac{a_n\, b_n\, c_n \ldots\ldots R}{a\, b\, c \ldots (1+p)^n}$; denn die Wahrscheinlichkeit, daß die Personen $A, B, C \ldots$ zu Ende des $n$ten Jahres noch leben, ist $= \frac{a_n\, b_n\, c_n \ldots}{a\, b\, n \ldots}$ (§. 108); die mathematische Hoffnung, $\frac{R}{(1+p)^n}$ zu erhalten, ergibt sich daher aus der Multiplication dieses Werths mit vorbesagter Wahrscheinlichkeit. (§. 110.)

§. 147. Bei dem Vertrage der auf das längste Leben mehrerer Personen lautenden Leibrente kann die weitere Bedingung gemacht werden, daß die Rente nur so lange ausgezahlt werden soll, als eine bestimmte Anzahl der Betheiligten noch am Leben ist.

Nehmen wir, damit die Herleitung nicht zu weitläufig werde, an, daß nur 3 Personen A, B, C den Vertrag schließen, und daß die Rente so lange ausgezahlt werden soll, als noch zwei Personen am Leben sind. Die Wahrscheinlichkeit, die Rente nach Ablauf des 1ten Jahres zu erhalten, hängt von einem der vier folgenden Ereignisse ab:

1) Entweder sind die drei Personen zu Ende des Jahres noch am Leben, und dafür ist die Wahrscheinlichkeit $= \frac{a_1\, b_1\, c_1}{a\, b\, c}$; oder

2) A und B leben noch, und C ist todt, wofür die Wahrscheinlichkeit $= \frac{a_1\, b_1}{a\, b}\left(1 - \frac{c_1}{c}\right)$ ist; oder

3) A und C leben noch, und B ist todt, wofür die Wahrscheinlichkeit $= \frac{a_1\, c_1}{a\, c}\left(1 - \frac{b_1}{c}\right)$ ist; oder

4) B und C leben noch, und A ist todt, wofür die Wahrscheinlichkeit $= \frac{b_1\, c_1}{b\, c}\left(1 - \frac{a_1}{a}\right)$ ist.

Die Summe dieser vier Wahrscheinlichkeiten multiplicirt mit $\frac{1}{1+p}$ gibt daher den gegenwärtigen Werth der nach dem 1ten Jahre zahlbaren Leibrente 1; dieser Werth wird daher ausgedrückt durch:

$$\frac{1}{1+p}\left(\frac{a_1\, b_1}{ab} - \frac{a_1\, b_1\, c_1}{a\, b\, c} + \frac{a_1\, c_1}{a\, c} - \frac{a_1\, b_1\, c_1}{a\, b\, c} + \frac{b_1\, c_1}{b\, c} - \frac{a_1\, b_1\, c_1}{a\, b\, c} + \frac{a_1\, b_1\, c_1}{a\, b\, c}\right) = \frac{1}{1+p}\left(\frac{a_1\, b_1}{a\, b} + \frac{a_1\, c_1}{a\, c} + \frac{b_1\, c_1}{b\, c} - \frac{2 a_1\, b_1\, c_1}{a\, b\, c}\right)$$

Verfährt man in gleicher Weise für die nachfolgenden Jahrgänge, so erhält man:

$$\frac{1}{1+p}\left(\frac{a_1\, b_1}{ab} + \frac{a_1\, c_1}{a\, c} + \frac{b_1\, c_1}{b\, c} - \frac{2 a_1\, b_1\, c_1}{a\, b\, c}\right)$$
$$+ \frac{1}{(1+p)^2}\left(\frac{a_2\, b_2}{a\, b} + \frac{a_2\, c_2}{a\, c} + \frac{b_2\, c_2}{b\, c} - \frac{2 a_2\, b_2\, c_2}{a\, b\, c}\right)$$
$$+ \frac{1}{(1+p)^3}\left(\frac{a_3\, b_3}{a\, b} + \frac{a_3\, c_3}{a\, c} + \frac{b_3\, c_3}{b\, c} - \frac{2 a_3\, b_3\, c_3}{a\, b\, c}\right) + \ldots\ldots$$

für den Totalwerth der Rente.

Werthsbestimmung der getheilten Leibrente in Beziehung auf die gemeinschaftlichen Besitzer derselben.

§. 148. Wenn mehrere Personen auf gemeinschaftliche Rechnung eine Leibrente kaufen, so können die Bedingnisse in Betreff der Theilung derselben beim Absterben der Theilhaber unterschiedlich angenommen werden, wonach der Beitrag eines jeden Theilhabers zum Ankauf der Leibrente zu bemessen ist. Hierzu folgendes Beispiel.

Drei Personen, A, B, C, kaufen gemeinschaftlich eine Leibrente unter folgender Bedingung: A bezieht die ganze Rente bis zu seinem Tode; hierauf theilen sich B und C in dieselbe, und dem Ueberlebenden fällt sie ganz zu.

Der Beitrag des A ist gleich dem Werthe einer auf demselben ruhenden Leibrente, und folglich $= R$.

Der B gelangt in irgend einem Jahre zum Besitz der halben

Leibrente, wenn B und C leben und A todt ist. Die Wahrscheinlichkeit dieses Ereignisses ist für das Ende des 1ten Jahres $= \frac{b_1\, c_1}{b\, c}\left(1 - \frac{a_1}{a}\right)$. Der genannte Theilhaber gelangt dagegen in irgend einem Jahre zum Besitz der ganzen Leibrente, wenn A und C gestorben sind und B noch lebt. Die Wahrscheinlichkeit des Ereignisses ist $= \frac{b_1}{b}\left(1 - \frac{a_1}{a}\right)\left(1 - \frac{c_1}{c}\right)$. Der Werth der Erwartung des B in Betreff der ersten Jahresrente ist folglich $=$

$$\frac{1}{2(1+p)} \times \frac{b_1\, c_1}{b\, c}\left(1 - \frac{a_1}{a}\right) + \frac{1}{(1+p)} \times \frac{b_1}{b}\left(1 - \frac{a_1}{a}\right)\left(1 - \frac{c_1}{c}\right) =$$

$$\frac{1}{1+p}\left(\frac{b_1}{b} - \frac{a_1\, b_1}{a b} - \frac{b_1\, c_1}{2 b c} + \frac{a_1\, b_1\, c_1}{2 a b c}\right)$$

Für das 2te Jahr, 3te Jahr u. s. w. sind die Werthe der Erwartung beziehlich

$$\frac{1}{(1+p)^2}\left(\frac{b_2}{b} - \frac{a_2\, b_2}{a\, b} - \frac{b_2\, c_2}{2 b c} + \frac{a_2\, b_2\, c_2}{2 a b c}\right)$$

$$\frac{1}{(1+p)^3}\left(\frac{b_3}{b} - \frac{a_3\, b_3}{a b} - \frac{b_3\, c_3}{2 b c} + \frac{a_3\, b_3\, c_3}{2 a b c}\right)$$

u. s. w.

Der Beitrag des B besteht demnach aus der Summe obiger Werthe.

Weil für den C der Werth der Erwartung von denselben Umständen abhängt, so wird in gleicher Weise der Beitrag desselben ausgedrückt durch

$$\frac{1}{1+p}\left(\frac{c_1}{c} - \frac{a_1\, c_1}{a c} - \frac{b_1\, c_1}{2 b c} + \frac{a_1\, b_1\, c_1}{2 a b c}\right)$$

$$+ \frac{1}{(1+p)^2}\left(\frac{c_2}{c} - \frac{a_2\, c_2}{a c} - \frac{b_2\, c_2}{2\ \ c} + \frac{a_2\, b_2\, c_2}{2 a b c}\right)$$

$$+ \frac{1}{(1+p)^3}\left(\frac{c_3}{c} - \frac{a_3\, c_3}{a c} - \frac{b_3\, c_3}{2 b c} + \frac{a_3\, b_3\, c_3}{2 a b c}\right) +$$

u. s. w.

III. Von den Ueberlebungsrenten.

§. 149. In Betreff der Ueberlebung (§. 133) und des Eintritts in den Besitz der Leibrente sind die mannigfaltigsten Bedingnisse denkbar. Wenn man indessen nur diejenigen Fälle in Erwägung zieht, welche in der Praxis möglicherweise vorkommen, so lassen sie sich auf folgende Hauptpuncte zurückführen.

1) Die Leibrente lautet auf das kürzeste Leben (§. 141) irgend einer Anzahl von Personen A, B, C ...., und die Auszahlung derselben beginnt nach der Auflösung einer Verbindung anderer Personen P, Q, R ....., d. h. nachdem irgend eine dieser Personen gestorben ist.

2) Die Leibrente lautet auf das kürzeste Leben irgend einer Anzahl von Personen A, B, C ..... und die Auszahlung derselben hängt von dem Aussterben der Personen P, Q, R ..... ab.

3) Die Leibrente lautet auf das längste Leben (§. 141) irgend einer Anzahl von Personen und die Auszahlung derselben beginnt nach der Auflösung einer Verbindung anderer Personen P, Q, R ..... d. h. nachdem irgend eine dieser Personen gestorben ist.

4) Die Leibrente lautet auf das längste Leben irgend einer Anzahl von Personen, und die Auszahlung derselben hängt von dem Aussterben der Personen P, Q, R ..... ab.

5) Die Auszahlung der Leibrente an eine Person hängt von einer bestimmten Ordnung des Ueberlebens in Beziehung auf andere Personen P, Q, R ..... ab.

Hierzu folgende Beispiele.

Zur Werthsbestimmung der Leibrente, welche auf das kürzeste Leben irgend einer Anzahl von Personen A, B, C ..... lautet, und deren Auszahlung nach der Auflösung der Verbindung anderer Personen P, Q, R ....., d. h. nach dem Tode irgend einer dieser Personen beginnt, muß die Wahrscheinlichkeit des Fortbestehens der Verbindung A, B, C ..... und der Auflösung der Verbindung P, Q, R ..... berechnet werden.

Die Wahrscheinlichkeiten, daß die Verbindung der Personen A, B, C ..... nach dem 1ten, 2ten, 3ten Jahre u. s. w. noch besteht, sind beziehlich $\frac{a_1\, b_1\, c_1 \ldots\ldots}{a\, b\, c \ldots\ldots}$, $\frac{a_2\, b_2\, c_2 \ldots\ldots}{a\, b\, c \ldots\ldots}$, $\frac{a_3\, b_3\, c_3 \ldots\ldots}{a\, b\, c \ldots\ldots}$ u. s. w. Die Wahrscheinlichkeiten, daß irgend eine der Personen P, Q, R ..... nach dem 1ten, 2ten, 3ten Jahre u. s. w. nicht mehr lebt, sind beziehlich $1 - \frac{p_1\, q_1\, r_1 \ldots\ldots}{p\, q\, r \ldots\ldots}$, $1 - \frac{p_2\, q_2\, r_2 \ldots\ldots}{p\, q\, r \ldots\ldots}$, $1 - \frac{p_3\, q_3\, r_3 \ldots\ldots}{p\, q\, r \ldots\ldots}$ u. s. w.

Die Wahrscheinlichkeiten für das Zusammentreffen beider Fälle sind daher für das 1te, 2te, 3te Jahr u. s. w. beziehlich

$$\frac{a_1\, b_1\, c_1 \ldots .}{a\, b\, c \ldots .}\left(1 - \frac{p_1\, q_1\, r_1 \ldots .}{p\, q\, r \ldots .}\right), \quad \frac{a_2\, b_2\, c_2 \ldots .}{a\, b\, c \ldots .}\left(1 - \frac{p_2\, q_2\, r_2 \ldots .}{p\, q\, r \ldots .}\right)$$

u. s. w.

Die gegenwärtigen Werthe der successiven Renten sind daher

$$\frac{1}{1+p}\left(\frac{a_1\, b_1\, c_1 \ldots}{a\, b\, c \ldots} - \frac{a_1\, b_1\, c_1\, p_1\, q_1\, r_1 \ldots}{a\, b\, c\, p\, q\, r \ldots}\right), \quad \frac{1}{(1+p)^2}\left(\frac{a_2\, b_2\, c_2 \ldots}{a\, b\, c \ldots} - \frac{a_2\, b_2\, c_2\, p_2\, q_2\, r_2 \ldots}{a\, b\, c\, p\, q\, r \ldots}\right) \text{ u. s. w.}$$

Der Totalwerth der Leibrente besteht daher aus der Summe obiger Werthe.

Anderes Beispiel. Zur Werthsbestimmung der Leibrente, welche auf das längste Leben irgend einer Anzahl von Personen $A, B, C \ldots .$ lautet, und deren Auszahlung nach dem Aussterben einer Verbindung anderer Personen P, Q, R beginnt, muß die Wahrscheinlichkeit, daß irgend eine der Personen $A, B, C \ldots$ zu Ende irgend eines Jahres noch lebt, und daß alsdann die Verbindung $P, Q, R \ldots$ ausgestorben ist, berechnet werden.

Die Wahrscheinlichkeiten, daß irgend eine der Personen $A, B, C \ldots$ zu Ende des 1ten, 2ten, 3ten Jahres u. s. w. noch lebt, sind beziehlich

$$1 - \left(1 - \frac{a_1}{a}\right)\left(1 - \frac{b_1}{b}\right)\left(1 - \frac{c_1}{c}\right), \; 1 - \left(1 - \frac{a_2}{a}\right)\left(1 - \frac{b_2}{b}\right)\left(1 - \frac{c_2}{c}\right),$$

$$\left(1 - \frac{a_3}{a}\right)\left(1 - \frac{b_3}{b}\right)\left(1 - \frac{c_3}{c}\right) \text{ u. s. w.}$$

Die Wahrscheinlichkeiten, daß die Verbindung $P, Q, R \ldots .$ im 1ten 2ten, 3ten Jahre u. s. w. ausgestorben ist, sind beziehlich

$$\left(1 - \frac{p_1}{p}\right)\left(1 - \frac{q_1}{q}\right)\left(1 - \frac{r_1}{r}\right), \; \left(1 - \frac{p_2}{p}\right)\left(1 - \frac{q_2}{q}\right)\left(1 - \frac{r_2}{r}\right),$$

$$\left(1 - \frac{p_3}{p}\right)\left(1 - \frac{q_3}{q}\right)\left(1 - \frac{r_3}{r}\right) \text{ u. s. w.}$$

Die Wahrscheinlichkeiten für das Zusammentreffen beider Fälle sind daher für das 1te, 2te 3te Jahr u. s. w. beziehlich

$$\left[1 - \left(1 - \frac{a_1}{a}\right)\left(1 - \frac{b_1}{b}\right)\left(1 - \frac{c_1}{c}\right)\right]\left(1 - \frac{p_1}{p}\right)\left(1 - \frac{q_1}{q}\right)\left(1 - \frac{r_1}{r}\right),$$

$$\left[1 - \left(1 - \frac{a_2}{a}\right)\left(1 - \frac{b_2}{b}\right)\left(1 - \frac{c_2}{c}\right)\right]\left(1 - \frac{p_2}{p}\right)\left(1 - \frac{q_2}{q}\right)\left(1 - \frac{r_2}{r}\right)$$

u. s. w.

Der Totalwerth der Rente wird daher ausgedrückt durch

$$\frac{1}{1+p}\left[1-\left(1-\frac{a_1}{a}\right)\left(1-\frac{b_1}{b}\right)\left(1-\frac{c_1}{c}\right)\right]\left(1-\frac{p_1}{p}\right)\left(1-\frac{q_1}{q}\right)\left(1-\frac{r_1}{r}\right)$$

$$+\frac{1}{(1+p)^2}\left[1-\left(1-\frac{a_2}{a}\right)\left(1-\frac{b_2}{b}\right)\left(1-\frac{c_2}{c}\right)\right]\left(1-\frac{p_2}{p}\right)\left(1-\frac{q_2}{q}\right)\left(1-\frac{r_2}{r}\right)$$

$$+\frac{1}{(1+p)^3}\left[1-\left(1-\frac{a_3}{a}\right)\left(1-\frac{b_3}{b}\right)\left(1-\frac{c_3}{c}\right)\right]\left(1-\frac{p_3}{p}\right)\left(1-\frac{q_3}{q}\right)\left(1-\frac{r_3}{r}\right)+ \text{u. s. w.}$$

Die Werthsbestimmung der Leibrente, deren Auszahlung von einer bestimmten Ordnung des Ueberlebens in Beziehung auf andere Personen abhängt, würde hier zu weit führen, und wir verweisen hierüber auf Teten's Anweisung zur Berechnung der Leibrenten, auf Meyer's allgemeine Anleitung zur Berechnung der Leibrenten, und auf Baily's Theorie der Lebensrenten.

II.

Lebensversicherungsanstalten.

§. 150. Der Vertrag zwischen einer Lebensversicherungsanstalt und dem bei ihr Versicherten besteht überhaupt darin, daß sie unter gewissen Bedingungen die Verbindlichkeit übernimmt, nach dem innerhalb einer gewissen Zeit erfolgten Tode des Versicherten einem Andern eine gewisse Summe Geldes auszuzahlen. Man kann sich aber auch selbst in der Weise versichern, daß man gegen terminweise Erlegung einer dem Vertrage angemessenen Vergütung, welche man für alle Versicherungsarten Prämie nennt, eine Lebensversicherungsanstalt die Verbindlichkeit übernehmen läßt, zu einer bestimmten Zeit, z. B. nach Verlauf von 10, 20 Jahren eine bestimmte Summe Geldes herzugeben, wobei die Bedingung stattfindet, daß die Anstalt von ihrer Verbindlichkeit befreit wird, wenn der Versicherte vor Ablauf der bestimmten Zeit mit Tode abgeht. Derjenige, welcher gefährdet ist, im Alter zu darben, oder nur ein nothdürftiges Auskommen zu haben, kann sich aus seinen Ersparnissen auf diese Weise ein Kapital für die Folge zusichern. Auf diese Weise kann auch zu Gunsten eines Dritten versichert werden, was z. B. zu Aussteuern, Studirkassen rc. benutzt wird.

Aus dem Obigen erhellet, daß das Geschäft der Lebensversicherung von zweierlei Art ist: das Versicherungskapital soll nämlich entweder nach dem Tode oder bei Lebzeiten des Versicherten oder auch eines Dritten erhoben werden. Eine Versicherung der letzteren Art ist eine aufgeschobene Lebensversicherung. Hauptbestimmungen im Vertrage der eigentlichen, nicht aufgeschobenen, Lebensversicherung sind:

1) die Angabe Dessen, was die Versicherungsanstalt bedingungsweise zu zahlen verspricht;
2) die Bedingungen, unter welchen sie das Versicherungskapital zu zahlen sich verbindlich macht;
3) die Dauer der Gültigkeit des Vertrags.

Der Vertrag kann in Beziehung auf Dasjenige, was die Versicherungsanstalt bedingungsweise zu zahlen sich verbindlich macht, von zweierlei Art sein. Derjenige, zu dessen Gunsten versichert wird, soll entweder ein für allemal eine bestimmte Summe Geldes nach dem Tode Desjenigen, welcher versichern läßt, erhalten, oder es soll demselben jährlich bis zu seinem Tode eine Rente von der Versicherungsanstalt ausgezahlt werden.

Der Vertrag kann in Betreff der verschiedenen Bedingungen, unter welchen die versicherte Summe von der Versicherungsanstalt ausgezahlt werden soll, von dreierlei Art sein; es kann nämlich versichert werden:

1) auf einzelnes Leben,
2) auf Ueberlebung,
3) auf verbundenes Leben.

Bei der Versicherung auf einzelnes Leben muß die Versicherungsanstalt Demjenigen, zu dessen Gunsten versichert wird, oder dem rechtmäßigen Stellvertreter desselben, d. h. dem rechtmäßigen Besitzer des schriftlichen Versicherungsvertrags, der sogenannten Police, das Versicherungskapital auszahlen, wenn Derjenige, welcher versichern läßt, innerhalb der bestimmten Zeit mit Tode abgeht.

Die Versicherung auf Ueberlebung unterscheidet sich dadurch von derjenigen auf einzelnes Leben, daß nicht, wie bei dieser, ein Anderer als Derjenige, zu dessen Gunsten versichert wird, (z. B. als Erbe) das versicherte Kapital erhält, wenn dieser früher, als Derjenige, welcher versichern läßt, mit Tode abgeht; wonach, wenn

Letzteres stattfindet, die Versicherungsanstalt die Prämie gewinnt. Also *A* versichert zu Gunsten des *B*, und wenn Letzterer innerhalb der vertraggemäßen Versicherungsfrist vor dem *A* mit Tode abgeht, so braucht die Versicherungsanstalt das Versicherungskapital nicht auszuzahlen, und die zum Voraus vom Versicherten entrichtete Prämie ist dann gewonnen.

Die Versicherung auf verbundenes Leben besteht in einer wechselweisen Versicherung zweier Personen, z. B. zwischen Mann und Frau; sie zahlen gemeinschaftlich die Prämie, und die Versicherungsanstalt hat der Frau das versicherte Kapital auszuzahlen, wenn der Mann mit Tode abgeht, oder diesem, wenn jene stirbt.

In Betreff der Zeit, für welche der Vertrag gültig ist, kann derselbe von zweierlei Art sein; es kann versichert werden auf eine bestimmte Anzahl von Jahren und lebenslänglich.

Derjenige, welcher sein Leben versichern lassen will, wird begreiflicherweise nur in dem Falle von der Versicherungsanstalt angenommen, wenn er sich in gutem Gesundheitszustande befindet. Die Versicherungsanstalt läßt zu dem Ende eine ärztliche Untersuchung anstellen, und nach Befund derselben geht sie auf den Vertrag ein oder nicht. Wird nun z. B. der Versicherungsvertrag auf ein Jahr geschlossen, so hat sie, wie man zu sagen pflegt, die Prämie verdient, wenn der, welcher versichern ließ, nach Ablauf des Versicherungsjahres noch am Leben ist; der Vertrag ist alsdann abgelaufen, und die Versicherungsanstalt ist nicht gezwungen, sich auf weitere Versicherungen einzulassen, wenn unterdessen der Versicherte kränklich geworden und zu erwarten steht, daß er nicht mehr lange leben werde. Hierauf kann sich Derjenige, welcher versichert werden will, vorsehen; er kann sich nämlich auf mehrere Jahre, z. B. auf fünf Jahre gegen jährliche Erstattung der einem solchen Vertrage angemessenen Prämie versichern lassen. In diesem Falle darf die Versicherungsanstalt, wenn der Versicherte das fünfte Versicherungsjahr erlebt hat, erst nach Ablauf dieser Zeit zum Behufe der weitern Versicherung, wenn sie begehrt wird, die ärztliche Untersuchung anstellen lassen. Auch kann man auf die übrige Dauer seines Lebens, also lebenslänglich mit der Versicherungsanstalt contrahiren; alsdann findet die ärztliche Untersuchung nur einmal, nämlich bei der Anmeldung zur Versicherung statt.

Es liegt übrigens in der Natur der Sache, daß die Police ungültig wird, wenn der Versicherte auf der See verunglückt (ausgenommen in dem Falle, wenn gegen Seegefahr versichert wurde) oder sich in Kriegsdienste zu Lande oder zur See begibt (ausgenommen wenn eine erhöhte Prämie in Gemäßheit dessen bezahlt worden wäre), ferner wenn er sich umbringt, oder durch die Hand der Gerechtigkeit stirbt. Sowohl in Beziehung auf letztere Todesfälle als auch in Betreff der Duelle können indessen unter gewissen Einschränkungen Ausnahmen stattfinden, welche im §. 164 zur Sprache kommen.

Seit dem Jahre 1841 versichert die Medical, Invalid and general Life Assurance Society in London auch kranke oder nicht vollkommen gesunde Personen. Es wird in dem Prospectus derselben behauptet, daß sie sich durch gründliche, eine lange Reihe von Jahren hindurch mit Eifer fortgesetzte Beobachtungen über Häufigkeit und Tödtlichkeit der einzelnen Krankheiten in den Stand gesetzt habe, ein richtiges Urtheil über den Risiko der Versicherung kranker Leben zu fällen und daß sie zu der Ueberzeugung gelangt sei, daß nicht nur kranke Leben mit eben der Sicherheit versichert werden könnten, wie gesunde, sondern daß selbst bei Jenen die Schwankungen in der Sterblichkeit geringer seien, als bei Diesen. Diese Versicherungsanstalt hat aber für Kranke keinen Tarif aufgestellt, weil die Prämien sich nach der größern oder geringern Ausbildung der Krankheit ändern, und es wird daher für jeden besondern Fall nach eingereichter Deklaration des zu Versichernden über seinen Krankheitszustand und nach erfolgtem Gutachten des Bezirksarztes der Gesellschaft die Prämie bestimmt. *).

*) Seit einigen Jahren besteht auch in London eine Assecuranzgesellschaft, welche Versicherungen gegen jede Art von Unfällen annimmt, die den Reisenden auf Eisenbahnen widerfahren können. (Die Railway Passengers Assurance-Company.) Es können sich Personen bei derselben entweder für eine längere Periode oder für eine einzelne Fahrt versichern lassen. Im ersteren Falle beträgt die jährliche Prämie für eine Versicherung auf 1000 Liv. Sterl. 20 Schilling, und auf 200 Liv. Sterl. 5 Schilling, wobei der Versicherte auf jeder beliebigen Bahn und in beliebiger Wagenklasse fahren kann. Im letzteren Falle erlegt der Reisende ohne Unterschied der Entfernung, welche er zurücklegen will, neben der gewöhnlichen Fahrtaxe in der ersten Klasse 3, in der zweiten Klasse 2 Pence, in der dritten Klasse 1 Penny (beziehungsweise 9, 6, und 3 Kr.) und erhält dagegen eine Police, die ihn, wenn er auf der betreffenden Fahrt einen Unfall erleidet, zu einem Anspruch auf Entschädigung an die Gesellschaft berechtigt. Kommt der versicherte Reisende auf der Fahrt um's Leben, so zahlt die Gesellschaft je nach der Klasse, in welcher die Versicherung erfolgte, beziehungsweise 1000, 500 und 200 Liv. Sterl. an dessen Erben aus. Wird der Reisende auf der Fahrt bloß verletzt, so empfängt er eine zur Bedeutung der Verletzung im Verhältniß stehende Vergütung. Im ersten Jahre ihres Bestehens hat die Versicherungsgesellschaft an Prämien 3508 Liv. Sterl. eingenommen; es hatten sich 110074 Reisende, 24788 erster, 41575 zweiter und 43771 dritter Klasse versichern lassen. Von dieser Personenzahl hatten 37 Reisende mehr oder weniger erhebliche Unfälle erlitten

§. 151. Lebensversicherungsanstalten können durch den Zusammentritt von Personen, welche sich gegenseitig versichern wollen, entstehen, oder auch auf Aktien errichtet werden.

Es liegt in der Natur der Sache, daß im ersten Falle nur die auf Lebenszeit Versicherten wirkliche Mitglieder und Miteigenthümer der Anstalt sind, und also Diejenigen nicht, welche temporär, d. h. nur auf eine gewisse Anzahl von Jahren versichert sind. Die lebenslänglich Versicherten leisten sich nicht nur unter einander, sondern auch den temporär Versicherten für die Erfüllung der von der Anstalt übernommenen Verbindlichkeiten Gewähr. Wie für alle übrigen Lebensversicherungsarten, so werden auch für die temporären Versicherungen die Prämien gewöhnlich so berechnet, daß sie wahrscheinlichen Ueberschuß gewähren, d. h. daß die Einnahme größer wie die Ausgabe ist, und dieser Gewinn kommt den Theilhabern der Anstalt als Aequivalent für die übernommene Garantie zu.

Für die Erfüllung der von der Versicherungsanstalt übernommenen Verbindlichkeit haftet, wenn sie auf Aktien errichtet worden ist, das Aktienkapital, von welchem indessen nur ein gewisser Theil baar eingezahlt wird.

Die Versicherungsanstalt kann endlich auch auf dem Grundsatz

---

und dafür Entschädignngen von 210,42, 35 und 31 Liv. Sterl. und darunter erhalten. Nach dem Bericht über die im Jahre 1851 abgehaltene Generalversammlung der Aktionäre der Gesellschaft haben in der zweiten Hälfte vom Jahre 1850 2320 Versicherungen auf längere Dauer stattgefunden, während die Einzel-Versicherungen betragen haben: in der ersten Klasse 14008, in der zweiten 30040 und in der dritten 40236, zusammen 84276. Die Einnahme der Gesellschaft war in dem genannten Semester 2531 Liv. Sterl. Dagegen haben die geleisteten Entschädigungen nicht viel weniger betragen, und es beliefen sich die Gesammtauslagen auf 2261 Liv. Sterl. Es liegt in der Natur einer solchen Anstalt, daß sie erst dann für das Allgemeine wie für die Unternehmer nutzbringend wird, wenn die Theilnahme sehr bedeutend ist. In Deutschland, wo Unfälle auf Eisenbahnen seltener vorkommen, und das Vertrauen in die Sicherheit dieses Verkehrsmittels größer ist, als in England, wäre der Erfolg einer ähnlichen Anstalt noch viel ungewisser.

Während des letzten Semesters des Jahres 1851 fuhren auf sämmtlichen englischen Eisenbahnen 47509392 Personen. Es blieben in dieser Frist auf den verschiedenen Linien 112 Personen todt und 264 wurden verwundet. Von diesen wurden 8 Reisende getödtet und 213 verwundet ohne ihre Schuld. Es wurden 9 Reisende getödtet und 14 verwundet durch Unvorsichtigkeit; 30 Angestellte wurden getödtet und 17 verwundet ohne ihr Verschulden; 32 Angestellte wurden getödtet und 11 verwundet durch eigene Schuld; 33 Personen blieben todt und 9 wurden verwundet, indem sie über die Bahnen gingen und von Zügen erreicht wurden.

eines gemischten Aktienunternehmens beruhen, in welchem Falle den Versicherten ein zum Voraus bestimmter Theil des von Zeit zu Zeit zu ermittelnden Gewinns der Anstalt zufließt, und zwar in der Art, daß die jährlich zu zahlende Prämie vermindert, oder die versicherte Summe erhöht wird.

Die Lebensversicherungsanstalten beschränken sich entweder, als solche, auf Lebensversicherungen, oder sie gewähren auch Leibrenten.

Prämienberechnung für Versicherung auf einzelnes Leben für ein Jahr.

§. 152. Nehmen wir, in Beziehung auf die Versicherung auf einzelnes Leben für ein Jahr an, daß Derjenige, welcher sich auf diese Art versichern lassen will, 40 Jahre alt sei; der Vertrag besteht alsdann, wie im Vorhergehenden erklärt worden, darin, daß, wenn jene 40-jährige Person binnen Jahresfrist stirbt, die Versicherungsanstalt einer genannten Person oder ihren Erben das Versicherungskapital auszuzahlen hat; dieses Kapital betrage 100 fl., und es soll die den Versicherungsbedingungen entsprechende Prämie berechnet werden.

Nach der Sterblichkeitstabelle der Equitable-Gesellschaft (Tab. III.), sind von 5117 40-jährigen Personen nach Ablauf eines Jahres noch 5055 Personen am Leben; es finden also 62 Todesfälle statt; nehmen wir nun an, daß sich 5117 40-jährige Personen versichern lassen, so wird die Versicherungsanstalt im Laufe des Versicherungsjahres nach obiger Annahme 62 × 100 fl., d. i. 6200 fl. auszuzahlen haben. Damit nun die Ausgabe durch die Einnahme gedeckt werde, so haben die versicherten 5117 Personen diese Summe aufzubringen; was demnach eine Person zu zahlen hat, ergibt sich aus der Proportion:

$$5117 : 6200 = 1 : x = 1\,\frac{1083}{5117}.$$

Anderes Verfahren. Die Wahrscheinlichkeit, daß der Versicherte binnen Jahresfrist noch am Leben sein werde, ist nach der Tabelle der Equitable-Gesellschaft $= \frac{5055}{5117}$; die Wahrscheinlichkeit, daß er binnen Jahresfrist nicht mehr am Leben sein werde, ist $1 - \frac{5055}{5117} = \frac{62}{5117}$; dafür, daß die Versicherungsanstalt sich verbindlich macht, in diesem Falle 100 fl. zu zahlen, kann sie sich also $\frac{62}{5117} \times 100$ fl. $= 1\,\frac{1083}{5117}$ fl., in Uebereinstimmung mit dem Resultat der ersten Berechnung, geben lassen (§. 110). Dieses Resultat bedarf aber noch einer Berichtigung. Die Prämie wird nämlich zum Voraus entrichtet, und es muß daher die von der Versicherungsanstalt zu zahlende Summe auf den Tag der Einzahlung der Prämie discontirt werden. Obgleich sich nun die Sterbfälle auf das ganze Jahr vertheilen, so wird doch hierbei angenommen, daß sämmtliche Todesfälle, und also die Auszahlungen der versicherten Summen zu Ende des Versicherungsjahres stattfinden. Ist nun der von der Versicherungsanstalt angenommene Discontofuß = 3 Procent, so ist die zu zahlende Versicherungssumme im Betrage von 6200 fl. auf $6200 \times \frac{100}{103}$ anzuschlagen, und die Prämie ist daher =

$$\frac{6200 \times 100}{5117 \times 103} = 1 \text{ fl. } 20 \text{ Kr. } 2 \text{ Pf.}$$

Obige Berechnung gibt den Betrag der sogenannten natürlichen Prämie, d. h. derjenigen Prämie, bei welcher die auf Gewinn arbeitenden Versicherungsanstalten, abgesehen von den Verwaltungskosten, weder gewinnen noch verlieren können, wenn die wirklichen Todesfälle mit dem Ergebniß der Sterblichkeitstabelle, nach welcher die Prämie berechnet worden ist, genau übereinstimmt. Das was sich die auf Gewinn arbeitenden Versicherungsanstalten mehr als die den Versicherungsbedingungen entsprechende natürliche Prämie zahlen lassen, ist der Gewinnstzuschlag.

Prämienberechnung für Versicherung einzelner Leben für mehrere Jahre.

§. 153. Der Vertrag für die Versicherung auf einzelnes Leben für mehrere Jahre unterscheidet sich, wie im Vorhergehenden erklärt worden, dadurch von denjenigen für Versicherung auf einzelnes Leben für ein Jahr, daß zum Behufe der weitern Versicherung, wenn der Vertrag abgelaufen ist, die Versicherungsanstalt den Gesundheitszustand des zu Versichernden nicht, wie bei diesem, nach Ablauf jedes Versicherungsjahres, sondern erst nach Ablauf der in der Police bestimmten Anzahl Jahre, wenn weitere Versicherung begehrt wird, untersuchen zu lassen berechtigt ist.

Da die Sterblichkeit mit dem zunehmenden Alter größer wird, so würde, wenn die Prämie von Jahr zu Jahr entrichtet wird, der Versicherte jedes Jahr eine höhere Prämie zahlen müssen; statt dessen setzen die Versicherungsanstalten eine der in dem Vertrage bestimmten Anzahl Jahre entsprechende Durchschnittsprämie fest, die also im Anfang höher, und in den letzten Jahren niedriger ist, als wenn der Versicherte nur von Jahr zu Jahr versichern ließe.

Nehmen wir an, daß eine 40=jährige Person sich auf die genannte Art für 5 Jahre versichern lasse; die Summe, welche nach ihrem Tode einer genannten Person, oder, wenn diese verstorben, dem rechtmäßigen Besitzer der Police ausgezahlt werden soll, betrage 100 fl.; man soll bestimmen, wie viel der Versicherte jährlich zu zahlen habe, wenn die jährlichen Prämien gleich sein sollen.

Die Sterblichkeitstabelle der Equitable=Gesellschaft gibt Lebende

für das	40te	Jahr	5117
„ „	41te	„	5055
„ „	42te	„	4993
„ „	43te	„	4931
„ „	44te	„	4869
„ „	45te	„	4806;
im	1ten	„	62 Tode
„	2ten	„	62 „
„	3ten	„	62 „
„	4ten	„	62 „
„	5ten	„	63 „

Der Sterblichkeitstabelle zufolge würde die Versicherungsanstalt zu zahlen haben

nach dem 1ten Jahre $62 \times 100 = 6200$ fl.
„ „ 2ten „ $62 \times 100 = 6200$ fl.
„ „ 3ten „ $62 \times 100 = 6200$ fl.
„ „ 4ten „ $62 \times 100 = 6200$ fl.
„ „ 5ten „ $63 \times 100 = 6300$ fl.

Soll nun die Prämie x, welche zu Anfang des ersten Versicherungsjahres entrichtet wird, für die folgenden Jahre beibehalten werden, so ist die Einnahme

im Anfang des 1ten Jahres $5117\,x$
nach dem 1ten Jahre $5055\,x$
„ „ 2ten „ $4993\,x$
„ „ 3ten „ $4931\,x$
„ „ 4ten „ $4869\,x$

Da die Ausgabe durch die Einnahme gedeckt werden muß, so müssen die gegenwärtigen Werthe der jährlichen Ausgaben und Einnahmen für die betreffende Zeit in Anschlag gebracht werden.

Für den Zinsfuß 3 ist die Berechnung wie folgt:

Ausgabe nach dem 1ten Jahre $6200\left(\frac{100}{103}\right) =$ fl. 6019. 25 kr.

„ „ „ 2ten „ $6200\left(\frac{100}{103}\right)^2 =$ fl. 5844. 05 „

Ausgabe nach dem 3ten Jahre $6200\left(\frac{100}{103}\right)^3$ = fl. 5673. 52 kr.

" " " 4ten " $6200\left(\frac{100}{103}\right)^4$ = " 5508. 37 "

" " " 5ten " $6300\left(\frac{100}{103}\right)^5$ = " 5434. 25 "

Gesammtausgabe . . . fl. 28480. 24 kr.

Einnahme im Anfang . . . . fl. 5117 x

" nach dem 1ten Jahre $5055\,x\left(\frac{100}{103}\right)$ = " $4907\frac{46}{60}\,x$

" " " 2ten " $4993\,x\left(\frac{100}{103}\right)^2$ = " $4706\frac{22}{60}\,x$.

" " " 3ten " $4931\,x\left(\frac{100}{103}\right)^3$ = " $4512\frac{33}{60}\,x$

" " " 4ten " $4869\,x\left(\frac{100}{103}\right)^4$ = " $4326\frac{2}{60}\,x$

Gesammteinnahme . . . fl. $23569\frac{43}{60}\,x$

Aus $23569\frac{43}{60}\,x = 28480\frac{24}{60}$ folgt $x = \frac{28480^{24}/_{60}}{23569^{43}/_{60}}$ = fl. 1. 12 kr.

Wird für jedes Versicherungsjahr eine dem Sterblichkeitsverhältniß entsprechende Prämie angesetzt, so ist sie

für das 1te Jahr $= \frac{6200}{5117} \times \frac{100}{103}$ = fl. 1. 10 kr.

" " 2te " $= \frac{6200}{5055} \times \frac{100}{103}$ = fl. 1. 10 kr.

" " 3te " $= \frac{6200}{4993} \times \frac{100}{103}$ = fl. 1. 12 kr.

" " 4te " $= \frac{6200}{4931} \times \frac{100}{103}$ = fl. 1. 13 kr.

" " 5te " $= \frac{6300}{4869} \times \frac{100}{103}$ = fl. 1. 15 kr.

Auch für obige Prämienberechnungen wurde angenommen, daß sämmtliche Auszahlungen für die Sterbfälle am Ende des Versicherungsjahres stattfinden, obgleich die Sterbfälle sich auf das ganze Jahr vertheilen; da aber selbst für einjährige Perioden die Sterblichkeitstabellen keineswegs ganz zuverlässig sind, so wäre es überflüssig, kürzere Perioden, etwa vierteljährliche Auszahlungen anzunehmen und demgemäß die gegenwärtigen Werthe zu berechnen.

Prämienberechnung für lebenslängliche Versicherung auf einzelnes Leben.

§. 154. Die Berechnung der Prämie für lebenslängliche Versicherung auf einzelnes Leben ist von der vorigen nicht verschieden. Statt einer aus mehreren Jahren bestehenden Periode hat man bei der lebenslänglichen Versicherung eine Reihe von Jahren anzunehmen, welche sich erst mit dem höchsten Altér schließt.

Bezeichnet überhaupt a die Anzahl der Lebenden von dem gegebenen Alter einer Person, a_1, a_2, a_3 u. s. w. beziehlich die Anzahl der Lebenden von dem um 1, 2, 3 u. s. w. Jahre höhern Alter, so wird die Zahl der in jedem Jahre verstorbenen Personen durch $a - a_1$, $a_1 - a_2$, $a_2 - a_3$ u. s. w. ausgedrückt; bezeichnet ferner p den Zinsfuß, so sind, wenn die Durchschnittsprämie x für lebenslängliche Versicherung und für das Versicherungskapital v berechnet werden soll, die gegenwärtigen Werthe der Auszahlungen:

$$v \times \frac{a - a_1}{1 + p},\ v \times \frac{a_1 - a_2}{(1 + p)^2},\ v \times \frac{a_2 - a_3}{(1 + p)^3} \text{ u. s. w.}$$

Die Einnahmen sind dagegen:

$$ax,\ \frac{a_1 x}{1+p},\ \frac{a_2 x}{(1 + p)^2},\ \frac{a_3 x}{(1 + p)^3} \text{ u. s. w.}$$

Da die Ausgabe durch die Einnahme gedeckt werden muß, so ist:

$$x\left(a + \frac{a_1}{1+p} + \frac{a_2}{(1 + p)^2} + \ldots .\right) = v\left(\frac{a - a_1}{1 + p} + \frac{a_1 - a_2}{(1 + p)^2} + \ldots .\right)$$

$$\text{und } x = \frac{v\left(\frac{a - a_1}{1 + p} + \frac{a_1 - a_2}{(1 + p)^2} + \ldots .\right)}{a + \frac{a_1}{1+p} + \frac{a_2}{(1 + p)^2} + \ldots .}$$

Zu dieser Formel gelangt man auch auf folgende Art. Bezeichnet, wie vorher, a die dem Alter des Versicherten entsprechende Anzahl der Lebenden, und beziehlich a_1, a_2, a_3 u. s. w. die Anzahl der Lebenden von einem um 1, 2, 3 u. s. w. Jahre höhern Alter, so ist die Wahrscheinlichkeit, daß der Versicherte zu Ende des 1ten Jahres noch lebt $= \frac{a_1}{a}$, und die Wahrscheinlichkeit, daß er nicht lebt $= 1 - \frac{a_1}{a} = \frac{a - a_1}{a}$. Der Werth der versicherten Summe v kann also in Beziehung auf das erste Jahr, und wenn der Zinsfuß durch

p bezeichnet wird, auf $\frac{a - a_1}{a} \times \frac{v}{1+p}$ angeschlagen werden (§. 110). Die Wahrscheinlichkeit, daß der Versicherte, nachdem er das 1te Jahr erlebt hat, am Ende des 2ten Jahres nochlebt, ist $\frac{a_2}{a}$, und die Wahrscheinlichkeit, daß er stirbt $= 1 - \frac{a_2}{a_1} = \frac{a_1 - a_2}{a_1}$; weil aber der Sterbfall von dem Fortleben des Versicherten während des 1ten Jahres abhängt, wofür die Wahrscheinlichkeit $\frac{a_1}{a}$ ist, so besteht die Wahrscheinlichkeit, daß der Versicherte innerhalb des 2ten Jahres stirbt, aus dem Produkt der Wahrscheinlichkeiten $\frac{a_1 - a_2}{a_1}$ und $\frac{a_1}{a}$ (§. 108) und sie ist daher $= \frac{a_1 - a_2}{a_1} \times \frac{a_1}{a} = \frac{a_1 - a_2}{a}$. Der Werth des Versicherungskapitals v kann mithin in Beziehung auf das 2te Jahr angeschlagen werden auf $\frac{a_1 - a_2}{a} \times \frac{v}{(1+p)^2}$. In gleicher Weise sind die dem 3ten, 4ten u. s. w. Jahre entsprechenden Werthe beziehlich

$$\frac{a_2 - a_3}{a} \times \frac{v}{(1+p)^3}, \quad \frac{a_3 - a_4}{a} \times \frac{v}{(1+p)^4} \text{ u. s. w.}$$

Der gegenwärtige Werth W des Versicherungskapitals v ist demnach

$$\frac{a - a_1}{a} \times \frac{v}{1+p} + \frac{a_1 - a_2}{a} + \frac{v}{(1+p)^2} + \frac{a_2 - a_3}{a} \times \frac{v}{(1+p)^3}$$
u. s. w.

$$\text{Oder } \frac{v}{a}\left(\frac{a - a_1}{1+p} + \frac{a_1 - a_2}{(1+p)^2} + \frac{a_2 - a_3}{(1+p)^3} + \ldots\right)$$

Soll der gegenwärtige Werth W des Versicherungskapitals v in jährlichen und gleichen Prämien erstattet werden, so hat man, wenn man sich die Prämie x in Beziehung auf den Empfänger (die Versicherungsanstalt) als eine Leibrente denkt, die Summe folgender Werthe dafür in Anschlag zu bringen:

$$\frac{x}{a}\left(\frac{a_1}{1+p} + \frac{a_2}{(1+p)^2} + \frac{a_3}{(1+p)^3} + \ldots\ldots\right) \text{(§. 135).}$$

Weil aber auch im Anfang des ersten Versicherungsjahres die Prämie x entrichtet wird, so ist

$$x + \frac{x}{a}\left(\frac{a_1}{1+p} + \frac{a_2}{(1+p^2)} + \frac{a_3}{(1+p)^3} + \ldots\ldots\right) = W.$$

Setzt man für W seinen Werth, so ist

$$x + \frac{x}{a}\left(\frac{a_1}{1+p} + \frac{a_2}{(1+p)^2} + \frac{a_3}{(1+p)^3} + \ldots\ldots\right) = \frac{v}{a}\left(\frac{a-a_1}{1+p} + \frac{a_1-a_2}{(1+p)^2} + \frac{a_2-a_3}{(1+p)^3} + \ldots\ldots\right)$$

$$\text{und } x = \frac{v\left(\frac{a-a_1}{1+p} + \frac{a_1-a_2}{(1+p)^2} + \frac{a_2-a_3}{(1+p)^3} + \ldots\ldots\right)}{a + \frac{a_1}{1+p} + \frac{a_2}{(1+p)^2} + \frac{a_3}{(1+p)^3} + \ldots\ldots}$$

in Uebereinstimmung mit der früher hergeleiteten Formel.

Ist z. B. der Versicherte 89 Jahre alt (damit die Berechnung nicht zu weitläufig werde), so ist nach der Sterblichkeitstabelle von Deparcieux
$a = 16$, $a_1 = 11$, $a_2 = 7$, $a_3 = 4$, $a_4 = 2$, $a_5 = 1$, $a_6 = 0$
$a - a_1 = 5$, $a_1 - a_2 = 4$, $a_2 - a_3 = 3$, $a_3 - a_4 = 2$, $a_4 - a_5 = 1$, $a_5 - a_6 = 1$; für $v = 100$ und $p = \frac{3}{100}$ ist

$$W = \frac{100}{16}\left[5\left(\frac{100}{103}\right) + 4\left(\frac{100}{103}\right)^2 + 3\left(\frac{100}{103}\right)^3 + 2\left(\frac{100}{103}\right)^4 + 1\left(\frac{100}{103}\right)^5 + 1\left(\frac{100}{103}\right)^6\right] = 92{,}77.$$

Zur Verwandlung des gefundenen Werths in eine Leibrente hat man

$$92{,}77 = x + \frac{x}{16}\left[11\left(\frac{100}{103}\right) + 7\left(\frac{100}{103}\right)^2 + 4\left(\frac{100}{103}\right)^3 + 2\left(\frac{100}{103}\right)^4 + 1\left(\frac{100}{103}\right)^5\right] = x + \frac{x}{16} \times 23{,}58; \text{ daher } x = \frac{16 \times 92{,}77}{16 + 23{,}58} = 37{,}5.$$

Dem Versicherungskapital 100 entspricht also für das gegebene Alter die jährliche Prämie 37,5.

Wird dagegen von Jahr zu Jahr versichert, so ist in Beziehung auf obiges Beispiel die Berechnung der Prämie wie folgt:
Erstes Jahr. Einnahme $= 16\,x$, Ausg. $= 5 \times 100$; daher $x =$

$$\frac{5 \times 100\left(\frac{100}{103}\right)}{16} = 30{,}33$$

Zweites Jahr. Einnahme $= 11\,x$, Ausg. $= 4 \times 100$; daher $x =$

$$\frac{4 \times 100\left(\frac{100}{103}\right)}{11} = 35{,}3.$$

Drittes Jahr. Einnahme 7 x, Ausg. = 3 × 100; daher $x =$

$$\frac{3 \times 100\left(\frac{100}{103}\right)}{7} = 41{,}6.$$

Viertes Jahr. Einnahme = 4 x, Ausg. = 2 × 100; daher $x =$

$$\frac{2 \times 100\left(\frac{100}{103}\right)}{4} = 48{,}54.$$

Fünftes Jahr. Einnahme = 2 x, Ausg. = 100; daher $x =$

$$\frac{100\left(\frac{100}{103}\right)}{2} = 48{,}54.$$

Letztes Jahr. Einnahme = x, Ausg. = 100; daher $x = 100\left(\frac{100}{103}\right)$
$= 97{,}08.$

§. 155. Hat die Versicherungskasse den speziellen Zweck, die Betheiligten in Stand zu setzen, durch verhältnißmäßig kleine jährliche Beiträge für den Fall ihres Todes ihren Angehörigen eine Summe Geldes zur Bestreitung der Beerdigungskosten zuzusichern, so ist sie eine Sterbkasse.

Prämienberechnung für Versicherung auf Ueberlebung.

§. 156. Wenn z. B. eine 40-jährige Person zu Gunsten einer 30-jährigen Person auf Ueberlebung versichern läßt, so besteht, wie im Vorhergehenden erklärt worden, der Versicherungsvertrag darin, daß wenn jene binnen der festgesetzten Frist stirbt, dieser das Versicherungskapital von der Anstalt ausgezahlt werden muß; daß hingegen die Anstalt die Prämie gewinnt, wenn Derjenige, welcher versichern läßt, Denjenigen überlebt, zu dessen Gunsten versichert worden ist. Bei der Berechnung der einem solchen Vertrage entsprechenden Prämie hat man demnach das Alter der beiden Personen zu berücksichtigen.

Bezeichnet man die Person, welche versichern läßt durch A, und diejenige, zu deren Gunsten versichert wird, durch B, so hat man zur Bestimmung der dem Vertrage entsprechenden Prämie die Wahrscheinlichkeit zu berechnen, daß A früher stirbt als B.

Der A kann innerhalb eines angenommenen Zeitraums in folgenden Fällen früher als B mit Tod abgehen: 1) A stirbt in diesem Zeitraume und B bleibt am Leben; 2) beide Personen sterben, aber A zuerst.

Bezeichnet wieder a die Anzahl der Lebenden vom Alter der Person A, a_1, a_2, a_3 u. s. w. beziehlich die Anzahl der Lebenden von dem um 1, 2, 3 u. s. w. Jahren höhern Alter; ferner b die Anzahl der Lebenden vom Alter der Person B, und b_1, b_2, b_3 u. s. w. beziehlich die Anzahl der Lebenden von dem um 1, 2, 3 u. s. w. Jahren höhern Alter, so ist die Wahrscheinlichkeit für den ersten Fall, nämlich daß A stirbt und B am Leben bleibt $= \left(1 - \frac{a_1}{a}\right)\frac{b_1}{b}$; denn $\frac{a_1}{a}$ ist die Wahrscheinlichkeit, daß A binnen Jahresfrist noch leben, und mithin $1 - \frac{a_1}{a}$ die Wahrscheinlichkeit, daß er binnen dieser Zeit sterben werde; ferner ist $\frac{b_1}{b}$ die Wahrscheinlichkeit, daß B binnen Jahresfrist noch leben werde, und mithin besteht die für den ersten Fall gesuchte Wahrscheinlichkeit aus einem Produkt, dessen Faktoren $1 - \frac{a_1}{a}$ und $\frac{b_1}{b}$ sind.

Für den zweiten Fall, nämlich, daß beide Personen binnen Jahresfrist sterben, aber A zuerst, ist die Wahrscheinlichkeit, vorausgesetzt, daß beide Personen von gleichem Alter sind, $= \left(1 - \frac{a_1}{a}\right)\left(1 - \frac{b_1}{b}\right) \times \frac{1}{2}$. Denn ist A so alt wie B, so kann es sich eben sowohl ereignen, daß A früher wie B, als daß B früher wie A stirbt; die Wahrscheinlichkeit des fraglichen Ereignisses ist folglich $= \frac{1}{2}$, und muß nun noch mit der Wahrscheinlichkeit, daß beide Personen binnen Jahresfrist sterben, nämlich mit $\left(1 - \frac{a_1}{a}\right)\left(1 - \frac{b_1}{b}\right) = \left(\frac{a - a_1}{a}\right)\left(\frac{b - b_1}{b}\right)$ multiplicirt werden.

Sind beide Personen aber nicht von gleichem Alter, ist z. B. A älter wie B, so ist die Wahrscheinlichkeit, daß A früher stirbt, größer als $1/2$, und ist A jünger als B, so ist die Wahrscheinlichkeit, daß A früher stirbt, kleiner als $1/2$. Weil $\frac{a - a_1}{a}$ und $\frac{b - b_1}{b}$ die Wahrscheinlichkeiten ausdrücken, daß A und B binnen Jahresfrist sterben werden, so wird die relative Wahrscheinlichkeit (§. 108), daß A früher als B sterben werde, ausgedrückt durch

$$\frac{\frac{a - a_1}{a}}{\frac{a - a_1}{a} + \frac{b - b_1}{b}}$$

Die Wahrscheinlichkeit, daß A und B binnen Jahresfrist sterben werden, aber A zuerst, wird also ausgedrückt durch

$$\left(\frac{a-a_1}{a}\right)\left(\frac{b-b_1}{b}\right)\times\frac{\frac{a-a_1}{a}}{\frac{a-a_1}{a}+\frac{b-b_1}{b}}=\left(\frac{a-a_1}{a}\right)\left(\frac{b-b_1}{b}\right)\times\frac{1}{1+\frac{a(b-b_1)}{b(a-a_1)}}$$

Die Wahrscheinlichkeit, daß binnen Jahresfrist A früher stirbt, als B, besteht demnach aus der Summe der den beiden Fällen entsprechenden Wahrscheinlichkeiten, und ist

$$\left(\frac{a-a_1}{a}\right)\frac{b_1}{b}+\left(\frac{a-a_1}{a}\right)\left(\frac{b-b_1}{b}\right)\times\frac{1}{1+\frac{a(b-b_1)}{b(a-a_1)}}$$

Wir wollen nun an die Bestimmung der Wahrscheinlichkeit gehen, daß A im 2ten, 3ten u. s. w. Jahre früher als B sterben werde.

Zu Ende des 1ten Jahres ist die Wahrscheinlichkeit, daß A am Ende des 2ten Jahres noch leben werde $=\frac{a_2}{a_1}$; die Wahrscheinlichkeit, daß er innerhalb des 2ten Jahres sterben werde, ist demnach $1-\frac{a_2}{a_1}$; dieses Ereigniß hängt aber von dem Fortleben des A während des 1ten Jahres ab, und weil die Wahrscheinlichkeit dafür $=\frac{a_1}{a}$ ist, so ist die Wahrscheinlichkeit, daß A innerhalb des 2ten Jahres sterben werde $=\left(1-\frac{a_2}{a_1}\right)\frac{a_1}{a}=\frac{a_1-a_2}{a}$.

Die Wahrscheinlichkeit, daß innerhalb des 2ten Jahres A sterben und B am Leben bleiben werde, ist mithin $\left(\frac{a_1-a_2}{a}\right)\frac{b_2}{b}$, und die Wahrscheinlichkeit, daß beide Personen sterben, aber A zuerst, ist:

$\left(\frac{a_1-a_2}{a}\right)\left(\frac{b_1-b_2}{b}\right)\times\frac{1}{1+\frac{a(b_1-b_2)}{b(a_1-a_2)}}$, und die Wahrscheinlichkeit für beide Ereignisse ist $\left(\frac{a_1-a_2}{a}\right)\frac{b_2}{b}+\left(\frac{a_1-a_2}{a}\right)\left(\frac{b_1-b_2}{b}\right)\times$

$\frac{1}{1+\frac{a(b_1-b_2)}{b(a_1-a_2)}}$; ebenso ist die Wahrscheinlichkeit für das 3te Jahr

$$\left(\frac{a_2-a_3}{a}\right)\frac{b_3}{b}+\left(\frac{a_2-a_3}{a}\right)\left(\frac{b_2-b_3}{b}\right)\times\frac{1}{1+\frac{a(b_2-b_3)}{b(a_2-a_3)}}\text{ u. s. w.}$$

Wenn man, zur Vereinfachung der Berechnung, statt der Brüche

$$\frac{1}{1+\frac{a(b-b_1)}{b(a-a_1)}},\ \frac{1}{1+\frac{a(b_1-b_2)}{b(a_1-b_2)}}\ \text{rc.}$$

$^1/_2$ setzt, was, im Ganzen genommen, keine allzugroßen Fehler zur Folge hat, weil jene Brüche, wie vorhin bemerkt worden, größer oder kleiner als $^1/_2$ sind, so reduciren sich die gefundenen Wahrscheinlichkeiten auf die folgenden:

für das 1te Jahr $\frac{(a-a_1)(b+b_1)}{2ab}$

" " 2te " $\frac{(a_1-a_2)(b_1+b_2)}{2ab}$

" " 3te " $\frac{(a_2-a_3)(b_2+b_3)}{2ab}$

u. s w.

Bezeichnet p den Zinsfuß und v das Versicherungskapital, so hat, weil die Wahrscheinlichkeit, daß A vor B im Laufe des 1ten Jahres sterben werde, $=\frac{(a-a_1)(b+b_1)}{2ab}$ ist, die Versicherungsanstalt das in diesem Falle zu zahlende Kapital auf

$$\frac{(a-a_1)(b+b_1)}{2ab}\times\frac{v}{1+p}$$

anzuschlagen; eben so

für das 2te Jahr auf $\frac{(a_1-a_2)(b+b_1)}{2ab}+\frac{v}{(1+p)^2}$

" " 3te " " $\frac{(a_2-a_3)(b_2+b_3)}{2ab}\times\frac{v}{(1+p)^3}$

u. s. w.

Der Totalwerth des Versicherungskapitals ist mithin anzuschlagen auf

$$\frac{v}{1+p}\times\frac{(a-a_1)(b+b_1)}{2ab}+\frac{v}{(1+p)^2}\times\frac{(a_1-a_2)(b_1+b_2)}{2ab}$$
$$+\text{ u. s. w.}$$

Zur Anwendung dieser Formel, und damit die Berechnung nicht zu weitläufig werde, soll berechnet werden, wie viel eine 90-jährige Person (A) zu zahlen hat, wenn sich eine Versicherungsanstalt verbindlich macht, nach ihrem Tode einem Andern (B), welcher 89 Jahre alt ist, 1000 fl. auszuzahlen. Stellt man die Berechnung der Wahrscheinlichkeiten nach der Sterblichkeitstabelle von Deparcieux an, so ist

$$a = 11,\ a_1 = 7,\ a_2 = 4,\ a_3 = 2,\ a_4 = 1,\ a_5 = 0,\ b = 16,$$
$$b_1 = 11,\ b_2 = 7,\ b_3 = 4,\ b_4 = 2,\ b_5 = 1,\ b_6 = 0.$$

Die Wahrscheinlichkeit ist demnach:

$$\text{für das 1te Jahr} = \frac{4 \times 27}{352} = 0{,}306$$

$$\text{„ „ 2te „} = \frac{3 \times 18}{352} = 0{,}153$$

$$\text{„ „ 3te „} = \frac{2 \times 11}{352} = 0{,}062$$

$$\text{„ „ 4te „} = \frac{1 \times 6}{352} = 0{,}017$$

$$\text{„ „ 5te „} = \frac{1 \times 3}{352} = 0{,}008.$$

Werden die gegenwärtigen Werthe von fl. 1000 zu 3 Procent berechnet, so ist der Totalwerth:

$$0{,}306 \times 1000 \left(\frac{100}{103}\right) + 0{,}153 \times 1000 \left(\frac{100}{103}\right)^2 + 0{,}062 \times 1000 \left(\frac{100}{103}\right)^3 + 0{,}017 \times 1000 \left(\frac{100}{103}\right)^4 + 0{,}008 \times 1000 \left(\frac{100}{103}\right)^5 = 520.$$

Der Totalwerth des Versicherungskapitals wird indessen gewöhnlich nicht in einer Summe, sondern in jährlichen gleichen Prämien entrichtet, und mithin muß die Summe der gegenwärtigen Werthe derselben dem Totalwerth des Versicherungskapitals gleich sein.

Weil die Prämienzahlungen aufhören, wenn eine der beiden Personen A oder B stirbt, oder so lange dauern, als A und B am Leben bleiben, so hat man zur Berechnung der jährlichen Prämie zuvörderst den Werth einer Rente zu bestimmen, welche auf eine Verbindung von zwei Personen lautet, d. h. so lange ausgezahlt wird, als diese Personen am Leben sind.

In Beziehung auf obige Bezeichnung ist $\frac{a_1}{a}$ die Wahrscheinlichkeit, daß A zu Ende des 1ten Jahres noch am Leben sein werde, und dasselbe gilt von $\frac{b_1}{b}$ in Beziehung auf den B; die Wahrscheinlichkeit, daß beide Personen zu Ende des 1ten Jahres noch am Leben sein werden, ist mithin $\frac{a_1\,b_1}{a\,b}$; ebenso sind beziehlich $\frac{a_2\,b_2}{a\,b}$, $\frac{a_3\,b_3}{a\,b}$ u. s. w. die Wahrscheinlichkeiten, daß A und B zu Anfang des 2ten, 3ten u. s. w. Jahres noch am Leben sein werden. Wird die gesuchte jährliche Prämie, welche wir als eine Rente angesehen haben, durch x bezeichnet, so wird der Totalwerth der jährlichen Prämienzahlungen ausgedrückt durch:

$$x\left(\frac{a_1\,b_1}{a\,b}\times\frac{1}{1+p}+\frac{a_2\,b_2}{a\,b}\times\frac{1}{(1+p)^2}+\frac{a_3\,b_3}{a\,b}\times\frac{1}{(1+p)^3}+\ldots\ldots\right)$$

Dieser Totalwerth, welcher durch $t\,x$ bezeichnet werde, muß dem Totalwerth T des Versicherungskapitals gleich sein; daher $t\,x = T$ und $x = \frac{T}{t}$. Weil aber die Prämie x schon im Anfang des Versicherungsjahrs entrichtet wird, so hat man die Gleichung $x + t\,x = T$ und $x = \frac{T}{1+t}$.

In Beziehung auf obiges Beispiel ist

$$\frac{a_1\,b_1}{ab} = \frac{7\times 11}{11\times 16} = 0{,}437,\ \frac{a_2\,b_2}{a\,b} = \frac{4\times 7}{11\times 6} = 0{,}159,\ \frac{a_3\,b_3}{a\,b} = \frac{2\times 4}{11\times 6} = 0{,}045,\ \frac{a_4\,b_4}{ab} = \frac{1\times 2}{11\times 6} = 0{,}011,\ \frac{a_5\,b_5}{ab} = \frac{0\times 1}{11\times 6} = 0.$$

$$\frac{a_1\,b_1}{ab}\times\frac{1}{1+p} = 0{,}437\left(\frac{100}{103}\right) = 0{,}4242396$$

$$\frac{a_2\,b_2}{ab}\times\frac{1}{(1+p)^2} = 0{,}159\left(\frac{100}{103}\right)^2 = 0{,}1498575$$

$$\frac{a_3\,b_3}{ab}\times\frac{1}{(1+p)^3} = 0{,}045\left(\frac{100}{103}\right)^3 = 0{,}0411095$$

$$\frac{a_4\,b_4}{ab}+\frac{1}{(1+p)^4} = 0{,}011\left(\frac{100}{103}\right)^4 = 0{,}0097724$$

$$t = 0{,}6249790$$

Daher $x = \frac{T}{1+t} = \frac{520}{1{,}624979} = 320.$

Die jährliche Prämie wäre hiernach 320 fl. für das Versicherungskapital 1000 fl., oder 32 fl. für das Versicherungskapital 100 fl.

Prämienberechnung für Versicherung auf verbundenes Leben.

§. 157. Der Vertrag der Versicherung auf verbundenes Leben besteht, wie im Vorhergehenden erklärt worden, darin, daß von zwei Personen, welche sich zusammen versichern lassen, diejenige, welche die andere überlebt, das versicherte Kapital erhalten soll. Zur Bestimmung der einer solchen Versicherung angemessenen Prämie hat man nur die dem gegebenen Alter der Personen entsprechenden Prämienbeträge für Versicherung auf Ueberlebung zu addiren. Z. B. für die Alterszahlen 20 und 30 hat man nachzusehen, wie viel nach den Resultaten der Prämienberechnung für Versicherung auf Ueberlebung eine 20-jährige Person zu Gunsten einer 30-jährigen, und wie viel eine 30-jährige Person zu Gunsten einer 20-jährigen zu zahlen hat; die Summe dieser Werthe ist die gesuchte Prämie der Versicherung für zwei Personen, wovon die eine 20 und die andere 30 Jahre alt ist.

Als praktische Belege in Betreff der Prämienansätze für die bisher in Betrachtung gezogenen Lebensversicherungsarten dienen die nachfolgenden Tarife der Gothaer Lebensversicherungsbank.

Jährliche Prämien

für

eine einfache Versicherung von 100 Thalern.

(Nach Preuß. Courant, den Thaler zu 30 Silbergroschen und den Silbergroschen zu 12 Pfennigen gerechnet.

Alter	Auf Lebenszeit.			Auf 1 Jahr.			Auf 2, 3, 4 oder 5 Jahre.			Auf 6, 7, 8, 9 oder 10 Jahre.		
Jahre.	Thlr.	Sgl.	Spf.	Thlr.	Sgl.	Spf.	Thlr.	Sgl.	Spf.	Thlr.	Sgl.	Spf.
15	1	25	6	—	24	3	—	25	11	—	28	2
16	1	26	11	—	25	2	—	26	9	—	29	2
17	1	28	6	—	26	—	—	27	7	1	—	4
18	2	—	—	—	26	10	—	28	6	1	1	7
19	2	1	4	—	27	7	—	29	7	1	2	10
20	2	2	11	—	28	5	1	—	10	1	4	1
21	2	4	5	—	29	2	1	2	2	1	5	4
22	2	6	—	1	—	9	1	3	9	1	6	8
23	2	7	6	1	2	3	1	5	3	1	7	11
24	2	9	—	1	3	9	1	6	8	1	9	2
25	2	10	8	1	5	4	1	8	—	1	10	4
26	2	12	3	1	6	11	1	9	2	1	11	7
27	2	13	10	1	8	6	1	10	2	1	12	9
28	2	15	6	1	9	4	1	11	1	1	13	10
29	2	17	2	1	10	3	1	12	2	1	14	11
30	2	19	—	1	11	1	1	13	5	1	15	11
31	2	20	11	1	12	1	1	14	8	1	16	11
32	2	22	11	1	13	—	1	16	—	1	17	10
33	2	24	11	1	14	9	1	17	4	1	18	9
34	2	26	11	1	16	5	1	18	4	1	19	5
35	2	29	1	1	17	6	1	19	3	1	20	2
36	3	1	4	1	18	7	1	19	10	1	20	10
37	3	3	8	1	19	7	1	20	4	1	21	8
38	3	6	2	1	20	—	1	20	8	1	22	7
39	3	8	9	1	20	4	1	21	—	1	23	11
40	3	11	7	1	20	8	1	21	6	1	25	7
41	3	14	7	1	21	—	1	22	3	1	27	6
42	3	17	10	1	21	5	1	23	6	1	29	8
43	3	21	3	1	21	9	1	25	3	2	2	3
44	3	24	10	1	23	—	1	27	8	2	5	3
45	3	28	10	1	24	4	2	—	8	2	8	6
46	4	3	—	1	27	5	2	4	2	2	12	1
47	4	7	5	2	—	6	2	7	7	2	15	10
48	4	12	—	2	3	10	2	11	3	2	19	9
49	4	16	11	2	8	2	2	15	—	2	23	9
50	4	22	—	2	11	9	2	18	8	2	28	—
51	4	27	2	2	14	8	2	22	6	3	2	2
52	5	2	11	2	18	8	2	26	9	3	6	9
53	5	9	—	2	22	10	3	1	1	3	11	8
54	5	15	5	2	26	4	3	5	8	3	16	10
55	5	22	3	3	1	—	3	10	7	3	22	6
56	5	29	6	3	6	—	3	15	5	3	28	8
57	6	7	4	3	10	4	3	20	6	4	5	3
58	6	15	9	3	15	10	3	26	4	4	12	6
59	6	24	11	3	21	—	4	2	7	4	20	4
60	7	4	10	3	28	4	4	9	6	4	29	3

Jährliche Prämien

für

eine Ueberlebensversicherung von 100 Thalern,

lautend

auf das Leben einer Person A für den Fall, daß dieselbe von einer andern im Voraus bestimmten Person B überlebt wird.

Alter von A	Alter von B	Prämie Thlr.	Prämie Sgl.	Prämie Pf.
15	15	1	14	3
	20	1	12	11
	25	1	11	9
	30	1	10	5
	35	1	9	4
	40	1	7	11
	45	1	6	8
	50	1	5	7
	55	1	4	2
	60	1	2	11
20	15	1	22	3
	20	1	20	—
	25	1	18	9
	30	1	17	1
	35	1	15	9
	40	1	14	2
	45	1	12	10
	50	1	11	4
	55	1	10	3
	60	1	8	9
	65	1	7	3
25	15	2	1	4
	20	1	29	4
	25	1	26	11
	30	1	25	—
	35	1	23	5
	40	1	21	4
	45	1	19	10
	50	1	18	3
	55	1	16	7
	60	1	15	4
	65	1	13	10
30	15	2	10	5
	20	2	8	8
	25	2	6	9
	30	2	3	10
	35	2	1	10
	40	1	29	8
	45	1	27	3
	50	1	25	2
	55	1	23	3

Alter von A	Alter von B	Prämie Thlr.	Prämie Sgl.	Prämie Pf.
30	60	1	21	3
	65	1	19	8
	70	1	17	10
35	15	2	20	7
	20	2	19	1
	25	2	17	1
	30	2	14	9
	35	2	11	7
	40	2	9	—
	45	2	6	3
	50	2	3	9
	55	2	—	11
	60	1	28	—
	65	1	25	7
	70	1	23	6
40	15	3	3	1
	20	3	1	9
	25	3	—	—
	30	2	27	6
	35	2	24	3
	40	2	20	—
	45	2	16	11
	50	2	13	9
	55	2	10	6
	60	2	7	—
	65	2	3	5
	70	1	29	4
45	15	3	20	7
	20	3	19	5
	25	3	17	5
	30	3	15	4
	35	3	12	3
	40	3	8	—
	45	3	2	8
	50	2	28	6
	55	2	24	1
	60	2	19	11
	65	2	15	10
	70	2	11	4
	75	2	6	6

Alter von A	Alter von B	Prämie Thlr.	Prämie Sgl.	Prämie Pf.
50	15	4	14	—
	20	4	12	6
	25	4	10	10
	30	4	9	—
	35	4	6	—
	40	4	2	3
	45	3	26	10
	50	3	20	—
	55	3	14	5
	60	3	8	6
	65	3	3	—
	70	2	27	8
	75	2	22	2
55	15	5	14	2
	20	5	12	10
	25	5	11	7
	30	5	9	7
	35	5	6	10
	40	5	3	4
	45	4	28	5
	50	4	21	6
	55	4	12	4
	60	4	3	11
	65	3	25	5
	70	3	17	6
	75	3	10	3
60	15	6	26	10
	20	6	25	5
	25	6	23	11
	30	6	22	2
	35	6	19	10
	40	6	16	5
	45	6	11	7
	50	6	5	2
	55	5	26	—
	60	5	12	8
	65	5	—	—
	70	4	16	10
	75	4	5	1
	80	3	24	9

Die Prämien für die Zwischenalter, z. B. von 24 und 37, von 31 und 19 Jahren u. s. w. werden nach Verhältniß berechnet.

Weil die Prämie für Versicherung auf verbundenes Leben aus der Summe der dem Alter beider Personen entsprechenden Prämien für Versicherung auf Ueberlebung besteht, so hat die Gothaer Lebensversicherungsbank keinen besondern Tarif dafür aufgestellt. Aus dem obigen Tarif für Versicherung auf Ueberlebung könnte man aber z. B. den folgenden für Vesicherung auf verbundenes Leben aufstellen.

Versicherung auf Ueberlebung.					Versicherung auf verbundenes Leben.				
Alter des Versicherten.	Alter Dessen, der überleben soll.	Prämie			Alter der beiden Personen.		Prämie.		
		Thlr.	Sgr.	Pf.			Thlr.	Sgr.	Pf.
30	35	2	1	10					
35	30	2	14	9					
					30	35	4	16	7
30	40	1	29	8					
40	30	2	27	6					
					30	40	4	27	2

u. s. w.

Wenn ferner bei Versicherungen auf Lebenszeit oder bei Versicherung auf Ueberlebung die Person, auf deren Leben die Police lautet, das neunzigste Jahr zurückgelegt hat, so hört nicht nur die Prämienzahlung auf, sondern es erfolgt auch von Seiten der Bank die Auszahlung der Versicherungssumme; diese Bestimmung ist übrigens keine willkürliche, sondern sie folgt aus den Grundlagen der Prämienberechnung. Die Altersberechnung ist aber darauf gegründet, daß bei der Bestimmung der Prämiensätze das Alter nur nach ganzen Jahren gerechnet worden, und daß das angetretene Altersjahr für voll gilt, wenn an dem Tage, wo die Anmeldungen und Antragspapiere von Seiten des zu Versichernden vollständig eintrafen, sechs Monate des Lebensjahres abgelaufen waren, außerdem aber nicht in Betracht gezogen wird. Wer also z. B. am 11ten März 1800 geboren ist, gilt bis zum 11ten September 1839 Mittags (also überhaupt bis mit Inbegriff des 11ten Septembers, weil statutenmäßig alle Aufnahmen von der Mittagsstunde anfangen) noch als blos 39 Jahre alt; vom 12ten September an aber als 40 Jahre alt.

Dieselben Vortheile, nämlich Befreiung von ferneren Beiträgen und Einziehen des versicherten Kapitals, können bei Versicherungen auf Lebenszeit, sowohl bei bereits bestehenden als neu abzuschließenden, auch für jüngere Altersstufen durch Einzahlung jährlicher Zusatzprämien unter folgenden Bedingungen erworben werden:

1) Die tarifmäßigen Zusatzprämien sind zugleich mit den gewöhnlichen (Normal-)Prämien der betreffenden Versicherung und auf dieselbe Weise wie diese zu entrichten;
2) sie sind bis zum Eintritt des Zeitpunkts, für welchen Zahlbarkeit des Kapitals zugesichert worden ist, im Falle aber das versicherte Leben früher erlöschen sollte, nur bis zu diesem Todesfall mit dem in der Police bemerkten Betrage fortzuzahlen;
3) eine Rückvergütung derselben, wenn der Versicherte vor Erreichung jener Altersgränze stirbt, findet nicht statt;
4) der Termin der Zahlbarkeit des Kapitals bei Lebzeiten der versicherten Person kann auf keinen frühern Zeitpunkt, als auf eilf Jahre, vom Anfangspunkt der Versicherung an gerechnet, festgestellt werden. Diese Bestimmung gilt für neuabzuschließende Versicherungen unbedingt; für bereits bestehende Versicherungen indessen kann jener eilfjährige Zeitraum mit Anrechnung der bereits verflossenen Versicherungsjahre auf respective 10, 9, 8, 7 und 6 Jahre, in keinem Falle jedoch auf eine kürzere Frist als auf fünf Jahre beschränkt werden;
5) stirbt die Person, deren Leben Gegenstand der Versicherung ist, vor Eintritt dieses Termins, so erfolgt die Auszahlung des versicherten Kapitals auf gewöhnliche Weise, spätestens drei Monate nach Beibringung der vorschriftsmäßigen Bescheinigungen; ist sie dagegen beim Eintritt dieses Termins noch am Leben, so wird, nach Beibringung einer amtlichen Bescheinigung darüber, die Zahlung der Versicherungssumme an den Inhaber der Police gegen Rückgabe derselben und der letzten Prämienquittung, wenn solche die Bank verlangt, unverzüglich geleistet.

Der unten folgende Tarif zeigt die Zusatzprämie für neu abzuschließende Versicherungen unmittelbar an. Z. B. eine 30-jährige Person, welche sich versichern will, um, falls sie nicht durch frühern Tod die Versicherungssumme bereits ihren Erben hinterlassen hat, deren Zahlbarkeit nach Zurücklegung des 60ten Lebensjahres zu erwerben, hat auf je 100 Thaler Versicherungssumme eine jährliche Zusatzprämie von 25 Sgr. 7 Pf. zu entrichten.

Für bereits bestehende Versicherungen erleiden die Sätze dieses Tarifs eine Ermäßigung nach Verhältniß der beiden aus der vorletzten Vertikalcolumne zu entnehmenden Proportionalzahlen, welche in jedem einzelnen Falle den Altern: *a*) wo der Versicherte beitrat, und *b*) wo er zur neuen Einrichtung übergeht, angehören. Gesetzt, eine 30-jährige Person sei schon 5 Jahre versichert worden, so würde die Zusatzprämie von 25 Sgr. 7 Pf. nach Verhältniß der beiden Proportionalzahlen, welche dem 30ten und 25ten Jahre angehören, also nach 862 und 909 zu ermäßigen sein, und sich mithin auf $25\frac{7}{12} \times \frac{862}{909} = 24$ Sgr. 3 Pf. stellen. Für eine 50-jährige Person, welche schon im 40ten Jahre versichert wurde und nach Zurücklegung des 70ten Jahres das Kapital empfangen will, würde die jährliche Zusatzprämie auf je 100 Thaler Versicherungssumme (1 Thlr. 7 Sgr. 1 Pf.) mit $\frac{624}{757}$ zu multipliciren sein, und folglich 1 Thlr. — Sgr. 7 Pf. betragen.

Jährliche Zusatzprämien
für die Abkürzung lebenslänglicher Versicherungen.

Alter des Vers.	Alter, wo das Kapital noch bei Lebzeiten zahlbar werden soll. 35			40			45			50			55			60			65			70			75			80			Proportional-Zahlen.	Alter des Vers.
	Thlr.	Sgl.	Pf.	Thlr.	Sgl.	Pf.	Thlr.	Sgl.	Pf.	Thlr.	Sgl.	Pf.	Thlr.	Sgl.	Pf.	Thlr.	Sgl.	Pf.	Thlr.	Sgl.	Pf.	Thlr.	Sgl.	Pf.	Thlr.	Sgl.	Pf.	Thlr.	Sgl.	Pf.		
15	2	23	8	1	25	2	1	7	—	—	24	9	—	16	2	—	10	2	—	6	—	—	3	2	—	1	4	—	—	5	1000	15
16	3	—	7	1	29	2	1	9	6	—	26	3	—	17	1	—	10	9	—	6	4	—	3	4	—	1	5	—	—	5	991	16
17	3	8	6	2	3	8	1	12	2	—	27	11	—	18	2	—	11	4	—	6	8	—	3	6	—	1	6	—	—	5	983	17
18	3	17	4	2	8	7	1	15	1	—	29	8	—	19	3	—	12	—	—	7	1	—	3	9	—	1	7	—	—	6	974	18
19	3	27	5	2	14	—	1	18	3	1	1	8	—	20	5	—	12	9	—	7	6	—	3	11	—	1	8	—	—	6	965	19
20	4	9	—	2	20	1	1	21	9	1	3	9	—	21	9	—	13	6	—	7	11	—	4	2	—	1	9	—	—	6	956	20
21	4	22	5	2	26	11	1	25	8	1	6	1	—	23	1	—	14	4	—	8	5	—	4	5	—	1	10	—	—	6	947	21
22	5	8	1	3	4	8	2	—	—	1	8	7	—	24	8	—	15	3	—	8	11	—	4	8	—	2	—	—	—	7	937	22
23	5	26	6	3	13	5	2	4	9	1	11	5	—	26	3	—	16	2	—	9	5	—	4	11	—	2	1	—	—	7	928	23
24	6	18	6	3	23	4	2	10	1	1	14	5	—	28	1	—	17	3	—	10	—	—	5	2	—	2	2	—	—	8	918	24
25	7	15	1	4	4	9	2	16	—	1	17	9	1	—	—	—	18	4	—	10	7	—	5	6	—	2	4	—	—	8	909	25
26	8	17	11	4	18	—	2	22	7	1	21	5	1	2	1	—	19	7	—	11	4	—	5	10	—	2	6	—	—	9	900	26
27	9	29	2	5	3	4	3	—	1	1	25	6	1	4	5	—	20	11	—	12	—	—	6	3	—	2	8	—	—	9	890	27
28	11	22	8	5	21	6	3	8	6	2	—	—	1	6	11	—	22	4	—	12	10	—	6	7	—	2	10	—	—	10	881	28
29	14	4	5	6	13	2	3	18	2	2	5	—	1	9	9	—	23	11	—	13	8	—	7	1	—	3	—	—	—	10	871	29
30	17	15	6	7	9	6	3	29	4	2	10	7	1	12	10	—	25	7	—	14	7	—	7	6	—	3	2	—	—	11	862	30
31	.	.	.	8	11	11	4	12	2	2	16	11	1	16	2	—	27	6	—	15	7	—	8	—	—	3	4	—	1	—	852	31
32	.	.	.	9	22	11	4	27	3	2	24	1	1	19	11	—	29	6	—	16	8	—	8	7	—	3	7	—	1	—	842	32
33	.	.	.	11	16	1	5	15	1	3	2	2	1	24	2	1	1	9	—	17	11	—	9	2	—	3	10	—	1	1	832	33
34	.	.	.	13	27	7	6	6	5	3	11	6	1	28	10	1	4	3	—	19	3	—	9	10	—	4	1	—	1	2	821	34
35	.	.	.	17	8	3	7	2	3	3	22	2	2	4	1	1	7	—	—	20	8	—	10	6	—	4	5	—	1	3	811	35
36	.	.	.	.	.	.	8	4	3	4	4	7	2	10	—	1	10	1	—	22	2	—	11	3	—	4	8	—	1	4	801	36
37	.	.	.	.	.	.	9	14	7	4	19	1	2	16	8	1	13	5	—	23	11	—	12	1	—	5	—	—	1	5	790	37
38	.	.	.	.	.	.	11	7	1	5	6	4	2	24	4	1	17	3	—	25	10	—	13	—	—	5	5	—	1	7	779	38
39	.	.	.	.	.	.	13	17	7	5	27	—	3	3	1	1	21	6	—	28	—	—	14	—	—	5	10	—	1	8	768	39
40	.	.	.	.	.	.	16	27	9	6	22	2	3	13	3	1	26	3	1	—	4	—	16	1	—	6	3	—	1	10	757	40
41	.	.	.	.	.	.	.	.	.	7	23	5	3	25	1	2	1	9	1	3	—	—	16	4	—	6	9	—	1	11	745	41
42	.	.	.	.	.	.	.	.	.	9	3	1	4	9	1	2	8	—	1	6	—	—	17	8	—	7	3	—	2	1	733	42
43	.	.	.	.	.	.	.	.	.	10	24	10	4	25	9	2	15	2	1	9	4	—	19	3	—	7	10	—	2	3	720	43
44	.	.	.	.	.	.	.	.	.	13	4	9	5	15	11	2	23	5	1	13	1	—	20	11	—	8	6	—	2	5	707	44
45	.	.	.	.	.	.	.	.	.	16	13	11	6	10	7	3	3	1	1	17	6	—	2	11	—	9	4	—	2	8	693	45
46	.	.	.	.	.	.	.	.	.	.	.	.	7	11	4	3	14	5	1	22	5	—	25	1	—	10	2	—	2	10	680	46
47	.	.	.	.	.	.	.	.	.	.	.	.	8	20	5	3	27	10	1	28	1	—	27	6	—	11	1	—	3	1	666	47
48	.	.	.	.	.	.	.	.	.	.	.	.	10	11	6	4	13	11	2	4	8	1	—	4	—	12	2	—	3	5	652	48
49	.	.	.	.	.	.	.	.	.	.	.	.	12	20	9	5	3	4	2	12	3	1	3	5	—	13	4	—	3	9	638	49
50	.	.	.	.	.	.	.	.	.	.	.	.	15	28	11	5	27	1	2	21	1	1	7	1	—	14	7	—	4	1	624	50
51	.	.	.	.	.	.	.	.	.	.	.	.	.	.	.	6	26	10	3	1	6	1	11	2	—	16	2	—	4	6	610	51
52	.	.	.	.	.	.	.	.	.	.	.	.	.	.	.	8	5	7	3	14	3	1	16	1	—	17	11	—	5	—	594	52
53	.	.	.	.	.	.	.	.	.	.	.	.	.	.	.	9	24	8	3	28	9	1	21	6	—	19	9	—	5	6	582	53
54	.	.	.	.	.	.	.	.	.	.	.	.	.	.	.	12	2	3	7	16	11	1	27	11	—	22	—	—	6	1	567	54
55	.	.	.	.	.	.	.	.	.	.	.	.	.	.	.	15	10	—	4	9	9	2	5	9	—	24	8	—	6	9	551	55
56	.	.	.	.	.	.	.	.	.	.	.	.	.	.	.	.	.	.	6	7	5	2	14	7	—	27	8	—	7	6	538	56
57	.	.	.	.	.	.	.	.	.	.	.	.	.	.	.	.	.	.	5	13	7	2	25	5	1	1	1	—	8	5	524	57
58	.	.	.	.	.	.	.	.	.	.	.	.	.	.	.	.	.	.	9	1	5	3	8	7	1	5	3	—	9	5	509	58
59	.	.	.	.	.	.	.	.	.	.	.	.	.	.	.	.	.	.	11	6	9	3	24	9	1	10	1	—	10	8	594	59
60	.	.	.	.	.	.	.	.	.	.	.	.	.	.	.	.	.	.	14	10	5	4	14	11	1	15	11	—	12	1	478	60
61	.	.	.	.	.	.	.	.	.	.	.	.	.	.	.	.	.	.	.	.	.	5	10	7	1	22	11	—	13	9	463	61
62	.	.	.	.	.	.	.	.	.	.	.	.	.	.	.	.	.	.	.	.	.	6	13	11	2	1	5	—	15	9	447	62
63	.	.	.	.	.	.	.	.	.	.	.	.	.	.	.	.	.	.	.	.	.	7	28	4	2	11	11	—	18	1	431	63
64	.	.	.	.	.	.	.	.	.	.	.	.	.	.	.	.	.	.	.	.	.	9	29	11	2	25	1	—	21	—	415	64
65	.	.	.	.	.	.	.	.	.	.	.	.	.	.	.	.	.	.	.	.	.	12	29	1	3	11	9	—	24	6	398	65
66	.	.	.	.	.	.	.	.	.	.	.	.	.	.	.	.	.	.	.	.	.	.	.	.	4	3	3	—	28	11	381	66
67	.	.	.	.	.	.	.	.	.	.	.	.	.	.	.	.	.	.	.	.	.	.	.	.	5	1	10	1	4	5	364	67
68	.	.	.	.	.	.	.	.	.	.	.	.	.	.	.	.	.	.	.	.	.	.	.	.	6	10	8	1	11	5	347	68
69	.	.	.	.	.	.	.	.	.	.	.	.	.	.	.	.	.	.	.	.	.	.	.	.	8	5	7	1	20	4	330	69
70	.	.	.	.	.	.	.	.	.	.	.	.	.	.	.	.	.	.	.	.	.	.	.	.	10	26	9	2	2	2	312	70

Zur Erleichterung der Prämienentrichtung ist den auf Lebenszeit Versicherten gestattet, ihre Prämien mit Ausnahme der ersten, in halbjährigen Raten zu entrichten, wobei sie jedoch jedes Jahr die gestundete Prämienhälfte auf 6 Monate zu verzinsen haben. Zur weitern Erleichterung der Beitragspflicht bewilligt die Bank den auf Lebenszeit Versicherten gegen Einzahlung eines bestimmten Kapitals eine entsprechende Ermäßigung in der Prämie, dergestalt, daß sie jedem Versicherten freistellt, von den im Tarif enthaltenen Prämiensätzen den niedrigern zu wählen, welcher seinen Verhältnissen entspricht, und die Ausgleichung durch Anzahlung eines von der Bank zu berechnenden Kapitals zu erwirken. Z. B. eine Person, 40 Jahre alt, wünscht sich mit 2000 Thaler zu versichern. Nach ihrem jetzigen Alter würde für diese Summe die Jahresprämie 67 Thlr. 22 Sgr. betragen; die Person hat jedoch ein Kapital von 500 Thalern vorräthig, welches sie zur Erkaufung einer geringern Prämie zu verwenden wünscht. In diesem Falle gesteht ihr die Bank die Prämie des 15ten Jahres mit 37 Thlr. für 2000 Thlr. Versicherungskapital zu, und fordert dafür die Einzahlung einer Ausgleichungssumme von 486 Thlr. 15 Sgr. Oder, ein Versicherter, welcher jetzt 60 Jahre alt ist und im 50ten Lebensjahre der Bank mit 1000 Thlr. Versicherungskapital beigetreten war, wünscht zur Prämie des 40ten Jahres überzugehen, und künftig statt 47 Thlr. 10 Sgr. an jährlicher Prämie nur 33 Thlr. 26 Sgr. zu entrichten. Die Bank bewilligt dies gegen Einzahlung eines Kapitals von 134 Thlr. 13 Sgr.

Prämienberechnung für Versicherung auf Ueberlebung mit lebenslänglichen Renten.

§. 158. Zur Prämienberechnung für diejenige Versicherung auf Ueberlebung, bei welcher sich die Versicherungsanstalt bedingungsweise zur Gewährung einer lebenslänglichen Rente verbindlich macht, hat man den Werth einer Leibrente für eine Person A zu bestimmen, welche nach dem Tode einer andern Person B zahlbar wird.

Die Wahrscheinlichkeit, daß A nach 1, 2, 3 u. s. w. Jahren noch leben werde, wird nach den frühern Bezeichnungen ausgedrückt durch $\frac{a_1}{a}$, $\frac{a_2}{a}$, $\frac{a_3}{a}$ u. s. w., und die Wahrscheinlichkeit, daß B nach 1, 2, 3 u. s. w. Jahren noch leben werde, durch $\frac{b_1}{b}$, $\frac{b_2}{b}$ $\frac{b_3}{b}$ u. s. w. Die Wahrscheinlichkeit, daß A für irgend ein Jahr die lebensläng=

liche Rente erhält, hängt mithin davon ab, daß A noch lebt und B gestorben ist; die Wahrscheinlichkeit dieses Ereignisses ist mithin:

für das erste Jahr $\frac{a_1}{a}\left(1-\frac{b_1}{b}\right)=\frac{a_1}{a}-\frac{a_1\,b_1}{ab}$

" " 2te " $\frac{a_2}{a}\left(1-\frac{b_2}{b}\right)=\frac{a_2}{a}-\frac{a_2\,b_2}{ab}$

" " 3te " $\frac{a_3}{a}\left(1-\frac{b_3}{b}\right)=\frac{a_3}{a}-\frac{a_3\,b_3}{ab}$

u. s. w.

Die Summe der gegenwärtigen, zum Zinsfuß p berechneten Werthe der Rente r ist demnach:

$$\frac{r}{1+p}\left(\frac{a_1}{a}-\frac{a_1\,b_1}{ab}\right)+\frac{r}{(1+p)^2}\left(\frac{a_2}{a}-\frac{a_2\,b_2}{ab}\right)+\frac{r}{(1+p)^3}\left(\frac{a_3}{a}-\frac{a_3\,b_3}{ab}\right)+\ldots\ldots$$

Ist z. B. A 89 Jahre und B 90 Jahre alt (damit die Berechnung nicht zu weitläufig wird), so ist nach der Sterblichkeitstabelle von Deparcieux

$$a=16,\ a_1=11,\ a_2=7,\ a_3=4,\ a_4=2,\ a_5=1,\ a_6=0,$$
$$b=11,\ b_1=7,\ b_2=4,\ b_3=2,\ b_4=1,\ b_5=0,$$

$$\frac{a_1}{a}-\frac{a_1\,b_1}{ab}=\frac{11}{16}-\frac{77}{176}=0{,}250$$
$$\frac{a_2}{a}-\frac{a_2\,b_2}{ab}=\frac{7}{16}-\frac{28}{176}=0{,}278$$
$$\frac{a_3}{a}-\frac{a_3\,b_3}{ab}=\frac{4}{16}-\frac{8}{176}=0{,}204$$
$$\frac{a_4}{a}-\frac{a_4\,b_4}{ab}=\frac{2}{16}-\frac{2}{176}=0{,}113$$
$$\frac{a_5}{a}-\frac{a_5\,b_5}{ab}=\frac{1}{16}-\ 0\ =0{,}062$$

Werden die gegenwärtigen Werthe der Rente 1000 zu 3 Procent berechnet, so ist

$$\frac{r}{1+p}\left(\frac{a_1}{a}-\frac{a_1\,b_1}{ab}\right)=0{,}25\times 1000\left(\frac{100}{103}\right)=242{,}7000$$
$$\frac{r}{(1+p)^2}\left(\frac{a_2}{a}-\frac{a_2\,b_2}{ab}\right)=0{,}278\times 1000\left(\frac{100}{103}\right)^2=262{,}0150$$
$$\frac{r}{(1+p)^3}\left(\frac{a_3}{a}-\frac{a_3\,b_3}{ab}\right)=0{,}204\times 1000\left(\frac{100}{103}\right)^3=186{,}6804$$

Transport . . . 691,3954

$$\text{Transport} \quad \ldots = 691{,}3954$$

$$\frac{r}{(1+p)^4}\left(\frac{a_4}{a} - \frac{a_4\,b_4}{a\,b}\right) = 0{,}113 \times 1000\left(\frac{100}{103}\right)^4 = 100{,}3892$$

$$\frac{r}{(1+p)^5}\left(\frac{a_5}{a} - \frac{a_5\,b_5}{a\,b}\right) = 0{,}062 \times 1000\left(\frac{100}{103}\right)^5 = 53{,}4812$$

$$\text{Summe} = 845{,}2658$$

Das Kapital der lebenslänglichen Rente von 1000 fl. beträgt demnach etwas mehr als 845¼ fl.

Soll der Werth dieser lebenslänglichen Rente in jährlichen, während des Zusammenlebens der beiden Personen zahlbaren Prämien bestimmt werden, so hat man zuvörderst den Werth einer Rente zu bestimmen, welche auf eine Verbindung von zwei Personen lautet, d. h. so lange ausgezahlt wird, als diese Personen am Leben sind. Bezeichnet x die gesuchte Prämie, so ist der Totalwerth der gesuchten Prämien

$$x\left(\frac{a_1\,b_1}{a\,b} \times \frac{1}{1+p} + \frac{a_2\,b_2}{a\,b} \times \frac{1}{(1+p)^2} + \frac{a_3\,b_3}{a\,b} \times \frac{1}{(1+p)^3} + \ldots\ldots\right)$$

Weil die Prämie auch zu Anfang des 1ten Versicherungsjahres entrichtet wird, so ist, wenn obiger Ausdruck durch tx bezeichnet wird,

$$x + tx = 845\tfrac{1}{4} \text{ und } x = \frac{845{,}25}{1+t}$$

Da nun

$$\frac{a_1\,b_1}{a\,b} \times \frac{1}{1+p} = 0{,}4242396$$

$$\frac{a_2\,b_2}{a\,b} \times \frac{1}{(1+p)^2} = 0{,}1498575$$

$$\frac{a_3\,b_3}{a\,b} \times \frac{1}{(1+p)^3} = 0{,}0411795$$

$$\frac{a_4\,b_4}{a\,b} \times \frac{1}{(1+p)^4} = 0{,}0097724$$

$$\text{und } t = 0{,}6250490$$

$$\text{so ist } x = \frac{845{,}25}{1{,}6250490} = 520{,}13.$$

Hierzu als praktischer Beleg der Tarif einer Pariser Versicherungsanstalt (Union) für Versicherung auf Ueberlebung mit lebenslänglichen Renten.

Versicherung von 10 Franken Rente,

zahlbar auf den Kopf des bezeichneten Ueberlebenden,

zu beziehen vom Tode des Versicherten an.

Alter des Ueberlebenden.	Alter des Versicherten.	Jährliche Prämie. Fr.	Cent.	Alter des Ueberlebenden.	Alter des Versicherten.	Jährliche Prämie. Fr.	Cent.
	10	1	95		10	—	90
	20	2	67		20	1	27
	30	3	49		30	1	62
10	40	4	77	50	40	2	16
	50	7	13		50	3	34
	60	11	50		60	5	83
	65	14	94		65	7	89
	70	19	64		70	10	78
	10	1	70		10	—	64
	20	2	34		20	—	92
	30	3	06		30	1	16
	40	4	21		40	1	52
20	50	6	36	60	50	2	30
	60	10	39		60	4	05
	65	13	56		65	5	54
	70	17	91		70	7	69
	10	1	45		10	—	52
	20	2	00		20	—	76
	30	2	60		30	—	96
	40	3	58		40	1	24
30	50	5	49	65	50	1	86
	60	9	15		60	3	25
	65	12	05		65	4	47
	70	16	04		70	6	23
	10	1	18		10	—	42
	20	1	64		20	—	62
	30	2	11		30	—	78
	40	2	88		40	—	99
40	50	4	46	70	50	1	47
	60	7	61		60	2	56
	65	10	15		65	3	52
	70	13	67		70	4	91

§. 159. Hat die Lebensversicherungsanstalt den speciellen Zweck der Versorgung von Wittwen, so ist sie eine **Wittwen-Pensionsanstalt**, und die im Obigen berechneten Ueberlebungsrenten sind in diesem Falle **Wittwenpensionen**. Werden solche Renten Kindern für den Fall des Ablebens ihrer Eltern auf eine bestimmte Anzahl von Jahren zugesichert, so sind sie **Waisenpensionen**.

Wittwen- und Waisen-Pensionsanstalten kommen gewöhnlich mit einander vereinigt vor. *)

§. 160. Die aufgeschobene Lebensversicherung besteht, wie im §. 150 bereits angedeutet worden, darin, daß man gegen Entrichtung einer jährlichen Prämie oder einer ein für allemal zu zahlenden Summe Geldes eine Versicherungsanstalt die Verbindlichkeit zur Auszahlung eines gewissen Kapitals oder zur Gewährung einer Leibrente nach Ablauf einer zum Voraus bestimmten Zeit übernehmen läßt. Ein solcher Vertrag kann ferner zu Gunsten Dessen, welcher mit der Versicherungsanstalt contrahirt oder zum Vortheil eines Dritten lauten. Der Vertrag ist erloschen und die Versicherungsanstalt von ihrer Verbindlichkeit befreit, wenn der andere Theil (Contrahent) oder die Person, zu deren Gunsten contrahirt worden ist, vor Ablauf der im Vertrag bestimmten Zeit mit Tode abgehen.

Berechnung der Leistungen der Versicherungsanstalt und des Versicherten für aufgeschobene Lebensversicherung.

§. 161. In den für aufgeschobene Lebensversicherung von den Versicherungsanstalten aufgestellten Tarifen wird gewöhnlich das Kapital und die lebenslängliche Rente angegeben, welche einer einmaligen Einzahlung und einer als Einheit angenommenen, jährlich zu zahlenden Prämie entsprechen.

Wir wollen vorerst annehmen, daß nach Ablauf der vertraggemäßen Zeit dem Versicherten ein bestimmtes Kapital ausgezahlt werden soll.

Ist die dem Alter des Versicherten entsprechende Anzahl der Lebenden in der Sterblichkeitstabelle $= a$, und bezeichnet a_n di Anzahl der Lebenden nach n Jahren, als nach deren Ablauf dem

---

*) Interessante Notizen in Betreff der Schicksale schlecht eingerichteter Anstalten dieser Art enthält die im Jahr 1844 in München erschienene Schrift von D. A. Gebhard: Ueber Wittwen- und Waisen-Pensionsanstalten 2c. So wie es aber Wittwen- und Waisenkassen gegeben hat, welche von Unberufenen zum Nachtheil der Betheiligten errichtet wurden, so ermangeln auch die meisten der heutigen Sterbkassen (§. 155) aller mathematischen Grundlage.

Versicherten das Kapital ausgezahlt werden muß, so ist die Wahrscheinlichkeit, daß der Versicherte nach n Jahren noch leben werde, $= \frac{a_n}{a}$; wird nun die Versicherungssumme durch v und der Zinsfuß durch p bezeichnet, so hat die Versicherungsanstalt den Werth des Kapitals v anzuschlagen auf $\frac{a_n}{a} \times \frac{v}{(1+p)^n}$. Ist z. B. der Versicherte 20 Jahre alt, ist ferner $n = 30$, $p = \frac{4}{100}$, $v = 100$, und nach der Sterblichkeitstabelle von Deparcieux $a = 814$, $a_{30} = 581$, so ist

$$\frac{a_n}{a} \times \frac{v}{(1+p)^{30}} = \frac{581}{814} \times 100 \times 0{,}3083 = 22{,}05$$

Für eine einmalige Zahlung von 22,05 fl. kann demnach der Versicherte nach 30 Jahren 100 fl. erhalten, oder für eine einmalige Zahlung von 100 fl. so viel als aus der Proportion folgt:

$$22{,}05 : 100 = 100 : x = 453{,}51.$$

Soll für eine als Einheit angenommene und ein für allemal zu leistende Zahlung die Versicherungssumme berechnet werden, so ist, wenn der Betrag der einmaligen Zahlung durch x bezeichnet wird, die Einnahme der Versicherungsanstalt für a Personen $= ax$; dieses Kapital beträgt nach n Jahren $ax(1+p)^n$; nach dieser Zeit sind nur noch a_n Personen am Leben, und also ist $\frac{ax(1+p)^n}{a_n}$ das Kapital, zu dessen Zahlung die Versicherungsanstalt sich verbindlich machen kann.

Für $a = 814$, $a_{30} = 581$, $x = 100$, $p = \frac{4}{100}$, $n = 30$ ist $\frac{ax(1+p)^n}{a_n} = \frac{814 \times 100 \times 3{,}2333}{581} = 452{,}99$, was bis auf 0,52 mit der obigen Berechnung übereinstimmt.

Zur Berechnung der jährlich zu zahlenden Prämie für aufgeschobene Lebensversicherung bezeichne v die Versicherungssumme, p den Zinsfuß und n die Anzahl der Jahre; der gegenwärtige Werth von v ist $\frac{v}{(1+p)^n}$, und wenn $\frac{a_n}{a}$ die Wahrscheinlichkeit ausdrückt, daß der Versicherte nach n Jahren noch am Leben sein werde, so ist der Werth der Versicherungssumme $= \frac{a_n}{a} \times \frac{v}{(1+p)^n}$.

Bezeichnet x die gesuchte Prämie, so ist der Werth der nach dem 1ten, 2ten, 3ten u. s. w. Jahre zu zahlenden Prämie anzuschlagen auf $\frac{a_1}{a} \times \frac{x}{1+p}$, $\frac{a_2}{a} \times \frac{x}{(1+p)^2}$, $\frac{a_3}{a} \times \frac{x}{(1+p)^3}$ u. s. w.; weil ferner die Prämie auch im Anfang des ersten Versicherungsjahres entrichtet wird, so muß folgende Gleichung stattfinden:

$$\frac{a_n}{a} \times \frac{v}{(1+p)^n} = x + \frac{a_1}{a} \times \frac{x}{1+p} + \frac{a_2}{a} \times \frac{x}{(1+p)^2} + \dots \frac{a_{n-1}}{a} \times \frac{x}{(1+p)^{n-1}}.$$

Multiplicirt man diese Gleichung mit a und mit $(1+p)^n$, so ist

$$a_n v = a x (1+p)^n + a_1 x (1+p)^{n-1} + a_2 x (1+p)^{n-2} + \dots a_{n-1} x (1+p)$$

$$= x\,[a(1+p)^n + a_1 (1+p)^{n-1} + a_2 (1+p)^{n-2} + \dots a_{n-1}(1+p)]$$

und $x =$

$$\frac{a_n v}{a(1+p)^n + a_1(1+p)^{n-1} + a_2(1+p)^{n-2} + \dots a_{n-1}(1+p)}.$$

Das der jährlichen Prämie x entsprechende Kapital v erhält man durch folgende Betrachtungen:

Bezeichnen, wie vorher, a, a_1, a_2 u. s. w. die dem Alter des Versicherten entsprechende Anzahl der Lebenden vom 1ten, 2ten, 3ten u. s. w. Jahre, so erhält, wenn die Prämie wieder durch x bezeichnet wird, die Versicherungsanstalt

zu Anfang des 1ten Jahres $a\ x$,
nach dem 1ten Jahre $a_1\ x$,
" " 2ten " $a_2\ x$,
" " 3ten " $a_3\ x$ u. s. w.

Rechnet man nun der Versicherungsanstalt die zukünftigen Werthe dieser Einnahme an, so hat man die zukünftigen Werthe

der anfänglichen Einnahme für n Jahre
der Einnahme vom 1ten Jahre für $n-1$ Jahre
" " " 2ten " " $n-2$ "
" " " 3ten " " $n-3$ "
. . . .
. . . .
. . . .
. . . .
. . . .
. . . .
" " " n—1ten " " 1 Jahr.

zum Zinsfuß p zu berechnen.

Die Summe dieser Einnahmen ist demnach:

$$a x (1+p)^n + a_1 x (1+p)^{n-1} + \dots a_{n-1} x (1+p).$$

Weil nach dem $n$ten Jahre nur noch a_n Personen am Leben sind, so kann einer Person der $a_n$te Theil dieser Summe gegeben werden, oder es ist

$$v = \frac{a\,x(1+p)^n + a_1\,x(1+p)^{n-1} + \ldots\ldots a_{n-1}\,x(1+p)}{a_n}$$
$$= \frac{x}{a_n}\Big(a(1+p)^n + a_1(1+p)^{n-1} + \ldots\ldots a_{n-1}(1+p)\Big)$$

in Uebereinstimmung mit dem früher gefundenen Ausdruck.

Soll der Versicherte nach n Jahren einer lebenslänglichen Rente r theilhaftig werden, so ist der Werth derselben

$$= \frac{r}{a}\left(\frac{a_{n+1}}{(1+p)^{n+1}} + \frac{a_{n+2}}{(1+p)^{n+2}} + \ldots\ldots\right) \text{ (§. 137).}$$

Wir haben nun noch, zur Bestimmung der jährlich zu zahlenden Prämie, den Werth der Leibrente in eine jährliche Rente zu verwandeln. Die Wahrscheinlichkeit, daß der Versicherte nach dem 1ten Jahre noch leben werde, ist $\frac{a_1}{a}$; der Werth der nach dem 1ten Jahre zu zahlende Prämie x ist demnach $\frac{a_1}{a} \times \frac{x}{1+p}$; der Werth der nach dem 2ten Jahre zu zahlenden Prämie ist $\frac{a_2}{a} \times \frac{x}{(1+p)^2}$ u. s. w. bis $\frac{a_n}{a} \times \frac{x}{(1+p)^n}$, welches der Werth der letzten Prämie ist. Die Summe dieser Werthe ist

$$\frac{x}{a}\left(\frac{a_1}{1+p} + \frac{a_2}{(1+p)^2} + \frac{a_3}{(1+p)^3} + \ldots\ldots \frac{a_n}{(1+p)^n}\right)$$

Daher, und weil die Prämie x auch zu Anfang des ersten Versicherungsjahrs gezahlt wird, die Gleichung:

$$x + \frac{x}{a}\left(\frac{a_1}{1+p} + \frac{a_2}{(1+p)^2} + \ldots\ldots \frac{a_n}{(1+p)^n}\right)$$
$$= \frac{r}{a}\left(\frac{a_{n+1}}{(1+p)^{n+1}} + \frac{a_{n+2}}{(1+p)^{n+2}} + \ldots\ldots\right)$$

$$\text{und } x = \frac{r\left(\frac{a_{n+1}}{(1+p)^{n+1}} + \frac{a_{n+2}}{(1+p)^{n+2}} + \ldots\ldots\right)}{a + \frac{a_1}{1+p} + \frac{a_2}{(1+p)^2} + \ldots\ldots \frac{a_n}{(1+p)^n}}.$$

Hierzu als praktischer Beleg der Tarif der Versicherungsanstalt der Union in Paris für aufgeschobene Lebensversicherung, oder Angabe des Kapitals oder der Leibrente, welche ein Versicherter nach einer bestimmten Anzahl Jahre vermittelst einer einzigen von ihm oder zu seinen Gunsten gemachten Anlage von 1000 Franken oder vermittelst einer durch oder für ihn zu entrichtenden jährlichen Prämie von 100 Franken erhält.

Alter d. Versicherten.	Nach 10 Jahren.		Nach 15 Jahren.		Nach 20 Jahren.	
	Kapital.	Rente.	Kapital.	Rente.	Kapital.	Rente.
	Fr.	Fr.	Fr.	Fr.	Fr.	Fr.
Geburt	2286	118	2886	153	3658	200
1	1854	96	2336	125	2969	263
2	1783	93	2250	121	2864	159
3	1721	90	2175	118	2774	154
4	1681	89	2128	116	2718	152
5	1655	88	2097	115	2684	151
10	1600	88	2048	115	2627	155
15	1622	91	2081	121	2677	163
20	1642	96	2112	129	2715	175
25	1651	100	2122	137	2727	191
30	1658	107	2125	149	2768	215
35	1666	116	2151	167	2891	250
40	1674	130	2250	195	3109	307
45	1750	151	2419	239	4500	407
50	1858	184	2649	313	4107	513
55	1971	233	3056	382	—	—
60	2211	276	—	—	—	—

	Nach 25 Jahren.		Nach 30 Jahren.		Nach 40 Jahren.	
Geburt	4681	264	6005	350	9931	461
1	3800	216	3879	286	8066	529
2	3668	209	4712	279	7788	518
3	3555	204	4568	273	7549	511
4	3485	202	4482	270	7404	509
5	3443	201	4430	281	7317	513
10	3380	206	4344	310	7272	564
15	3441	222	4422	352	7740	670
20	3489	245	4544	413	8441	834
25	3541	275	4773	508	9408	1110
30	3720	322	5142	672	11368	1421
35	3996	395	5699	859	—	—
40	4434	523	6874	—	—	—
45	5349	669	—	—	—	—

Alter d. Versicherten.	Nach 10 Jahren.		Nach 15 Jahren.		Nach 20 Jahren.	
	Kapital.	Rente.	Kapital.	Rente.	Kapital.	Rente.
	Fr.	Fr.	Fr.	Fr.	Fr.	Fr.
Geburt	1444	75	2399	128	3619	198
1	1381	72	2315	124	3522	194
2	1357	71	2288	123	3493	193
3	1339	70	2269	123	3473	193
4	1329	70	2256	123	3463	194
5	1318	70	2248	123	3458	195
10	1308	72	2255	127	3477	203
15	1321	74	2277	133	3513	214
20	1328	77	2292	140	3528	228
25	1333	81	2295	148	3532	248
30	1338	86	2291	161	3577	277
35	1343	93	2223	180	3722	322
40	1348	104	2412	209	3945	390
45	1392	120	2535	251	4239	500
50	1439	142	2679	316	4815	602
55	1495	176	2980	373	—	—
60	1629	203	—	—	—	—

	Nach 25 Jahren.		Nach 30 Jahren.		Nach 40 Jahren.	
Geburt	5212	294	7269	424	13352	862
1	5090	289	7117	417	13097	858
2	5055	289	7076	419	13027	867
3	5033	289	7051	422	12983	878
4	5022	291	7042	425	12964	892
5	5019	293	7041	429	12961	909
10	5055	308	7079	457	13878	1023
15	5097	329	7133	500	13879	1200
20	5117	359	7253	562	14914	1474
25	5189	402	7574	655	16424	1938
30	5408	468	8086	799	19507	2438
35	5755	569	8832	1042	—	—
40	6249	737	10350	1294	—	—
45	7233	904	—	—	—	—

§. 162. Die Lebensversicherung kann, wie wir im Vorhergehenden gesehen haben, entweder ohne weitere Bedingung auf dem Ableben mehrerer Personen beruhen oder aber unter Berücksichtigung einer gewissen Ordnung des Ueberlebens dieser Personen geschlossen werden. In beiden Fällen können aber noch besondere Bedingungen in Betreff der Zeit des Eintritts in den Besitz des Kapitals oder der Leibrente oder in Betreff der Dauer des Besitzes der Rente festgesetzt werden. Wenn die Auszahlung des versicherten Kapitals von einer besondern Ordnung des Ueberlebens abhängt, so sind in Beziehung auf solche die mannigfaltigsten Combinationen denkbar, und die Fälle werden um so verwickelter, je größer die Anzahl der dabei angenommenen Personen ist. *) In der Praxis sind übrigens nur wenige Combinationen des Ueberlebens anwendbar, und die Lebensversicherungsanstalten beschränken sich in der Regel auf Verbindungen von zwei Personen.

Verbindlichkeiten der Versicherungsanstalt und des Versicherten bei freiwilliger Aufhebung des Vertrags von Seiten des Letztern.

§. 163. Die gleichen jährlichen Prämien für lebenslängliche Versicherungen betragen im Anfang mehr und später weniger, als wenn von Jahr zu Jahr versichert wird (§. 153). Wenn nun ein lebenslänglich Versicherter den Vertrag aufheben und auf das versicherte Kapital Verzicht leisten will, so hat ihm, an und für sich betrachtet, die Versicherungsanstalt das, was er an Prämien zu viel bezahlt hat, zu vergüten.

Angenommen, der Versicherte sei jetzt 46 Jahre alt, habe sich vor 10 Jahren lebenslänglich versichern lassen, und die dem Alter von 36 Jahren entsprechende jährliche Prämie von 3 fl. für 100 fl. Versicherungskapital bisher entrichtet. Soll nun der Vertrag aufgehoben werden, so hat man zur Ermittlung der in Rede stehenden Vergütung die gegenwärtigen Werthe der Zahlungen, zu welchen sich beide Contrahenten verbindlich gemacht haben, zu berechnen.

Wenn der Versicherte sich jetzt in seinem 46ten Jahre versichern ließe, so könnte er den Werth des Versicherungskapitals 100 anschlagen auf:

$$\frac{100}{a}\left(\frac{a-a_1}{1+p}+\frac{a_1-a_2}{(1+p)^2}+\frac{a_2-a_3}{(1+p)^3}+\ldots\right) \text{ (§. 154.)}$$

in welchem Ausdruck a_1, a_2, a_3, u. s. w. die dem 46ten, 47ten,

*) Beispiele hierzu finden sich in Baily's Theorie der Lebensrenten 2c. Aus dem Englischen von Schnuse (Weimar, 1839).

48ten u. s. w. Lebensalter entsprechende Anzahl der Lebenden bezeichnen. Hätte dagegen der Versicherte fernerhin die dem Alter von 36 Jahren entsprechende Prämie im Betrage von 3 fl. jährlich zu entrichten, so könnte er den gegenwärtigen Werth dieser jährlichen Zahlungen anschlagen auf

$$\frac{3}{a}\left(\frac{a_1}{1+p} + \frac{a_2}{(1+p)^2} + \frac{a_3}{(1+p)^3} + \ldots\right) \text{ (§. 80.)}$$

$$\text{oder auf } 3 + \frac{3}{a}\left(\frac{a_1}{1+p} + \frac{a_2}{(1+p)^2} + \frac{a_3}{(1+p)^3} + \ldots\right)$$

je nachdem der Vertrag entweder unmittelbar nach oder vor der Zahlung der jährlichen Prämie aufgehoben wird. Demnach gibt die Differenz der den obigen Ausdrücken entsprechenden Werthe den Betrag der dem Versicherten zukommenden Vergütung.

Bei der jeweils vorzunehmenden Untersuchung des Vermögensstandes einer Lebensversicherungsanstalt kann zur Ermittlung ihrer Passivschulden auf dieselbe Art verfahren werden, weil sich dadurch bestimmen läßt, welche Summen sie zurückzahlen müßte, wenn alle ihre Versicherungskontrakte aufgehoben würden. Der jeweilige Vermögensstand wird demnach gefunden, wenn man den gegenwärtigen Werth der auf derselben ruhenden Passiven berechnet, und die Summe derselben von der Summe der Activposten (Kassenvorrath, ausstehende Kapitalien 2c.) abzieht.

§. 164. Die erste Lebensversicherungsanstalt ist in England im Jahre 1706 unter dem Namen der Amicable Society auf den Grundsatz der Gegenseitigkeit gegründet worden. Die damaligen Einrichtungen derselben waren aber sehr unvollkommen. Es wurden nur Personen unter 45 Jahren zugelassen, alle Mitglieder hatten gleichen Beitrag zu zahlen ($7^1/_2$ % Antrittsgeld und 5 % jährlichen Beitrag) und dieses Einkommen wurde am Schlusse jedes Jahres unter die Erben der im Laufe desselben gestorbenen Mitglieder vertheilt. Nicht weniger unvollkommen in ihren Einrichtungen war die im Jahr 1721 errichtete Lebens- (und zugleich Feuer-) Versicherungsanstalt der Royal-Exchange assurance company. Diese Anstalt wurde daher auch wenig benutzt, bis im Jahre 1762 die auf Gegenseitigkeit beruhende Equitable Society in London nach bessern, vom Mathematiker Simpson aufgestellten Grundsätzen, errichtet wurde. Seitdem ist die Lebensversicherung durch Gründung zahlreicher Anstalten in England weiter vervollkommnet und in allen Klassen der Bevölkerung gefördert worden, und es bestehen dermalen in England über hundert Anstalten dieser Art; die Summe der von allen englischen

Lebensversicherungsanstalten dermalen übernommenen Lebensversicherungen soll sich auf etwa 130 Millionen Livre Sterling belaufen. In Deutschland wurde im Jahr 1806, also 100 Jahre nachdem die erste Lebensversicherungsanstalt, die Amicable Society, gegründet wurde, in Hamburg der erste Versuch zur Gründung einer Lebensversicherungsanstalt gemacht, und zwar durch Beneke, den bekannten Schriftsteller über Seeassecuranz. Das Unternehmen fand aber wenig Theilnahme, und ein zweiter Versuch im Jahr 1822, mit der damals in Elberfeld gegründeten Feuerversicherungsanstalt noch die Lebensversicherung zu verbinden, hatte keinen bessern Erfolg. Erst die im Jahr 1829 in Gotha eröffnete Lebensversicherungsbank brachte die Lebensversicherung in Deutschland in Aufschwung. Diese Anstalt beruht auf Gegenseitigkeit und Oeffentlichkeit; auf Gegenseitigkeit, indem die Gesammtheit der Theilhaber derselben jedem einzelnen Versicherten für die Erfüllung der gegen ihn übernommenen Verbindlichkeiten Garantie leistet; auf Oeffentlichkeit, indem alljährlich öffentliche Rechenschaft abgelegt wird.

Die Einnahme der Bank besteht zunächst und hauptsächlich in den Prämiengeldern, außerdem noch in den Zinsen von ausgeliehenen Kapitalien und in zufälligem Agiogewinn.

Die Ausgabe der Bank besteht theils in den auszuzahlenden Versicherungssummen, Dividenden und einzelnen besondern Vergütungen aus der Reserve, theils in den Verwaltungskosten, deren Betrag von dem Bankvorstande mit Rücksicht auf möglichste Ersparnisse normal bestimmt ist, und für besondere Fälle bestimmt wird, theils endlich in zufälligen Verlusten, die etwa die Bank ohne Verschulden ihrer Beamten treffen könnten. Was nach Abzug der Ausgabe von der Einnahme übrig bleibt, fließt in den Fonds der Bank, der alle vorräthigen Zahlungsmittel derselben umfaßt. Ein Theil des Fonds der Bank dient als Reserve zur Deckung der Vergütungen bei künftigen Sterbfällen; ein anderer Theil als Sicherheitsfonds, um für außerordentliche Fälle Hülfsmittel darzubieten. Nach den Statuten dieser Anstalt besteht die Reserve in dem, was von den Prämiengeldern zurückgelegt werden muß, weil alle für das ganze Leben oder auf mehrere Jahre Versicherte, insoweit ihre Prämiensätze sich gleich bleiben, in den ersten Jahren mehr, in den spätern Jahren aber weniger zahlen, als das Sterblichkeitsgesetz für jedes Jahr mitbringt. Das Mehr in den frühern Jahren dient zur Deckung des Weniger in den spätern Jahren, und wird als Reserve zurückgelegt. Der jedesmalige wahre Betrag der Reserve wird jährlich nach den Grundsätzen der Prämienberechnung ausgemittelt. Auch wird derselbe noch von Zeit zu Zeit durch besondere Berechnung nach den bei dem Institute selbst sich etwa ergebenden Abweichungen der angenommenen Sterblichkeitsgesetze berichtigt. Den Sicherheitsfonds bilden die angesammelten jährlichen reinen Ueberschüsse. Der reine Ueberschuß eines Jahres ist diejenige Summe, welche nach Abzug der Ausgabe und Reserve desselben Jahres von der Einnahme übrig bleibt. Er gehört den Banktheilhabern, und zwar jedem zu seinem Antheil, nach Maaßgabe der eingezahlten Jahresprämie, und macht die Dividende des jedesmaligen Jahres aus. Die Zinsen der ausgeliehenen Kapitalien, sowie die vorkommenden zufälligen Einnahmen wachsen dem Ueberschusse des Jahres zu, in welchem sie zur Einnahme kommen. Dagegen werden zufällige Verluste von dem Ueberschusse des Jahres in Abzug gebracht. Wenn sich einmal in einem Jahre kein reiner Ueberschuß ergeben, sondern noch etwas zuzuschießen sein sollte, so wird dieses von den unvertheilten Ueberschüssen der vorhergehenden Jahre, und zwar nach Verhältniß eines jeden Jahres, genommen, oder bei etwaiger Unzulänglichkeit solcher Ueberschüsse durch einen Zuschuß der Banktheilhaber, der nach dem Verhältniß ihrer Jahresprämie geleistet wird, gedeckt. Die Bestimmungen über die Aufbewahrungszeit des Sicherheitsfonds und über die Vertheilung der Dividenden bleibt dem Ermessen des Bankvorstandes überlassen, wobei der Grundsatz gilt, daß die in den frühern Jahren gesammelten Ueberschüsse immer zuerst zur Vertheilung kommen. Dem Bankvorstande ist dabei die Verpflichtung auferlegt, für angemessene Sicherheitsfonds zu sorgen, damit jede Besorgniß wegen Nachschüssen wegfalle, und zu verhüten, daß nicht einerseits durch zweckloses Ansammeln das Eigenthum der Interessenten über die Gebühr zurückgehalten, und die richtige Abmessung der Antheile zu schwierig gemacht, anderseits aber bei übermäßig angehäuften Summen die Bewahrung und verzinsliche Benutzung der Fonds erschwert und gefährdet werde.

Die Auszahlung der Dividende von einem Jahre wird auf die Prämien aller in demselben Jahre versichert gewesenen Banktheilhaber gewährt, mag ihre Versicherung zur Zeit der Auszahlung noch fortbestehen oder erloschen sein. Auf Versicherungen, die zur Zeit der Auszahlung der Dividende noch bestehen, wird letztere durch Abrechnung an der zunächst zu zahlenden Prämie, auf erloschene Versicherungen durch Baarzahlung an die Inhaber der Dividendenscheine gewährt.

Die Benutzung des Bankfonds geschieht durch zinstragende Ausleihungen, welche vorzugsweise in den Staaten, aus welchen die zu verleihenden Gelder eingegangen sind, insoweit dies thunlich ist, bewirkt werden.

Zur Berechnung der Prämien ist die zur Zeit der Gründung der Anstalt vom englischen Mathematiker Babbage mit Berücksichtigung der Erfahrungen der Equitable Society in London aufgestellte Mortalitätstabelle benutzt, jedoch nach Erfahrungen auf dem Continente nicht unwesentlich modificirt worden, namentlich für die Sterblichkeit der höhern Altersstufen, welche auf dem Continent beträchtlicher, als in England zu sein scheint. *) Die zu einem dreiprocentigen Zinsfuß berechneten Prämien sind zur Deckung etwaiger Schwankungen der Sterblichkeit mit angemessenen Zuschlägen versehen worden.

Nach den Statuten der in Rede stehenden Anstalt können die Versicherten Landreisen innerhalb des christlichen Europa, und Seereisen auf der Ost- und Nordsee bis Havre und Portsmouth, unbeschadet der fortdauernden Gültigkeit der Versicherung, für die Dauer eines Jahres ohne Anzeige bei der Bank unternehmen. Andere und größere Reisen bedürfen der Genehmigung derselben, und, wenn dieselben mit höherer Gefahr verknüpft sind, der Entrichtung einer entsprechenden Zusatzprämie. Für Diejenigen, welche im Zweikampfe oder durch Selbstentleibung oder durch die Hand der Gerechtigkeit fallen, wird die Versicherungssumme nicht geleistet. In allen diesen Fällen erhält jedoch der Policeinhaber diejenige Vergütung, welche die Bank für die freiwillige Aufhebung der Versicherung gegeben haben würde, und wenn der Selbstmord im unzurechnungsfähigen Zustande begangen wurde, so wird die volle Reserve gewährt. Dieselbe höhere Vergütung empfangen diejenigen Militärpersonen, welche wegen Kriegsdienst ihre Versicherungen ganz aufgeben, und nicht bloß suspendiren lassen. Bei der im Jahr 1831, ebenfalls auf Gegenseitigkeit gegründeten Hannöver'schen Lebensversicherungsanstalt bleiben sich die Prämiensätze für die temporäre und lebenslänglichen Versicherungen nicht gleich, sondern sie steigen mit dem zunehmenden Alter, und werden erst am Ende jedes Jahres nach den darin stattgefundenen Todesfällen bestimmt. Zur Bestimmung der Größe der von den Theilnehmern je nach ihrem Alter und der versicherten Summe zu leistenden Beiträge, ist vorläufig bestimmt, wie hoch sich die Beiträge für je 100 Thlr. der versicherten Summe nach dem Alter des Versicherten belaufen würden, wenn die Sterb-

*) C. Hopf, die Lebensversicherungs-Anstalten Deutschlands. (In der deutschen Vierteljahrsschrift, zweites Heft, 1852.)

lichkeit genau nach dem Mortalitätsgesetz stattfände, und die entsprechenden Resultate geben also die muthmaßliche Größe der zu leistenden Beiträge an. Nach Ablauf jedes Rechnungsjahres wird nach der Summe der geleisteten Zahlungen berechnet, wie hoch sich der Beitrag eines jeden Theilnehmers nach Maaßgabe seines Alters für jedes Hundert der versicherten Summe belaufen muß, wobei vorerwähnte muthmaßliche Beiträge als Repartitionsfuß zum Grunde gelegt und zugleich vom Grundsatz ausgegangen wird, daß außer den Verwaltungskosten von den Theilnehmern in keinem Jahre mehr aufgebracht werden soll, als in Folge der in diesem Jahre stattgefundenen Todesfälle ausgezahlt werden muß. Außerdem muß als Caution für die pünktliche Zahlung der am Ende jeden Jahres repartirten Beiträge beim Beginn der Versicherung ein Kassenvorschuß im Belauf des wahrscheinlichen ersten Beitrags geleistet werden, der beim Aufhören der Versicherung an dem letzten Beitrage in Anrechnung kommt. Bei dieser Einrichtung ist darauf abgesehen, daß sich kein bedeutender Ueberschuß anhäufe, dessen Vertheilung unter die Betheiligten in sofern Schwierigkeiten darbieten dürfte, als die ältern Mitglieder der Anstalt größere Ansprüche als die neu hinzugekommenen Mitglieder am Gewinn haben.

Den Versicherten sind Reisen nur in sofern erlaubt, als sie nicht Seereisen in sich schließen, und eine Entfernung von 150 Meilen vom Wohnorte des Versicherten nicht überschreiten. Auch wird beim freiwilligen Abgang, so wie im Fall des Todes durch Selbstmord oder Duell gar keine Vergütung geleistet, im Fall der Aufhebung der Versicherung wegen weiterer Reisen aber, oder wegen Kriegsdienstes nur das Eintrittsgeld mit $2^1/_2$ % Zinsen zurückerstattet.

Die auf Gegenseitigkeit beruhende Leipziger Lebensversicherungsgesellschaft wurde im Jahr 1831 auf gleichen Grundlagen, wie die Gothaer Lebensversicherungsbank errichtet, und im Wesentlichen mit denselben Einrichtungen, wie diese versehen. Die ebenfalls auf Gegenseitigkeit beruhende Braunschweigische allgemeine Versicherungsanstalt wurde 1842 gegründet und durch Erweiterung der schon seit 1824 in Braunschweig bestehenden allgemeinen Wittwenversorgungsanstalt gebildet. Außer Lebensversicherungen übernimmt sie noch Leibrenten. Ihren Berechnungen hat sie die von Brune nach den Erfahrungen der preußischen Wittwenverpflegungsanstalt aufgestellte Mortalitätstabelle mit geringen Modificationen zu Grunde gelegt, und die nach derselben zu einem 3-procentigen Zinsfuß bestimmten Prämien mit einem Zuschlag von 10 % versehen. Für den freiwilligen unmotivirten Abgang wird keine Rückvergütung gewährt.

Eine solche empfangen bloß Diejenigen, die ihre Versicherung wegen Verlegung des Wohnsitzes außerhalb Deutschland, oder wegen Kriegs- oder Seedienst, oder wegen Verurtheilung zu schwerer Gefängnißstrafe rc. aufgeben müssen, so wie Diejenigen, welche für ihr Austreten Gründe anzugeben vermögen, welche die Administration für genügend anerkennt. Eine theilweise Vergütung wird auch für diejenigen Versicherten geleistet, welche durch Selbstmord, Duell oder durch die Hand der Gerechtigkeit ihren Tod finden.

Nach den Statuten der allgemeinen wechselseitigen Kapitalien- und Rentenversicherungsanstalt in Wien, welche im Jahr 1840 entstanden ist, hat jeder Versicherte ein Probejahr zu bestehen, dergestalt, daß, wenn er im ersten Jahre der Versicherung stirbt, die Versicherungssumme nicht gezahlt, sondern nur die entrichtete Prämie (ohne Zins und ohne Beitrag zum Regiefonds) zurückerstattet wird.

Die seit 1834 bestehende Lebensversicherungsanstalt der Allgemeinen Assecuranzgesellschaft in Triest ist ein reines Aktienunternehmen, und für die Erfüllung der von derselben übernommenen Verbindlichkeiten haftet ein Aktienkapital von 2 Millionen Gulden Conv.-Ct. in 2000 Aktien zu 1000 fl., wovon 10 % baar eingezahlt sind. Was den Umfang der Versicherungsgarantie betrifft, so dürfen Landreisen im christlichen Europa und Seereisen zu Friedenszeiten von nicht weitern Strecken als 150 italienischen Meilen von einem Hafen Europa's zum andern (die türkischen Häfen ausgenommen) gemacht werden, und im Fall des Todes durch Selbstmord, Duell, durch Richterspruch oder in Gefängnißhaft wird keinerlei Vergütung geleistet.

Die im Jahr 1836 entstandene Lebensversicherungsanstalt in München bildet einen Zweig der dasigen Hypotheken- und Wechselbank. Die Ueberschüsse fließen lediglich den Aktionären der Hypotheken- und Wechselbank zu, deren ausgedehnte Fonds für die Erfüllung der Lebensversicherungsverträge haften.

Zu den gemischten Aktienunternehmungen (§. 151) gehören die Berliner, Frankfurter, Lübecker und Hamburger Lebensversicherungsanstalten. Bei der im Jahr 1836 gegründeten Berliner Anstalt werden, wie bei der Gothaer Lebensversicherungsbank, die jährlichen reinen Ueberschüsse fünf Jahre hindurch zu einem Sicherheitsfonds angesammelt und haften während dieser Zeit für etwa entstehende Ausfälle. Nach Ablauf dieser Periode kommt immer je der älteste Jahresüberschuß als Dividende zur Vertheilung, und zwar empfangen daran die lebenslänglich Versicherten zwei Drittel, und die Aktionäre ein Drittel. Eine besondere Art von Versicherung bilden die Sparkassenversicherungen, wodurch die Anstalt sich verpflichtet, die versicherte Summe nach Ablauf einer bestimmten Reihe von Jahren, deren Zahl 25 nicht überschreiten darf, auszuzahlen, unter der Bedingung, daß der Versicherte die festgesetzte Prämie nur so lange, als er während jener Zeit am Leben ist, zu entrichten hat. Die Zahlung der Versicherungssumme erfolgt jedoch auch dann, wenn er früher stirbt, immer erst zu der festgesetzten Zeit. Ihre Prämien hat die Berliner Anstalt der Equitable-Society in London entlehnt.

Nach den Statuten der im Jahr 1845 in Frankfurt a. M. gegründeten Lebensversicherungsanstalt sollen zwar die lebenslänglich Versicherten einen Antheil am Gewinn der Gesellschaft haben, über die Quote des Antheils enthalten sie aber keine Bestimmung.

Die im Jahr 1828 in Lübeck auf Aktien errichtete Lebensversicherungsanstalt gewährt den Versicherten einen Antheil an den von 4 zu 4 Jahren zu ermittelnden Ueberschüssen, und es beträgt dieser Antheil $^2/_3$. Diese Anstalt gewährt außer eigentlichen Lebensversicherungen auch noch Aussteuerversicherungen und Leibrentenversicherungen.

Bei der im Jahr 1845 in Hamburg gegründeten Lebens- und Pensionsversicherungsgesellschaft Janus beträgt der Antheil der Versicherten am Gewinn $^7/_{10}$ und wird vom 4ten Jahre der Versicherung an, nach Maaßgabe der bezahlten Jahresprämie, entweder baar oder durch Abrechnung an den nächsten Prämienzahlungen gewährt.

In Frankreich bestehen ebenfalls seit längerer Zeit Lebensversicherungsanstalten (z. B. die Compagnie nationale, die Compagnie d'Assurances générales, die Union 2c.). Allein diese Anstalten sind bisher verhältnißmäßig wenig benützt worden, und die Summe der übernommenen Versicherungen soll sich gegenwärtig auf nicht mehr als 25 bis 30 Millionen Franken belaufen. Bessere Geschäfte scheinen dort die Tontinengesellschaften zu machen, worüber das Nähere im §. 203 zu ersehen.

III.

Rentenanstalten.

§. 165. Rentenanstalten haben den Zweck, ihren Theilnehmern gegen bestimmte Kapitalanlagen gewisse jährliche, mit dem zunehmenden Alter wachsende Renten zu gewähren. Die Zunahme der Rente beruht auf der Erbvereinigung der Theilnehmer der Anstalt, und letztere ist daher eine modificirte Tontine. (§. 88.)

Nehmen wir z. B. an, daß 71 83-jährige Personen (damit die Berechnung nicht zu weitläufig wird) zu gleichen Theilen 71000 fl. zusammenlegen, wonach die Einlage jedes Theilnehmers 1000 fl. beträgt. Wird dieses Kapital zu 4 Procent verzinslich angelegt, so betragen die Interessen desselben 2840 fl. Nun sind aber nach Ablauf des 1ten Jahres die Theilnehmer nicht mehr alle am Leben; nach der Sterblichkeitstabelle von Deparcieux (IV.) z. B. leben nach dem 1ten Jahre nur noch 59 Personen; mithin theilen sich 59 Theilnehmer in 2840 fl., und die Rente beträgt daher $\frac{2840}{59}$ = 48,13 fl.

Der weitere Fortgang der Rente ist nach der angeführten Tabelle wie folgt:

für	das	2te	Jahr	$\frac{2840}{48}$ =	fl.	59,16
„	„	3te	„	$\frac{2840}{38}$ =	„	74,73
„	„	4te	„	$\frac{2840}{29}$ =	„	97,93
„	„	5te	„	$\frac{2840}{22}$ =	„	129,09
„	„	6te	„	$\frac{2840}{16}$ =	„	177,5
„	„	7te	„	$\frac{2840}{11}$ =	„	258,18
„	„	8te	„	$\frac{2840}{7}$ =	„	405,71
„	„	9te	„	$\frac{2840}{4}$ =	„	710
„	„	10te	„	$\frac{2840}{2}$ =	„	1420
„	„	11te	„	$\frac{2840}{1}$ =	„	2840

Theorie der Kapitalauflösung.

§. 166. Wir haben angenommen, daß sich die Theilnehmer nur in die Zinsen des Kapitals theilen; soll denselben aber auch das Kapital wieder anheimfallen, so muß dasselbe in Renten aufgelöst werden. Die Auflösung kann entweder in der Weise stattfinden, daß man die dem Kapital und der Dauer der Verbindung der Theilnehmer entsprechende Zeitrente, oder aber die Einlagen der abgegangenen Mitglieder unter die Ueberlebenden vertheilt.

§. 167. Weil, in Beziehung auf das im §. 165 aufgestellte Beispiel, nach dem 12ten Jahre, der Sterblichkeitstabelle zufolge, keine Theilnehmer mehr am Leben sind, so kann man das Kapital zum angenommenen Zinsfuße in eine 11-jährige Zeitrente auflösen. Da nun, nach Tabelle II., dem Kapital 8,7604 die 11-jährige Rente 1 entspricht, so entspricht dem Kapital 71000 fl. eine Rente von 8104 fl.

Die in Folge der Erbvereinigung steigende Rente ist also:

nach dem 1ten Jahre $\frac{8104}{59}$ = fl. 137,35

" " 2ten " $\frac{8104}{48}$ = " 168,83

" " 3ten " $\frac{8104}{38}$ = " 213,26

" " 4ten " $\frac{8104}{29}$ = " 279,44

" " 5ten " $\frac{8104}{22}$ = " 368,36

" " 6ten " $\frac{8104}{16}$ = " 506,5

" " 7ten " $\frac{8104}{11}$ = " 736,72

" " 8ten " $\frac{8104}{7}$ = " 1157,71

" " 9ten " $\frac{8104}{4}$ = " 2026

" " 10ten " $\frac{8104}{2}$ = " 4052

" " 11ten " $\frac{8104}{1}$ = " 8104

Nach der Sterblichkeitstabelle von Deparcieux und für den Zinsfuß 4 ist das Kapital der Leibrente 1 für eine 83-jährige Person = 2,939 (Tab. IX.); dem Kapital 1000 entspricht sonach eine Leibrente von 340,25 fl., und mithin ist, in Beziehung auf obiges Beispiel, die steigende Rente schon im 5ten Jahre größer, als die dem Alter des Betheiligten entsprechende Leibrente.

§. 168. Theilen sich die Ueberlebenden in die Zinsen und das Kapital der abgegangenen Mitglieder, so ist, in Beziehung auf obiges Beispiel, die Rente für das

$$1.\text{Jahr} = \frac{71000 \times 4}{100 \times 59} + \frac{12 \times 1000}{59} = 48,13 + 203,38 = 251,51$$

$$2.\ \text{"} = \frac{59000 \times 4}{100 \times 48} + \frac{11 \times 1000}{48} = 49,16 + 229,16 = 278,32$$

$$3.\ \text{"} = \frac{48000 \times 4}{100 \times 38} + \frac{10 \times 1000}{38} = 50,52 + 263,15 = 313,68$$

$$4.\ \text{"} = \frac{38000 \times 4}{100 \times 29} + \frac{9 \times 1000}{29} = 52,41 + 310,34 = 362,75$$

$$5.\ \text{"} = \frac{29000 \times 4}{100 \times 22} + \frac{7 \times 1000}{22} = 52,72 + 318,18 = 370,9$$

$$6.\ \text{"} = \frac{22000 \times 4}{100 \times 16} + \frac{6 \times 1000}{16} = 55 + 375 = 430$$

$$7.\ \text{"} = \frac{16000 \times 4}{100 \times 11} + \frac{5 \times 1000}{11} = 58,18 + 454,54 = 512,72$$

$$8.\ \text{"} = \frac{11000 \times 4}{100 \times 7} + \frac{4 \times 1000}{7} = 62,85 + 571,42 = 634,27$$

$$9.\ \text{"} = \frac{7000 \times 4}{100 \times 4} + \frac{3 \times 1000}{4} = 70 \times 750 = 820$$

$$10.\ \text{"} = \frac{4000 \times 4}{100 \times 2} + \frac{2 \times 1000}{2} = 80 + 1000 = 1080$$

$$11.\ \text{"} = \frac{2000 \times 4}{100 \times 1} + \frac{1 \times 1000}{1} = 80 + 1000 + 2000 = 3080.$$

Bei dieser Vertheilungsweise ist schon im 4ten Jahre die steigende Rente größer, wie die Leibrente.

§. 169 Die Vertheilung kann auch in der Weise geschehen, daß jedem Ueberlebenden statt des Antheils am Kapital der abgegangenen Mitglieder eine seinem Alter entsprechende Leibrente zufällt.

Nach der IXten Tabelle ist für das Alter von 84 Jahren, für den Zinsfuß 4 und die Leibrente 1 das Kapital = 2,679; für das Kapital 203,38 ist daher die Rente = $\frac{203,38}{2,679}$ = 75,91; für 85 Jahre und das Kapital 229,16 ist die Rente = $\frac{229,16}{2,424}$ = 94,53; für 86 Jahre und das Kapital 263,15 ist die Rente = $\frac{263,15}{2,185}$ = 120,43; für 87 Jahre und das Kapital 310,34 ist die Rente = $\frac{310,34}{1,977}$ = 156,97; für 88 Jahre und das Kapital 318,18 ist die Rente = $\frac{318,18}{1,711}$ = 185,96; für 89 Jahre und das Kapital 375 ist die Rente $= \frac{375}{1,446} = 259,34$ u. s. w. Die Rente ist daher nach dem

1ten Jahre $= 48,13$
2ten " $= 49,16 + 75,91 = 125,07$
3ten " $= 50,52 + 75,91 + 94,53 = 220,96$
4ten " $= 52,41 + 75,91 + 94,53 + 120,43 = 343,28$
5ten " $= 52,72 + 75,91 + 94,53 + 120,43 + 156,97 = 500,56$
6ten " $= 55 + 75,91 + 94,53 + 120,43 + 156,97 + 185,96 = 688,8$
7ten " $= 58,18 + 75,91 + 94,53 + 120,43 + 156,97 + 185,96 + 259,34 = 951,32$

u. s. w.

§. 170. Der den Ueberlebenden anheimfallende Kapitalantheil kann endlich auch, nach einem angenommenen Verhältniß, zum Theil baar ausgezahlt und zum Theil in eine Leibrente verwandelt werden.

§. 171. Zum Behufe weiterer Untersuchungen wollen wir jetzt annehmen, daß

	812	80jährige Personen
	697	81 " "
	590	82 " "
zusammen	2099	Personen;
ferner daß	492	83-jährige Personen
	404	84 " "
	327	85 " "
zusammen	1223	Personen;
endlich, daß	261	86-jährige Personen
	206	87 " "
	159	88 " "
zusammen	626	Personen

sich dazu vereinigen, ihre Einlagen von 100 fl. dem Verein unter der Bedingung für immer zu belassen, daß die aus der Kapitalanlage entspringende Rente der mit Tode abgehenden Mitglieder unter die Ueberlebenden vertheilt werden solle.

Soll nun für jeden dieser Vereine berechnet werden, wie hoch sich, nach einem angenommenen Zinsfuße, und nach der Sterblichkeitstabelle von Deparcieux (Tab. III.) die Renten stellen können, so muß vorläufig der jährliche Abgang an Mitgliedern ausgemittelt werden.

Zur Vereinfachung der Darstellung und Berechnung haben wir angenommen, daß in jedem der drei obigen Vereine die einzelnen Altersabstufungen in dem Verhältniß vorkommen, in welchem die Lebenden überhaupt nach der angeführten Sterblichkeitstabelle stehen.

Nun erleiden die zu Anfang des 1ten Jahres lebenden 2099 Mitglieder des 1ten Vereins im Laufe des Jahres einen Abgang, welcher der Summe des Abgangs der drei ersten Jahre in der Sterblichkeitstabelle gleich ist, also = 115 + 107 + 98 = 320; die Anzahl der Lebenden zu Ende des 1ten Jahres ist demnach = 2099 — 320 = 1779; in gleicher Weise ist die Anzahl der Lebenden des 2ten Jahres =

$$1779 - (107 + 98 + 88) = 1779 - 293 = 1486;$$

des 3ten Jahres =

$$1486 - (98 + 88 + 77) = 1486 - 263 = 1223, \text{ u. s. w.}$$

Hiernach erhält man für die drei Vereine folgende Sterblichkeitstabelle:

Erster Verein. Alter von 80 bis 83			Zweiter Verein. Alter von 83 bis 86			Dritter Verein. Alter von 86 bis 89		
Jahre.	Lebende.	Gestorb.	Jahre.	Lebende.	Gestorb.	Jahre.	Lebende.	Gestorb.
0	2099	320	0	1223	231	0	626	144
1	1779	293	1	992	198	1	482	126
2	1486	263	2	794	168	2	356	109
3	1223	231	3	626	144	3	247	89
4	992	198	4	482	126	4	158	66
5	794	168	5	356	109	5	92	44
6	626	144	6	247	89	6	48	25
7	482	126	7	158	66	7	23	13
8	356	109	8	92	44	8	10	6
9	247	89	9	48	25	9	4	3
10	158	66	10	23	13	10	1	1
11	92	44	11	10	6	11	0	
12	48	25	12	4	3			
13	23	13	13	1	1			
14	10	6	14	0				
15	4	3						
16	1	1						
17	0							

Die Einlage des 1ten Vereins ist $= 2099 \times 100 = 209900$ fl. Wird dieses Kapital in eine Zeitrente aufgelöst, so ist solche, nach obiger Sterblichkeitstabelle, für 16 Jahre zu berechnen, und wenn der Zinsfuß 4 angenommen wird, so ist nach Tabelle II. die entsprechende Zeitrente $= \frac{209900}{11,6522} = 18013$.

Die Einlage des 2ten Vereins ist $= 1223 \times 100 = 122300$ fl.; die Zeitrente für die Kapitalauflösung ist, der Sterblichkeitstabelle zufolge, für 13 Jahre zu berechnen; sie ist daher $= \frac{122300}{9,9856} = 12247$.

Die Einlage des 3ten Vereins ist $= 626 \times 100 = 62600$ fl. Die Zeitrente für die Kapitalauflösung ist, der Sterblichkeitstabelle zufolge, für 10 Jahre zu berechnen; sie ist daher $= \frac{62600}{8,1108} = 7718$.

Die in Folge der Erbvereinigung steigenden Renten obiger Vereine ergeben sich demnach aus folgenden Berechnungen:

Erster Verein.

1tes Jahr $\frac{18013}{1779} = 10,12$

2tes " $\frac{18013}{1486} = 12,12$

3tes " $\frac{18013}{1223} = 14,72$

u. s. w.

Zweiter Verein.

1tes Jahr $\frac{12247}{992} = 12,34$

2tes " $\frac{12247}{794} = 15,42$

3tes " $\frac{12247}{626} = 19,56$

u. s. w.

Dritter Verein.

1tes Jahr $\frac{7718}{482} = 16,01$

2tes " $\frac{7718}{356} = 21,67$

3tes " $\frac{7718}{247} = 31,24$ u. s. w.

§. 172. Werden obige Vereine in der Weise selbst wieder mit einander vereinigt, daß die Kapitaleinlagen derselben, zusammen im Betrage von 209900 + 122300 + 62600 = 394800 gemeinschaftlich aufgelöst, und unter die Ueberlebenden nach Verhältniß ihrer Einlagen vertheilt werden sollen, so hat man obige Summe der Einlagen in eine 16-jährige Zeitrente zu verwandeln; sie ist zu 4 Procent berechnet, $= \frac{394800}{11,6522} = 33882$, und die Renten werden sich unter obiger Voraussetzung und nach der oben berechneten Sterblichkeitstabelle wie folgt stellen:

1tes Jahr $\frac{33882}{1779 + 992 + 482} = \frac{33882}{3253} = 10,41$

2tes „ $\frac{33882}{1436 + 794 + 356} = \frac{33882}{2636} = 12,85$

3tes „ $\frac{33882}{1223 + 626 + 247} = \frac{33882}{2096} = 16,16$

4tes „ $\frac{33882}{992 + 482 + 158} = \frac{33882}{1632} = 20,76$

5tes „ $\frac{33882}{794 + 356 + 92} = \frac{38982}{1242} = 27,28$

6tes „ $\frac{33882}{626 + 247 + 48} = \frac{33882}{921} + 36,78$

7tes „ $\frac{33882}{482 + 158 + 23} = \frac{33882}{663} = 51,1$

8tes „ $\frac{33882}{356 + 92 + 10} = \frac{33882}{458} = 73,97$

9tes „ $\frac{33882}{247 + 48 + 4} = \frac{33882}{299} = 113,31$

10tes „ $\frac{33882}{158 + 23 + 1} = \frac{33882}{182} = 186,16$

11tes „ $\frac{33882}{92 + 10} = \frac{33882}{102} = 332,17$

12tes „ $\frac{33882}{48 + 4} = \frac{33882}{52} = 651,57$

13tes „ $\frac{33883}{23 + 1} = \frac{33882}{24} = 1411,75$

14tes „ $\frac{33882}{10} = \frac{33882}{10} = 3388,2$

15tes „ $\frac{33882}{4} = \frac{33882}{4} = 8470,5$

16tes „ $\frac{33882}{1} = \frac{33882}{1} = 33882.$

Die Renten der einzelnen Abtheilungen sind demnach wie folgt:

Jahre	Erste Abtheilung.	Zweite Abtheilung.	Dritte Abtheilung.
1	10,41	10,41	10,41
2	12,85	12,85	12,85
3	16,16	16,16	16,16
4	20,76	20,76	20,76
5	27,28	27,28	27,28
6	36,78	36,78	36,78
7	51,10	51,10	51,10
8	73,97	73,97	73,97
9	113,31	113,31	113,31
10	186,16	186,16	186,16
11	332,17	332,17	
12	651,57	651,57	
13	1411,75	1411,75	
14	3388,20		
15	8470,50		
16	33882		

§. 173. Werden die Zinsen im Gesammtbetrage von $\frac{394800 \times 4}{100} = 15792$, welche die Mitglieder des Vereins jährlich zu beziehen haben, von der Auflösungsrente getrennt, so ist die der Kapitalauflösung entsprechende Zeitrente = 33882 — 15792 = 18090. Die Auflösungsrenten sind demnach für das

$$\text{1te Jahr } \frac{18090}{1779 + 992 + 482} = \frac{18090}{3253} = 5,56$$

$$\text{2te " } \frac{18090}{1486 + 794 + 356} = \frac{18090}{2636} = 6,86$$

$$\text{3te " } \frac{18090}{1223 + 626 + 247} = \frac{18090}{2096} = 8,63$$

$$\text{4te " } \frac{18090}{992 + 482 + 158} = \frac{18090}{1632} = 11,08$$

$$\text{5te " } \frac{18090}{794 + 356 + 92} = \frac{18090}{1242} = 14,56$$

$$\text{6te " } \frac{18090}{626 + 247 + 48} = \frac{18090}{921} = 19,64$$

$$\text{7te " } \frac{18000}{482 + 158 + 23} = \frac{18090}{663} = 27,28$$

8te Jahr $\frac{18090}{356 + 92 + 10} = \frac{18090}{458} = 39{,}49$

9te „ $\frac{18090}{247 + 48 + 4} = \frac{18090}{299} = 60{,}50$

10te „ $\frac{18090}{158 + 23 + 1} = \frac{18090}{182} = 99{,}39$

11te „ $\frac{18090}{92 + 10} = \frac{18090}{102} = 177{,}35$

12te „ $\frac{18090}{48 + 4} = \frac{18090}{52} = 347{,}88$

13te „ $\frac{18090}{23 + 1} = \frac{18090}{24} = 753{,}75$

14te „ $\frac{18090}{10} = \frac{18090}{10} = 1809$

15te „ $\frac{18090}{4} = \frac{18090}{4} = 4522{,}50$

16te „ $\frac{18090}{1} = \frac{18090}{1} = 18090.$

Die Einlage der ersten Abtheilung des Vereins ist = 209900 fl.; die 4=procentigen Zinsen davon betragen 8396 fl.; die Einlage der zweiten Abtheilung ist = 122300 fl.; die 4=procentigen Zinsen davon betragen 4892 fl.; die Einlage der dritten Abtheilung ist = 62600; die 4=procentigen Zinsen davon betragen 5504. Werden nun die Zinsen davon nicht gemeinschaftlich, sondern abtheilungsweise getheilt, und werden sie beim Aussterben einer Abtheilung auf die nächst jüngere Abtheilung vererbt, so stellen sich die Zinsen in der dritten Abtheilung wie folgt:

1tes Jahr $\frac{2504}{482} = 5{,}19$

2tes „ $\frac{2504}{356} = 7{,}03$

3tes „ $\frac{2504}{247} = 10{,}13$

4tes „ $\frac{2504}{158} = 15{,}84$

5tes „ $\frac{2505}{92} = 27{,}21$

6tes „ $\frac{2504}{48} = 52{,}16$

7tes " $\frac{2504}{23} = 108{,}86$

8tes " $\frac{2504}{10} = 250{,}40$

9tes " $\frac{2504}{4} = 626$

10tes " $\frac{2504}{1} = 2504.$

Weil wegen Aussterbens der dritten Abtheilung nach dem 11ten Jahre 2504 fl. an Zinsen auf die zweite Abtheilung übergehen, so stellen sich die Zinsen in dieser Abtheilung wie folgt:

1tes Jahr $\frac{4892}{992} = 4{,}93$

2tes " $\frac{4892}{794} = 6{,}16$

3tes " $\frac{4892}{626} = 7{,}81$

4tes " $\frac{4892}{482} = 10{,}14$

5tes " $\frac{4892}{356} = 13{,}74$

6tes " $\frac{3892}{247} = 19{,}80$

7tes " $\frac{4892}{158} = 30{,}96$

8tes " $\frac{4892}{92} = 53{,}17$

9tes " $\frac{4892}{48} = 101{,}91$

10tes " $\frac{4892}{23} = 212{,}69$

11tes " $\frac{4892 + 2504}{10} = 739{,}60$

12tes " $\frac{4892 + 2504}{4} = 1849$

13tes " $\frac{4892 + 2504}{1} = 7396.$

Weil wegen Aussterbens der zweiten Abtheilung nach dem 14ten

Jahre 4892 + 2504 = 7396 fl. an Zinsen auf die erste Abtheilung übergehen, so stellen sich die Zinsen in dieser Abtheilung wie folgt:

1tes Jahr $\frac{8396}{1779} = 4{,}71$

2tes „ $\frac{8396}{1486} = 5{,}65$

3tes „ $\frac{8396}{1223} = 6{,}86$

4tes „ $\frac{8396}{992} = 8{,}46$

5tes „ $\frac{8396}{794} = 10{,}57$

6tes „ $\frac{8396}{626} = 13{,}41$

7tes „ $\frac{8396}{482} = 17{,}41$

8tes „ $\frac{8396}{356} = 23{,}58$

9tes „ $\frac{8396}{247} = 33{,}99$

10tes „ $\frac{8395}{158} = 53{,}13$

11tes „ $\frac{8396}{92} = 91{,}26$

12tes „ $\frac{8396}{48} = 174{,}91$

13tes „ $\frac{8396}{23} = 365{,}04$

14tes „ $\frac{8396 + 7396}{10} = 1579{,}2$

15tes „ $\frac{8396 + 7396}{4} = 3948$

16tes „ $\frac{8396 + 7396}{1} = 15792$

In den einzelnen Abtheilungen stellen sich demnach die Renten wie folgt:

Erste Abtheilung.

Jahre	Zinsrente.	Auflösungs-rente.	Jahresrente.
1	4,71	5,56	10,27
2	5,65	6,86	12,51
3	6,86	8,63	15,49
4	8,46	11,08	19,54
5	10,57	14,56	25,13
6	13,41	19,64	33,05
7	17,41	27,28	44,69
8	23,58	39,49	63,07
9	33,99	60,5	94,49
10	53,13	99,39	152,52
11	91,26	177,35	268,61
12	174,91	347,88	522,79
13	365,04	753,75	1118,79
14	1579,2	1809	3388,2
15	3948	4522,5	8470,5
16	15792	18090	33882

Zweite Abtheilung.

Jahre	Zinsrente.	Auflösungs-rente.	Jahresrente.
1	4,93	5,56	10,49
2	6,16	6,86	13,02
3	7,81	8,63	16,44
4	10,14	11,08	21,22
5	13,74	14,56	28,30
6	19,80	19,64	39,44
7	30,96	27,28	58,24
8	53,17	39,49	92,66
9	101,91	60,5	162,41
10	212,69	99,39	312,08
11	739,6	177,35	916,95
12	1849	347,88	2196,88
13	7396	753,75	8149,75

Dritte Abtheilung.

Jahre	Zinsrente.	Auflösungs-rente.	Jahresrente.
1	5,19	5,56	10,75
2	7,03	6,86	13,89
3	10,13	8,63	18,76
4	15,84	11,08	26,92
5	27,21	14,56	41,77
6	52,16	19,64	71,80
7	108,86	27,28	136,14
8	250,4	39,49	289,89
9	626	60,5	686,5
10	2504	99,39	2603,39

Zur Vergleichung der Resultate der nach §§. 172 und 173 bewerkstelligten Vertheilung dient folgende Zusammenstellung:

Jahre.	Erste Abtheilung.		Zweite Abtheilung.		Dritte Abtheilung.	
	Nach §. 172	Nach §. 173	Nach §. 172	Nach §. 173	Nach §. 172.	Nach §. 173
1	10,41	10,27	10,41	10,49	10,41	10,75
2	12,85	12,51	12,85	13,02	12,85	13,89
3	16,16	15,49	16,16	16,44	16,16	18,76
4	20,76	19,54	20,76	21,22	20,76	26,92
5	27,28	25,13	27,28	28,3	27,28	41,77
6	36,78	33,05	36,78	39,44	36,78	71,8
7	51,1	44,69	51,1	58,24	51,1	136,14
8	73,97	63,07	73,97	92,66	73,97	289,89
9	113,31	94,49	113,31	162,41	113,31	686,5
10	186,16	152,52	186,16	312,08	186,16	2603,39
11	332,17	268,61	332,17	916,95		
12	651,57	522,79	651,57	2196,88		
13	1411,75	1118,79	1411,75	8149,75		
14	3388,2	3388,2				
15	8470,5	8470,5				
16	33882	33882				

§. 174. Soll die Rente nicht höher, als zu einem gewissen Betrage anwachsen, und die Kapitalauflösung mit dem Ablauf des Eintrittsjahres beginnen, so hat man zur Bestimmung der Zeit bei der Berechnung der Zeitrente zu untersuchen, in welchem Jahre alle noch lebenden Mitglieder des Vereins erstmals zum Genuß der höchsten Rente gelangen können. Wird letztere in Beziehung auf obiges Beispiel, zu 150 fl. angesetzt, so folgt aus der Zusammenstellung im §. 173, daß dieser Zeitpunkt im 7ten Jahre eintreten kann. Der Sterblichkeit zufolge sind aber noch Lebende vorhanden im

7ten	Jahre	482 + 158 + 23 = 663
8ten	„	356 + 92 + 10 = 458
9ten	„	247 + 48 + 4 = 299
10ten	„	158 + 23 + 1 = 182
11ten	„	92 + 10 = 102
12ten	„	48 + 4 = 52
13ten	„	23 + 1 = 24
14ten	„	10
15ten	„	4
16ten	„	1.

Es erhalten also im

7ten	Jahre	663	Personen	663 × 150 =	fl. 99450
8ten	„	458	„	458 × 150 =	„ 68700
9ten	„	299	„	299 × 150 =	„ 44850
10ten	„	182	„	182 × 150 =	„ 27300
11ten	„	102	„	102 × 150 =	„ 15300
12ten	„	52	„	52 × 150 =	„ 7800
13ten	„	24	„	24 × 150 =	„ 3600
14ten	„	10	„	10 × 150 =	„ 1500
15ten	„	4	„	4 × 150 =	„ 600
16ten	„	1	„	1 × 150 =	„ 150.

Werden obige Zahlungen auf das 7te Vereinsjahr zu 4 Procent discontirt, so erhält man für

99450 fl. zahlbar im 7ten Jahre	. . . .		fl. 99450
68700 „ „ „ 8ten	„	$68700\left(\frac{100}{104}\right)$ =	„ 66057,70
44850 „ „ „ 9ten	„	$44850\left(\frac{100}{104}\right)^2$ =	„ 41463,82
27300 „ „ „ 10ten	„	$27300\left(\frac{100}{104}\right)^3$ =	„ 24266,97
15300 „ „ „ 11ten	„	$15300\left(\frac{100}{104}\right)^4$ =	„ 13078,44
		Transport =	fl. 244316,93

Transport = fl. 244316,93

7800 fl.	zahlbar	im 12ten	Jahre	$7800\left(\frac{100}{104}\right)^5$	= „	6410,82
3600 „	„	„ 13ten	„	$3600\left(\frac{100}{104}\right)^6$	= „	2845,08
1500 „	„	„ 14ten	„	$1500\left(\frac{100}{104}\right)^7$	= „	1139,85
600 „	„	„ 15ten	„	$600\left(\frac{100}{104}\right)^8$	= „	438,36
150 „	„	„ 16ten	„	$150\left(\frac{100}{104}\right)^9$	= „	105,37

zusammen fl. 255256,41

Das Gesammtvermögen des Vereins besteht aus 394800 fl. (§. 172); davon müssen also 255256,41 fl. im 7ten Jahre zur Bestreitung der Maximalrenten vorhanden sein; zur Kapitalauflösung sind daher nur 394800 — 255256,41 = 139543,5 fl. disponibel, und dafür ist nun die 6-jährige Zeitrente zu bestimmen; sie ist (nach Tab. II.) $= \frac{139543{,}5}{5{,}2421} = 26619{,}78$ fl.

Trennt man die Zinsen im Gesammtbetrage von $\frac{139543{,}59 \times 4}{100}$ = 5581,74 fl. von der Zeitrente, so ist die Auflösungsrente = 26619,78 — 5581,74 = 21038,04 fl. Bis zum 7ten Jahre erhalten aber auch die Theilnehmer die 4-procentigen Zinsen der nicht auflöslichen 255256,41 fl., im Betrage von 10210,26 fl. Es theilen sich also die Ueberlebenden bis zum 7ten Jahre in die Auflösungsrente im Betrage von 21038,04 fl. und in die Zinsen im Betrage von 5581,74 + 10210,26 = 15792 fl. = den Zinsen vom Gesammtvermögen des Vereins.

Die Auflösungsrenten stellen sich hiernach wie folgt:

1tes Jahr $\frac{21038}{3253} = 6{,}46$

2tes „ $\frac{21038}{2636} = 7{,}98$

3tes „ $\frac{21038}{2096} = 10{,}03$

4tes „ $\frac{21038}{1632} = 12{,}89$

5tes „ $\frac{21038}{1242} = 17{,}74$

6tes „ $\frac{21038}{921} = 22{,}84$

Werden die Zinsen wie im §. 173 vertheilt, so stellen sich die Renten in den einzelnen Abtheilungen wie folgt:

Erste Abtheilung.

Jahre	Zinsrente.	Auflösungs-rente.	Jahresrente.
1	4,71	6,46	11,17
2	5,65	7,98	13,63
3	6,86	10,03	16,89
4	8,46	12,89	21,35
5	10,57	17,74	28,31
6	13,41	22,84	36,25
7	—	—	150
8	—	—	150
9	—	—	150
10	—	—	150
11	—	—	150
12	—	—	150
13	—	—	150
14	—	—	150
15	—	—	150
16	—	—	150

Zweite Abtheilung.

Jahre	Zinsrente.	Auflösungs-rente.	Jahresrente.
1	4,93	6,46	11,39
2	6,16	7,98	14,14
3	7,81	10,03	17,84
4	10,14	12,98	23,03
5	13,74	17,74	31,48
6	19,8	22,84	42,64
7	—	—	150
8	—	—	150
9	—	—	150
10	—	—	150
11	—	—	150
12	—	—	150
13	—	—	150

Dritte Abtheilung.

Jahre	Zinsrente.	Auflösungsrente.	Jahresrente.
1	5,19	6,46	11,65
2	7,03	7,98	15,01
3	10,13	10,03	20,16
4	25,84	12,89	38,73
5	27,21	17,74	44,95
6	52,16	22,84	75
7	—	—	150
8	—	—	150
9	—	—	150
10	—	—	150

§. 175. Wir wollen jetzt annehmen, daß sich in derjenigen Abtheilung, deren jüngste Mitglieder das 87te Lebensjahr erreicht haben, die Ueberlebenden in das Kapital der abgegangenen Mitglieder theilen, und daß die Vererbung von Abtheilung zu Abtheilung stattfindet; ferner, daß sich in denjenigen Abtheilungen, in welchen die Kapitalvererbung noch nicht stattfindet, die Ueberlebenden in die Zinsen der abgegangenen Mitglieder ihrer Abtheilung theilen, und daß die höchste Rente zu 150 fl. angesetzt ist.

Unter diesen Voraussetzungen stellen sich in der dritten Abtheilung die Renten wie folgt:

Erstes Jahr.

Kapital = 62600; gest. 144 Mitgl.; zu vertheilen 14400 fl.; Zinsen = $\frac{2504}{482}$ = 5,19; Erbantheil $\frac{14400}{482}$ = 29,87.

2tes Jahr.

Kapital = 62600 — 14400 = 48200; gest. 126 Mitgl.; zu vertheilen 12600 fl.; Zinsen = $\frac{1928}{356}$ = 5,41; Erbantheil = $\frac{12600}{356}$ = 35,39.

3tes Jahr.

Kapital = 48200 -- 12600 = 35600 fl.; gest. 109 Mitgl.; zu vertheilen 10900 fl.; Zinsen = $\frac{1424}{247}$ = 5,76; Erbantheil = $\frac{10900}{247}$ = 44,12.

4tes Jahr.

Kapital = 35600 — 10900 = 24700; gest. 89 Mitgl.; zu vertheilen 8900 fl.; Zinsen = $\frac{988}{158}$ = 6,25; Erbantheil = $\frac{8900}{158}$ = 56,32.

5tes Jahr.

Kapital = 24700 — 8900 = 15800; gest. 66 Mitgl.; zu vertheilen 6600 fl.; Zinsen = $\frac{632}{92}$ = 6,86; Erbantheil = $\frac{6600}{92}$ = 71,73.

6tes Jahr.

Kapital = 15800 — 6600 = 9200; gest. 44 Mitgl.; zu vertheilen 4400 fl.; Zinsen = $\frac{368}{48}$ = 7,66; Erbantheil = $\frac{4400}{48}$ = 91,66.

7tes Jahr.

Kapital = 9200 — 4400 = 4800; gest. 25 Mitgl.; zu vertheilen 2500 fl.; Zinsen = $\frac{192}{23}$ = 8,34; Erbantheil = $\frac{2500}{23}$ = 108,69.

8tes Jahr.

Kapital = 4800 — 2500 = 2300; gest. 13 Mitgl.; zu vertheilen 1300 fl.; Zinsen = $\frac{92}{10}$ = 9,2; Erbantheil = $\frac{1300}{10}$ = 130.

9tes Jahr.

Kapital = 2300 — 1300 = 1000; gest. 6 Mitgl.; zu vertheilen 600 fl.; Zinsen = $\frac{40}{4}$ = 10; Erbantheil = $\frac{600}{4}$ = 150.

Weil die höchste Rente = 150 sein soll, so geht der Ueberschuß von 40 fl. auf die zweite Abtheilung über.

10tes Jahr.

Kapital = 1000 — 600 = 400; gest. 3 Mitgl.; zu vertheilen 300 fl.; Zinsen = $\frac{16}{1}$ = 16; Erbantheil = $\frac{300}{1}$ = 300.

Gesammtrente = 16 + 300 = 316
ab 150 als höchste Rente,
verbleiben 166 fl., welche auf die zweite Abtheilung übergehen.

Im 11ten Jahre geht auf die zweite Abtheilung über

an Kapital	100 fl.
" Zinsen	4 "
zusammen	104 fl.

Zweite Abtheilung.

1tes Jahr

Kapital = 122300; gest. 231 Mitgl.; Zinsen $= \frac{4892}{992} = 4{,}93$.

2tes Jahr.

Kapital = 122300; gest. 198 Mitgl.; Zinsen $= \frac{4892}{794} = 6{,}16$.

3tes Jahr.

Kapital = 122300; gest. 168 Mitgl.; Zinsen $= \frac{4892}{626} = 7{,}81$.

4tes Jahr.

Kapital = 122300; gest. 144 Mitgl.; zu vertheilen 14400 fl.; Zinsen $= \frac{4892}{482} = 10{,}14$; Erbantheil $= \frac{14400}{482} = 29{,}87$.

5tes Jahr.

Kapital = 122300 — 14400 = 107900; gest. 126 Mitgl.; zu vertheilen 12600 fl.; Zinsen $= \frac{4316}{356} = 12{,}12$; Erbantheil $= \frac{12600}{356} = 35{,}39$.

6tes Jahr.

Kapital = 107900 — 12600 = 95300; gest. 109 Mitgl.; zu vertheilen 10900 fl.; Zinsen $= \frac{3812}{247} = 15{,}43$; Erbantheil $= \frac{10900}{247} = 44{,}12$.

7tes Jahr.

Kapital = 95300 — 10900 = 84400; gest. 89 Mitgl.; zu vertheilen 8900 fl.; Zinsen $= \frac{3376}{158} = 21{,}36$; Erbantheil $= \frac{8900}{158} = 56{,}32$.

8tes Jahr.

Kapital = 84400 — 8900 = 75500; gest. 66 Mitgl.; zu vertheilen 6600 fl.; Zinsen $= \frac{3020}{92} = 32{,}82$; Erbantheil $= \frac{6600}{92} = 71{,}73$.

9tes Jahr.

Kapital = 75500 — 6600 = 68900; gest. 44 Mitgl.; zu vertheilen 4400 fl.; Zinsen = $\frac{2756}{48}$ = 57,41; Erbantheil = $\frac{4400}{48}$ = 91,66. Im 9ten Jahre gehen ferner 40 fl., als Ueberschuß, von der dritten Abtheilung auf die zweite Abtheilung über; daher weiterer Erbantheil = $\frac{40}{48}$ = 0,83 und Gesammtrente = 57,41 + 91,66 + 0,83 = 149,90.

10tes Jahr.

Kapital = 68900 — 4400 = 64500; gest. 25 Mitgl.; zu vertheilen 2500 fl.; Zinsen = $\frac{2580}{23}$ = 112,17; Erbantheil = $\frac{2500}{23}$ = 108,69;

im Ganzen zu vertheilen 2580 + 2500 = 5080
hiervon ab 23 × 150 = 3450
verbleiben . . . . . . 1630 fl.,

welche auf die erste Abtheilung übergehen; im 10ten Jahre gehen aber auch 166 fl. von der dritten Abtheilung auf die zweite über, und es gehen hiernach im Ganzen 1630 + 166 = 1796 fl. von der zweiten Abtheilung auf die erste über.

11tes Jahr.

Kapital = 64500 — 2500 = 62000; gest. 13 Mitgl.; zu vertheilen 1300 fl.; Zinsen = $\frac{2480}{10}$ = 248; Erbantheil = $\frac{1300}{10}$ = 130;

im Ganzen zu vertheilen 2480 + 1300 = 3780
hiervon ab 10 × 150 = 1500
verbleiben . . . . . . 2280 fl.,

welche auf die erste Abtheilung übergehen; im 11ten Jahre gehen aber auch 104 fl. von der dritten Abtheilung auf die zweite über, und es gehen hiernach im Ganzen 2280 + 104 = 2384 fl. von der zweiten Abtheilung auf die erste über.

12tes Jahr.

Kapital = 62000 — 1300 = 60700; gest. 6 Mitgl.; zu vertheilen 600 fl.; Zinsen = $\frac{2428}{4}$ = 607; Erbantheil = $\frac{600}{4}$ = 150.

Im Ganzen zu vertheilen 2428 + 600 = 3028
hiervon ab 4 × 150 = 600
verbleiben . . . . . 2428 fl.,
welche auf die erste Abtheilung übergehen.

13tes Jahr.

Kapital = 60700 — 600 = 60100; gest. 3 Mitgl.; zu vertheilen 300 fl. Zinsen = $\frac{2404}{1}$ = 2404; Erbantheil = $\frac{300}{1}$ = 300.

Im Ganzen zu vertheilen 2404 + 300 = 2704
hiervon ab 1 × 150 = 150
verbleiben . . . . . 2254 fl.,
welche auf die erste Abtheilung übergehen.

14tes Jahr.

Kapital = 60100 — 300 = 59800; die Zinsen hiervon betragen 2392 fl., wonach am Ende des 14ten Jahres 59800 + 2392 = 62192 fl. auf die erste Abtheilung übergehen.

Erste Abtheilung.

1tes Jahr.

Kapital = 209900; gest. 320 Mitgl.; Zinsen = $\frac{8396}{1779}$ = 4,71.

2tes Jahr.

Kapital = 209900; gest. 293 Mitgl.; Zinsen = $\frac{8396}{1486}$ = 5,65.

3tes Jahr.

Kapital = 209900; gest. 263 Mitgl.; Zinsen = $\frac{8396}{1223}$ = 6,86.

4tes Jahr.

Kapital = 209900; gest. 231 Mitgl.; Zinsen = $\frac{8396}{992}$ = 8,46.

5tes Jahr.

Kapital = 209900; gest. 198 Mitgl.; Zinsen = $\frac{8396}{794}$ = 10,57.

6tes Jahr.

Kapital = 209900; gest. 168 Mitgl.; Zinsen = $\frac{8396}{626}$ = 13,41.

7tes Jahr.

Kapital = 209900; gest. 144 Mitgl.; zu vertheilen 14400 fl.; Zinsen = $\frac{8396}{482}$ = 17,41; Erbantheil = $\frac{14400}{482}$ = 29,87.

8tes Jahr.

Kapital = 209900 — 14400 = 195500; gest. 126 Mitgl.; zu vertheilen 12600 fl.; Zinsen = $\frac{7820}{356}$ = 21,96; Erbantheil = $\frac{12600}{356}$ = 35,39.

9tes Jahr.

Kapital = 195500 — 12600 = 182900; gest. 109 Mitgl.; zu vertheilen 10900 fl.; Zinsen = $\frac{7316}{247}$ = 29,61; Erbantheil = $\frac{10900}{247}$ = 44,12.

10tes Jahr.

Kapital = 182900 — 10900 = 172000; gest. 89 Mitgl.; zu vertheilen 8900 fl.; Zinsen = $\frac{6880}{158}$ = 43,54; Erbantheil = $\frac{8900}{158}$; im 10ten Jahre gehen aber auch von der zweiten Abtheilung 1796 fl. auf die erste über; der weitere Erbantheil ist daher = $\frac{1796}{158}$, und der gesammte Kapitalantheil ist = $\frac{8900}{158} + \frac{1796}{158} = \frac{10696}{158}$ = 67,69.

11tes Jahr.

Kapital = 172000 — 8900 = 163100; gest. 66 Mitgl.; zu vertheilen 6600 fl.; Zinsen = $\frac{6524}{92}$ = 70,91; Erbantheil = $\frac{6600}{92}$; im 11ten Jahre gehen aber auch 2384 fl. von der zweiten Abtheilung auf die erste über; der weitere Erbantheil ist daher $\frac{2384}{92}$; daher im Ganzen zu vertheilen 6524 + 6600 + 2384 = 15508
hiervon ab 92 × 150 = 13800
verbleiben . . . . . . 1708 fl.,
über welche anderweitig verfügt werden kann.

12tes Jahr.

Kapital = 163100 — 6600 = 156500; gest. 44 Mitgl.; zu vertheilen 4400 fl.; Zinsen = $\frac{6260}{48}$ = 130,40; Erbantheil = $\frac{4400}{48}$; im 12ten Jahre gehen aber auch 2428 fl. von der zweiten Abtheilung auf die erste über; der weitere Erbantheil ist daher = $\frac{2428}{48}$;

daher im Ganzen zu vertheilen 6260 + 4400 + 2428 = 13088
hiervon ab 48 × 150 = 7200
verbleiben . . . . fl. 5888,
über welche anderweitig verfügt werden kann.

13tes Jahr.

Kapital = 156500 — 4400 = 152100; gest. 25 Mitgl.; zu vertheilen 2500 fl.; Zinsen = $\frac{6084}{23}$ = 264,52; Erbantheil = $\frac{2500}{23}$; im 13ten Jahre gehen aber auch 2554 fl. von der zweiten Abtheilung auf die erste über; der weitere Erbantheil ist daher = $\frac{2554}{23}$; daher im Ganzen zu vertheilen 6084 + 2500 + 2554 = 11138
hiervon ab 23 × 150 = 3450
verbleiben . . . . fl. 7688,
über welche anderweitig verfügt werden kann.

14tes Jahr.

Kapital = 152100 — 2500 = 149600; gest. 13 Mitgl.; zu vertheilen 1300 fl.; Zinsen = $\frac{5984}{10}$ = 598,4; Erbantheil = $\frac{1300}{10}$; im 14ten Jahre gehen aber auch 62192 fl. von der zweiten Abtheilung auf die erste über; der weitere Erbantheil ist daher = $\frac{62192}{10}$; daher im Ganzen zu vertheilen 5984 + 1300 + 62192 = 69476
hiervon ab 10 × 150 = 1500
verbleiben . . . . fl. 67976,
über welche anderweitig verfügt werden kann.

15tes Jahr.

Kapital = 149600 — 1300 = 148300; gest. 6 Mitgl.; zu vertheilen 600 fl.; Zinsen = $\frac{5932}{4}$ = 1483; Erbantheil = $\frac{600}{4}$ = 150; wonach über 5932 fl. anderweitig verfügt werden kann.

16tes Jahr.

Kapital = 148300 — 600 = 147700; gest. 3 Mitgl.; zu vertheilen 300 fl.; Zinsen = $\frac{5908}{1}$ = 5908; Erbantheil = $\frac{300}{1}$ = 300; wonach zu Ende des 16ten Jahres über
5908 + 150 = 6058
und 147700 — 300 = 147400
zusammen über 153458
anderweitig verfügt werden kann.

Zur Vergleichung der Resultate obiger Vertheilungen mit denjenigen der im §. 174 bewerkstelligten Vertheilung, dient folgende Zusammenstellung.

Erste Abtheilung.

Jahre	Zinsrente.	Erbantheil.	Jahresrente.
1	4,71	—	4,71
2	5,65	—	5,65
3	6,86	—	6,86
4	8,46	—	8,46
5	10,57	—	10,57
6	13,41	—	13,41
7	17,41	29,87	47,28
8	21,96	35,39	57,35
9	29,61	44,12	73,73
10	43,54	67,69	111,23
11	—	—	150
12	—	—	150
13	—	—	150
14	—	—	150
15	—	—	150
16	—	—	150

Zweite Abtheilung.

Jahre	Zinsrente.	Erbantheil.	Jahresrente.
1	4,93	—	4,93
2	6,16	—	6,16
3	7,81	—	7,81
4	10,14	29,87	40,01
5	12,12	35,39	47,51
6	15,43	44,12	59,55
7	21,36	56,32	77,68
8	32,82	71,73	104,55
9	57,41	92,49	149,9
10	—	—	150
11	—	—	150
12	—	—	150
13	—	—	150

Dritte Abtheilung.

Jahre	Zinsrente.	Erbantheil.	Jahresrente.
1	5,19	29,87	35,06
2	5,41	35,39	40,8
3	5,76	44,12	49,88
4	6,25	56,32	62,57
5	6,86	71,73	78,59
6	7,66	91,66	99,32
7	8,34	198,69	117,03
8	9,2	130	139,2
9	—	—	150
10	—	—	150

Weil in Folge der Annahme einer höchsten Rente nicht das ganze Einlagekapital zur Vertheilung kommt, so kann nach obiger Berechnung anderweitig verfügt werden, zu Ende des

11ten Jahres über 1708 fl.
12ten " " 5888 "
13ten " " 7688 "
14ten " " 67976 "
15ten " " 5932 "
16ten " " 153458 "

Zu Ende des 16ten Jahres bleiben demnach übrig

$$1708 \left(\frac{104}{100}\right)^5 = 2078{,}12 \text{ fl.}$$

$$5888 \left(\frac{104}{100}\right)^4 = 6888{,}37 \text{ "}$$

$$7688 \left(\frac{104}{100}\right)^3 = 8648{,}23 \text{ "}$$

$$67976 \left(\frac{104}{100}\right)^2 = 73522{,}84 \text{ "}$$

$$5932 \left(\frac{104}{100}\right) = 6169{,}28 \text{ "}$$

$$153458 = 153458{,}00 \text{ "}$$

zusammen 250764,84 fl.

§. 176. Nach der Vertheilungsart im §. 175 nimmt die Zinsrente mit jedem Jahre zu; soll sie aber, vom Beginn der Kapitalvertheilung an, eine constante Größe sein, so muß die Differenz der veränderlichen und constanten Zinsrente dem Erbantheil zugeschlagen werden. So ist z. B. in der dritten Abtheilung im 1ten Jahre die Zinsrente = 5,19, der Erbantheil = 29,87, und die Jahresrente = 35,06; im zweiten Jahre ist die Zinsrente = 5,41, der Erbantheil = 35,39 und die Jahresrente = 40,8 u. s. w. Ist nun die constante Zinsrente = 4, so ist der Erbantheil im ersten Jahre = 29,87 + 5,19 − 4 = 31,06, und die Jahresrente ist, wie vorher, = 31,06 + 4 = 35,06; im zweiten Jahre ist der Erbantheil = 35.39 + 5,41 − 4 = 36,8, und die Jahresrente ist = 36,8 + 4 = 40,8 u. s. w.

§. 177. Nehmen wir ferner, wie im §. 169 an, daß jedem Ueberlebenden statt des Antheils am Kapital der abgegangenen Mitglieder eine seinem Alter entsprechende Leibrente zufällt, daß, vom Beginn der Leibrentenvertheilung an, die Zinsrente unveränderlich ist, und daß die Summe der jährlichen Zinsen und Leibrenten nicht über 150 steigen darf.

Endlich sollen, zur Verwandlung der Erbantheile in Leibrenten, folgende, zum Zinsfuß 4 berechneten Werthe der Leibrente 1 gebraucht werden.

Alter.	Werthe.
87	2,021
88	1,724
89	1,436
90	1,184
91	0,970
92	0,804
93	0,673
94	0,634
95	0,321

Die Berechnung dieser Werthe gründet sich auf die von Florencourt eingerichtete Deparcieux'sche Sterblichkeitstabelle (IV.). Die im Anhang befindliche Leibrententabelle (IX.) ist nach der ursprünglichen Deparcieux'schen Tabelle (III.) berechnet; weil aber die obigen Rentenrechnungen nach der Florencourt-Deparcieux'schen Tabelle angestellt sind, so sollen, zu mehrer Genauigkeit, auch die derselben entsprechenden Leibrentenwerthe hier angewendet werden.

Weil die zu vertheilenden Leibrenten sich nach dem Alter der Betheiligten richten, so muß vorläufig die Anzahl der Lebenden jeder Abtheilung nach ihren Altersabstufungen bestimmt werden. Nach der im Vorhergehenden angenommenen Sterblichkeitstabelle (III.) und nach der für die Altersabstufungen darnach berechneten Tabelle (§. 171) sind die Summen der Lebenden nach den Altersabstufungen wie folgt zusammengesetzt.

Erste Abtheilung.

Jahre	Alter.	Lebende.	Alter.	Lebende.	Alter.	Lebende.	Summe.
1	81	697	82	590	83	492	1779
2	82	590	83	492	84	404	1486
3	83	492	84	404	85	327	1223
4	84	404	85	327	86	261	992
5	85	327	86	261	87	206	794
6	86	261	87	206	88	159	626
7	87	206	88	159	89	117	482
8	88	159	89	117	90	80	356
9	89	117	90	80	91	50	247
10	90	80	91	50	92	28	158
11	91	50	92	28	93	14	92
12	92	28	93	14	94	6	48
13	93	14	94	6	95	3	23
14	94	6	95	3	96	1	10
15	95	3	96	1	—	—	4
16	96	1	—	—	—	—	1

Zweite Abtheilung.

Jahre	Alter.	Lebende.	Alter.	Lebende.	Alter.	Lebende.	Summe.
1	84	404	85	327	86	261	992
2	85	327	86	261	87	206	794
3	86	261	87	206	88	159	626
4	87	206	88	159	89	117	482
5	88	159	89	117	90	80	356
6	89	117	90	80	91	50	247
7	90	80	91	50	92	28	158
8	91	50	92	28	93	14	92
9	92	28	93	14	94	6	48
10	93	14	94	6	95	3	23
11	94	6	95	3	96	1	10
12	95	3	96	1	—	—	4
13	96	1	—	—	—	—	1

Dritte Abtheilung.

Jahre	Alter.	Lebende.	Alter.	Lebende.	Alter.	Lebende.	Summe.
1	87	206	88	159	89	117	482
2	88	159	89	117	90	80	356
3	89	117	90	80	91	50	247
4	90	80	91	50	92	28	158
5	91	50	92	28	93	14	92
6	92	28	93	14	94	6	48
7	93	14	94	6	95	3	23
8	94	6	95	3	96	1	10
9	95	3	96	1	—	—	4
10	96	1	—	—	—	—	1

Unter obiger Voraussetzung ist nun die Berechnung der Renten wie folgt:

Dritte Abtheilung.

1tes Jahr.

Kapital = 62600; gest. 144 Mitgl.; zu vertheilen 14400 fl.; Zinsen $= \frac{2504}{482} = 5{,}19$; Erbantheil $= \frac{14400}{482} + 1{,}19 = 29{,}87 + 1{,}19 = 31{,}06$; Jahresrente = 4.

Der Erbantheil, in Leibrenten verwandelt, gibt eine Leibrente von

$\frac{31{,}06}{2{,}021} = 15{,}36$ für die 87=jährigen Mitgl.

$\frac{31{,}06}{1{,}724} = 18{,}01$ „ „ 88= „ „

$\frac{31{,}06}{1{,}436} = 21{,}62$ „ „ 89= „ „

welche zu Ende des zweiten Jahres erstmals ausgezahlt wird.

2tes Jahr.

Kapital = 62600 — 14400 = 48200; gest. 126 Mitgl.; zu vertheilen 12600 fl.; Zinsen $= \frac{1928}{356} = 5{,}41$; Erbantheil $= \frac{12600}{356} + 1{,}41 = 35{,}39 + 1{,}41 = 36{,}8$; Jahresrente für

159 88=jährige Mitgl. = 4 + 15,36 = 19,36
117 89= „ „ = 4 + 18,01 = 22,01
80 90= „ „ = 4 + 21,62 = 25,62.

Der Erbantheil, in Leibrenten verwandelt, gibt eine Leibrente von

$\frac{36{,}8}{1{,}724} = 21{,}34$ für 88=jährige Mitgl.

$\frac{36,8}{1,436} = 25,62$ für 89=jährige Mitgl.

$\frac{36,8}{1,184} = 31,08$ „ 90= „ „

3tes Jahr.

Kapital = 48200 — 12600 = 35600; gest. 109 Mitgl.; zu vertheilen 10900 fl.; Zinsen = $\frac{1424}{247} = 5,76$; Erbantheil = $\frac{10900}{247}$ + 1,76 = 44,12 + 1,76 = 45,88; Jahresrente für

117 89=jährige Mitgl. = 4 + 15,36 + 21,34 = 40,70
80 90= „ „ = 4 + 18,01 + 25,62 = 47,63
50 91= „ „ = 4 + 21,62 + 31,08 = 56,7.

Der Erbantheil, in Leibrenten verwandelt, gibt eine Leibrente von

$\frac{45,88}{1,436} = 31,94$ für 89=jährige Mitgl.

$\frac{45,88}{1,184} = 38,74$ „ 90= „ „

$\frac{45,88}{0,97} = 47,29$ „ 91= „ „

4tes Jahr.

Kapital = 35600 — 10900 = 24700; gest. 89 Mitgl.; zu vertheilen 8900 fl.; Zinsen = $\frac{988}{158} = 6,25$; Erbantheil = $\frac{8900}{158}$ + 2,25 = 56,32 + 2,25 = 58,57; Jahresrente für

80 90=jährige Mitgl. = 4 + 15,36 + 21,34 + 31,94 = 72,64
50 91= „ „ = 4 + 18,01 + 25,62 + 38,74 = 86,37
28 92= „ „ = 4 + 21,62 + 31,08 + 47,29 = 103,99.

Der Erbantheil, in Leibrenten verwandelt, gibt eine Leibrente von

$\frac{58,57}{1,184} = 49,46$ für 90=jährige Mitgl.

$\frac{58,57}{0,97} = 60,38$ „ 91= „ „

$\frac{58,57}{0,804} = 72,84$ „ 92= „ „

5tes Jahr

Ohne die Zinsrente, im Betrage von 4 fl. ist die Rente für

50 91=jährige Mitgl. = 15,36 + 21,34 + 31,94 + 49,46 = 118,1
28 92= „ „ = 18,01 + 25,62 + 38,74 + 60,38 = 142,75
14 93= „ „ = 21,62 + 31,08 = 47,29 + 72,84 = 172,83.

Weil die höchste Rente = 150 ist, so können die ältesten Mitglieder der Abtheilung an der Vererbung nicht weiter Theil nehmen. Es betragen die Leibrenten derselben vom

1ten	Jahre	her	21,62
2ten	„	„	31,08
3ten	„	„	47,29
		zusammen	99,99 oder 100.

Damit vom 5ten Jahre an die ältesten Mitglieder jährlich 150 fl. erhalten, so muß denselber im 4ten Jahre das Kapital einer Leibrente von 150 — 100 = 50 zufallen; also, weil sie im 4ten Jahre 92 Jahre alt sind, nach der obigen Leibrententabelle, $50 \times 0{,}804 = 40{,}2$ fl., und weil im 4ten Jahre die Anzahl derselben = 28 ist, so sind $28 \times 40{,}2 = 1125{,}6$ fl. zur Deckung der Renten für die ältesten, bei der Vererbung nicht mehr betheiligten Mitglieder erforderlich. Im 4ten Jahre ist daher der Erbantheil für die übrigen 130 Mitglieder =

$$\frac{8900 + 158 \times 2{,}25 - 1125{,}6}{130} = 62{,}54,$$

und dieser Erbantheil, in Leibrenten verwandelt, gibt eine Leibrente von

$$\frac{62{,}54}{1{,}184} = 52{,}82 \text{ für 90-jährige Mitgl.}$$

$$\frac{62{,}54}{0{,}97} = 64{,}47 \quad „ \quad 91\text{-} \quad „ \quad „$$

Im 5ten Jahre ist daher, mit Berücksichtigung der constanten Zinsrente, die Jahresrente für

50 91-jährige Mitgl. $= 4 + 15{,}36 + 21{,}34 + 31{,}94 + 52{,}82$
$= 125{,}46$

28 92- „ „ $= 4 + 18{,}01 + 25{,}62 + 38{,}74 + 64{,}47$
$= 150{,}84.$

Weil die Jahresrente der nächstältesten Mitglieder im 5ten Jahre mehr als die höchste Rente beträgt, so können auch diese Mitglieder an der Vererbung nicht weiter Theil nehmen. Es betragen die Leibrenten derselben vom

1ten	Jahre	her	18,01
2ten	„	„	25,62
3ten	„	„	38,74
		zusammen	82,37.

Damit nun vom 5ten Jahre an die Mitglieder jährlich 150 fl. erhalten, so muß denselben im 4ten Jahre das Kapital einer Leibrente von 150 — 82,37 = 67,63 zukommen; also, weil sie im 4ten

Jahre 91 Jahre alt sind, nach der angeführten Leibrententabelle $67,63 \times 0,97 = 65,6$ fl., und weil im 4ten Jahre die Anzahl derselben $= 50$ ist, so sind $50 \times 65,6 = 3280$ fl. zur Deckung der Renten für die nächstältesten, bei der Vererbung ebenfalls nicht mehr betheiligten Mitglieder, erforderlich.

Für die 80 jüngsten Mitglieder der Abtheilung ist daher der Erbantheil =

$$\frac{8900 + 158 \times 2,25 - 1125,6 - 3280}{80} = \frac{4850,4}{80} = 60,63.$$

Die entsprechende Leibrente ist $= \frac{60,63}{1,184} = 51,2$, und die Jahresrente ist für 50 91=jährige Mitglieder $= 4 + 15,36 + 21,34 + 31,94 + 51,2 = 123,84$.

Im 5ten Jahre ist das Kapital $= 24700 - 8900 = 15800$; gestorben sind 66 Mitglieder, und zu vertheilen sind 6600 fl.; weil aber von jetzt an nur noch die jüngsten, 91=jährigen, Mitglieder, deren Anzahl $= 50$ ist, bei der Vererbung betheiligt sind, so ist der Betrag der Zinsen $= \frac{632}{50} = 12,64$, und der Erbantheil ist

$$= \frac{6600}{50} = 132 + 8,64 = 140,64.$$

Dieser Erbantheil, in eine Leibrente für das Alter von 91 Jahren verwandelt, gibt $\frac{140,64}{0,97} = 144,98$.

Im 6ten Jahre wäre also, mit Berücksichtigung der constanten Zinsrente, die Jahresrente =

$$4 + 15,36 + 21,34 + 31,94 + 51,2 + 144,98 = 268,82.$$

Es betragen aber die Leibrenten vom

1ten	Jahre	her	15,36
2ten	"	"	21,34
3ten	"	"	31,94
4ten	"	"	51,20
		zusammen	119,84

Damit nun vom 6ten Jahre an die Mitglieder jährlich 150 fl. zu beziehen haben, so muß denselben im 5ten Jahre das Kapital einer Leibrente von $150 - 119,84 = 30,16$ zukommen; also, weil sie im 5ten Jahre des Vereins 91 Jahre alt sind, nach der Leibrententabelle, $30,16 \times 0,97 = 29,25$. Weil die Anzahl der Mitglieder im 5ten Jahre $= 50$ ist, so ist ein Kapital von $50 \times 29,25 = 1462,5$ fl. zur Deckung der Leibrenten erforderlich.

Zu Ende des 5ten Jahres sind zur Zahlung der constanten Zinsrente erforderlich $4 \times 50 = 200$ fl.; die Zinsen des im Anfang des 5ten Jahres vorhandenen Kapitals betragen aber $\frac{15800 \times 4}{100}$ $= 632$ fl.; daher ein Ueberschuß von $632 - 200 = 432$ fl.; hierzu das Kapital im Betrage von 15800 fl., gibt 16232 fl.; zieht man hiervon die zur Deckung der Leibrenten erforderlichen 1462,5 fl. ab, so bleiben 14769,5 fl. übrig, welche zu Ende des 5ten Jahres von der dritten Abtheilung auf die zweite übergehen.

In der dritten Abtheilung sind demnach die Jahresrenten, wie folgt:

Jahre.	
1.	Für alle Mitglieder . . . . = 4
2.	Für 159 88-jährige Mitglieder . = 19,36 „ 117 89- „ „ . = 22,01 „ 80 90- „ „ . = 25,62
3.	Für 119 89-jährige Mitglieder = 40,7 „ 80 90- „ „ = 47,63 „ 50 91- „ „ = 56,7
4.	Für 80 90-jährige Mitglieder = 72,64 „ 50 91- „ „ = 86,37 „ 28 92- „ „ = 103,99
5.	Für 50 91-jährige Mitglieder = 123,84 „ 28 92- „ „ = 150 „ 14 93- „ „ = 150
6.	150
7.	150
8.	150
9.	150
10.	150

Zweite Abtheilung.

1tes Jahr.

Kapital = 122300; gest. 231 Mitgl.; Zinsen = $\frac{4892}{992}$ = 4,93; Jahresrente = 4,93.

2tes Jahr.

Kapital = 122300; gest. 198 Mitgl.; Zinsen = $\frac{4892}{794}$ = 6,16; Jahresrente = 6,16.

3tes Jahr.

Kapital = 122300; gest. 168 Mitgl.; Zinsen = $\frac{4892}{626}$ = 7,81; Jahresrente = 7,81.

4tes Jahr.

Kapital = 122300; gest. 144 Mitgl.; zu vertheilen 14400 fl.; Zinsen = $\frac{4892}{482}$ = 10,14; Erbantheil = $\frac{14400}{482}$ = 29,87.

So wie in der dritten Abtheilung, in welcher gleich Anfangs die Kapitalvererbung stattgefunden hat, die constante Zinsrente = 4 ist, so ist sie in der zweiten Abtheilung vom 4ten Jahre an, als mit welchem die Kapitalvererbung beginnt, = 10,14. Sollte die Zinsrente durchgängig vom Jahre der Kapitalvererbung an = 4 sein, so würde die Jahresrente in dem Jahre, in welchem die Kapitalvererbung eintritt, weniger, als in den vorhergehenden Jahren betragen, weil die Auszahlung der Leibrente erstmals in dem auf den Erbanfall folgenden Jahre stattfindet. Die Jahresrente ist daher im 4ten Jahre = 10,14. Der Erbantheil, im Betrage von 29,87 in Leibrenten verwandelt, gibt eine Leibrente von

$\frac{29,87}{2,021}$ = 14,77 für 87-jährige Mitgl.

$\frac{29,87}{1,724}$ = 17,32 „ 88- „ „

$\frac{29,87}{1,436}$ = 20,8 „ 89- „ „

5tes Jahr.

Kapital = 122300 — 14400 = 107900; gest. 126 Mitgl.; zu vertheilen 12600 fl. und außerdem 14769,5 fl., welche zu Ende des 5ten Jahres von der dritten Abtheilung auf die zweite übergehen; daher zu vertheilen 27369,5 fl.; Zinsen = $\frac{4316}{356}$ = 12,12; Erbantheil = $\frac{27369,5}{356}$ + 1,98 = 76,88 + 1,98 = 78,86; Jahresrente für

159 88-jährige Mitgl. = 10,14 + 14,77 = 24,91
117 89- „ „ = 10,14 + 17,32 = 27,46
80 90- „ „ = 10,14 + 20,8 = 30,94.

Der Erbantheil, in Leibrenten verwandelt, gibt eine Leibrente von

$\frac{78,86}{1,724} = 45,74$ für 88=jährige Mitgl.

$\frac{78,86}{1,436} = 54,91$ „ 89= „ „

$\frac{78,86}{1,184} = 66,6$ „ 90= „ „

6tes Jahr.

Kapital = 107900 — 12600 = 95300; gest. 109 Mitgl.; zu vertheilen 10900 fl.; Zinsen $= \frac{3812}{247} = 15,43$; Erbantheil $= \frac{10900}{247} + 5,29 = 44,12 + 5,29 = 49,41$; Jahresrente für

117 89=jährige Mitgl. = 10,14 + 14,77 + 45,47 = 70,65
80 90= „ „ = 10,14 + 17,32 + 54,91 = 82,37
50 91= „ „ = 10,14 + 20,8 + 66,6 = 97,54.

Der Erbantheil, in Leibrenten verwandelt, gibt eine Leibrente von

$\frac{49,41}{1,436} = 34,4$ für 89=jährige Mitgl.

$\frac{49,41}{1,184} = 41,73$ „ 90= „ „

$\frac{49,41}{0,97} = 50,93$ „ 91= „ „

7tes Jahr.

Kapital = 95300 — 10900 = 84400; gest. 89 Mitgl.; zu vertheilen 8900 fl.; Zinsen $= \frac{3376}{158} = 21,36$; Erbantheil $= \frac{8900}{158} + 11,22 = 56,32 + 11,22 = 67,54$; Jahresrente für

80 90=jährige Mitgl. = 10,14 + 14,77 + 45,47 + 34,4 = 105,05
50 91= „ „ = 10,14 + 17,32 + 54,91 + 41,73 = 124,1
28 92= „ „ = 10,14 + 20,8 + 66,6 + 50,93 = 148,47.

Der Erbantheil, in Leibrenten verwandelt, gibt eine Leibrente von

$\frac{67,54}{1,184} = 57,04$ für 90=jährige Mitgl.

$\frac{67,54}{0,97} = 69,62$ „ 91= „ „

$\frac{67,54}{0,804} = 84$ „ 92= „ „

8tes Jahr.

Die Jahresrente ist, auch ohne die constante Zinsrente von 10,14, für alle Mitglieder größer, als die Maximalrente, denn sie ist ohne Zinsen für

50 91=jährige Mitgl.	$= 105{,}05 + 57{,}04 - 10{,}14 = 151{,}95$
28 92= „ „	$= 124{,}1 + 69{,}62 - 10{,}14 = 183{,}58$
14 93= „ „	$= 148{,}47 + 84 - 10{,}14 = 222{,}33.$

Für die ältesten Mitglieder der zweiten Abtheilung betragen die Leibrenten vom

4ten	Jahre	20,80
5ten	„	66,60
6ten	„	50,93
zusammen		138,33.

Da aber diese Mitglieder vom 8ten Jahre an jährlich 150 fl. zu beziehen haben, so muß denselben im 7ten Jahre das Kapital einer Leibrente von $150 - 138{,}33 = 11{,}67$ zukommen; also, weil sie im 7ten Jahre des Vereins 92 Jahre alt sind, nach der Leibrententabelle, $11{,}67 \times 0{,}804 = 9{,}38$. Weil die Anzahl der Mitglieder im 7ten Jahre = 28 ist, so ist ein Kapital von $28 \times 9{,}38 = 262{,}64$ zur Deckung der Leibrenten erforderlich.

Für die nächstältesten Mitglieder der zweiten Abtheilung betragen die Leibrenten vom

4ten	Jahre	17,32
5ten	„	54,91
6ten	„	41,73
zusammen		113,96

Da aber diese Mitglieder vom 8ten Jahre an jährlich 150 fl. zu beziehen haben, so muß denselben im 7ten Jahre das Kapital einer Leibrente von $150 - 113{,}96 = 36{,}04$ zukommen; also, weil sie im 7ten Jahre des Vereins 91 Jahre alt sind, nach der Leibrententabelle, $36{,}04 \times 0{,}97 = 34{,}95$. Weil die Anzahl der Mitglieder im 7ten Jahre = 50 ist, so ist ein Kapital von $50 \times 34{,}95 = 1747{,}5$ zur Deckung der Leibrenten erforderlich.

Für die jüngsten Mitglieder der zweiten Abtheilung betragen die Leibrenten vom

4ten	Jahre	14,77
5ten	„	45,74
6ten	„	34,40
zusammen		94,91

Da aber vom 8ten Jahre an die Mitglieder jährlich 150 fl. zu beziehen haben, so muß denselben im 7ten Jahre das Kapital einer Leibrente von $150 - 94{,}91 = 55{,}09$ zukommen; also, weil sie im 7ten Jahre des Vereins 90 Jahre alt sind, nach der Leibrententabelle, $55{,}09 \times 1{,}184 = 65{,}22$. Weil die Anzahl der Mitglieder im 7ten Jahre = 80 ist, so ist ein Kapital von $80 \times 65{,}22 =$

5217,6 zur Deckung der Leibrenten erforderlich. Zur Deckung sämmtlicher Leibrenten müssen also im 7ten Jahre 262,64 + 1747,5 + 5217,6 = 7227, 74 fl. vorhanden sein.

Zu Ende des 7ten Jahres sind zur Zahlung der constanten Zinsrente im Betrage von 10,14 fl. erforderlich 158 × 10,14 = 1602,12; die Zinsen des im Anfang des 7ten Jahres vorhandenen Kapitals betragen aber $\frac{84400 \times 4}{100}$ = 3376 fl.; daher ein Ueberschuß von 3376 — 1602,2 = 1773,88 fl.; hierzu das Kapital im Betrage von 84400 fl. gibt 86173,88; zieht man hiervon die zur Deckung der Leibrenten erforderlichen 7227,74 fl. ab, so bleiben 78946,14 fl. übrig, welche zu Ende des 7ten Jahres von der zweiten Abtheilung auf die erste übergehen.

In der zweiten Abtheilung sind demnach die Jahresrenten, wie folgt:

Jahre.	
1.	Für alle Mitglieder . . . . . . = 4,93
2.	„ „ „ . . . . . . = 6,16
3.	„ „ „ . . . . . . = 7,81
4.	„ „ „ . . . . . . = 10,14
5.	Für 159 88=jährige Mitglieder . = 24,91 „ 117 89= „ „ . = 27,46 „ 80 90= „ „ . = 30,94
6.	Für 117 89=jährige Mitglieder . = 70,65 „ 80 90= „ „ . = 82,37 „ 50 91= „ „ . = 97,54
7.	Für 80 90=jährige Mitglieder . = 105,05 „ 50 91= „ „ . = 124,1 „ 28 92= „ „ . = 148,47
8.	150
9.	150
10.	150 u. s. w.

Erste Abtheilung.

1tes Jahr.

Kapital = 209900; gest. 320 Mitgl.; Zinsen = $\frac{8396}{1779}$ = 4,71 Jahresrente = 4,71.

2tes Jahr.

Kapital = 209900; gest. 293 Mitgl.; Zinsen = $\frac{8396}{1486}$ = 5,65; Jahresrente = 5,65.

3tes Jahr.

Kapital = 209900; gest. 263 Mitgl.; Zinsen = $\frac{8396}{1223}$ = 6,86; Jahresrente = 6,86.

4tes Jahr.

Kapital = 209900; gest. 231 Mitgl.; Zinsen = $\frac{8396}{992}$ = 8,46; Jahresrente = 8,46.

5tes Jahr.

Kapital = 209900; gest. 198 Mitgl.; Zinsen = $\frac{8396}{794}$ = 10,57; Jahresrente = 10,57.

6tes Jahr.

Kapital = 209900; gest. 168 Mitgl.; Zinsen = $\frac{8396}{626}$ = 13,41; Jahresrente = 13,41.

7tes Jahr.

Kapital = 209900; gest. 144 Mitgl.; zu vertheilen 14400 fl. und außerdem 78946,14, welche zu Ende des 7ten Jahres von der zweiten Abtheilung auf die erste übergehen; daher zu vertheilen 93346,14 fl.; Zinsen = $\frac{8396}{482}$ = 17,41 = constante Zinsrente (s. zweite Abtheilung). Erbantheil = $\frac{93346{,}14}{482}$ = 193,66; Jahresrente = 17,41.

Der Erbantheil, in Leibrenten verwandelt, gibt eine Leibrente von

$\frac{193{,}66}{2{,}021}$ = 95,82 für 87=jährige Mitgl.

$\frac{193{,}66}{1{,}724}$ = 112,33 „ 88= „ „

$\frac{193{,}66}{1{,}436}$ = 134,86 „ 89= „ „

8tes Jahr.

Jahresrente für

159 88=jährige Mitgl. $= 17{,}41 + 95{,}82 = 113{,}23$
117 89= „ „ $= 17{,}41 + 112{,}33 = 129{,}74$
80 90= „ „ $= 17{,}41 + 134{,}86 = 152{,}27$.

Weil die Jahresrente der ältesten Mitglieder im 8ten Jahre mehr als die höchste Rente betragen würde, so muß denselben im 7ten Jahre das Kapital einer Leibrente von 150 fl. zukommen; also, weil sie im 7ten Jahre des Vereins 89 Jahre alt sind, nach der Leibrententabelle, $150 \times 1{,}436 = 215{,}4$, und weil im 7ten Jahre die Anzahl der Mitglieder $= 117$ ist, so ist ein Kapital von $117 \times 215{,}4 = 25201{,}8$ fl. zur Deckung der Leibrenten erforderlich. Daher unter die übrigen $206 + 159 = 365$ Mitglieder zu vertheilen $93346{,}14 - 25201{,}8 = 68144{,}34$; folglich Erbantheil $= \frac{68144{,}34}{365} = 186{,}69$.

Der Erbantheil, in Leibrenten verwandelt, gibt eine Leibrente von

$\frac{186{,}69}{2{,}021} = 92{,}37$ für die 87=jährigen Mitgl.
$\frac{186{,}69}{1{,}724} = 108{,}28$ „ „ 88= „ „

Es ist daher, mit Berücksichtigung der constanten Zinsrente, die Jahresrente für

159 88=jährige Mitglieder $= 17{,}41 + 92{,}37 = 109{,}78$
117 89= „ „ $= 17{,}41 + 108{,}28 = 125{,}69$
80 90= „ „ $= 150$

Im 8ten Jahre ist das Kapital $= 209900 - 14400 = 195500$; gest. 126 Mitgl.; zu vertheilen 12600 fl.; weil aber von jetzt an nur noch die übrigen $159 + 117 = 276$ Mitglieder bei der Vererbung betheiligt sind, so ist der Betrag der Zinsen $= \frac{7820}{276} = 28{,}33$; daher der Erbantheil $= \frac{12600}{276} + 10{,}92 = 45{,}65 + 10{,}92 = 56{,}57$.

Der Erbantheil, in Leibrenten verwandelt, gibt eine Leibrente von

$\frac{56{,}57}{1{,}724} = 32{,}81$ für die 88=jährigen Mitgl.
$\frac{56{,}57}{1{,}436} = 39{,}39$ „ „ 89= „ „

9tes Jahr.

Mit Berücksichtigung der constanten Zinsrente ist die Jahresrente für

117 89-jährige Mitglieder = 109,78 + 32,81 = 142,59
80 90- „ „ = 125,69 + 39,39 = 165,08

Hiernach würde die Jahresrente der ältern Mitglieder mehr als die höchste Rente betragen, und mithin können sie an der Vererbung nicht weiter Theil nehmen. Die Leibrente vom 7ten Jahre her ist = 108,28; damit nun vom 9ten Jahre an die ältern Mitglieder jährlich 150 fl. erhalten, so muß denselben im 8ten Jahre das Kapital einer Leibrente von 150 — 108,28 = 41,72 zukommen, also weil sie im 8ten Jahre des Vereins 89 Jahre alt sind, nach der Leibrententabelle, 41,72 × 1,436 = 59,9 fl., und weil im 8ten Jahre die Anzahl derselben = 117 ist, so sind 117 × 59,9 = 7008,3 fl. zur Deckung der Renten erforderlich. Im 8ten Jahre ist der Erbantheil = $\frac{12600}{276}$ + 10,92; daher zur Vertheilung gekommen 12600 + 276 × 10,92 = 15613,92, und folglich der Erbantheil für die übrigen 159 Mitglieder =

$$\frac{15613{,}92 - 7008{,}3}{159} = \frac{8605{,}62}{159} = 54{,}12.$$

Dieser Erbantheil gibt für die 88-jährigen Mitglieder eine Leibrente im Betrage von $\frac{54{,}12}{1{,}724}$ = 31,39.

Im 9ten Jahre ist daher die Jahresrente für

117 89-jährige Mitglieder = 109,78 + 31,39 = 141,17
80 90- „ „ = 150
50 91- „ „ = 150

Das Kapital ist = 195500 — 12600 = 182900; gest. 109 Mitglieder; zu vertheilen 10,900 fl.; Zinsen = $\frac{7316}{117}$ = 62,52; Erbantheil = $\frac{10900}{117}$ + 45,11 = 93,16 + 45,11 = 138,27. Die Leibrente, welche diesem Erbantheil entspricht, ist = $\frac{138{,}27}{1{,}436}$ = 96,28.

10tes Jahr.

Jahresrente = 141,17 + 96,28 = 237,45; also größer als das Maximum. Es betragen die Renten vom

8ten	Jahre	92,37
9ten	„	31,39
zusammen		123,76

Soll nun die Jahresrente vom 10ten Jahre an jährlich 150 fl. betragen, so muß noch eine Leibrente von 150 — 123,76 = 26,24 hinzukommen. Weil die Mitglieder im 9ten Jahre des Vereins 89

Jahre alt sind, so ist das Kapital, welches dieser Leibrente entspricht = 26,24 × 1,436 = 37,68, und weil die Anzahl der Mitglieder = 117 ist, so sind 117 × 37,68 = 4408,56 zur Deckung der Leibrenten erforderlich.

Zu Ende des 9ten Jahres sind zur Zahlung der constanten Zinsrente erforderlich 17,41 × 117 = 2036,97; die Zinsen des im Anfang des 9ten Jahres vorhandenen Kapitals betragen $\frac{182900 \times 4}{100}$ = 7316; daher ein Ueberschuß von 7316 — 2036,97 = 5279,03; hierzu das Kapital im Betrage von 182900 fl. gibt 188179,03 fl.; zieht man hiervon die zur Deckung der Leibrenten erforderlichen 4408,56 fl. ab, so bleiben 183770,47 fl. übrig, wonach zu Ende des 16ten Jahres über

$$183770,47\left(\frac{104}{100}\right)^7 = 241841,32 \text{ fl.}$$

anderweitig verfügt werden kann. Bei der Kapitalvertheilung bleiben also zu Ende des 16ten Jahres 250764,84 — 241841,32 oder 8923,52 fl. mehr, als bei der Leibrentenvertheilung übrig.

In der ersten Abtheilung sind demnach die Jahresrenten wie folgt:

Jahre.	
1.	Für alle Mitglieder . . . . . . = 4,71
2.	„ „ „ . . . . . . = 5,65
3.	„ „ „ . . . . . . = 6,86
4.	„ „ „ . . . . . . = 8,46
5.	„ „ „ . . . . . . = 10,57
6.	„ „ „ . . . . . . = 13,41
7.	„ „ „ . . . . . . = 17,41
8.	Für 159 88-jährige Mitglieder . = 109,78 „ 117 89- „ „ . = 125,69 „ 80 90- „ „ . = 150
9.	Für 117 89-jährige Mitglieder . = 141,17 „ 80 90- „ „ . = 150 „ 50 91- „ „ . = 150
10.	150
11.	150
	U. s. w.

§. 178. Die in den §§. 171 — 177 beispielsweise dargestellten Kapitalauflösungen sind in Betreff ihrer Wirkungen auf das Interesse der Theilnehmer von sehr verschiedener Art.

Im §. 171 sind vorerst drei Rentenvereine angenommen worden, welche in keiner Gemeinschaft zu einander stehen. Der erste Verein besteht aus 80=, 81= und 82=jährigen, der zweite aus 83=, 84= und 85=jährigen, und der dritte aus 86=, 87= und 88=jährigen Mitgliedern, und es ist aus dem in jenem Paragraphen angeführten Grunde angenommen worden, daß die einzelnen Altersabstufungen in dem Verhältniß vorkommen, in welchem die Lebenden nach der Sterblichkeitstabelle von Deparcieux zu einander stehen. Die Einlagekapitalien werden in Zeitrenten aufgelöst, und die Auflösungszeit hängt von der Anzahl der Jahre ab, nach deren Ablauf der Verein ausgestorben ist. Dies ist, nach der angeführten Sterblichkeitstabelle, für den ersten Verein nach dem 16ten, für den zweiten nach dem 13ten und für den dritten Verein nach dem 10ten Jahre der Fall. Das Einlagekapital des ersten Vereins ist daher in eine 16=jährige, das Kapital des zweiten Vereins in eine 13=jährige, und das Kapital des dritten Vereins in eine 10=jährige Zeitrente zu verwandeln. In dem Maaße nun, in welchem die Anzahl der abgegangenen Mitglieder größer wird, nimmt die Rente für die überlebenden Mitglieder zu, und so erhält im ersten Verein der zuletzt Lebende für seine Einlage von 100 fl. ein Kapital von 18013 fl., der im zweiten Verein zuletzt Lebende erhält 12247 fl., und der im dritten Verein zuletzt Lebende erhält 7718 fl.

Im §. 172 werden die drei Vereine zu einem einzigen vereinigt, und es wird, in Uebereinstimmung mit der frühern Bezeichnung, die Abtheilung, welche die jüngsten Mitglieder hat, als erste, diejenige, welche die ältern Mitglieder enthält, als zweite, und die Abtheilung der ältesten Mitglieder als dritte Abtheilung bezeichnet. Hier wird nun die Summe der Einlagen in eine 16=jährige Zeitrente aufgelöst, und der entsprechende Betrag nach Maaßgabe des Absterbens der Mitglieder sämmtlicher Abtheilungen unter die Ueberlebenden zur Vertheilung gebracht. Die im §. 172 angenommene Vertheilung ist für die jüngern Altersklassen günstiger, als für die ältern. Nach der Vertheilung im §. 171 verzehrt jede Altersklasse ihr eigenes Kapital, während nach der andern Vertheilung das Gesammtkapital gemeinschaftlich vertheilt wird.

Nach der Vertheilung im §. 173 sind die Zinsen des Gesammtkapitals von der Zeitrente getrennt worden, so zwar, daß die Vererbung der Zinsen von Abtheilung zu Abtheilung, die Vererbung der Zeitrente hingegen gemeinschaftlich stattfindet. Die im §. 173 angenommene Vertheilung der Zinsen ist in der Beschaffenheit der Sache selbst begründet; jede Abtheilung theilt sich in die Zinsen ihres eigenen Kapitals, und erst nach dem Aussterben einer Abtheilung theilt sich die Abtheilung der nächst jüngern durch Vererbung in die Zinsen des Kapitals der ausgestorbenen Abtheilung. Nach der im §. 172 angenommenen Vertheilung theilen sich die überlebenden Mitglieder sämmtlicher Abtheilungen in die Zinsen des Gesammtkapitals, und die im §. 173 angenommene Vertheilung ist daher für die ältern Altersklassen günstiger, als für die jüngern.

Nach der in den §§. 171, 172 und 173 angenommenen Vertheilung nehmen für das höhere Alter die Renten im Vergleich mit den Ertragnissen der frühern Jahre unverhältnißmäßig zu; auf den zuletzt Lebenden fällt, wenn jede Abtheilung ihr Kapital selbst verzehrt, die ganze Zeitrente seiner Abtheilung, oder aber es gelangt der zuletzt Lebende zum Besitz der Zeitrente des Gesammtkapitals, wenn, wie im §. 172, die Einlagen sämmtlicher Abtheilungen als gemeinschaftliches Kapital bei der Auflösung in Rechnung gebracht werden. Weil es aber zweckmäßiger ist, daß Viele zum Besitz mäßig großer Renten gelangen, als daß die geringe Anzahl der das höhere Alter erreichenden Mitglieder unverhältnißmäßig großer Summen theilhaftig werden, so muß dem Anwachsen der Renten eine Grenze gesetzt werden. In der im §. 174 dargestellten Kapitalauflösung ist die höchste Rente zu 150 fl., also dem Anderthalbfachen der Einlage, angesetzt worden. Zur Bestimmung der Zeitrente unter dieser Voraussetzung muß die Berechnung derselben in der Weise gesperrt werden, daß man vorläufig ausmittelt, zu welcher Zeit alle noch lebenden Mitglieder der Anstalt erstmals zum Genuß der höchsten Rente gelangen, und welches Kapital zur Fundirung der höchsten Renten erforderlich ist.

Zieht man den gefundenen Betrag vom Gesammtkapital ab, so ist der Rest der weiter auflösliche Theil desselben, und wenn der vorhin angeführte Zeitpunkt mit dem $n$ten Jahre eintritt, so ist die Zeitrente für $n - 1$ Jahre zu bestimmen.

In Beziehung auf das im §. 174 durchgeführte Beispiel geht aus der Zusammenstellung der Resultate hervor, daß hier $n = 7$ ist; die in jedem Jahre nach der Sterblichkeitstabelle zur Deckung der höchsten Renten erforderlichen Summen sind hiernach auf das 7te Jahr zum angenommenen Zinsfuß zu discontiren; die Summe dieser Werthe ist = 255256,41 fl., und weil das Gesammtkapital = 394800 fl. ist, so sind 394800 — 255256,41 = 139543,59 fl.

zur weitern Auflösung disponibel; werden aber die Zinsen im Gesammtbetrage von 5581,74 fl. von der Zeitrente getrennt, so ist die Auflösungsrente = 21038 fl.

Nach der Vertheilung im §. 175 theilen sich in derjenigen Abtheilung, deren jüngste Mitglieder das 87ste Lebensjahr erreicht haben, die Ueberlebenden in das Kapital der abgegangenen Mitglieder, die höchste Rente ist zu 150 angesetzt, die Vererbung findet von Abtheilung zu Abtheilung statt, und in denjenigen Abtheilungen, in welchen noch keine Kapitalvererbungen vorkommen, theilen sich die Ueberlebenden in die Zinsen des Einlagekapitals der Abtheilung. Nach der Vertheilung in §. 177 wird jedem Ueberlebenden statt des Antheils am Kapital der abgegangenen Mitglieder eine seinem Alter entsprechende Leibrente gewährt, und die Maximalrente ist ebenfalls zu 150 fl. angesetzt. Durch das System der Erbkapitalvertheilung werden die Erbschaften am schnellsten und vollständigsten zur Vertheilung und zum Genuß der Mitglieder gebracht, und es erhöht sich die Rente sofort sehr bedeutend, bleibt aber bald gegen die Leibrente zurück, und während bei der Kapitalvertheilung nach dem Aussterben des Rentenvereins 250764,84 fl. übrig bleiben, so stellt sich bei dem System der Leibrentenvertheilung ein um 8923,52 fl. kleinerer Rest beim Aussterben des Vereins heraus, so daß also hierbei ein größerer Theil des Einlagekapitals als bei ersterem Systeme aufgelöst wird. Das System der Erbkapitalvertheilung hat aber auch den Nachtheil, daß es keine Stetigkeit der daraus hervorgehenden Jahresrenten garantirt, vielmehr der Bezug in jedem neuen Jahre erst wieder von neuen Todesfällen abhängt, durch diese Zufälligkeit mithin ebensowohl in einzelnen Jahren rückwärts als vorwärts schreiten kann, während nach dem System der Leibrentenvertheilung die einmal erreichten Renten stetig bis zum Lebensende fortlaufen müssen und nur erhöht werden können.

In sofern es nun zweckmäßig ist, von beiden Systemen die vorzüglichen Seiten beizubehalten und zu vereinigen, so führt dies auf das, im §. 170 bereits angedeutete gemischte System, dessen Combinationen freilich sehr vielseitig sein können. Nach den Statuten der Rentenanstalt in Dresden z. B. wird ein Drittheil des Kapitalantheils baar ausgezahlt, und für den Rest wird eine entsprechende Leibrente nach Maaßgabe folgenden Tarifs gewährt.

Lebensalter am Schlusse des Anfalljahres	Für Mitglieder männl. Geschlechts. Procente d. Erbantheils	Für Mitglieder weibl. Geschlechts. Procente d. Erbantheils	Lebensalter am Schlusse des Anfalljahres	Für Mitglieder männl. Geschlechts. Procente d. Erbantheils	Für Mitglieder weibl. Geschlechts. Procente d. Erbantheils
55	8,0	7,0	71	13,8	12,5
56	8,2	7,2	72	14,5	13,1
57	8,4	7,4	73	15,2	13,7
58	8,6	7,6	74	16,0	14,4
59	8,8	7,8	75	16,8	15,1
60	9,0	8,0	76	17,4	15,9
61	9,3	8,3	77	18,7	16,7
62	9,6	8,6	78	19,8	17,6
63	9,9	8,9	79	21,0	18,6
64	10,3	9,2	80	22,4	19,7
65	10,7	9,6	81	24,0	20,9
66	11,1	10,0	82	25,8	22,3
67	11,6	10,4	83	27,8	23,9
68	12,1	10,9	84	30,0	25,7
69	12,6	11,4	85	30,0	27,7
70	13,2	11,9	86 oder darüber	30,0	30,0

Obiger Leibrententarif beginnt mit dem 55ten Lebensjahre, weil mit Anfang desjenigen Jahres, in welchem die jüngsten in einer Altersklasse zulässig gewesenen Personen das 55te Jahr erfüllen müßten, sämmtliche zu diesem Zeitpunkte noch lebenden Theilhaber dieser Altersklassen in die Erbkasse eintreten (§. 36 der Statuten). Eine volle Einlage beträgt 100 Thlr. und die höchste Rente ist 150 Thlr. Der Tarif ist nach demjenigen Maaßstabe festgestellt, wonach die Bank von England die von ihr emittirten dreiprocentigen Stocks bei der Annahme des Pari-Curses derselben gegen Leibrenten, welche je nach dem Geschlechte verschieden ausfallen, einlöst. Die Bank gewährt bis zum 80ten Jahre steigende Leibrenten, wogegen die sächsische Rentenanstalt dieselben bei Männern bis zum 84ten und bei Frauen bis zum 86ten Jahre steigen läßt. Die Bank soll ihre Berechnungen auf die Erfahrungen der Equitable-Gesellschaft, eine der ältesten englischen Lebensversicherungsanstalten, gegründet haben. *)

*) Becker, über eine zweckmäßigere Einrichtung der Renten-Anstalten. (Berlin, 1844.)

Durch die Zeitrentenvertheilung wird das ganze Einlagekapital aufgelöst, wenn bei der im §. 171 angenommenen Besetzung der einzelnen Abtheilungen die, der Mortalitätstabelle (§. 171) entsprechende, erwartungsmäßige Sterblichkeit mit der wirklichen Sterblichkeit übereinstimmt. Nach dem System der Erbkapitalvertheilung und Leibrentenvertheilung bleiben aber nach dem Aussterben des Vereins mehr oder weniger bedeutende Kapitalien unaufgelöst, die also den Mitgliedern desselben entzogen werden. Uebrigens können die in den Beispielen §. 175 und §. 177 beim Aussterben des Vereins verbliebenen Reste in dieser Beziehung nicht maaßgebend sein, weil wegen des hohen Alters der Mitglieder und der verhältnißmäßig zu klein angenommenen Maximalrente nicht anders, als viel zu bedeutende Reste herauskommen konnten. Wie aber im §. 165 schon bemerkt worden, ist bei der beispielsweisen Auseinandersetzung der verschiedenen Kapitalauflösungssysteme absichtlich angenommen worden, daß die Mitglieder des Rentenvereins in höherem Alter stehen, um dadurch die Rechnung abzukürzen und die Darstellung deutlicher zu machen. Bei der Auflösung durch Leibrentenvertheilung sind auch die verschiedenen Altersstufen der einzelnen Abtheilungen zu mehrerer Deutlichkeit berücksichtigt worden, während für die Mitglieder der einzelnen Abtheilungen ein durchschnittliches Alter hätte angenommen werden können. Auf letztere Weise wird man aber die Rechnung führen, wenn es sich darum handelt, vorläufig, nach einer angenommenen Klasseneintheilung und mit Berücksichtigung einer als normal anzunehmenden Klassenbesetzung, zu ermitteln, wie sich die Renten in den verschiedenen Alterstufen stellen, und in welchem Alter die Mitglieder erstmals zum Genuß der Maximalrente gelangen können.

Nach den in den §§. 175 und 177 durchgeführten Kapitalauflösungen ist für jede Altersklasse eine besondere Erbklasse gebildet worden; man kann aber auch sämmtliche Altersklassen zu einer einzigen Erbklasse vereinigen, wodurch aber, wie leicht zu ersehen, die ältern Klassen im Nachtheil sind.

Bei der Kapitalauflösung nach Zeitrenten und der Annahme einer höchsten Rente kann, zum Vortheil der ältern Mitglieder, die Auflösung ebenfalls wie in den §§. 175 und 177 erst für das höhere Alter beginnen.

Soll, in Beziehung auf das im §. 174 durchgeführte Beispiel, die Auszahlung der Zeitrente für diejenige Altersklasse ihren Anfang nehmen, deren jüngstes Mitglied das 87te Lebensjahr erreicht hat, so ist die Zeitrente, im Betrage von 21038 fl. zu vertheilen im

1ten Jahre
unter 482 Mitglieder der 3ten Abtheilung; im
2ten Jahre
unter 356 Mitglieder der 3ten Abtheilung; im
3ten Jahre
unter 247 Mitglieder der 3ten Abtheilung; im
4ten Jahre
unter 158 Mitglieder der 3ten Abtheilung
und 482 " " 2ten " ; im
(zusammen 640 Mitgl.)
5ten Jahre
unter 92 Mitglieder der 3ten Abtheilung
und 356 " " 2ten " ; im
(zusammen 448 Mitgl.)
6ten Jahre
unter 48 Mitglieder der 3ten Abtheilung
und 247 " " 2ten "
(zusammen 295 Mitgl.

Die Auflösungsrenten sind demnach in der dritten Abtheilung für das

1te Jahr $\frac{21038}{482} = 43,64$

2te " $\frac{21038}{356} = 59,09$

3te " $\frac{21038}{247} = 85,17$

4te " $\frac{21038}{640} = 32,87$

5te " $\frac{21038}{448} = 46,95$

6te " $\frac{21038}{295} = 71,31$

In der zweiten Abtheilung sind die Auflösungsrenten für das

4te " $\frac{21038}{640} = 32,87$

5te " $\frac{21038}{448} = 46,95$

6te " $\frac{21038}{295} = 71,31$

Die Mitglieder der ersten Abtheilung sind bis zum 6ten Jahre nur im Genuß der Zinsrente, und vom 7ten Jahre an erhalten sie, wie alle übrigen Mitglieder des Vereins, die höchste Rente.

Weil im 4ten Jahre die zweite Abtheilung bei der Vertheilung der Zeitrente betheiligt ist, so fällt in der dritten Abtheilung die Rente geringer, als in dem vorhergehenden Jahre aus; soll nun die Rente nicht zurückgehen, so muß der ältern Abtheilung derselbe vorjährige Rentenbetrag zugetheilt werden; was von der Zeitrente übrig bleibt, bildet vorerst und so lange den Antheil der nächstjüngeren Abtheilung, bis die gemeinschaftliche Theilung wieder stattfinden kann.

Im 4ten Jahre existiren aber 158 Mitglieder in der dritten Abtheilung; soll nun Jeder, wie im 3ten Jahre, wieder 85,17 fl. erhalten, so sind hierzu $158 \times 85{,}17 = 13456{,}86$ fl. erforderlich; für die zweite Abtheilung bleiben übrig $21038 - 13456{,}86 = 7581{,}14$ fl., und von den 482 Mitgliedern der zweiten Abtheilung erhält Jeder $\frac{7581{,}14}{482} = 15{,}72$ fl.

Im 5ten Jahre existiren 92 Mitglieder der dritten Abtheilung; zur Zahlung der Rente von 85,17 sind also erforderlich $92 \times 85{,}17 = 7835{,}64$ fl.; für die zweite Abtheilung bleiben also übrig $21038 - 7835{,}64 = 13202{,}36$, und von den 356 Mitgliedern der zweiten Abtheilung erhält Jeder $\frac{13202{,}36}{356} = 37{,}08$ fl.

Im 6ten Jahre existiren 48 Mitglieder der dritten Abtheilung; zur Zahlung der Rente von 85,17 sind erforderlich $48 \times 85{,}17 = 4088{,}16$; für die zweite Abtheilung bleiben also übrig $21038 - 4088{,}16 = 16949{,}84$ und von den 247 Mitgliedern der zweiten Abtheilung erhält Jeder $\frac{16949{,}84}{247} = 68{,}62$ fl.

Die Renten der einzelnen Abtheilungen stellen sich nun wie folgt:

Erste Abtheilung.

Jahre	Zinsrente.	Auflösungsrente.	Jahresrente.
1	4,71	—	4,71
2	5,65	—	5,65
3	6,86	—	6,86
4	8,46	—	8,46
5	10,57	—	10,57
6	13,41	—	13,41
7	—	—	150
8	—	—	150

U. s. w.

Zweite Abtheilung.

Jahre	Zinsrente.	Auflösungsrente.	Jahresrente.
1	4,93	—	4,93
2	6,16	—	6,16
3	7,81	—	7,81
4	10,14	15,72	25,86
5	13,74	37,08	50,82
6	19,80	68,62	88,42
7	—	—	150
8	—	—	150

U. s. w.

Dritte Abtheilung.

Jahre	Zinsrente.	Auflösungsrente.	Jahresrente.
1	5,19	43,64	48,83
2	7,03	59,09	66,12
3	10,13	85,17	95,30
4	25,84	85,17	111,01
5	27,21	85,17	112,38
6	52,16	85,17	137,33
7	—	—	150
8	—	—	150

U. s. w.

Jahresgesellschaften.

§. 179. Soll die Rentenanstalt ihrem Zweck entsprechen, so muß sich begreiflicher Weise eine gehörige Anzahl von Personen dabei betheiligen, und wenn der Verein zu Stande gekommen ist, so können später keine weitern Theilnehmer zugelassen werden. Wenn also die Theilnahme an derartigen Anstalten sich fortwährend erhält, so müssen die innerhalb einer gewissen Zeit sich weiter meldenden Theilnehmer zu neuen Vereinen constituirt werden. Der dafür von den Rentenanstalten angenommene Zeitraum ist gewöhnlich ein Jahr, das sogenannte Sammeljahr, und die in einem Sammeljahre der Anstalt beigetretenen Mitglieder werden mit dem Schlusse desselben zu einer, den Namen des nämlichen bürgerlichen Jahres tragenden, für sich bestehenden Jahresgesellschaft vereinigt. Dem Zweck der Rentenanstalt gemäß muß der Zutritt so viel als möglich erleichtert werden. Nothwendig ist es dagegen, daß ein gewisser Zeitraum, in welchem die Thätigkeit der Verwaltung ganz besonders in Anspruch genommen wird, die Zeit nämlich, in welche der Schluß einer Jahresgesellschaft fällt, und die Rechnung für die verwichene Periode zu stellen ist, lediglich für diese Arbeiten vorbehalten werden. Aus diesem Grunde sind gewöhnlich der erste und der letzte Monat des Jahres dem Eintritt verschlossen.

Eine und dieselbe Person kann sich übrigens auch bei mehreren Jahresgesellschaften betheiligen, wird aber in jeder derselben so angesehen und behandelt, als wäre sie bloß Theilnehmer dieser einzelnen Jahresgesellschaft.

Die Bildung einer Jahresgesellschaft ist an die Bedingung einer hinlänglichen Anzahl von Einlagen und Theilnehmern geknüpft. So kann z. B. nach den Statuten der Darmstädter Rentenanstalt eine Jahresgesellschaft gebildet werden, wenn die Summe der Einlagen eines Sammeljahres nicht unter dem Betrage von 300 vollen Einlagen bleibt, und daran wenigstens 300 verschiedene Personen Theil haben. Im entgegengesetzten Falle werden die Einlagen in das folgende Sammeljahr übertragen und die Jahresgesellschaft wird erst dann geschlossen, wenn jenes Minimum erreicht ist. Eine solche Sammelperiode darf jedoch nicht mehr, als drei Kalenderjahre umfassen. Die Einlagen der frühern Sammeljahre werden in diesem Falle vom 1ten Januar des auf das Beitrittsjahr folgenden Jahres an bis zum Schluß der Sammelperiode zu 3 Procent per Jahr verzinst.

Nach den Statuten der sächsischen Rentenanstalt ist die Anzahl der Einlagen, welche ein Theilnehmer machen darf, beschränkt (auf 25); was dagegen in allen andern Rentenanstalten nicht der Fall ist. Eine solche Beschränkung ist aber schon aus dem Grunde überflüssig, weil gar nicht zu erwarten steht, daß sich einzelne Personen für unverhältnißmäßig große Summen bei derartigen Anstalten betheiligen werden, weil das Kapital nicht gekündigt werden darf. Ueberdem steht Derjenige, welcher eine große Zahl von Einlagen macht, den übrigen Einlegern gegenüber im Nachtheil, weil er beim Ableben eines dieser Mitglieder weniger erbt, als jedes derselben bei seinem Ableben. Bliebe ein solcher, für ein unverhältnißmäßig großes Kapital betheiligter Einleger lange am Leben, so würde dadurch die Rente langsamer steigen, als wenn alle Mitglieder gleiche Summen eingelegt hätten; dagegen würde das frühzeitige Ableben eines solchen Theilnehmers für die übrigen vortheilhaft sein. Jedenfalls können bei nicht gleicher Betheiligung der Mitglieder Schwankungen in der Rente eintreten, die sich indessen im Verlaufe der Zeit wieder ausgleichen werden.

Altersklassen.

§. 180. Weil nicht alle Mitglieder des Rentenvereins gleichzeitig an den Vortheilen desselben participiren, so liegt es in der Beschaffenheit der Sache, daß die Mitglieder gleichen Alters der Anstalt gegenüber in gleichem Verhältnisse stehen, und daß sie also in eine Gemeinschaft treten, welche die Eintheilung der Jahresgesellschaften in Altersklassen zur nothwendigen Folge hat. Weil aber nicht immer eine hinlänglich große Anzahl von Theilnehmern gleichen Alters vorhanden ist, und weil auch die Geschäftsführung zu verwickelt wäre, wenn man für jedes Altersjahr eine besondere Abtheilung bilden wollte, so müssen gemischte Altersklassen eingeführt werden. Unter sich müssen die Abstufungen gleich sein, wenn die Vererbungen in gleichen Perioden eintreten sollen, und weil es, wenn der beabsichtigte Zweck der Anstalt erreicht werden soll, unabläßig ist, die Vortheile, welche die Anstalt noch nebenbei abwerfen kann, dem unterstützungsbedürftigen Alter allein zufließen zu lassen, so dürfte die Eintheilung nach Abstufungen von 5 zu 5 Jahren die zweckmäßigste sein. So werden dann auch z. B. nach den Statuten der Sächsischen Rentenanstalt die Mitglieder in einer jeden Jahresgesellschaft nach Maaßgabe des Alters, welches sie im Laufe des, die Jahresgesellschaft bezeichnenden Kalenderjahres vollenden, in 11 Altersklassen getheilt, und zwar dergestalt, daß Diejenigen, welche vom 1ten Januar bis 31ten December dieses Jahres

0 bis	einschließlich	5	Jahre	alt	werden	die	1te
6 „	„	10	„	„	„	„	2te
11 „	„	15	„	„	„	„	3te
16 „	„	20	„	„	„	„	4te
21 „	„	25	„	„	„	„	5te
26 „	„	30	„	„	„	„	6te
31 „	„	35	„	„	„	„	7te
36 „	„	40	„	„	„	„	8te
41 „	„	45	„	„	„	„	9te
46 „	„	50	„	„	„	„	10te
51 Jahre	oder darüber		„	„	„	„	11te

Altersklasse bilden.

Hier gibt es also nur fünfgliederige Altersklassen, wenn man annimmt, daß nach dem 55ten Lebensjahre kein Beitritt mehr erfolgt. Man hätte übrigens noch eine 12te Klasse für das Alter von 55 bis 60 Jahren annehmen können.

Auch zur Bildung der Altersklassen ist eine hinlängliche Anzahl von Theilnehmern erforderlich. So wird z. B. nach den Statuten der Darmstädter Rentenanstalt, wenn jeder der acht jüngern Altersklassen einer Jahresgesellschaft nicht wenigstens 30, und jeder der drei ältern dagegen nicht wenigstens 20 verschiedene Personen beitreten, die unvollzählige ältere Klasse in dieser Jahresgesellschaft ausgesetzt, und es werden die Theilnehmer alsdann in die nächstfolgende Jahresgesellschaft aufgenommen.

Normalsterblichkeitstabelle.

§. 181. Angenommen, daß es sich bei der Rentenanstalt lediglich um die Vertheilung der Einlagen der abgegangenen Mitglieder handle, so käme hier die Anwendung der Sterblichkeitstabellen nur dann in Betracht, wenn für die Erbantheile Leibrenten ausgeworfen würden. Soll aber ein Rentenmaximum festgesetzt, und das Gesammtkapital vollständig aufgelöst werden, sollen ferner Summen, welche die Anstalt nebenbei noch abwerfen kann, im Verhältniß der mittlern Lebensdauer der einzelnen Altersklassen vertheilt werden, so muß nicht nur der Berechnung des Plans eine den Verhältnissen der Anstalt entsprechende Sterblichkeitstabelle zum Grunde gelegt, sondern es muß auch die Anzahl der Mitglieder der einzelnen Altersklassen mit in Anschlag gebracht werden. Zu dem Ende muß man die Verhältnißzahlen des Absterbens der gemischten Altersklassen vermittelst der, den Verhältnissen der Anstalt entsprechenden Sterblichkeitstabelle ausmitteln und die erhaltenen Resultate für eine nor=

male Besetzung der einzelnen Altersklassen einrichten. Die Zusammenstellung der auf solche Weise erhaltenen Zahlen ist eine **Normalsterblichkeitstabelle.**

Richten wir z. B. die Florencourt-Deparcieux'sche Sterblichkeitstabelle (IV.) für 12 fünfgliedrige Altersklassen ein. Innerhalb dieser Altersklassen kann das Verhältniß der Mitgliederzahl der einzelnen Altersabstufungen sehr unterschiedlich sein; zur Construction einer Sterblichkeitstabelle für gemischte Altersklassen muß aber gleichwohl angenommen werden, daß sich in jeder Altersklasse die einzelnen Altersabstufungen in dem Verhältniß vorfinden, in welchem die Lebenden in der Sterblichkeitstabelle vorkommen. Hiernach kommen in der ersten Altersklasse auf

10000 Neugeborne,
7450 Einjährige,
7080 Zweijährige,
6823 Dreijährige,
6618 Vierjährige,

so daß im Anfang unter 37979 Mitgliedern der ersten Klasse die einzelnen Altersabstufungen nach den obigen Verhältnißzahlen enthalten sind.

In gleicher Weise muß angenommen werden, daß die zweite Altersklasse aus

6468 Fünfjährigen,
6345 Sechsjährigen,
6245 Siebenjährigen,
6154 Achtjährigen,
6073 Neunjährigen,
(Summe 31285)

daß die dritte Klasse aus

6004 Zehnjährigen,
5946 Eilfjährigen,
5897 Zwölfjährigen,
5854 Dreizehnjährigen,
5815 Vierzehnjährigen,
(Summe 29516)

u. s. w. besteht

Nun erleiden die zu Anfang des 1ten Jahres lebenden 37979 Mitglieder der ersten Altersklasse einen Abgang, welcher der Summe des Abgangs der 5 ersten Jahre in der Sterblichkeitstabelle gleich ist, also $2550 + 362 + 265 + 205 + 150 = 3532$; die Anzahl der Lebenden ist daher zu Ende des ersten Jahres = 37979 — 3532 = 34447. Zu Ende des 1ten Jahres besteht aber auch die 1te Klasse aus

7450 Einjährigen,
7088 Zweijährigen,
6823 Dreijährigen,
6618 Vierjährigen,
6468 Fünfjährigen,

und die Summe derselben ist in Uebereinstimmung mit der vorhin gefundenen Anzahl der Lebenden = 34447. Kürzer gelangt man also zur Anzahl der Lebenden für das 1te Jahr, wenn man von der anfänglichen Summe der Lebenden die Anzahl der Neugebornen abzieht, und zum Rest die Anzahl der Fünfjährigen addirt; für das 2te Jahr, wenn man von der vorhin gefundenen Anzahl der Lebenden die Anzahl der Einjährigen abzieht, und zum Rest die Anzahl der Sechsjährigen addirt; und so fort für die übrigen Jahre.

Auf diese Weise erhält man die im Anhang befindliche (XI.) Sterblichkeitstabelle für 12 fünfgliedrige Altersklassen nach der Deparcieux'schen, von Florencourt eingerichteten Sterblichkeitstabelle. Letztere ist in den französischen Leibrentenanstalten schon erprobt und fortwährend im Gebrauche, und sie dürfte für einen großen Theil Deutschlands ebenfalls passend sein. (Vergl. §. 151.)

Was nun, bei normaler Besetzung, das Verhältniß der Stärke der Altersklassen unter sich betrifft, so kann man, zur vorläufigen Orientirung, untersuchen, wie sich in dem beitrittsfähigen Alter von 0 bis n Jahren (also nach der Annahme, daß nach dem $n$ten Lebensjahre kein Beitritt mehr erfolgt) die gemischten Altersklassen der Bevölkerung unter sich verhalten.

Setzt man $n = 60$ und berechnet man die Verhältnisse für 12 fünfgliedrige Altersklassen, so ergibt sich z. B. nach der VII. Tabelle die derselben entsprechende Anzahl von Lebenden für 0 bis 60 Jahre, wenn man die beim Alter von 60 Jahren befindliche Zahl der Lebenden von der bei 0 stehenden Zahl abzieht (§. 130); die Anzahl der Lebenden von 0 bis 5 Jahre ergibt sich, wenn man von der bei 0 stehenden Zahl die bei 5 stehende Zahl abzieht; die Anzahl der Lebenden für 5 bis 10 Jahre ergibt sich, wenn man von der bei 5 stehenden Zahl die bei 10 stehende Zahl abzieht, u. s. w. für die übrigen Altersklassen. Auf diese Weise gelangt man zu folgenden Resultaten.

Für 0 bis 60 Jahre 28763192 — 2553152 = 26210040
„ 0 „ 5 „ 28763192 — 25308876 = 3454316

Für 5	bis 10	Jahre	25308876	— 22487146	=	2821730
„ 10	„ 15	„	22487146	— 19785617	=	2701529
„ 15	„ 20	„	19785617	— 17205690	=	2579927
„ 20	„ 25	„	17205690	— 14770455	=	2435235
„ 25	„ 30	„	14770455	— 12495969	=	2274486
„ 30	„ 35	„	12495969	— 10390261	=	2105708
„ 35	„ 40	„	10390261	— 8456548	=	1933713
„ 40	„ 45	„	8456548	— 6697415	=	1759133
„ 45	„ 50	„	6697415	— 5118652	=	1578763
„ 50	„ 55	„	5118652	— 3731622	=	1387030
„ 55	„ 60	„	3731622	— 2553152	=	1178470

Die Verhältnisse der Altersklassen ergeben sich demnach aus folgenden Proportionen:

Für 0 bis 5 Jahre.
$26210040 : 3454316 = 100 : x = 13{,}17.$

Für 5 bis 10 Jahre.
$26210040 : 2821730 = 100 : x = 10{,}76.$

Für 10 bis 15 Jahre.
$26210040 : 2701529 = 100 : x = 10{,}30.$

Für 15 bis 20 Jahre.
$26210040 : 2579927 = 100 : x = 9{,}84.$

Für 20 bis 25 Jahre.
$26210040 : 2435235 = 100 : x = 9{,}29.$

Für 25 bis 30 Jahre.
$26210040 : 2274486 = 100 : x = 8{,}67.$

Für 30 bis 35 Jahre.
$26210040 : 2105708 = 100 : x = 8{,}03.$

Für 35 bis 40 Jahre.
$26210040 : 1933713 = 100 : x = 7{,}37$

Für 40 bis 45 Jahre.
$26210040 : 1759133 = 100 : x = 6{,}71.$

Für 45 bis 50 Jahre.
$26210040 : 1578763 = 100 : x = 6{,}02.$

Für 50 bis 55 Jahre.
$26210040 : 1387030 = 100 : x = 5{,}29.$

Für 55 bis 60 Jahre.
$26210040 : 1178470 = 100 : x = 4{,}49.$

(99,94.)

Die solchergestalt gefundenen Verhältnisse müssen nun noch durch die Ergebnisse der Erfahrungen anderer, unter gleichen Umständen existirenden Rentenanstalten, oder aber nach den eigenen Erfahrungen der neuen Anstalt berichtigt werden, welch' letzteres in dem Falle geschehen kann, wenn die Kapitalauflösung nicht gleich Anfangs, sondern erst nach Verlauf einiger Jahre beginnt. Das Ergebniß eigener Erfahrungen ist aber hier um so maaßgebender, als bei der Construction der Normalsterblichkeitstabelle auch die normale Gesammtzahl der Einlagen mit in Rechnung gebracht werden muß.

Nehmen wir beispielsweise an, daß die Verhältnisse der Altersklassen wie folgt angesetzt werden: für die

1te	Klasse	=	23
2te	"	=	12
3te	"	=	11
4te	"	=	10
5te	"	=	9
6te	"	=	8
7te	"	=	7
8te	"	=	6
9te	"	=	5
10te	"	=	4
11te	"	=	3
12te	"	=	2
			(100)

Wird nach einem mehrjährigen Durchschnitt die Stückzahl der Einlagen zu 3000 angenommen, so kommen auf die

1te	Klasse	690	Einlagen
2te	"	360	"
3te	"	330	"
4te	"	300	"
5te	"	270	"
6te	"	240	"
7te	"	210	"
8te	"	180	"
9te	"	150	"
10te	"	120	"
11te	"	90	"
12te	"	60	"
		(3000)	

Der allgemeinen Sterblichkeitstabelle (IV.) für die dritte Altersklasse z. B.

Jahre.	Lebende.
1	29516
2	29290
3	29084
4	28886
ꝛc.	ꝛc.

entspricht demnach folgende Normalsterblichkeitstabelle für diese Klasse:

Jahre.	Lebende.
1	330
2	$\frac{330 \times 29290}{29516}$
3	$\frac{330 \times 29084}{29516}$
4	$\frac{330 \times 28886}{29516}$
ꝛc.	ꝛc.

In Beziehung auf den Eintritt der Mitglieder ist aber die allgemeine Sterblichkeitstabelle so zu verstehen: daß vorhanden sind

zu Anfang	des	1ten	Gesellschaftsjahres	29516	Mitglieder
„ Ende	„	1ten	„	29290	„
„ „	„	2ten	„	29084	„
„ „	„	3ten	„	28886	„

Weil aber die Mitglieder nicht gleichzeitig eintreten, und der Abgang im Sammeljahre sehr zufällig und nicht normal ist, so kann man annehmen, daß zu Ende des 1ten Gesellschaftsjahres 330 Mitglieder (Normalzahl) vorhanden sind; hiernach entspricht der allgemeinen Sterblichkeitstabelle (α) für die dritte Klasse folgende Normalsterblichkeitstabelle (β) für diese Klasse:

(α)		(β)
29516	. . . . .	330
29290	. . . .	$\frac{330 \times 29084}{29290}$
29084	. . . .	$\frac{330 \times 28886}{29290}$

(α)		(β)
28886	. . . . .	$\frac{330 \times 28687}{29290}$
28687		
ꝛc.		ꝛc.

Daher verhält sich überhaupt die Normalzahl der zu Ende des 1ten Gesellschaftsjahres lebenden Mitglieder zur Anzahl der Lebenden des *n*ten Jahres, wie sich die Anzahl der Lebenden des 2ten Jahres der allgemeinen Sterblichkeitstabelle zur Anzahl der Lebenden des $(n + 1)$ten Jahres dieser Tabellen verhält.

Volle Einlagen.

§. 182. Die Größe der Einlage ist mit Berücksichtigung der Normalsterblichkeitstabelle durch das Rentenmaximum bedingt, und dem Zweck der Anstalt gemäß soll sie bei eintretendem Alter ihren Mitgliedern eine Rente gewähren, welche, wenn sie auch nicht zur Deckung ihres ganzen Lebensbedarfs hinreicht, doch wenigstens einen ansehnlichen Zuschuß zu ihrem Lebensunterhalt liefern kann. In den meisten deutschen Rentenanstalten ist die Einlage = 100 in der betreffenden Geldeinheit, und das Rentenmaximum = 150. In der badischen Rentenanstalt ist die Einlage = 200 fl. und das Rentenmaximum = 300 fl.

Theileinlagen.

§. 183. Auch Theileinlagen werden unter Festsetzung eines gewissen Minimums (auf welches wir später zurückkommen werden) gestattet, um auch den weniger Bemittelten Gelegenheit zu geben, sich bei einer Rentenanstalt zu betheiligen.

§. 184. Die in abgesonderter Rechnung zu haltenden Fonds der Jahresgesellschaften fließen zusammen in den Centralfonds der Anstalt und bilden das Activvermögen derselben, welches so schnell und sicher als möglich gegen angemessene Verzinsung anzulegen ist, z. B. auf gerichtliches Unterpfand an Gemeinden, Körperschaften und Privatpersonen, auf zinstragende Staatspapiere durch Ankauf derselben nach ihrem Curswerth, auf Faustpfänder in Staatspapieren, Pfandverschreibungen ꝛc.

Nachzahlungen.

§. 185. Die Theileinlagen können durch baare Nachzahlungen, für welche ebenfalls ein Minimum festzusetzen ist, zur vollen Einlage ergänzt werden. Die Ergänzung der Theileinlage geschieht außerdem durch die derselben zufallenden Renten.

Eintrittsgeld.

§. 186. Gewöhnlich wird, als Beitrag zu den Verwaltungskosten, ein für allemal ein Eintrittsgeld entrichtet, z. B. in der badischen Anstalt 1 fl., in der Darmstädter Anstalt 1/2 fl., in der sächsischen Anstalt 1/2 Thlr. ꝛc.

Normalzinsfuß.

§. 187. Der Normalzinsfuß, d. h. der Zinsfuß der Anstalt für Rentenberechnungen, muß den bestehenden Verhältnissen angemessen sein. In der badischen, bayerischen, Darmstädter und Berliner Anstalt ist derselbe 4, in der sächsischen 3 1/2 ꝛc. Der Normalzinsfuß wird übrigens mit dem Vorbehalt angesetzt, daß er geändert werden dürfe, wenn außerordentliche Umstände eine solche Aenderung erheischen. *)

---

*) Weil in Folge der Erbvereinigung die jüngern Altersklassen Vortheile vor den ältern Klassen haben, so hat man, um eine Ausgleichung in dieser Beziehung herbeizuführen, in den ältern Rentenanstalten für jede Altersklasse eine besondere ursprüngliche Rente angesetzt; so z. B. in der Wiener (nicht auf Gegenseitigkeit, sondern durch Unternehmer gegründeten) Rentenanstalt. Hier gibt es sieben Klassen für die Altersabstufungen 0—10, 10—20, 20—35, 35—50, 50—60, 60—65 und 65 u. m. J., und es geschieht die Verzinsung für die

1te Klasse	zu 4 Procent,	wonach die Interessen	1te Klasse	8 fl.	— kr.
2te „	„ 4 1/4 „	der Einlagen	2te „	8 „	30 „
3te „	„ 4 1/2 „	von 200 fl. für die	3te „	9 „	— „
4te „	„ 4 3/4 „		4te „	9 „	30 „
5te „	„ 5 1/2 „		5te „	11 „	— „
6te „	„ 6 „		6te „	12 „	— „
7te „	„ 6 1/2 „		7te „	13 „	— „

anstatt durchgängig 10 fl., dem Normalzinsfuß zufolge betragen.

Zur Vereinfachung der Verrechnung hat man aber für jede Klasse ein Kapital angesetzt, dessen 5-procentiger Zins der Rente der entsprechenden Klasse gleichsteht. Zur Bestimmung dieser Werthe hat man also in Beziehung auf die Renten von 8 fl., 8 1/2 fl., 9 fl. ꝛc. der 1ten, 2ten, 3ten Klasse ꝛc. berechnet, wie groß die Kapitalien sind, welche zum Normalzinsfuß 5 einen Zins von beziehlich 8 fl., 8 1/2 fl. ꝛc. abwerfen.

Die entsprechenden Kapitalien, welche man Rentenkapitalien nennt, sind für die 1te Klasse = 160, für die 2te = 170, für die dritte = 180, für die 4te = 190, für die 5te = 220, für die 6te = 240 und für die 7te = 260.

Die Summe der Rentenkapitalien der Mitglieder einer Altersklasse bildet das Gesammtrentenkapital dieser Klasse, und die Summe der Rentenkapitalien einer Jahresgesellschaft ist das Gesammtrentenkapital dieser Jahresgesellschaft. Der Gesammtheit der Mitglieder der Jahresgesellschaft kommen die Zinsen des Gesammtrentenkapitals zum Normalzinsfuß 5 zu; weil aber einem Mitgliede der 1ten Klasse die Einlage von 200 fl. in Betreff der Verzinsung nur 160 fl., einem Mit-

Rentengutschrift.

§. 188. Renten theilweiser Einlagen werden, so lange letztere nicht auf die volle Einlage ergänzt sind, nicht baar ausbezahlt, sondern dem Einleger gutgeschrieben (Rentengutschrift). Die gutgeschriebenen Renten werden selbst wieder als Kapital betrachtet, und werfen daher ebenfalls Renten ab.

Erstmalige Rentenzahlung.

§. 189. In mehreren Rentenanstalten werfen die vollen Einlagen, die Theileinlagen und Nachzahlungen für das Jahr, in welchem sie eingezahlt wurden, so wie für das nächstfolgende oder für die zwei nächstfolgenden Jahre keine Rente ab; was auch von den gutzuschreibenden Renten der Theilrenten gilt. Die Zinsen, welche die Einlagen in dieser Zwischenzeit abwerfen, haben den Zweck, zur Bestreitung der Verwaltungskosten der Anstalt beizutragen.

Einlagekapital.

§. 190. Die Summe der den Mitgliedern einer Altersklasse angehörenden ursprünglich vollen und theilweisen Einlagen, sowie zur Ergänzung der letztern vollzogenen Nachzahlungen und Rentengutschriften bildet das Einlagekapital dieser Altersklasse.

Rentenkapital.

§. 191. Ein gewisser Theil des Einlagekapitals wird unter der Benennung Rentenkapital als Stammvermögen der betref-

---

gliede der 2ten Klasse die Einlage von 200 fl. nur zu 170 fl. u. s. w. angerechnet wird, so stellt sich der Zinsfuß der 1ten Klasse auf 4, der für die zweite Klasse auf 4¼ u. s. w.

Das Verhältniß der Zunahme des Zinsfußes von Klasse zu Klasse ist aber nicht mathematisch begründet, sondern willkührlich angenommen. Gesetzt aber auch, daß die ursprünglichen Renten nach richtigen Principien angesetzt wären, so wird die beabsichtigte Ausgleichung doch nur für eine gewisse Normalstärke der einzelnen Altersklassen stattfinden; weil aber die Einlage-Verhältnisse sehr wandelbar sind, so hat das System der verschiedenen ursprünglichen Renten durchaus keinen sichern Grund und Boden. Eine solche Einrichtung ist ferner aus dem Grunde unpraktisch, weil in den jüngern Klassen sehr häufig Theileinlagen, und in den ältern Klassen in der Regel nur volle Einlagen vorkommen, und der Unterschied zwischen der Rente der jüngern Klasse und dem Normalzinsfuße die Mittel zur Verzinsung der Einlagen der ältern Klassen nach einem höhern Zinsfuße liefern muß, weßhalb es geschehen kann, daß die Anstalt im Anfang die zur Auszahlung der Zinsen erforderlichen Mittel nicht besitzt, namentlich in dem Falle, wenn in Folge einer den gewöhnlichen Zinsfuß übersteigenden ursprünglichen Rente, die älteste Klasse unverhältnißmäßig stark besetzt ist.

fenden Altersklasse ausgesetzt, und der Rest fällt dem Reservefonds zu. Z. B. in der badischen Rentenanstalt beträgt das Rentenkapital $\frac{7}{8}$, in der sächsischen und Darmstädter Anstalt $\frac{9}{10}$ des Einlagekapitals.*)

Zinsrente.

§. 192. Jeder Altersklasse wird die aus ihren Einlagen abfließende Rente nach dem Betrag ihres Rentenkapitals von der Anstalt jährlich zugetheilt. Wird $\frac{1}{n}$ der Einlage für den Reservefonds vorbehalten, wonach der Einlage 1 das Rentenkapital $\frac{n-1}{n}$ entspricht, und ist der Normalzinsfuß $= p$, so wird die Einlage zum Zinsfuß $\frac{p\,(n-1)}{n}$ verzinst. Die anfängliche Zinsrente erhöht sich allmählig durch den zum Normalzinsfuß berechneten Zins des Rentenkapitals der abgegangenen Mitglieder.

Bruchkreuzerfonds.

§. 193. Kommen bei der Repartition der Renten Brüche heraus, deren Werth nicht wohl in Geld erstattet werden kann, wie z. B. Kreuzerbrüche, so wird die Rente nur in Gulden und vollen Kreu-

---

*) Es versteht sich von selbst, daß die Nachzahlungen und Rentengutschriften in demselben Verhältniß wie die vollen Einlagen und Theileinlagen zum Reservefonds beitragen müssen. In der Wiener und Stuttgarter Anstalt, welch' letztere ebenfalls durch Unternehmer gegründet ist, geschieht dies nicht, sondern es wird nur aus den vollen Einlagen und Theileinlagen das Rentenkapital gebildet, während die Nachzahlungen und Rentengutschriften in ihrem vollen Betrage dem Rentenkapital zugeschlagen werden.

Wenn z. B. der Beitrag zum Reservefonds $\frac{1}{8}$ beträgt, so wird, wenn eine Einlage von 16 fl. gemacht wird, dem Einleger dafür der Betrag von $\frac{7}{8} \times 16 = 14$ fl. gutgeschrieben. Wird nun im folgenden Jahre durch eine Nachzahlung von $100 - 16 = 84$ fl. die Theileinlage auf eine volle von 100 fl. ergänzt, so ist, weil die Nachzahlung in ihrem vollen Betrage angeschrieben wird, das Rentenkapital $= 84 + 14 = 98$ fl.; letzteres wäre hingegen nur $\frac{7}{8} \times 100 = 87\frac{1}{2}$ fl., wenn gleich Anfangs eine volle Einlage gemacht worden wäre. Hierdurch wird für Diejenigen, welche Theileinlagen machen und solche später ergänzen, der Zinsfuß in den jüngern Klassen heraufgetrieben, und dagegen in den ältern Klassen, in welchen wegen der größern ursprünglichen Rente (§. 187, Note) das Rentenkapital größer als das Einlagekapital ist, heruntergedrückt, weßhalb in diesen Anstalten die Theileinlagen in den jüngern Klassen vorherrschend sind. Ein solches Verfahren würde daher einer auf Gegenseitigkeit gegründeten Anstalt zum großen Nachtheile gereichen.

zern angesetzt, und über die Summe der nicht ausgezahlten Kreuzerbrüche, den Bruchkreuzerfonds, kann sonach anderweitig verfügt werden.

Rückvergütung beim Abgang eines Mitgliedes.

§. 194. In allen, dermalen bestehenden Rentenanstalten, mit Ausnahme der Hannöverschen, wird beim Abgange eines Mitgliedes durch Ableben demselben, beziehungsweise seinen Erben, die Summe seiner baaren Einlagen und Nachzahlungen zurückvergütet, jedoch die Summe aller bis dahin auf seine Einlagen baar ausgezahlten Renten in Abzug gebracht, und zwar aus dem Grunde, weil Viele sich bei diesen Anstalten nicht betheiligen würden, wenn sie zu befürchten hätten, daß ihre Einlage für ihre Erben selbst dann verloren sei, wenn sie schon in der ersten Zeit ihres Eintritts mit Tode abgehen sollten.

In Folge dieses Systems der Rückzahlung steigt die Rente, namentlich in den jüngern Altersklassen, viel langsamer, als wenn selbst im Falle eines frühern Ausscheidens der Mitglieder die Einlagen der Anstalt für immer verblieben, denn außerdem müssen die Einlagen natürlicher Weise unwiderruflich sein, d. h. es dürfen die bei der Anstalt einmal gemachten Einlagen und Ergänzungen unter keiner Bedingung, Auswanderungsfälle abgerechnet, zurückgefordert werden.

Nimmt man, um die Folgen der Rückzahlung beispielsweise zu ermessen, an, daß die Anzahl der Mitglieder der jüngsten Klasse für die Altersabstufung von 0 bis 5 Jahre = 37979 und die Einlage = 100 fl. ist, so stellt sich für den Zinsfuß 4 und nach der XIten Sterblichkeitstabelle heraus, daß beiläufig im 20ten Jahre die noch lebenden Mitglieder ungefähr 100 fl. an Renten bezogen haben, und daher von dieser Zeit an die Rückzahlungen aufhören.

Die Rentenanstalten weichen in dem Verhältniß, in welchem die Rückvergütung oder die sogenannte Abfertigung, theils aus dem Rentenkapital und theils aus dem Reservefonds gewährt wird, von einander ab. Nach den Statuten der badischen Anstalt z. B. ruht auf dem Reservefonds die Verbindlichkeit, zu den Abfertigungen in dem Verhältniß beizutragen, nach welchem ihm früher ein Theil der Einlagen zugeflossen ist.

Jeder Abgang eines Mitgliedes muß übrigens in Beziehung auf die Verrechnung der Anstalt so angesehen werden, als wäre derselbe am Schlusse des Jahres erfolgt.

Gewöhnlich wird auch beim Abgang eines Mitgliedes dessen

Rechtsnachfolgern noch der volle Betrag der aus dem Abgangsjahre auf seine Einlage fallenden Jahresrente gewährt, gleichviel ob das betreffende Mitglied bereits mehr als den Betrag seiner Einlagen aus der Anstalt bezogen hat oder nicht.

Gleichstellung zwischen den Theileinlagen und den vollen Einlagen.

§. 195. Weil die Rentenerhöhung auf der Erbvereinigung der Mitglieder der Anstalt beruht, so kann der spätere Zutritt weiterer Mitglieder nicht gestattet werden. Die Renten vertheilen sich aber nicht auf die Anzahl der Mitglieder, sondern auf die Einlagen, weil sie von verschiedenem Betrage sein können. Wenn nun die Mitglieder die Befugniß haben, später ihre Einlagen zu vergrößern, und wenn sie mit diesen Einlagevermehrungen an dem Gewinn Theil nehmen dürfen, welcher lediglich durch die ursprünglichen Einlagen entstanden ist, so läuft dies, zum Nachtheil derjenigen Mitglieder, welche ihre Einlagen nicht vermehren, auf dasselbe hinaus, als wenn die Jahresgesellschaft nicht abgeschlossen wäre.

Weil aber Theileinlagen gestattet sind, und folglich auch Nachzahlungen erlaubt sein müssen, so kommt es nur darauf an, in Beziehung auf letztere gewisse Bedingungen oder Einschränkungen, durch welche die Rechte der vollen Einlagen in Schutz genommen werden, eintreten zu lassen.

In den bestehenden Rentenanstalten wird dieser Gegenstand verschiedentlich behandelt. In der badischen Anstalt z. B. wird Denjenigen, welche Nachzahlungen machen, die Verpflichtung auferlegt, sich in den Fonds, welcher dem jeweiligen Stand der Rente entspricht, einzukaufen, wenn letztere von einer vollen Einlage von 200 fl. mehr als 8 fl., als Zins derselben zum Normalzinsfuß 4 beträgt.

Die Berechnung für den Einkauf in den dem Stand der Rente entsprechenden Fonds kann etwa wie folgt geführt werden.

Ist z. B. die volle Einlage = 100 fl., die Theileinlage = 40, die Nachzahlung = 60, ist die dem Normalzinsfuß entsprechende kleinste Rente für eine volle Einlage = 4, und steht die Rente auf 6 fl., so entspricht der Theileinlage von 40 fl. eine Rente von $\frac{6 \times 40}{100} = 2{,}4$. Die Nachzahlung im Betrage von 100 — 40 = 60 fl. darf nicht mehr als den 4-procentigen Zins davon abwerfen, also 2,4 fl. Die Rente von 40 fl., im Betrage von 2,4 fl. und der 4-procentige Zins von 60 fl., im Betrage von 2,4 fl., betragen zusammen 4,8 fl. Weil aber die Rente einer vollen Einlage von 100 fl. auf 6 fl. steht, so müssen zur Nachzahlung von 60 fl. noch so viel Gulden zugeschossen werden, daß der 4-procentige Zins davon $6 - 4{,}8 = 1{,}2$ fl. beträgt, also $\frac{1{,}2 \times 100}{4} = 30$ fl. Der Einleger muß demnach $60 + 30 = 90$ fl. zahlen. Er erhält nun

von	40 fl.	früherer Einlage zu 6 Procent	2,4 fl.
„	60 „	Nachzahlung zu 4 Procent	2,4 „
„	3 „	Zuschuß zum errungenen Kapital zu 4 Procent	1,2 „
		Zusammen	6,0 fl.

Ist, allgemein genommen, die Theileinlage $= t$, die Nachzahlung $= m$, der Zinsfuß $= p$ und der gegenwärtige Stand der Rente für eine volle Einlage von 100 fl. $= p + a$, so ist die der Theileinlage entsprechende Rente $= t\,(p + a)$; die Nachzahlung darf im ersten Jahre nicht mehr als den Zins mp abwerfen; weil aber $t + m$ eine Rente von $(t + m)\,(p + a)$ abwirft, so muß noch eine Summe zugeschossen werden, deren Zins zum Zinsfuß der Anstalt (p) so viel beträgt wie

$$(t + m)\,(p + a) - t\,(p + a) - mp = am.$$

Dem Zins am entspricht aber zum Zinsfuß p das Kapital $\frac{am}{p}$ und so viel beträgt demnach der Zuschuß für die Nachzahlung m. Setzt man in dieser Formel $m = 60$, $p = 0{,}04$, $p + a = 0{,}06$, wonach $a = 0{,}02$, so ist der Zuschuß $= \frac{0{,}02 \times 60}{0{,}04} = 30$, in Uebereinstimmung mit obiger Berechnung. Aus obiger Formel läßt sich ein Tarif für den zu leistenden Zuschuß, das sogenannte Aufgeld, berechnen.

Im obigen Zahlenbeispiele haben wir angenommen, daß die Theileinlage durch eine Nachzahlung zu einer vollen Einlage ergänzt werden solle, und unter dieser Voraussetzung ist die Berechnung des Zuschusses angestellt worden. Aus der Herleitung obiger Formel geht aber hervor, daß letztere auch für den Fall gilt, wenn eine Theileinlage nur vermehrt, also noch nicht zu einer vollen Einlage ergänzt werden soll. Ist z. B. eine volle Einlage = 100, der Zinsfuß = 4, ist die Rente auf 6 gestiegen, ist ferner die anfängliche Theileinlage = 25, so kann, wenn eine Nachzahlung von 10 fl. gemacht werden soll, diese Nachzahlung nicht gleich, sondern nach Verhältniß der anfänglichen Theileinlage an der auf 6 Procent gestiegenen Rente participiren.

Es gibt aber

die anfängliche Theileinlage von 25 fl. zu 6 Procent		1,5 fl.
die Nachzahlung von 10 fl. zu 4 Procent		0,4 „
	zusammen	1,9 fl.

Wenn nun die Theileinlage und Nachzahlung im Betrage von $25 + 10 = 35$ an der auf 6 Procent stehenden Rente participiren, also $\frac{35 \times 6}{100} = 2,1$ fl. erhalten sollen, so muß noch eine Summe zugeschossen werden, deren 4=procentiger Zins $= 2,1 - 1,9 = 0,2$ fl. beträgt, also $\frac{0,2 \times 100}{4} = 5$ fl. Der Einleger muß demnach $10 + 5 = 15$ fl. zahlen. Er erhält nun

von 25 fl. anfänglicher Einlage zu 6 Procent		1,5 fl.
„ 10 „ Nachzahlung zu 4 Procent . . .		0,4 „
„ 5 „ Zuschuß zu 4 Procent		0,2 „
	zusammen	2,1 fl.

Dasselbe Resultat für den Zuschuß ergibt sich aus der Formel $\frac{am}{p}$; denn für $p = 0,04$, $a = 0,02$ und $m = 10$ ist der Zuschuß $= \frac{0,02 \times 10}{0,04} = 5$ fl.

In der badischen Rentenanstalt wird das Aufgeld auf eine ähnliche Art berechnet. Für eine Nachzahlung von 1 fl. beträgt das Aufgeld

1/4 Kr. bei einer Rentenerhöhung von 1 Kr.,
2/4 „ „ „ „ „ 2 „
3/4 „ „ „ „ „ 3 „
u. s. w.

Von Nachzahlungen, für welche das Aufgeld nicht gleichzeitig ebenfalls baar entrichtet wird, so wie von gutgeschriebenen Theilrenten ist das Aufgeld durch Abzug zu erheben, und es wird alsdann nur der übrig bleibende Theil derselben dem Kapital der Theileinlage zugeschrieben. Es versteht sich übrigens von selbst, daß das Aufgeld in den Kapitalfonds derjenigen Altersklasse fällt, welcher die zuzuschreibende Nachzahlung oder Theilrente angehört.

Nach den Statuten der badischen Rentenanstalt wird aber kein Aufgeld entrichtet, wenn die Rente weniger als 8 fl. beträgt. Weil wegen des langsamen Steigens der Rente, je nach der Alterskasse, erst nach einer mehr oder weniger langen Reihe von Jahren die Rente den Normalzinsfuß erreicht, so haben die Theileinlagen sehr ausgedehnte Fristen, binnen welcher sie sich, ohne Aufgeld zu ent=

richten, ergänzen können. Die Schwankungen, welche die Rente während dieser Zwischenzeit in Folge der ohne Aufgeld entrichteten Nachzahlungen machen kann, sind nicht bedeutend, und allenfallsige Rentenrückschläge können erforderlichen Falls aus dem Reservefonds ergänzt werden.

Einen bessern Weg zur Gleichstellung zwischen den Theileinlagen und den vollen Einlagen hat die Darmstädter Rentenanstalt eingeschlagen; s. §. 201.

Minimum der Theileinlagen.

§. 196. Die geringste Höhe der Theileinlagen (§. 183) wird unterschiedlich angesetzt; sie beträgt z. B. in der Wiener Rentenanstalt $\frac{1}{20}$, in der Berliner $\frac{1}{10}$, in der sächsischen $\frac{1}{5}$ (und nur ausnahmsweise auch $\frac{1}{10}$), in der bayerischen $\frac{1}{4}$ der vollen Einlage für die jüngste Altersklasse; in den höhern Altersklassen ist das Minimum mehrentheils etwas höher als in der jüngsten.

Dieses Minimum darf aber nicht willkührlich bestimmt werden. Der Natur der Sache nach kann man bei der Bestimmung der geringsten Einlage davon ausgehen, daß sie bei dem Eintritt in das unterstützungsbedürftige Alter, in welchem die Vertheilung der Fonds der Anstalt ihren Anfang nimmt, durch Rentengutschriften (§. 188) zu einer vollständigen Einlage angewachsen seyn müsse. In Uebereinstimmung mit diesem Grundsatze scheinen die Bestimmungen der sächsischen Rentenanstalt hierüber zu sein, nach welchem die geringsten Theileinlagen in der 1ten Klasse auf 20, in der 2ten auf 25, in der 3ten auf 30, in der 4ten auf 35, in der 5ten auf 40, in der 6ten auf 45, in der 7ten auf 50 und in der 8ten auf 60 Thaler angesetzt und nur ausnahmsweise auch Einlagen von 10 Thalern in den drei jüngsten Klassen gestattet sind. In den drei ältesten Klassen dürfen keine Theileinlagen gemacht werden.

Reservefonds.

§. 197. Gewisse Einnahmen oder Theile von Einnahmen der Anstalt fließen in den Reservefonds, welcher als solcher die Verbindlichkeit hat, zu etwaigen Verlusten der Vermögensverwaltung beizutragen und etwaige Rentenrückschläge zu decken. Zu jenen Einnahmen gehören die bei der Bildung der Rentenkapitalien von den Einlagen und Nachzahlungen gemachten Abzüge, und alle Vermögenstheile oder Zuflüsse zum Vermögen der Anstalt, welche weder die

Bestimmung haben, als Rente ausgezahlt zu werden, noch als Kapitaltheil dem Rentenkapital zugeschieden, oder der Verwaltung zugewiesen sind. In den meisten Rentenanstalten hält man sich aber nicht so streng an die eigentliche Bedeutung des Reservefonds, sondern es werden demselben noch andere Einnahmen und Funktionen zugewiesen, was in der Veränderlichkeit der Größe des Verwaltungsaufwands und in den verschiedenen Systemen der Rentenvertheilung und Kapitalauflösung seinen Grund hat, und außerdem auch zur Vereinfachung der Verrechnung geschieht. Zu den Einnahmen des Reservefonds rechnet man daher gewöhnlich außer den vorhin aufgezählten auch noch die Eintrittsgelder (§. 186), den Mehrertrag der Zinsen über den Normalzinsfuß von den Rentenkapitalien, wenn nämlich die Kapitalien der Anstalt zu einem höhern Zinsfuß als dem Normalzinsfuß angelegt worden sind, ferner den Bruchkreuzerfonds (§. 193), den etwaigen Gewinn beim Umsatz von Staatspapieren, den Antheil an den etwaigen Vermögensresten erloschener Jahresgesellschaften 2c.

Dagegen hat der Reservefonds außer der Verbindlichkeit, zu etwaigen Verlusten der Vermögensverwaltung beizutragen, auch die, seinen Antheil zu den Abfertigungen (§. 194) beim Abgang von Mitgliedern zu leisten, und zu den Verwaltungskosten nöthigenfalls beizutragen.

Verwaltungsfonds.

§. 198. In den **Verwaltungsfonds**, welcher zur Bestreitung der Ausgaben für die Errichtung und Gesammtverwaltung der Anstalt dient, fließen die Eintrittsgelder, die Zinsen von den noch nicht zum Rentenbezug berechtigten Einlagen (§. 189), die Zinsen-Ueberschüsse (wenn solche nicht in den Reservefonds fließen (§. 197) und der Ertrag aus etwaigen Nebenanstalten (§. 202). Reichen diese und andere, dem Verwaltungsfonds zugewiesenen Einnahmen zur Bestreitung der Verwaltungskosten nicht hin, so wird das Fehlende aus dem Reservefonds genommen.

Wird von der Summe, welche nach dem jährlichen Rechnungsabschluß übrig bleibt, der Betrag der Verwaltungskosten für das nächste Jahr nach einem Voranschlag abgezogen, so kann über den Rest anderweitig verfügt werden.

Vertheilung der Verwaltungsüberschüsse.

§. 199. Die Verwaltungsüberschüsse (§. 198) sind begreiflicherweise gemeinschaftliches Eigenthum sämmtlicher Jahresgesellschaften der An=

stalt, und sie sind daher unter die Jahresgesellschaften nach Verhältniß ihrer Rentenkapitalien zu vertheilen. Der Antheil an diesen Zuflüssen kann theils dem Reservefonds der Jahresgesellschaft zugewiesen und theils zur Rentenaufbesserung benutzt, oder aber ausschließlich auf die eine oder andere Art verwendet werden.

Ueberschüsse des Reservefonds.

§. 200. Zur Deckung der dem Reservefonds obliegenden Verbindlichkeiten kann ein gewisser Procentsatz des jeweiligen Gesammtrentenkapitals jeder Jahresgesellschaft als Sicherheitsfonds, im Bestande des Reservefonds betrachtet, und die Ueberschüsse des letztern über den festgesetzten Procentsatz hinaus können, unter Zurechnung ihres Zinses, zur Erhöhung der Renten verwendet werden.

Jahresrente und Rentenmaximum.

§. 201. Die Jahresrente besteht aus der Zinsrente, aus den Antheilen der Mitglieder an den sonstigen Erträgnissen der Rentenanstalt und an den Erbanfällen. Die jährliche Auszahlung der beiden letztern Bestandtheile der Jahresrente hat mit dem Anfang des unterstützungsbedürftigen Alters (das 50te bis 55te Lebensjahr) zu beginnen, und es wird, aus dem im §. 178 angeführten Grunde, dem Anwachsen der Rente eine Grenze gesetzt. Der Betrag, welchen die Jahresrente nicht übersteigen darf, ist das Rentenmaximum.

Die einzelnen Bestandtheile der Jahresrente und das Gesetz der periodischen Zunahme derselben hängen, unter übrigens gleichen Umständen, vom System der Kapitalauflösung, von der Behandlung des Reservefonds und der Art der Vertheilung aller Nebenerträgnisse ab, und es bieten hierin die dermalen bestehenden Rentenanstalten wesentliche Verschiedenheiten dar.

In der sächsischen Rentenanstalt z. B. treten mit Anfang desjenigen Jahres, in welchem die jüngsten in einer Altersklasse zulässig gewesenen Personen das 55te Jahr erreichen müßten, sämmtliche, zu diesem Zeitpunkte noch lebenden Theilhaber dieser Altersklasse in die Erbklasse ihrer Jahresgesellschaft ein. Bei dem Uebertritt einer Altersklasse in die Erbklasse und demgemäß erfolgenden Ueberweisung des zu dieser Zeit bestehenden gesammten Rentenkapitals der übergehenden Altersklasse wird der auf jeden mit übergehenden Theilnehmer dieser Klasse nach Verhältniß seiner Einlagenbeträge fallende Antheil besonders in seinem Conto notirt, und es bezieht jedes Mitglied der Erbklasse zunächst die, auf diesen seinen inferirten Kapitalantheil ausfallende Quote der vom Centralfonds zu leistenden

$3^1/_3$ Procent Zinsrente. Diesen inferirten Rentenkapitalsantheilen wachsen alsdann die ererbten zu. Kommt nämlich ein Mitglied aus der Erbklasse in Abgang, so bildet der, seinem Conto überhaupt zugeschriebene Antheil am Rentenkapitale, nach Abzug der etwaigen Abfertigung, den Gegenstand der Vererbung, an welcher sämmtliche Mitglieder der Erbklasse, welche mit Schluß desjenigen Jahres, worin der Abgang eintritt, noch ferner zur Rentenerhebung überhaupt berechtigt bleiben, nach Verhältniß ihrer in die Erbklasse inferirten Rentenkapitalsantheile participiren. Die Vererbung geschieht auf zweierlei Weise. Es werden nämlich von dem vererbtfällten Rentenkapitalantheile

a) zwei Drittheile von der Gesammtsumme des Rentenkapitals der Erbklasse abgeschrieben und in Centralfonds aus dem Rentenkapitalfonds in den Leibrentenfonds überwiesen, wogegen letzterer einem jeden Theilnehmer der Erbklasse, anstatt der von jenen zwei Drittheilen auf ihn zu vertheilen gewesenen Kapitalquote, eine entsprechende Leibrente nach Maaßgabe des in den Statuten enthaltenen Tarifs gewährt;

b) ein Drittheil wird von dem Rentenkapitalfonds herausgezahlt und baar vertheilt, und nebst den Jahresrenten für das auf den Erbantheil folgende Jahr ausbezahlt. Sobald die Summe der einer Einlage der Erbklasse zukommenden Jahresrente an Zins- oder Leibrente 150 Thlr. erreicht hat, so werden der Ueberschuß oder die weitern Anfälle an Renten- und Rentenkapitalantheilen nicht weiter zugeschrieben, sondern mit auf die zu diesem Rentenmaximum noch nicht gelangten Einlagen der Erbklasse zur Vertheilung gebracht. Die Zins- und Leibrentenantheile der Theileinlagen werden den Einlegern nicht ausgezahlt, sondern denselben als Theilrente mit dem Jahresabschluß des beteffenden Rechnungsjahres auf Conto gutgeschrieben. Wird durch die letzte Gutschrift der Contobetrag der betreffenden Theileinlage noch über 100 Thlr. hinaus (dem Betrage der vollen Einlage) erhöht, so erhält der Inhaber den Ueberschuß baar ausgezahlt. Desgleichen bleiben die das Rentenmaximum (von 150 Thlrn.) beziehenden Einlagen von der Theilnahme an der sub b erwähnten Kapitalvertheilung ausgeschlossen. Wird ferner bei Einlagen, welche das Rentenmaximum noch nicht beziehen, durch Zurechnung des auf sie fallenden Antheils dieser Kapitalvertheilung zu ihren Zins- und Leibrenten der Betrag von 150 Thlrn. in einem Jahre überstiegen, so wird denselben der Ueberschuß ebenfalls nicht verabreicht, sondern im folgenden Jahre mit zur Erbkapitalvertheilung gebracht. Wenn der Fall eintritt, daß alle Mitglieder einer Altersklasse vor dem Uebertritt in die Erbklasse bereits zum Bezug des Rentenmaximums gelangt sind, so wird der zur Rentenleistung für selbige nicht weiter erforderliche, mithin hierdurch zur Disposition kommende Theil des Rentenkapitals dieser Altersklasse auf die Erbklasse vererbt. Endlich, wenn alle Mitglieder der Erbklasse aussterben, oder bereits in den Genuß der höchsten Rente getreten sind, so fällt der hierdurch disponibel werdende Theil des Rentenkapitals oder des Zuwachses der Erbklasse

a) wenn noch Mitglieder der nämlichen Jahresgesellschaft in einzelnen Altersklassen existiren sollten, auf die älteste unter diesen Altersklassen, und soweit deren Mitglieder hiernach oder sonst, bereits das Rentenmaximum beziehen, auf die folgende und so fort;

b) wenn in den einzelnen Altersklassen keine Mitglieder mehr vorhanden, oder alle schon im Genusse der höchsten Rente sein sollten, auf die Erbklasse der zehn ältesten noch activen Jahresgesellschaften nach gleichen Theilen.

Die Auflösung des Kapitals der Jahresgesellschaften müßte eigentlich in der Art erfolgen, daß zur Zeit nichts mehr vom Kapital übrig bleibt, in welcher das letzte Mitglied derselben mit Tod abgeht. Nach der Auflösungsart der sächsischen Rentenanstalt wird aber bei dem gänzlichen Aussterben der Jahresgesellschaft derjenige Theil des Rentenkapitals als nicht aufgelöst noch vorhanden sein, welcher den zuletzt verstorbenen Mitgliedern beim Eintritt in die Erbklasse zugehört hat, und wenn alle Mitglieder der Jahresgesellschaft schon im Besitz der höchsten Rente sind, so bleibt auch das nicht zu vererbende Kapital, als nicht aufgelöst, übrig. — Sämmtliche Jahresgesellschaften der Rentenanstalt haben einen gemeinschaftlichen Reservefonds. Die Ueberschüsse desselben sollen zur Aufbesserung der Renten verwendet werden, und zwar nach Gutdünken der Direction. Dies soll aber nicht früher geschehen, als insofern der Reservefonds mit dem betreffenden Jahresschluß nach Abzug aller ihm obliegenden Ausgaben wenigstens 10 Procent von der Summe der activen Rentenkapitale beträgt. Sodann nehmen an den zur Vertheilung zu bringenden Ueberschüssen nur diejenigen Jahresgesellschaften Theil, welche volle drei Jahre bestanden haben, diese aber nach Verhältniß des Gesammtbetrags der Einlagekapitale einer jeden. Der hierdurch für jede Jahresgesellschaft ausfallende Antheil wird halb der Erbklasse und halb den sämmtlichen noch activen Altersklassen zugewiesen, welche nach Verhältniß ihrer Einlagekapitale daran participiren. Die dadurch auf die einzelnen Mitglieder ausfallenden Raten werden ihren Jahresrenten zugeschlagen. Sofern endlich bei den in besonderer Rechnung zu haltenden Leibrentenfonds ein zur Sicherstellung der schuldigen Leibrenten entbehrlicher Ueberschuß sich bilden sollte, so kann dieser nach dem Ermessen der Direction an den Reservefonds abgegeben werden.

Es bedarf wohl keiner ausführlichen Nachweisung, daß obige, den Reservefonds betreffenden Anordnungen keineswegs aus der Natur der Sache gegriffen sind; sehr verfehlt ist besonders die Einführung eines allgemeinen Reservefonds, wenigstens in der Art und Weise, wie solcher seine Ueberschüsse an die für sich bestehenden Jahresgesellschaften der Anstalt austheilen soll. Die Einnahmen und Ausgaben des Reservefonds einer Rentenanstalt sind zum Theil solche, welche die ganze Anstalt betreffen, und theils solche, welche die einzelnen Jahresgesellschaften speciell angehen. Es ist daher am Geeignetsten, letztere Einnahmen und Ausgaben für jede Jahresgesellschaft besonders festzustellen und derselben als Specialreservefonds zu überweisen, und dagegen die Differenz derjenigen Einnahmen und Ausgaben, welche die gesammte Anstalt betreffen, auf die Specialreservefonds der Jahresgesellschaften zu repartiren; mithin die Ueberschüsse dem Specialreservefonds zuzuschreiben, und eine Mehrausgabe von demselben abzuschreiben.*)

Eine in allen Beziehungen zweckmäßigere Einrichtung als alle andere Rentenanstalten, hat die im Jahre 1844 in Darmstadt errichtete Anstalt dieser Art, weßhalb uns eine Zusammenstellung der Hauptpunkte der Statuten derselben als praktisches Beispiel der organischen Einrichtung einer Rentenanstalt nachträglich dienen soll.**)

(§. 8.) Jedes Jahr kann eine Jahresgesellschaft gebildet werden, wenn die Summe der Einlagen eines Sammeljahres nicht unter dem Betrage von 300 vollen Einlagen bleibt, und daran wenigstens 300 verschiedene Personen Theil haben. — Im entgegengesetzten Falle werden die Einlagen in das folgende Sammeljahr übertragen, und die Jahresgesellschaft erst dann geschlossen, wenn jenes Minimum erreicht ist. Eine solche Sammelperiode darf jedoch nicht mehr, als drei Kalenderjahre umfassen. — Die Einlagen der frühern Sammeljahre werden in diesem Falle, vom 1. Januar des auf das Beitrittsjahr folgenden Jahres an bis zum Schlusse der Sammelperiode, mit 3 Procent per Jahr verzinst. — Wenn indeß ein Einleger in seiner Beitritts-

---

*) Ausführliche, durch Beispiele erläuterte Vorschläge zur Einführung derartiger Anordnungen gibt J. F. Becker in seiner Schrift: „Ueber eine zweckmäßigere Einrichtung der Rentenanstalten" (Berlin, 1844).

**) Mit Benutzung von J. J. Rau's „Beitrag zur nähern Kenntniß der Rentenanstalten im Allgemeinen, insbesondere der allgemeinen Rentenanstalt zu Darmstadt" (Darmstadt, 1844).

erklärung ausdrücklich bemerkt, daß er eintretenden Falls mit den Theilhabern des folgenden Sammeljahres nicht vereinigt sein wolle, so wird ihm seine Einlage, jedoch ohne Zinsen und ohne das Eintrittsgeld (§. 13) *) innerhalb vier Wochen nach Ablauf des Sammeljahres zurückgegeben.

(§. 10.) Die Mitglieder einer jeden Jahresgesellschaft werden nach Maaßgabe des Alters, welches sie im Laufe des die Jahresgesellschaft bezeichnenden Kalenderjahres vollenden, in elf Altersklassen getheilt, und zwar dergestalt, daß Diejenigen, welche vom 1ten Januar bis 31. December dieses Jahres

— bis	einschließlich	5	Jahre	alt	werden,	die		1te
6 „	„	10	„	„	„	„		2te
11 „	„	15	„	„	„	„		3te
16 „	„	20	„	„	„	„		4te
21 „	„	25	„	„	„	„		5te
26 „	„	30	„	„	„	„		6te
31 „	„	35	„	„	„	„		7te
36 „	„	40	„	„	„	„		8te
41 „	„	45	„	„	„	„		9te
46 „	„	50	„	„	„	„		10te
51 Jahre	oder darüber		„	„	„	„		11te

Altersklasse bilden.

(§. 11.) Sollten jeder der acht jüngern Altersklassen einer Jahresgesellschaft nicht wenigstens 30, jeder der drei ältern dagegen nicht wenigstens 20 verschiedene Personen beitreten, so wird die unvollzählige ältere Klasse mit der nächst jüngern vereinigt. Ist auch hierdurch jenes Minimum nicht erreicht, so wird die unvollzählige Klasse in dieser Jahresgesellschaft ausgesetzt, und es werden die Theilnehmer alsdann in die nächstfolgende Jahresgesellschaft nach Maaßgabe ihres Alters aufgenommen, ihre Einlagen aber nach der Bestimmung im §. 8 verzinst. — Eine solche Vereinigung findet nicht statt, wenn sich der Anmeldende in seiner Beitrittserklärung dagegen ausspricht. In diesem Falle wird demselben seine Einlage, jedoch ohne Zinsen und Eintrittsgeld, innerhalb vier Wochen nach Ablauf des Sammeljahres zurückerstattet.

(§. 12.) Für eine und dieselbe Person können in jeder Jahresgesellschaft

a) volle Einlagen,
b) volle und Theil-Einlagen, oder
c) Theil-Einlagen allein

in unbeschränkter Anzahl gemacht werden. Theil-Einlagen sind jedoch nur in den neun jüngern Altersklassen zulässig. — Die volle Einlage beträgt 100 fl. — Eine Theileinlage darf nur in ganzen Guldensummen bestehen, und in der 1ten, 2ten und 3ten Klasse nicht unter 10 fl.,

*) Für jede Einlage, sie sei eine volle oder Theileinlage, wird ein- für allemal ein Eintrittsgeld von 30 kr. als Beitrag zu den Verwaltungskosten an die Anstalt entrichtet.

in	der	4ten	Altersklasse	nicht	unter	15	fl.
„	„	5ten	„	„	„	20	„
„	„	6ten	„	„	„	30	„
„	„	7ten	„	„	„	40	„
„	„	8ten	„	„	„	50	„
„	„	9ten	„	„	„	60	„

betragen.

(§. 16) Jede volle Einlage gewährt vom Anfange des dritten Gesellschaftsjahres an das Recht zum baaren Bezug der davon abhängenden statutenmäßigen jährlichen Rente. — Von einer Theileinlage dagegen kann die baare Anszahlung der von diesem Zeitpunkte an darauf fallenden jährlichen Rente erst dann verlangt werden, wenn deren Ergänzung zu einer vollen Einlage eingetreten ist. — Dieses Recht zum Rentenbezug erlischt mit dem Schlusse desjenigen Jahres, in welchem der Abgang eines Mitgliedes erfolgt.

(§. 17.) Die Ergänzung der Theileinlagen kann geschehen:
a) durch baare Nachzahlungen;
b) durch Gutschrift der auf Theileinlagen fallenden Renten und Rentenkapital-Antheile;
c) durch Gutschrift der Renten von vollen Einlagen, welche der Inhaber einer Theileinlage besitzt, vorausgesetzt, daß er eine solche Gutschrift wünscht.

(§. 18.) Baare Nachzahlungen auf Theileinlagen dürfen nicht unter zwei Gulden betragen. Es können deren in jedem Jahre, jedoch ebenfalls nur in dem Zeitraume vom 1. Februar bis 30. November, beliebig viele gemacht werden. Hat indessen der Inhaber einer Theileinlage das 46te Lebensjahr angetreten, so sind baare Nachzahlungen für ihn nicht mehr zulässig.

(§. 20.) Neun Zehntel (oder 90 Procent) der von einer jeden Altersklasse gemachten Einlagen und deren Ergänzungen (§. 17) bilden das ursprüngliche Rentenkapital dieser Altersklasse, welches zur Sicherung der Rente dient. Das übrige Ein Zehntel der von sämmtlichen Altersklassen einer Jahresgesellschaft gemachten Einlagen und ihrer Ergänzungen bildet den Hauptbestandtheil des Reservefonds dieser Jahresgesellschaft.

Das jedem Einlagebetrag für den Reservefonds in Abzug kommende Zehntel wird gleichwohl als Bestandtheil der Einlage betrachtet, und demgemäß jeder statutenmäßigen Rückzahlung oder Rückvergütung beigerechnet.

(§. 21.) Das Rentenkapital jeder Altersklasse kann sich alljährlich vermehren:
1) durch Zuwachs von $^9/_{10}$ der Vermehrungen des Einlagekapitals, mit Rücksicht jedoch auf die Bestimmung des §. 33;
2) durch Ererbung aus andern Klassen und Jahresgesellschaften. (§. 39 und 40).

Dagegen vermindert sich dasselbe

a) durch Rückvergütungen beim Abgange von Mitgliedern (§. 55);

b) durch Verwandlung in Leibrente (§. 26).

Nach den hierdurch bedingten Veränderungen wird das Rentenkapital jeder Altersklasse am Schlusse eines jeden Jahres berichtigt und durch ein besonderes Conto nachgewiesen.

Die unter pos. 1 erwähnte Vermehrung des Rentenkapitals kann nur in den neun jüngern Altersklassen vorkommen, da bloß für sie Theileinlagen zulässig sind, welche durch Vervollständigung der ursprünglichen Einlagebeträge ergänzt werden.

Die Vermehrung unter pos. 2 dagegen kann nach und nach bei allen Altersklassen eintreten.

Es seien z. B. in einer Altersklasse 200 Einlagen à 30 fl., im Ganzen also mit . . . . 6000 fl. — kr. gemacht worden.

Das Rentenkapital dieser 200 Einlagen wäre folglich nach Abzug von 600 fl. für den Reservefonds 5400 „ — „

Würden nun auf jene 200 Einlagen in einem Jahre 400 fl. baar nachgezahlt, so fielen hiervon 40 fl. in den Reservefonds, und die übrigen . . . . 360 „ — „ würden dem Rentenkapital der Altersklasse gutgeschrieben.

Betrüge zugleich die Jahresrente von obigen 5400 fl. im Ganzen 216 fl., so wäre auch hiervon $1/10$ für den Reservefonds abzuziehen, und der übrige Theil mit . . . . 194 „ 24 „ dem Rentenkapital zuzurechnen, so daß sich dasselbe am Schlusse des Jahres auf . . . . 5954 fl. 24 kr. belaufen würde.

(§. 22.) Ueber jede volle oder Theil-Einlage wird für das betreffende Mitglied ein besonderes Conto geführt und darin sowohl der Betrag der Einlage, als auch der Betrag des Rentenkapitals, nach Maaßgabe der §§. 20 und 21 bemerkt.

Ueber jede Einlage wird in den Büchern der Anstalt ein Conto geführt, damit jederzeit ersehen werden kann:

a) wie groß der Betrag der Einlage und deren Rentenkapital ist,

b) welche Nachzahlungen auf eine Theileinlage gemacht, und welche Renten auf dieselbe gutgeschrieben und

c) welche Renten an den Inhaber baar bezahlt worden sind.

Die Fortführung einer Theileinlage in den Büchern der Anstalt wird durch folgendes Beispiel anschaulich werden.

	Einlage-betrag.		Renten-kapital.		An den Reservefonds.	
	fl.	kr.	fl.	kr.	fl.	kr.
1) Es bestehe eine Theileinlage aus 50 fl., so wird sie eingetragen mit	50	—	45	—	5	—
2) Werden 5 fl. nachgezahlt, so zerfallen diese in	5	—	4	30	—	30
3) Betrüge die Rente der ursprünglichen Einlage 1 fl. 48 kr., so würden dafür angeschrieben . . .	1	48	1	37	—	11
4) Würde die Rente von einer vollen Einlage mit 3 fl. 36 kr. auf die Theileinlage gutgeschrieben, so geschähe dies mit	3	36	3	15	—	21
Der neue Stand der Theileinlage wäre also	60	24	54	22	6	2

(§. 23.) Mit Anfang des dritten Gesellschaftsjahres beginnt die Verzinsung der Rentenkapitale dergestalt, daß die Anstalt jeder Altersklasse vier Procent ihres Rentenkapitals alljährlich als Rente in einer Summe zutheilt, und solche unter die sämmtlichen, in dem betreffenden Jahre noch rentenberechtigt gewesenen Klassenmitglieder nach Verhältniß ihrer auf Conto stehenden Rentenkapitale repartirt. Diese Rente heißt Klassenrente.

Der Berechnung dieser Rentensumme, beziehungsweise Repartition unter die Mitglieder, wird das am Schluß des zweitvorhergehenden Jahres festgestellte Rentenkapital der Klasse und ihrer einzelnen Mitglieder zu Grunde gelegt.

Die Klassenrente für eine volle Einlage beträgt somit anfänglich 3 fl. 36 kr.

Die Mitglieder der z. B. im Jahr 1844 sich bildenden Jahresgesellschaft haben hiernach vom 1ten Januar 1846 an das Recht zum Rentenbezug.

Es sei nun das Rentenkapital einer Altersklasse zu Ende 1844 . . . . 6000 fl.

Im Jahre 1845 vermindere sich dasselbe durch den Abgang von Mitgliedern um . . . . 150 „

so sind am Anfange des Jahres 1846 rentenberechtigt, da die im Jahre 1845 abgegangenen Mitglieder noch keinen Anspruch auf Rentenbezug hatten . . . . . 5850 fl.

wovon die Klassenrente pro 1846 zu 4% beträgt . . 234 „

Diese Rentensumme wird nun auf die einzelnen Einlagen nach dem Verhältniß ihrer Rentenkapitale vertheilt, so daß z. B. auf eine volle

Einlage mit 90 fl. Rentenkapital 3 fl. 36 kr., und auf eine Theileinlage von 20 fl. mit 18 fl. Rentenkapital 43 kr. Klassenrente kommen.

Der vorstehende Paragraph bestimmt ferner, daß bei Berechnung der Rentensumme jeder Altersklasse und bei Vertheilung derselben auf die einzelnen Einlagen jedesmal der Stand der Rentenkapitale am Schlusse des zweitvorhergehenden Jahres zu Grunde zu legen sei. Demnach sind die in den neun jüngern Altersklassen auf Theileinlagen geschehenen Nachzahlungen des Jahres 1845 erst mit Anfang 1847, die Nachzahlungen und Rentengutschriften von 1846 erst mit Anfang des Jahres 1848 rentenberechtigt. Offenbar trägt auch dieses Verfahren zur Verwirklichung des Grundsatzes der Rechtsgleichheit, insbesondere zur völligen Gleichstellung der später stattfindenden Vermehrungen der Einlagenbeträge (baare Nachzahlungen und Renten-Gutschriften) mit den ursprünglich erfolgten Einlagen bei. Denn wollte man bloß bei *diesen* das Recht des Rentenbezugs erst mit dem 2ten Jahre nach erfolgter Einzahlung beginnen lassen, und dagegen die spätern Ergänzungsbeträge der Einlagen, beziehungsweise der Rentenkapitale, *ohne den nämlichen* Verzug bei der Rentenvertheilung berücksichtigen, so wäre dies eine Bevorzugung der Theileinlagen.

(§. 25.) Der beim Abgang eines Mitglieds nach Abzug der Rückvergütung (§. 55) verbleibende Rest seines Rentenkapitals kommt den überlebenden Mitgliedern der betreffenden Altersklasse nach Proportion der ihnen bereits zustehenden Rentenkapitale zu gut. — Der letzte Moment des Jahres, in welchem der Abgang eines Mitglieds erfolgt, wird als Zeitpunkt des Erbanfalls betrachtet.

Was beim Abgang eines Mitgliedes aus der Anstalt zurückvergütet wird, ist bekanntlich allemal der Unterschied zwischen dem Betrag der baaren Einlagen und der Summe der davon bis einschließlich für das Jahr des Abgangs baar bezogenen Renten. Zieht man $^9/_{10}$ der Rückvergütung (§. 55) von dem den Einlagen des Mitgliedes entsprechenden (auf Conto stehenden) Rentenkapitale ab, so ergibt sich die Größe des Erbanfalles für die überlebenden Mitglieder der betreffenden Altersklasse. Der Unterschied zwischen dem aus dem Reservefonds der Jahresgesellschaft zu leistenden $^1/_{10}$ der Rückvergütung und dem, was von den erloschenen Einlagen in den obigen Fonds geflossen ist, fällt *diesem* als Erbschaft anheim.

Angenommen, der Inhaber von 3 vollen Einlagen, welcher im Jahre 1844 beigetreten, sterbe im Jahre 1847 und habe einschließlich der Rente des Sterbejahres, also pro 1846 und 1847, im Ganzen

an Rente empfangen	21 fl. 36 kr.
Zieht man diesen Betrag an dem der 3 Einlagen von	300 „ — „
ab, so beläuft sich die Rückvergütung auf . . .	278 fl. 24 kr.
Die von dem Rentenkapitale der betreffenden Altersklasse zu entnehmenden $^9/_{10}$ dieser Rückvergütung betragen daher	250 fl. 34 kr.
welche, wenn man sie an dem Rentenkapital jener 3 Einlagen à 90 fl., im Ganzen von	270 „ — „
abzieht, als Erbschaft für die Altersklasse . . .	19 fl. 26 kr.

übrig lassen. Diese 19 fl. 26 kr. werden nun unter die Einlagen der am 1. Januar 1848 noch am Leben befindlichen Mitglieder der Altersklasse, welcher der Abgegangene angehörte, nach Verhältniß der Rentenkapitale jener Einlagen vertheilt, so daß, wenn hiernach auf eine volle Einlage mit 90 fl. Rentenkapital 1 fl. käme, eine Theileinlage von 20 fl. mit 18 fl. Rentenkapital nur 12 kr. erben würde. Obiges Beispiel zeigt zugleich, wie die Summe der Erbanfälle eines ganzen Jahres am Schlusse desselben zu behandeln ist, indem der §. 25 bestimmt, daß immer erst der letzte Augenblick des Jahres, in welchem der Abgang eines Mitgliedes stattfindet, als Zeitpunkt des Erbanfalls betrachtet wird. Wenn demnach ein solcher Abgang auch schon am Anfange des Jahres eintritt, so kann die Vererbung, beziehungsweise Verrechnung, doch erst mit dem Schlusse des Jahres geschehen, weil erst mit diesem Zeitpunkte die Ansprüche des Abgegangenen, oder dessen Erben an die Anstalt erlöschen (§. 52 und 53).

Was endlich noch die Erbschaft für den Reservefonds der Jahresgesellschaft beim Abgang von Mitgliedern betrifft, so geht aus obigem Beispiele hervor, daß das von den 3 Einlagen für denselben

abgezogene $^1/_{10}$	30 fl. — kr.
beträgt, während das daraus zu bestreitende $^1/_{10}$ der Rückvergütung nur	27 „ 50 „
ausmacht, daher sich die Erbschaft für den Reservefonds auf	2 fl. 10 kr.

beläuft.

(§. 26.) So lange das jüngste, in einer Alterklasse zulässig gewesene Mitglied das 51. Lebensjahr noch nicht vollendet hat, geschieht die Vertheilung der jeweiligen Erbanfälle, insofern deren Summe per Jahr wenigstens 1 Procent des Rentenkapitals der Altersklasse beträgt, dergestalt, daß die Antheile der einzelnen Mitglieder am Schlusse des Anfalljahres den ihnen bereits zustehenden Rentenkapitalien zugeschrieben, und dadurch der Maaßstab für die weitere Vertheilung der Klassenrente (§. 23) festgestellt wird. Die weniger als 1 Procent des Rentenkapitals der Altersklasse betragenden Erbanfälle werden einstweilen auf dem Conto der Altersklasse vorgemerkt und der nächstmaligen Vertheilungssumme zugerechnet.

In den ersten Jahren des Bestehens einer Jahresgesellschaft können die Erbanfälle von keinem großen Belang sein, weil während dieser Zeit die Rückvergütungen den größten Theil der erloschenen Einlagen wegnehmen. Es kann daher anfänglich leicht vorkommen, daß die ganze Erbschaft eines Jahres in einer Altersklasse weniger als 1 % des Rentenkapitals derselben ausmacht. In einem solchen Falle müßte die Vertheilung einen so geringen Zuwachs zu den Rentenkapitalien der noch bestehenden Einlagen liefern, daß die Erhöhung der Renten kaum bemerkbar wäre, und sich somit die Mühe der Vertheilung nicht lohnen würde.

Nehmen wir nun an, in einer der jüngern Altersklassen, deren jüngste, darin zulässig gewesene Mitglieder das 51. Lebensjahr noch nicht zurückgelegt, betrage die Erbschaft des Jahres 1860 so viel, daß auf eine volle Einlage 15 fl. kämen, und die Theileinlagen die ihren Rentenkapitalien entsprechenden Antheile erhielten. Dem Rentenkapital jeder vollen Einlage dieser Altersklasse würden daher am Schlusse des Jahres 1860 diese 15 fl. zugeschrieben, und der so gebildete neue Stand für das Jahr 1862 mit 4 % als Klassenrente verzinst, so daß sich diese Rente in Folge des Zuwachses von 15 fl. zum Rentenkapital einer vollen Einlage um 36 kr. (= 4% von 15 fl.) für jede dieser Einlagen erhöhen würde.

Beliefe sich der Erbantheil einer Theileinlage von ursprünglich 20 fl. in der betreffenden Altersklasse gleichzeitig auf 8 fl., so würden diese dem Einlagebetrag ganz, dem Rentenkapital mit $^9/_{10}$ = 7 fl. 12 kr. und dem Reservefonds mit 48 kr. zugeschrieben, so daß sich hieraus eine Rentenerhöhung von 17 kr. ergeben müßte.

Das Alter des in jeder Altersklasse zulässigen jüngsten Mitgliedes ist also der Anhaltspunkt für die Dauer der Anwendung der Bestimmung des §. 26, auch wenn das für jede Klasse angenommene jüngste Lebensalter in der Wirklichkeit nicht vertreten sein sollte.

(§. 27.) In denjenigen Altersklassen dagegen, deren jüngstes, darin zulässig gewesenes Mitglied im Laufe des Anfalljahres das 51. Lebensjahr vollendet haben müßte, wird der beim Abgang von Mitgliedern jedem einzelnen Theilnehmer zufallende Rentenkapital-Antheil (§. 25) in eine, seinem Lebensalter entsprechende Leibrente nach Maaßgabe des unter A beigefügten Tarifs *) verwandelt. Die Auszahlung dieser Rente erfolgt zum erstenmale in dem auf den Erbanfall folgenden Jahre. — Die jeweiligen, in Leibrenten verwandelten Erbanfälle werden mit dem Jahresschlusse vom Rentenkapitale der betreffenden Altersklasse abgeschrieben, und in einen besondern Leibrentenfonds der Jahresgesellschaft übertragen. — Neben und mit der Leibrente, welche sich durch jeden weitern Erbanfall erhöht, beziehen die Mitglieder 4 Procent ihrer eigenen auf Conto stehenden Rentenkapitale, als constant bleibende Klassenrente, für ihre ganze Lebensdauer fort. — Die Bestimmungen dieses §. finden nach und nach auf alle Altersklassen einer Jahresgesellschaft Anwendung.

(§. 28.) Ueber den Leibrentenfonds jeder Jahresgesellschaft wird ein besonderes Conto geführt und der etwaige, zur Sicherstellung der schuldigen Leibrenten nicht weiter erforderliche Ueberschuß dem Reservefonds der Jahresgesellschaft zugewiesen, doch so, daß sich dessen Betrag auf mehrere Jahre möglichst gleichförmig vertheilt. Sollte sich dagegen ein Ausfall im Leibrentenfonds ergeben, so ist das Fehlende aus dem Reservefonds zuzuschießen.

(§. 29.) Für jede Jahresgesellschaft wird ein besonderer Reservefonds gebildet, welchem folgende Einnahmen zufließen:

1) ein Zehntel der Einlagenbeträge (§. 20);
2) der Antheil der Jahresgesellschaft an den Verwaltungsüberschüssen (§. 65);

*) —

Lebensalter am Schlusse des Anfalljahrs.	Leibrenten in Procenten des Erbantheils.	Lebensalter am Schlusse des Anfalljahrs.	Leibrenten in Procenten des Erbantheils
51 Jahre	7,3	69 Jahre	12,5
52 "	7,4	70 "	13,1
53 "	7,6	71 "	13,7
54 "	7,8	72 "	14,4
55 "	8	73 "	15,2
56 "	8,2	74 "	16
57 "	8,4	75 "	16,8
58 "	8,7	76 "	17,6
59 "	8,9	77 "	18,5
60 "	9,1	78 "	19,4
61 "	9,4	79 "	20,5
62 "	9,7	80 "	21,5
63 "	10	81 "	22,8
64 "	10,3	82 "	24
65 "	10,7	83 "	25,3
66 "	11,1	84 "	26,6
67 "	11,5	85 "	28,8
68 "	12	86 u. m. J.	30

3) verjährte Renten und Guthaben abgegangener Mitglieder derselben Jahresgesellschaft (§. 47 und 61);
4) der etwaige Ueberschuß des Leibrentenfonds (§. 28);
5) Antheil an den etwaigen Vermögensresten erloschener Jahresgesellschaften (§. 40);
6) überhaupt alle Vermögenstheile der Jahresgesellschaft, welche weder zur Bildung der Rentenkapitale oder des Leibrentenfonds, noch zur Auszahlung der Jahresrenten oder zur Bestreitung der Verwaltungskosten bestimmt sind.

Dagegen hat dieser Fonds die Verbindlichkeit:

a) ein Zehntel zu den Rückvergütungen beim Abgang von Mitgliedern (§. 55) zu leisten, so wie nöthigenfalls
b) zur Bestreitung der Verwaltungskosten (§. 65) und
c) zur Deckung etwaiger Verluste und Ausfälle jeder Art, insbesondere auch an den Rentenkapitalien, Zinserträgen und Rentengewährungen, beizutragen. — Der hiernach verbleibende Ueberschuß dient zur Erhöhung der Jahresrenten (§. 30).

(§. 30.) Zur Deckung der dem Reservefonds jeder Jahresgesellschaft obliegenden Verbindlichkeiten (§. 29, a — c) werden 5 Procent des jeweiligen Gesammtrentenkapitals der Jahresgesellschaft als Sicherheitsfonds im Bestande des Reservefonds betrachtet, und die Ueberschüsse des letztern über diesen Procentsatz hinaus unter Zurechnung ihres vierprocentigen Zinses periodisch in Zeitrenten aufgelöst. — Die Auflösung beginnt mit dem Anfange des 6ten Gesellschaftsjahres und wird, was die weiteren Ueberschüsse betrifft, von 5 zu 5 Jahren fortgesetzt. — Bei der Bestimmung der Auflösungsperiode kommt jedesmal die mittlere Lebensaussicht der jüngsten, zum Zeitrentengenuß berechtigten Altersklasse, nach der für die Anstalt berechneten Normalsterblichkeitstabelle, unter Zurechnung desjenigen Zeitraums in Betracht, nach welchem die jüngste Altersklasse der Jahresgesellschaft ebenfalls in die Zeitrentenberechtigung eintritt (§. 31). Bei der spätern Berechnung der Zeitrente ist diese so zu bestimmen, daß der ganze Reservefonds, einschließlich seines als Sicherheitsfonds geltenden Theiles, mit dem Erlöschen der Jahresgesellschaft, wo möglich, ganz aufgezehrt ist. — Die der Zeitrentenauflösung unterworfenen Theile des Reservefonds werden in einen abgesonderten Fonds, den Zeitrentenfonds der Jahresgesellschaft, übertragen.

(§. 31) Der jedesmalige Jahresbetrag der Zeitrente einer Jahresgesellschaft wird unter diejenigen Altersklassen vertheilt, derer jüngstes darin zulässig gewesenes Mitglied im Jahre der Vertheilung das 46te Lebensjahr vollendet haben müßte, so daß nach und nach sämmtliche Altersklassen an dieser Rente Theil nehmen. — Die Vertheilung der Zeitrente unter die einzelnen Altersklassen geschieht alljährlich im Verhältniß zu der Anzahl der noch rentenberechtigten Einlagen jeder Klasse, unter Berücksichtigung der mittlern Lebensaussicht jeder Altersklasse nach der Normalsterblichkeitstabelle der Anstalt. — Unter die einzelnen Klassenmitglieder wird die Zeitrente nach Proportion ihrer Rentenkapitale vertheilt und im Jahre der Vertheilung ausbezahlt.

Zur Erläuterung der §§. 30 und 31 diene folgendes Beispiel:

Das gesammte Rentenkapital der 1844r Gesellschaft sei am Anfang des 6ten Gesellschaftsjahres, also im Jahre 1849 = 50000 fl.;

der Reservefonds dieser Gesellschaft sei	5800 fl.
Zieht man also 5 % des Rentenkapitals hiervon ab mit .	2500 „
so ergibt sich ein Ueberschuß von	3300 fl.

Dieser Ueberschuß müßte also dergestalt in eine Rente verwandelt werden, daß der 4-procentige Zins sammt dem Kapital nach Ablauf einer bestimmten Reihe von Jahren verzehrt wären.

Der hierbei anzunehmende Zeitraum soll nach §. 30 bestehen:

a) aus der Dauer der mittlern Lebensdauer der jüngsten, zur Zeitrente berechtigten Altersklasse nach der Sterblichkeitstabelle;

b) aus der Zeit, nach welcher die jüngste Altersklasse der Jahresgesellschaft ebenfalls zum Zeitrentengenuß gelangt.

Da nun nach §. 31 alle Altersklassen an dieser Rente Theil nehmen sollen, sobald deren jüngste Mitglieder das 46te Lebensjahr zurückgelegt haben würden, so ergibt sich aus der Klasseneintheilung im §. 10, daß an der ersten Vertheilung der Zeitrente im 6ten Gesellschaftsjahre die 11te, 10te und 9te Klasse participiren, und daß die 1te Klasse von da an nach 40 Jahren, d. h. im 46ten Gesellschaftsjahre, ebenfalls in diese Berechtigung eintritt. Rechnet man zu diesen 40 Jahren nach der Normalsterblichkeitstabelle die mittlere Lebensdauer der 9ten Klasse am Anfang des 6ten Gesellschaftsjahres mit 23 Jahren (in runder Zahl), so bildet sich eine Zeitdauer von 63 Jahren als Auflösungsperiode für den oben bemerkten Ueberschuß von 3300 fl. Die hieraus sich ergebende jährliche Rente beträgt 144 fl. (in runder Zahl).

Die Vertheilung der Zeitrente unter die dazu berechtigten Altersklassen soll laut §. 31 im Verhältniß der noch bestehenden Einlagen und der mittleren Lebensdauer der Altersklassen geschehen. Nehmen wir daher an, die Anzahl dieser Einlagen sei zu Anfang des Jahres 1849 in der 11ten Klasse = 50, in der 10ten Klasse = 55 und in der 9ten Klasse = 60.

Nach der Normalsterblichkeitstabelle der Darmstädter Rentenanstalt beträgt die mittlere Lebensdauer zu dieser Zeit

für die 11te Klasse (in runder Zahl)	15	Jahre
„ „ 10te „ „	20	„
„ „ 9te „ „	23	„

Diese drei Verhältnißzahlen deuten also an, wie lange jede Klasse die Rente voraussichtlich zu genießen haben wird, und damit auf die kürzere Zeit derselbe Vortheil komme, wie auf die längere, so hat die 11te Klasse 23, die 10te dagegen 20 und die 9te nur 15 Theile zu empfangen. Da jedoch die Anzahl der Einlagen verschieden ist, so müssen die Verhältnißzahlen mit den entsprechenden Ziffern der Einlagen vervielfacht werden.

Es erhält also

die 11te Klasse	23 × 50	Theile von 144 fl.	=	52 fl.	34 kr.
„ 10te „	20 × 55	„ „ „ „	=	50 „	18 „
„ 9te „	15 × 60	„ „ „ „	=	41 „	8 „
			zusammen	144 fl.	— kr.

Auf die einzelnen Einlagen werden diese Rentenbeträge nach Verhältniß ihrer Rentenkapitale vertheilt. Wären dieselben unter sich gleich, so käme auf eine Einlage

in der 11ten Klasse	1 fl.	3 kr.
„ „ 10ten „	— „	54 „
„ „ 9ten „	— „	41 „

In dieser Weise wird die erstmalige Zeitrente von 144 fl. bis zum Schlusse des 10ten Gesellschaftsjahres vertheilt. Der ihr zu Grunde liegende Ueberschuß von 3300 fl. wäre von dem Reservefonds abzuschreiben und auf den Zeitrentenfonds der Jahresgesellschaft zu übertragen.

Zu Anfang des 11ten Gesellschaftsjahres wird der Bestand des Reservefonds abermals mit der Größe des gesammten Rentenkapitals der Jahresgesellschaft verglichen. Was derselbe auch dießmal mehr als 5 % des Rentenkapitals beträgt, wird ebenfalls in Zeitrente aufgelöst. Wir unterstellen, dieser abermalige Ueberschuß betrage 1000 fl. Die Auflösungsperiode ist nun um 5 Jahre kürzer, also = 58 Jahren, weil die 1te Klasse dem Zeitrentengenuß um 5 Jahre näher gerückt ist.

Es ergibt sich sonach aus diesen 1000 fl. eine neue, 58 Jahre lang zahlbare Rente von 45 fl. (in runder Zahl), welche mit der bereits bestehenden von 144 fl. vereinigt, vom 11ten Gesellschaftsjahre an unter die 11te, 10te, 9te und 8te Altersklasse nach dem obigen Verfahren vertheilt wird.

Nehmen wir an, es beständen zu Anfang dieses Gesellschaftsjahres (1854)

in der 11ten Klasse	noch 42	Einlagen
„ „ 10ten „	„ 50	„
„ „ 9ten „	„ 56	„
„ „ 8ten „	„ 60	„

Die mittlere Lebensdauer

der 11ten Klasse	beträgt	nun	noch	12 Jahre
„ 10ten	„	„	„	„	16	„
„ 9ten	„	„	„	„	20	„
„ 8ten	„	„	„	„	23	„

Von der Zeitrente = 189 fl. erhält daher pro 1854

die 11te Klasse	23 × 42 Theile	= 50 fl.	58 kr.
„ 10te „	20 × 50 „	= 52 „	46 „
„ 9te „	16 × 56 „	= 47 „	16 „
„ 8te „	12 × 60 „	= 38 „	— „
zusammen		189 fl.	— kr.

Setzt man die Größe der Renten-Kapitalien innerhalb jeder Altersklasse wieder als unter sich gleich voraus, so käme auf eine Einlage

in der 11ten Klasse	1 fl.	12 kr.
„ „ 10ten „	1 „	3 „
„ „ 9ten „	— „	50 „
„ „ 8ten „	— „	38 „

Auf diese Weise wird die Zeitrente von Jahr zu Jahr vertheilt, und jedesmal nach Ablauf von 5 Jahren tritt eine jüngere Altersklasse und mit ihr voraussichtlich auch ein neuer Zeitrentenbetrag bei der Vertheilung hinzu.

Da sich das Rentenkapital der Jahresgesellschaft nach eingetretener Ergänzung aller Theileinlagen nicht mehr erhöht, wohl aber durch Verwandlung in Leibrente fortwährend vermindert, so werden die als Sicherheitsfonds geltenden 5% des Rentenkapitals (§. 30) immer geringer, bis endlich mit dem Erlöschen der Jahresgesellschaft der ganze Reservefonds in Zeitrente aufgelöst sein wird.

(§. 32.) Die Ergänzung einer Theileinlage (§. 17) ist erst dann als vollständig zu betrachten, wenn sie das Rentenkapital einer ursprünglich vollen Einlage der nämlichen Altersklasse in derselben Jahresgesellschaft erreicht hat. — Eine solche Theileinlage heißt vollständig ergänzte Theileinlage.

(§. 33.) Von den einer Theileinlage zufließenden Ergänzungsbeträgen (§. 17) wird nur so lange $\frac{1}{10}$ für den Reservefonds in Abzug gebracht, als der Einlagebetrag der Theileinlage den Betrag einer vollen Einlage von 100 fl. noch nicht erreicht hat. Sobald aber dieser Fall eingetreten ist, werden die Ergänzungen in ihrem vollen Betrage dem noch nicht ergänzten Rentenkapital der Theileinlage zugeschrieben. — Eine Theileinlage, welche zwar den Einlagebetrag von 100 fl., nicht aber auch das Rentenkapital einer ursprünglich vollen Einlage erreicht hat, heißt unvollständig ergänzte Theileinlage.

(§. 34.) Sowohl die vollständig ergänzten Theileinlagen (§. 32), als auch die unvollständig ergänzten Theileinlagen (§. 33) werden in dem Rechenschaftsberichte des Jahres, in welchem die Ergänzung erfolgt ist, mit ihren Nummern angeführt und dadurch zur Kenntniß der Interessenten gebracht.

(§. 35.) Verlangt der Inhaber einer Theileinlage mittelst seiner Beitrittserklärung oder innerhalb drei Monaten nach erfolgter Bekanntmachung der eingetretenen Ergänzung (§. 34), daß ihm die von der Theileinlage abhängende Jahresrente baar ausbezahlt werde, sobald die Theileinlage den Einlagebetrag von 100 fl. erreicht hat, so wird ihm von da an die dem Rentenkapital der Einlage entsprechende Jahresrente (Klassen-, Leib- und Zeitrente) baar verabfolgt, auch wenn die Einlage als unvollständig ergänzte Theileinlage (§. 33) erscheinen sollte. — Wird dagegen ein solches Verlangen nicht gestellt, so tritt die baare Auszahlung der Jahresrente erst nach bewirkter vollständiger Ergänzung der Theileinlage ein (§. 32).

Von den im §. 17 erwähnten drei Mitteln zur Ergänzung der Theileinlagen ist bloß dasjenige unter b, nämlich die Gutschrift der aus der Theileinlage entspringenden Rente und der derselben zufallenden Erbantheile (§. 25 und 26) als von selbst wirkend zu betrachten, indem diese Gutschrift ohne Zuthun der Einleger geschieht.

Dagegen hängen die beiden andern Ergänzungsmittel, d. h. die baaren Nachzahlungen, sowie die Gutschrift der Renten von vollen Einlagen, von dem Willen des Besitzers einer Theileinlage ab.

Der oben angeführte Unterschied zwischen vollständig und unvollständig ergänzten Theileinlagen erklärt sich aus dem durch §. 26 bestimmten Verfahren bei Vertheilung der Erbanfälle. Die Rentenkapitalien der vollen Einlagen in den neun jüngern Altersklassen bleiben nämlich nicht auf ihrem ursprünglichen Betrage von 90 fl. stehen, sondern erhöhen sich durch die Erbanfälle fortwährend, bis der Zeitpunkt der Leibrentenberechtigung eintritt. Ist also z. B. das Rentenkapital der vollen Einlagen einer Altersklasse auf 120 fl. (die Klassenrente mithin auf 4 fl. 48 kr.) gestiegen, so kann die Ergänzung der Theileinlagen der nämlichen Altersklasse erst dann als vollständig betrachtet werden, wenn deren Rentenkapital gleichzeitig ebenfalls auf 120 fl. angewachsen ist. Unvollständig ergänzt dagegen sind diese Theileinlagen, sobald deren Einlagebetrag (d. h. die baare Einlage einschließlich der Ergänzungsbeträge) auf 100 fl. und das Rentenkapital auf 90 fl. angewachsen, also der ursprüngliche Stand der vollen Einlagen erreicht ist.

(§. 36.) Steigt durch die letzte Rentengutschrift der Einlagebetrag einer unvollständig ergänzten Theileinlage (§. 33) über 100 fl., oder das Rentenkapital einer vollständig zu ergänzenden Theileinlage (§. 32) über den derzeitigen Betrag des Rentenkapitals einer ursprünglich vollen Einlage der nämlichen Altersklasse, so wird in beiden Fällen der

Ueberschuß mit der nächsten Jahresrente an den Inhaber baar ausbezahlt.

Es sei der Einlagebetrag einer Theileinlage, von welcher nach §. 35 der baare Bezug der Rente als von einer unvollständig ergänzten Einlage in Anspruch genommen wird, auf 99 fl., das Rentenkapital also auf 89,1 fl. angewachsen, und es betrage nun die nächste Jahresrente einschließlich des Erbantheils 6 fl., so wären hiervon 5,1 fl. an den Besitzer der Theileinlage baar auszubezahlen, indem nur noch 0,9 fl. erforderlich sein würde, um die Einlage auf den ursprünglichen Stand einer vollen zu bringen. Nehmen wir, in Beziehung auf den andern Fall an, daß das Rentenkapital einer vollen Einlage auf 150 fl., und dasjenige einer vollständig zu ergänzenden Theileinlage der nämlichen Altersklasse auf 145 fl. stehe, und daß sich die nächste Jahresrente auf 10 fl. belaufe, so müßten dem betreffenden Mitgliede 5 fl. hiervon baar ausbezahlt werden, weil nur noch 5 fl. zur Vervollständigung des Rentenkapitals der Theileinlage nöthig wären.

(§. 38.) Die auf eine einzelne Einlage fallende Jahresrente, d. h. die Summe der Klassen-, Leib- und Zeitrente per Jahr, darf nicht nicht über 150 fl. steigen.

(§. 39.) Einlagen, von welchen der Jahresbetrag der Klassen- und Leibrente zusammen 150 fl. ausmacht, werden bei fernern Erbanfällen und bei der Vertheilung der Zeitrente nicht mehr berücksichtigt. Die dadurch entstehenden Ueberschüsse (an Rentenkapital-Antheilen und Zeitrente) kommen den übrigen Einlagen der nämlichen Altersklasse zu gut, insofern dieselben den höchsten Betrag der Jahresrente noch nicht abwerfen. — Ist dieser Fall eingetreten, so gehen die gedachten Ueberschüsse auf die nächst jüngere Altersklasse, oder, falls nur noch ältere Altersklassen der Jahresgesellschaft vorhanden sind, an die nächstältere über, insoweit deren Rente dadurch nicht über 150 fl. steigt. — In gleicher Weise wird verfahren, wenn alle Mitglieder einer Altersklasse vor ihrem Eintritt in die Leib- und Zeitrentenberechtigung, d. h. durch die Klassenrente allein, zum Bezug des Rentenmaximums gelangen oder aussterben sollten. Bei der Vererbung der solchenfalls zur Rentenleistung nicht weiter mehr erforderlichen Rentenkapitale ist nach Maaßgabe der §§. 25, 26 und 27 zu verfahren.

Die durch den Abgang von Mitgliedern frei werdenden Leibrenten, oder viemehr die ihnen entsprechenden Rentenkapitalien, können natürlich nicht an andere Mitglieder übertragen oder vererbt werden, sondern müssen im Leibrentenfonds der Jahresgesellschaft verbleiben, um zur Leistung derjenigen Leibrenten beizutragen, deren Nutznießer länger leben, als auf den Grund der Sterblichkeitstabelle angenommen worden war.

(§. 40.) Sind alle Mitglieder einer Jahresgesellschaft im Genusse des Rentenmaximums, so geht die Vererbung der etwaigen Ueberschüsse auf die zehn ältesten der noch bestehenden Jahresgesellschaften nach Proportion ihrer respectiven Rentenkapitale über, und zwar zunächst auf die im Leib- und Zeitrentengenuß stehenden Mitglieder derselben, soweit sie nicht schon die höchste Jahresrente beziehen. — Der beim Erlöschen einer Jahresgesellschaft etwa übrig bleibende Vermögensrest wird den Reservefonds der zehn ältesten, noch bestehenden Jahresgesellschaften nach Verhältniß ihrer Rentenkapitale zugetheilt (§. 47). Jede baar zu erhebende Jahresrente verjährt und fällt dem Reservefonds der betreffenden Jahresgesellschaft anheim, wenn solche nicht binnen vier Jahren nach ihrer Fälligkeit in Empfang genommen worden ist. — Bei Feststellung der Rückvergütungen (§. 54) werden verjährte Renten eben so, wie erhobene, betrachtet.

(§. 50.) Wenn die Erhebung zahlbarer Jahresrenten eines Mitgliedes während zehn auf einander folgender Jahre unterbleibt, so soll nach Ablauf dieses Zeitraums das Mitglied, oder der nach §. 5 Berechtigte, *) insofern der Wohnsitz des Einen oder des Andern bei der Anstalt bekannt ist, durch eine Bekanntmachung der Direktion, unter Anberaumung einer halbjährigen Frist und unter Androhung des Verlustes seiner Ansprüche an die Anstalt, aufgefordert werden, die fälligen, noch nicht verjährten Renten zu erheben.

(§. 54.) Beim Abgange eines Mitgliedes durch Ableben oder Wegzug wird demselben, beziehungsweise seinen Erben, die Summe seiner baaren Einlagen und Nachzahlungen zurückvergütet, jedoch die Summe der bis einschließlich für das Abgangsjahr darauf baar bezogenen Renten in Abzug gebracht. — Hierbei werden die Renten von vollen und ergänzten Einlagen, welche von dem Mitgliede nicht baar erhoben, sondern auf Theileinlagen gutgeschrieben worden sind (§. 17), in Beziehung auf die vollen oder ergänzten Einlagen selbst wie baar bezogene Renten, in Beziehung auf die betreffenden Theileinlagen aber wie baare Nachzahlungen behandelt. Bei vollständig ergänzten Theileinlagen (§. 32 und 35) werden die nach Erreichung des ursprünglichen Rentenkapitals einer vollen Einlage (90 fl.), der Theileinlage noch weiter zugeschriebenen Renten ebenfalls wie baare Nachzahlungen behandelt. Das Eintrittsgeld kommt hierbei nicht in Rechnung.

Bei der Bestimmung der Rückvergütungen können drei verschiedene Fälle in Betracht kommen, nämlich ob Jemand

a) bloß volle Einlagen,

---

*) Nach §. 5 der Statuten kann Derjenige, welcher für eine andere Person eine Einlage macht, nicht allein sich selbst oder einem Dritten auf unbestimmte Zeit den Bezug der davon abhängenden Rente, sondern auch weiter noch das Recht vorbehalten, Demjenigen, für welchen die Einlage geschah, die Rente wieder zu entziehen, und darüber, so wie über die beim Abgange des Letztern von der Anstalt etwa zu leistende Rückvergütung noch anders zu verfügen.

b) volle Einlagen und Theileinlagen, oder
c) Theileinlagen allein gemacht hatte.

Ad a. Wenn Jemand im Ganzen 400 fl. in die Anstalt baar eingelegt und davon einschließlich der Rente für das Abgangsjahr nach und nach baar bezogen hat . . . . 300 fl.
so werden, falls die Mitgliedschaft in Folge Wegzugs oder Ablebens aufhört, dem Wegziehenden, beziehungsweise den Erben des Verstorbenen, von der Anstalt noch ausbezahlt . . . . 100 fl.

Beliefe sich aber die Summe der aus der Anstalt von obigen 400 fl. baar bezogenen Renten auf . . . 1200 fl.
so würde außer der Rente des Abgangsjahres nichts mehr zurückbezahlt.

Ad b. Angenommen, es habe Jemand 2 volle und 2 Theileinlagen zusammen mit . . . . 280 fl.
gemacht und die Renten der vollen Einlagen auf die Theileinlagen im Ganzen mit . . . . 50 fl.
gutschreiben lassen, so daß diese bis zum Abgangsjahre noch nicht ergänzt wären, daher noch keine baare Rente abgeworfen hätten. Bei Bestimmung der Rückvergütung würden nun diese 50 fl. in Bezug auf die vollen Einlagen wie baar bezogene Renten, hinsichtlich der Theileinlagen aber wie baare Nachzahlungen betrachtet; sie müßten also an dem Betrage der vollen Einlagen in Abzug gebracht, dagegen dem Einlagebetrag der Theileinlagen beigeschlagen werden.

Die Abrechnung würde sich sonach folgenderweise gestalten. Von 200 fl. ab 50 fl. bleiben . . . . . 150 fl.
Den 2 Theileinlagen im Betrage von 80 fl. dagegen gehen 50 fl. zu, beträgt . . . . 130 fl.
und die Rückvergütung beliefe sich folglich auf . . . 280 fl.

Ad c. Es habe Jemand 150 fl. in 5 Theileinlagen à 30 fl. eingelegt, auf jede Einlage nach und nach 20 fl. nachbezahlt und bis einschließlich für das Abgangsjahr von diesen 5 Einlagen im Ganzen 2000 fl. Rente bezogen, so würde sich die Abrechnung wie folgt stellen:

1) fünf Einlagen à 30 fl. . . . . 150 fl.
2) baare Nachzahlungen auf jede Einlage 20 fl., zusammen . . . . 100 fl.

Transport 250 fl.

Transport	250 fl.
3) gutgeschriebene Renten von der unvollständigen Ergänzung an bis zur vollständigen Ergänzung auf jede Einlage 10 fl.	50 fl.
Summe der baaren Einlage .	300 fl.
Davon sind im Ganzen an Jahresrenten baar bezogen worden	2000 fl.

Findet mithin **keine** Rückvergütung statt.

(§. 55.) Der Betrag der Rückvergütung ist zu 9/10 aus dem Rentenkapital der betreffenden Altersklasse, zu 1/10 aus dem Reservefonds der Jahresgesellschaft zu entnehmen.

(§. 59.) Jede Rückvergütung geschieht auf den Grund eines, dem Empfänger zuzufertigenden, von der Direktion der Anstalt vollzogenen Conto-Auszuges, dessen Richtigkeit als anerkannt betrachtet wird, sobald die Erhebung der Rückvergütung daraufhin geschehen ist. — Findet dagegen die Richtigkeit dieses Auszuges Anstand, so muß dieser binnen drei Monaten nach geschehener Zufertigung bei der Direktion vorgebracht, und wenn sich bei deren Resolution nicht beruhigt wird, binnen einer weitern vierteljährigen Frist auf Entscheidung des Ausschusses provocirt werden, gegen welche eine gerichtliche Klage nicht stattfindet.

(§. 61.) Die Rückvergütungen verjähren, wenn sie nicht:

a) im Falle erhobenen Anstandes gegen den Conto-Auszug, binnen vier Jahren vom Tage der Entscheidung des Ausschusses an (§. 59), und

b) im Falle nicht erhobenen Anstandes, binnen vier Jahre vom 31. December desjenigen Jahres an gerechnet, in welchem die Zahlung der Rückvergütung zu erfolgen hatte (§. 56), erhoben worden sind.

(§. 65.) In den Verwaltungsfonds, welcher zur Bestreitung der Ausgaben für die Errichtung und Gesammtverwaltung der Anstalt dient, fließen:

a) Die Eintrittsgelder,

b) die Zinsen von den noch nicht zum Rentenbezug berechtigten Einlagen und deren Vermehrungen,

c) die Zinsen-Überschüsse,

d) der Ertrag der Nebenanstalt (Depositenkasse). — Sollte die Summe dieser Einnahmen zur Bestreitung der Ausgaben nicht ausreichen, so wird das Fehlende von sämmtlichen Jahresgesellschaften nach Verhältniß ihrer Rentenkapitale zu Lasten ihrer Reservefonds zugeschossen. — Von der Summe jener Einnahmeposten (a — d), welche sich mit jedem Jahresabschlusse ergibt, werden die Verwaltungskosten des folgenden Jahres nach einem Voranschlag abgezogen und der Ueberschuß den nicht mehr im Sammeljahre stehenden Jahresgesellschaften nach Verhältniß ihrer Rentenkapitale zu Gunsten ihrer Reservefonds überwiesen.

(§. 66.) Die in abgesonderter Rechnung zu haltenden verschiedenen Fonds der Jahresgesellschaften, nämlich

a) Die Rentenkapitalfonds der Altersklassen,
b) die Leibrentenfonds,
c) die Zeitrentenfonds,
d) die Reservefonds

fließen zusammen in den Centralfonds der Anstalt und bilden das Aktiv-Vermögen derselben, welches so weit und so schnell als möglich nutzbringend anzulegen ist.

Dies geschieht:

1) Durch Ausleihen gegen gerichtliches erstes und wenigstens doppeltes Unterpfand an Gemeinden, Corporationen und Privaten, wobei, was die Art der Verzinsung und Kapitalrückzahlung betrifft, auch solche Geschäfte statthaft sind, bei welchen allmählige Amortisationen oder Berechnung der Zwischenzinsen in Frage kommen, wie z. B. Schuldenablösung und Ankauf sogenannter Termingelder *) u. dgl.
2) durch Ankauf inländischer zinstragender Staatspapiere und anderer, ihnen gleich geachteter, inländischer öffentlicher Papiere;
3) In Ermangelung solcher Gelegenheit: durch Ausleihen gegen Faustpfänder in Staatspapieren, oder sonstigen sichern Effekten, welche keinen sehr schwankenden Curs haben; wobei jedoch Bedingung ist, daß das Darlehen nie mehr als 90 Procent des durchschnittlichen Curswerthes des Faustpfands beträgt, und daß der Schuldner sich verbindlich macht, beim Sinken des Curswerthes das Unterpfand entsprechend zu erhöhen, widrigenfalls das Pfand binnen einer vierwöchentlichen, dem Schuldner anzukündigenden Frist zu verwerthen und die Forderung der Anstalt daraus bezahlt zu machen ist;
4) ausnahmsweise und vorübergehend: durch Ankauf solcher ausländischer Staatspapiere und Effekten, welche einen wenig schwankenden Curs haben, oder mittelst sonstiger, unter vorstehenden Kategorien nicht mitbegriffenen Darlehens- und Geldgeschäfte, welche sich durch vorzügliche Sicherheit empfehlen. **)

---

*) Der Verkauf von Termingeldern oder Gutskaufschillingen ist für Auswanderer, Erbschaftsbetheiligte rc. wünschenswerth oder nöthig. Ein solcher Verkauf ist aber in der Regel für den Verkäufer mit großem Verluste verbunden, wenn dessen Noth von einem Dritten benutzt wird, oder wenn er einem Wucherer preisgegeben ist.

**) Als Typus der bis zum Jahre 1841 in Deutschland entstandenen Rentenanstalten kann die seit dem Jahre 1824 zu Wien bestehende „allgemeine Versorgungsanstalt für die Unterthanen des Oestreichischen Kaiserstaates" betrachtet werden. Es ist aber diesen ältern Instituten mit Recht der Vorwurf gemacht worden, daß sie die älteren Mitglieder zum Nachtheile der jüngern von vornherein begünstigen; ferner, daß sie die unvollständigen Einlagen auf Kosten der vollständigen bevorzugen, endlich, daß sie bloß die Zinsen, nicht aber auch die Gesellschaftskapitalien zur Rentenzahlung an die Mitglieder verwenden, und dadurch

Verbindung von Depositenkassen und Creditinstituten mit Rentenanstalten.

§. 202. Mehrere Rentenanstalten, so z. B. die badische und darmstädtische, können zugleich als Depositenkassen und Creditinstitute benutzt werden. Als Depositenkasse bietet die Rentenanstalt Gelegenheit zur Hinterlegung baaren Geldes (z. B. Erbschaftsgelder, wenn noch keine Einigung über die Vertheilung oder sonstige Verwendung desselben stattgefunden hat, Baarschaften Minderjähriger 2c.); sie haftet dafür mit ihrem Vermögen und benützt das Hinterlegte gegen mäßige Verzinsung zu den Zwecken der Anstalt. Als Creditinstitut gibt sie Darleihen, welche durch jährliche gleiche Zahlungen auf Zins und Kapital nach Umlauf einer Reihe von Jahren getilgt werden. Solche Nebenanstalten tragen ihrerseits zur Steigerung der Renten bei, und ihre Einführung ist daher überall zu empfehlen.

§. 203. Obige Theorie der Rentenanstalten setzt voraus, daß sie auf Gegenseitigkeit gegründet sind. Auch Unternehmer haben das System der Erbvereinigung zu ihrem Vortheile ausgebeutet; jetzt aber werden sie, wenigstens in Deutschland, nicht mehr damit aufkommen, weil man zu der Erkenntniß gelangt ist, daß man sich gegenseitig selbst und wohlfeiler helfen kann, daher solcher theueren Helfershelfer nicht bedarf.

---

eine endlose Anhäufung von Kapitalien herbeiführen, welche zum Nachtheil der wahren Eigenthümer an nachfolgende Generationen vererbt werden. Diese Mängel hat zuerst die im Jahr 1841 zu Dresden entstandene „Sächsische Rentenversicherungsanstalt" zu umgehen gesucht, und namentlich hat sie die Kapitalauflösung eingeführt. Ihr ist hierin die Badische „allgemeine Versorgungsanstalt" durch Abänderung ihrer Statuten im Jahre 1842 gefolgt, und die später entstandene „Rentenversicherungsanstalt" zu Hannover hat denselben Weg mit noch wirksameren Bestimmungen eingeschlagen. Was die Annahme einer Maximalrente betrifft, so macht die hannover'sche Rentenanstalt insofern eine Ausnahme hiervon, als sie lediglich in der zuletzt übrig bleibenden Altersklasse jeder Jahresgesellschaft die Rente uneingeschränkt steigen läßt, und überdieß die Rentenkapitalien der im letzten Gesellschaftsjahre Sterbenden an deren Erben ausbezahlt.

In Folge der Einführung der Kapitalauflösung in der badischen Rentenanstalt mußte die frühere Einrichtung derselben mit gehöriger Berücksichtigung der statutenmäßigen Rechte der anfänglichen Einleger ganz umgeändert werden, und letzterm Umstande mag es zum Theil zuzuschreiben sein, daß die jetzige Einrichtung äußerst complicirt ist. Die Kapitalauflösung erfolgt nach dem Zeitrentensystem. Von dem ganzen Kapital einer Jahresgesellschaft wird ein besonders festzusetzender Theil zur Deckung der Maximalrente für alle im 82ten Gesellschaftsjahre noch vorhandenen Mitglieder abgezogen (§. 174) und der Rest des Kapitals in der Art in eine Zeitrente verwandelt, daß derselbe nach Ablauf des 82ten Gesellschaftsjahres völlig amortisirt ist.

In Frankreich sind in neuerer Zeit ebenfalls Anstalten entstanden, in welchen durch beliebige Einlagen unbestimmte Anwartschaften erworben werden, deren Ertrag, wie bei der Tontine nach Maaßgabe der unter den Gesellschaftsgenossen stattfindenden Sterblichkeit bald größer, bald geringer ausfällt, und nur Denjenigen zu Theil wird, welche das im Voraus bestimmte Lebensziel erreichen. Die Einlagen der früher Gestorbenen fallen nebst den Zinsen den am Leben bleibenden Gesellschaftsgenossen zu. Zu diesen Anstalten gehört z. B. die im Jahre 1841 errichtete Caisse paternelle in Paris, welche zwei Arten von Gesellschaften: die allgemeine Gesellschaft und die Ausstattungsgesellschaft (Association dotale) eröffnet hat. Die allgemeine Gesellschaft kann unbeschränkt fortgesetzt werden und sich jedes Jahr durch eine neue Zahl von Betheiligten vermehren. Die Einlagen geschehen entweder durch eine einmalige Zahlung, oder durch jährlich sich wiederholende Einzahlungen von gleichem Betrage, und es gründen sich die Tarife auf die Wechselfälle der Lebensdauer in jedem Alter, und zwar nach der Mortalitätstabelle von Deparcieux.

In der Association dotale werden ebenfalls die durch die Einlagen hervorgebrachten Zinsen nach und nach mit dem Kapital bis zum Ende der Gesellschaft vereinigt. Es werden Kinder beiderlei Geschlechts bis zum Alter von 10 Jahren aufgenommen. Alle Kinder, welche in einem und demselben Jahre geboren sind, gehören zu einer und derselben Gesellschaft. Das Kapital jeder einzelnen Gesellschaft wird getrennt von dem der andern verwaltet. Die Gesellschaftseinlagen werden entweder durch eine einzige Einzahlung, oder durch jährliche Einzahlungen geleistet. In dem Jahre der Eröffnung der Gesellschaft werden die Einsätze nach dem Alter des Versicherten berechnet. Die Abrechnung (liquidation) jeder Ausstattungsgesellschaft geschieht nach Verlauf des 20ten Jahres, welches dem der Eröffnung folgt.

Was die Einzahlungen betrifft, so sind solche statutenmäßig wie folgt festgesetzt.

Man zahlt ein für allemal oder jährlich beziehungsweise für Kinder, welche noch nicht volle 30 Tage alt sind, Fr. 978,05 oder (jährlich) Fr. 100; ferner für

1=jährige	Kinder	Fr.	1089,80	oder	107,76
2	"	"	1377,50	"	123,95
3	"	"	1489,20	"	138,50
4	"	"	1598,80	"	151,20
5	"	"	1701,45	"	169,20

6=jährige	Kinder	Fr.	1805,50	oder	186,25
7	„	„	„	1910,90	„	204,85
8	„	„	„	2016,90	„	225,40
9	„	„	„	2125,45	„	248,25
10	„	„	„	2236,30	„	274,80

Für die Zwischenstufen von 0 bis 1 Jahr, von 1 bis 2 Jahre u. s. w. wird nach Monaten gerechnet und die Einsätze nehmen für jeden weitern Monat verhältnißmäßig zu.

Nach den Statuten sollen die in baarem Gelde gemachten Einlagen auf Betreiben der Anstalt in den fünf Tagen, die auf die Einzahlung folgen, in Renten auf den Staat (§. 71) angelegt werden. Die so gekauften Renten werden auf den Namen der Caisse paternelle inscribirt, nebst Bezeichnung der Gesellschaft, welcher sie gehören und mit Angabe der statutenmäßig erforderlichen Formalitäten, sowohl um die rückständigen Zinsen einzuziehen, als auch über das Kapital zu verfügen.

VI.

Assecuranzwesen.

§. 204. Personen, welche durch gleiche Ursachen einem Verlust an sachlichen Gütern von einer gewissen Gattung ausgesetzt sind, können sich dazu vereinigen, den Betrag eines solchen Verlusts gemeinschaftlich zu tragen und sich also gegenseitig versichern, oder es können auch solche Versicherungen von Aktienanstalten gewährt werden. Dergleichen Versicherungen gibt es gegen die Gefahren der See, gegen die Gefahren des Transports von Gütern auf Flüssen und zu Lande, ferner gegen Brandschaden, Hagelschaden und Viehsterben.

Bei der gegenseitigen Versicherung können die Betheiligten entweder:

1) von Zeit zu Zeit, z. B. je nach Ablauf eines Jahres, zur Entschädigung Derjenigen, die einen Verlust erlitten haben, eine dem Betrage des Verlusts entsprechende Summe Geldes zusammenlegen, oder aber
2) im Voraus, durch jährliche Einzahlungen eine gemeinschaftliche Kasse bilden, aus welcher Diejenigen, welche einen Verlust erlitten haben, entschädigt werden sollen.

Im einen und andern Falle richtet sich der Beitrag zur Entschädigung oder die Vorauszahlung nach der Größe der Gefahr und der versicherten Summe (z. B. nach dem tarirten Werthe eines gegen Brandschaden versicherten Hauses und nach der Größe der Gefahr, welcher das Haus durch Brandschaden ausgesetzt ist), und es muß daher die Größe der Gefahr aus Beobachtungen ermittelt werden. Weiß man z. B., in Beziehung auf die Versicherung gegen Seegefahr, daß während einer längern Reihe von Jahren, bei jeder unter denselben Umständen stattgefundenen Fahrt die Zahl der abgegangenen Schiffe sich zur Zahl der verunglückten Schiffe durchschnittlich wie 100 zu 1 verhalten hat, so ist es wahrscheinlich, daß auch fernerhin unter denselben Umständen (z. B. eine und dieselbe Reise, eine und dieselbe Jahreszeit rc.) dasselbe Verhältniß zwischen der Zahl der abgegangenen und verunglückten Schiffe stattfinden werde, und die Größe der Gefahr ist demnach unter dieser Voraussetzung $= {}^1/_{100}$.

§. 205. Bei der Versicherung durch Aktienanstalten werden die Beiträge zur Versicherung im Voraus entrichtet und mit Berücksichtigung der Größe der Gefahr so bestimmt, daß nach Bestreitung des Schadenersatzes ein angemessener Gewinn übrig bleibt. Wird die Größe der Gefahr durch $\frac{1}{m}$ und die versicherte Summe durch w bezeichnet, so besteht dem Grundsatz der mathematischen Hoffnung gemäß und abgesehen vom beabsichtigten Gewinn des Versicherers, der Beitrag des Versicherten aus dem Produkte dieser beiden Größen und ist also $= \frac{w}{m}$. Der von einer angenommenen Einheit des versicherten Werths (gewöhnlich 100 oder 1000) im Voraus zu zahlende Beitrag ist der Versicherungspreis oder die Prämie. Auch gibt es Gefahren, gegen welche nur von Aktiengesellschaften versichert werden kann. So kann z. B. die Versicherung gegen die Gefahren der See keine gegenseitige sein, weil sie immer nur für einzelne Seereisen begehrt wird. *)

§. 206. Wenn die Wahrscheinlichkeit aus einer gegebenen Anzahl Gründen für und wider das fragliche Ereigniß gezogen wird (wie bei der Berechnung der Spielwerthe, §. 109), so ist sie eine Wahrscheinlichkeit aus Gründen (a priori); wird sie aber, wie bei der Berechnung der Leibrenten und Lebensversicherungen aus Erfahrungen ermittelt, so ist sie eine Wahrscheinlichkeit aus Beobachtung

---

*) Es bestehen indessen in England seit langer Zeit unter dem Namen „Klubbs" auch gegenseitige Seeversicherungsvereine, die aber in Abnahme kommen. Als solche errichtet wurden, geschah es, weil die damaligen Versicherer Prämien verlangten, die mit der übernommenen Gefahr außer Verhältniß standen, und weil man sich nicht mit Sicherheit auf den Schadenersatz von Seiten der einzelnen Versicherer (Unternehmer) verlassen konnte. Dergleichen Klubbs sind aber denselben Ausstellungen unterworfen, die gegen einzelne Versicherer gemacht werden können, denn die Mitglieder sind nicht alle zusammen, sondern Jeder bloß einzeln gegen Diejenigen unter ihnen verbindlich, welche einen Verlust erleiden, und es vergeht wenigstens ein Jahr, bevor die Zahlungen von allen Mitgliedern, die einen Verlust zu ersetzen haben, erhalten werden können. Uebrigens gibt es auch heut zu Tage noch einzelne Personen, welche Versicherungen gegen Seegefahr auf eigene Rechnung übernehmen (Privatversicherer, Privatassecuratöre).

(a posteriori). Soll aber das aus Beobachtung ermittelte Wahrscheinlichkeitsverhältniß der Festsetzung der Prämien mit Sicherheit zu Grunde gelegt werden können, so muß dasselbe aus einer sehr großen Anzahl von Beobachtungen hervorgegangen sein; denn in diesem Falle entspricht dasselbe dem Gesetz der sogenannten großen Zahlen. So bestimmt man, wie im §. 204 bereits beispielsweise angeführt worden, die Wahrscheinlichkeit des Verlusts eines Seeschiffes durch die Vergleichung der beobachteten Schiffbrüche mit der Anzahl der Seereisen. Wenn aber die Anzahl der beobachteten Seereisen sehr groß ist, so ist das Verhältniß der Anzahl der Schiffbrüche zu der der Seereisen fast unveränderlich, wenigstens für jedes Meer, für jede Nation, für jede Jahreszeit insbesondere, und das gefundene Verhältniß kann folglich für die Größe der Wahrscheinlichkeit künftiger Schiffbrüche angenommen werden. Es versteht sich indessen von selbst, daß sich der Versicherer mit der Versicherung einer geringen Anzahl von Schiffen nicht befassen darf, denn eine kleine Anzahl von Verträgen dieser Art wären lediglich Wetten, die ihm großen Verlust verursachen könnten; bei einer hinlänglich großen Anzahl von Versicherungen hingegen wird sich das auf Erfahrung beruhende Verhältniß der verunglückten und versicherten Schiffe wieder herausstellen; der Schadenersatz ist durch die Summe der natürlichen Prämien gedeckt, und die Differenz der natürlichen und wirklichen Prämien (§. 205) bleibt als Gewinn übrig. In Uebereinstimmung hiermit haben die Versicherer überhaupt den Grundsatz angenommen, für nicht zu große Summen auf viele Gegenstände gleichzeitig Versicherungen zu schließen. Wenn daher Aktienversicherungsanstalten in besondern Fällen Gegenstände von großem Werthe zur Versicherung zulassen, so lassen sie sich Vorsichts halber selbst wieder theilweise dafür versichern, und hierin besteht die sogenannte Reassecuranz oder Ueberversicherung.

Das Gesetz der großen Zahlen findet überhaupt in den Erscheinungen statt, die wir, weil wir ihre Ursachen nicht kennen, dem bloßen Zufalle zuschreiben. Als weiteres Beispiel des Gesetzes der großen Zahlen kann die mittlere Dauer des menschlichen Lebens (§. 129) angeführt werden; denn ungeachtet der großen Verschiedenheit des Alters, in welchem die einzelnen Menschen sterben, ist doch die mittlere Lebensdauer für eine hinreichend große Anzahl von Menschen in den einzelnen Ländern beinahe constant.

Selbst auf Erscheinungen der moralischen Welt, also auf Erscheinungen, welche von dem Willen des Menschen, seinen Interessen, seinen Einsichten und seinen Leidenschaften abhängen, ist das

Gesetz der großen Zahlen anwendbar. So hat sich z. B. nach Poisson *), das Verhältniß der Anzahl der jährlich Verurtheilten zu derjenigen der Angeklagten unter derselben Gesetzgebung und für ganz Frankreich von einem Jahre zum andern wenig geändert, so daß man ungefähr nur 7000 Fälle als die Anzahl der jährlich von den Schwurgerichten ausgesprochenen Urtheile zu betrachten braucht, wenn dieses Verhältniß als ein constantes zum Vorschein kommen soll; während bei andern Untersuchungen, z. B. bei der über die oben angeführte mittlere Lebensdauer, eine solche Anzahl von Fällen bei weitem noch nicht hinreichend wäre, um ein constantes Verhältniß zu erhalten.

Seeassecuranz.

§. 207. Die Wahrscheinlichkeitsbestimmung derjenigen Zufälle, welche die Seeschifffahrt betreffen, unterliegt großen Schwierigkeiten; denn es sind hierzu nicht nur Erfahrungen über eine große Anzahl von Schiffen in Betreff der dabei vorgekommenen Unglücksfälle erforderlich, sondern es müssen auch die nähern Umstände bekannt sein, unter welchen solche stattgefunden haben, indem hierbei der Wechsel der Jahreszeiten, die Beschaffenheit des Bau's der Schiffe, ihre Bemannung 2c. in Betracht kommt.

Die größern und ältern Seeassecuranzanstalten mögen allerdings im Besitze solcher Erfahrungen sein, die ihnen bei der Bestimmung der Prämien zur Richtschnur dienen. **) Wahrscheinlich hat aber der große Gewinn, welchen in älterer Zeit der Seehandel abge-

*) Recherches sur la probabilité des jugements en matière criminelle et en matière civile.

**) Zur Erleichterung des Versicherungsgeschäfts in England gibt es zwei, auf Subscription durch die bedeutendsten Kaufleute, Schiffseigenthümer und Versicherer unterhaltene Bücher, welche Auskunft über den Tonnengehalt, die Bauart, das Alter, die Ausbesserungen, so wie über den Zustand der neuesten Schiffe geben, welche die englischen Häfen besuchen; und obgleich deren Inhalt in vieler Hinsicht große Lücken darbietet, so gereichen sie den Versicherern dennoch zum großen Nutzen, indem sie selten Gelegenheit haben, den hundertsten Theil der Schiffe, die sie versichern, nach ihrer einzelnen Beschaffenheit zu kennen. — In London, woselbst die meisten Seeassecuranzen durch Privatversicherer geschlossen werden, ist der Mittelpunkt dieser Geschäfte in Lloyd's Kaffeehaus. Bevollmächtigte, gewöhnlich Lloyds Agents genannt, befinden sich in allen wichtigen Häfen der ganzen Erde und geben regelmäßige Berichte über Abgang und Ankunft von Schiffen, über Verluste und alle andern Ereignisse, welche Denjenigen, die bei Versicherungen betheiligt sind oder sich betheiligen wollen, zur Richtschnur dienen können. (Mac Culloch, Art. Vers.)

worfen hat, die vorsichtigern Handelshäuser bewogen, große Versicherungsprämien anzubieten, wodurch sie Versicherer fanden, deren Gewinn nach und nach eine größere Concurrenz verursachte, wodurch ein billigeres Verhältniß zwischen dem Versicherer und Versicherten herbeigeführt wurde.

§. 211. Hauptgegenstände der Versicherung gegen Seegefahr sind das Schiff, die Fracht, die Ladung, der sogenannte imaginäre Gewinn und Bodmereigelder.

Zu dem Schiffe gehört auch, in Beziehung auf Versicherung, aller Zubehör desselben, als Segel, Taue, Anker rc. Das Alter des Schiffes wird nach den meisten Gesetzen in der Weise berücksichtigt, daß der Versicherer im Falle eines Schadenersatzes berechtigt ist, einen Abzug zu machen für den Unterschied zwischen alt und neu, oder auch, daß sie ihn zum Schadenersatze erst verpflichten, wenn der Verlust eine bestimmte Größe erreicht.

Verunglückt ein befrachtetes Schiff, so geht dem Schiffer oder Rheder die Fracht verloren; letztere ist daher ebenfalls ein Gegenstand der Versicherung. Die Fracht kann auch für ihren vollen Belauf, oder brutto versichert werden, d. h. die Kosten der Ausrüstung mitbegriffen, denn im Falle eines Untergangs des Schiffes verliert der Schiffer oder Rheder nicht bloß die Fracht, sondern auch die Ausrüstungsunkosten, mithin das Bruttokapital der Fracht. Die Kosten hingegen, welche der Schiffer in dem Falle einer glücklichen Reise aus der Fracht hätte bezahlen müssen, gehören nicht hierher, weil sich das Interesse des Versicherten um den Betrag dieser Unkosten (Volkshauer, Hafengelder rc.) vermindert. Denn würde der Betrag dieser Unkosten mit versichert, so würde der Versicherte so viel dadurch gewinnen, wenn der Versicherer einen totalen Schaden zu vergüten hätte.

Was die Versicherung der Ladung betrifft, so ist der Versicherte entweder Käufer oder Committent, d. h. er bezieht entweder Waaren, welche auf seine Gefahr laufen, oder er sendet Waaren in Verkaufscommission nach einem überseeischen Platze.

Hier kann nun, abgesehen von Gesetzen, die Frage aufgeworfen werden, zu welchem Werthe die Waare versichert werden dürfe.

Angenommen, ein Amsterdamer beziehe von New-York Waaren, für die er in seiner Valuta 20000 fl. zu zahlen hat. So viel beträgt das versicherte Interesse, wenn der Verkäufer der Waare dieselbe franco Schiff liefert, d. h. wenn er alle Unkosten bis an Bord des Schiffes trägt; ist aber letzteres nicht der Fall, so besteht das versicherte Interesse aus der Summe des Einkaufswerths und vorbesagter Unkosten. Die s. Z., d. h. wenn die Waare ankommt, zu zahlende Fracht hingegen, kann in Beziehung auf Versicherung nicht in Betracht kommen, denn wenn die Waare nicht ankommt, so fällt die Bezahlung der Fracht weg. Aus diesem Grunde ist z. B. nach den Gesetzen in Dänemark, Nordamerika, Preußen, Schweden und Spanien für den Bezieher der Waare die Fracht von der Versicherung ausgeschlossen. Der Fall ist aber auch denkbar, daß die Fracht theilweise oder zu ihrem vollen Belaufe vorausbezahlt wird. In Berücksichtigung dieses möglichen Falles darf z. B. nach dem niederländischen Assecuranzrecht die Fracht mit versichert werden; die Fracht ist aber, wenn die Waare den Bestimmungsort nicht erreicht, vom Versicherer zu vergüten, wenn sie vorausbezahlt worden ist; sie geht dagegen den Versicherer nichts an, wenn dies nicht geschehen ist.

Werden Waaren in Verkaufscommission versandt, so besteht das versicherte Interesse ebenfalls im Einkaufswerthe derselben, in den Verschiffungskosten und in der Fracht, wenn letztere vorausbezahlt worden ist.

Sind in einem Lande, wo der Handel nur durch Tausch betrieben wird, Waaren eingetauscht worden, so ist bei der Versicherung derselben (der sogenannten Retouren), der Werth der dafür gegebenen Waaren unter Aufschlag der Transportkosten als versicherbares Interesse anzunehmen.

Der Versicherte kann auch ein Commissionär sein, der auf Waaren vorgeschossen oder darauf Wechsel acceptirt hat; das Interesse des Versicherten besteht alsdann in dem Betrage der vorgeschossenen Gelder oder der darauf acceptirten Tratten.

Bei der Versicherung auf verhofften oder imaginären Gewinn wird der muthmaßliche Gewinn, welchen die Waare abwerfen kann, versichert. Verunglückt die Waare, so ist der erwartete Gewinn durch die Assecuranz realisirt. Nicht alle Gesetze gestatten diese Art von Versicherung.

Versicherung von Bodmereigeldern darf nur von Seiten des Bodmereigebers, nicht aber von Seiten des Bodmereinehmers ausgehen. Unter Bodmereigeber versteht man Denjenigen, welcher Gelder darleiht, für welche Sachen verpfändet werden, die auf seine Gefahr über See gehen (also Schiffe, Ladung 2c.), d. h. der Gläubiger übernimmt hier die Gefahr des Geldes so, daß alle Zufälle, die den verpfändeten Gegenstand treffen, bis er an den Bestimmungsort gelangt ist, für seine, des Gläubigers, Rechnung sind, und er verliert also allen Anspruch an die Person seines Schuldners, wenn und so weit das Schiff oder die Ladung untergeht. Derjenige, welcher Gelder gegen eine solche Verpfändung des Schiffes oder der Ladung aufnimmt, ist der Bodmereinehmer. Unter Bodmerei versteht man daher den Vertrag, durch welchen

1) der Besitzer oder Erbauer eines Schiffes zu dessen Ausrüstung oder Erbauung Gelder in der Art aufnimmt, daß er zur Zurückzahlung derselben nur in dem Falle verpflichtet ist, wenn das Schiff wohlbehalten ankommt; ferner den Vertrag, durch welchen

2) der Schiffer in einem Nothhafen Gelder aufnimmt, und dagegen Schiff oder Ladung so verpfändet, daß der Darleiher die Gefahren der Reise trägt. Gegenstand der Bodmerei kann Alles sein, was der Seegefahr ausgesetzt wird, und was als Unterpfand dienen kann. Dahin gehören

   1) das Schiff, ganz oder theilweise; letzteres z. B., wenn das Schiffsgeräthe, d. h. alle nicht unzertrennlich mit dem Rumpfe des Schiffes verbundene Werkzeuge verbodmet werden;

   2) die Fracht; denn selbst nach einigen Gesetzen wird die Fracht als ein Theil des Schiffes angesehen;

   3) die Ladung, ganz oder theilweise;

   4) mehrere obiger Gegenstände zugleich.

Weil der Darleiher das dargeliehene Geld nur in dem Falle zurückerhält, wenn der verpfändete Gegenstand wohlbehalten ankommt, oder nur so viel zurückerhält, als der Boden des Schiffes davon mitbringt, so dürfen die Zinsen höher als in andern Fällen stipulirt werden. Wenn daher der Bodmereigeber den verpfändeten Gegenstand versichern läßt, so sollte er gehalten sein, sich nicht mehr wie die üblichen Zinsen und die Assecuranzkosten von dem Entlehner bezahlen zu lassen. Der Bodmereinehmer hingegen hat keine Veranlassung, den verbodmeten Gegenstand bis zum Belauf der Bodmerei versichern zu lassen. Denn kommt letzterer wohlbehalten an, so verliert er ihn bis zum betreffenden Betrage, weil er dem Bodmereigeber diesen Betrag davon zahlen muß; geht aber der verbodmete Gegenstand unter, so wird er von dieser Zahlung frei, und durch die darauf aufgenommenen Gelder ist er schon im Voraus entschädigt worden. Er hat also, in soweit der Gegenstand mit Bodmerei beschwert ist, kein versicherbares Interesse, und es kann ihm nur gestattet sein, so viel versichern zu lassen, als der Werth des verpfändeten Gegenstandes mehr als das darauf dargeliehene Kapital beträgt.

Nach den meisten Gesetzen kann der Betrag der Prämie, und

nach einigen selbst die Prämie von der Prämie auf den Werth des versicherten Gegenstandes geschlagen werden. *)

§. 212. Die Summe, auf welche die Police, d. h. der Assecuranzvertrag lautet, kann auf verschiedene Arten ausgedrückt werden. Es wird nämlich entweder der versicherte Gegenstand geschätzt, d. h. der Versicherte kommt mit dem Versicherer überein, daß der versicherte Gegenstand zu einem gewissen Werthe angenommen werden soll, oder es wird schlechtweg die Summe benannt, für welche der Versicherer zu haften hat. Im ersten Falle nennt man die Police eine taxirte, im andern eine offene. Ist der Gegenstand der Versicherung in der Police taxirt, so ist der Versicherer in der Regel nicht berechtigt, die Beweisführung über den wahren Werth des versicherten Gegenstandes zu fordern, womit indessen nicht gesagt ist, daß der Versicherte berechtigt ist, den Werth willkührlich anzusetzen, und daß der Versicherer in jedem Falle an die Taxe der Police gebunden sei. **) Die Taxe soll eigentlich dem Versicherten ein Mittel an die Hand geben, der Schwierigkeit der Beweisführung in Betreff des wahren Werthes zu entgehen, weßhalb taxirte Policen gewöhnlich da vorkommen, wo Schiffe oder solche Gegenstände, die

---

*) Wenn die Versicherung in der Weise geschlossen werden soll, daß dem Versicherten im Falle eines totalen Verlusts auch die gezahlte Prämie nicht verloren geht, so muß die Prämie zum versicherten Werth geschlagen, und von dieser Prämie, als Versicherungsbetrag, ebenfalls eine Prämie entrichtet werden, und so fort, bis der Betrag der noch zu zahlenden Prämie so unbedeutend ist, daß er nicht weiter in Betracht kommt. Ist z. B. die versicherte Summe $= w$, und beträgt die Prämie 1 von c, so hat der Versicherte zu entrichten $\frac{w}{c}$; von dieser Prämie, als theilweisem Versicherungsbetrag, muß wieder eine Prämie entrichtet werden im Betrage von $\frac{w}{c^2}$; von dieser Prämie, als Versicherungsbetrag, muß wieder eine Prämie entrichtet werden im Betrage von $\frac{w}{c^3}$, u. s. w. Die Summe der hiernach zu zahlenden Prämien ist

$$w\left(\frac{1}{c} + \frac{1}{c^2} + \frac{1}{c^3} + \ldots\ldots\right) = \frac{w}{c-1}$$

Ist z. B. $w = 10000$ und $c = 100$, so ist die Summe der Prämien $= \frac{10000}{99} = 101{,}010101\ldots.$, und die versicherte Summe ist $= 101{,}010101\ldots..$ Geht nun der versicherte Gegenstand zu Grunde, so erhält der Versicherte $10000 + 101{,}010101\ldots..$, also den Werth des versicherten Gegenstandes und den Betrag der gezahlten Prämien.

**) Pöhls Assecuranzrecht, §. 591.

keinen eigentlichen Marktpreis haben, versichert werden, während bei Waaren, deren Werth sich nach einem Marktpreise bestimmen läßt, gewöhnlich die offenen Policen vorkommen. Bei letztern hingegen ist im Schadensfalle der Versicherer befugt, von dem Versicherten eine Nachweisung über den Werth des versicherten Gegenstandes zu fordern. Die Nachweisung geschieht durch solche Documente, welche gewöhnlich über den versicherten Gegenstand vorhanden sind. Bei der Versicherung auf Waaren läßt man gewöhnlich die Facturen als Beweismittel zu; doch steht dem Versicherer das Recht zu, sich die angesetzten Preise nicht gefallen zu lassen, wenn die Waare allzuhoch facturirt wäre.

Wenn die Ladung bedeutend ist, so kommt es auch vor, daß sie der Eigenthümer in einzelnen Parthien, die durch Nummern und auf sonstige Weise gehörig bezeichnet sind, versichern läßt. Die jeder Parthie entsprechende Versicherungssumme nennt man Taxe. Dies kommt besonders in dem Falle vor, wenn der Kaufmann Waaren erwartet, deren einzelne Theile er noch nicht kennt, wie z. B. bei Retouren (§. 211). Die Versicherung kann nun in der Weise stattfinden, daß der Versicherte unter Vorbehalt genauerer Bestimmung die Versicherungssumme beiläufig angibt, oder aber die Versicherungssumme definitiv ansetzt, und es sich vorbehält, sie späterhin in Taxen zu theilen.

§. 213. Was die Bestimmung des vom Versicherer zu ersetzenden Schadens betrifft, so kommt es sowohl bei der großen als particulären Havarie darauf an, ob der Schaden ein totaler und partieller (§. 205) ist.

Jede zufällige Beschädigung fällt natürlicherweise Demjenigen zur Last, an dessen Eigenthum sie sich ereignet. Dahin gehört also derjenige Schaden, der an dem Schiffe oder an der Ladung durch die Gewalt der Elemente, Räuber 2c. verursacht wird, so wie derjenige Schaden, der nicht in der Beschädigung des Schiffes oder der Ladung besteht, sondern durch die Unkosten herbeigeführt wird, welche auf die Rettung des Schiffes oder der Ladung verwendet werden. Der entsprechende Verlust gehört zur particulären Havarie. Wenn dagegen zur Erhaltung des Ganzen absichtliche Beschädigungen mit dem Schiffe oder mit der Ladung vorgenommen, oder außerordentliche Unkosten bestritten werden müssen, so haben die Interessenten den Verlust oder Aufwand nach Verhältniß des Werths ihres dabei betheiligten Eigenthums zu tragen, und dieser Verlust gehört zur großen Havarie. Zum Bereiche derselben gehört z. B. der Seewurf, wenn nämlich zur Erleichterung des in Noth befindlichen, oder von einem Feinde verfolgten Schiffes, oder um dasselbe flott zu machen, Schiffsgeräthschaften, Schiffsvorräthe oder Gegenstände der Ladung über Bord geworfen werden müssen, ferner die dem Schiffe absichtlich zugefügte Beschädigung zu diesem Zwecke, z. B. durch Einhauen von Löchern 2c.; der Schaden, der dem Schiffe und der Ladung durch Vertheidigung gegen Räuber oder Feinde zugefügt wurde 2c.

Bei der particulären Havarie findet entweder ein totaler oder partieller Verlust statt. Im ersten Falle, mit oder ohne Abandon, *) hat die Bestimmung der vom Versicherer zu ersetzenden Summe nichts Besonderes; der Versicherer bezahlt nämlich die Taxe in der Police oder die gezeichnete Summe. Bei der Berechnung des partiellen Schadens hingegen, muß eine Berechnung angestellt werden, welche nicht einzig und allein in der Natur der Sache, sondern auch in der Uebereinkunft der Partheien und der dabei zu berücksichtigenden gesetzlichen Bestimmungen und Usancen begründet ist. Wenn mehrere Versicherer gezeichnet haben, so muß der Schaden überhaupt nach Verhältniß der gezeichneten Summen vertheilt werden. Die Berechnung zerfällt also überhaupt in die Berechnung des Schadens ohne Rücksicht auf die verhältnißmäßige Vertheilung, und in diese Vertheilung. Hierbei haben wir insbesondere die Versicherungen des Schiffs, der Fracht, der Ladung und des imaginären Gewinns in Betrachtung zu ziehen.

Ist das Schiff beschädigt und in einem Nothhafen oder im Bestimmungshafen reparirt worden, so wäre der Kostenaufwand der Reparatur vom Versicherer zu vergüten. Weil aber der Versicherte durch die Reparatur den ausgebesserten Theil des Schiffs neu erhält, und es somit geschehen kann, daß das Schiff nach der Reparatur mehr als vor der Beschädigung werth ist, so muß von den wirklichen Kosten der Reparatur oder von der taxirten Summe, wenn eine Schätzung des Schadens stattgefunden hat, ein angemessener Abzug für die Werthszunahme des versicherten Gegenstandes gemacht werden.

---

*) Unter Abandon versteht man die Handlung, durch welche der Versicherte dem Versicherer anzeigt, daß er die versicherte Summe in Anspruch nehme, und ihm dagegen den Gegenstand der Versicherung mit allem, ihm, dem Versicherten, zustehenden Rechte überlasse; so z. B. in dem Falle, in welchem eine Beschädigung am Schiffe so groß ist, daß das Schiff, um hergestellt zu werden, ein neues Schiff werden müßte, oder die Kosten der Reparatur des Schiffes den Werth des Schiffes übersteigen oder erreichen würden; ferner, wenn die Waare so beschädigt ist, daß mit Sicherheit oder hohem Grade von Wahrscheinlichkeit angenommen werden kann, daß sie bei einer weitern Verschiffung gänzlich verderben würde u. s. w.

Da indessen diese Zunahme nicht genau bestimmt werden kann, so hat man ziemlich allgemein die Regel angenommen, daß überhaupt ohne Rücksicht auf die Beschaffenheit des Schiffes, ein fester Abzug für den Unterschied zwischen alt und neu gemacht werde, der fast überall auf ein Drittheil des Betrags der Reparatur festgesetzt worden ist, obwohl auch mitunter ein Unterschied gemacht wird, und Gegenstände, die langsamer abnutzen, wie Kupferbeschlag, Eisen, Ketten ꝛc. anders behandelt werden.

Ein particulärer Schaden an der Fracht entsteht in den Fällen, in welchen der Schiffer nicht die ganze Fracht erhält, z. B. dann, wenn das Schiff, nachdem es einen Theil der Reise zurückgelegt hat, unfähig wird, sie fortzusetzen, oder wenn das Schiff nur einen Theil seiner Ladung am Bestimmungsort abliefert, weil der übrige Theil zu Grunde gegangen oder überhaupt in Folge einer vom Versicherer übernommenen Gefahr nicht mehr vorhanden ist. Wenn aber überhaupt ein Verlust an der Fracht entsteht, welcher vom Versicherer zu vergüten ist, so fällt diesem gleichwohl nicht immer der ganze Betrag des Schadens zur Last; z. B. wenn gewisse Ausgaben, die der Versicherte nur in dem Falle einer glücklich beendigten Reise hat, wegfallen, so müssen sie dem Versicherer vergütet werden, d. h. von der Summe des zu leistenden Schadenersatzes abgezogen werden. Hierzu folgendes Beispiel:

Die Bruttofracht ist versichert worden mit		20000
Bei glücklicher Ankunft der Güter hat der Schiffer zu bezahlen:		
Gage an das Schiffsvolk	6000	
Hafenunkosten	1000	
Loots= und Tonnengeld	300	
Courtage und Provision	500	
	7800	
Die, die Fracht treffenden ähnlichen Unkosten im Nothhafen mit Einschluß der zu bezahlenden Gage, und das Schiffsvolk nach Hause zu schaffen, sind	5200	
wird erspart		2600
	bleibt	17400
Die Fracht nach Verhältniß des zurückgelegten Theils der Reise betrage		7000
daher vom Versicherer zu vergüten		10400

Verwickelter ist die Berechnung der particulären Havarie bei partieller Beschädigung der Ladung. Kommt nämlich die Waare beschädigt an dem Bestimmungsort an, so muß der Versicherte eine gerechte Entschädigung, d. h. weder zu viel noch zu wenig erhalten, so daß also auch, in Beziehung auf den Verkauf der beschädigten Waare, die vom Versicherer zu vergütende Summe unabhängig von den Schwankungen des Marktpreises ist.

Nehmen wir z. B. an, eine Waare sei für den Einkaufswerth mit allen Kosten bis an Bord für 10000 versichert; bei der Ankunft im Bestimmungshafen betrage die Beschädigung 25 Procent, und der Werth der Waare sei am Bestimmungsort gerade der, zu dem die Waare versichert worden ist.

Wird nun die beschädigte Waare mit 75 Procent im Verhältniß zu ihrem Werthe verkauft, so beträgt der Erlös 75 Procent von 10000; mithin 7500; der Versicherer hat also zu vergüten: 10000 — 7500 = 2500.

Wenn aber die Waare im Bestimmungsort im Preise gestiegen ist, z. B. um 30 Procent, so ist, unter übrigens gleichen Umständen, und wenn, wie vorher, der Schaden 25 Procent beträgt, der Erlös der verkauften Waare 75 Procent von $\frac{10000 \times 130}{100}$ oder 13000, mithin 9750; wenn nun dieser größere Erlös bei der Vergütung in Anschlag gebracht würde, so hätte der Versicherer zu vergüten 10000 — 9750 = 250.

Wenn hingegen die Waare im Bestimmungsort im Preise gefallen ist, z. B. um 30 Procent, so ist, unter übrigens gleichen Umständen, und wenn, wie vorher, der Schaden 25 Procent beträgt, der Erlös der verkauften Waare 75 Procent von $\frac{10000 \times 70}{100}$ oder 7000, mithin 5250; wenn nun dieser kleinere Erlös bei der Vergütung in Anschlag gebracht würde, so hätte der Versicherer zu vergüten 10000 — 5250 = 4750.

Der Unterschied in den obigen Resultaten ist bedeutend; der Versicherer zahlt nach obiger Rechnungsweise 250, wenn die Waare um 30 Procent gestiegen ist, dagegen 4750, wenn sie um eben so viel gefallen ist, und 2500, wenn der Werth im Bestimmungsort mit dem versicherten Werthe übereinstimmt. Aber nur die letztere Entschädigungssumme entspricht dem Versicherungsvertrage, denn der Versicherer hat lediglich die Gefahr des Transports übernommen, und die Schwankungen im Preise der Waare dürfen ihn nicht berühren. Die Berechnung des Betrags der Vergütung muß demnach in der Weise stattfinden, daß beim Steigen und Fallen der Preise eben so viel für die Vergütung herauskommt, als wenn, unter übrigens gleichen Umständen, der Werth der Waare im Bestimmungsort mit der versicherten Summe in Uebereinstimmung wäre.

Hierzu gelangt man, wenn man den Schaden, der sich nach der Annahme des Werths der Waare im Bestimmungsort herausstellt, mit dem Verhältniß des versicherten Werths zum wirklichen, der Nichtbeschädigung entsprechenden Werthe multiplicirt.

Ist, in Beziehung auf den ersten Fall des obigen Beispiels, die Waare, welche für 10000 versichert worden ist, um 30 Procent gestiegen, so wäre sie im nichtbeschädigten Zustande $\frac{10000 \times 130}{100}$ oder 13000 werth; beträgt der Schaden 25 Procent, so beträgt der Erlös 75 Procent von 13000, also 9750; der Schaden beträgt mithin $13000 - 9750 = 3250$, und der Versicherer hat mithin so viel zu vergüten, als aus der Proportion folgt:

$$13000 : 3250 = 10000 : x = \frac{10000}{13000} \times 3250 = 2500$$

in Uebereinstimmung mit der Annahme, daß der Werth der Waare im Bestimmungsort mit dem versicherten Werthe übereinstimmt.

Ist, in Beziehung auf den zweiten Fall des obigen Beispiels, die Waare, welche für 10000 versichert worden ist, um 30 Procent gefallen, so wäre sie im nichtbeschädigten Zustande $\frac{10000 \times 70}{100}$ oder 7000 werth; beträgt der Schaden 25 Procent, so beträgt der Erlös 75 Procent von 7000, also 5250; der Schaden beträgt mithin $7000 - 5250 = 1750$, und der Versicherer hat so viel zu vergüten, als aus der Proportion folgt:

$$7000 : 1750 = 10000 : x = \frac{10000}{7000} \times 1750 = 2500$$

also wieder in Uebereinstimmung mit der Annahme, daß der Werth der Waare im Bestimmungsort mit dem versicherten Werthe übereinstimmt.

Es sei überhaupt der versicherte Werth $= w$, die Beschädigung betrage m Procent, und die Waare sei um n Procent im Werthe gestiegen oder gefallen. Der Werth der Waare im Bestimmungsort ist dann $= \frac{w(100 \pm n)}{100}$, der Erlös des Verkaufs beträgt

$$\frac{w(100 \pm n)}{100} \times \frac{100 - m}{100};$$

der Schaden beträgt mithin

$$\frac{w(100 \pm n)}{100} - \frac{w(100 \pm n)}{100} \times \frac{100 - m}{100} = \frac{w(100 \pm n)}{100} \times \frac{m}{100}$$

und der Versicherer hat so viel zu vergüten, als aus der Proportion folgt:

$$\frac{w(100 \pm n)}{100} : \frac{w(100 \pm n)}{100} \times \frac{m}{100} = w : x = \frac{mw}{100}$$

in Uebereinstimmung mit der Annahme, daß der, dem unbeschädigten Zustande der Waare entsprechende Werth im Bestimmungsort mit dem versicherten Werthe übereinstimmt, wonach, wenn der Schaden m Procent beträgt, der Versicherer $\frac{mw}{100}$ zu vergüten hat.

Im Obigen ist zur Ermittlung des Schadens angenommen worden, daß die beschädigte Waare verkauft werde; der Werth der beschädigten Waaren kann aber auch durch Schätzung bestimmt werden. Die Kosten des Verkaufs und der Schätzung fallen dem Versicherer zur Last; dagegen muß der Versicherte dasjenige vergüten, was er zu zahlen gehabt hätte, wenn die Waare ganz unbeschädigt ihren Bestimmungsort erreicht hätte, und was er in Folge des Verlusts nicht zahlt; denn um den Betrag dieser Kosten ist die Waare weniger werth, wenn sie ohne Verlust oder Beschädigung ankommt. Dahin gehört z. B. bei dem Verlust eines Theils der Waare der Zoll, und bei einer Beschädigung der Waare der Nachlaß am Zoll.

Es kann indessen auch geschehen, daß die Waare nicht dahin gelangt, wo sie der Eigenthümer für die bedungene Fracht haben wollte. Hier sind aber folgende Fälle zu unterscheiden:

1) Es wird die Fracht nach Verhältniß des zurückgelegten Wegs bezahlt. Ist es dann möglich, die Waare in einem andern Schiffe an den Bestimmungsort zu liefern, so ist die bisherige Fracht nicht verloren, sondern es kann nur die höhere Fracht in Betracht kommen, die für den noch übrigen Theil des Wegs zu bezahlen ist. Diese fällt aber von Rechtswegen dem Schiffer zur Last.
2) Die Waare wird im Nothhafen verkauft. Erhält der Versicherte die versicherte Summe oder noch mehr für die ganze Ladung oder für den verkauften Theil derselben, so kann er vom Versicherer nichts verlangen. Wird dagegen die Waare unter dem versicherten Werthe verkauft, so hat der Versicherte Verlust an der Fracht. Hier kann nun entweder der Abandon (§. 213) stattfinden, oder es muß der Versicherte für den betreffenden Frachtverlust vom Versicherer entschädigt werden.

Sind endlich in einer Police mehrere Artikel versichert, so hängt es von der Art, wie die Versicherung geschlossen worden ist, ab, ob jede Parthie für sich zu reguliren ist, oder ob sämmtliche versicherte Waaren als ein Ganzes zu betrachten sind.

Wir haben nun noch den Schadenersatz für die Versicherung auf verhofften Gewinn zu bestimmen. Diese Versicherung besteht darin, daß im Falle eines totalen Schadens der Versicherte um das entschädigt wird, was er nach dem wirklichen Preise der nicht beschädigten Waare im Bestimmungsort nach Abzug der Verkaufskosten, Fracht, Zölle u. s. w., mehr für dieselbe erhalten haben würde, als ihm dieselbe im Abgangsorte mit allen Kosten bis an Bord zu stehen kommt.

Geht ein Theil der Waare total verloren, so ergibt sich aus dem Werth der unbeschädigten Waare, wie viel für die verlorene Waare am Gewinn verloren geht.

Kommt die Waare beschädigt an, so muß der Versicherer des verhofften Gewinnes eben so viel Procente vergüten, wie der Versicherer der Waare, wenn man sich, zur Verdeutlichung der Sache, denkt, daß die Waare und der verhoffte Gewinn nicht von einer und derselben Person seien. Nur darf der eine oder andere Ersatz mit dem Erlös der verkauften, oder mit dem Werth der angekommenen Waare nicht mehr betragen, als der Versicherte im Falle glücklicher Ankunft für dieselbe erhalten kann, und es muß der Berechnung des Schadenersatzes der Gewinn zum Grunde gelegt werden, welchen die Waare im Falle glücklicher Ankunft wirklich gehabt hätte, und also nicht der versicherte Betrag des verhofften Gewinns.

Angenommen, die Waare sei versichert für 1000, der verhoffte Gewinn für 400, die Waare sei gestiegen um 20 Procent, und sei also im unbeschädigten Zustande 1200 fl. werth, und es betrage der Schaden 25 Procent.

Hiernach beträgt die beschädigte Waare 75 Procent von 1200; also	900
Der Versicherer der Waare hat zu vergüten $\frac{1000 \times 300}{1200}$ oder	250
Wenn aber der Versicherer des verhofften Gewinnes vergütet $\frac{400 \times 300}{1200}$ oder	100
so erhält der Versicherte	1250

also 50 mehr, als die Waare werth ist, und als ihm gebührt.

Ist aber die Waare für 1000 versichert worden, und wäre sie im Falle glücklicher Ankunft 1200 werth, so würde der Gewinn 200 betragen, und nach diesem Betrage muß der Versicherer des verhofften Gewinns die Vergütung ermessen. Hiernach stellt sich die Rechnung wie folgt:

Betrag der beschädigten Waare 75 Procent von 1200 .	900
Ersatz vom Versicherer der Waare $\frac{1000 \times 300}{1200} =$ . .	250
Ersatz vom Versicherer des verhofften Gewinns $\frac{200 \times 300}{1200} =$	50
Der Versicherer erhält also	1200

in Uebereinstimmung mit dem Werthe, welchen die Waare im Falle glücklicher Ankunft gehabt haben würde.

Es sei überhaupt der versicherte Werth der Waare $= w$, die Beschädigung betrage m Procent, und die Waare sei um n Procent im Werthe gestiegen. Der Werth der Waare im Falle glücklicher Ankunft ist daher $= w\left(\frac{100+n}{100}\right)$, der Erlös des Verkaufs ist $= w\left(\frac{100+n}{100}\right) \times \frac{100-m}{100}$; der Schadenersatz für die Waare ist $= \frac{mw}{100}$; der Gewinn im Falle glücklicher Ankunft ist $= \frac{nw}{100}$, und der Ersatz zu m Procent von $\frac{nw}{100}$ ist $= \frac{mnw}{100^2}$. Die Summe dieser Werthe ist

$$w\left(\frac{100+n}{100}\right) \times \frac{100-m}{100} + \frac{mw}{100} + \frac{mnw}{100^2} = w\left(\frac{100+n}{100}\right)$$

Es steht sich mithin der Versicherte ebenso, als wenn die Waare den Bestimmungsort wohlbehalten erreicht hätte.|

Im Obigen ist nachgewiesen worden, daß nur der wirklich an der Waare, im Falle glücklicher Ankunft derselben, zu machende Gewinn und nicht der versicherte Betrag des verhofften Gewinns bei der Berechnung der Vergütung maaßgebend ist. Der verhoffte Gewinn muß indessen im Versicherungsvertrag beiläufig ausgeworfen werden, weil sich ja die Bezahlung der Prämie nach dem Betrage der versicherten Summe richtet. Wenn nun der Gewinn kleiner ausgefallen ist, als der dafür in der Police ausgeworfene Betrag, so muß die dem Ueberschuß entsprechende Prämie dem Versicherten zurückerstattet werden, und es wird ihm die ganze Prämie, die er für den verhofften Gewinn gezahlt hat, zurückerstattet, wenn gar kein

Gewinn stattgefunden hat. Die Versicherung des verhofften Gewinns soll demnach den Versicherten so stellen, wie er gestellt wäre, wenn er die Waare zu ihrem Werthe im Bestimmungsorte versichert hätte.

Die Bestimmung des Gewinns unterliegt indessen Schwierigkeiten, wenn die Waare gänzlich untergegangen oder in einem Nothhafen verkauft worden ist. Geben Facturen, Ordrebriefe u. dgl. über die Qualität der Waare keine genügende Nachweisung, so muß der Versicherte in dieser Beziehung den ordentlichen Beweis führen.*) Noch größer ist die Schwierigkeit, wenn von dem Gegenstande der Assecuranz überhaupt alle Nachrichten fehlen, und dieser deßhalb für verloren zu halten ist. Nach Pöhls **) wäre hier folgende die juristisch richtigste Rechnung: Man nimmt die Zeit, in der ein Schiff die Reise nach dem Bestimmungsort gewöhnlich vollendet, und zwar, wo gesetzliche Fristen dafür existiren, diese an, und der Gewinn der zu irgend einer Zeit, von dem Ende dieser Frist, bis zu der Zeit, zu welcher der Versicherer zahlen muß, statt hatte, ist der Regulirung des Schadens zum Grunde zu legen. Wenn aber dieser Gewinn die versicherte Summe des verhofften Gewinns übersteigt, so trägt der Versicherte für den Ueberschuß selbst die Gefahr, und er kann dafür den Versicherer nicht in Anspruch nehmen.

§. 214. Für den Schaden, der an Waaren durch ihre natürliche Beschaffenheit entsteht, sind die Versicherer indessen immer frei. Da aber bei einem Seeunfall nicht immer ausgemittelt werden kann, wie viel dem innern Verderb zuzuschreiben ist, so ist es gekommen, daß man je nach der Gattung der Waare Abstufungen angenommen, und diejenige Beschädigung, die durch ihren innern Verderb verursacht werden kann, für jede einzelne Waare nach Procenten zu bestimmen versucht hat. Hiernach zahlen die Versicherer im Falle einer Beschädigung entweder nur so viel, als dieselbe die Procente, von denen sie frei sind, übersteigt, wie z. B. die Versicherungscompagnien in Bremen u. a. O., oder es wird, wenn die Beschädigung an den Versicherer kommt, dieselbe zum Vollen bezahlt, wie z. B. in New-York und andern Plätzen. Auch bei andern Gegenständen der Seeassecuranz kommen vertraggemäße Befreiungen vor, so wie es auch gesetzliche Beschränkungen der vom Versicherer übernommenen Gefahr gibt. Im Zweifel wird angenommen, daß der Assecuranzvertrag nach den bestehenden Gesetzen geschlossen sei, und wenn die

*) Pöhls Assecuranzrecht, §. 686.

**) Assecuranzrecht, §. 686.

Parthien davon abweichen wollen, so müssen sie dies ausdrücklich stipuliren. *)

Versicherung gegen Brandschaden.

§. 215. Gegenstände der Versicherung gegen Brandschaden sind Gebäude (Immobilien) und bewegliches Gut (Mobilien, Maschinen, Werkzeuge, Waaren ꝛc.) Unter letzteren sind indessen diejenigen Gegenstände gewöhnlich von der Versicherung ausgeschlossen, welche, wenn sie gerettet worden sind, leicht verheimlicht werden können, um einen größern Schadenersatz zu erlangen (wie z. B. Geld, Documente, Pretiosen ꝛc.); ferner solche Sachen, welche keinen nach allgemeinem Maaßstabe schätzbaren, jedoch hohen Werth haben, wie z. B. Kunstsachen, Raritäten ꝛc. Ausgeschlossen von der Versicherung sind in der Regel auch feuergefährliche Fabriken oder Gebäude, in welchen feuergefährliche Gewerbe betrieben oder feuergefährliche Sachen aufbewahrt werden (Pulverfabriken, Pulvermagazine ꝛc.)

§. 216. Es gibt Aktien- und Gegenseitigkeits-Brandversicherungsanstalten. Außer diesen Privatanstalten gibt es auch Landesversicherungsanstalten für Immobilien, zu deren Beitritt die Besitzer derselben gezwungen sind.

§. 217. Die Höhe des Aktienkapitals einer Aktienversicherungsanstalt ist durch die Größe des Wirkungskreises der Anstalt und der zu übernehmenden Gefahr bedingt, denn dieses Kapital soll den Versicherten zur Sicherheit dienen, wenn die Prämieneinnahmen zur Bezahlung der zu leistenden Vergütungen nicht ausreichen. Vom Aktienkapital wird indessen nur ein angemessener Theil baar eingezahlt und im Interesse der Aktionäre verzinslich untergebracht, und für den nicht eingezahlten Betrag der Aktien haben die Aktionäre sich nach Wechselrecht (durch Ausstellung von nach Sicht oder nach Aufkündigung zahlbaren Solawechseln) oder auf sonstige, Sicherheit bietende Weise verbindlich zu machen, weshalb die Aktien nur nach Anzeige und Genehmigung der Verwaltung cedirt werden können. Treten außergewöhnliche Unglücksfälle ein, die größere Mittel erfordern, so müssen Nachzahlungen gemacht werden. Zu einer das Aktienkapital übersteigenden Garantie machen sich indessen die Aktionäre in der Regel nicht verbindlich. Ausnahmen in dieser Beziehung finden bei drei englischen Feuerversicherungsanstalten, des Sun fire office, Phönix und der Royal Exchange statt, **) denn die

*) Vergl. Pöhls Assecuranzrecht, §§. 612 — 619.

**) Masius, Lehre der Versicherung ꝛc., Leipzig, 1846.

Aktionäre haften den Versicherten für die Verluste mit ihrem ganzen Vermögen. Im andern Falle muß Liquidation eintreten, wenn die zu vergütenden Summen die Mittel der Anstalt übersteigen. Deshalb wird in den Statuten solcher Aktienanstalten festgesetzt, daß sich die Gesellschaft auflösen kann, wenn sich durch Unglücksfälle das Aktienkapital auf einen gewissen Theil desselben vermindern sollte.

Was die Größe der Feuersgefahr betrifft, so hängt solche von einer Menge von Umständen ab, wie z. B. Bauart, Lage, Verwendung eines Gebäudes, Beschaffenheit der Löschanstalten rc., und eine zuverlässige Bestimmung der Gefahr ist unerreichbar; nur annähernd kann sie bei einer sorgfältigen Führung von Listen über die verschiedenen Versicherungsobjecte und die dabei vorgekommenen Vergütungen gefunden werden, und zwar für einen großen Zeitraum. Weil nun die einzelnen Gefahren nicht mit Zuverlässigkeit bestimmt werden können, und zeitweise außergewöhnliche Zufälle eintreten können, so müssen für gewöhnliche und außergewöhnliche Risiko's Maximalsummen der Versicherung festgesetzt werden. So ist z. B. nach den Statuten der Gothaer Feuerversicherungsanstalt das Maximum für gewöhnliche Gefahren auf 60000 Thlr., und für große Risiko's auf 25000 Thlr. festgesetzt. Diese allgemeine Bestimmung ist aber für einzelne Städte und für einzelne Arten gewerblicher Etablissements modificirt; so kann z. B. für gut gebaute Städte und günstige Verhältnisse das Risiko auf 100000 Thlr. ausgedehnt werden, wogegen dasselbe unter andern Umständen auch unter den allgemeinen Satz normirt ist.

Die bisherigen Erfahrungen der Feuerversicherungs-Anstalten dürften indessen für eine durchschnittliche Bestimmung gewöhnlicher Gefahren maaßgebend sein, und wir verweisen in dieser Beziehung auf die Prämientarife der bewährtesten Feuerversicherungsanstalten, wiewohl die Prämienansätze mehr oder weniger von einander abweichen, weil die Risiko's und die Ansichten darüber zu verschieden sind. So wie aber für die zu versichernden Summen ein Maximum angenommen wird, so werden auch für die Größe der Gefahren und für die denselben entsprechenden Prämien Grenzen festgesetzt. Die Gothaer Feuerversicherungsanstalt z. B. geht von dem Grundsatze aus, nicht unter 1 vom Tausend zu versichern, und Versicherungen, die sie höher als zu 2 Procent abschätzen müßte, zurückzuweisen.

Die Gefahren, welche die Versicherungsanstalten übernehmen, beschränken sich indessen nicht auf die des Verbrennens der versicherten Gegenstände, sondern sie übernehmen auch die Gefahr des Zerstörens und Verderbens derselben bei Gelegenheit des Löschens und Rettens durch Einwässerung, Niederreißen, Zertreten, Zerbrechen rc.; ferner der Entwendung derselben beim Ausräumen oder Bergen, und der zweckmäßig aufgewendeten Rettungskosten. Ausgenommen bleiben dagegen in der Regel Brandschäden und Verluste, welche durch Erdbeben, kriegerische Gewalt und Gasexplosionen entstehen. Der Versicherte hat dagegen seinen in den Statuten vorgeschriebenen Verpflichtungen nachzukommen, und aufrichtig bei seinen Declarationen und Angaben zu Werke zu gehen, widrigenfalls derselbe seiner Ansprüche auf Schadenersatz verlustig wird. Wenn indessen bei Gebäuden, auf welchen Hypothekarschulden haften, der Entschädigungsanspruch des Versicherten durch seine Schuld verloren geht, so verwenden gleichwohl die meisten Versicherungsanstalten die Entschädigung zur Befriedigung der erwähnten Gläubiger gegen Cession ihrer Rechte.

Die jährlich eingehenden Prämiengelder, welche den muthmaßlichen Bedarf für die Entschädigungen übersteigen, können verzinslich angelegt werden, wobei aber außer der gehörigen Sicherheit auch kurze Kündigungsfristen zu berücksichtigen sind, weil sich die Versicherungsanstalt leichte Disposition erhalten muß.

Was nach Bestreitung der Entschädigungen und Verwaltungskosten von den eingezahlten Prämien übrig bleibt, wird zum Theil an die Aktionäre baar ausgezahlt, und zum Theil zur Bildung eines angemessenen Reservefonds benutzt.

§. 218. So wie die Aktien-Feuerversicherungsanstalten, mit Ausnahme der im §. 217 erwähnten englischen Versicherungsanstalten, nur bis zum Belaufe des Aktienkapitals den Versicherten Gewähr leisten, so findet auch bei den meisten der auf Gegenseitigkeit beruhenden Anstalten keine unbedingte Garantie in Betreff des Schadenersatzes statt, weil die Mitglieder nicht gezwungen sind, bei großen, den Verein treffenden Unglücksfällen für die ganze Summe der Entschädigung aufzukommen, sondern nur bis zum Belaufe einer gewissen Summe zur Entschädigung beizutragen haben. So erstreckt sich z. B. die Garantie der auf Gegenseitigkeit beruhenden Gothaer Feuerversicherungsanstalt auf das Fünffache der Prämieneinlage in einem Rechnungsjahre. Diese Anstalt erhebt nämlich beim Eintritt von ihren Mitgliedern einen Vorausbeitrag (Prämie) nach Verhältniß der Gefahr und der versicherten Summe zur Deckung der vorfallenden Schäden und Verwaltungskosten, und es müssen sich die Mitglieder durch Ausstellung von Nachschußscheinen verpflichten, die Jahresprämie in einem Rechnungsjahre auf das Vierfache zu verstärken, wenn die anfänglich gezahlte Prämie hierzu nicht ausreicht.

Sobald der zu bildende Reservefonds eine angemessene statu=

tenmäßig bestimmte Höhe erreicht hat, werden die Prämienüberschüsse jährlich zurückgezahlt. So z. B. bei der auf Gegenseitigkeit beruhenden Würtembergischen Versicherungsanstalt in Stuttgart muß der Reservefonds die Höhe von wenigstens 1 Procent der gesammten Versicherungssumme erreicht haben. Neu eintretende Mitglieder müssen sich in den Reservefonds einkaufen und zu dem Ende so viel Eintrittsgeld zahlen, als das Verhältniß des jeweiligen Reservefonds gegen die gesammte Versicherungssumme beträgt. Im Jahre 1844 hat dieser Beitrag beiläufig $^1/_2$ Procent betragen; denn die Versicherungssumme betrug 55266553 fl. und der Reservefonds 273365 fl.

Bei gegenseitigen Versicherungen kann auch der Bedarf für Schäden und Kosten, wie sich solcher halbjährlich oder jährlich wirklich herausgestellt hat, ausgeschrieben und eingezogen werden, in welchem Falle aber von den Mitgliedern ein Legegeld (nach einem vorgeschriebenen Procentsatz der versicherten Summe) als Caution für die seiner Zeit zu leistenden Beiträge erhoben wird. Außerdem können aber auch die Regierungen solchen Gegenseitigkeitsanstalten gewisse Privilegien zur Sicherstellung der Leistungen der Mitglieder ertheilen. *)

Werden bei der gegenseitigen Immobiliarversicherung keine festen Prämien zum Voraus erhoben, so kann man entweder die Versicherten nach dem Grade der Gefahr in eine gewisse Anzahl von Klassen eintheilen, welche die Schäden unter sich vertheilen, so daß eben so viele von einander getrennte und nur unter einer und derselben Verwaltung stehende Gesellschaften vorhanden sind, oder man kann Gefährlichkeitsklassen machen, und für jede Klasse eine Zahl aufstellen, mit welcher die versicherte Summe vervielfacht werden muß, um den Ansatz zu ermitteln, nach welchem die Vertheilung der Schäden zu geschehen hat, was also darauf hinausläuft, solche im

*) So besitzt z. B. die Mecklenburgische Mobiliar-Brand-Versicherungsgesellschaft in Neubrandenburg folgende Privilegien: a) sind die zum Ersatz zu erlegenden und auszuzahlenden Gelder den öffentlichen Oneribus gleichgestellt, und gehen gleich diesen allen andern den Rechten nach bevorzugten Schulden voran; b) bei Concursen werden die rückständigen und während denselben ausgeschriebenen Beiträge sofort ex massa concursus bezahlt; c) wird auf die bloße Anzeige der Direction ohne eine weitere Bescheinigung zu fordern, auf rückständige Forderungen erkannt, indem solche weder durch Inhibitoria noch durch Suspensiva von den Gerichten beansprucht werden können, und endlich haben d) die auf Zinsen verliehenen Capitalien und sonstige Forderungen der Societät jura priorum corporum.

zusammengesetzten Verhältniß der versicherten Summe und der Größe der Gefahr zu vertheilen. In der Praxis ist man indessen bei derartigen Klasseneintheilungen nur von einer durchschnittlich angenommenen Feuergefährlichkeit ausgegangen, weßhalb sich nur eine verhältnißmäßig kleine Anzahl von Klassen aufgestellt finden; namentlich halten sich die Landesversicherungsanstalten mit Versicherungszwang (wie in Baiern, Würtemberg, Baden, den beiden Hessen 2c.) nicht so genau an den Unterschied der Feuergefährlichkeit.

In Baiern z. B. hat man nach dem Gesetz vom 1. Juli 1834 folgende Classification der Gebäude nach den Abstufungen der Feuersgefahr aufgestellt: 1) massiv mit Dach von Stein oder Metall; 2) Fachwerk mit Dach wie Nr. 1; 3) massiv mit Dach von Holz oder Stroh; 4) nicht massiv, mit Dach wie Nr. 3. Die Beitragspflicht dieser Klassen soll nach Verhältniß der Zahlen 1, $1^1/_9$, $1^2/_9$ und $1^3/_9$ oder 9, 10, 11 und 12 berechnet werden. In Folge einer derartigen Tarifirung der Gefahr in Bausch und Bogen stellt sich aber, wie die Erfahrung lehrt, ein zu großer Unterschied in den Leistungen der Interessenten zum Nachtheil Derjenigen heraus, deren Gebäude einer geringern Feuersgefahr ausgesetzt sind. *)

---

*) Die Landesbrandkassen sind die theuersten Versicherungsanstalten, weil sie ohne Regel und Auswahl versichern müssen. Ganze Städte und Ortschaften sind bei einer Landesbrandkasse mit kolossalen Summen versichert, und ein einziger Brand von Bedeutung muß unerschwinglich hohe Beiträge zur Folge haben. Privatanstalten sind daher schon durch ihre Versicherungsgrundsätze vor Verlusten bewahrt, gegen welche sich Landesversicherungsanstalten nicht schützen können. Bei letztern fällt auch das wichtigste Element einer soliden Versicherung weg, nämlich die Prüfung der Person des Versicherten; denn Privatanstalten lassen nur solche Personen zu, deren sittliche und Vermögensverhältnisse nichts zu wünschen übrig lassen, oder wenigstens kein erhebliches Bedenken erregen. — Als im Jahr 1849 in Belgien die Frage wegen Einführung von Zwangsversicherungen in der Presse wie in den Kammern verhandelt wurde, stellte der Finanzminister in seinem auf umfassende Vorarbeiten gestützten Vortrage über diese Sache die deutschen und schweizerischen Staatszwangsversicherungsinstitute als thatsächliche Beispiele der Abschreckung hin. Er zeigte, daß während in Frankreich und Belgien die Versicherung einschließlich des Gewinnes der Gesellschaften nur 85 Centimes per 1000 Franken betrage, in den Landesbrandkassen einiger Staaten, wie

in Baiern der Durchschnitt der Umlage auf					1,87	per	1000
„ Sachsen	„	„	„	„	1,79	„	„
„ Würtemberg	„	„	„	„	1,23	„	„
„ Baden	„	„	„	„	1,38	„	„

sich herausgestellt hätte. — Im Jahr $18^{48}/_{49}$ betrug in Baiern die Zahl der Brände 969, die Versicherungssumme 632911740 fl. und die Brandentschädigung 1974361 fl. $52^1/_2$ kr., also mehr als 3 per 1000 des Versicherungskapitals!

§. 219. Außer Aktien- und Gegenseitigkeitsanstalten gibt es auch gemischte Feuerversicherungsanstalten. Derartige Anstalten sind die Leipziger Feuerversicherungsanstalt und die Brandversicherungsbank in Leipzig. Bei ersterer Anstalt werden Versicherungen auf 1 Jahr und jede beliebige kürzere Zeit gegen Vorausbezahlung der Prämie angenommen. Sodann geschehen Versicherungen nach folgenden Grundsätzen: 1) die Prämie wird auf 4 Jahre baar bei Abschluß der Versicherung bezahlt und das 5te Jahr als Freijahr bewilligt; 2) die auf 5 Jahre Versicherten bilden eine ganz besondere Gesellschaft, deren Einnahmen und Ausgaben separat berechnet werden; 3) der sich ergebende Reingewinn wird zur Hälfte der Gesellschaft der auf 5 Jahre Versicherten, und zur Hälfte den Aktionärs der Anstalt zugeschrieben, wogegen Letztere jeden sich beim Abschluß etwa herausstellenden Verlust allein decken, Erstere aber niemals dazu durch irgend eine Nachzahlung beizutragen haben; 4) von dem Reingewinn der auf 5 Jahre Versicherten wird $^1/_3$ ihrem Reservefonds gutgeschrieben, und $^2/_3$ als Dividende baar an sie nach Verhältniß der einzelnen Versicherungen vertheilt, sobald solche zur Verrechnung kommen. Was die Verrechnung der Einnahmen und Ausgaben betrifft, so wird 5) von der Gesammtprämie, welche für fünfjährige Versicherungen von einem Abschluß zum andern eingegangen ist, jedem der nächstfolgenden Jahre $^1/_5$ gutgeschrieben, wodurch sich die Jahreseinnahmen bilden; 6) die Ausgaben bestehen theils in Schäden, welche die fünfjährigen Versicherungen angehen, theils in antheiligen Provisionen und sonstigen Unkosten der Anstalt nach Verhältniß der fünfjährigen Prämieneinnahme zur Hauptprämieneinnahme des Jahres. *)

§. 220. Was die Vergütung der Schäden betrifft, so besteht beim totalen Schaden der Gebäude und beweglichen Sachen die zu leistende Entschädigung im Betrage der Versicherungssumme; bei partiellen Beschädigungen hingegen hängt die Größe des Schadenersatzes von den statutenmäßigen Bestimmungen hierüber ab. Darf, wie dies bei manchen Versicherungsanstalten der Fall ist, nur ein gewisser Theil des Häuserwerths versichert werden, so ist der zu leistende Schadenersatz der ebensovielste Theil der versicherten Summe, als der Schaden von dem vollen Werthe des Gebäudes. Im Uebrigen finden die bei der Seeassecuranz hierüber aufgestellten Grundsätze auch bei der Feuerassecuranz und allen übrigen Assecuranzen ihre Anwendung.

---

*) Ueber die etwas complicirtere Einrichtung der Brandversicherungsbank in Leipzig s. Masius, Lehre der Versicherung 2c., Leipzig, 1846.

Transportversicherung für Versendungen zu Lande und auf Flüssen.

§. 221. So wie schon in ältern Zeiten der Handel nach überseeischen Ländern die Versicherung der Waaren gegen die Gefahren der See hervorgerufen, so hat die heutige Gestaltung des Handels auch die Versicherung der Handelsgüter während des Transports zu Lande und auf Flüssen gegen Elementarschäden jeder Art zur gebieterischen Nothwendigkeit gemacht. Die Anstalten, welche sich mit der Versicherung solcher Frachtgüter befassen, sind auf Aktien gegründet, weil, wie bei der Seeversicherung, die Objecte der Versicherung nur während einer gewissen Zeit der Gefahr ausgesetzt sind, und die Versicherung nur für einzelne Sendungen begehrt wird. Die hierher gehörigen Anstalten sind theils solche, welche ausschließlich die in Rede stehenden Transportversicherungen übernehmen, theils solche, welche hiermit auch die Uebernahme anderer Risiko's verbinden. Die Anstalten der ersten Art unterscheiden sich wieder durch den Umfang des Gebiets, für welches sie sich auf Versicherungen einlassen (z. B. für bestimmte oder auch unbestimmte Flüsse eines oder mehrerer Länder, ferner für bestimmte Länder in Beziehung auf den Landtransport 2c.); ferner dadurch, daß sie entweder nur die Gefahr des Wassertransports, oder die des Landtransports oder aber beide Gefahren, so wie auch die Seegefahr übernehmen. Zu den Versicherungsanstalten der andern Art gehören z. B. die Leipziger Feuerversicherungsanstalt, wegen Uebernahme von Landtransportversicherungen, ferner die priv. österreichische Versicherungsgesellschaft in Wien, welche mit der Feuerversicherung auch die Versicherung von Handelsgütern während ihres Transports auf Flüssen und Landseen gegen Feuer und Wasserschäden übernimmt. *)

---

*) Statistische Nachweisungen über alle deutschen Versicherungsanstalten gibt Masius, Lehre der Versicherung 2c.

An Privatanstalten für Feuerversicherung zählt Deutschland nach Ausweis ihrer Versicherungskapitalien vom Jahr 1844 24 auf Gegenseitigkeit gegründete Versicherungsanstalten (Versicherungskapital 583,768,566 Thlr.), 2 gemischter Natur, auf Aktien und Gegenseitigkeit (Versicherungskapital 97,367,916 Thlr.) und 16 Aktienanstalten (Versicherungskapital 1,251,715,320 Thlr.)

Die Brandschäden betrugen 1844 bei der Aachen-Münchener Feuerversicherungsgesellschaft in Aachen (der größten in Deutschland) $\frac{183}{300}$ vom Tausend, bei der Vaterländischen Feuerversicherung in Elberfeld $\frac{297}{300}$, Colonia in Cöln $1\frac{275}{300}$, Hypotheken- und Wechselbank in München $\frac{183}{300}$, Azienda in Triest $1\frac{145}{300}$, Berliner Feuerversicherungsanstalt $1\frac{59}{300}$ 2c.

Versicherung gegen Hagelschaden.

§. 222. Obgleich Felderzeugnisse durch Zufälle verschiedener Art leiden können, so beschränkt sich doch die Versicherung derselben auf diejenigen gegen Hagelschaden, weil die übrigen Zufälle, welche solche Erzeugnisse treffen können (z. B. Ueberschwemmung, Mäusefraß ꝛc.) theils wegen der großen Ungleichheit der Gefahr, und theils wegen der großen Verbreitung, in welcher solche stattfinden, der Versicherung zu große Schwierigkeiten in den Weg legen.

Wegen der großen Ungleichförmigkeit im Eintreffen der Beschädigung durch Hagel, und weil es zur Zeit noch an einer sichern Scala zur Abwägung der Gefahren fehlt, so sind sowohl in Deutschland als auch in England, Frankreich, Italien und andern europäischen Staaten, die Hagelversicherungsanstalten auf Gegenseitigkeit gegründet; jedoch besitzt Deutschland auch eine bedeutende, auf Aktien

---

In Belgien betrugen nach einer der Regierung im Jahre 1848 vorgelegten Uebersicht der sieben bedeutendsten Versicherungsgesellschaften, die im Lande arbeiteten, die Versicherungssummen 1,428,210,609 Fr., die erhobenen Prämien 1 Mill. 231,960 Fr., die Schäden, einschließlich der Administrationskosten ꝛc. (im Betrage von 425,700 Fr.) 1,097,716 Fr., der Gewinn also 134,244 Fr., der Prämiendurchschnitt 85 Cent. per 100 Fr.

Frankreich zählt eine Reihe kleinerer und größerer, auf Gegenseitigkeit, dabei aber auch eine Anzahl sehr bedeutender auf Aktien gegründeter Feuerversicherungsanstalten.

Es betrugen in Frankreich

	die versicherten Summen,	die Prämien,	die Schäden
im Jahr 1829	6,477,972,161	7,131,615	4,697,825 Fr.
„ „ 1839	15,584,165,006	12,493,558	5,843,387 „
„ „ 1848	23,220,899,598	21,030,980	10,338,424 „

also die Schäden zwischen 45 und 46 Cent. per 1000 Fr. Versicherungswerth.

Diejenigen deutschen Anstalten, welche sich ausschließlich mit der Transportversicherung befassen, sind ihrem Alter nach: die Strom-Assecuranz-Compagnie in Breslau, die Sächs. Fluß-Assecuranz-Compagnie in Leipzig, die Elb- und Oderschifffahrts-Assecuranz-Gesellschaft in Berlin, die königl. Preuß. Seehandlungs-Societät in Berlin, die Fluß-Versicherungs-Gesellschaft von 1833 in Hamburg, die Elbassecuranz-Compagnie in Hamburg, die Niederrheinische Güterassecuranz-Gesellschaft in Wesel, die Prager Schifffahrts-Gesellschaft, die Berliner Land- und Wassertransport-Versicherungsgesellschaft, die Stettiner Strom-Versicherungs-Gesellschaft, die See- und Fluß-Assecuranz-Compagnie in Hamburg, die Wasser-Assecuranz-Compagnie in Magdeburg, die Assecuranz-Compagnie von 1844 in Hamburg, die Agrippina, See-, Fluß- und Landtransport-Versicherungsgesellschaft in Cöln, und die allgemeine Versicherungsgesellschaft für See-, Fluß- und Landtransport in Düsseldorf. S. Masius, Lehre der Versicherung ꝛc., welche auch die Statuten der Versicherungs-Anstalten nebst kritischer Beleuchtung derselben enthält.

gegründete Hagelversicherungsanstalt, und als sie im Jahre 1823 ihre Geschäfte anfing, so war sie von allen Hagelversicherungsanstalten in Deutschland und vielleicht von Europa die erste, welche gegen feste Prämien versicherte. Sie setzte ihre Geschäfte bis 1830 fort, wurde dann aufgelöst und dann vom Jahre 1832 an bis jetzt durch die Neue Hagel-Assecuranz-Gesellschaft in Berlin auf gleiche Weise fortgeführt. Diese Anstalt hat von allen deutschen Hagelversicherungsanstalten die meiste Erfahrung; denn wenn sie auch mit der älteren zusammen nur seit 29 Jahren besteht, so ist sie es doch, welche sich zuerst auf ein großes Terrain wagte, und ihre Wirksamkeit über einen großen Theil Deutschlands verbreitete. Im Jahr 1838 erließ die Direction eine Denkschrift, worin sie die fünfzehnjährigen Ergebnisse der ältern und neuern Anstalt mitgetheilt und sich um das Hagelversicherungswesen sehr verdient gemacht hat, da zum Fortschritt und zur Ausbildung desselben nichts so nothwendig ist, als das Sammeln von statistischen Nachrichten, besonders in Bezug auf den Grad der Gefahr in den verschiedenen Ländern und Provinzen. *)

Mit der Erledigung der Frage, ob Landesversicherungsanstalten mit Versicherungszwang räthlich seien, hat man sich in verschiedenen Ländern und zu verschiedenen Zeiten beschäftigt, sie wurde auch in Sachsen bei der Ständeversammlung im Jahre 1840 angeregt, und man hat sich dort zu der Ansicht vereinigt, daß es zwar wünschenswerth sei, daß die Hagelversicherung indirect von der Regierung gefördert werde, daß aber solche der Privatindustrie überlassen werden müsse, weil die von der Regierung übernommene Versicherung gleichen Gebrechen, wie die Immobiliarversicherung mit Versicherungszwang unterworfen sein würde. Hat dagegen der Staat durch eigene oder durch Concessionirung fremder Anstalten die Mittel zur Versicherung beschafft, so kann, wie dies im Königreich Sachsen der Fall ist, der Antrieb zur Benutzung solcher Anstalten gegeben werden, wenn die Regierung für Unglücksfälle, die zu vermeiden gewesen waren, und gegen die man sich durch Versicherung hätte schützen können, keinen Steuernachlaß bewilligt.

§. 223. Gegenstand der Hagelversicherung ist der nach der Ertragsfähigkeit des versicherten Grundstücks anzuschlagende Rohertrag. Wenn es aber bei der Feuerversicherung für angemessen erachtet werden dürfte, wenn der Versicherte einen Theil der Gefahr selbst zu übernehmen hat, in der Weise, daß nicht der volle Werth ver-

*) Dieses Aktenstück theilt Masius, Lehre der Versicherung rc., S. 350, mit.

sichert werden darf, so fällt, an und für sich betrachtet, diese Bestimmung bei der Hagelversicherung weg, weil hier kein Betrug vorkommen, und der Versicherte weder den Hagel hervorbringen kann, noch den Schaden selbst abschätzen darf. Weil nun zwar nach den meisten Statuten der volle Rohertrag versichert werden darf, so läuft dies doch nach den Statuten mancher Versicherungsanstalten auf dasselbe hinaus, als wenn nur ein gewisser Theil versichert werden dürfte, indem nicht der volle Schaden, sondern nur ein statutenmäßig, nach Procenten bestimmter Theil desselben vergütet wird, wodurch man eine Ausgleichung in Betreff der Unzuverlässigkeit der festen Prämienansätze oder der für die einzelnen Gefahren aufgestellten Klassen *) zu erzielen sucht. Dagegen versteht es sich von

*) Wo keine festen Prämien, sondern Gefährlichkeitsklassen eingeführt sind, pflegt man zur Ermittlung der Beitragsscala von der Anzahl der in einer Ortsflur während einer Anzahl von Jahren vorgekommenen Hagelschäden auszugehen; ein Mittel, welches zur Bemessung der Gefahr sehr trüglich ist, und keinen festen Maaßstab gewähren kann. Z. B. nach den Statuten des Hagelversicherungsvereins für das Königreich Baiern in München, verschafft sich das Directorium Aufschlüsse darüber, wie oft in jeder Ortsflur, für welche Versicherungen begehrt werden, binnen der letzten 15 Jahre Hagelschäden vorgekommen sind. Nach dem sich hieraus ergebenden Grade der Hagelschadensgefahr werden nachfolgende Beitragsklassen unterschieden:

I. Klasse: $^3/_5$ Procent des Geldanschlags der Ernte für diejenigen Gegenden und Orte, welche binnen der letzten 15 Jahre vom Hagel ganz verschont geblieben sind. II. Klasse: $1^1/_5$ Procent für Bezirke, welche innerhalb dieser 15 Jahre nur einmal Hagelschaden erlitten haben. III. Klasse: $1^4/_5$ Procent für 2 Hagelschäden in 15 Jahren. IV. Klasse: $2^2/_5$ Procent für 3 Hagelschäden in 15 Jahren. V. Klasse: 3 Procent für 4 Hagelschäden in 15 Jahren. VI. Klasse: $3^3/_5$ Procent für 5 Hagelschäden in 15 Jahren. Für solche Ortsfluren, wo in einer Reihe von 15 Jahren mehr als 5 Hagelschäden vorgekommen sind, muß eine Beitragserhöhung von $^3/_5$ fl. eintreten. Die Versetzung von einer niedern in eine höhere Gefährlichkeitsklasse wird durch die zwei Zehntheile der Gesammtversicherungssumme einer Ortsflur erreichende Hagelbeschädigung derselben bedingt. Neben dieser Hagelgefährlichkeit nach der geographischen Lage kommt noch jene der besondern Zartheit der Pflanzen, und neben derselben jene der viel spätern Ernte zu berücksichtigen. Zu den Erzeugnissen dieser Art gehören 1) Hanf, Flachs, Feldbohnen, Feldlinsen, Felderbsen, Wicken als Saamenfrucht; 2) Reps, Hanfkörner, Leinsaamen, Kleesaamen und Oelgewächse überhaupt, dann Trauben, Hopfen, Obst und Küchengewächse aller Art. Jene Erzeugnisse bezahlen den zweifachen, letztere den vierfachen Versicherungsbeitrag der betreffenden Klasse. .

Der Schaden, den weit verbreitete Hagelwetter anrichten, ist manchmal außerordentlich groß, wie z. B. in Frankreich im Jahre 1788, wo der dadurch verursachte Verlust auf 25 Millionen Livres geschätzt wurde. Zum Glück sind die von einem Hagelwetter betroffenen Landstriche gewöhnlich nicht sehr ausgedehnt, und insbesondere sehr schmal. Das vorhin erwähnte Hagelwetter traf zwei von SW.

selbst, daß der zu versichernde Erntewerth nicht allzu klein sein darf, und daß dafür ein Minimum festzusetzen ist. Um aber auch den kleinern Feldbesitzern die Versicherung zugänglich zu machen, so muß es gestattet sein, daß diejenigen Bewohner eines Ortes, die weniger zu versichern haben, sich vereinigen können, um das Minimum des Erntewerths zusammen zu bringen, und sich durch Einen unter ihnen als Gewährsmann vertreten lassen dürfen.

Ebenso ist, wegen der Schwierigkeit der Abschätzung unbedeutender Schäden und wegen der unverhältnißmäßigen Kosten der Abschätzung ein Minimum für die Entschädigung festzusetzen, und zwar in der Weise, daß solche nur dann stattfinden könne, wenn der Schaden nicht weniger, als jenes Minimum beträgt.

§. 224. Zum Bestehen einer Hagelversicherungsanstalt ist es unbedingt erforderlich, daß sie sich über ein großes Gebiet erstreckt, weil nur in diesem Falle außergewöhnliche Schäden in einzelnen Districten durch die Beiträge verschont gebliebener Gegenden einigermaßen ausgeglichen werden können. Ein weiteres Mittel zur

---

nach NO. laufende Streifen, von denen der eine 3 — 5, der andere 1½ — 3 französische Meilen breit war, und die auf eine Strecke von 100 Meilen durch einen 3 — 7 Meilen breiten Streifen getrennt waren. Das große Hagelwetter in Hannover im Jahre 1801 durchlief von Hannover bis Wolfenbüttel eine Strecke von 7 Meilen. Hinsichtlich des Vorkommens der Hagelwetter in verschiedenen Jahreszeiten ergibt sich aus Beobachtungen Folgendes.

Hagelwetter kommen vor: in Frankreich und den Niederlanden am meisten im Winter und nächstdem im Frühling, und am wenigsten im Sommer; in Deutschland: am meisten im Frühling, nächstdem im Sommer und Herbst, und die wenigsten im Winter; in den östlich von Deutschland liegenden Ländern: am meisten im Sommer, nächstdem im Frühling, und die wenigsten im Herbst und Winter; in Italien: die meisten im Winter, nächstdem im Frühling, und die wenigsten im Sommer und Herbst.

Einzelne Gegenden zeichnen sich durch Häufigkeit oder Seltenheit des Hagels aus. Z. B. in einigen Thälern der Schweiz, namentlich den warmen, z. B. in Wallis, ist der Hagel so selten, daß oft in 20 Jahren keiner fällt; hingegen in den am Fuße hoher Berge liegenden Ebenen ist er sehr häufig, z. B. zu Borgofranco, am Ausgange des Aostathals. Auch einzelne Jahre zeichnen sich durch häufige Hagelwetter aus; doch kommt es selten vor, daß eine und dieselbe Gegend mehrmals in einem Jahre durch Hagelschlag zu leiden hat; wiewohl sich nicht selten Verwüstungen durch Hagelwetter in mehreren auf einander folgenden Jahren wiederholen. Zu den hagelreichen Jahren gehört besonders das Jahr 1822, wo vom Mai bis zum Oktober in der Gegend von Bonn, Heidelberg, Trient, Straßburg, Venedig, Genua und in der Wetterau Hagelschläge, die zum Theil sehr verheerend waren, vorkamen. Im Allgemeinen sind die wärmsten und fruchtbarsten Jahre zugleich diejenigen, in denen Hagelschäden am häufigsten vorkommen.

Befestigung derartiger Anstalten besteht in der Annahme mehrjähriger Versicherungen, zu welchem Ende denselben gewisse Vortheile einzuräumen sind, um die Betheiligten dazu aufzumuntern. So werden z. B. in der Gesellschaft zu gegenseitiger Hagelschadenvergütung in Leipzig Versicherungen von 1 bis 6 Jahre angenommen, und sie zerfallen hiernach in 6 Klassen, je nachdem sich die Versicherten auf ein oder mehrere Jahre bei der Anstalt betheiligen. Die längste Versicherungszeit ist sechs Jahre. Wer auf diese sechs Jahre versichert, kommt in die 6te Klasse, wer auf 5 Jahre in die 5te, und so fort bis auf 1 Jahr. Auf jemehr Jahre Jemand versichert, um so mehr Vortheile gewährt ihm der Reservefonds sowohl in Betreff der erforderlichen Einlagen, als auch der Summen, welche den Versicherten daraus zur Verringerung der Jahresbeiträge zufließen. Die Kasse der Gesellschaft wird durch die nach dem Tarif zu entrichtende Prämie gebildet; es wird jedoch von diesen Prämien der Beitrag zu den Verwaltungskosten gekürzt. Sollte der hiernach bleibende Kassenbestand zur Deckung der Hagelschäden, so wie der übrigen von der Direction nicht übernommenen Gesellschaftsausgaben nicht zureichen, so wird das Fehlende durch Nachschußzahlungen von den Versicherten nach Verhältniß der eingezahlten Prämien aufgebracht. Der erforderliche Nachschußbeitrag wird jedem Mitgliede, unter Angabe des ihm darauf zu Gute gehenden Beitrags aus dem Reservefonds besonders bekannt gemacht, und ist, dafern nicht eine Abrechnung auf Hagelschädenvergütung stattfindet, bis spätestens den 15ten December des betreffenden Jahres portofrei an die Direction einzusenden, bei Vermeidung einer Ordnungsstrafe von einem Neugroschen von jedem Thaler des Nachschusses. Ergibt der Jahresschluß der Gesellschaftskasse einen Ueberschuß, so wird derselbe nach Abrechnung dessen, was hiervon zum Reservefonds kommt, unter die Mitglieder des betreffenden Jahres nach Verhältniß ihrer in diesem Jahre bezahlten Prämien vertheilt. Ueber die den Versicherten zu gewährende Dividende werden Dividendenscheine ausgefertigt und ihnen zugesandt. Die Beträge derselben werden an der Kasse der Anstalt gegen Aushändigung des Scheins und darauf gebrachte Quittung baar vergütet oder an Zahlungsstatt angenommen.

Zur Verminderung der Nachschüsse (welchen keine Grenze gesetzt ist) bei außerordentlichen Unglücksfällen wird ein Reservefonds gebildet, welchem folgende Einnahmen zugewiesen werden:

1) $^2/_3$ per mille von der Versicherungssumme beim Eintritt in die Gesellschaft, ein für allemal auf die beantragte Dauer der Versicherung zu entrichten;

2) 50 Procent von der Dividende, und falls diese nur 10 Procent der eingezahlten Prämien oder weniger beträgt, die ganze Dividende;
3) die Ueberschüsse, die sich dadurch ergeben, daß angebrochene Groschen voll ausgeschrieben werden;
4) alle vorkommenden Ordnungsstrafen;
5) Unerhobene Dividenden- und Schädenvergütungen, nach Verlauf von drei Jahren, welche von dem betreffenden Rechnungsabschlusse an, bis zu dem in der Leipziger Zeitung zweimal bekannt zu machenden Schlußtermine zu berechnen sind;
6) die Zinsen von den Kapitalien der Gesellschaftskasse und des Reservefonds;
7) der von der Direction durch den einen Neugroschen eintretenden Falls zu leistende Beitrag.

Angegriffen darf der Reservefonds nur werden, wenn Nachschüsse aufzubringen sind, und solchenfalls in dem betreffenden Jahre nie über die Hälfte seines Betrags. Inwieweit er innerhalb dieser Grenzen zur Deckung der Nachschüsse in den einzelnen Fällen verwendet werden soll, hat die Direction mit Zustimmung des Ausschusses zu bestimmen. Die Vertheilung des Reservefonds erfolgt nach Verhältniß der Versicherungssummen, die Klassen nehmen daran in folgender Weise Theil: Wenn auf die erste Klasse, die einjährigen Versicherungen, 500 Thlr. ausfallen, so erhalten bei gleicher Höhe der Versicherungssumme in den einzelnen Klassen die 2te Klasse 600 Thlr., die 3te Klasse 700 Thlr., die 4te Klasse 800 Thlr., die 5te Klasse 900 Thlr., und die 6te Klasse 1000 Thlr. Der Reservefonds darf beim Rechnungsabschlusse den Betrag von 3 Procent der Versicherungssumme nicht übersteigen. Tritt dieser Fall ein, so wird der Ueberschuß nach dem oben angegebenen Theilnahmeverhältnisse (der Klassen) zum Besten der Interessenten bei Ausschreibung von Nachschüssen oder Gewährung einer Extradividende verwendet. Letztere, die Extradividende, kann aber solchenfalls nie höher steigen, als auf die Hälfte der eingezahlten Prämie.

§. 225. Die verschiedenen Einrichtungen, welche bei der Feuerassecuranz in Betreff der wechselseitigen Leistungen der Anstalt und der Versicherten vorzukommen pflegen, finden sich auch bei der Hagelversicherung in Anwendung gebracht, weil die Beschaffenheit der Versicherung nicht wesentlich durch die besondere Art der Gefahr und des Versicherungsobjects bedingt ist. Auch die allgemeinen Grundsätze über Vergütung der Schäden durch Versicherer sind für die

Hagelassecuranz maaßgebend; die specielle Anwendung derselben auf diesen Versicherungszweig würde uns indessen hier zu weit führen, und wir verweisen in dieser Beziehung beispielsweise auf die Statuten der deutschen Hagelversicherungsanstalten. *)

Viehversicherung.

§. 226. Die Versicherung des Viehstandes erstreckt sich zur Zeit auf diejenige des Rindviehes und der Pferde. Die Viehversicherungsanstalten beschränken sich entweder auf die Vergütung des durch Seuchen herbeigeführten Schadens, oder sie übernehmen die Gefahr für alle unverschuldeten Ereignisse, die den Tod der Thiere verursachen können. Wenn aber, wie wir gesehen haben, die Hagelversicherung wegen ermangelnder, auch nur annäherungsweiser Bestimmung der Gefahr, auf sehr unsichern Grundlagen beruht, so ist dies in noch höherm Grade bei der Viehversicherung der Fall, weil die Sterblichkeit unter dem Viehe in einzelnen Ländern und Districten, ja selbst in jeder einzelnen Wirthschaft sehr verschieden ist, und weil es mithin großen Schwierigkeiten unterliegt, zu einem Sterblichkeitsgesetz der zu versichernden Thiere zu gelangen. Hierin, und also in der Schwierigkeit, eine dem Verhältniß der zu übernehmenden Gefahr angemessene Leistung zu bestimmen, liegt die Ursache, warum es heute noch keine Viehversicherungsanstalt gibt, die so fundirt wäre, daß sie auch nur mäßigen Anforderungen entspräche, und sich in Beziehung auf Umfang und Sicherheit mit andern Versicherungsanstalten messen könnte. Aus dem angeführten Grunde ist, zur Zeit, die Versicherung zu Aktienunternehmungen nicht geeignet, **) und sie kann daher nur auf Gegenseitigkeit be-

---

*) S. Masius, Lehre der Versicherung 2c.

Eine vergleichende Uebersicht der Geschäftsresultate der deutschen Hagelversicherungsanstalten im Jahre 1844 gibt Masius, Lehre der Versicherung 2c. S. 388. Die gesammte Versicherung dieser Anstalten belief sich in dem genannten Jahre auf 71,643,425 Thlr., was, auf ganz Deutschland berechnet, eine sehr geringe Summe ist, und zur Genüge darthut, wie wenig die Hagelversicherung bis dahin benutzt wurde; so wie sie dann auch bis jetzt keine namhaften Fortschritte gemacht hat.

Im Jahre 1841 betrug das gegen Hagel und Viehseuchen in England, Schottland und Irland versicherte Kapital 50 Millionen Pfund Sterling.

**) Gleichwohl ist im Jahre 1838 in Brüssel eine Viehversicherungsanstalt auf Aktien gegründet worden. Ferner hat die Riunione Adriatica di Sicurta in Triest (Aktien-Feuerversicherungsanstalt) mit ihren andern Versicherungszweigen auch eine Anstalt zur Versicherung des Rindviehes gegen Seuchen im Jahre 1840 vereinigt.

ruhen. Wenn auch eben so wenig, wie bei der Feuer- und Hagelversicherung Landesanstalten mit Versicherungszwang für die Viehversicherung zweckmäßig sind, so muß doch jede Staatsregierung, besonders in Ländern, in welchen die Viehzucht einen Hauptnahrungszweig ausmacht, den Viehversicherungsanstalten jeden möglichen Vorschub leisten und nicht nur Schutz verleihen, sondern durch ihre Unterbehörden dahin wirken, daß diese Anstalten mehr als es bisher der Fall war, gegen Mißbrauch und Betrügereien geschützt werden. Dieß kann dadurch erreicht werden, wenn die Viehversicherungen unter der Controle der Regierung stehen, wenn bei der Geschäftsführung Beamte derselben betheiligt werden, wenn Thierärzte aufgestellt werden, um den Gesundheitszustand der zu versichernden Thiere und alles was krankmachend auf sie einwirken kann, zu überwachen, um bei vorkommenden Thierkrankheiten schnelle Hülfe zu leisten, und wenn diese nicht möglich ist, die Krankheit zu bezeichnen, durch welche ein versichertes Thier gefallen ist, oder wegen welcher dasselbe geschlachtet werden mußte, um über die Frage zu entscheiden, ob der Eigenthümer an dem Verunglücken des Thieres keine Schuld trage.

Je größer das Gebiet ist, auf welches die Versicherung sich erstreckt, desto weniger hat man den eintretenden Schaden von Seuchen, die doch in der Regel nur einzelne Ortschaften heimsuchen, zu befürchten, während sie nur für sporadische Krankheiten und andere zufällige Ereignisse stattfinden kann, wenn, wie dies mehrentheils der Fall ist, die Versicherungsanstalten nur für einzelne Landestheile oder Gemeinden bestehen.

§. 227. Weil die Viehversicherung sowohl in Ansehung der besondern Beschaffenheit des Versicherungsobjects als auch in Anbetracht der nicht zu ermessenden Gefahren keine solide Basis hat, so muß man nach allen Seiten hin Beschränkungen eintreten lassen, um dadurch das Schwankende bei diesem Versicherungszweige so viel wie thunlich unschädlich zu machen. Hierzu können folgende Maaßregeln führen.

1) Nur ein zum Voraus zu bestimmender Theil des vollen Werths darf versichert werden, weil die Versicherung des letztern zur nachlässigen Behandlung der Thiere verleiten könnte. *)

---

*) Z. B. nach den Statuten der Versicherung der Pferde und Rinder in Homburg vor der Höhe wird bei eintretendem Verluste der Schaden nur zu $^2/_3$ vergütet.

2) Eine Probezeit muß festgesetzt werden, nach deren Ablauf die Versicherungsanstalt für den Schaden aufzukommen hat. *)
3) Dasjenige Vieh ist von der Versicherung auszuschließen, durch welches die Anstalt allzugroßen Gefahren ausgesetzt würde; dahin gehört z. B. in Beziehung auf Rindviehversicherung das Vieh Derjenigen, welche Handel damit treiben, ihr Vieh mißhandeln oder vernachlässigen ꝛc., und in Betreff der Pferdeversicherung die Pferde der Frachtfuhrleute und Pferdeverleiher, die Pferde Derjenigen, welche Handel damit treiben ꝛc.
4) Zur Verhütung von Betrügereien ist es erforderlich, daß der dem Vereine Beitretende seinen ganzen Viehstand versichern lasse. Hierbei ist übrigens auch auf den Umstand Rücksicht zu nehmen, daß der Besitzer des Viehes sich veranlaßt finden kann, dasselbe zu veräußern. Hier kann nun zwar, wenn die Gefahr schon begonnen hat, der bereits gezahlte Beitrag nicht zurück gegeben werden; dagegen ist die Bestimmung zu treffen, daß wenn für das verkaufte Stück Vieh ein anderes eingestellt wird, solches nach abgelaufener Gewährzeit in die Assecuranz aufgenommen werden dürfe. Beläuft sich hierbei die Taxe höher, als die des verkauften Stücks betragen hat, so muß der Beitrag von dem Mehrbetrag nachgezahlt werden. Hiernach kann auch auswärts aufgekauftes oder von unversicherten Einwohnern gekauftes Vieh erst dann in die Versicherung aufgenommen werden, wenn die Gewährzeit vorüber ist. Verkauft endlich ein Versicherter ein Stück Vieh, so muß der Verein für die gesetzliche Gewährzeit, wo solche stattfindet, dem Käufer verbindlich bleiben.

---

*) Z. B. nach den Statuten des Würtembergischen Versicherungsvereins in Heilbronn tritt die Sicherheit bei neu eintretenden Mitgliedern erst 30 Tage nach Einziehung der Prämien ein; erkrankt, verunglückt oder stirbt ein Thier innerhalb dieser Zeit, so fällt die Entschädigung weg, dagegen wird die dafür gezahlte Prämie zurückerstattet.

Nach den Statuten der Versicherung der Pferde und Rinder in Homburg vor der Höhe hat bei Sterbfällen, welche innerhalb 4 Wochen (28 Tage) vom Tage der Versicherung stattfinden, ein verpflichteter Thierarzt genau zu untersuchen und anzugeben, ob der Krankheitsstoff bereits zur Zeit der Versicherung vorhanden war. Daß dies der Fall sei, wird angenommen, wenn das Thier innerhalb der ersten 4 Wochen an den in den Statuten aufgezählten Krankheiten fällt, oder deßhalb getödtet werden muß. In solchen Fällen werden weder die betreffenden Thiere noch der Verlust vergütet, der durch Ansteckung von den (vorher schon) kranken Thieren stattgefunden hat.

5) Ein weiteres Mittel, jeden Mißbrauch von Seiten des Versicherten zu verhüten, besteht darin, den Werth der Thiere zu ermitteln, welchen sie im gesunden Zustande vor dem Tode gehabt haben, und denselben bis zur Höhe der Versicherung zu vergüten.

6) Um oft wiederkehrenden Vergütungen bei einem und demselben Versicherten zu entgehen, muß die Direction der Versicherungsanstalt die Befugniß haben, demselben nach Berichtigung der bereits vorgekommenen Schäden und Rückerstattung Dessen, was ihm für den Fall des Austritts gebührt, die Versicherung zu kündigen.

7) Wenn die Anstalt Rindvieh und Pferde versichert, so ist es unzweckmäßig, beide Versicherungen zu trennen, weil hierdurch zwei besondere Anstalten entstehen, von welchen jede auf ihre eigenen Mittel beschränkt wird, während durch die Vereinigung ihrer Kräfte beide Versicherungszweige sich gegenseitig ergänzen und unterstützen können. *)

---

*) In Uebereinstimmung mit diesem Grundsatze wird nach den Statuten der Versicherung für Pferde und Rinder in Homburg v. d. H. verfahren. Da bei den Pferden im Allgemeinen, besonders aber bei den Postpferden, die Gefahr größer als bei dem Rindvieh ist, so wird der halbjährige Bedarf zur Vergütung der Schäden nach folgendem Verhältniß vertheilt, und resp. von den Interessenten getragen:

a) auf versicherte Rinder zu $\frac{1}{2}$,
b) „ „ Postpferde zu 1, und
c) „ „ andere Pferde zu $\frac{5}{8}$;

ein Satz, welcher auf die bisher gemachten Erfahrungen gebaut ist, und mit welchem übereinstimmend die Höhe der Legegelder normirt worden. Die Berechnung der Beiträge wird nach folgendem Beispiele gemacht.

Es seien versichert worden:

50000 fl. für Rinder,
18000 „ „ Postpferde und
32000 „ „ andere Pferde,

und zur Vergütung von Schäden seien 1500 fl. aufzubringen. Nun sind nach obigem Normalbeitragssatz

50000 fl.	Vers.-Summe	zu $\frac{1}{2}$	= 25000 fl.	Beitragssumme
18000 „	„	„ 1	= 18000 „	„
32000 „	„	„ $\frac{5}{8}$	= 20000 „	„
		Summe	= 63000 fl.	

Wenn also auf 63000 fl. zu vergüten sind 1500 fl., so kommen auf

25000 fl. für Rinder . . fl. 595. $14\frac{2}{7}$ Kr.
18000 „ „ Postpferde . fl. 428. $34\frac{2}{7}$ Kr.
20000 „ „ andere Pferde fl. 476. $11\frac{3}{7}$ Kr.

Ueber deutsche Viehversicherungsanstalten s. Masius, Lehre der Versicherung 2c. Zu den größern Anstalten dieser Art in Deutschland gehören der Würtembergische allgemeine Versicherungsverein gegen Rindvieh- und Pferdeverluste in Heilbronn, die Ceres, Bank für Oekonomen und Pferdebesitzer zur Versicherung des Schadens an Rindvieh und Pferden in Frankfurt a. M., und die Bank zur Versicherung der Pferde und Rinder in Homburg vor der Höhe. — Außer Privatanstalten für Viehversicherung bestehen im Königreich Preußen, in der Provinz Schlesien für jeden Regierungsbezirk Staats-Vieh-Versicherungs-Gesellschaften, an welchen jeder dortige Besitzer von Rindvieh Theil zu nehmen gezwungen ist und die von den Regierungen verwaltet werden. Sie sind noch ein Werk Friedrichs II., und beruhen ebenfalls auf Gegenseitigkeit, vergüten aber nur den Verlust, welcher durch die Rindviehpest (Löserdürre) entsteht, und wurden im Jahre 1841 neu organisirt.

VII.

Creditanstalten.

---

§. 228. Wir haben hier insbesondere diejenigen Creditanstalten in Betrachtung zu ziehen, bei welchen Darleihen auf Annuitäten vorkommen. Dergleichen, durch Pfandverschreibung gesicherte Darleihen werden durch jährliche gleiche Zahlungen auf Zins und Kapital nach Umlauf einer bestimmten Reihe von Jahren getilgt. Die Darleihen gehen theils von der Regierung und theils von Privatvereinen, sogenannten Creditvereinen aus. Aber auch andere Anstalten, welche bedeutende Kapitalien zu ihrer Verfügung haben, wie z. B. Rentenanstalten, können sich mit Darleihen auf Annuitäten befassen. Die Darleihen werden theils ohne Rücksicht auf eine gewisse Verwendung, und theils zu speciellen Zwecken gemacht. Zu letzterer Art von Darleihen gehören z. B. diejenigen, welche zum Behufe der Zehntablösung von der Regierung gemacht werden, diejenigen, welche von landwirthschaftlichen Creditvereinen ausgehen ꝛc. Endlich kann auch ein zu einem speciellen Zweck errichteter Creditverein, z. B. ein landwirthschaftlicher, jede andere Klasse von Leuten, welche gehörige Sicherheit leisten können, in seinen Verein aufnehmen.

Der Zweck solcher Vereine besteht überhaupt darin, Kapitalschulden in Rentenschulden zu verwandeln; denn die Aufkündbarkeit der Kapitalien gereicht häufig den Schuldnern zum Verderben, während ihnen, wenn sie nicht ganz herunter gekommen sind, die allmählige Tilgung vermittelst Entrichtung einer den Zinsenbetrag nicht bedeutend übersteigenden Rente nicht beschwerlich wird.

Jedes Vereinsmitglied hat für seinen Antheil an dem gemeinschaftlich aufgenommenen Kapital hypothekarische Sicherheit zu leisten. Weil aber die Vereinsmitglieder nicht darauf eingehen können, solidarisch für das ganze gemeinschaftliche Kapital zu haften, so muß ein Reservefonds gebildet werden, um durch denselben die bei einzelnen Mitgliedern sich etwa ergebenden Ausfälle, deren Einbringung nicht mehr möglich ist, zu decken. Uebrigens muß die Theilnahme an dem gemeinschaftlichen Anleihen auf ein gewisses Minimum beschränkt werden, damit die Verwaltung weder mit einer allzugroßen Geschäftsmenge überladen, noch in dem regelmäßigen Gange ihrer Operationen gehindert werde.

Die vom Vereine für das gemeinschaftlich gemachte Anlehen aufzubringende Zinszahlungen müssen nicht nur durch die von den Mitgliedern zu zahlenden Renten gedeckt werden, sondern es müssen solche noch einen Ueberschuß geben, mit welchem der im Obigen erwähnte Reservefonds gebildet wird, und die ersten Einrichtungskosten, so wie der Verwaltungsaufwand bestritten werden können. So werden z. B. nach den Statuten des Würtembergischen Creditvereins als Ersatz für die mit Anschaffung der Gelder verbundenen Kosten, als Betrag zu den ersten Einrichtungskosten und als erster Beitrag zum Reservefonds je von 100 fl. Anlehen 4 fl. abgezogen, mithin bloß 96 fl. baar ausgezahlt. Nach der Wahl der Entlehner können jedoch diese 4 fl. auch zur Anlehenssumme geschlagen und nach und nach unter der Rente gezahlt werden. Dies hat alsdann zur Folge, daß der Schuldner für baar empfangene 100 fl. den Betrag von 104 1/6 fl. schuldig wird. Die ordentliche Rentendauer ist auf 50 Jahre festgesetzt, die Tilgung kann jedoch, nach der Wahl der Schuldner, auch in kürzerer Zeit, bis auf 10 Jahre abwärts, erfolgen. Die Renten gründen sich auf den Zinsfuß von 3 1/2 Procent, und enthalten neben dem Zins und der Kapitaltilgungsrente noch weiter einen Beitrag zu den Verwaltungskosten und Ausfällen mit jährlichen 26 kr. von 100 fl. ursprünglichen Anlehenkapitals (also von baar empfangenen 96 fl.) Während jeder Schuldner verbunden ist, diesen unter den Renten begriffenen Verwaltungskostenbeitrag so lange zu entrichten, bis seine Schuld entweder durch die contrahirten Renten oder durch Ablösung getilgt ist, kann dagegen ein höherer Beitrag, als 26 kr. von 100 fl. ursprünglichem Anlehenskapital oder eine längere Fortentrichtung nicht von ihm verlangt werden. Die jährliche Aufrechnung dieser Kosten richtet sich nach dem wirklichen Erforderniß, und darf das unter den Renten berechnete Maximum in keinem Falle übersteigen; sie kann jedoch weniger betragen, wenn sich der Aufwand auf eine größere Summe vertheilt, oder wenn sich die Kosten ermäßigen lassen. Die einzelnen Rentenschuldner haben übrigens ihre contrahirten Renten unverändert fortzuentrichten, auch wenn die wirkliche Kostenaufrechnung das festgesetzte Maximum nicht erreicht; dagegen wird Dasjenige, was hiernach unter den Renten mehr gezahlt wird, am Kapital abgeschrieben, so daß also bei der letzten Rentenzahlung oder bei der Ablösung verhältnißmäßig weniger entrichtet werden darf. Außerdem wird jedem Vereinsmitgliede, welches seine Rentenschuld getilgt hat, sein Antheil an dem nach der letzten Rechnung vorhandenen Reservefonds berechnet, und eine oder mehrere Promessen dafür eingehändigt, welche zu einem Zinsfuße verzinslich sind, der um 1/2 Procent niedriger ist, als der Zinsfuß aus den niedrigst zinsenden Vereins-Passivobligationen. Der Zins wird jedoch nicht alljährlich baar bezahlt, sondern mit Zinseszinsen zum Kapital geschlagen, welches vor Ablauf der ordentlichen Rentendauer von 50 Jahren nicht aufkündbar ist, bis dorthin aber aus den Mitteln des Reservefonds bezahlt wird, insoweit diese im Verhältniß zu den Ansprüchen der übrigen Vereinsmitglieder zureichen.

Die Statuten derartiger Creditanstalten müssen nicht nur die den verschiedenen Tilgungszeiten entsprechenden Annuitäten, sondern auch die nach Jahresstufen berechneten Abkaufssummen der verschiedenen, nach der Dauer der Tilgung benannten Annuitäten enthalten.

Z. B. nach der Ordnung über Darleihen auf Annuitäten der badischen Rentenversorgungsanstalt beträgt die kleinste Annuität 6 vom Hundert. Zahlt der Schuldner diese kleinste Annuität, so wird die ganze Schuld nach 35 Jahren, nachdem also die Annuität 35 mal bezahlt ist, getilgt; nach 34 Jahren ist die Schuld getilgt, wenn der Schuldner

	für 100 fl.	eine Annuität		von	6 fl.	4,7	kr.	bezahlt.
nach	33 J.	bei einer	"	"	6 "	9,8	"	"
"	32 "	" "	"	"	6 "	15,2	"	"
"	31 "	" "	"	"	6 "	20,9	"	"
	⋮					⋮		
"	4 "	" "	"	"	28 "	28,1	"	"

Bei obigem Zeitrententarif ist zwar ein landesüblicher Zinsfuß von 4 1/2 Proc. angenommen, aber für Verlust an Zwischenzinsen, im Falle die Wiederanlage der eingehenden Gelder nicht sogleich geschehen kann, und für den vermehrten Verwaltungsaufwand ein Zuschlag von durchschnittlich 1/2 Procent für jedes Jahr der ganzen

Reihe, in welcher die Schuld getilgt werden soll, gemacht worden, d. h. es ist ein Gewinn über den landesüblichen Zinsfuß angenommen, der durch die Anzahl der Jahre getheilt, jährlich ungefähr $\frac{1}{2}$ Procent beträgt.

Ist also die Anzahl der Jahre $= n$, die Schuld nach Ablauf des $n$ten Jahres $= p$, und die Annuität $= p + x$, so muß $\frac{x}{n} = \frac{1}{2}$ oder $x = \frac{n}{2}$ sein.

Wird nun der Werth der Annuität a durch w, der Zinsfuß durch r und die Anzahl der Jahre durch n bezeichnet, so ist

$$w(1+r)^n - a\Big((1+r)^{n-1} + (1+r)^{n-2} + \ldots . 1\Big) = -\frac{n}{2}$$

woraus
$$a = \frac{w(1+r)^n + \frac{n}{2}}{(1+r)^{n-1} + (1+r)^{n-2} + \ldots 1} = \frac{w + \frac{n}{2(1+r)^n}}{\frac{1}{1+r} + \frac{1}{(1+r)^2} + \ldots 1 \frac{1}{(1+r)^n}}$$

welcher Ausdruck absichtlich nicht weiter vereinfacht wird.

Ist z. B. $w = 100$, $r = \frac{9}{200}$ (also $4\frac{1}{2}$ Proc.), $n = 4$, so ist $\frac{1}{(1+r)^4} = 0{,}8385$, $\frac{1}{1+r} + \frac{1}{(1+r)^2} + \ldots . \frac{1}{(1+r)^4} =$ 3,5873 und $a = \frac{100 + 2 \times 0{,}8385}{3{,}5873} = 28{,}34$.

Ist nun die Annuität in Betreff des Zuschlags von $\frac{1}{2}$ Proc. richtig berechnet, so muß bei der letzten Rentenzahlung ein Rest bleiben, welcher durch die Anzahl der Jahre, also 4, dividirt, $\frac{1}{2}$ gibt. Dieß wird durch folgende Berechnung nachgewiesen.

Kapital	100
Hierzu $4\frac{1}{2}$ % Zinsen	4,50
Summe	104,50 .
ab die 1te Annuität .	28,34
Restschuld	76,16
Hierzu Zinsen . . .	3,42
Summe	79,58
ab die 2te Annuität .	28,34
Restschuld	51,24

Transport	51,24
Hierzu Zinsen . . .	2,30
Summe	53,54
ab die 3te Annuität .	28,34
Restschuld	25,20
Hierzu Zinsen . . .	1,14
Summe	26,34
ab die 4te Annuität .	28,34
Ueberschuß	2

Soll, allgemein, der Ueberschuß p Procent betragen, so ist in Beziehung auf obige Herleitung $\frac{x}{n} = p$, oder $x = np$ und $a =$

$$\frac{w + \frac{np}{(1+r)^n}}{\frac{1}{1+r} + \frac{1}{(1+r)^2} + \dots \frac{1}{(1+r)^n}}$$

Was die nach Jahresfristen zu berechnenden Abkaufssummen der verschiedenen, nach der Dauer der Tilgung benannten Annuitäten betrifft, so besteht die letzte Zahlung aus der, der Tilgungszeit entsprechenden Rente, und aus der Summe der gegenwärtigen Werthe sämmtlicher noch zu entrichtenden Renten. So ist z. B. bei der badischen Versorgungsanstalt der Betrag der 35-jährigen Annuität 6 fl.; wird nun im 33ten Jahre die Schuld getilgt, so hat, weil der angenommene Zinsfuß $4\frac{1}{2}$ ist, der Schuldner zu zahlen:

für das 33te Jahr	. . . .	6 fl — kr.
„ „ 34te „	$6\left(\frac{100}{104\frac{1}{2}}\right) =$.	5 „ 44 „
„ „ 35te „	$6\left(\frac{100}{104\frac{1}{2}}\right)^2 =$.	5 „ 30 „
	zusammen	17 fl. 14 kr.

Der Tarif für die Abkaufssummen muß also die Abkaufssummen der 35-jährigen, 34-jährigen, 33-jährigen, 32-jährigen 2c. Annuitäten für die ganzen Jahresreihen derselben enthalten.

§. 222. Wenn eine Creditkasse ein Anlehen zu einem kleineren Zinsfuße macht, als zu welchem die von derselben gemachten Darleihen verzinslich sind, so kann die Frage aufgeworfen werden, in welcher Zeit das Anlehen getilgt wird, wenn die erübrigten Zinsen jährlich zum Tilgungsfonds geschlagen werden.

Wird das Kapital durch k, der Zinsfuß des Anlehens durch p, derjenige der Darleihen der Creditkasse durch p', und der jährliche Tilgungsfonds durch a bezeichnet, so läßt sich die zur Tilgung des Anlehens erforderliche Zeit n auf folgende Art bestimmen.

Nach dem 1ten Jahre wird gezahlt $pk + a + (p' - p)k$; setzt man $p' - p = q$, so ist die Schuld reducirt auf $k - a - qk = (1 - q)k - a = A$. Nach dem zweiten Jahre wird gezahlt $pA + a + q[(1 - q)k - a] = pA + (1 - q)a + q(1 - q)k$; vom Kapital bleibt demnach übrig:

$$(1 - q)k - a - (1 - q)a - q(1 - q)k = (1 - 2q + q^2)k - (2 - q)a = B.$$

Nach dem 3ten Jahre wird gezahlt: $pB + a + q[(1 - 2q + q^2)k - (2 - q)a] = pB + (q - 2q^2 + q^3)k - (2q - q^2 - 1)a$; vom Kapital bleibt demnach übrig:

$$(1 - 2q + q^2)k - (2 - q)a - (q - 2q^2 + q^3)k + (2q - q^2 - 1)a = (1 - 3q + 3q^2 - q^3)k - (3 - 3q + q^2)a = C.$$

Nach dem 4ten Jahre wird gezahlt:

$$pC + a + q[(1 - 3q + 3q^2 - q^3)k - (3 - 3q + q^3)a] = pC + (q - 3q^2 + 3q^3 - q^4)k - (3q - 3q^2 + q^3 - 1)a;$$

vom Kapital bleibt demnach übrig:

$$(1 + 3q + 3q^2 - q^3)k - (3 - 3q + q^2)a - (q + 3q^2 + 3q^3 - q^4)k + (3q - 3q^2 + q^3 - 1)a = (1 - 4q + 6q^2 - 4q^3 + q^4)k - (4 - 6q + 4q^2 - q^3)a.$$

Vergleicht man die im Obigen hergeleiteten Reste, so ergibt sich für das $n$te Jahr der Rest:

$$(1 - q)^n k - a\left(n - \frac{n(n-1)}{1\,.\,2} q + \frac{n(n-1)(n-2)}{1\,.\,2\,.\,3} q^2 \ldots\ldots \pm q^{n-1}\right)$$

Multiplicirt man die Reihe, welche mit a im Product ist, mit $-p$, und addirt man 1 zum Product, so ist die Summe $= (1 - q)^n$; die Reihe ist also $= -\frac{(1-q)^n - 1}{q}$; nun soll der letzte Rest $= 0$ sein, daher

$$(1 - q)^n k = -a\,\frac{(1-q)^n - 1}{q} \text{ und } n = \frac{\log.\ \frac{a}{qk + a}}{\log.\ (1 - q)}.$$

Soll der Tilgungsfonds nach einem bestimmten Gesetze fortschreiten, und der anfängliche Tilgungsfonds a jährlich um g von 1 (also um $100g$ Procent) zunehmen, so ist der Tilgungsfonds im 1ten Jahre $= a$, im zweiten Jahre $= a(1 + g)$, im 3ten Jahre $= a(1 + g)^2$ u. s. w.

Nun wird nach dem 1ten Jahre gezahlt $pk + a + qk$; die Schuld ist also reducirt auf $k - a - qk = (1 - q)k - a = A$.

Nach dem 2ten Jahre wird gezahlt:

$$pA + a(1 + g) + q[(1 - q)k - a] = pA + a(1 - g) + qk - q^2k - qa;$$

vom Kapital bleibt also übrig:

$$(1 - 2q + q^2)k - (1 - q)a - a(1 + g) = B.$$

Nach dem 3ten Jahre wird gezahlt:

$$pB + a(1 + g)^2 + q[(1 - 2q + q^2)k - (1 - q)a - a(1 + g)] = pB + a(1 + g)^2 + (q - 2q^2 + q^3)k - (q - q^2)a - qa(1 + g);$$

vom Kapital bleibt also übrig:

$$(1 - 3q + 3q^2 - q^3)k - (1 - 2q + q^2)a - (1 - q)a(1 + g) - a(1 + g)^2 = C.$$

Nach dem 4ten Jahre wird gezahlt:

$$pC + a(1 + g)^3 + (q - 3q^2 + 3q^3 - q^4)k - (q - 2q^2 + q^3)a - (q - q^2)a(1 + g) - qa(1 + g)^2;$$

vom Kapital bleibt also übrig:

$$(1 - 4q + 6q^2 - 4q^3 + q^4)k - (1 - 3q + 3q^2 - q^3)a - (1 - 2q + q^2)a(1 + g) - (1 - q)a(1 + g)^2 - (1 - q)^0 a(1 + g)^3.$$

U. s. w.

Die Kapitalreste sind also zu Ende des

1ten Jahres $= (1 - q)k - a$

2ten " $= (1 - q)^2k - (1 - q)a - a(1 + g)$

3ten " $= (1 - q)^3k - (1 - q)^2a - (1 - q)a(1 + g) - a(1 + g)^2$

4ten " $= (1 - q)^4k - (1 - q)^3a - (1 - q)^2a(1 + g) - (1 - q)a(1 + g)^2 - (1 - q)^0a(1 + g)^3$

⋮ ⋮

$n$ten Jahres $= (1 - q)^nk - (1 - q)^{n-1}a - (1 - q)^{n-2}a(1 + g) - (1 - q)^{n-3}a(1 + g)^2 \ldots\ldots (1 - q)^0a(1 + g)^{n-1}.$

Daher, wenn die Schuld getilgt ist,

$$(1 - q)^n k = a[(1 - q)^{n-1} + (1 - q)^{n-2}(1 + g) + (1 - q)^{n-3}(1 + g)^2 + \dots . (1 + g)^{n-1}]$$

$$= \frac{a}{1+g}\Big((1 - q)^{n-1}(1 + g) + (1 - q^{n-2}(1 + g)^2 + (1 - q)^{n-3}(1 + g)3 + \dots . (1 + g)^n\Big)$$

und $$k = \frac{a}{1+g}\left[\frac{1+g}{1-q} + \left(\frac{1+g}{1-q}\right)^2 + \left(\frac{1+g}{1-q}\right)^3 + \dots . \dots . \left(\frac{1+g}{1-q}\right)^n\right]$$

$$= \frac{a}{1+g} \times \frac{\frac{1+g}{1-q}\left[\left(\frac{1+g}{1-q}\right)^n - 1\right]}{\frac{g+p}{1-q}}$$

woraus $$n = \frac{log. \frac{(g + q)k + a}{a}}{log. \frac{1+g}{1-q}}.$$

Werden die Zinsen des Anlehens und der Darleihen halbjährlich entrichtet, so erfolgt unter obiger Voraussetzung die Tilgung noch schneller, wenn die erübrigten Zinsen vom ersten Semester jedes Jahres selbst wieder während des zweiten Semesters verzinst werden, und der Zinsertrag ebenfalls zur Amortisirung verwendet wird.

VIII.

Sparkassen.

§. 223. Sparkassen setzen die Theilnehmer derselben in den Stand, die Ersparnisse, welche sie von Zeit zu Zeit machen, sicher und zinstragend anzulegen, was im gemeinen Leben bei kleinen Summen entweder überhaupt nicht, oder wenigstens nur mit großer Unsicherheit geschehen kann.

Die Errichtung von Sparkassen hat entweder den speciellen Zweck der Abwehr des Verarmens durch Darbietung einer Gelegenheit zur allmähligen Ersparung eines kleinen Kapitals, oder aber sie hat den Zweck, ihren Theilnehmern zur zinstragenden Aufbewahrung und allmähligen Vermehrung bereits gemachter Ersparnisse eine sichere Gelegenheit darzubieten. Letztere Art von Sparkassen unterscheidet sich außerdem auch durch das gesellschaftliche Verhältniß der Einleger von den für die ärmeren Klassen errichteten Sparkassen, bei welchen jeder Theilnehmer einzeln und ohne nähere Verbindung mit den andern Theilnehmern der Anstalt gegenüber steht.

Die wesentlichen Punkte, welche bei der Gründung von Sparkassen der letztern Art in Betracht kommen, sind folgende:

1) Niedere Festsetzung des Betrags einer Einlage, und Bestimmung des größten zulässigen Betrags einer Einlage; letzteres zur Abwehr des Mißbrauchs dieser Anstalten durch die bemitteltern Klassen, indem solche die Sparkasse zur einstweiligen Unterbringung ihrer zufällig müßig liegenden Kapitalien, oder wegen des Genusses höherer Zinsen benutzen könnten.
2) Sichere und möglichst vortheilhafte Anlegung der Sparkassengelder.

3) Angemessene Verzinsung der Einlagen und Gestattung des Zuschlags der Zinsen zum Kapital, jedoch ohne Zwang und ohne Beschränkung der Befugniß, sie nach Verlangen erheben zu können.

4) Die Befugniß der Einleger, über ihre Ersparnisse in kürzester Frist verfügen zu können.

5) Wenn die Verwaltungskosten der Sparkasse nicht aus der Gemeindekasse oder milden Stiftungen ꝛc. bestritten werden können, so sind die dazu erforderlichen Mittel zum Theil durch Beschränkung des Zinsengenusses der Einleger aufzubringen, und zwar in der Weise, daß die Verzinsung erst nach Ablauf einer gewissen Frist, oder überhaupt nicht gleich mit dem Tage der Einzahlung beginnt, und daß sie nicht mit dem Tage der Zurücknahme, sondern früher endigt, wonach die in der Zwischenzeit durch Anlegung der Sparkassengelder erübrigten Zinsen zu dem in Rede stehenden Zweck verwendet werden können. Z. B. bei vielen Sparkassen *) beginnt der Lauf der Verzinsung von dem ersten Tage des auf die erfolgte Einlage folgenden Monats, und endigt mit dem letzten Tage desjenigen Monats, welcher der Zurücknahme vorhergeht. Zur Deckung der Verwaltungskosten können ferner die Zinsüberschüsse der ausgeliehenen Sparkassengelder beitragen.

6) Verwendung der Verwaltungsüberschüsse zur Bildung eines Reservefonds, durch welchen mögliche Verluste zu decken sind, und Verwendung der hierzu nicht weiter erforderlichen Gelder im Interesse der Einleger.

7) Befugniß der Einleger, über ihre Ersparnisse zu jeder Zeit verfügen zu können, und Festsetzung kurzer Kündigungsfristen für Summen, welche einen gewissen, zum voraus bestimmten Betrag überschreiten. Zu dem Ende muß die Kasse einen durch Erfahrung zu bestimmenden Theil der Sparkassengelder in der Weise anlegen, welche eine sofortige Verfügung über dieselben möglich macht.

In Beziehung auf Sparvereine modificiren sich obige Bestimmungen dahin, daß die Mitglieder zu regelmäßigen Zahlungen, welche

*) S. Malchus, die Sparkassen in Europa. Darstellung der statutenmäßigen Einrichtungen der großen Mehrzahl von solchen in Europa, mit einem Nachweise des Betrags der in denselben aufgesammelten Ersparnissen (Heidelberg und Leipzig, 1838).

sie etwa jeden Monat zu machen haben, verbindlich zu machen sind. Hierbei muß ebenfalls ein Minimum und Maximum festgesetzt werden, wobei zur Vereinfachung der Verrechnung weiter verfügt werden kann, daß alle Einlagen, welche mehr als das Minimum betragen, durch letzteres ohne Rest theilbar sein müssen. Ferner ist zur Bestreitung der ersten Einrichtungskosten und als Beitrag zu den Verwaltungskosten den Mitgliedern die Entrichtung eines Eintrittsgeldes aufzuerlegen. Weitere Zuschüsse können durch die Verfügung erübrigt werden, daß die Zinsen von Summen, die weniger als eine als Minimum festgesetzte Zahl betragen, den Einlegern nicht ausgezahlt werden; hierzu dient endlich auch der Bruchkreuzerfonds, welcher aus dem Nichtanrechnen der Zinsen, die weniger als einen Kreuzer, Groschen ꝛc. betragen, entsteht. Was endlich die Reservefondsüberschüsse betrifft, so sind solche periodisch nur auf diejenigen Mitglieder nach Verhältniß ihrer Guthaben zu vertheilen, welche schon vor längerer, nach Jahren zu bestimmender Zeit dem Vereine beigetreten sind.

Tabellen.

I.

Künftiger Werth vom Kapital 1 bei zusammengesetzten Zinsen nach 1, 2, 3, 4 . . . . 100 Jahren zum Zinsfuß 3.

Jahre.	Werth.	Jahre.	Werth.	Jahre.	Werth.
1	1,0300000	35	2,8138624	69	7,6872057
2	1,0609000	36	2,8982783	70	7,9178219
3	1,0927270	37	2,9852266	71	8,1553565
4	1,1255088	38	3,0747834	72	8,4000172
5	1,1592740	39	3,1670269	73	8,6520177
6	1,1940522	40	3,2620377	74	8,9115783
7	1,2298738	41	3,3598989	75	9,1789256
8	1,2667700	42	3,4606958	76	9,4542934
9	1,3047731	43	3,5645167	77	9,7379222
10	1,3439163	44	3,6714522	78	10,0300599
11	1,3842338	45	3,7815958	79	10,3309617
12	1,4257608	46	3,8950437	80	10,6408905
13	1,4685337	47	4,0118950	81	10,9601172
14	1,5125897	48	4,1322518	82	11,2889207
15	1,5579674	49	4,2562194	83	11,6275884
16	1,6047064	50	4,3839060	84	11,9764160
17	1,6528476	51	4,5154231	85	12,3357085
18	1,7024330	52	4,6508858	86	12,7057798
19	1,7535060	53	4,7904124	87	13,0869532
20	1,8061112	54	4,9341248	88	13,4795617
21	1,8602945	55	5,0821485	89	13,8839486
22	1,9161034	56	5,2346130	90	14,3004671
23	1,9735865	57	5,3916514	91	14,7294811
24	2,0327941	58	5,5534009	92	15,1713655
25	2,0937779	59	5,7200030	93	15,6265065
26	2,1565912	60	5,8916031	94	16,0953017
27	2,2212890	61	6,0683511	95	16,5781607
28	2,2879276	62	6,2504017	96	17,0755055
29	2,3565655	63	6,4379137	97	17,5877707
30	2,4272624	64	6,6310511	98	18,1154038
31	2,5000803	65	6,8299827	99	18,6588660
32	2,5750827	66	7,0348822	100	19,2186319
33	2,6523352	67	7,2459286		
34	2,7319052	68	7,4633065		

I.

Künftiger Werth vom Kapital 1 bei zusammengesetzten Zinsen nach 1, 2, 3, 4 . . . . . 100 Jahren zum Zinsfuß 4.

Jahre.	Werth.	Jahre.	Werth.	Jahre.	Werth.
1	1,0400000	35	3,9460889	69	14,9727099
2	1,0816000	36	4,1039325	70	15,5716183
3	1,1248640	37	4,2680898	71	16,1944830
4	1,1698585	38	4,4388134	72	16,8422624
5	1,2166529	39	4,6163659	73	17,5159529
6	1,2653190	40	4,8010206	74	18,2165910
7	1,3159317	41	4,9930614	75	18,9452546
8	1,3685690	42	5,1927839	76	19,7030648
9	1,4233118	43	5,4004952	77	20,4911874
10	1,4802442	44	5,6165150	78	21,3108349
11	1,5394540	45	5,8411756	79	22,1632683
12	1,6010322	46	6,0748227	80	23,0497990
13	1,6650735	47	6,3178156	81	23,9717910
14	1,7316764	48	6,5705282	82	24,9306626
15	1,8009435	49	6,8333493	83	25,9278891
16	1,8729812	50	7,1066833	84	26,9650047
17	1,9479004	51	7,3909506	85	28,0436049
18	2,0258165	52	7,6865887	86	29,1653491
19	2,1068491	53	7,9940522	87	30,3319631
20	2,1911231	54	8,3138143	88	31,5452416
21	2,2787680	55	8,6463669	89	32,8070512
22	2,3699187	56	8,9922215	90	34,1193333
23	2,4647155	57	9,3519104	91	35,4841066
24	2,5633041	58	9,7259868	92	36,9034709
25	2,6658363	59	10,1150263	93	38,3796097
26	2,7724697	60	10,5196274	94	39,9147941
27	2,8833685	61	10,9404125	95	41,5113856
28	2,9987033	62	11,3780290	96	43,1718413
29	3,1186514	63	11,8331501	97	44,8987150
30	3,2433975	64	12,3064761	98	46,6946636
31	3,3731334	65	12,7987352	99	48,5624501
32	3,5080587	66	13,3106846	100	50,5049481
33	3,6483810	67	13,8431120		
34	3,7943163	68	14,3968364		

I.

Künftiger Werth vom Kapital 1 bei zusammengesetzten Zinsen nach 1, 2, 3, 4 . . . . . 100 Jahren zum Zinsfuß 5.

Jahre.	Werth.	Jahre.	Werth.	Jahre.	Werth.
1	1,0500000	35	5,5160153	69	28,9775481
2	1,1025000	36	5,7918161	70	30,4264255
3	1,1576250	37	6,0814069	71	31,9477468
4	1,2155062	38	6,3854772	72	33,5451341
5	1,2762815	39	6,7047511	73	35,2223908
6	1,3400956	40	7,0399887	74	36,9835104
7	1,4071004	41	7,3919881	75	38,8326859
8	1,4774554	42	7,7615875	76	40,7743202
9	1,5513282	43	8,1496669	77	42,8130362
10	1,6288946	44	8,5571502	78	44,9536880
11	1,7103393	45	8,9850077	79	47,2013724
12	1,7958563	46	9,4342581	80	49,5614410
13	1,8856491	47	9,9059710	81	52,0395131
14	1,9799315	48	10,4012696	82	54,6414887
15	2,0789281	49	10,9213331	83	57,3735632
16	2,1828745	50	11,4673997	84	60,2422413
17	2,2920183	51	12,0407697	85	63,2543534
18	2,4066192	52	12,6428082	86	66,4170711
19	2,5269501	53	13,2749486	87	69,7379246
20	2,6532977	54	13,9386961	88	73,2248209
21	2,7859625	55	14,6356309	89	76,8860619
22	2,9252607	56	15,3674124	90	80,7303650
23	3,0715237	57	16,1357830	91	84,7668833
24	3,2250999	58	16,9425722	92	89,0052274
25	3,3863549	59	17,7897008	93	93,4554888
26	3,5556726	60	18,6791858	94	98,1282632
27	3,7334563	61	19,6131451	95	103,0346764
28	3,9201291	62	20,5938024	96	108,1864102
29	4,1161355	63	21,6234925	97	113,5957307
30	4,3219423	64	22,7046671	98	119,2755173
31	4,5380394	65	23,8399005	99	125,2392931
32	4,7649414	66	25,0318955	100	131,5012578
33	5,0031885	67	26,2834903		
34	5,2533479	68	27,5976648		

II.

Gegenwärtiger Werth der Rente 1 auf 1, 2, 3, 4 . . . . . 100 Jahre.

Jahre.	Zu 3 Proc.	Zu 4 Proc.	Zu 5 Proc.	Zu 6 Proc.
1	0,9708737	0,9615384	0,9523809	0,9433962
2	1,9134696	1,8860946	1,8594104	1,8333926
3	2,8286113	2,7750910	2,7232480	2,6730149
4	3,7170984	3,6298952	3,5459505	3,4651056
5	4,5797071	4,4518223	4,3294766	4,2123637
6	5,4171914	5,2421368	5,0756920	4,9173243
7	6,2302829	6,0020546	5,7863733	5,5823814
8	7,0196921	6,7327448	6,4632127	6,2097938
9	7,7861089	7,4353316	7,1078216	6,8016922
10	8,5302028	8,1108957	7,7217349	7,3600870
11	9,2526241	8,7604767	8,3064142	7,8868745
12	9,9540039	9,3850737	8,8632516	8,3838439
13	10,6349553	9,9856478	9,3935729	8,8526829
14	11,2960731	10,5631229	9,8986409	9,2949839
15	11,9379350	11,1183874	10,3796580	9,7122489
16	12,5611020	11,6522956	10,8377695	10,1058952
17	13,1661184	12,1656688	11,2740662	10,4772596
18	13,7535130	12,6592969	11,6895869	10,8276034
19	14,3237991	13,1339393	12,0853208	11,1581164
20	14,8774748	13,5903263	12,4622103	11,4699212
21	15,4150241	14,0291599	12,8211527	11,7640766
22	15,9369166	14,4511153	13,1630025	12,0415817
23	16,4436083	14,8568416	13,4885738	12,3033789
24	16,9355421	15,2469631	13,7986417	12,5503575
25	17,4131476	15,6220799	14,0939445	12,7833561
26	17,8768424	15,9827691	14,3751853	13,0031661
27	18,3270314	16,3295857	14,6430336	13,2105341
28	18,7641082	16,6630632	14,8981272	13,4061642
29	19,1884545	16,9837146	15,1410735	13,5907210
30	19,6004413	17,2920333	15,3724510	13,7648311
31	20,0004284	17,5884935	15,5928105	13,9290859
32	20,3887655	17,8735514	15,8026766	14,0840433
33	20,7657917	18,1476456	16,0025492	14,2302296
34	21,1318366	18,4111977	16,1929040	14,3681411

II.

Gegenwärtiger Werth der Rente 1 auf 1, 2, 3, 4 . . . . . 100 Jahre.

Jahre.	Zu 3 Proc.	Zu 4 Proc.	Zu 5 Proc.	Zu 6 Proc.
35	21,4872200	18,6646132	16,3741942	14,4982463
36	21,8322524	18,9082819	16,5468517	14,6209871
37	22,1672354	19,1425788	16,7112873	14,7367803
38	22,4924614	19,3678642	16,8678927	14,8460191
39	22,8082151	19,5844848	17,0170406	14,9490746
40	23,1147719	19,7927738	17,1590863	15,0462968
41	23,4123999	19,9930518	17,2943679	15,1380159
42	23,7013591	20,1856267	17,4232075	15,2245433
43	23,9819021	20,3707949	17,5459119	15,3061729
44	24,2542739	20,5488412	17,6627733	15,3831820
45	24,5187125	20,7200397	17,7740698	15,4558320
46	24,7754490	20,8846535	17,8800664	15,5243699
47	25,0247078	21,0429361	17,9810157	15,5890282
48	25,2667066	21,1951308	18,0771578	15,6500266
49	25,5016569	21,3414720	18,1687217	15,7075722
50	25,7297640	21,4821846	18,2559254	15,7618606
41	25,9512271	21,6174852	18,3389766	15,8130760
52	26,1662399	21,7475819	18,4180729	15,8613925
53	26,3749902	21,8726749	18,4934028	15,9069740
54	26,5776604	21,9929566	18,5651455	15,9499755
55	26,7744276	22,1086121	18,6334719	15,9905429
56	26,9654637	22,2198194	18,6985447	16,0288141
57	27,1509356	22,3267494	18,7605187	16,0649189
58	27,3310054	22,4295667	18,8195417	16,0989801
59	27,5058305	22,5284295	18,8757540	16,1311133
60	27,6755636	22,6234899	18,9292895	16,1614277
61	27,8403530	22,7148942	18,9802757	16,1900261
62	28,0003427	22,8027828	19,0288340	16,2170057
63	28,1556726	22,8872912	19,0750800	16,2424582
65	28,3064782	22,9685492	19,1191238	16,2664700
64	28,4528915	23,0466819	19,1610703	16,2891227
66	28,5950403	23,1218096	19,2010193	16,3104931
67	28,7330488	23,1940476	19,2390660	16,3306539
68	28,8670377	23,2635074	19,2753010	16,3496734

II.

Gegenwärtiger Werth der Rente 1 auf 1, 2, 3, 4 . . . . . 100 Jahre.

Jahre.	Zu 3 Proc.	Zu 4 Proc.	Zu 5 Proc.	Zu 6 Proc.
69	28,9971239	23,3302955	19,3098104	16,3676165
70	29,1234213	23,3945149	19,3426766	16,3845438
71	29,2460401	23,4562644	19,3739777	16,4005130
72	29,3650875	23,5156388	19,4037883	16,4155783
73	29,4806674	23,5727296	19,4321793	16,4297909
74	29,5928810	23,6276246	19,4592184	16,4431989
75	29,7018262	23,6804083	19,4849699	16,4558481
76	29,8075983	23,7311618	19,5094951	16,4677812
77	29,9102896	23,7799633	19,5328525	16,4790388
78	30,0099899	23,8268878	19,5550976	16,4896593
79	30,1067863	23,8720075	19,5762835	16,4996786
80	30,2007634	23,9153918	19,5964604	16,5091307
81	30,2920033	23,9571075	19,6156766	16,5180478
82	30,3805857	23,9972187	19,6339777	16,5264602
83	30,4665881	24,0357873	19,6514073	16,5343964
84	30,5500855	24,0728724	19,6680070	16,5418834
85	30,6311510	24,1085311	19,6838162	16,5489466
86	30,7098553	24,1428184	19,6988725	16,5556100
87	30,7862673	24,1757869	19,7132119	16,5618962
88	30,8604537	24,2074874	19,7268685	16,5678266
89	30,9324793	24,2379686	19,7398748	16,5734214
90	31,0024071	24,2672775	19,7522617	16,5786994
91	31,0702981	24,2954592	19,7640588	16,5836787
92	31,1362118	24,3225569	19,7752940	16,5883761
93	31,2002056	24,3486124	19,7859943	16,5928076
94	31,2623356	24,3736658	19,7961851	16,5969883
95	31,3226559	24,3977555	19,8058905	16,6009324
96	31,3812193	24,4209188	19,8151338	16,6046532
97	31,4380770	24,4431911	19,8239370	16,6081634
98	31,4932786	24,4646069	19,8323209	16,6114749
99	31,5468724	24,4851989	19,8403057	16,6145990
100	31,5989053	24,5049989	19,8479102	16,6175462

III.

Zusammenstellung mehrerer Sterblichkeitstabellen.

Alter.	Equitable-Gesell-schaft.	Depar-cieur.	Kerse-boom.	Alter.	Equitable-Gesell-schaft.	Depar-cieur.	Kerse-boom.
0			1400	34	5483	702	665
1			1125	35	5424	694	655
2			1075	36	5364	686	645
3		1000	1030	37	5303	678	635
4		970	993	38	5241	671	625
5		948	964	39	5179	664	615
6		930	947	40	5117	657	605
7		915	930	41	5055	650	596
8		902	913	42	4993	643	587
9		890	904	43	4931	636	578
10	6460	880	895	44	4869	629	569
11	6435	872	886	45	4806	622	560
12	6409	866	878	46	4742	615	550
13	6381	860	870	47	4675	607	540
14	6351	854	863	48	4605	599	530
15	6320	848	856	49	4532	590	518
16	6288	842	849	50	4455	581	507
17	6255	835	842	51	4375	571	495
18	6221	828	835	52	4293	560	482
19	6186	821	826	53	4208	549	470
20	6150	814	817	54	4120	538	458
21	6113	806	808	55	4030	526	446
22	6075	798	800	56	3937	514	434
23	6035	790	792	57	3841	502	421
24	5993	782	783	58	3743	489	408
25	5949	774	772	59	3643	476	395
26	5903	766	760	60	3542	463	382
27	5855	758	747	61	3440	450	369
28	5805	750	735	62	3337	437	356
29	5754	742	723	63	3234	423	343
30	5702	734	711	64	3130	409	329
31	5649	726	699	65	3024	395	315
32	5595	718	687	66	2918	380	301
33	5540	710	675	67	2811	364	287

III.

Zusammenstellung mehrerer Sterblichkeitstabellen.

Alter.	Equitable-Gesellschaft.	Deparcieur.	Kerseboom.
68	2704	347	273
69	2596	329	259
70	2487	310	245
71	2378	291	231
72	2269	271	217
73	2159	251	203
74	2049	231	189
75	1938	211	175
76	1827	192	160
77	1715	173	145
78	1600	154	130
79	1481	136	115
80	1357	118	100
81	1219	101	87
82	1069	85	75
83	923	71	64
84	783	59	55
85	651	48	45
86	527	38	36
87	413	29	28
88	315	22	21
89	235	16	15
90	170	11	10
91	120	7	7
92	84	4	5
93	56	2	3
94	35	1	2
95	20	0	1
96	10		0
97	4		
98	1		
99	0		
100			

IV.

Zusammenstellung mehrerer Sterblichkeitstabellen.

Alter.	Deparcieux-Florencourt.	Finlaison, Lebende männl. G.	Finlaison, Lebende weibl. G.	Brune.	Alter.	Deparcieux-Florencourt.	Finlaison, Lebende männl. G.	Finlaison, Lebende weibl. G.	Brune.
0	10000	1000	1000		34	4792	696	748	8454
1	7450	981	981		35	4740	687	740	8355
2	7088	963	967		36	4688	679	732	8256
3	6823	949	955		37	4637	670	724	8158
4	6618	937	945		38	4587	662	716	8060
5	6468	927	935		39	4538	653	708	7962
6	6345	919	926		40	4490	644	700	7865
7	6243	912	919		41	4441	636	693	7768
8	6154	906	913		42	4392	627	685	7671
9	6073	901	908		43	4342	619	677	7573
10	6004	896	903		44	4291	610	669	7475
11	5946	891	899		45	4239	602	661	7377
12	5897	886	895		46	4186	594	654	7278
13	5854	881	892		47	4132	586	646	7178
14	5815	876	887		48	4077	578	638	7077
15	5778	872	883	10809	49	4021	570	631	6974
16	5740	866	876	10628	50	3964	561	623	6869
17	5699	860	870	10457	51	3905	552	616	6762
18	5655	854	863	10296	52	3843	542	608	6652
19	5608	846	856	10144	53	3777	531	601	6537
20	5558	837	848	10000	54	3707	520	593	6416
21	5506	827	841	9863	55	3631	508	585	6389
22	5453	816	834	9732	56	3550	495	576	6155
23	5399	804	827	9607	57	3465	482	568	6014
24	5344	793	820	9488	58	3377	468	559	5865
25	5288	782	813	9374	59	3286	454	549	5708
26	5231	771	805	9264	60	3191	440	539	5543
27	5173	761	798	9158	61	3092	426	529	5370
28	5116	751	791	9055	62	2990	413	519	5189
29	5060	742	784	8954	63	2885	399	508	5000
30	5005	732	777	8854	64	2778	385	496	4803
31	4951	723	770	8754	65	2669	370	484	4598
32	4897	714	763	8654	66	2559	355	471	4385
33	4844	705	755	8554	67	2448	339	457	4163

IV.

Zusammenstellung mehrerer Sterblichkeitstabellen.

Alter.	Deparcieux-Florencourt.	Finlaison, Lebende männl. G.	Finlaison, Lebende weibl. G.	Brune.
68	2336	322	443	3932
69	2223	305	428	3694
70	2109	288	412	3452
71	1993	270	395	3208
72	1874	253	377	2963
73	1749	235	358	2717
74	1616	218	339	2471
75	1479	202	319	2226
76	1337	185	298	1984
77	1198	171	277	1748
78	1064	156	255	1524
79	936	141	233	1318
80	812	125	210	1134
81	697	110	189	972
82	590	95	168	827
83	492	81	149	693
84	404	68	132	567
85	327	56	117	453
86	261	44	103	356
87	206	34	89	277
88	159	24	76	215
89	117	17	64	166
90	80	11	52	127
91	50	7	41	96
92	28	4	30	72
93	14	3	21	53
94	6	1	14	38
95	3	0	8	26
96	1		5	17
97	0		2	10
98			1	5
99			0	2
100				0

V.

Duvillard's Sterblichkeitstabelle für Frankreich.

Alter.	Lebende.	Alter.	Lebende.	Alter.	Lebende.	Alter.	Lebende.
0	1000000	29	444932	58	231488	87	7165
1	767525	30	438183	59	222605	88	5670
2	671834	31	431398	60	213567	89	4686
3	624668	32	424583	61	204380	90	3830
4	598713	33	417744	62	195054	91	3093
5	583151	34	410886	63	185600	92	2466
6	573025	35	404012	64	176035	93	1938
7	565838	36	397123	65	166277	94	1499
8	560245	37	390219	66	156651	95	1140
9	555486	38	383300	67	146882	96	850
10	551122	39	376363	68	137102	97	621
11	546888	40	369404	69	127347	98	442
12	542630	41	362419	70	117656	99	307
13	538255	42	355400	71	108070	100	207
14	533711	43	348342	72	98637	101	135
15	528969	44	341235	73	89404	102	84
16	524020	45	334072	74	80423	103	51
17	518863	46	326843	75	71745	104	29
18	513502	47	319539	76	63424	105	16
19	507949	48	312148	77	55511	106	8
20	502216	49	304662	78	48057	107	4
21	496317	50	297070	79	41107	108	2
22	490267	51	289361	80	34705	109	1
23	484083	52	281527	81	28886	110	
24	477777	53	273560	82	23680		
25	471366	54	265450	83	19106		
26	464863	55	257193	84	15175		
27	458282	56	248782	85	11886		
28	451635	57	240214	86	9224		

VI.

Quetelet's Sterblichkeitstabelle für Belgien.

Alter.	In den Städten, Lebende männl. G.	In den Städten, Lebende weibl. G.	Auf dem Lande. Lebende männl. G.	Auf dem Lande. Lebende weibl. G.	Allgemeine Tabelle.
0	10000	10000	10000	10000	100000
1 Monat	8840	9129	8926	9209	90396
2	8550	8916	8664	8988	87936
3	8361	8760	8470	8829	86175
4	8195	8641	8314	8694	84720
5	8069	8540	8187	8587	83571
6	7961	8437	8078	8490	82526
1 Jahr	7426	7932	7575	8001	77528
18 Monate	6954	7500	7173	7603	73367
2 Jahre	6626	7179	6920	7326	70536
3	6194	6761	6537	6931	66531
4	5911	6477	6326	6691	64102
5	5738	6295	6169	6528	62448
6	5621	6176	6038	6395	61166
7	5547	6095	5939	6299	60249
8	5481	6026	5862	6215	59487
9	5424	5966	5792	6147	58829
10	5384	5916	5734	6082	58258
11	5352	5873	5683	6018	57749
12	5323	5838	5634	5960	57289
13	5298	5807	5589	5908	56871
14	5271	5771	5546	5862	56467
15	5241	5732	5502	5796	56028
16	5209	5689	5456	5725	55570
17	5171	5645	5408	5668	55087
18	5131	5600	5357	5608	54575
19	5087	5551	5302	5546	54030
20	5038	5500	5242	5484	53450
21	4978	5445	5178	5421	52810
22	4908	5387	5109	5356	52172

VI.

Quetelet's Sterblichkeitstabelle für Belgien.

Alter.	In den Städten,		Auf dem Lande.		Allgemeine Tabelle.
	Lebende männl. G.	Lebende weibl. G.	Lebende männl. G.	Lebende weibl. G.	
23	4827	5326	5036	5289	51465
24	4740	5264	4958	5222	50732
25	4662	5201	4881	5153	49995
26	4590	5138	4805	5085	49298
27	4523	5074	4734	5016	48602
28	4459	5010	4673	4948	47965
29	4397	4946	4620	4880	47350
30	4335	4881	4572	4812	46758
31	4275	4816	4525	4744	46170
32	4214	4751	4478	4677	45584
33	4154	4686	4431	4609	44996
34	4094	4622	4384	4542	44409
35	4034	4558	4337	4474	43823
36	3976	4490	4296	4401	43236
37	3918	4418	4255	4329	42650
38	3860	4347	4215	4257	42064
39	3802	4277	4174	4185	41476
40	3744	4208	4134	4112	40889
41	3678	4148	4090	4041	40300
42	3611	4038	4044	3971	39697
43	3544	4027	3995	3901	39106
44	3477	3967	3943	3831	38504
45	3411	3907	3887	3761	37900
46	3352	3846	3827	3701	37295
47	3293	3783	3767	3640	36690
48	3233	3720	3707	3579	36084
49	3174	3656	3647	3519	35477
50	3115	3592	3588	3458	34789
51	3040	3520	3512	3392	34153
52	2962	3448	3435	3323	33418

VI.

Quetelet's Sterblichkeitstabelle für Belgien.

Alter.	In den Städten, Lebende männl. G.	In den Städten, Lebende weibl. G.	Auf dem Lande. Lebende männl. G.	Auf dem Lande. Lebende weibl. G.	Allgemeine Tabelle.
53	2881	3375	3358	3256	32676
54	2810	3300	3276	3187	31930
55	2739	3225	3194	3118	31179
56	2667	3150	3111	3049	30424
57	4583	3080	3026	2982	29656
58	2499	3010	2939	2912	28875
59	2415	2939	2851	2840	28081
60	2329	2862	2767	2762	27242
61	2239	2779	2677	2677	26356
62	2146	2689	2587	2586	25423
63	2051	2595	2495	2495	24465
64	1956	2498	2387	2405	23478
65	1859	2397	2277	2310	22462
66	1754	2292	2163	2200	21362
67	1649	2187	2049	2086	20263
68	1556	2085	1942	1983	19219
69	1466	1983	1835	1875	18175
70	1372	1864	1713	1758	17017
71	1279	1741	1587	1642	15860
72	1184	1627	1474	1530	14749
73	1087	1514	1358	1420	13638
74	989	1389	1236	1300	12461
75	891	1261	1114	1182	11273
76	806	1134	996	1061	10120
77	721	1011	882	940	9014
78	631	900	770	832	7910
79	541	789	664	723	6853
80	463	682	566	619	5867
81	394	585	482	535	5031
82	332	495	414	460	5299

VI.

Quetelet's Sterblichkeitstabelle für Belgien.

Alter.	In den Städten, Lebende männl. G.	Lebende weibl. G.	Auf dem Lande. Lebende männl. G.	Lebende weibl. G.	Allgemeine Tabelle.
83	273	411	353	390	3627
84	225	346	294	323	3016
85	184	289	239	262	2464
86	150	239	191	211	1989
87	120	192	152	168	1585
88	93	150	117	132	1233
89	69	116	88	97	924
90	49	86	67	71	682
91	37	65	48	54	510
92	28	47	38	40	387
93	18	33	27	32	282
94	11	24	20	24	207
95	9	18	14	18	153
96	5	12	10	12	105
97	4	8	7	7	67
98	2	4	4	4	39
99	1	2	2	2	20
100	0	1	1	1	10
101		0	0	0	5
102					2
103					1
104					0

VII.

Bevölkerungstabelle nach Duvillard's Sterblichkeitstabelle für eine Million jährlicher Geburten berechnet.

(§. 130.)

Alter.	Lebende.	Alter.	Lebende.	Alter.	Lebende.	Alter.	Lebende.
0	28763192	29	12937526	58	2998285	87	30660
1	27879430	30	12495969	59	2771238	88	24243
2	27159750	31	12061178	60	2553152	89	19065
3	26511490	32	11633188	61	2344179	90	14807
4	25899808	33	11212024	62	2144462	91	11345
5	25308876	34	10797709	63	1954134	92	8565
6	24730788	35	10390261	64	1773317	93	6363
7	24161357	36	9989694	65	1602110	94	4644
8	23598315	37	9596023	66	1440596	95	3325
9	23040450	38	9209263	67	1288830	86	2330
10	22487146	39	8829431	68	1146837	97	1594
11	21938141	40	8456548	69	1014613	98	1063
12	21393382	41	8090636	70	892111	99	688
13	20852939	42	7731727	71	779248	100	431
14	20316957	43	7379857	72	675895	101	260
15	19785617	44	7035068	73	581875	102	151
16	19259122	45	6697415	74	496962	103	83
17	18737680	46	6366957	75	420877	104	44
18	18221498	47	6043766	76	353293	105	22
19	17710772	48	5727922	77	293825	106	10
20	17205690	49	5419517	78	242041	107	4
21	16706423	50	5118652	79	197459	108	2
22	16213131	51	4825436	80	159553	109	1
23	15725956	52	4539992	81	127758	110	0
24	15245026	53	4262449	82	101475		
25	14770455.	54	3992943	83	80081		
26	14302340	55	3731622	84	62941		
27	13840767	56	3478634	85	49410		
28	13385809	57	3234136	86	38855		

VIII.

Bevölkerungstabelle nach Duvillard's Sterblichkeitstabelle für zehn Millionen Einwohner berechnet.

(§. 130.)

Alter.	Lebende.	Alter.	Lebende.	Alter.	Lebende.	Alter.	Lebende.
0	10000000	29	4497945	58	1042403	87	10660
1	9692745	30	4344430	59	963467	88	8428
2	9442537	31	4193268	60	887646	89	6628
3	9217162	32	4044470	61	814993	90	5148
4	9004497	33	3898046	62	745558	91	3944
5	8799050	34	3754003	63	679387	92	2978
6	8598068	35	3612346	64	616523	93	2212
7	8400096	36	3473082	65	557000	94	1615
8	8204345	37	3336216	66	500847	95	1156
9	8010394	38	3201753	67	448083	96	810
10	7818029	39	3069698	68	398717	97	554
11	7627158	40	2940059	69	352747	98	369
12	7437763	41	2812844	70	310157	99	239
13	7249870	42	2688063	71	270919	100	150
14	7063526	43	2563729	72	234986	101	90
15	6878797	44	2445858	73	202298	102	52
16	6695753	45	2328471	74	172777	103	29
17	6514465	46	2213581	75	146325	104	15
18	6335005	47	2101215	76	122829	105	8
19	6157443	48	1991407	77	102153	106	3
20	5981843	49	1884185	78	84150	107	1
21	5808267	50	1779584	79	68650	108	1
22	5636764	51	1677643	80	55471	109	0
23	5467390	52	1578403	81	44417	110	0
24	5300186	53	1481911	82	35279		
25	5135193	54	1388213	83	27841		
26	4972445	55	1297360	84	21883		
27	4811972	56	1209405	85	17179		
28	4653798	57	1124401	86	13509		

IX.

Werth der Leibrente 1 für eine Person nach der Sterblichkeitstabelle von Deparcieur.

Alter.	3 Proc.	3½ Proc.	4 Proc.	4½ Proc.	5 Proc.
3	22,028	19,980	18,242	16,756	15,475
4	22,390	20,319	18,559	17,052	15,752
5	22,597	20,518	18,749	17,233	15,923
6	22,726	20,647	18,877	17,357	16,043
7	22,791	20,720	18,953	17,435	16,121
8	22,813	20,754	18,996	17,482	16,171
9	22,815	20,770	19,022	17,515	16,209
10	22,766	20,742	19,008	17.512	16,213
11	22,664	20,665	18,949	17,468	16,179
12	22,506	20,536	18,844	17,380	16,106
13	22,343	20,403	18,734	17,289	16,029
14	22,175	20,266	18,620	17,194	15,949
15	22,002	20,123	18,502	17,095	15,865
16	21,823	19,976	18,380	16,991	15,777
17	21,666	19,849	18,275	16,905	15,705
18	21,585	19,717	18,167	16,815	15,629
19	21,339	19,581	18,054	16,721	15,551
20	21,168	19,441	17,938	16,624	15,460
21	21,020	19,321	17,841	16,544	15,403
22	20,867	19,197	17,740	16,462	15,336
23	20,711	19,071	17,637	16,377	15,265
24	20,550	18,940	17,530	16,289	15,193
25	20,386	18,805	17,420	16,198	15,117
26	20,217	18,667	17,306	16,104	15,039
27	20,043	18,524	17,188	16,006	14,957
28	19,864	18,377	17,066	15,905	14,873
29	19,681	18,225	16,940	15,800	14,785
30	19,492	18,069	16,810	15,691	14,693
31	19,298	17,907	16,675	15,578	14,598
32	19,099	17,741	16,535	15,460	14,499
33	18,893	17,568	16,390	15.338	14,395
34	18,682	17,390	16,240	15,211	14,287
35	18,464	17,207	16,084	15,078	14,175
36	18,240	17,017	15,922	14,941	14,057
37	18,009	16,820	15,755	14,797	13,934
38	17,742	16,590	15,556	14,624	13,783

IX.

Werth der Leibrente 1 für eine Person nach der Sterblichkeitstabelle von Deparcieux.

Alter.	3 Proc.	3½ Proc.	4 Proc.	4½ Proc.	5 Proc.
39	17,467	16,352	15,349	14,444	13,625
40	16,183	16,105	15,133	14,254	13,459
41	16,889	15,848	14,907	14,056	13,284
42	16,585	15.581	14,673	13,849	13,100
43	16,271	15,304	14,427	13,631	12,906
44	15,946	15,016	14,171	13,403	12,702
45	15,609	14,716	13,904	13.164	12,487
46	15,260	14,405	13,625	12,913	12,261
47	14,925	14,105	13,357	12,672	12,044
48	14,578	13,794	13,076	12,419	11,815
49	14,244	13,494	12,807	12,176	11,595
50	13,899	13,183	12,526	11,921	11,363
51	13,567	12,883	12,255	11,675	11,140
52	13,248	12,596	11,995	11,440	10,927
53	12,919	12,298	11,725	11,195	10,703
54	12,579	11,989	11,443	10,938	10,468
55	12,252	11,692	11,173	10,691	10,242
56	11,914	11,383	10,891	10,433	10,006
57	11,565	11,063	10,597	10,163	9,757
58	11,228	10,755	10,314	9,902	9,517
59	10,881	10,436	10,020	9,631	9,266
60	10,522	10,104	9,713	9,346	9,003
61	10,151	9,760	9,393	9,049	8,726
62	9,766	9,402	9,060	8,738	8,435
63	9,392	9,053	8,734	8,433	8,150
64	9,005	8,691	8,394	8,114	7,850
65	8,604	8,314	8,039	7,780	7,535
66	8,212	7,944	7,691	7,451	7,224
67	7,830	7,584	7,350	7,129	6,918
68	7,460	7,234	7,019	6,814	6,620
69	7,104	6,896	6,699	6,511	6,331
70	6,766	6,575	6,394	6,221	6,055
71	6,424	6,250	6,084	5,925	5,773
72	6,105	5,946	5,794	5,648	5,505
73	5,789	5,644	5,506	5,373	5,246
74	5,479	5,348	5,222	5,101	4,985

IX.

Werth der Leibrente 1 für eine Person nach der Sterblichkeitstabelle von Deparcieux.

Alter.	3 Proc.	3½ Proc.	4 Proc.	4½ Proc.	5 Proc.
75	5,178	5,060	4,945	4,836	4,730
76	4,862	4,755	4,652	4,553	4,458
77	4,557	4,462	4,370	4,281	4,195
78	4,273	4,188	4,105	4,025	3,948
79	3,984	3,908	3,834	3,763	3,694
80	3,730	3,662	3,596	3,533	3,471
81	3,448	3,428	3,370	3,313	3,258
82	3,269	3,216	3,164	3,114	3,065
83	3,031	2,984	2,939	2,895	2,853
84	2,757	2,717	2,679	2,641	2,604
85	2,490	2,457	2,424	2,392	2,361
86	2,240	2,212	2,185	2,158	2,132
87	2,023	2,000	1,977	1,955	1,933
88	1,747	1,728	1,711	1,693	1,675
89	1,474	1,460	1,446	1,433	1,418
90	1,208	1,198	1,187	1,178	1,166
91	0,955	0,948	0,941	0,934	0,924
92	0,721	0,716	0,712	0,707	0,703
93	0,485	0,483	0,481	0,478	0,476

X.

Werth einer Verbindungsrente für zwei Personen nach der Sterblichkeitstabelle von Deparcieux. Altersunterschied gleich 0 Jahre.

Alter.	3½ Proc.	4½ Proc.	Alter.	3½ Proc.	4½ Proc.	Alter.	3½ Proc.	4½ Proc.
3	15,785	13,571	34	14,172	12,660	65	5,700	5,423
4	16,364	14,072	35	14,008	12,536	66	5,374	5,123
5	16,732	14,396	36	13,839	12,408	67	5,062	4,835
6	16,994	14,632	37	13,663	12,274	68	4,765	4,560
7	17,171	14,796	38	13,438	12,095	69	4,486	4,300
8	17,287	14,910	39	13,203	11,907	70	4,230	4,062
9	17,378	15,004	40	12,958	11,710	71	3,968	3,871
10	17,398	15,038	41	12,702	11,502	72	3,735	3,599
11	17,338	15,004	42	12,434	11,282	73	3,507	3,384
12	17,195	14,897	43	12,154	11,051	74	3,285	3,176
13	17,046	14,786	44	11,861	10,807	75	3,075	2,977
14	16,891	14,669	45	11,554	10,549	76	2,844	2,758
15	16,731	14,547	46	11,232	10,276	77	2,625	2,549
16	16,564	14,419	47	10,934	10,023	78	2,429	2,362
17	16,432	14,321	48	10,621	9,756	79	2,224	2,165
18	16,296	14,220	49	10,331	9,508	80	2,057	2,005
19	16,155	14,114	50	10,026	9,246	81	1,906	1,860
20	16,010	14,004	51	9,743	9,004	82	1,786	1,745
21	15,901	13,926	52	9,485	8,782	83	1,649	1,614
22	15,789	13,846	53	9,214	8,549	84	1,472	1,442
23	15,674	13,764	54	8,930	8,303	85	1,301	1,276
24	15,556	13,619	55	8,669	8,077	86	1,149	1,128
25	15,435	13,591	56	8,397	7,839	87	1,042	1,024
26	15,311	13,501	57	8,111	7,588	88	0,873	0,860
27	15,183	13,408	58	7,847	7,357	89	0,709	0,699
28	15,051	13,312	59	7,572	7,114	90	0,552	0,545
29	14,916	13,213	60	7,283	6,857	91	0,410	0,405
30	14,776	13,110	61	6,979	6,585	92	0,300	0,296
31	14,632	13,004	62	6,660	6,297	93	0,242	0,239
32	14,484	12,893	63	6,357	6,024			
33	14,331	12,779	64	6,037	5,733			

X.

Werth einer Verbindungsrente für zwei Personen nach der Sterblichkeitstabelle von Deparcieux. Altersunterschied gleich 20 Jahre.

Alter.	3½ Proc.	4½ Proc.	Alter.	3½ Proc.	4½ Proc.	Alter.	3½ Proc.	4½ Proc.
3—23	15,560	13,566	34—54	10,663	9,794	65—85	2,173	2,120
4—24	15,773	13,765	35—55	10,418	9,589	66—86	1,954	1,909
5—25	15,876	13,870	36—56	10,163	9,374	67—87	1,766	1,729
6—26	15,925	13,929	37—57	9,897	9,118	68—88	1,528	1,498
7—27	15,929	13,951	38—58	9,625	8,916	69—89	1,293	1,270
8—28	15,903	13,946	39—59	9,342	8,673	70—90	1,066	1,049
9—29	15,861	13,929	40—60	9,046	8,417	71—91	0,846	0,834
10—30	15,784	13,882	41—61	8,737	8,147	72—92	0,646	0,638
11—31	15,668	13,801	42—62	8,413	7,862	73—93	0,445	0,440
12—32	15,511	13,684	43—63	8,095	7,582			
13—33	15,348	13,562	44—64	7,762	7,285			
14—34	15,179	13,434	45—65	7,412	6,972			
15—35	15,004	13,301	46—60	7,065	6,659			
16—36	14,822	13,162	47—67	6,734	6,360			
17—37	14,652	13,033	48—68	6,409	6,065			
18—38	14,452	12,878	49—69	6,103	5,787			
19—39	14,245	12,716	50—70	5,807	5,517			
20—40	14,028	12,545	51—71	5,515	5,250			
21—41	13,821	12,382	52—72	5,250	5,007			
22—42	13,606	12,211	53—73	4,984	4,762			
23—43	13,381	12,032	54—74	4,720	4,518			
24—44	13,147	11,843	55—75	4,470	4,286			
25—45	12,902	11,645	56—76	4,203	4,037			
26—46	12,647	11,436	57—77	3,943	3,794			
27—47	12,402	11,236	58—78	3,706	3,573			
28—48	12,146	11,025	59—79	3,463	3,343			
29—49	11,901	10,823	60—80	3,246	3,140			
30—50	11,645	10,611	61—81	3,039	2,944			
31—51	11,398	10,407	62—82	2,849	2,764			
32—52	11,163	10,212	63—83	2,647	2,573			
33—53	10,918	10,008	64—84	2,409	2,346			

X.

Werth einer Verbindungsrente für zwei Personen nach der Sterblichkeitstabelle von Deparcieux. Altersunterschied gleich 30 Jahre.

Alter.	$3\frac{1}{2}$ Proc.	$4\frac{1}{2}$ Proc.	Alter.	$3\frac{1}{2}$ Proc.	$4\frac{1}{2}$ Proc.
3—33	14,605	12,893	36—66	7,357	6,920
4—34	14,761	13,048	37—67	7,043	6,639
5—35	14,813	13,112	38—68	6,726	6,353
6—36	14,810	13,130	39—69	6,420	6,076
7—37	14,764	13,111	40—70	5,127	5,811
8—38	14,662	13,043	41—71	5,828	5,538
9—39	14,542	12,960	42—72	5,548	5,282
10—40	14,384	12,843	43—73	4,268	5,025
11—41	14,186	12,690	44—74	4,990	4,770
12—42	13,946	12,498	45—75	4,718	4,518
13—43	13,694	12,296	46—76	4,427	4,248
14—44	13,432	12,084	47—77	4,152	3,991
15—45	13,158	11,860	48—78	3,892	3,748
16—46	12,872	11,624	49—79	3,632	3,503
17—47	12,611	11,410	50—80	3,399	3,284
18—48	12,339	11,185	51—81	3,182	3,080
19—49	12,076	10,968	52—82	2,991	2,899
20—50	11,801	10,739	53—83	2,780	2,700
21—51	11,551	10,532	54—84	2,533	2,464
22—52	11,313	10,335	55—85	2,296	2,238
23—53	11,064	10,128	56—86	2,072	2,023
24—54	10,805	9,911	57—87	1,877	1,836
25—55	10,557	9,702	58—88	1,629	1,596
26—56	10,298	9,484	59—89	1,381	1,356
27—57	10,029	9,255	60—90	1,138	1,119
28—58	9,769	9,034	61—91	0,904	0,891
29—59	9,499	8,803	62—92	0,686	0,677
30—60	9,218	8,561	63—93	0,467	0,463
31—61	8,924	8,306			
32—62	8,617	8,038			
33—63	8,318	7,775			
34—64	8,005	7,499			
35—65	7,678	7,207			

X.

Werth einer Verbindungsrente für zwei Personen nach der Sterblichkeitstabelle von Deparcieux. Altersunterschied gleich 40 Jahre.

Alter.	3½ Proc.	4½ Proc.	Alter.	3½ Proc.	4½ Proc.
3—43	12,996	11,665	31—71	5,874	5,578
4—44	13,021	11,706	32—72	5,601	5,329
5—45	12,944	11,658	33—73	5,329	5,081
6—46	12,812	11,560	34—74	5,062	4,835
7—47	12,656	11,440	35—75	4,802	4,595
8—48	12,465	11,289	36—76	4,525	4,338
9—49	12,275	11,138	37—77	4,259	4,091
10—50	12,048	10,954	38—78	4,004	4,852
11—51	11,804	10,754	39—79	3,742	3,607
12—52	11,543	10,538	40—80	3,511	3,390
13—53	11,272	10,311	41—81	3,292	3,184
14—54	10,989	10,073	42—82	3,092	2,996
15—55	10,715	9,843	43—83	2,874	2,790
16—56	10,430	9,601	44—84	2,619	2,547
17—57	10,145	9,359	45—85	2,370	2,309
18—58	9,871	9,125	46—86	2,133	2,082
19—59	9,585	8,876	47—87	1,931	1,888
20—60	9,287	8,621	48—88	1,670	1,636
21—61	8,987	8,362	49—89	1,413	1,387
22—62	8,675	8,088	50—90	1,160	1,141
23—63	8,369	7,820	51—91	0,919	0,906
24—64	8,050	7,538	52—92	0,698	0,689
25—65	7,717	7,241	53—93	0,473	0,469
26—66	7,389	6,948			
27—67	7,068	6,659			
28—68	6,755	6,278			
29—69	6,454	6,105			
30—70	6,166	5,845			

X.

Werth einer Verbindungsrente für zwei Personen nach der Sterblichkeitstabelle von Deparcieux. Altersunterschied gleich 50 Jahre.

Alter.	3½ Proc.	4½ Proc.	Alter.	3½ Proc.	4½ Proc.
3—53	10,680	9,770	26—76	4,529	4,342
4—54	10,629	9,741	27—77	4,258	4,089
5—55	10,513	9,653	28—78	4,003	3,851
6—56	10,351	9,522	29—79	3,742	3,607
7—57	10,149	9,356	30—80	3,513	3,391
8—58	9,939	9,181	31—81	3,294	3,186
9—59	9,710	9,989	32—82	3,097	3,000
10—60	9,449	8,767	33—83	2,880	3,796
11—61	9,155	8,513	34—84	2,628	2,556
12—62	8,825	8,224	35—85	2,382	2,320
13—63	8,502	7,941	36—86	2,150	2,099
14—64	8,164	7,643	37—87	1,951	1,908
15—65	7,812	7,328	38—88	1,689	1,655
16—66	7,464	7,017	39—89	1,430	1,403
17—67	7,132	6,719	40—90	1,175	1,156
18—68	6,809	6,428	41—91	0,932	0,918
19—69	6,496	6,145	42—92	0,706	0,697
20—70	6,197	5,873	43—93	0,478	0,473
21—71	5,901	5,603			
22—72	5,624	5,351			
23—73	5,348	5,098			
24—74	5,076	4,848			
25—75	4,811	4,604			

X.

Werth einer Verbindungsrente für zwei Personen nach der Sterblichkeitstabelle von Deparcieux. Altersunterschied gleich 60 Jahre.

Alter.	$3^1/_2$ Proc.	$4^1/_2$ Proc.
3—63	8,049	7,520
4—64	7,883	7,379
5—65	7,644	7,169
6—66	7,383	6,938
7—67	7,108	6,693
8—68	6,828	6,443
9—69	6,554	6,197
10—70	6,281	5,951
11—71	5,989	5,685
12—72	5,702	5,424
13—73	5,417	5,162
14—74	5,134	4,903
15—75	4,859	4,649
16—76	4,566	4,377
17—77	4,289	4,199
18—78	4,029	3,876
19—75	3,762	3,625
20—80	3,526	3,404
21—81	3,306	3,197
22—82	3,107	3,010
23—83	2,889	2,804
24—84	2,635	2,562
25—85	2,386	2,325
26—86	2,152	2,100
27—87	1,950	1,907
28—88	1,689	1,654
29—89	1,429	1,403
30—90	1,175	1,155
31—91	0,931	0,918
92—92	0,706	0,697
33—93	0,478	0,473

XI.

Sterblichkeitstabelle nach Deparcieux für zwölf fünfgliedrige Altersklassen einer Rentenanstalt.

Erste Klasse von 0 — 5 Jahre.

Jahre.	Lebende.	Gest.	Jahre.	Lebende.	Gest.	Jahre.	Lebende.	Gest.
1	37979	3532	34	23701	257	67	11675	566
2	34447	1105	35	23444	254	68	11109	574
3	33342	845	36	23190	250	69	10535	587
4	32497	669	37	22940	247	70	9948	607
5	31828	545	38	22693	245	71	9341	630
6	31283	464	39	22448	245	72	8711	656
7	30819	399	40	22203	247	73	8055	676
8	30420	346	41	21956	251	74	7379	685
9	30074	300	42	21705	255	75	6694	680
10	29774	258	43	21450	260	76	6014	667
11	29516	226	44	21190	265	77	5347	640
12	29290	206	45	20925	270	78	4707	608
13	29084	198	46	20655	275	79	4099	572
14	28886	199	47	20380	281	80	3527	532
15	28687	207	48	20099	289	81	2995	485
16	28480	220	49	19810	300	82	2510	436
17	28260	234	50	19510	314	83	2074	384
18	28026	246	51	19196	333	84	1690	333
19	27780	256	52	18863	355	85	1357	287
20	27524	264	53	18508	378	86	1070	247
21	27260	270	54	18130	400	87	823	211
22	26990	275	55	17730	421	88	612	178
23	26715	280	56	17309	440	89	434	145
24	26435	283	57	16869	458	90	289	111
25	26152	284	58	16411	475	91	178	77
26	25868	283	59	15936	492	92	101	49
27	25585	280	60	15444	508	93	52	28
28	25305	276	61	14936	522	94	24	14
29	25029	272	62	14414	533	95	10	6
30	24757	268	63	13881	542	96	4	3
31	24489	265	64	13339	549	97	1	1
32	24224	263	65	12790	555	98	0	
33	23961	260	66	12235	560			

XI.

Sterblichkeitstabelle nach Deparcieux für zwölf fünfgliedrige Altersklassen einer Rentenanstalt.

Zweite Klasse von 5 — 10 Jahre.

Jahre.	Lebende.	Gestorben.
1	31285	464
2	30821	399
3	30422	348
4	30074	300
5	29774	258

u. s. w.,
wie in der 1. Klasse vom 11. Jahre an.

Dritte Klasse von 10 — 15 Jahre.

Jahre.	Lebende.	Gestorben.
1	29516	226
2	29290	206

u. s. w.,
wie in der 1. Klasse vom 13. Jahre an.

Vierte Klasse von 15 — 20 Jahre.

Jahre.	Lebende.	Gestorben.
1	28480	220
2	28260	234

u. s. w.
wie in der 1. Klasse vom 18. Jahre an.

Fünfte Klasse von 20 — 25 Jahre.

Jahre.	Lebende.	Gestorben.
1	27260	270
2	26990	275

u. s. w.
wie in der 1. Klasse vom 23. Jahre an.

XI.

Sechste Klasse von 25 — 30 Jahre.

Jahre.	Lebende.	Gestorben.
1	25868	283
2	25585	280

u. s. w.

wie in der 1. Klasse vom 28. Jahre an.

Siebente Klasse von 30 — 35 Jahre.

Jahre.	Lebende.	Gestorben.
1	24489	265
2	24224	263

u. s. w.

wie in der 1. Klasse vom 33. Jahre an.

Achte Klasse von 35 — 40 Jahre.

Jahre.	Lebende.	Gestorben.
1	23190	250
2	22940	247

u. s. w.

wie in der 1. Klasse vom 38. Jahre an.

Neunte Klasse von 40 — 45 Jahre.

Jahre.	Lebende.	Gestorben.
1	21956	251
2	21705	255

u. s. w.

wie in der 1. Klasse vom 43. Jahre an.

Zehnte Klasse von 45 — 50 Jahre.

Jahre.	Lebende.	Gestorben.
1	20655	275
2	20380	281

u. s. w.

wie in der 1. Klasse vom 48. Jahre an.

XI.

Elfte Klasse von 50 — 55 Jahre.

Jahre.	Lebende.	Gestorben.
1	19196	333
2	18863	355

u. s. w.

wie in der 1. Klasse vom 53. Jahre an.

Zwölfte Klasse von 55 — 60 Jahre.

Jahre.	Lebende.	Gestorben.
1	17309	440
2	16869	458

u. s. w.

wie in der 1. Klasse vom 58. Jahre an.